Kuhles
Interkulturelles Management westlicher Banken in Südostasien

GABLER EDITION WISSENSCHAFT
Schriften zum
europäischen Management

Herausgegeben von
Roland Berger Strategy Consultants – Academic Network

Herausgeberrat:

Prof. Dr. Thomas Bieger, Universität St. Gallen;
Prof. Dr. Rolf Caspers, European Business School,
Oestrich-Winkel;
Prof. Dr. Guido Eilenberger, Universität Rostock;
Prof. Dr. Dr. Werner Gocht, RWTH Aachen;
Prof. Dr. Karl-Werner Hansmann, Universität Hamburg;
Prof. Dr. Alfred Kötzle, Europa Universität Viadrina,
Frankfurt/Oder;
Prof. Dr. Kurt Reding, Universität Gesamthochschule Kassel;
Prof. Dr. Dr. Karl-Ulrich Rudolph, Universität Witten-Herdecke;
Prof. Dr. Johannes Rüegg-Stürm, Universität St. Gallen;
Prof. Dr. Leo Schuster, Katholische Universität Eichstätt;
Prof. Dr. Klaus Spremann, Universität St. Gallen;
Prof. Dr. Dodo zu Knyphausen-Aufseß, Universität Bamberg;

Dr. Burkhard Schwenker, Roland Berger Strategy Consultants

Die Reihe wendet sich an Studenten sowie Praktiker und leistet wissenschaftliche Beiträge zur ökonomischen Forschung im europäischen Kontext.

Birgit Kuhles

Interkulturelles Management westlicher Banken in Südostasien

Analyse und Konzept am Beispiel von Singapur, Malaysia und Vietnam

Mit einem Geleitwort
von Prof. Dr. Leo Schuster

Deutscher Universitäts-Verlag

Die Deutsche Bibliothek - CIP-Einheitsaufnahme

Kuhles, Birgit:
Interkulturelles Management westlicher Banken in Südostasien : Analyse und Konzept am Beispiel von Singapur, Malaysia und Vietnam / Birgit Kuhles.
Mit einem Geleitw. von Leo Schuster. - 1. Aufl..
- Wiesbaden : Dt. Univ.-Verl., 2002
(Gabler Edition Wissenschaft : Schriften zum europäischen Management)
Zugl.: Eichstätt, Kath. Univ., Diss., 2001
ISBN 3-8244-7568-5

1. Auflage April 2002

Alle Rechte vorbehalten
© Deutscher Universitäts-Verlag GmbH, Wiesbaden, 2002

Lektorat: Brigitte Siegel / Sabine Schöller

Der Deutsche Universitäts-Verlag ist ein Unternehmen der
Fachverlagsgruppe BertelsmannSpringer.

www.duv.de

Gedruckt auf säurefreiem und chlorfrei gebleichtem Papier.

Druck und Buchbinder: Rosch-Buch, Scheßlitz
Printed in Germany

ISBN 3-8244-7568-5

Geleitwort

Die zunehmende Globalisierung des Kreditgewerbes im internationalen Wettbewerb wird meist einseitig aus einer an streng ökonomischen und eindeutig quantifizierbaren Fakten ausgerichteten Perspektive betrachtet. Geld ist das homogenste Gut der Welt, das Kreditgewerbe als das mit diesem Gut arbeitende globale Dienstleistungsgeschäft steht jedoch in vielen personalen Interaktionen mit Kunden und Mitarbeitern unterschiedlicher Herkunft in unterschiedlichen Ländern – und somit auch unterschiedlichen Kulturen. Es erscheint daher evident, die qualitativen Aspekte dieser Interaktionen im internationalen Bankmanagement theoretisch fundiert zu untersuchen und lösungsorientiert aufzubereiten.

Die Region Südostasien hat in den neunziger Jahren durch spektakuläre wirtschaftliche Entwicklungen und Krisen insbesondere im Finanzsektor von sich reden gemacht. Die Aufarbeitung von interkulturellen Managementaspekten in Verbindung mit der Betrachtung von drei ausgewählten Bankmärkten (Singapur, Malaysia und Vietnam) in dieser bisher in der deutschsprachigen Managementlehre eher vernachlässigten Weltregion stellt daher eine reizvolle Herausforderung dar, der sich die vorliegende Arbeit stellt.

Im Sinne einer anwendungsorientierten Managementlehre bilden die Probleme und Themenfelder interkultureller Interaktionen den Ausgangspunkt der Arbeit. Auf Basis umfangreicher Analysen von Primär- und Sekundärmaterial sowie der in Expertengesprächen diskutierten Erfahrungen von Bankmanagern in den untersuchten Ländern wird der Anspruch der praxisorientierten Aufbereitung der Themenstellung und Entwicklung von Handlungsempfehlungen für das Bankmanagement erfüllt. Zusätzlich tragen die während ihres zweijährigen beruflichen Aufenthaltes in der Region gewonnenen persönlichen Erfahrungen der Autorin ebenfalls wesentlich zur Authenzität der Arbeit bei.

Gelungene Arbeiten wie diese gehören daher zu den Glücksfällen, da kulturelle Themen oftmals nicht wissenschaftlich und zugleich anwendungsorientiert bzw. fast sogar lebensnah genug geschrieben werden. Diese hier erfolgreiche Kombination macht die Arbeit von Birgit Kuhles daher für Wissenschaftler und Studierende des Internationalen Managements und der Bankbetriebslehre sowie für das Management von Banken, aber auch für das Management von Unternehmen anderer Branchen in der Region gleichermaßen lesenswert.

Professor Dr. Leo Schuster

Vorwort

> *„...it is our belief that you can
> never understand other cultures..."*
>
> Fons Trompenaars/Charles Hambden-Turner
> September 1997

Diese Arbeit zum Interkulturellen Management von Banken in Südostasien beschäftigt sich nicht nur inhaltlich mit der Zusammenarbeit zwischen westlichen und südostasiatischen Kulturen, sondern ist über viele Kontakte und Ideen und einen Austausch über Kulturgrenzen hinweg – eben "interkulturell" – zustande gekommen. Den größten Teil der vorliegenden Dissertation habe ich während meiner beruflichen Tätigkeit in Malaysia geschrieben, so daß ich während der Anfertigung der Arbeit in den untersuchten Kulturen gelebt habe. Es ist mir daher ein wichtiges Anliegen, den Menschen, die mich sowohl in Südostasien als auch in Deutschland auf unterschiedliche Art und Weise unterstützt haben, auf diesem Weg meinen Dank auszusprechen.

Zunächst danke ich Herrn Professor Dr. Leo Schuster für die Übernahme der Betreuung meiner Arbeit – er hat mir stets alle akademischen Freiheiten gelassen, mich jedoch immer bezüglich meiner Überlegungen unterstützt. Herrn Professor Dr. Michael Kutschker danke ich für die freundliche Übernahme des Korreferats.

Das Thema dieser Arbeit ist nicht unbedingt dadurch einfacher, daß ich selber Erfahrungen in Südostasien gemacht habe, denn die gewählte Themenstellung ist in den untersuchten Ländern sehr sensibel und teilweise problematisch zu bearbeiten gewesen. Diese Situation in den Ländern hatte zur Folge, daß ich alle bei der Erstellung der Arbeit geführten Expertengespräche nur anonymisiert verwenden konnte. Ich kann meinen Gesprächspartnern daher nur insgesamt meinen Dank dafür aussprechen, daß sie mich an ihren beruflichen sowie persönlichen interkulturellen Erfahrungen im jeweiligen Land haben teilnehmen lassen.

Zu guter Letzt möchte ich neben denen, die mich mit Durchhalteparolen von nah und fern "bei der Stange" gehalten haben, all jenen danken, die für die Erstellung der Arbeit ganz besondere und individuelle Beiträge geleistet haben: meinen ehemaligen Kollegen Zura und Kean danke ich für die Infrastruktur und Unterstützung in Malaysia, Michael für geistige Nahrung aus Münchener Bibliotheken, meinen ehemaligen Mitbewohnern Gabi und Jonas für Rücksichtnahme, Nudelgerichte, ablenkende Mitternachtsgespräche und Verzicht auf das Klavierspielen vor der Zimmertür, meinen Korrekturlesern Hansi (der Strukturierte und Zuhörer), Otti (der Konsistente im Feuerwehreinsatz), Thomas (der Asiate, Techniker und Ratgeber) und Annette (die Stilistische) für das Studieren und Kommentieren meiner zugegebenermaßen umfangreichen Arbeit, meiner Mutter und meiner Schwester Dagmar für unermüdliches Korrigieren, Abgleichen und liebevolle Hinweise auf hartnäckige Fehlerteufel sowie Manfred für eine in der Schluss- und Prüfungsphase unkonventionelle Unterstützung durch Ablenkungsmanöver und Aufrechterhaltung des Kontaktes zur Welt außerhalb meines Elfenbeinturms.

VIII

Gewidmet ist diese Arbeit meinen Eltern und meiner Schwester, die mich stets – und nicht erst bei meiner Dissertation – und ohne Vorbehalt über größere und kleinere geographische Distanzen gefördert, angespornt, unterstützt – und mir dabei so manches nachgesehen haben.

Birgit Kuhles

Inhaltsübersicht

X

Inhaltsverzeichnis

Teil B: Kulturorientierte Analyse der Umfeldbedingungen in Singapur, Malaysia und Vietnam

3 Kulturorientierte Analyse externer Kontextfaktoren der westlichen Banken in Singapur, Malaysia und Vietnam 82

Teil C: Konzeptionierung eines interkulturellen Managementansatzes für

westliche Banken in Singapur, Malaysia und Vietnam

4 Analyse und Beurteilung multikultureller Situationen bei der
Geschäftstätigkeit westlicher Banken

Abkürzungsverzeichnis

Abb.	Abbildung
ABJ	Asian Banker Journal (Zeitschrift)
ABM	The Association of Banks in Malaysia
ABS	The Association of Banks in Singapore
ACU	Asian Currency Units
ADB	Asian Development Bank
AFTA	ASEAN Free Trade Area
AG	Aktiengesellschaft
Anm. der Verf.	Anmerkung der Verfasserin
ANZ Bank	Australia and New Zealand Banking Group
APEC	Asia Pacific Economic Cooperation
ASEAN	Association of Southeast Asian Nations
ATM	Automatic Teller Machine
Aufl.	Auflage
AWSJ	Asian Wall Street Journal (Zeitung)
BAFIA	Banking and Financial Institutions Acts (Malaysia)
Bd.	Band
BFuP	Betriebswirtschaftliche Forschung und Praxis (Zeitschrift)
BI	Banking Institutions (Malaysia)
Bill.	Billionen
BIMB	Bank Islam Malaysia Berhad
BIP	Bruttoinlandsprodukt
BIS	Bank for international Settlements
BIZ	Bank für internationalen Zahlungsausgleich
BNM	Bank Negara Malaysia
BNP	Banque Nationale de Paris
BRS	Business Risk Service
Bsp.	Beispiel
BSP	Bruttosozialprodukt
bspw.	beispielsweise
BT (M)	Business Times (Malaysia) (Zeitung)
BT (S)	Business Times (Singapur) (Zeitung)
bzw.	beziehungsweise
ca.	circa
CEO	Chief Executive Officer
CIEM	Central Institute for Economic Management
CMEA	Council for Mutual Economic Assistance
CPF	Central Provident Fund
d.h.	das heißt
DBS Bank	Development Bank of Singapore
DBU	Domestic Business Unit
DBW	Die Betriebswirtschaft (Zeitschrift)
Diss.	Dissertation
DPM	Deputy Prime Minister
e.t.b.	European Transaction Bank AG
e.V.	eingetragener Verein
ECM	Exchange Control Mechanism
ed.	edited

EDB	Economic Development Board
EDV	Elektronische Datenverarbeitung
EIU	The Economist Intelligence Unit
EON Bank	Edaran Otomobil Nasional Bank Berhad (Malaysia)
EPF	Employees Provident Fund (Malaysia)
etc.	etcetera
evtl.	eventuell
FAZ	Frankfurter Allgemeine Zeitung
FDI	Foreign Direct Investment
FEER	Far Eastern Economic Review (Zeitschrift)
FIBV	International Federation of Stock Exchanges
FIC	Foreign Investment Committee
FMS	Föderation malaiischer Staaten
FT	Financial Times (Zeitung)
GATS	General Agreement on Trade in Services
GATT	General Agreement on Tariffs and Trade
GLC	Government-linked company
Habil.	Habilitation
HCMC	Ho Chi Minh City (Vietnam)
HPAE	High-Performing Asian Economy
Hrsg.	Herausgeber
hrsg. v.	herausgegeben von
HSBC	Hongkong Shanghai Banking Corporation
ICC	International Chambers of Commerce
IFBS	Interest-Free Banking Schemes
IMF	International Monetary Fund
Inc.	Incorporated
inkl.	inklusive
insb.	insbesondere
INSEAD	Institut Européen d'Administration des Affaires
IOFC	International Offshore Financial Centre (Malaysia)
ISEAS	Institute of South East Asian Studies (Singapur)
IT	Informationstechnologie
i.V.m.	in Verbindung mit
IWF	Internationaler Währungsfond
Kap.	Kapitel
KLOFFE	Kuala Lumpur Options and Financial Futures Exchange
KLSE	Kuala Lumpur Stock Exchange
LIFE	Labuan International Financial Exchange
LLEC	Large Local Emerging Company
LOFSA	Labuan Offshore Financial Services Authority
lt.	laut
M&A	Merger & Acquisition
MAS	Monetary Authority of Singapore
max.	maximal
MbO	Management by Objectives
MIDA	Malaysian Industrial Development Authority
MIF	Ministry of Finance (Malaysia)
MIM	Malaysian Institute of Management
Mio.	Millionen
MIS	Management-Informations-System

MNC	Multinational Corporation
MNU	Multinationale Unternehmungen
MoU	Memorandum of Understanding
MP	Member of Parliament (Singapur)
MPI	Ministry of Planning and Investment
Mrd.	Milliarde
MSC	Multimedia Super Corridor
n.a.	not available
n. Chr.	nach Christi
NDP	New Development Policy
NEAC	National Economic Action Council
NEP	New Economic Policy
NERP	National Economic Recovery Plan
NIE	Newly Industrializing Economy
No.	Number
NPD	National Development Policy
NPL	Non-Performing Loans
Nr.	Nummer
NST	New Straits Times (Zeitung)
NZZ	Neue Zürcher Zeitung (Zeitung)
o. V.	ohne Verfasser
o.a.	oben angegeben
OCBC	Overseas Chinese Banking Corporation
OECD	Organisation for Economic Co-operation and Development
OPP	Outline Perspective Plan
p.a.	per annum
PAP	People's Action Party
PC	Personal Computer
PM	Prime Minister
PLE	Promising Local Enterprises
POSBank	Post Office Savings Bank (Singapur)
QFB	Qualifying Full Banks
resp.	respektive
RM	Ringgit Malaysian (Währung)
S$	Singapur Dollar (Währung)
S.	Seite
s.	siehe
SBV	Statebank of Vietnam
SCC	State Securities Commission (Vietnam)
SES	Stock Exchange of Singapore
SICC	Singapore International Chamber of Commerce
SIMEX	Singapore International Monetary Exchange
SM	Senior Minister (Singapur)
SME	Small and Medium sized Enterprises
SMI	Small and Medium sized Industries
SOB	State Owned Bank
SOE	State Owned Enterprise
sog.	sogenannt
Sp.	Spalte
ST	The Straits Times (Zeitung)
s.u.	siehe unten

Tab.	Tabelle
Techn. Hochschule	Technische Hochschule
u.a.	unter anderem
überarb.	überarbeitet
UBS	Union Bank of Switzerland
UK	United Kingdom
UMNO	United Malays National Organization
Univ. (Kath.)	Universität (Katholische)
UOB	United Overseas Bank
USA	United States of America
US$	Amerikanischer Dollar (Währung)
VBJ	Vietnam Business Journal (Zeitschrift)
VER	Vietnam Economic Review (Zeitschrift)
vgl.	vergleiche
VNS	Vietnam News (Zeitung)
Vol.	Volume
VR China	Volksrepublik China
vs.	versus
VSIP	Vietnam-Singapore Industrial Park
WestLB	Westdeutsche Landesbank
WHU	Wissenschaftliche Hochschule für Unternehmensführung
Wirtschaftsuniv.	Wirtschaftsuniversität
WIST	Das Wirtschaftsstudium (Zeitschrift)
WTO	World Trade Organization
Y2K	Year 2000
z.B.	zum Beispiel
z.T.	zum Teil
ZfB	Zeitschrift für Betriebswirtschaft
ZfbF	Zeitschrift für betriebswirtschaftliche Forschung
ZfgK	Zeitschrift für das gesamte Kreditwesen
ZFO	Zeitschrift für Organisation
ZfP	Zeitschrift für Planung
zugl.	zugleich
zzgl.	zuzüglich

Abbildungsverzeichnis

Tabellenverzeichnis

Anhangverzeichnis

Teil A: Grundlagen

1 Einführung

1.1 Ausgangssituation, Problemstellung und Zielsetzung

Das internationale Bankgeschäft stellt sich zur Jahrtausendwende als ein globales Geschäft dar und entwickelt sich unter dem Einfluß der Treiber der Globalisierung – zunehmende Liberalisierung der Finanzmärkte, fortschreitende Öffnung von Bankenmärkten, verbesserte Informations- und Kommunikationstechnik, steigender globaler Finanzbedarf und Wettbewerb[1] – mit fortschreitender Dynamik. Die Globalisierung von Finanzmärkten – von der bereits seit Beginn der achtziger Jahre gesprochen wird – bedeutet, daß durch die Integration der existierenden Finanzmärkte faktisch ein weltweiter Finanzmarkt entsteht.[2]

Hauptakteure in dieser Entwicklung sind international tätige Banken, deren Internationalisierungsprozeß trotz der sehr weit fortgeschrittenen Entwicklung nicht als abgeschlossen angesehen werden kann. Für das Management dieser Banken ergibt sich angesichts knapper Ressourcen sowie zunehmender Geschwindigkeit der sich wandelnden wirtschaftlichen und rechtlichen Rahmenbedingungen die Aufgabe „im internationalen Wettbewerb immer wieder erneut zu entscheiden, an welchen Märkten, in welcher institutionellen Form, in welchen Geschäftsbereichen, mit welchen Leistungsprogrammen und mit welchen Kundengruppen das Geschäft betrieben werden soll".[3] Die aktuellen Rahmenbedingungen für das internationale Bankgeschäft sind in Abbildung A/1-1 dargestellt und können hinsichtlich der Bedeutung der Entwicklungen zwischen der Geschäftstätigkeit (Mikroebene) und dem Umfeld der Geschäftstätigkeit (Makroebene) unterschieden werden.

---

[1] Vgl. Pausenberger, E.: Globalisierung [1999], S. 77-79.
[2] Der Begriff der Globalisierung wird in der Literatur zum internationalen Management in zwei Ausprägungen verwendet: 1. Globalisierung beschreibt die weltweite Geschäftstätigkeit von Unternehmungen im Sinne von integrierten Aktivitäten am Weltmarkt. 2. Globalisierung umfaßt die zunehmende Konvergenz der Konsumentenbedürfnisse in verschiedenen Märkten. Vgl. Zentes, J. / Swoboda, B.: Grundbegriffe [1997], S. 116, S. 149.
[3] Büschgen, H.E.: Entwicklungsphasen [1989], S. 3-4. Vgl. Macharzina, K.: Rahmenbedingungen und Gestaltungsmöglichkeiten [1993], S. 30-32.

Abbildung A/1-1:   **Rahmenbedingungen der Geschäftstätigkeit international tätiger Banken[4]**

Auf der **Mikroebene** handelt es sich um die folgenden Trends und die hieraus resultierenden Implikationen für die international tätigen Banken:

- **Globalisierung der Finanzmärkte**: Aufgrund der engen Verflechtung der Finanzmärkte treten bei der Entwicklung einzelner Märkte Diskontinuitäten[5] auf, wie bspw. die im September 1997 ausgebrochene asiatische Wirtschafts- und Finanzkrise. Hieraus ergeben sich strategische Implikationen (Risiken und Chancen) und somit strategischer Handlungsbedarf für die international tätigen Banken.

- **Hohe Bedeutung der Auslandsmärkte und –kunden**[6]: Die Betreuung von multinationalen Kunden aus dem Heimatmarkt ist für die Geschäftstätigkeit in Auslandsmärkten nicht ausreichend. Für international tätige Banken ist es angesichts des Marktpotentials in Wachstumsregionen von steigender Bedeutung, auch mit den lokalen Kunden im Ausland Geschäfte zu tätigen. Vor dem Hintergrund eines steigenden Wettbewerbs auf globaler Ebene zwischen den international tätigen Banken ist die Berücksichtigung der spezifischen Erfolgsfaktoren wie Qualität sowie Vertriebs-, Beratungs- und Service-Kulturen notwendig.[7]

---

[4]   Quelle: Eigene Darstellung.

[5]   Unter Diskontinuitäten werden Umweltentwicklungen bezeichnet, die durch nicht stetig verlaufende Entwicklungsmuster gekennzeichnet sind. Lt. *Ansoff* treten diese insbesondere aufgrund zunehmender Umfeldturbulenzen auf, die auf „... growth of *novelty* of change..., ...growth in the *intensity* of the environment..., ... increase in the *speed* of environmental change..., ... growing *complexity* of the environment ..." zurückzuführen sind. Ansoff, I.H.: Strategic Management [1980], S. 31-32.

[6]   So hat aus der Gruppe der international tätigen Banken bspw. die Deutsche Bank AG 32% des Betriebsergebnisses in 1998, die Banque Nationale de Paris 50% des Ergebnisses vor Steuern aus dem Auslandsgeschäft in 1997 und die ABN Amro 54% des Ergebnisses vor Steuern in 1998

- **Internationalisierung durch internes und externes Wachstum**: Die auch grenzüberschreitend zunehmenden Fusionsaktivitäten der international tätigen Banken sowie der Aufbau neuer Stützpunkte im Ausland führen zu einem Wachstum eines heterogenen internationalen Mitarbeiterstammes der Banken durch die Präsenz in unterschiedlichen Märkten.[8]

- **Fokus auf kundenbezogenes Kerngeschäft**: Die Bedeutung des kundenbezogenen Kerngeschäftes steigt trotz der zunehmenden Wichtigkeit der Nutzung unterschiedlicher Vertriebskanäle. Dies geschieht insbesondere vor dem Hintergrund, daß die Out- und Insourcing-Tätigkeiten im Back-Office Bereich der Banken zunehmen[9] und geschäftsneutrale Prozesse als eigenständige Produkte und Dienstleistungen gestaltet und verkauft werden.

Diese Entwicklungen beeinflussen die Geschäftstätigkeit der international tätigen Banken und erfordern ein Überdenken der jeweiligen Positionierung im globalen Umfeld. Dies betrifft sowohl die Formulierung der strategischen Grundorientierung einer Bank als Voraussetzung für die internationale Ausrichtung als auch die jeweiligen regionen- bzw. länderbezogenen Geschäftsstrategien für spezifische Märkte. Als strategische Grundorientierung wird hierbei die „Entscheidung zwischen der Ausrichtung der Unternehmensaktivitäten am Weltmarkt und der Anpassung an die Umweltkonstellationen der einzelnen Auslandsmärkte"[10] bezeichnet. Diese Entscheidung wird von den individuellen, sich für die Banken ergebenden, Möglichkeiten und Bedingungen der Märkte beeinflußt.

Darüber hinaus existieren Entwicklungen im Umfeld der Banken, die übergeordnet auf einer **Makroebene** anzusiedeln sind. Die Globalisierung der Wirtschafts- und Finanzwelt bedeutet auch, daß durch ökonomische Entwicklungen und technische Vernetzungen nicht nur Wirtschafts- und Gesellschaftssysteme, sondern auch Kulturräume näher zusammenrücken und enger zusammenarbeiten.[11] Historisch gesehen waren ökonomische, politische und kulturelle Räume überwiegend deckungsgleich.

---

aus der International Division erwirtschaftete. Vgl. Deutsche Bank AG: Geschäftsbericht 1998 [1999], S. 88; Banque Nationale de Paris: Annual Report 1997 [1998], S. 3, 29; ABN AMRO: Annual Report 1998 [1999], http://www.abnamro.com.

[7] Vgl. Kern, H.: Relationship Management [1999], S. 7. Diese Trends gelten für das Corporate und Private Banking auf globaler Ebene gleichermaßen.

[8] Durch die Übernahme von Bankers Trust hat sich die Anzahl der nicht aus dem Heimatmarkt stammenden Mitarbeiter bei der Deutschen Bank AG ‚über Nacht' nahezu verdoppelt. Vgl. Deutsche Bank AG: Geschäftsbericht 1998 [1999], S. 14, 41. Bei der ABN AMRO hat sich die Relation der Mitarbeiter im Inland zu den Mitarbeitern im Ausland von 2,5:1 (1990) auf 1:2 (1998) verschoben und die Relation Filialen im Inland zu Filialen im Ausland von 3,2:1 (1990) auf 1:2,8 (1998) entwickelt. Vgl. ABN AMRO: Annual Report 1998 [1999], http://www.abnamro.com.

[9] Ein Beispiel für diesen Trend ist die Gründung der e.t.b. (European Transaction Bank AG) als Tochtergesellschaft der Deutschen Bank AG. Vgl. Deutsche Bank AG: European Transaction Bank AG [1999], http://www.deutsche-bank.de.

[10] Macharzina, K.: Unternehmensführung [1995], S. 727.

[11] Vgl. Klimecki, R.G. / Probst, G.J.B.: Interkulturelles Lernen [1993], S. 245-251.

4

Heute sind Wirtschaftssysteme jedoch als grenzüberschreitend bis global anzusehen; politische Systeme sind deckungsgleich mit Landesgrenzen. Geographische Gebiete mit kultureller Identität schrumpfen hingegen. Diese kulturellen Räume werden – entgegen den ökonomischen Welttrends – zunehmend kleiner; sub-nationale Eigenständigkeiten erhalten mehr Gewicht.[12] Hieraus ergibt sich eine heterogene Struktur der Zielmärkte der Banken, die sich nicht nur in landesspezifischen Merkmalen von Wirtschaft und Politik und den institutionellen Bedingungen von Finanz- und Bankenmärkten manifestiert. Diese Heterogenität kommt insbesondere in unterschiedlichen Landeskulturen, die auch durch Einflußfaktoren wie Religion und Philosophien geprägt sind, und in unterschiedlichen tradierten Werten und Verhaltensweisen zum Ausdruck.[13] Im internationalen Bankgeschäft geht die Globalisierung der Geschäftstätigkeit daher mit einer auf diese Heterogenität zurückzuführenden Multikulturalität der Kunden und Mitarbeiter einher.[14]

Levitt vertritt die Auffassung: „corporations sell standardised products in the same way everywhere -… banking and insurance business … to mention some of the obvious."[15] Diese Auffassung negiert das Vorhandensein von kulturellen Unterschieden bzw. die Existenz von kulturellen Besonderheiten in einzelnen Ländermärkten, die Auswirkungen auf die Ansätze im Marketing international tätiger Banken haben können. Jede grenzüberschreitende Tätigkeit im internationalen Bankgeschäft stellt eine interkulturelle Situation dar. Da in einer Dienstleistungsbranche wie dem Bankgeschäft Interaktionen von Menschen stattfinden – im internationalen Geschäft zudem zwischen unterschiedlichen Kulturen – ist die Aussage Levitts in Frage zu stellen. Das erforderliche interkulturelle Handeln ergibt sich in den kulturellen Überschneidungssituationen, in denen „gewohnte, eigenkulturell geprägte Verhaltensweisen, Denkmuster und Emotionen mit fremden, ungewohnten Verhaltensweisen, Denkmustern und Emotionen fremdkulturell geprägter Interaktionspartner zusammentreffen".[16] Produkte und Dienstleistungen im Bankgeschäft werden global auf Märkten der ganzen Welt vertrieben. Es ist aber in diesem Zusammenhang nicht von Bedeutung, um welche Produkte es sich handelt und wo diese erhältlich sind, sondern vielmehr zu erfahren und beurteilen zu können, was diese Produkte und Dienstleistungen für Menschen in verschiedenen Kulturen bedeuten.[17] Diese kulturell geprägten Einstellungen beeinflussen das Bankgeschäft in Auslandsmärkten, so daß die explizite Berücksichtigung des Faktors Kultur bei der Geschäftstätigkeit Hilfestellung leistet. Aufgrund der dargestellten Entwicklungen ist davon auszugehen, daß die Anzahl weltweiter geschäftlicher Kontakte international tätiger Banken steigt.

[12] Adler, N.J.: Competitive Frontiers [1995], S. 524-526.
[13] Anthropologen führen weltweit ca. 15.000 eigenständige Regional-Kulturen an. Vgl. Engelhard, J.E.: Virtualisierung [1999], S. 332.
[14] Vgl. Adler, N.: Organizational Behavior [1997], S. 123.
[15] Levitt, T.: The Globalization of Markets [1983], S. 93.
[16] Thomas, A. / Hagemann, K.: Training interkultureller Kompetenz [1996], S. 175.
[17] Vgl. Trompenaars, F. / Hambden-Turner, C.: Riding the Waves of Culture [1997], S. 3.

Dies stellt zunehmend höhere Anforderungen an das Management und die Mitarbeiter der Bank, da so die kulturelle Komplexität im Aktionsfeld der Banken zunimmt.[18] Das Management der international tätigen Bank kann somit nicht als unabhängig vom jeweiligen kulturellen Kontext angesehen werden.

Die Kulturabhängigkeit der Unternehmensführung wird neben der steigenden Umweltdynamik und -komplexität und der hiermit steigenden Relevanz von Umfeldbedingungen als eine wichtige Ursache für die zunehmende Sensibilisierung von Unternehmungen für eine kulturorientierte Ausgestaltung von Management in ausländischen Märkten gesehen. Das internationale Management wird sogar bereits als weitestgehend identisch mit kulturbezogenem Management bezeichnet.[19] Für diese Arbeit soll herausgestellt werden, daß eine kulturorientierte Ausrichtung und Betrachtung des internationalen Bankgeschäftes eine traditionell ökonomische, eher quantitative Betrachtungsweise der Globalisierung des Bankgeschäftes nicht ersetzen will. Vielmehr soll die Perspektive in einem komplementären Ansatz um kulturelle Aspekte im Umfeld von Banken mit Relevanz für die Gestaltung des Führungsansatzes und von Geschäftsbeziehungen erweitert werden. Für die international tätige Bank resultiert hieraus die Notwendigkeit, sich analog zu den rein ökonomischen Überlegungen zur Ausrichtung der Geschäftsaktivitäten in einem fremdkulturellen Umfeld auch den nationalen und kulturspezifischen Anforderungen in den relevanten Zielländern zu stellen, da diese direkten oder indirekten Einfluß auf den Erfolg der Geschäftstätigkeit haben (können). Einen solchen kulturorientierten – interkulturellen – Managementansatz für international tätige Banken zu entwickeln ist Gegenstand dieser Arbeit. Dabei sollen die managementrelevanten, kulturellen Themenstellungen erkannt und für das strategische und operative Bankmanagement von international tätigen Banken in den südostasiatischen Märkten Singapur, Malaysia und Vietnam aufbereitet werden.

Die Notwendigkeit, die Art und der Umfang der Berücksichtigung von Kultur bei der internationalen Geschäftstätigkeit wird in der Forschung durch Einnahme von unterschiedlichen Standpunkten bis heute kontrovers diskutiert, auch wenn tendenziell die Auffassung akzeptiert wird, daß Management – unabhängig von der Intensität der Ausprägung – als kulturabhängig anzusehen ist.[20] Ein wesentlicher Grund für die Übertragung dieser Auffassung auf das internationale Bankgeschäft ist, daß „bei aller Globalisierung ... auch in Zukunft die nationalen Finanzsysteme von Land zu Land

---

[18] Vgl. Mauritz, H.: Interkulturelle Geschäftsbeziehungen [1996], S. 1; Rothlauf, J.: Interkulturelles Management [1999], S. 8.
[19] Vgl. Meissner, H.G.: Kulturschock in der Betriebswirtschaftslehre [1997], S. 6-9. Die Begriffe Management und Unternehmensführung werden in dieser Arbeit synonym benutzt.
[20] Viele Autoren stellen diese (derzeitigen) Rahmenbedingungen der internationalen Unternehmungstätigkeit sogar als das Hauptproblem für das internationale Management dar. Vgl. Macharzina, K.: Unternehmensführung [1995], S. 718-720; Dülfer, E: Internationales Management in unterschiedlichen Kulturbereichen [1996], S. 180-181; Meissner, H.G.: Kulturschock in der Betriebswirtschaftslehre [1997], S. 6-9.

6

Unterschiede aufweisen. Aspekte wie Geschichte, Tradition, Gesellschaft, Kultur, Sprache, Erziehung, Recht und Usancen sind nicht zu unterschätzen."[21] In dieser Arbeit wird daher der Auffassung gefolgt, daß ein Managementansatz für die Geschäftstätigkeit in Auslandsmärkten grundsätzlich kulturgebunden (‚culture-bound') ist. Es wird davon ausgegangen, daß menschliches Handeln grundsätzlich kulturgeprägt ist und es somit *nicht* Aufgabe dieser Arbeit ist, den Einfluß von Kultur in Form von Werten und Normen zu beweisen, sondern auf Basis dieser Annahme zu weiterführenden Erkenntnissen zu gelangen.

Aus forschungstheoretischer Sicht sind hierbei drei Aspekte von Bedeutung, die die Zielsetzung dieser Arbeit hinsichtlich des Forschungsbedarfs konkretisieren:

1. Branchenfokus

Interkulturelle Themenstellungen werden derzeit aus einer Vielzahl von Forschungsrichtungen mit Fokus auf einzelne Länder, funktionale Themen oder Einzelaspekte untersucht.[22] Es existiert jedoch in der Literatur zum internationalen Management, zum interkulturellen Management und zur Bankbetriebslehre kein derartig branchenfokussierter Untersuchungsansatz für international tätige Banken.[23] Diese forschungsbezogene Lücke soll in dieser Arbeit ansatzweise geschlossen werden, wobei der Schwerpunkt in der Formulierung einer kulturorientierten Vorgehensweise liegen soll. Dies bedeutet, daß als Grundlage eines interkulturellen Managementansatzes von Banken die landesspezifischen banken- und finanzmarktbezogenen Charakteristika aus einer kulturellen Perspektive heraus analysiert werden. Hiermit soll der Forderung nach sogenannter praxisorientierter ‚Transferforschung' nachgekommen werden.[24]

2. Differenzierte Länderanalyse in der Region Südostasien

Die vorliegende Managementliteratur beschäftigt sich vorwiegend mit den Märkten Japan und China und läßt den Wirtschaftsraum Südostasien außer acht.[25] Dieser hat jedoch durch das lang anhaltende Wirtschaftswachstum, aber auch durch die asiatische Wirtschafts- und Finanzkrise die Aufmerksamkeit der internationalen Gemeinschaft auf sich gezogen. In dieser Arbeit soll aus der Perspektive eines kulturorien-

---

[21] Doerig, H.-U.: Universalbank [1996], S. 16.

[22] Siehe zur forschungstheoretischen Fundierung und Einordnung des Interkulturellen Managements Kapitel 2.1.3.2.

[23] Ausnahme ist eine von *Schuster* herausgegebene Aufsatzsammlung, in der (inklusive einem von *Schuster* selber verfaßten Aufsatz zu länderübergreifenden Aspekten des Interkulturellen Managements von Banken) anhand von 50 Beiträgen von Autoren aus aller Welt ein Einblick in verschiedene Finanzplatzkulturen sowie einzelne kulturelle Aspekte im Bankgeschäft gegeben wird. Vgl. Schuster, L.: Banking Cultures of the World [1996]. *Schuster* hat darüber hinaus weitere Aufsätze zu interkulturellem Bankmanagement veröffentlicht.

[24] Vgl. Keller, E.v.: Management in fremden Kulturen [1982], S. 615-616.

[25] Parallel zur Erstellung dieser Arbeit ist die Publikation von *Nass* zu interkulturellen Managementprozessen in sechs südostasiatischen Ländern erschienen. Vgl. Nass, O.: Interkulturelles Management in Südostasien [1998].

tierten Ansatzes das interkulturelle Management von Banken aus westlichen Kulturkreisen in ausgewählten südostasiatischen Ländern, – namentlich Singapur, Malaysia und Vietnam – analysiert werden.[26] Die Arbeit kann somit in die Untersuchungen
von interkulturellen Themenbereichen zwischen westlichen und asiatischen Kulturkreisen eingeordnet werden. Die Verhaltensweisen, Denkstile und Wertesysteme
weichen nicht nur zwischen westlichen und asiatischen Kulturen voneinander ab. Sie
machen gleichzeitig auch die Unterschiede zwischen einzelnen südostasiatischen
Märkten aus.[27] Es werden jedoch keine Kulturvergleiche angestellt, sondern auf Basis der Analyse von drei südostasiatischen Märkten länderspezifische kulturelle
Merkmale mit Bedeutung für das Bankgeschäft in managementrelevante Aspekte für
westliche Banken übersetzt. Hieraus leitet sich für die zu untersuchenden Länder die
integrierende Frage ab, wie landesspezifische Managementansätze im Bankgeschäft
unter Berücksichtigung von interkulturellen Erfolgsfaktoren gestaltet werden können,
um in Singapur, Malaysia und Vietnam gemäß den gesamtbankbetrieblichen Zielsetzungen agieren zu können.

3. Perspektive von Auslandsgesellschaften international tätiger Banken

Seitens der Wissenschaft wird für das Forschungsobjekt ‚Auslandsgesellschaften'
international tätiger Unternehmungen Forschungsbedarf im internationalen Management insbesondere vor dem Hintergrund der Erfolgsbeiträge und der Geschäftsvolu-
mina von Auslandsgesellschaften gesehen.[28] Die Arbeit nimmt dahingehend die Perspektive von Auslandsgesellschaften von westlichen Banken ein, daß die problemorientierte Aufbereitung und Formulierung von Anforderungen an ein Interkulturelles
Management auf den Erkenntnissen und Erfahrungen von Auslandsgesellschaften
beruht. Unter dem Begriff der Auslandsgesellschaft sollen alle im Ausland unterhaltenen Stützpunkte der international tätigen Bank unabhängig von der rechtlichen Ausgestaltung oder Größe zusammengefaßt werden. Bei Relevanz von interkulturellen
Managementaspekten für die Geschäftstätigkeit in den ausländischen Märkten wird
jedoch dann die Ergänzung um die Perspektive der Zentrale bzw. der Gesamtbank
vorgenommen, wenn sich bei der Ausgestaltung des interkulturellen Managementansatzes konkrete Ansatzpunkte hierfür ergeben.

Aus der angeführten Problemstellung sowie dem aufgezeigten Forschungsbedarf
läßt sich die folgende Zielsetzung der Arbeit ableiten:

Ziel dieser Arbeit ist es, einen Ansatz für ein Interkulturelles Management von Banken zu entwickeln, der die kulturbezogenen Themenbereiche im internationalen

---

[26] Als westliche Kulturkreise werden in dieser Arbeit Europa, Nordamerika sowie Austra-
lien/Neuseeland zusammengefaßt.
[27] Vgl. Töpfer, A. / Schneidewind, D.: Strategische Ansatzpunkte [1991], S. 16.
[28] Vgl. Kutschker, M. / Bäuerle, I. / Schmid, S.: Tochtergesellschaften in international tätigen Unternehmungen [1998], S. 3.

8

Bankgeschäft analysiert, hieraus interkulturelle Erfolgsfaktoren ableitet und diese in konkrete Handlungsempfehlungen für das strategische und operative Bankmanagement der international tätigen Bank übersetzt. Dies geschieht beispielhaft anhand der genannten drei südostasiatischen Länder Singapur, Malaysia und Vietnam. Ein Schwerpunkt der Betrachtung ist die Analyse der Rahmenbedingungen der Geschäftstätigkeit (Kontextfaktoren) der Auslandsgesellschaften, da diese wesentliche Erkenntnisse über die Umfeldbedingungen der Geschäftstätigkeit vermittelt.

1.2 Wissenschaftsmethodisches Vorgehen

Inhalt dieser Arbeit ist gemäß Themendefinition und Problemstellung eine Verknüpfung der Bankbetriebslehre als eigenständige branchenbezogene Betriebswirtschaftslehre, dem Internationalen Management und verschiedenen weiteren Forschungsrichtungen, die sich mit dem Kulturphänomen beschäftigen (z.B. Kulturvergleichende Managementforschung, Soziologie, Anthropologie) und die sich jeweils als angewandte Wissenschaften verstehen.[29] Der zugrunde liegende Praxisbezug zeigt sich dadurch, daß die Erfassung typischer Praxisprobleme den Ausgangspunkt für die Untersuchung möglicher zukünftiger Realitäten darstellt.[30] Die konkrete Hilfestellung für die bankbetriebliche Praxis äußert sich letztendlich in der Unterstützung bei der Entscheidungsfindung, der Entscheidungsrealisierung und der Kontrolle der Entscheidungsergebnisse, kurz: beim Management des Bankbetriebes.[31] Die Vorgehensweise kann anhand der in Abbildung A/1-2 dargestellten forschungsmethodischen Schritte verdeutlicht werden.

---

[29] Vgl. Zobel, P.H.: Aktuelle Forschungsfelder [1996], S. 24-28. Angewandte Wissenschaften sind dadurch gekennzeichnet, daß auf bereits vorhandene Erkenntnisse in Theorie und Praxis zurückgegriffen wird und auf die Gestaltung der Wirklichkeit ausgerichtete Ziele verfolgt werden. Vgl. Schanz, G.: Methodologie [1988], S. 14-15.

[30] Vgl. Ulrich, H.: Betriebswirtschaftslehre [1981], S. 10.

[31] Vgl. Eilenberger, G.: Bankbetriebswirtschaftslehre [1996], S. 3-5.

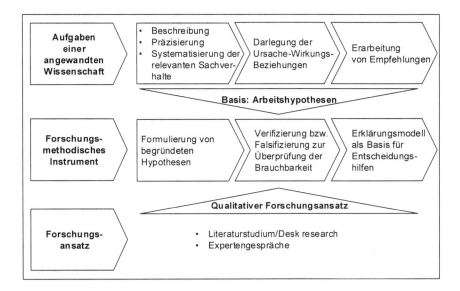

Abbildung A/1-2:   **Wissenschaftsmethodische Vorgehensweise**[32]

Die angeführten Aufgaben stellen gleichzeitig auch die Funktionen einer angewandten Wissenschaft – Informations-, Erklärungs- und Gestaltungsfunktion – dar:[33] Wesentliches forschungsmethodisches Instrument zur Bewältigung der ersten und zweiten Aufgabe ist die Formulierung von Arbeitshypothesen, die zunächst als grundsätzliches Vorverständnis bzw. Vermutungen für bedeutsame Zusammenhänge in der Wirklichkeit bezeichnet werden können.[34] Gleichzeitig bilden sie die Grundlage für die Auswahl und Beschreibung der Elemente, welche in dieser Arbeit von Bedeutung sind.[35] Dies heißt, daß im Rahmen einer schrittweisen Konkretisierung Hypothesen zunächst begründet und plausibel, aber ungeprüft formuliert werden.[36] Diese deduktiv gewonnenen Aussagen sollen im empirischen Teil der Arbeit verifiziert bzw. falsifiziert werden, um so eine Überprüfung der Brauchbarkeit vorzunehmen.[37] Letztendlich münden die Hypothesen in ein Erklärungsmodell, das als Basis für Entscheidungshilfen herangezogen werden kann.

---

[32] Quelle: Eigene Darstellung.

[33] Vgl. Macharzina,K. / Oesterle, M.-J.: Konzept der Internationalisierung im Spannungsfeld [1997], S. 9-10, 16; Eilenberger, G.: Bankbetriebswirtschaftslehre [1996], S. 3-5.

[34] Vgl. Schanz, G.: Methodologie [1988], S. 24-32. Diese hypothetische Rekonstruktion der Realität kann auch als Erwartungshorizont bezeichnet werden, der als Bezugsrahmen für Handlungen, Beobachtungen und Erlebnisse genutzt werden kann. Vgl. Popper, K.R.: Naturgesetze und theoretische Systeme [1972], S. 46, zitiert bei Schanz, G.: Methodologie [1988], S. 25.

[35] Vgl. Macharzina, K. / Oesterle, M.-J.: Konzept der Internationalisierung im Spannungsfeld [1997], S. 13-15.

[36] Vgl. Schanz, G.: Methodologie [1988], S. 24-32.

[37] Vgl. Wöhe, G.: Einführung [1990], S. 34-39.

Für diese Arbeit bedeutet dies eine hypothesengestützte Vorgehensweise. Zunächst werden durch eine Literaturanalyse die für die Themenstellung relevanten Erkenntnisse des Interkulturellen Managements aufgearbeitet und im zweiten Schritt auf das internationale Bankgeschäft übertragen. Im dritten Schritt erfolgt auf Basis empirischer Beobachtungen sowie desk research eine Beschreibung des Untersuchungsgegenstandes, der Kontextbedingungen des Bankgeschäftes der Banken aus westlichen Kulturkreisen in Singapur, Malaysia und Vietnam. Aus den Schritten zwei und drei resultieren erste Arbeitshypothesen über funktionale und kausale Zusammenhänge der Themenstellung. Jene werden schrittweise als Implikationen für die international tätigen Banken bzw. deren Auslandsgesellschaften als Bezugsobjekt der Arbeit formuliert. Die in der Arbeit aufgestellten Hypothesen sind jedoch nicht chronologisch, sondern in einem iterativen Prozeß während der Erstellung der Arbeit und fortschreitendem Erkenntnisstand zustande gekommen.[38]

Die empirische Fundierung dieser Arbeit erfolgt als qualitativer Forschungsansatz, der in der relevanten Literatur als geeigneter Weg zur Gewinnung von Erkenntnissen für die interkulturelle Managementforschung angesehen wird.[39] Der Ansatz basiert auf Interviews, d.h. persönlichen Gesprächen, die mit Vertretern westlicher Banken in den untersuchten Ländern geführt wurden.[40] Die Auswahl der ausländischen Banken für die Interviews erfolgte anhand des Kriteriums der Präsenz in den drei Ländern sowie der Bedienung verschiedener Geschäfts- und Kundensegmente. Bei den Banken handelt es sich um international tätige Institute, die in unterschiedlichen Präsenzformen (Auslandsgesellschaften) in den untersuchten Ländern tätig sind. Zudem wurden Vertreter von landesbezogenen Organisationen und lokalen Banken befragt, um dem Anspruch einer möglichst vollständigen, objektiven Analyse der Marktperspektiven gemäß der Zielsetzung der Arbeit gerecht zu werden.[41] Die Expertengespräche wurden anhand eines einheitlichen, strukturierten Gesprächsleitfadens mit vorwiegend offen gestellten Fragen geführt. Dieser wurde den Gesprächspartnern im Vorfeld der Interviews zur Vorbereitung zur Verfügung gestellt. Alle Gespräche sind aufgezeichnet, schriftlich in Protokollen festgehalten und den Gesprächspartnern zur abschließenden Abstimmung vorgelegt worden. Die verwendeten Gesprächsleitfäden (ausländische Banken, lokale Banken, Zentralbanken) befinden sich im Anhang der Arbeit.[42]

---

[38] Vgl. Schoch, G.: Unternehmenskultur in Banken [1987], S. 45-46.
[39] Vgl. von Keller, E.: Management in fremden Kulturen [1982], S. 576-587, 617-618; Bosch, B.: Interkulturelles Management [1996], S. 143-144; Stüdlein, Y: Management von Kulturunterschieden [1997], S. 14-17; Fischer, M.: Interkulturelle Herausforderungen [1996], S. 17-18. Siehe hierzu auch kritisch: Schmid, S.: Multikulturalität [1996], S. 309-311.
[40] Zur Wahl des persönlichen Interviews als geeignetes Instrument zur explorativen Forschung siehe auch Welge, M.K. / Berg, N.: Public Affairs-Management [1999], S. 200 sowie die hier zitierte Literatur.
[41] Die Aussagen der Gesprächspartner sind unter Berücksichtigung der Herkunft der jeweiligen Bank (Auslandsbank, lokale Bank) gewertet worden.

Die Fragen sind vorwiegend als offene Fragen formuliert worden, da somit explorativ die Erfahrungen der Gesprächspartner ermittelt werden konnten. Aufgrund der politischen Situation, der Sensibilität der Themenstellung sowie des Umganges mit der Themenstellung in den untersuchten Ländern erfolgt eine vollständige Anonymisierung der Ergebnisse der Expertengespräche. Dies bedeutet, daß weder der Name der befragten Banken noch der Gesprächspartner bei der Zitierung von Gesprächsaussagen genannt wird. Ohne die Zusicherung der Anonymität wäre diese Art der empirischen Forschung nicht möglich gewesen. Die Anonymisierung stellt jedoch auch eine Restriktion für die Auswertungen der Gespräche dar, da eine Darstellung oder vergleichende Analyse von Managementansätzen der Banken oder institutsspezifischer Vorgehensweisen nur eingeschränkt möglich war. Die von den Gesprächspartnern zur Verfügung gestellten qualitativen Informationen konnten deshalb teilweise nur allgemein als Indizien ausgewertet werden. Der oftmals anekdotische Charakter der Aussagen dient sowohl der Veranschaulichung der Problemstellungen als auch als Ansatzpunkt für die Ableitung von Schlußfolgerungen.[43] Exemplarische Informationen zu und Beschreibungen von einzelnen Banken erfolgen nur dann namentlich, wenn öffentlich zugängliche Informationen wie Geschäftsberichte, Presseartikel oder Informationsbroschüren zur Verfügung standen.[44]

Auf Basis der gewählten Forschungsmethodik soll im Folgenden ein inhaltlicher Überblick über den Aufbau dieser Arbeit gegeben werden.

1.3 Aufbau der Arbeit

Die Arbeit ist neben dieser Einleitung in die vier Hauptkapitel zwei bis fünf und eine Schlußbetrachtung untergliedert.

Die **Einleitung (Kapitel 1)** umfaßt die Hinführung zur Themenstellung und Problemstellung, Zielsetzung der Arbeit, die methodische Fundierung und einen kurzen Überblick über den konzeptionellen Aufbau der Arbeit.

Gegenstand des **zweiten Kapitels** ist die Erarbeitung und Darstellung der für die Arbeit notwendigen begrifflichen und theoretischen Grundlagen zur Einnahme einer kulturellen Perspektive im internationalen Bankgeschäft. Ziel des Kapitels ist es, durch die Entwicklung eines Bezugsrahmens die Ansatzpunkte für die Ausgestaltung eines interkulturellen Managementansatzes von Banken sowie für die Vorgehensweise in der Arbeit aufzuzeigen. Der Bezugsrahmen resultiert aus der Aufbereitung

---

[42] Vgl. Anhang D.1, D.2, D.3.

[43] Zur Problematik der Akzeptanz von ‚weichen' Forschungsmethoden sowie der Bedeutung des Erkenntnisgewinnes aus persönlichen Erfahrungen vgl. auch Keller, E.v.: Management in fremden Kulturen [1982], S. 587-589, 593-594.

[44] Aufgrund der Verfügbarkeit von Gesprächspartnern sowie des Zuganges zu Informationen sind die auf dieser Basis beschriebenen Aktivitäten von Banken daher nicht notwendigerweise deckungsgleich mit den befragten Banken.

und Verknüpfung der Aspekte Interkulturelles Management, internationales Bankgeschäft und strategisches internationales Management. Zur Strukturierung der für die
Bearbeitung der Themenstellung erforderlichen Analysen von Kontextfaktoren wird
ein Raster unter Berücksichtigung der Möglichkeiten zur Operationalisierung von
‚Kultur' aufgestellt.

Im **dritten Kapitel** der Arbeit werden die relevanten länder- und branchenspezifischen Umfeldbedingungen der international tätigen Banken untersucht. Ziel ist es,
die Bedeutung der kulturellen und kulturell beeinflußten Umfeldfaktoren für die Geschäftätigkeit der international tätigen Banken aufzuzeigen. Nach einer Einführung
zur Region Südostasien als Zielmarkt international tätiger Banken werden Singapur,
Malaysia und Vietnam als zu betrachtende Länder ausgewählt. Die Analysen der
Länder umfassen die relevanten Kontextfaktoren im Umfeld der Banken, die seitens
dieser als exogene, nicht beeinflußbare Faktoren anzusehen und für die Geschäftstätigkeit in den untersuchten Ländern zu berücksichtigen sind.

Inhalt von **Kapitel 4** ist die Erfassung, Beschreibung und Beurteilung der auf das
Management der Auslandsgesellschaften von westlichen Banken bezogenen interkulturellen Themenbereiche. Ausgangspunkt ist die Darstellung der strategischen
Orientierung und der Geschäftsaktivitäten westlicher Banken in Singapur, Malaysia
und Vietnam. Ziel der Analysen ist es, eine strukturierte Aufbereitung der Marktbeziehungen sowie der Führungssituationen der Auslandsgesellschaften dieser Banken
in den drei Ländern für die Ableitung von Erfolgsfaktoren eines interkulturellen Managementansatzes zu leisten.

Im **fünften Kapitel** werden die speziellen Anforderungen, die sich aus den Analysen
und ermittelten Erfolgsfaktoren in den vorherigen Kapiteln ableiten lassen, in einen
interkulturellen Managementansatz für die westlichen Banken überführt. Ziel ist es,
einen interkulturellen, funktional orientierten Managementansatz hinsichtlich der relevanten Verantwortungsbereiche in der Bank (Zentrale, Auslandsgesellschaft) sowie
der Managementinstrumente zu konzeptionieren. Als Managementbereiche werden
das Marketing, das Personalmanagement sowie Führungsaspekte betrachtet. Überlegungen zur Erfassung der Erfolgswirksamkeit eines interkulturellen Managementansatzes schließen die konzeptionellen Überlegungen ab.

Das abschließende **Kapitel sechs** umfaßt eine Schlußbetrachtung sowie einen Ausblick auf offene Forschungsfragen.

Die folgende Abbildung A/1-3 zeigt den gesamten Aufbau der Arbeit und die forschungsmethodischen Zusammenhänge der einzelnen Kapitel im Überblick noch
einmal auf:

A. Grundlagen	
1. Einführung	

2. Entwicklung einer interkulturellen Perspektive im internationalen strategischen Bankmanagement
 	
   • Begriffssystem im Interkulturellen Management
   • Bedeutung von Kultur für das internationale Bankgeschäft
   • Umfeldbeziehungen im strategischen Bankmanagement
   • Bezugsrahmen für ein Interkulturelles Management von Banken
   • Ableitung eines kulturorientierten Analyserasters	

B. Kulturorientierte Analyse der Umfeldbedingungen in Singapur, Malaysia und Vietnam	

3. Kulturorientierte Analyse externer Kontextfaktoren des Bankgeschäftes in Singapur, Malaysia und Vietnam
 	
   • Südostasien als Zielregion internationaler Banken
   • Analyse der länderspezifischen Kontextfaktoren
   • Analyse der branchenbezogenen Rahmenbedingungen
	Aufstellung und Überprüfung von Arbeitshypothesen

C. Konzeptionierung eines interkulturellen Managementansatzes für westliche Banken in Singapur, Malaysia und Vietnam	

4. Identifikation und Beurteilung multikultureller Situationen bei der Geschäftstätigkeit westlicher Banken
 	
   • Problempotentiale interkultureller Zusammenarbeit
   • Analyse der Interaktionsbeziehungen am Markt
   • Analyse der Interaktionsbeziehungen in der Auslandsgesellschaft
   • Ableitung strategischer Erfolgsfaktoren	

5. Gestaltungsmöglichkeiten für ein Interkulturelles Management von westlichen Banken in Südostasien am Beispiel von Singapur, Malaysia und Vietnam
 	
   • Formulierung der Anforderungen an die westlichen Banken
   • Gestaltung interkultureller Marketinginstrumente
   • Unternehmungskultur als Integrationsinstrument für Personalmanagement und Führung
   • Ansatz eines „Kultur-Controlling"	

D. Schlußbetrachtung	
6. Zusammenfassung und Ausblick	

Abbildung A/1-3:   **Aufbau der Arbeit**[45]

---

[45]   Quelle: Eigene Darstellung.

2 Entwicklung einer interkulturellen Perspektive im internationalen strategischen Bankmanagement

Aus der angeführten Themenstellung und Zielsetzung der Arbeit lassen sich die grundlegenden Fragestellungen ableiten, die in den nachfolgenden Kapiteln theoretisch untersucht werden sollen.

- Bestimmung der dieser Arbeit zugrunde liegenden Kulturauffassung und Aufzeigung der forschungstheoretischen Fundierung eines interkulturellen Managementansatzes (Kapitel 2.1),

- Identifikation der Ansatzpunkte für eine Kulturorientierung im internationalen strategischen Bankmanagement (Kapitel 2.2),

- Ableitung des relevanten Bezugsrahmens für einen interkulturellen Managementansatz von Banken (Kapitel 2.3),

- Operationalisierung des Kulturbegriffes zur Entwicklung eines Rasters für die kulturorientierte Umfeldanalyse der westlichen, international tätigen Banken (Kapitel 2.4).

Die Themenstellungen zeigen die sukzessive Verknüpfung der Aspekte Kultur, Bank geschäft und strategisches Management auf.

2.1 Begriffsbestimmungen im Interkulturellen Management

Um den bisher als ‚juvenil' bezeichneten Forschungsstand im Interkulturellen Management[46] zu verbessern, wird gefordert, daß als Basis einer inhaltlichen Ausformung von (internationalen) Managementtheorien zunächst ein eindeutiges Begriffssystem erarbeitet werden muß. „...Mit dessen Hilfe ... (Anm. d. Verf.: werden) im weiteren Entwicklungsprozeß die Elemente der jeweiligen Erkenntniswelt systematisch erfaßt, erklärt und schließlich auch gestalterisch beeinflußt.".[47] Dieser Forderung soll im Folgenden für diese Arbeit nachgekommen werden.

---

[46] Vgl. Macharzina, K.: Interkulturelle Perspektiven [1995], S. 279.
[47] Macharzina, K. / Oesterle, M.-J.: Konzept der Internationalisierung im Spannungsfeld [1997], S. 9.

2.1.1 Definition und Abgrenzung von Kultur

2.1.1.1 Definition von Kultur

Grundsätzlich gestaltet sich in allen wissenschaftlichen Arbeiten, die sich mit dem Thema Kultur auseinandersetzen, die Abgrenzung und Definition von Kultur als schwierig.[48] Ursache hierfür ist, daß der Objektbereich ‚Kultur‘ in unterschiedlichen Forschungsgebieten unter jeweils verschiedenen Zielsetzungen und Auffassungen betrachtet wird.[49] An dieser Stelle ist es daher von Bedeutung, eine Arbeitsdefinition zu finden, die ‚Kultur‘ in allen wesentlichen Ausprägungen vollständig umschreibt und erfaßt, gleichzeitig aber einen Systematisierungsansatz liefert, der die für die Entwicklung eines interkulturellen Managementansatzes wesentlichen Anknüpfungspunkte herausstellt.

Daß die Definition von Kultur ex ante, d.h. vor der Verbindung mit den im Interkulturellen Management auftretenden Sachverhalten und Problemstellungen erfolgt, ist insofern wichtig, als daß hiermit gewährleistet werden kann, daß die von dem Phänomen Kultur ausgehenden Einflüsse auf das Management im vorhinein im Zusammenhang dargestellt und analysiert werden können.[50] Oftmals wird aufgrund der ungenauen Begriffsdefinition Kultur ex post als Erklärungsgröße oder verbleibende Ursache von betriebswirtschaftlichen Untersuchungen oder Problemstellungen herangezogen.[51] Zusätzlich existiert die Schwierigkeit, daß bei der Lösung dieser Problemstellungen die Begründungen, die auf „unscharfen" und „soft fact" Argumenten beruhen, von solchen Argumenten, die einen quantifizierbaren Inhalt aufweisen, verdrängt werden.[52] Kultur hat als erklärende Variable oftmals gerade deshalb einen schweren Stand in der betriebswirtschaftlichen Forschung, weil bereits methodisch die Beschreibung, Kategorisierung und Analyse dessen, was Kultur ausmacht, im Rahmen der Erfassung Probleme bereitet.[53] Es kann daher vorab darauf hingewiesen werden, daß in der wissenschaftlichen Diskussion bisher kein abschließendes System an Aussagen zur Erfassung von Kultur entwickelt worden ist.[54] Für die zu leistende Definition bietet es sich daher an, Kultur anhand von beschreibenden Eigenschaften, die drei Typologisierungen zugeordnet werden können, inhaltlich ein-

---

[48] *Kroeber / Kluckhohn* haben bei dem Versuch einer inhaltlichen Aufarbeitung des Begriffes Kultur im Jahre 1952 bereits ca. 160 unterschiedliche Auslegungen zusammengetragen und kategorisiert. Vgl. Kroeber, A. / Kluckhohn, C.: <u>Critical Review</u>, [1952]; Keller, A.: <u>Rolle der Unternehmungskultur</u> [1990], S. 42-48.

[49] Vgl. Perlitz, M.: <u>Internationales Management</u> [1995], 301-313.

[50] Vgl. Fischer, M.: <u>Interkulturelle Herausforderungen</u> [1996], S. 19.

[51] Vgl. Kumar, B.N.: <u>Interkulturelle Managementforschung</u> [1988], S. 391-392.

[52] Vgl. Reineke, R.-D.: <u>Akkulturation von Auslandsakquisitionen</u> [1989], S. 11.

[53] Vgl. Kelley, L. / Worthley, R.: <u>Role of Culture</u> [1981], S. 164-165.

[54] Vgl. Macharzina, K.: <u>Interkulturelle Perspektiven</u> [1995], S. 267.

16

zugrenzen. Diese Typologisierungen sind in Abbildung A/2-1 aufgeführt und werden im Folgenden erläutert.

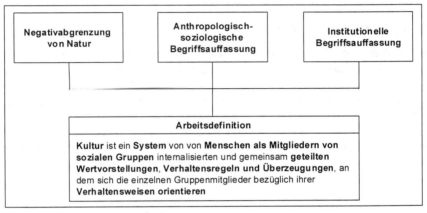

Abbildung A/2-1:   Entwicklung einer Arbeitsdefinition von ‚Kultur‘[55]

Zunächst kann ‚Kultur‘ in Form einer Negativabgrenzung bzw. dichotomischen Unterscheidung von ‚Natur‘ abgegrenzt werden. Natur umfaßt alle den Menschen vorgegebenen Umweltbedingungen, Kultur hingegen alle durch Menschen geschaffenen Eingriffe, Veränderungen und Schöpfungen.[56] Kultur ist somit menschengeschaffen, was in Kulturgegenständen, Sitten und Gebräuchen, sozialen Formen des Zusammenlebens, Überzeugungen, Werten und Einstellungen zum Ausdruck kommt.

Zum zweiten wird Kultur im anthropologisch-soziologischen Sinne oftmals anhand der Aufzählung von Eigenschaften beschrieben:[57]

- Kultur ist ein **soziales, überindividuelles Phänomen**, das sowohl von einer sozialen Gruppe oder von den Gruppenmitgliedern gelebt werden kann, als auch an andere (z.B. neue Gruppenmitglieder) durch die Gruppe weitergegeben wird,

- Kultur ist nicht vererbbar, aber für jedes Mitglied einer Gesellschaft oder sozialen Gruppe durch die Übertragung der Überzeugungen, Verhaltensweisen und Verhaltensregeln **erlernbar**,

- Kultur wird **durch Symbole verkörpert und übermittelt**; als Symbole kommen beispielsweise Sprache, Literatur, Kunst und Rituale in Frage,

[55]   Quelle: Eigene Darstellung.
[56]   Vgl. Dülfer, E.: Internationales Management in unterschiedlichen Kulturbereichen [1996], S. 189-190.
[57]   Vgl. Keller, E.v.: Management in fremden Kulturen [1982], S. 113-125; Keller, A.: Rolle der Unternehmungskultur [1990], S. 49-52; Stüdlein, Y.: Management von Kulturunterschieden [1997], S. 22-33.

- Kultur **steuert das Verhalten** der in einer sozialen Gruppe oder Gemeinschaft lebenden Individuen, da Kultur alle Regeln, Normen und Verhaltenskodices für diese Verhaltensweisen umfaßt,

- Kultur per se **zielt auf Konsistenz** ab, d.h. die steuernden Verhaltensregeln, Normen und Werte sollen ein möglichst widerspruchsfreies Konstrukt darstellen,

- Kultur hat **instrumentalen Charakter**, um einer Gesellschaft die Anpassung an ihre Umwelt zu ermöglichen, bzw. den Gesellschaftsmitgliedern im täglichen Leben durch die vermittelten Werthaltungen als Orientierungsgröße Hilfestellung zu leisten.

Kulturanthropologie beschäftigt sich also mit den Werten und Normen, die dem sozialen menschlichen Handeln zugrunde liegen und somit das institutionalisierte und organisierte Wissen der Mitglieder einer im Folgenden noch einzugrenzenden Kulturgruppe darstellen. Die soziologische Perspektive faßt Kultur als Sozialsystem auf und zielt auf die Untersuchung von Interaktionen und deren Ergebnissen ab.[58] Diese Begriffsauffassung liefert bereits das Grundverständnis für das Phänomen ‚Kultur‘, und zwar in dem Sinne, daß Kultur sich generell auf soziale Gruppen von Menschen bezieht und dies unabhängig von deren Größe, Art oder anderen speziellen Merkmalen.[59]

Zur dritten, konkreteren Eingrenzung dieser sozialen Gruppen kann Kultur schließlich anhand einer institutionellen Begriffsauffassung festgemacht werden. Hier stellt Kultur „eine ganz konkrete, real existierende, soziale Gemeinschaft"[60] dar. Sie wird in Bezug auf solche Gemeinschaften als „... vermittelte dynamische Orientierungssysteme im Sinne ‚konzeptioneller Realitäten‘ aufgefaßt ... , die über ihre Standardisierungsleistung den Angehörigen spezifischer Kollektivitäten eine Handlungsorientierung"[61] bietet. Dabei bezeichnen Kollektivitäten Länder, Regionen und Unternehmungen. Darüber hinaus werden durch die Definition von Gemeinsamkeiten auch Supra-Kulturkreise (z.B. ethnische Bevölkerungsgruppen, die in mehreren Nationen leben) und Sub-Kulturen (z.B. Abteilungen oder Auslandsgesellschaften von Unternehmungen) einbezogen.[62]

Im Folgenden wird Kultur sowohl im anthropologisch-soziologischen als auch im institutionellen Sinne als „ein System von von Menschen als Mitgliedern von sozialen Gruppen internalisierten und gemeinsam geteilten Wertvorstellungen, Verhaltensregeln und Überzeugungen, an dem sich die einzelnen Gruppenmitglieder bezüglich

---

[58] Vgl. Allaire, Y. / Firsirotu, M.E.: Theories [1984], S. 213-215; Dormayer, H.-J. / Kettern, T.: Kulturkonzepte [1997], S. 57-59.

[59] Vgl. Stüdlein, Y.: Management von Kulturunterschieden [1997]. S. 22-33.

[60] Keller, E.v.: Management in fremden Kulturen [1982], S. 119.

[61] Engelhard, J.E.: Virtualisierung [1999], S. 332.

[62] Vgl. Keller, E.v.: Management in fremden Kulturen [1982], S. 113-120.

18

der gewählte Verhaltensweisen orientieren" definiert (Abbildung A/2-1). Für diese Begriffsauffassung sind (kulturelle) Werte als handlungsleitende Faktoren aufgrund einiger Eigenschaften von ähnlich gestalteten Konzepten wie Bedürfnissen und Zielen zu unterscheiden. Das angeführte ‚Erlernen' von Kultur umfaßt eine Vermittlung von kulturellen Werten über Sozialisierungsprozesse, die über die Interaktionen von Individuen in einem jeweils spezifischen sozialen Kontext anzusehen sind.[63]

Diese Begriffsauffassung und die grundsätzlich für soziale Gruppen geltende Auffassung von Kultur sollen im Folgenden von anderen Umfeldfaktoren differenziert werden.

2.1.1.2 Abgrenzung von Kultur im gesellschaftlichen Umfeld

Kultur für sich stellt eine gesellschaftliche Determinante dar, deren Beziehung zu den weiteren Elementen wie Religion, Politik und Wirtschaft einer Abgrenzung bedarf. Wird diese Perspektive um dynamische Aspekte erweitert, ist das Phänomen des kulturellen Wandels aufgrund von Technologie und Bildungssystemen sowie generell aufgrund von makroökonomischer Entwicklung zu differenzieren.

Die Heterogenität von Kulturen wird oftmals anhand von ethnischen Merkmalen, Religion oder politischer Ideologie beschrieben.[64] Diese angeführten Elemente sind für eine Abgrenzung von Kultur innerhalb einer Gesellschaft nicht überschneidungsfrei. *Adler/Doktor/Redding* beschreiben die Einflußnahme von Kultur als ‚zirkulärer Natur'. Diese macht es schwierig, wenn nicht sogar unmöglich, kulturelle Ursächlichkeit von Verhalten von der Determinierung durch andere gesellschaftliche Faktoren zu trennen.[65]

Die Werte und Normen und somit auch die Verhaltensweisen der Mitglieder sozialer Gruppen, die im Gegenzug gemeinsam die Kultur definieren, werden durch Kultur beeinflußt. Diese ist daher nicht identisch mit anderen, primären gesellschaftlichen Strukturen, wirkt aber stark auf deren Form und die jeweilige Funktion ein. Die existierenden Bildungs-, Politik-, Rechts- und Wirtschaftssysteme von Gesellschaften resultieren auch aus dem zugrunde liegenden kulturellen Erbe.[66] Kultur reflektiert jedoch auch Werte, die Religion sowie politische und ökonomische Ideologien, aber auch Technologie einschließen.[67]

---

[63] Vgl. Heinen, E.: Unternehmenskultur [1997], S. 23.
[64] Vgl. Mead, R.: Cross-Cultural Dimensions [1998], S. 10-11.
[65] Vgl. Adler, N.J. / Doktor, R. / Redding, S.G.: Cross-Cultural Management Reviewed [1986], S. 299-300.
[66] Vgl. Adler,N.J. / Doktor, R. / Redding, S.G.: Cross-Cultural Management Reviewed [1986], S. 300.
[67] Vgl. hierzu und im folgenden Mead, R.: Cross-Cultural Dimensions [1998], S. 10-11.

Praktizierte Religionen verschiedener Richtungen (z.B. Christentum, Islam) umfassen ein System ethischen Glaubens und stellen eher eine idealistische als tatsächlich beschreibende Betrachtung der Verhaltensweisen der Gläubigen dar: Religion kann, muß aber nicht die kulturellen Werte beeinflussen. Gleiche Glaubensrichtungen können über Ländergrenzen hinweg praktiziert werden, ohne daß die jeweiligen Länderkulturen identisch sind. Umgekehrt bilden unterschiedliche Glaubensrichtungen in verschiedenen Ländern unterschiedliche Kulturen nur unpräzise ab.

Bei einem politischen System bzw. einer politischen Ideologie ist eine Rückführung auf kulturelle Werte ebenfalls nicht eindeutig, da diese Ideologie ein bestimmtes ‚Set of beliefs' repräsentiert. Es bestehen vielmehr wechselseitige Beeinflussungen zwischen Kultur und Politik. Ideologische Werte sind in ihrer Verhaltensbeeinflussung jedoch nur erfolgreich, wenn diese ein gewisses Maß an Reflexion der Kultur eines Landes leisten. Dies erklärt, daß politische Umstürze nicht mit einem entsprechenden Wechsel des zugrunde liegenden kulturellen Wertesystems verbunden oder auf solche zurückzuführen sind. Bildungssysteme als Vermittler von kulturellen Werten einer Gesellschaft können durch Regierungen und deren politische Ideologien gestaltet werden. Kulturelle Werte werden durch Regierungen – mit dem Anspruch der Abbildung der wesentlichen gesellschaftlichen Werte – instrumentalisiert, um erwünschte Entwicklungen einer Gesellschaft eines Landes auszulösen.[68] Religion und das politische Umfeld in einem Land sind somit sowohl als kulturgeprägt als auch selber als gesellschaftsprägende Faktoren zu betrachten. Alle Faktoren bestimmen folglich die wirtschaftliche Entwicklung eines Landes und diese wiederum die Entwicklung der Gesellschaft.

Die bisherigen Ausführungen stellen Kultur sowie andere gesellschaftliche Faktoren als statische Phänomene dar. Kultur ist jedoch als ‚Untermauerung' einer Gesellschaft und deren Entwicklung ein dynamisches Konstrukt und es vollzieht sich kultureller Wandel. Dieser wird vorwiegend auf Technologie und Bildungssysteme zurückgeführt.

Der Stand von Technologie (Stand verfahrenstechnischer Kenntnisse) sowie der Umgang mit Technik (Umsetzung von Erkenntnissen in zielorientiertes Handeln) resultiert aus der kulturellen Einstellung zu Technik und Technologie einer sozialen Gruppe. Gleichzeitig stellt Technologie einen Treiber für die Entwicklung von Gesellschaften, Wirtschaftssystemen und internationalen wirtschaftlichen Verflechtungen dar.[69] Technologie steht hierbei in einem engen Zusammenhang mit Bildung, da Technologie Wissen in einer Gesellschaft verteilen kann – auch über das herrschende Bildungssystem. Bildung und Technologie sind mobile Ressourcen, die international verfügbar gemacht werden können: Bildung kann durch den Aufbau bzw. die Unter-

---

[68]   Vgl. Mead, R.: Cross-Cultural Dimensions [1998], S. 11.
[69]   Vgl. Terpstra, V. / David, K.: Cultural Environment of International Business [1991], S. 134.

20

stützung von Bildungssystemen in anderen Ländern oder die Inanspruchnahme von Ausbildung im Ausland erreicht werden, Technologie kann durch Transfer in andere Länder nutzbar gemacht werden und den technischen Fortschritt im Land beeinflussen.[70] Wird Technologie als ein kulturelles System von Ideen innerhalb eines bestimmten Kulturkreises bezeichnet, das sich mit der Beziehung der Menschen und ihrer natürlichen Umwelt beschäftigt[71], bedeutet dies im Umkehrschluß, daß Technologie Werte und somit auch Verhaltensweisen beeinflussen oder aber auch limitieren kann. Gleichzeitig limitiert das existierende Wertesystem in einem Land jedoch auch diejenigen Technologien, die in einer Gesellschaft eingeführt werden können, da der Umgang mit Technologie kulturell determiniert, aber auch entwicklungsbezogen limitiert ist. Gemeinsam mit wirtschaftlicher Entwicklung und internationaler Integration können Technologie und Bildung als Treiber von kulturellem Wandel angesehen werden.[72]

Es läßt sich festhalten, daß Kultur innerhalb einer Gesellschaft als sehr komplex anzusehen ist und mit anderen gesellschaftlichen Elementen in einem wechselseitigen Beeinflussungsverhältnis steht. Hierbei gilt, daß die kulturellen Einflüsse auf die anderen Elemente stärker sind als die Einflußnahme der anderen Elemente auf Kultur selber. Eine isolierte Darstellung von Kultur ist vor diesem Hintergrund schier unmöglich.[73]

Kultur entwickelt sich insgesamt auch mit dem fortschreitenden, durch ökonomische Größen definierten Entwicklungsstand eines Landes bzw. einer Gesellschaft. Unterschiedliche Studien haben sich damit beschäftigt herauszufinden, *was* mit Kultur bei der fortschreitenden Entwicklung geschieht und welche Elemente von Kultur sich bei der Entwicklung verändern. So existieren Annahmen, daß kognitive Aspekte von Kulturen mit dem jeweiligen makro-ökonomischen Entwicklungsstand des Landes korrelieren.[74]

Die forschungstheoretischen Positionen sind in Bezug auf die Bedeutung von Kultur und deren Entwicklung gespalten. Dies geht einher mit der angeführten Unterscheidung von unterschiedlichen kulturellen Bezugsgruppen gemäß der institutionellen Begriffsauffassung von Kultur. Um kulturelle Besonderheiten eines Landes von den entwicklungsbezogenen Ursachen von Verhaltensregeln und letztendlich Verhaltensweisen separieren zu können, erscheint die Differenzierung in Bezug auf unterschiedliche kulturelle Gruppen sinnvoll. Eine Einteilung von Kultur in unterschiedliche Bezugsebenen wird daher im folgenden Kapitel vorgenommen.

---

[70] Vgl. Dülfer, E.: Internationales Management in unterschiedlichen Kulturbereichen [1996], S. 268.
[71] Vgl. Terpstra, V. / David, K.: Cultural Environment of International Business [1991], S. 136-137.
[72] Vgl. Mead, R.: Cross-Cultural Dimensions [1998], S. 58-68.
[73] Vgl. Schmid, S.: Multikulturalität [1996], S. 234-235.
[74] Vgl. Adler, N.J. / Doktor, R. / Redding, S.G.: Cross-Cultural Management Reviewed [1986], S. 309-310.

2.1.2 Beziehungen von Kulturebenen

Kultur kann modellhaft in Kulturebenen aufgespalten werden, so daß kulturelle Ausprägungen anhand dieser Bezugsgrößen beschrieben werden können. In diesem Zusammenhang stellt sich die Frage nach dem Verhältnis der kulturellen Ebenen zueinander sowie nach der Art und Intensität etwaiger wechselseitiger Beziehungen.

2.1.2.1 Beschreibung relevanter Kulturebenen

Werden soziale Gruppen in einer hierarchischen Struktur – zunächst einmal auf den Geltungsumfang innerhalb eines Landes bezogen – ausgehend von der Ebene der Kultur eines Volkes, einer Nation oder eines Landes oder aber nach verschiedenen Verhaltensmustern über Kulturen von Branchen, Unternehmungen bis hin zu denen einzelner Individuen konkretisiert, ergibt sich die folgende Darstellung eines Systems aus Kulturebenen in Abbildung A/2-2.[75]

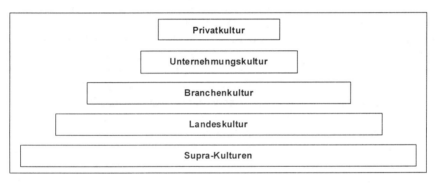

Abbildung A/2-2:   Bezugsebenen von Kultur[76]

Gesamtübergreifend können Kulturen von sozialen Gruppen aufgrund von bestimmten Gemeinsamkeiten zu sog. ‚Kulturkreisen' oder aber Supra-Kulturen zusammengefaßt werden. Dies ist bspw. bei ethnischen Gruppen, die in unterschiedlichen Ländern leben, oder religiösen Gemeinschaften wie die weltweit lebenden Moslems, der Fall. Die kleinste Einheit von Kultur kann durch Sub-Kulturen abgebildet werden. Diese beziehen sich auf soziale Gruppen unterschiedlicher Größe, die gemeinsame Normen und Werte teilen und bestimmte Verhaltensweisen aufzeigen.[77] In jeder der im Folgenden beschriebenen Kulturebenen können somit wiederum eigenständige Sub-Kulturen auftreten.

---

[75]   Vgl. Stüdlein, Y.: Management von Kulturunterschieden [1997], S. 34-42. Siehe auch Klimecki, R.G. / Probst, G.J.B.: Interkulturelles Lernen [1993], S. 249-250.

[76]   Quelle: In Anlehnung an Krystek, U.: Vertrauen als vernachlässigter Erfolgsfaktor [1997], S. 554. Die unterschiedlichen Größen der Ebenen sollen hier lediglich die Größe des Bezugsobjektes (z.B. Individuum, Unternehmung) symbolisieren.

Für die Abgrenzung von Kulturebenen im Umfeld einer international tätigen Unternehmung bietet sich die Klassifizierung gemäß der Ebenen der Landes- bzw. nationalen Kultur, der Branchen- und der Unternehmungskultur an.

Für die Abgrenzung einer **Landeskultur** stellt sich das theoretische Konstrukt, die Kultur einer sozialen Gruppe mit territorialen Landesgrenzen gleichzusetzen.[78] Dies negiert zum einen die Tatsache, daß es in sog. Vielvölkerstaaten ethnisch und kulturell sehr heterogene Bevölkerungsstrukturen gibt, zum anderen, daß Volksgruppen durch Landesgrenzen voneinander getrennt sind. Zur begrifflichen Abgrenzung soll daher in Bezug auf Nationalstaaten von nationalen Kulturen oder Landeskulturen, in Bezug auf Völkergruppen von ethnischen Kulturen gesprochen werden.[79] Inhaltlich werden in dieser Arbeit die nationalen Gesellschaften in Ländern betrachtet, die hinsichtlich unterschiedlicher ethnischer Kulturen (im Sinne von Supra-Kulturen) untersucht werden.

Eine **Branchenkultur** eines Landes umfaßt zunächst einmal alle in einer nationalen Branche tätigen Unternehmungen und Organisationen und deren Kulturen, die sich in einzelnen Ländern entwickelt haben. Die inhaltliche Komponente einer Branchenkultur hängt beispielsweise vom Stand der angewandten Technologie, der Art der angebotenen Produkte sowie der Rolle bspw. öffentlicher Institutionen und Verbände für eine spezifische Branche ab. Außerdem wird eine Branchenkultur durch bestimmte (evtl. landesübliche) Ausbildungen, Berufsbilder oder branchentypische Arbeitsstile geprägt.[80] Analog der Vorgehensweise bei der Landeskultur werden auch bei der Branchenkultur zunächst die Ausprägungen der Branche in einem Land aufgezeigt, bevor branchenspezifische, evtl. landesübergreifend existierende Charakteristika betrachtet werden. Der Wandel von Branchenkulturen vollzieht sich gemäß der aufgezeigten Struktur durch den kulturellen Wandel der Branchenteilnehmer sowie der branchenspezifischen Rahmenbedingungen auf nationaler und internationaler Ebene.

Die Definition von **Unternehmungskultur** ist in der Managementliteratur ähnlich uneinheitlich wie die der Kultur selber.[81] Im Wesentlichen ist eine Unternehmungskultur dadurch gekennzeichnet, daß diese – individuell für jede Unternehmung – ganzheitlich und historisch bedingt ist, mit dem Gegenstand der Anthropologie zusammenhängt, eine soziale Struktur aufweist, die durch die Mitglieder der sozialen Gruppe ,Unternehmung' geschaffen und erhalten wird. Eine solche Kultur ist als immanenter

---

[77]   Vgl. Keller, E.v.: Management in fremden Kulturen [1982], S. 113-120.
[78]   Vgl. Schmid, S.: Multikulturalität [1996], S. 230-231.
[79]   Vgl. Stüdlein, Y.: Management von Kulturunterschieden [1997], S. 34-42.
[80]   Vgl. Schein, E.H.: Innovative Cultures and Organizations [1988], S. 11.
[81]   Zur Diskussion über Inhalt und Verwendung der Begriffe Organisationskultur, Unternehmungskultur und Unternehmenskultur siehe auch Dülfer, E.: Organisationskultur [1991], S. 2-5. Im Rahmen dieser Arbeit wird der Begriff Unternehmungskultur verwendet.

Bestandteil der Unternehmung nur schwer aktiv zu verändern.[82] Nach dieser Auffassung ist jede Unternehmung als ein eigenständiges kulturelles System (Unternehmung hat Kultur) zu begreifen und Handlungen dieser Unternehmungen sind nur im Zusammenhang mit diesem System zu verstehen.[83]

Unter dynamischen Aspekten stellt sich die Frage nach kulturellem Wandel in Unternehmungen, der analog dem im vorangegangenen Kapitel beschriebenen kulturellen Wandel auf Ebene eines Landes bzw. einer Gesellschaft durch bestimmte Treiber (z.B. Diskontinuitäten, Umwelteinflüsse) ausgelöst wird. Abbildung A/2-3 zeigt den in sechs Phasen unterteilten, evolutorischen Prozess des Verlaufs eines Kulturwandels einer Unternehmung auf.[84]

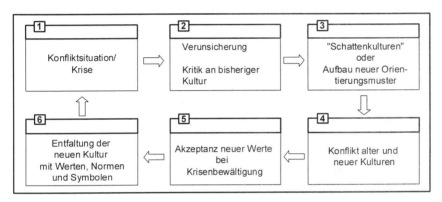

Abbildung A/2-3: **Prozeß des Wandels einer Unternehmungskultur[85]**

Auf der Ebene der Unternehmung stellt gemäß empirischer Studien eine Konfliktsituation den Ausgangspunkt für einen kulturellen Wandel dar, da herkömmliche Werte und Normen nicht mehr zu einem erfolgreichen Handeln der Unternehmung führen. Zweifel an den bisherigen Orientierungsmustern führen zu Unsicherheit, die latent vorhandenen Schattenkulturen, aber auch von außen herangetragenen Werten die Möglichkeit gibt, sich zu manifestieren. Zwischen den bisherigen und den neuen Orientierungsmustern kommt es zu einem Machtkampf, den neue Werte dann ‚gewinnen‘, wenn sie die Krise in der Unternehmung gemeistert haben und somit Akzeptanz erhalten konnten. Ist dies der Fall, hat die neue Kultur auch die Chance sich weiter zu entfalten und mit neuen Normen und Werten zu etablieren. Der Impuls für einen Kulturwandel dieser Art kommt meistens aus der Umwelt der Unternehmung

---

[82]   Vgl. Hofstede, G.H.: Interkulturelle Zusammenarbeit [1993], S. 201-230, siehe auch Stein, J.H.v. / Kerstien, H. / Gärtner, U.: Bankunternehmungspolitik [1993], S. 763.
[83]   Vgl. Schreyögg, G.: Organisation [1996], S. 426-427.
[84]   Vgl. hierzu und im folgenden Dyer, W.G.Jr.: Cycle [1985], S. 210-222; Schreyögg, G.: Organisation [1996], S. 455-456.
[85]   Quelle: In Anlehnung an Dyer, W.G.Jr.: Cycle [1985], S. 211.

wie bspw. aus gesellschaftlichen oder ökonomischen Entwicklungen oder aber durch an die Unternehmung gestellte Erwartungen.

Die oberste Ebene in der Darstellung von Kulturebenen stellt die **Privatkultur** eines Individuums als Mitglied unterschiedlicher kultureller Gruppen dar.[86] Individuen wie die Manager und die Mitarbeiter einer Unternehmung können jeweils mehrfach sozialisiert sein. Neben der Landes- bzw. ethnischen Kultur sind sowohl die Branchenkultur, die jeweilige Unternehmungskultur sowie potentiell weitere Sub-Kulturen als prägend für Verhaltensweisen von Menschen am Arbeitsplatz zu beurteilen. Ein grundlegender Unterschied zwischen der Bedeutung der Werte von Unternehmungs- und auch Branchenkultur zu Landeskultur ist jedoch die Art der Mitgliedschaft des Individuums. Die Mitarbeiter einer Unternehmung/Branche gehören lediglich temporär und freiwillig einer Unternehmung an und können die Zugehörigkeit (nahezu) jederzeit beenden, während die Mitgliedschaft zu einer Landeskultur oder einer ethnischen Volksgruppe unfreiwillig und permanent ist.[87]

Zusammenfassend lassen sich die aufgezeigten Bezugsebenen von Kultur zur differenzierten Betrachtung von kulturellen Ausprägungen verwenden. Für die weiterführende Abgrenzung werden im nächsten Abschnitt die Beziehungen der dargestellten Kulturebenen zueinander aufgezeigt.

2.1.2.2 Annahme der Dominanz von Landes- und ethnischen Kulturen

Um das Verhältnis der im vorangegangenen Kapitel beschriebenen Kulturebenen zueinander zu untersuchen, ist es erforderlich, die Träger der Kultur der jeweiligen Ebene zu betrachten. Träger der verschiedenen Kulturebenen und der hiermit jeweils verbundenen Normen und Werte sind die Mitglieder der entsprechenden sozialen Systeme. Diese können Individuen wie bei der Landes- und Unternehmungskultur oder aber Branchenteilnehmer (Unternehmungen, Institutionen, Individuen) wie bei der Branchenkultur sein.

In der Theorie wird insbesondere die Beziehung bzw. die Art der Einflußnahme von Landes- zu Unternehmungskultur kontrovers diskutiert.[88] In dieser Arbeit wird der Ansicht der Dominanz der Landeskultur[89] über die anderen Kulturebenen dahingehend gefolgt, daß der landeskulturelle Einfluß in den Vordergrund bei der Betrachtung von Kulturen gerückt wird. Unternehmungskulturen werden deshalb grundsätzlich als von der umgebenden Landeskultur bzw. ethnischen Kultur geprägt angesehen. Art und Umfang dieser Einflußnahme kann jedoch nicht abschließend festgelegt

---

[86] Vgl. Krystek, U.: <u>Vertrauen als vernachlässigter Erfolgsfaktor</u> [1997], S. 552.
[87] Vgl. Hofstede, G.H.: <u>Bedeutung von Kultur</u> [1992], S. 312-317.
[88] Vgl. Klimecki, R.G. / Probst G.J.B.: <u>Interkulturelles Lernen</u> [1993], S. 245-251.
[89] Vgl. Stüdlein, Y.: <u>Management von Kulturunterschieden</u> [1997], S. 50-52.

werden.[90] Für Unternehmungen kann somit angenommen werden, daß die Grundprinzipien der jeweils individuellen Unternehmungskultur sich auf die Normen der
umgebenden Landeskultur zurückführen lassen.[91] Demzufolge sollen keine Wider-
sprüche oder eher gegensätzliche kulturelle Werte und Normen einer Unternehmung
existieren. Dieser Zusammenhang wird auch als ‚kulturelle Determiniertheit' von organisationalem Verhalten umschrieben, die die (landes-) kulturelle Beeinflussung von
Werten, Ansichten und Verhalten zum Ausdruck bringt. Durch die mangelnde Eindeutigkeit der Prägung der Unternehmungskultur durch die Landeskultur wird Unternehmungskulturen gleichzeitig ein Handlungsspielraum zur Ausdifferenzierung innerhalb des landeskulturellen Rahmens verschafft.[92] Konsequenz dieser Ausführungen ist, daß Landeskultur und Unternehmungskultur als zwei eigenständige Phänomene auch separat – unter Hinweis auf die landeskulturelle Einflußnahme – in dieser
Arbeit zu untersuchen sind.[93]

Gemäß der bisherigen Auffassung von Kultur soll Unternehmungskultur individuell für
jede soziale Gruppe ‚Unternehmung' definiert werden. Die Auffassung von „Kultur als
Element einzelner Sozialgebilde" und daher auch Betrachtung der Unternehmungskultur als eigenständiges System von Normen und Werten einer Unternehmung widerspricht scheinbar der Entwicklung der organisationstheoretischen Betrachtungsweise, die die Annahme des Einflusses von einer kulturkreisbezogenen, kulturellen
Umwelt der Unternehmungen als Erklärungsgröße für Verhaltensweisen von Unternehmungen bzw. Unternehmungsmitgliedern hinterfragt. Es ist jedoch insofern eine
Ergänzung dieser Betrachtungsweise erfolgt, als daß es in unterschiedlichen Studien
möglich war, unternehmensspezifische Unternehmungskulturen in schwächerer oder
stärkerer Differenzierung von der umgebenden allgemeinen Kultur zu identifizieren.[94]
Die Frage ist somit weniger, ob eine Landeskultur als eine ‚Plattform' Unternehmungskulturen beeinflußt, als wie und in welchem Ausmaß diese Prägung erfolgt.[95]

Die Betrachtung der Beziehungen von Kulturebenen ist noch um die Ebene der Privatkultur des Individuums als letztendlichem Träger der angeführten Landes-, Bran-
chen- und Unternehmungskulturen zu ergänzen. Es soll in dieser Arbeit in stringenter
Anwendung des Gedankens der Dominanz der Landeskultur davon ausgegangen
werden, daß das Verhalten der Individuen in Unternehmungen stärker durch die nationale bzw. ethnische Sozialisierung als durch die Unternehmungskultur beeinflußt
wird. Mit anderen Worten: Die durch die Individuen in eine Unternehmung hineinge-
tragenen kulturellen Werte limitieren den Einfluß der Unternehmung auf diese Mitar-

---

[90] Vgl. Schreyögg, G.: Unternehmenskultur zwischen Globalisierung und Regionalisierung [1993],
      S. 150-151.
[91] Vgl. Schuster, L.: Interkulturelles Bankmanagement [1996], S. 35.
[92] Vgl. Zobel, P.H.: Aktuelle Forschungsfelder [1996], S. 136-137.
[93] Vgl. Schreyögg, G.: Unternehmenskultur zwischen Globalisierung und Regionalisierung [1993],
      S. 153.
[94] Vgl. Dülfer, E.: Organisationskultur [1991], S. 7.

beiter.[96] Diese Einflußhierarchie auf die Werthaltungen und Verhaltensweisen von Individuen ist von *Hofstede* gemäß Abbildung A/2-4 dargestellt worden.

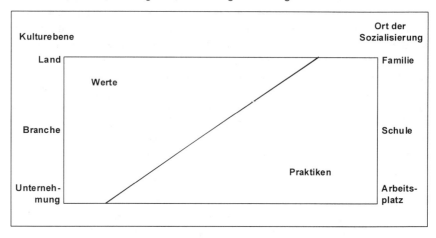

Abbildung A/2-4: **Ebenen kultureller Sozialisierung und Entstehung kultureller Unterschiede[97]**

Die Abbildung zeigt die besprochenen Kulturebenen auf, denen der jeweilige Ort der Sozialisierung eines Individuums mit den kulturellen Werten der jeweiligen Ebene gegenübergestellt wird. Orte der Sozialisierung eines Individuums sind zunächst die Familie, dann die Schule als Ausbildungsstätte und zuletzt die Unternehmung bzw. Organisation als Arbeitsplatz. Kultur wird über die Vermittlung von Werten und Praktiken erlernt, wobei durch die Landeskultur die hauptsächliche Prägung der Wertvorstellungen erfolgt. Die Weitergabe von neuen, grundlegenden Werten nimmt in der Ausbildungsstätte sowie am Arbeitsplatz ab, der Anteil an vermittelten Praktiken nimmt jedoch zu.[98]

Die bisherige Analyse der Relation von Kulturebenen hat sich aus methodischen Gründen auf einen nationalen Betrachtungsraum beschränkt. Die Darstellung in Abbildung A/2-4 stellt auch auf die Erklärung von kulturellen Unterschieden auf den jeweiligen kulturellen Ebenen ab. Die Unterschiede von Landes- bzw. ethnischen Kul-

---

95 Vgl. Schreyögg, G.: <u>Organisation</u> [1996], S. 448-449.

96 Vgl. Adler, N.J. / Doktor, R. / Redding, S.G.: <u>Cross-Cultural Management Reviewed</u> [1986], S. 300.

97 Quelle: Entnommen aus Hofstede, G.H.: <u>Cultures and Organizations</u> [1997], S. 182.

98 Vgl. Hofstede, G.H.: <u>Cultures and Organizations</u> [1997], S. 181-183. Hofstede hat diese Darstellung vornehmlich zur Beschreibung der möglichen Herkunft von kulturellen Unterschieden auf unterschiedlichen Sozialisierungsebenen eines Individuums entwickelt, worauf bei der Diskussion der Möglichkeiten der Analyse von Kulturen in Kapitel 2.4 eingegangen wird. Siehe hierzu auch kritisch Schreyögg, G.: <u>Organisation</u> [1996], S. 448-449.

turen zeigen sich vorwiegend in Werten, die Unterschiede von Unternehmungskulturen vorwiegend in Praktiken.

Auf Basis der bisherigen Überlegungen ist es daher konsequent, bei einer länderübergreifenden Betrachtung davon auszugehen, daß die jeweilige Landeskultur die Verhaltensweisen der Träger von Kultur dominiert und somit diese kulturellen Werte die Hauptunterschiede zwischen Ländern ausmachen. Der landes(kulturelle) Hintergrund von Individuen und auch von Unternehmungen bspw. in der Kommunikation, Beziehungsfähigkeit und Streßbewältigung ist von größerer Bedeutung als die landesspezifische Umwelt in einem anderen Land, in der sich ein Individuum oder eine Unternehmung befindet.[99] Unterschiede in den Unternehmungskulturen einer Landeskultur sind demzufolge auch geringer als solche zwischen den Kulturen von zwei Unternehmungen aus unterschiedlichen Nationen.[100] Diese Annahme schließt für Unternehmungen jedoch nicht aus, durch das eigene Verhalten und Ergreifen von Maßnahmen die eigene Unternehmungsumwelt bzw. die Beziehungen zur Umwelt aktiv zu gestalten, oder daß Unternehmungskulturen nicht auch die umgebende Landeskultur beeinflussen könnten. Diese somit wechselseitigen Prozesse der Beeinflussung können jedoch methodisch nicht in einem Ursache-Wirkungs-Zusammenhang dargestellt werden.[101]

Insgesamt läßt sich festhalten, daß die Landes- bzw. ethnische Kultur die dominierende Werteordnung für Unternehmungen und Individuen aus einem Land verkörpert, jedoch in wechselseitigen Beziehungen mit den anderen Kulturebenen steht. Diese sollen im Folgenden in ein für diese Arbeit gültiges Begriffssystem gebracht werden.

2.1.2.3 Bedeutung von ‚Inter'-Kultur

Im vorangegangenen Kapitel ist vorwiegend die vertikale Relation von Kulturebenen zueinander untersucht worden. Diese Perspektive soll nun um die Betrachtung von horizontalen Beziehungen, die bei *Interaktionen* entstehen, ergänzt werden. Als Interaktionen werden in dieser Arbeit allgemein Austauschbeziehungen (z.B. kommunikativer Art, Marktbeziehung bei Leistungsabsatz) zwischen Personen, Organisationen sowie zwischen Personen und Organisationen bezeichnet.[102]

Zunächst ist die im Sprachgebrauch der Forschungsarbeiten benutzte Begriffsvielfalt zu konkretisieren, was genau unter ‚Inter-Kultur' verstanden wird. Der in der Literatur vorzufindende Sprachgebrauch ist teilweise sehr verwirrend, da dieser sich aus

---

[99]   Vgl. Zobel, P.H.: Aktuelle Forschungsfelder [1996], S. 136-140.
[100] Vgl. Reineke, R.-D.: Akkulturation von Auslandsakquisitionen [1989], S. 40-41.
[101] Vgl. Stüdlein, Y.: Management von Kulturunterschieden [1997], S. 42.
[102] Vgl. Dülfer, E.: Internationales Management in unterschiedlichen Kulturbereichen [1996], S. 206-207.

28

deutschen und englischen Ausdrücken mit oftmals uneinheitlicher Übersetzung von ‚cross-cultural', ‚trans-cultural', ‚inter-cultural' zusammensetzt.[103] Gerade dieser verwirrende Sprachgebrauch trägt dazu bei, daß interkulturelle Forschung als wenig greifbar und daher als unpräzise empfunden wird.[104]

Während die Verwendung von ‚cross-cultural' den *Vergleich* bestimmter Aspekte im Sinne von ‚kulturvergleichend' oder ‚komparativ' über kulturelle Grenzen hinweg impliziert, umfassen *interkulturelle* Studien vorwiegend grenzüberschreitende Aktivitäten, die jedoch auch Kulturgrenzen einschliessen.[105] In Orientierung an die definierten Kulturebenen in dieser Arbeit umfaßt interkulturelle Forschung sowohl die vertikale als auch die horizontale Betrachtung von Kulturebenen, über Kulturgrenzen und Ländergrenzen hinweg. Nur auf diesem Verständnis basierend können die Beziehung der Landeskultur eines Zielmarktes zur Unternehmungskultur einer ausländischen Bank und die dort zwischen den Kulturen stattfindenden Interaktionen untersucht werden. Die Verwendung von ‚multikulturell' kann sich auf ein einzelnes Land oder eine Organisation beziehen. In dieser Arbeit wird deshalb der Mitarbeiterstamm einer international tätigen Unternehmung als multikulturell bezeichnet, wenn Vertreter unterschiedlicher ethnischer Gruppen und/oder Nationalitäten vorhanden sind.

Im Folgenden wird auf Grundlage der aufgeführten Begriffsbestimmungen die wissenschaftstheoretische Fundierung und Einordnung des interkulturellen Managements als Forschungsgegenstand vorgenommen, um die Möglichkeiten und Grenzen eines interkulturellen Managementansatzes im Rahmen dieser Arbeit aufzuzeigen. Basis hierfür ist zunächst die Einordnung des Stellenwertes von Kultur in die internationale Managementforschung.

2.1.3 Grundlegende Forschungsansätze für Interkulturelles Management

2.1.3.1 Umgang mit Kultur in der Managementforschung

Die Forschung nimmt unterschiedliche Positionen hinsichtlich der Bedeutung von Kultur für die Führung von internationalen Unternehmungen ein. Tabelle A/2-1 zeigt diese als Standpunkte der sog. ‚Universalisten' und ‚Kulturalisten' unter statischen und dynamischen Aspekten der jeweiligen Kulturauffassungen auf.[106]

---

[103] Vgl. Bosch, B.: Interkulturelles Management [1996], S. 29-30; Kiechl, R.: Interkulturelle Kompetenz [1997], S. 15.

[104] Vgl. Mauritz, H.: Interkulturelle Geschäftsbeziehungen [1996], S. 74.

[105] Vgl. Mauritz, H.: Interkulturelle Geschäftsbeziehungen [1996], S. 76; Holzmüller, H.H.: Konzeptionelle und methodische Probleme [1995], S. 23.

[106] Vgl. Stüdlein, Y.: Management von Kulturunterschieden [1997], S. 43-47.

		Universalisten	Kulturalisten
statisch	**Management-prinzipien**	Universell einsetzbare Managementprinzipien	Schaffung der effizientesten Managementprinzipien gemäß der kulturellen Bedingungen
	Führung	**Unification:** Stammhausorientierte Integration	**Fragmentation:** Anpassung der Auslandsaktivitäten an lokale Erfordernisse
	Relation Landeskultur/ Unternehmungs-kultur	Von der Landeskultur unabhängige Unternehmungskulturen	Prägung der Unternehmungskulturen durch die Landeskultur
dynamisch	**Landeskultur**	**Konvergenz:** Entstehung einer Weltkultur	**Divergenz:** Beibehaltung/Entwicklung kultureller Eigenheiten
	Unternehmungs-kultur	Angleichung der Systeme und Strukturen	Bewahrung der nationalen Besonderheiten/der Unterschiede zwischen Unternehmungskulturen

Tabelle A/2-1: Positionen in kulturorientierten Forschungsrichtungen[107]

In der betriebswirtschaftlichen Forschung zum Internationalen Management gibt es grundsätzlich die Standpunkte der ‚Universalisten' und der ‚Kulturalisten'. Erstere repräsentieren die These, daß Managementprinzipien universell gültig und unabhängig von Rahmenbedingungen einsetzbar sind. Letztere vertreten die Auffassung, daß die Kulturabhängigkeit aller Managementkonzepte und -instrumente eine Adaption von Managementtechniken an unterschiedliche kulturelle Ausgangsbedingungen erfordert.[108] Bei den dargestellten Positionen scheint sich die These der Kulturgebundenheit der Kulturalisten durchzusetzen. Dies bezieht sich – zunächst in einer statischen Betrachtung – nicht nur auf die Dominanz der Landeskultur über Unternehmungskultur. Auch die Kulturgebundenheit des Managements unter Akzeptanz der kulturellen Vielfalt und der Einflußnahme auf das menschliche Verhalten sowie der Anpassung von Auslandsaktivitäten an lokale Erfordernisse in ausländischen Märkten ist zu berücksichtigen. Hieraus resultiert derzeit eine Zunahme an Untersuchungen zum Kulturphänomen.[109]

---

[107] Quelle: In Anlehnung an Stüdlein, Y.: Management von Kulturunterschieden [1997], S. 44.

[108] Vgl. Perlitz, M.: Internationales Management [1995], S. 313-318; Adler, N.J. / Doktor, R. / Redding, S.G.: Cross-Cultural Management Reviewed [1986], S. 300-303; Kelley, L. / Worthley, R.: Role of Culture [1981], S. 166-167; Kumar, B.N.: Interkulturelle Managementforschung [1988], S. 389-390.

[109] Vgl. Fischer, M.: Interkulturelle Herausforderungen [1996]; S. 7-8; Kiechl, R.: Interkulturelle Kompetenz [1997], S. 15-16.

Adler/Doktor/Redding stellen unter Rückgriff auf eine Studie über die Ebene der Unternehmungskultur von *Child* dar, daß die beiden aufgezeigten Forschungspositionen sich inhaltlich mit unterschiedlichen Ausprägungen von Unternehmungskultur beschäftigen, so daß letztendlich ein integrativer Ansatz dieser Betrachtungsweisen möglich ist.[110] Die Universalisten beschäftigen sich vorwiegend mit bspw. strukturellen und technologischen Aspekten auf der Makro-Ebene der Unternehmung, wohingegen die Kulturalisten die Mikro-Ebene des menschlichen Handelns untersuchen.[111] Hieraus folgen die Auffassungen, daß sich Systeme und Strukturen von Unternehmungen universell angleichen, jedoch die personen- und verhaltensbezogenen Managementaspekte wie bspw. Führungsverhalten tendenziell die kulturelle Eigenart und somit insgesamt die kulturelle Unterschiedlichkeit aufrecht erhalten.[112] Lt. *Adler* ist genau diese kulturell spezifische Mikroebene des Handelns von Menschen Gegenstand der interkulturellen Managementlehre (im Original als ‚Cross-cultural Management' bezeichnet) und bezieht sich hinsichtlich des Untersuchungsschwerpunktes „... most importantly, on the interaction from peoples of different countries working within the same organization or (...) work environment."[113] Als Elemente dieser interkulturellen Managementlehre wird in dieser Arbeit auch die zwischenbetriebliche Zusammenarbeit als Interaktion am Markt verstanden und somit die grundsätzliche Position der Kulturalisten vertreten.

Die angesprochene Angleichung von formalen Strukturen entspricht der These, daß Management eben ein kulturgebundenes Phänomen ist, das jedoch universelle Elemente aufweist, die sich in länderübergreifenden Analysen als interkulturell stabil erweisen.[114] So sind bestimmte Verfahren, Prozesse und technisch orientierte Funktionsbereiche wie bspw. das Controlling als eher kulturindifferente und daher als leichter übertragbare Managementbereiche zu bezeichnen als personen- und verhaltensorientierte Bereiche.[115] Letztendlich weist die Polarisierung der Forschung bezüglich der Führung von internationalen Unternehmungen auf eine Mischform der Positionen ‚unification' und ‚fragmentation' in unterschiedlichen Unternehmungsbereichen hin.

Die Diskussion über die Transferierbarkeit vs. der Notwendigkeit der Adaption von Managementprinzipien sowie über die Rolle des Einflusses von Kultur auf statischer Ebene existiert auf dynamischer Ebene bezüglich der Konvergenz vs. Divergenz von Kulturen. Es können wiederum die Betrachtungsebenen der Unternehmungskultur und der Landeskultur unterschieden werden.[116] Hier treffen die Auffassungen über

---

[110] Vgl. Adler, N.J. / Doktor, R. / Redding, S.G.: Cross-Cultural Management Reviewed [1986], S. 302-303.
[111] Vgl. Child, J.: Culture, Contingency and Capitalism [1981], S. 323-337.
[112] Durch diese Betrachtungsweise wird die Kontroverse zwischen Universalisten und Kulturalisten relativiert. Vgl. Perlitz, M.: Internationales Management [1995], S. 316.
[113] Adler, N.J.: Cross Cultural Management Research [1983], S. 226.
[114] Vgl. Welge, M.K.: Internationales Management [1998], S. 44-45.
[115] Vgl. Perlitz, M.: Internationales Management [1995], S. 316.
[116] Vgl. Kiechl, R.: Interkulturelle Kompetenz [1997], S. 15.

die sich im Zeitablauf angleichenden Normen und Werte unterschiedlicher Landeskulturen aufeinander: Die Universalisten gehen letztlich durch die Globalisierung der
Märkte von der Entstehung einer Weltkultur aus, während die Kulturalisten die Bei-
behaltung und Rückbesinnung auf die kulturellen Werte annehmen.

Interkulturelles Management wird in dieser Arbeit hinsichtlich des Geltungsbereiches
auf die personen- und verhaltensbezogenen Managementbereiche fokussiert. Hierfür
wird auf eine weite forschungstheoretische Basis zurückgegriffen, die im Folgenden
dargestellt werden soll.

2.1.3.2 Forschungstheoretische Fundierung des Interkulturellen Managements

Die Anzahl wissenschaftlicher Forschungszweige, die sich grundsätzlich mit dem
Kulturphänomen auseinander setzt, ist sehr hoch: Aus der Ethnologie stammen die
ersten Definitionen von Kultur. Die Anthropologie, die Soziologie, die Psychologie
und kulturvergleichende Psychologie bis hin zur Managementlehre beschäftigen sich
ebenfalls mit Kultur. Bei letzterer werden wiederum Gebiete subsumiert, die sich verstärkt mit Kultur und deren Auswirkungen auf bspw. Verhalten, Arbeit, Unternehmungen beschäftigen.

Als Grundlage für ein Interkulturelles Management von Banken dient die integrative
Betrachtung verschiedener Forschungsrichtungen. Die folgende Abbildung A/2-5
zeigt zunächst die wesentlichen Zusammenhänge der Forschungsrichtungen Kultur-
vergleichendes Management, Internationales Management und Bankbetriebslehre
auf, die als Basis für ein Interkulturelles Management von Banken herangezogen wer
den können.

32

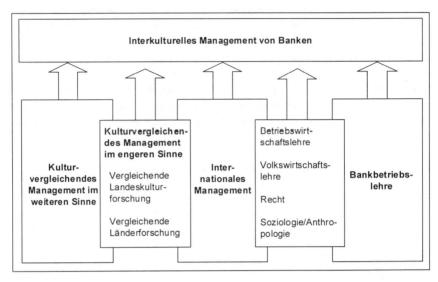

Abbildung A/2-5: Interkulturelles Management von Banken als Ergebnis der interdiszipli nären Verknüpfung verschiedener Forschungsrichtungen[117]

Die Verbindung der beiden Objektbereiche Kultur und (internationales) Management wird in mehreren, zum Teil nicht überschneidungsfreien wissenschaftlichen Forschungsrichtungen vorgenommen. Im folgenden soll eine Strukturierung der vorhandenen Forschungsrichtungen zunächst im Internationalen Management und anschließend im Kulturvergleichenden Management vorgenommen werden, um den wissenschaftlichen Bezugsrahmen dieser Arbeit durch eindeutige Begriffsverwendungen zu bestimmen.

Internationales Management soll im Rahmen dieser Arbeit nicht als eigenständige betriebswirtschaftliche Funktionslehre, sondern als eine Art ‚General-ManagementLehre' verstanden werden, die neben den Erkenntnissen aus der Betriebs- und Volkswirtschaftslehre auch auf andere (Hilfs-) Wissenschaften (z.B. Rechtswissenschaften) zurückgreift. Für die Anwendung auf das internationale Bankgeschäft bedeutet dies, die Fragestellungen der Bankbetriebslehre um jene, die sich aus der Internationalisierung der Bankunternehmungen ergeben, interdisziplinär durch Erkenntnisse des Internationalen Managements zu ergänzen.[118]

---

[117] Quelle: Eigene Darstellung. Die themenbezogene Verknüpfung der drei Hauptforschungsrichtungen wird durch die überlappenden Kästen dargestellt.

[118] Vgl. Perlitz, M.: Internationales Management [1995], S. 21-24. Siehe auch Zobel, P.H.: Aktuelle Forschungsfelder [1996], S. 24. Bei der Analyse des Forschungsfeldes Internationales Strategisches Management stellt der Autor das Themengebiet Bankmanagement nicht als eigenes Hauptproblemfeld dar, sondern verweist auf die Relevanz von allgemeinen Hauptproblemfeldern des Internationalen Strategischen Managements auch für das internationale Bankgeschäft.

Kulturvergleichende Managementforschung im weiteren Sinne umfaßt zunächst einmal jegliche Art von Vergleichen, die innerhalb von Betriebswirtschaftslehre und Management vorgenommen werden.[119] Eine Gegenüberstellung von Landeskulturen im Rahmen einer **vergleichenden Landeskulturforschung** stellt somit lediglich eine Teilmenge dieser kulturvergleichenden Managementforschung dar.[120] Eine kulturvergleichende Managementforschung im engeren Sinne betrachtet hingegen sowohl die **vergleichende Landeskulturforschung** (‚cross-cultural'; Bezugsobjekt ist die Kultur) als auch die **vergleichende Länderforschung** (‚cross-national'; Bezugsobjekt ist die Unternehmung in einem Land). Hierbei ist zu verdeutlichen, daß nur bei einer integrierten Betrachtung dieser Forschungsbereiche gewährleistet werden kann, daß weder Kultur noch andere relevante länderspezifische Rahmenbedingungen der internationalen Tätigkeit (z.B. Recht, makroökonomisches Umfeld) isoliert betrachtet oder gar ausgeschlossen werden. Als konstitutiver Bestandteil des internationalen Managements ist die Kulturvergleichende Managementforschung im engeren Sinne anzusehen, da das hier erworbene Wissen und die Erkenntnisse wesentliche Beiträge zur Bewältigung der im internationalen Management auftretenden Problemstellungen leisten. Eine Landeskulturforschung hingegen ist bezüglich ihrer Bedeutung für das Internationale Management als vergleichende Landeskulturforschung zu eng gefaßt, wenn dieser lediglich die Durchführung von Vergleichen zwischen Kulturen und deren Ausprägungen zugeordnet wird. *Schmid* entwickelt daher eine abgestufte Einteilung der in der Landeskulturforschung enthaltenen Elemente sowie deren konkreten Beiträgen für das Management von internationalen Unternehmungen, wobei jede Stufe wiederum inhaltlich auch die vorhergehende berücksichtigt (Tabelle A/2-2).

---

[119] Ziel eines Vergleiches ist das Aufzeigen und Darstellen von Unterschieden und Gemeinsamkeiten, wobei die Vergleichsobjekte zielgerichtet zueinander in Relation gesetzt werden. Grundlage eines Vergleiches sind zu definierende Vergleichskriterien, die eine Gegenüberstellung ermöglichen. Vgl. Keller, E.v.: Management in fremden Kulturen [1982], S. 28-30.

[120] Vgl. hierzu und im Folgenden Schmid, S.: Multikulturalität [1996], S. 229-243.

Stufe	1	2	3	4
Elemente der Landeskultur-forschung	Basale Kultur-forschung	Länderspezifische Kulturforschung	Vergleichende Landeskulturfor-schung	Interkulturelle Management-forschung
Aufgabe und Erkenntnisbei-trag im inter-nationalen Management	Aufzeigen der Bedeutung von Landeskultur für Unternehmun-gen anhand einer methodischen Analyse von Kulturaus-prägungen	Aufzeigen der Be-deutung einer speziellen Landes-kultur für das Management	Identifikation, Be-schreibung, Erklä-rung und Bewer-tung der Gemein-samkeiten und Unterschiede von Kulturen	Untersuchung der Interaktion zwischen handelnden Personen aus unterschiedli-chen Kulturen in der internationa-len Manage-mentpraxis

Tabelle A/2-2: Aufgaben der Landeskulturforschung im Internationalen Management[121]

Die Abstufung zeigt, daß die Interkulturelle Managementforschung nicht auf der Ebe-ne eines Vergleiches ansetzt, sondern insbesondere die in der Interaktion von unter-schiedlichen Kulturen liegenden Implikationen für das Management untersucht. Jene Abgrenzung ist Grundlage der Forderung, daß Handlungsempfehlungen für ein Inter-kulturelles Management nur dann abgegeben werden sollten, wenn (theoretisch) alle aufgeführten Aspekte berücksichtigt werden, was in der Praxis allerdings zu dem Problem der Trennschärfe führt.

Aus diesen forschungstheoretischen Ausführungen soll im folgenden das Interkultu-relle Management im Verständnis dieser Arbeit abgeleitet werden.

2.1.4 Begriffsauffassung von Interkulturellem Management

Die Beziehung der Kulturvergleichenden Managementforschung zum Interkulturellen Management soll noch einmal betrachtet werden: Gemäß der obigen begrifflichen Einordnung der Kulturvergleichenden Managementforschung, wie Comparative Ma-nagement im engeren Sinne übersetzt werden soll, entwickelt diese – dem Interkultu-rellen Management übergeordnet – Theorien und Modelle. Diese sollen primär den Einfluß von kulturellen Faktoren auf die Managementprozesse aufdecken, untersu-chen und den Zusammenhang von kulturellen Faktoren und Managementprozessen aufzeigen.[122] In Verbindung mit für die Thematik wichtigen Erkenntnissen aus dem internationalen Management und der Bankbetriebslehre schafft dies die Ausgangs-basis für ein Interkulturelles Management.

---

[121] Quelle: In Anlehnung an Schmid, S.: Multikulturalität [1996], S. 238-239.
[122] Vgl. Perlitz, M.: Internationales Management [1995], S. 318-319.

Das Interkulturelle Management im Sinne dieser Arbeit verfolgt die konkreten Zielsetzungen:

- die Beziehungen zwischen Kulturen bzw. sozialen Gruppen als Kulturebenen zu analysieren,[123]

- spezifische, kulturelle Managementeinflüsse zu identifizieren und einen Beitrag zu einer multikulturellen Managementtheorie zu leisten,[124]

- Interaktionen und Aktivitäten auszulösen anstatt Vergleiche anzustreben,[125]

- konkret gestaltete Managementprozesse zur Lösung von kulturbedingten Managementproblemen zu liefern,[126]

- als Fähigkeit verstanden zu werden, in fremden Kulturen Managementaufgaben dauerhaft und erfolgreich zu erfüllen[127], die sich aus der (interkulturellen) Interaktion mit Menschen aus fremden Kulturen oder aber mit einer fremdkulturellen Umwelt ergeben.[128]

Die Kulturvergleichende Managementforschung ist via der Interkulturellen Managementforschung diesem – primär interaktionsorientierten – Interkulturellen Management übergeordnet und liefert jenem den Orientierungsrahmen, die notwendigen Informationen und Erkenntnisse für die zu formulierenden Handlungsempfehlungen.[129] Diese Auffassungen im Sinne von Zielsetzungen eines interkulturellen Managementansatzes sollen im Rahmen dieser Arbeit anhand der beschriebenen Forschungsmethodik vertreten werden.[130]

Die bisher gewonnenen Erkenntnisse werden auf den Untersuchungsgegenstand der Arbeit, die international tätige Bank aus westlichen Kulturkreisen, bezogen. Für die weitere Vorgehensweise resultiert hieraus als Begriffsverständnis:

Ein **Interkulturelles Management von Banken** ist auf die Untersuchung und Gestaltung von **Interaktionen innerhalb der Auslandsgesellschaften** einer international tätigen Bank sowie **zwischen den externen Interaktionspartnern und der Bank** in ausländischen Märkten fokussiert. Hierbei werden analog der angeführten Zielsetzungen eines Interkulturellen Managements sowie der Überlegungen zur Dominanz

[123] Vgl. Kapitel 2.1.3.1.
[124] Vgl. Corsten, H.: Schnittstellenfokussierte Unternehmensführung [1995], S. 14-16.
[125] Vgl. Perlitz, M.: Internationales Management [1995], S. 318-319; Adler, N.J. / Doktor, R. / Redding, S.G.: Cross-Cultural Management Reviewed [1986], S. 303.
[126] Vgl. Keller, E.v.: Management in fremden Kulturen [1982], S. 19.
[127] Vgl. Schuster, L.: Ausgewählte Probleme des Interkulturellen Bankmanagements [1997], S. 188.
[128] Vgl. Kumar, B.N.: Interkulturelles Management [1995], S. 684.
[129] Vgl. Perlitz, M.: Internationales Management [1995], 318-319; Mauritz, H.: Interkulturelle Geschäftsbeziehungen [1996], S. 76.
[130] Vgl. Kapitel 1.2.

von Landeskultur die schwerpunktmäßig landes- und ethnisch-kulturellen Einflüsse und Verflechtungen herausgestellt und beschrieben. Im Anschluß werden diese als explizite Empfehlungen für das Management bezüglich der Auswahl von Managementinstrumenten interpretiert. Der Begriff *Management* wird in seiner funktionalen Verwendung verstanden, der nicht nur die zielgerichtete Steuerung der innerbetrieblichen Prozesse, sondern auch die Adaption des bankbetrieblichen Systems an seine kulturelle Umwelt umfaßt.[131] Diesem Punkt kommt in einem interkulturellen Managementansatz im internationalen Bankgeschäft eine erhebliche Bedeutung zu, wie sich bei der Konkretisierung der angestellten theoretischen und bisher isolierten Überlegungen über ‚Kultur‘ und deren Übertragung auf das Bankgeschäft in den folgenden Abschnitten zeigen wird.

2.2 Bedeutung von Kultur für das internationale Bankgeschäft

Für einen interkulturellen Managementansatz im internationalen Bankgeschäft sind im weiteren die bankspezifischen Ansatzpunkte für die Gestaltung von Interaktionen zu identifizieren, um anschließend die Vorgehensweise für die Konzeptionierung des interkulturellen Managementansatzes auf Basis eines theoretischen Bezugsrahmens festzulegen. Die Identifikation erfolgt zunächst anhand der Einordnung des Globalisierungsniveaus des internationalen Bankgeschäftes sowie der möglichen Strukturen der international tätigen Bank. Hieran schließt sich die Diskussion über kulturorientierte Gestaltungsmöglichkeiten von internationalen Bankmarktleistungen allgemein an. Dann wird eine differenzierte Betrachtung der Geschäfts- und Kundensegmente hinsichtlich interkultureller Interaktionen vorgenommen, um den Untersuchungsgegenstand dieser Arbeit daran auszurichten. Diese Überlegungen werden anschliessend mit Aspekten der strategischen Grundorientierung der international tätigen Bank verknüpft.

2.2.1 Strukturen der internationalen Geschäftstätigkeit von Banken

Die Begriffe der internationalen Banktätigkeit und der internationalen Bankunternehmung werden in der Literatur zum internationalen Management von Banken nicht einheitlich verwendet.[132] Internationale Bankleistungen umfassen zum einen Bankleistungen, die aus der Internationalisierung der bankbetrieblichen Leistungssubstanz (inländische Produktion mit fremden Währungen und grenzüberschreitendem Absatz von Bankleistungen) resultieren. Zum anderen werden die Bankleistungen erfaßt, die mittels internationalisierter Leistungserstellung durch die Schaffung der Leistungsbe-

---

[131] Vgl. Eilenberger, G.: Bankbetriebswirtschaftslehre [1996], S. 535-536.
[132] Vgl. Macharzina, K. / Oesterle, M.-J.: Konzept der Internationalisierung im Spannungsfeld [1997], S. 11-12. Zur begrifflichen Verwirrung trägt oftmals bei, daß zur Definition der internationalen (Bank-) Unternehmung sowohl technische, leistungsbezogene, strukturelle als auch verhaltensbezogene Merkmale herangezogen werden. Siehe auch Gramlich, D.: Operatives Auslandsgeschäft [1990], S. 3-4.

reitschaft im Ausland ‚produziert' werden.[133] Für die Klassifizierung der Internationalität einer Bank wird daher in dieser Arbeit die grenzüberschreitende Geschäftstätigkeit als allgemeines Kriterium herangezogen.[134] Die Bezeichnung ‚international tätig'
wird als übergreifende Definition für Banken verwendet, die im Herkunftsland Bankleistungen produzieren und im Ausland absetzen, über Korrespondenzbankverbindungen in einem anderen Land tätig sind und die mit eigenen Auslandsgesellschaften in unterschiedlicher rechtlicher Ausgestaltung in ausländischen Märkten aktiv sind.[135] Methodisch hilft diese Begriffbestimmung der international tätigen Bank,
die Geschäftstätigkeit der Banken ausreichend erfassen und klassifizieren zu können.

Für international tätige Banken wird grundsätzlich von einem strategischen Verhaltensmuster (Internationalisierungssequenz) der zeitlichen Abfolge und der internationalen Ausrichtung der gesamtbankbetrieblichen Aktivitäten ausgegangen.[136] Dies
obwohl der Prozeß der Entwicklung von einer national zu einer weltweit tätigen Bank
weder kontinuierlich noch einheitlich verläuft[137] und die Dynamik der internationalen
Geschäftstätigkeit der Banken nicht nur den Ausbau, sondern auch die Konsolidierung weltweiter Aktivitäten umfaßt.[138] Diese prozeßbezogene ‚Globalisierungsthese'
impliziert – in Abhängigkeit vom globalen Entwicklungsstand – zur Bewältigung der
globalen Herausforderungen eine weltweite Tendenz der Standardisierung von Produkten und Marketing sowie eine weltweit gestraffte Koordination der Aktivitäten.
Globalisierung im Sinne weltweiter Geschäftstätigkeit erfolgt jedoch in Abhängigkeit
von branchenbezogenen Globalisierungsvorteilen bzw. -zwängen in unterschiedlichen Formen und ist vor diesem Hintergrund für das Bankgeschäft zu beurteilen.[139]
Die Bankenbranche kann nach einem Systematisierungsansatz zur Bestimmung des
Globalisierungsniveaus von Branchen anhand der Dimensionen Globalisierungsvorteile bzw. -zwänge zur Integration durch Standardisierung und Differenzierungsvorteile bzw. -zwänge zur Lokalisierung eingeordnet werden. Das Bankgeschäft wird als

---

[133] Vgl. Baumanns, F.J.: <u>Faktoren einer Internationalisierungsentscheidung</u> [1984], S. 11-14; Eilenberger, G.: <u>Bankbetriebswirtschaftslehre</u> [1996], S. 418-419. Hier wird eine Typologisierung der
internationalen Bankleistungen vorgenommen.

[134] Vgl. Macharzina, K.: <u>Unternehmensführung</u> [1995], S. 720. Vgl. auch Kutschker, M.: <u>Konzepte</u>
<u>und Strategien der Internationalisierung</u> [1995], S. 648-651. *Kutschker* bezeichnet in seinem Inter-
nationalisierungskonzept als eine Stoßrichtung der Internationalisierungsstrategie die Anzahl und
geographisch-kulturelle Distanz der Zielländer, in denen das internationale Unternehmen tätig ist.
Internationalisierung wird nach dieser Auffassung nicht nur mit der Anzahl der Zielländer, sondern
auch mit dem Differenzierungsgrad der Kulturkreise zum Ausdruck gebracht.

[135] Somit können auch theoretisch alle Formen der internationalen Kooperation, wie z.B. strategische
Allianzen ebenfalls als internationale Banktätigkeit bezeichnet werden.

[136] Vgl. Schenk, K.-E.: <u>Internationale Kooperationen und Joint Ventures</u> [1994], S. 161-164.

[137] Vgl. Meffert, H. / Bolz, J.: <u>Internationales Marketing-Management</u> [1998], S. 25-29. Vgl. Büschgen, H.E.: <u>Entwicklungsphasen</u> [1989], S. 3-4.

[138] Vgl. Popp, S.: <u>Multinationale Banken</u> [1996], S. 10; Röller, W.: <u>Globalisierung</u> [1992], S. 121.

[139] Vgl. Schubert, T.: <u>Strategische Allianzen im internationalen Bankgeschäft</u> [1995], S. 36.

38

eine Branche mit einem mittleren Globalisierungs- und einem hohen Differenzie-
rungsvorteil beurteilt.[140]

Banken können, allgemein gesprochen, in gewissem Maße Globalisierungsvorteile
realisieren. Der hohe Anpassungsbedarf an lokale Bedürfnisse wird jedoch durch
bspw. administrative Vorschriften, aufsichtsrechtliche Bestimmungen oder lokale besondere Nachfragestrukturen erforderlich.[141] Führt man diese Positionierung auf die
Dichotomie „globale Standardisierung – lokale Anpassung" zurück[142], dann bedeutet
dies, zu entscheiden, inwieweit auf dieser Basis für die international konzipierte Rah-
menstrategie der international tätigen Bank die optimale Ausrichtung der Geschäftsaktivitäten erfolgen kann, die an den gesamtbankbetrieblichen Zielen ausgerichtet ist
und einen ökonomischen Erfolgsbeitrag leistet.[143]

International tätige Banken können bei Differenzierung der Ausrichtung der Geschäftstätigkeit theoretisch als internationale, multinationale, globale und auch transnationale Unternehmungen kategorisiert werden (Abbildung A/2-6).[144] Dies bezieht
sich auf die weltweite Organisationsstruktur sowie auf die geschäftsbereichsbezogene strategische Ausrichtung der Bank im Hinblick auf bspw. unterschiedliche Kundensegmente. Unterschiedliche Geschäftsbereiche können innerhalb der gleichen
Bank durch verschiedene Strategietypen bearbeitet werden. Die Entwicklung der
Globalisierung der Bankenbranche kann vor diesem Hintergrund differenziert betrachtet werden. Trotz grundsätzlich weltweiter Präsenz von international tätigen
Banken existiert lediglich eine kleine Gruppe an Banken, die das globale Bankgeschäft dominiert und mit starker Präsenz in vielen Märkten vertreten ist. Andere international tätige Banken haben oftmals einen starken regionalen Fokus oder eine
weltweite Präsenz durch selektive Stützpunkte.[145]

[140] Vgl. Meffert, H. / Bolz, J.: Internationales Marketing-Management [1998], S. 61-66; Schenk, K.-E.:
Internationale Kooperationen und Joint Ventures [1994], S. 161-164.
[141] Vgl. Popp, S.: Multinationale Banken [1996], S. 8-10; Porter, M.E.: Wettbewerbsstrategie [1995],
S. 346-347; Wolf, J.: Internationales Personalmanagement [1994], S. 298-299.
[142] Vgl. Macharzina, K.: Rahmenbedingungen und Gestaltungsmöglichkeiten [1993], S. 37.
[143] Vgl. Meffert, H. / Bolz, J.: Internationales Marketing-Management [1998], S. 25-29; Büschgen,
H.E.: Entwicklungsphasen [1989], S. 4; Hummel, D.: Auslandsstrategien [1997], S. 206.
[144] Vgl. Bartlett, C.A. / Ghoshal, S.: Managing across Borders [1998], S. 55-60, 74-81; Schubert, T.:
Strategische Allianzen im internationalen Bankgeschäft [1995], S. 37-40. Bei dieser Unterteilung
handelt es sich um eine vorwiegend produkt- und marketingbezogene Betrachtung der strategischen Ausrichtung von Unternehmungen.
[145] Vgl. Röller, W.: Globalisierung [1992], S. 121, 125-127.

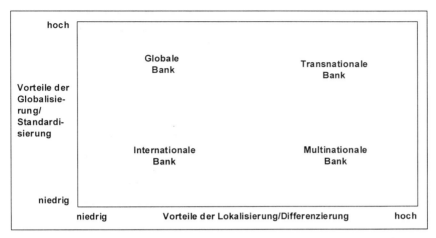

Abbildung A/2-6: Einordnung der Strukturen von Banken im Globalisierungs-/ Differenzierungsdiagramm[146]

Die Gesamtaktivitäten oder einzelne Geschäftsbereiche international tätiger Banken können den dargestellten unterschiedlichen Formen der internationalen Ausrichtung zugeordnet werden. Unterschiedliche Kundensegmente im Bankgeschäft weisen unterschiedliche Bedürfnisstrukturen auf, woraus für die international tätige Bank eine differenzierte Betrachtung der Erzielung von Globalisierungs- bzw. Lokalisierungsvorteilen resultiert.[147]

Internationale Banken agieren vorwiegend auf dem Heimatmarkt und sind zusätzlich in Auslandsmärkten aktiv, da vorwiegend Kunden aus dem Herkunftsland der Bank betreut werden. Es sind deshalb nur geringe Globalisierungs- und Lokalisierungsvorteile zu realisieren. **Multinationale** Banken richten im Rahmen ihrer Geschäftsbereichsstrategie die Produkte bzw. Dienstleistungen auf die lokalen Anforderungen und den Wettbewerb der Zielmärkte und -segmente aus, wobei die zu erzielenden Globalisierungsvorteile gering, die Lokalisierungsvorteile hoch sind. Eine **globale** Bank ist dadurch gekennzeichnet, daß die jeweils weltweite Position einen Einfluß darauf ausübt, welche Position die Bank auf wichtigen geographischen oder nationalen Märkten einnimmt.[148] Die gesamte Verflechtung der weltweiten Unternehmungsaktivitäten stellt jedoch eher einen theoretischen Zustand dar[149], der praktisch

---

[146] Quelle: In Anlehnung an Meffert, H. / Bolz, J.: Internationales Marketing-Management [1998], S. 64; Macharzina, K.: Unternehmensführung [1995], S. 732.

[147] Ein Beispiel für diese geschäftsbereichsbezogene Unterscheidung stellt die Deutsche Bank AG dar, die in Europa (insbesondere Deutschland, Spanien und Italien) im Privatkundengeschäft (Retail Banking) tätig ist, weltweit jedoch ein auf Großkunden ausgerichtetes Firmenkundengeschäft betreibt.

[148] Vgl. Porter, M.E.: Wettbewerbsstrategie [1995], S. 345.

[149] Vgl. Krulis-Randa, J.S.: Globalisierung [1990], S. 74.

40

bisher nicht in dieser Form umgesetzt ist.[150] Globale Banken können bei ihrer Tätigkeit auf einem homogenen Weltmarkt für bestimmte Produkte und Dienstleistungen hohe Globalisierungsvorteile über einen hohen Standardisierungsgrad der Produkte und Dienstleistungen erreichen. Die bisher aufgeführten Erscheinungsformen der weltweiten Aktivitäten von Banken sind auch in der Praxis zu erkennen.[151]

Banken als **transnationale** Unternehmungen bzw. mit ‚blockiert-globaler' Strategie[152] sind bisher in der Praxis nicht eindeutig zu identifizieren.[153] Die Verwendung der Bezeichnung ‚blockiert-global' weist darauf hin, daß Banken durch bspw. Regierungsauflagen, Regulierungen oder aber besondere Nachfragestrukturen daran ‚gehindert' werden, von den Vorteilen der Globalisierung zu profitieren, obwohl sie ökonomisch betrachtet auf globalen Märkten operieren.[154] Es erfolgt daher seitens der Banken eine intensive Auseinandersetzung mit den spezifischen Verhältnissen der Zielmärkte.[155]

Marktorientierter Untersuchungsgegenstand der Arbeit ist die interkulturell ausgerichtete Analyse und Gestaltung der Interaktionen der externen Interaktionspartner der Bank in ausländischen Märkten. Diese externen Interaktionspartner umfassen in dieser Arbeit nur die lokalen und nicht die multinationalen Interaktionspartner aus dem Herkunftsland der Banken bzw. aus Drittländern. Die Ausgestaltung der lokalen Anpassung der international tätigen Banken beinhaltet daher nicht nur die Beachtung regulatorischer Richtlinien und gesetzlicher Vorschriften, sondern auch die kulturellen Umfeldbedingungen der Bank in den jeweiligen Ländern. Insgesamt bedeutet internationales Bankgeschäft mit lokalen Kunden zu betreiben, die relevanten kulturellen Einflußfaktoren zu identifizieren und innerhalb des strategischen Managements zu berücksichtigen. Ausgehend von dieser Annahme sollen nun die konkreten Anknüpfungspunkte von Kultur und Bankgeschäft aufgezeigt werden. Dies geschieht anhand der Betrachtung der Eigenschaften von Bankleistungen sowie der lokalen Kundensegmente.

---

[150] Vgl. Rothlauf, J.: Interkulturelles Management [1999], S. 3.
[151] Vgl. Schubert, T.: Strategische Allianzen im internationalen Bankgeschäft [1995], S. 39.
[152] Vgl. Macharzina, K.: Unternehmensführung [1995], S. 734. Diese Begriffe werden von *Macharzina* in Bezug gebracht. Der Ausdruck ‚blockiert-global' wird in der Literatur bisher für Branchen verwendet, der Ausdruck ‚transnational' für die strategische bzw. strukturbezogene Ausrichtung von Unternehmungen.
[153] Vgl. Schubert, T.: Strategische Allianzen im internationalen Bankgeschäft [1995], S. 39. Dies gilt auch für den Industriebereich.
[154] Vgl. Wolf, J.: Internationales Personalmanagement [1994], S. 298-299.
[155] Vgl. Macharzina, K.: Unternehmensführung [1995], S. 734.

2.2.2 Implikationen von Kultur für die internationale Bankmarktleistung

2.2.2.1 Möglichkeiten der Gestaltung internationaler Bankmarktleistungen

Mit Bezug auf die Einordnung der Bankenbranche als Branche mit Lokalisierungserfordernisen stellen sich die Fragen, welche konstitutiven Merkmale eine Bankleistung aufweist, aus welchen Komponenten diese besteht und inwieweit die einzelnen Komponenten im internationalen Geschäft durch die Bank gestaltet werden können.

Bank(dienst)leistungen sind analog anderer Dienstleistungen durch die konstitutiven Merkmale

- Immaterialität,

- mangelnde Speicher- und Lagerfähigkeit,

- Integration des externen Faktors und Interaktion von Bank und Kunden bei der Leistungserstellung

gekennzeichnet.[156] Da die Bankleistung aufgrund dieser Charakteristika stets als *fertige* Leistung am Markt abgegeben wird, soll im folgenden von Bankmarktleistung gesprochen werden.[157]

Die Immaterialität (Intangibilität) der Dienstleistung bewirkt, daß diese im Rahmen einer Aktivität konsumiert, somit prozeßbezogen erlebt und aufgrund der mangelnden physischen Präsenz für den Bankkunden kognitiv schwer begreifbar ist. Bankleistungen sind vertrauensempfindliche und erklärungsbedürftige Produkte[158], die hinsichtlich ihrer Qualität durch den Kunden schwierig zu bewerten sind. Für den Fall, daß die Bankmarktleistung nur unter Kundenbeteiligung und direktem Kontakt erbracht werden kann, bedeutet die mangelnde Speicherbarkeit die Vorhaltung bankbetrieblicher Kapazitäten und eine Begrenzung der Möglichkeit des indirekten Absatzes der Bankprodukte.[159] Dies führt in der Praxis zu bankbetrieblichen Organisationsformen, die eine möglichst hohe Kapazitätsauslastung ermöglichen. In Bezug auf die

---

[156] Vgl. Eilenberger, G.: Bankbetriebswirtschaftslehre [1996], S. 188-189; Meurer, C.: Strategisches internationales Marketing für Dienstleistungen [1993], S. 11.

[157] Vgl. Süchting, J.: Bankmanagement [1992], S. 94.

[158] Vgl. Süchting, J.: Bankmanagement [1992], S. 11.

[159] Vgl. Stauss, B.: Internationales Dienstleistungsmarketing [1995], S. 452-454. Diese Standortgebundenheit, die für viele Bankmarktleistungen als direkter Absatzweg erforderlich ist und nicht durch Electronic Banking oder Selbstbedienung geleistet werden kann, bedeutet zunächst eine Fixkostenbelastung, die erheblich die Wettbewerbsfähigkeit des Bankbetriebes beeinflussen kann. Vgl. Eilenberger, G.: Bankbetriebswirtschaftslehre [1996], S. 192-194. Selbstbedienungsbereiche führen aber auch zu steigender Kundenzufriedenheit (Verbesserung von Zeit und Ort des Serviceangebotes) bei gleichzeitig sinkenden Lohnkosten für die Bank durch „Beschäftigung des Kunden als unbezahlten Arbeitnehmer". Vgl. Riddle, D.I. / Brown, K.J.: Retaining World Class Competitiveness in Services [1988], S. 242-244.

42

Integration des externen Faktors Kunde und der stattfindenden Interaktion bei der Leistungserstellung ergeben sich für die Bank spezielle Ansatzpunkte für die Gestaltung dieser Interaktion. Bankbetriebliche Marktleistungen entziehen sich aufgrund jener Merkmale einer umfassenden Standardisierung.[160]

Für die Untersuchung der konkreten Gestaltbarkeit der internationalen Bankmarktleistung werden daher, wie in Abbildung A/2-7 dargestellt, die Komponenten Produkt/Service, Recht und Interaktion hinsichtlich ihrer Gestaltbarkeit betrachtet.[161]

Komponenten	Produkt/Service Komponente	Rechtliche Komponente	Interaktions-komponente
Determinanten der Ausgestaltung	• Nachfragestruktur • Nachfrage-verhalten • Entwicklungs-stand des Marktes	• Zulässigkeit am Markt • Rechtsvorschrif-ten	• Art und Umfang der Interaktion • Interaktionsgrad
Grad der Gestaltbarkeit	mittel/hoch	niedrig	hoch

Abbildung A/2-7:   **Gestaltbarkeit der Komponenten der internationalen Bankmarktleistung**[162]

Die **Komponente Produkt/Service** hängt von der marktspezifischen Nachfragestruktur ab, wobei die unterschiedlichen Kundensegmente ein jeweils spezifisches Nachfrageverhalten aufweisen. Dies hat wesentlichen Einfluss auf die technische Ausgestaltung von bspw. standardisierten Massenprodukten wie dem Zahlungsverkehr oder der Gestaltung bzw. Strukturierung eines individuellen Finanzierungskonzeptes. Der Aspekt **Service** umfaßt die Serviceauffassung und das Serviceniveau einer Bank, was bspw. in der Schnelligkeit der Reaktion auf Anfragen oder Reklamationen zum Ausdruck kommt.[163] Das produkt- und servicebezogene Nachfrageverhalten wird wesentlich vom Entwicklungsstand eines Bankenmarktes in einem Land beeinflußt. Hinsichtlich dieser Komponenten liegt somit ein mittlerer bis hoher Grad an Gestaltbarkeit für die Bank vor. Die reine Produktkomponente kann auch als Kernleistung der Bankmarktleistung im Sinne der grundsätzlich erwarteten Leistung

[160] Vgl. Eilenberger, G.: Bankbetriebswirtschaftslehre [1996], S. 189.
[161] Vgl. Schuster, L.: Qualitätsmanagement [1996], S. 94. Hier werden die qualitätsbestimmenden Faktoren der Bankdienstleistung dargestellt, die in die Überlegungen zur Gestaltbarkeit von Bankdienstleistungen integriert werden können.
[162] Quelle: Eigene Darstellung.
[163] Vgl. Meurer, C.: Strategisches internationales Marketing für Dienstleistungen [1993], S. 23-25.

aus Sicht von Kunden bezeichnet werden.[164] Die mit der Gestaltung der Kernleistung der Bankmarktleistung verbundene Standardisierungmöglichkeit ist als mittel zu beurteilen.[165]

Rechtlich gesehen ergeben sich geringe Gestaltungsmöglichkeiten. Wenn spezifische aufsichtsrechtliche Vorschriften den Geschäftsumfang generell limitieren bzw. spezifische Produktkomponenten am Markt nicht zulässig sind, haben die Banken bis auf die Beantragung der Zulassung neuer Produkte oder aber der aktiven Initiierung von neuen Gesetzen oder Gesetzesänderungen geringen Handlungsspielraum. Dies gilt insbesondere für protektionierte Märkte, in denen die Aktivitäten von lokalen Marktteilnehmern durch gesetzliche Regelungen des Leistungsangebotes bzw. –gestaltung begrenzt werden.

Die **Interaktionskomponente** der Bankmarktleistung bietet bei der Leistungserstellung wiederum Gestaltungsmöglichkeiten für die Bank, was insbesondere auf die am Markt als homogen und oftmals als austauschbar empfundenen technischen Komponenten eines Bankproduktes zurückzuführen ist. Da im internationalen Bankgeschäft die Interaktion das Aufeinandertreffen von unterschiedlichen Kulturen bedeutet, soll dieser Aspekt weiter vertieft werden.

2.2.2.2 Interaktionsorientierte Betrachtung der internationalen Bankdienstleistung

Im Folgenden soll die weitergehende Typologisierung von Bankmarktleistungen anhand der Beziehung zwischen Bank und Kunden vorgenommen werden, da sich dieses Differenzierungsmerkmal besonders für die Systematisierung international erbrachter Dienstleistungen eignet:[166] Die Produktion der Bankmarktleistung erfordert eine Interaktionsbeziehung zwischen Bank (Mitarbeiter, Struktur) und Kunden, die das Maß der kulturellen Abhängigkeit der Leistungserstellung verdeutlicht.[167] Die Interaktionsbeziehung zwischen Bank und Kunden findet in einer Interaktionsumwelt statt. Diese ist vor allem deshalb bei der Erstellung internationaler Bankmarktleistungen relevant, weil die „Transaktionspartner durch unterschiedliche soziokulturelle Hintergründe geprägt sind und unterschiedliche Grundhaltungen und Wahrnehmungen zu wesentlichen Schwierigkeiten für die Interaktionsbeziehung führen kön-

[164] Vgl. Stauss, B.: Service-Qualität als strategischer Erfolgsfaktor [1991], S. 24-26. *Stauss* bezeichnet diese Kernleistung auch als Minimumqualität der Dienstleistung.
[165] Vgl. Stauss, B.: Internationales Dienstleistungsmarketing [1995], S. 458-459.
[166] Vgl. Mößlang, A.M.: Internationalisierung von Dienstleistungsunternehmen [1995], S. 136-137. Als weitere Systematisierungskriterien für internationale Dienstleistungen in der Literatur ist eine Kategorisierung nach Standortgebundenheit und Handelbarkeit sowie nach den Mobilitätsanforderungen an Bank und Kunden (‚Samson-Snape-Box') möglich. Vgl. Stauss, B.: Markteintrittsstrategien im internationalen Dienstleistungsmarketing [1994], S. 11-14; Kutschker, M. / Mößlang, A.M.: Kooperationen als Mittel der Internationalisierung von Dienstleistungsunternehmen [1996], S. 324-325.
[167] Vgl. Stauss, B.: Internationales Dienstleistungsmarketing [1995], S. 454-457.

44

nen".[168] Die vollständige Erfassung der möglichen kulturellen Einflußfaktoren bei der Erstellung der Bankmarktleistung soll anhand der Dimensionen Art und Umfang des Kundenkontaktes, Interaktionsgrad im Sinne der Interaktionsintensität sowie der erforderlichen Standardisierung bzw. Individualisierung (Lokalisierung) der Bankmarktleistungserstellung vorgenommen werden (Abbildung A/2-8).

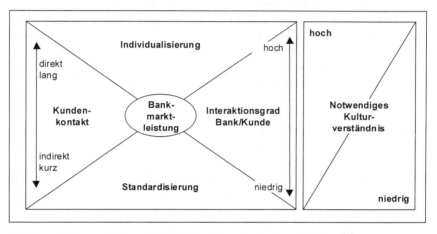

Abbildung A/2-8: **Kulturorientierte Betrachtung der Bankmarktleistung**[169]

Die Art des Kundenkontaktes bedeutet für die Leistungserstellung ob (in Abhängigkeit von dem Bankprodukt) ein direkter ('face-to-face') Kontakt oder ein indirekter Kontakt ('at arm's length'), der auch über Kommunikationsmittel abgewickelt werden kann, erforderlich ist.[170] Die hierdurch beschriebene Intensität des interpersonalen Kontaktes wird durch den Problemgehalt der Bankleistungsart bestimmt und differenziert Bankmarktleistungen in kontaktintensive Problemleistungen (z.B. Beratung in der Vermögensverwaltung) und kontaktarme Routineleistungen (z.B. Verfügung am Firmenkonto).[171] Der Umfang des Kontaktes beschreibt die Häufigkeit sowie die Dauer des Kontaktes im Verhältnis zur gesamten Dauer des Leistungserstellungsprozesses.[172] Die Systematisierung von Dienstleistungen nach Art und Umfang des Kontaktes bezieht sich auf die produktionstechnisch bedingte Simultaneität von Produktion und Konsum der Dienstleistung. Dem Interaktionsgrad liegt hingegen das „Ausmaß der wechselseitigen Beziehung und Einflußnahme des Nachfragers bei Spezifikation

---

[168] Kutschker, M. / Mößlang, A.M.: Kooperationen als Mittel der Internationalisierung von Dienstleistungsunternehmen [1996], S. 326.

[169] Quelle: Eigene Darstellung.

[170] Vgl. Mößlang, A.M.: Internationalisierung von Dienstleistungsunternehmen [1995], S. 137-148.

[171] Vgl. Süchting, J.: Bankmanagement [1992], S. 457-461.

[172] Vgl. Mößlang, A.M.: Internationalisierung von Dienstleistungsunternehmen [1995], S. 137-148. Siehe auch Süchting, J.: Bankmanagement [1992], S. 457-461. Hier findet sich am Beispiel des Privatkundengeschäftes eine Zuordnung der Produkte gemäß der Kriterien kontaktselten/ kontakthäufig sowie kontaktintensiv/kontaktarm.

und Produktion einer Dienstleistung"[173] im Rahmen des direkten Kundenkontaktes zugrunde. Die Intensität der Interaktion wird vom Problemgehalt der Bankmarktleistung bestimmt.[174]

Werden die angeführten Überlegungen auf die Standardisierung bzw. Individualisierung der Interaktionskomponente der Bankmarktleistung bezogen, kann gefolgert werden, daß je direkter und auch länger der Kundenkontakt und/oder je höher der Interaktionsgrad bei der Leistungserstellung ist, desto eher ist die Bankmarktleistung als individualisierte Leistung zu erbringen. Dabei ist allerdings zwischen dem ‚Interaktionsgehalt' der Bankprodukte, aber auch zwischen den Kundensegmenten und deren Bedürfnissen, Anforderungen und finanziellem Know-how zu unterscheiden.[175]

Die beschriebenen Interaktionen ermöglichen wiederum Rückschlüsse über das erforderliche Maß an Lokalisierung bzw. mögliche Maß an Standardisierung des Bankproduktes sowie der Gestaltung des Dienstleistungsprozesses zu ziehen und als Arbeitshypothese zu formulieren: Eine über Art, Umfang und Interaktionsgrad als Individualleistung definierte Bankmarktleistung bedarf für die Gestaltung der Interaktion mit lokalen Kunden in Auslandsmärkten eines höheren Kulturverständnisses als Bankmarktleistungen, deren Interaktionsgehalt niedrig ist wie bspw. bei standardisierten Bankmarktleistungen (z.B. Durchführung eines Zahlungsauftrages).

Eng in diesem Zusammenhang existiert als ein weiteres Merkmal der internationalen Bankmarktleistung die kulturelle Spezifität des Faktoreinsatzes, d.h. inwieweit kultur- bzw. länderbezogenes Expertenwissen und Know-how für die Leistungserstellung notwendig ist. Eine hohe kulturelle Spezifität des Faktoreinsatzes erfordert eine verstärkte Präsenz vor Ort durch die Bank, den Einsatz lokaler Mitarbeiter und länderspezifische Anpassungen des Produktes bzw. der Leistungserstellung.[176]

Die produktspezifischen Eigenschaften von bankbetrieblichen Leistungen weisen die typischen charakteristischen Besonderheiten von Dienstleistungen auf, deren Berücksichtigung Implikationen für die Umsetzung einer internationalen Strategie hat.[177] Zusammenfassend läßt sich daher festhalten, daß die Interaktionskomponente der Bankmarktleistung einen wesentlichen Ansatzpunkt für ein Interkulturelles Management darstellt. Diese bisher abstrakte Perspektive soll nun durch die Darstellung der

---

[173] Mößlang, A.M.: Internationalisierung von Dienstleistungsunternehmen [1995], S. 151.
[174] Vgl. Meurer, C.: Strategisches internationales Marketing für Dienstleistungen [1993], S. 23-25. Die Autorin nimmt eine interaktionsorientierte Systematisierung von Dienstleistungen vor und bezeichnet Bankleistungen, die in direktem Kundenkontakt erbracht werden, als unterstützend interaktive Dienstleistungen.
[175] Vgl. Mößlang, A.M.: Internationalisierung von Dienstleistungsunternehmen [1995], S. 155.
[176] Vgl. Stauss, B.: Markteintrittsstrategien im internationalen Dienstleistungsmarketing [1994], S. 11-14.
[177] Vgl. Mößlang, A.M.: Internationalisierung von Dienstleistungsunternehmen [1995], S. 164. Siehe auch Perlitz, M.: Internationales Management [1995], S. 382-385.

46

Geschäftssegmente im internationalen Bankgeschäft sowie der relevanten Kundensegmente konkretisiert werden.

2.2.2.3 Interaktionsorientierte Betrachtung der Geschäfts- und Kundenseg-
mente

Unter marktmäßigen Aspekten lassen sich die internationalen Bankmarktleistungen
in primäre (absatzfähige) Bankleistungen im Kundengeschäft und sekundäre Bankleistungen (Interbankenleistungen und Eigenleistungen) unterscheiden.[178] Schwerpunkt dieser Arbeit ist der Absatz von Bankmarktleistungen im lokalen Kundengeschäft, wobei das Firmenkundengeschäft und das Privatkundengeschäft betrachtet
werden (Tabelle A/2-9).[179] Als branchenbezogene Kulturebene im Umfeld der international tätigen Bank in einem Zielmarkt ist die Bankenmarktkultur herausgestellt
worden.[180] Da die lokalen Banken hier die wesentlichen Marktteilnehmer sind, wird
eingeschränkt auch das Interbankengeschäft untersucht.

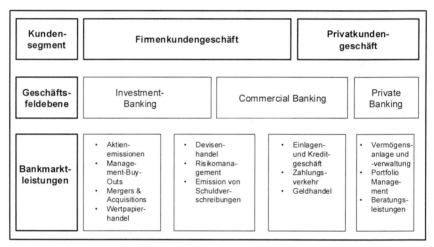

Abbildung A/2-9: **Untersuchte Geschäftssegmente im internationalen Bankgeschäft[181]**

Die Unterteilung von Commercial Banking, Investment Banking und Private Banking
resultiert aus institutionellen Begriffsauffassungen und wird in dieser Arbeit in einem

---

[178] Vgl. Schierenbeck, H.: Bank Assurance [1998], S. 320-322. Siehe auch Eilenberger, G.: Bankbetriebswirtschaftslehre [1996], S. 419.
[179] Aufgrund der im Rahmen dieser Arbeit betrachteten unterschiedlichen Herkunftsländer der international tätigen Banken sowie der untersuchten Zielmärkte werden für die verschiedenen Geschäftsbereiche im Bankgeschäft möglichst weit gefaßte Begriffe verwendet. Dies soll die Einordnung der Geschäftstätigkeiten unterschiedlicher Banktypen erleichtern.
[180] Vgl. Kapitel 2.1.2.1.
[181] Quelle: Eigene Darstellung.

funktionalen Verständnis als Geschäftsfelder von international tätigen Banken (Universalbanken, Geschäftsbanken, Privatbanken) verwendet.

Die Sparten bzw. Produktgruppen des Commercial Banking lassen sich mit dem klassischen Kredit-, Einlagen- und Zahlungsverkehrsgeschäft (inkl. Geld- und Devisenhandel) beschreiben. Diese Leistungen werden sowohl im Firmenkunden- als auch im Privatkundengeschäft erbracht. Die ehemals klare Abgrenzung des Commercial Banking zum Investment Banking, das vorwiegend das mit Wertpapieren zusammenhängende Primär- und Sekundärmarktgeschäft (Emission, Plazierung, Handel) sowie Financial Engineering und Mergers & Acquisitions umfaßt, ist durch den Trend zur Verbriefung und Entstehung von hybriden Finanzierungsformen und Finanzinnovationen aufgeweicht worden.[182] Die Aktivitäten dieser beiden Geschäftsbereiche werden bei international tätigen Banken im Firmenkundengeschäft teilweise separat geführt, teilweise werden oder sind diese Geschäftsfelder organisatorisch auch integriert worden. Hieraus ergibt sich in Abbildung A/2-9 eine Anordnung der einzelnen Produktbereiche, die zum Teil eindeutig dem jeweiligen herkömmlichen Geschäftstyp zugeordnet werden können, verstärkt jedoch auch durch Überschneidungen der Produktpalette im Mittelfeld anzuordnen sind.[183] Die entsprechenden Bankmarktleistungen werden national wie international vertrieben.

Das Geschäftsfeld des internationalen Private Banking umfaßt theoretisch sowohl das Geschäft mit Privatkunden als auch mit institutionellen Kunden, wobei in dieser Arbeit nur das Geschäft mit Privatkunden betrachtet wird. Als Bankmarktleistungen werden hier vorwiegend die Vermögensanlage und -verwaltung sowie Beratungsleistungen für private Kunden betrachtet.[184] Analog der Segmentierung im deutschen bzw. angelsächsischen Gebrauch können im Privatkundenmarkt in Abhängigkeit von den Kundenvolumina (Einlagen, Kredite, Wertpapiere) die Massenkunden (Kunden im Retail Banking), die Vermögensberatungskunden (Kunden im Personal Banking) und die ‚Top-Kunden' (Kunden im Private Banking) segmentiert werden. Mit steigendem Geschäftsvolumen der Kunden steigt auch der Beratungsbedarf, der bei den Kunden im Personal Banking bereits hoch, im Private Banking jedoch sehr hoch ist.[185] Dieser Beratungsbedarf geht wiederum mit dem Erfordernis einer erhöhten Individualisierung in der Betreuung und mit dem hiermit verbundenen hohen Interaktionsgrad sowie langen Kundenkontakten in der Beratung einher. Da durch die Intensität der Beziehung Kunde/Bank die interkulturelle Interaktion in diesen Kundenseg-

---

[182] Vgl. Schuster, L.: Investment Banking [1994], S. 355-357. Eine umfassende Produktpalette im internationalen Bankgeschäft befindet sich bei Smith, R.C. / Walter, I.: Global Banking [1997], S. 404-406.

[183] Vgl. Kern, H.: Relationship Management [1999], S. 55.

[184] Vgl. Ehlern, S.: International Private Banking [1997], S. 10-11. Einzelne Funktionen des Private Banking wie bpsw. die Vermögensverwaltung werden teilweise auch dem Investment Banking zugeordnet.

[185] Vgl. Klöppelt, H.: International Private Banking [1996], S. 202-203.

48

menten eine hohe Bedeutung hat, wird in dieser Arbeit das Segment des Private Banking untersucht.

Als Hauptkundengruppen werden daher die folgenden lokalen Kundensegmente im internationalen Bankgeschäft in dieser Arbeit unterschieden und analysiert:[186]

- Firmenkundengeschäft: lokale Firmenkunden (international tätige Unternehmungen, Konglomerate, lokal tätige Unternehmungen) in Verbindung mit Interbankengeschäft,
- Privatkundengeschäft: Kunden des Private Banking.

Schwerpunkt ist die Darstellung des lokalen Großkundengeschäftes (Firmen- und Privatkundengeschäft) in ausländischen Märkten, das als Wholesale Banking bezeichnet wird.[187]

In Verbindung mit der Art und dem Leistungsprogramm der Banken, das in einem ausländischen Markt angeboten wird, kann auf Basis kulturorientierter Analysen der Rahmenbedingungen von international tätigen Banken konkretisiert werden, welche Anpassungen an den Bankmarktleistungen vorzunehmen bzw. bei der Leistungserstellung als Erfolgsfaktoren zu berücksichtigen sind.

Bei der Darstellung von Kulturebenen im Umfeld der international tätigen Bank ist herausgestellt worden, daß in jeder Ebene wiederum Sub-Kulturen existieren. Für die einzelnen Arten von Bankgeschäften bzw. Geschäftssegmenten kann eine jeweils eigene Sub-Kultur innerhalb der Branchenkultur der Bankenbranche festgestellt werden. So wird bspw. auf die Unterschiede zwischen dem eher langfristig und beziehungs-orientierten Commercial Banking und dem eher kurzfristig und transaktions-orientierten Investment Banking hingewiesen.[188] Dies bedeutet in der interkulturellen Betrachtung, daß beide Geschäftsarten sehr beratungs- und kontaktintensive Produkte umfassen, die jedoch seitens der Mitarbeiter der international tätigen Banken mit einer unterschiedlichen Geschäftsorientierung vermarktet werden.

Zusammenfassend läßt sich festhalten, daß die Betrachtung der Geschäftsfelder und Kundensegmente im internationalen Bankgeschäft verschiedene Ansatzpunkte der Kulturbetrachtung aufweist. Die Auswahl der Geschäftsfelder und Kundensegmente im internationalen Bankgeschäft erfolgt im Rahmen des strategischen Managements.

---

[186] Vgl. Smith, R.C. / Walter, I.: Global Banking [1997], S. 402-403.
[187] Im Rahmen der Untersuchungen wird jedoch auch auf Erkenntnisse oder Marktbesonderheiten zum Retail Banking zurückgegriffen.
[188] Vgl. Schuster, L.: Bedeutung der Unternehmungskultur [1997], S. 4. Diese unterschiedlichen Kulturen werden trotz der durchgeführten Integration der Aktivitäten von Commercial Banking und Investment Banking weiter existieren.

Diese Betrachtungsebene wird in Verbindung mit dem möglichen Kulturverständnis der international tätigen Bank aufgezeigt und ist Gegenstand des folgenden Kapitels.

2.2.3 Kulturorientierung des internationalen strategischen Managements von Banken

Für die Integration von interkulturellen Managementaspekten in das strategische Management von Banken wird im folgenden das Verständnis von strategischem Management in dieser Arbeit dargestellt. Hieran schließt sich eine schematische Darstellung der Umfeldbedingungen der international tätigen Bank sowie deren Auswirkungen auf das strategische Management an, bevor die Aspekte des strategischen Managements und der Kulturorientierung im Rahmen der internationalen Geschäftstätigkeit verknüpft aufgeführt werden können.

2.2.3.1 Internationales strategisches Management von Banken

Schwerpunkt dieser Arbeit ist die Integration eines interkulturellen Managementansatzes in das internationale strategische Management von Banken. Dieses ist als übergeordnete unternehmerische Funktion auf die Festlegung, Sicherung und Steuerung der langfristigen Unternehmungsentwicklung und somit auf die Bestandserhaltung der Unternehmung ausgerichtet.[189] Im Prozeß der Führung der Bank erfolgt dies durch Festlegung von Zielen und Strategien mittels der strategischen Planung als Instrument des strategischen Managements.[190] Führung wird als die kommunikative Beeinflussung der Einstellung und des Verhaltens von Einzelpersonen oder Gruppen zum Zweck der gemeinsamen Zielbildung und Zielerreichung bezeichnet.[191] Strategien im internationalen Geschäft stellen in diesem Zusammenhang „Muster der Wahl unter potentiellen Handlungsalternativen im internationalen Umfeld dar, die Unternehmen bei der Formulierung und Abstimmung ihrer Beziehungen zur Umwelt und der Gestaltung interner Strukturen und Prozesse offenstehen."[192] Aus den Strategien resultieren wiederum Entscheidungen und Maßnahmen, die der Durchführung (Realisation) sowie der Kontrolle bedürfen, um die Effizienz des strategischen Managements beurteilen und die Auswirkungen auf den bankbetrieblichen Erfolg aufzeigen zu können. Die Führung der Bank kann somit als Steuerungs- bzw. Regelkreis aufgefaßt werden.[193]

---

[189] Vgl. Macharzina, K.: Unternehmensführung [1995], S. 523.
[190] Die strategische Planung ist hierbei ein „gedanklicher Prozeß, in dessen Rahmen die bestehenden und potentiellen Märkte, Produkte, Wettbewerber und Kunden im Hinblick auf die zur Verfügung stehenden Ressourcen analysiert werden". Schuster, L.: Bankpolitik [1990], S. 84.
[191] Vgl. Grochla, E.: Führung [1989], Sp. 542.
[192] Macharzina, K.: Unternehmensführung [1995], S. 727. *Bumbacher* unterscheidet zwischen der Internationalisierungsstrategie als Weg in das internationale Geschäft und der hier angeführten internationalen Strategie als strategisches Verhalten auf unterschiedlichen internationalen Märkten. Bumbacher, U.: Internationale Wettbewerbsfähigkeit im Bankwesen [1994], S. 2.
[193] Vgl. Eilenberger, G.: Bankbetriebswirtschaftslehre [1996], S. 537-538.

Grundlage für die Entwicklung einer Strategie sind eine bankinterne Stärken- und Schwächenanalyse der vorhandenen Ressourcen und eine bankexterne Umweltanalyse der situationsbedingten Rahmenbedingungen. Mit der internen Analyse sollen die Erfolgspotentiale eruiert werden, mit denen die Wettbewerbsfähigkeit der Bank gewonnen und gesichert werden kann. Die externe Analyse untersucht diejenigen Einflüsse im Umfeld der Bank, die die Umsetzung der Erfolgspotentiale in Wettbewerbsvorteile als Voraussetzung zur Schaffung der Wettbewerbsfähigkeit begünstigen oder einschränken können. Auf Basis der Analysen werden dann grundsätzliche Handlungsoptionen als Strategien der Bank entwickelt.[194] Im Unterschied zur inländischen Unternehmungsführung müssen bei ausländischer Geschäftätigkeit diese Handlungsoptionen inhaltlich wesentlich stärker auf Umweltentwicklungen und die Möglichkeit auftretender Diskontinuitäten ausgerichtet werden.[195] Die Ursachen hierfür liegen zum einen in der höheren Umweltdynamik und zum anderen darin, daß bei mangelnder Kenntnis der Entstehung und somit schwierigerer Erklärbarkeit von Sachverhalten in der Umwelt diese wesentlich komplexer sind oder erscheinen.[196] Die Entwicklung einer Strategie besteht somit aus der „Konzeption der Ziele, Maßnahmen und Mittel, die geeignet sind, den Wert der Unterschiede zwischen der Unternehmung und den Konkurrenzunternehmungen zu unterstreichen und ihr Wettbewerbsvorteile zu verschaffen".[197]

Die geschäftspolitische Entscheidung einer Bank über die Ausrichtung und Gestaltung der internationalen Geschäftätigkeit richtet sich am Oberziel der Bank – Gewinnerzielung – und den finanziellen Sicherheitszielen aus.[198] Diese sind Teil eines Zielsystems, in dem verschiedene Zielarten auf die Oberziele ausgerichtet sind. Hier können Sachziele (Bezug: Leistungserstellung) und Formalziele (Bezug: Unternehmenserfolg) von quantitativen Zielen und qualitativen Zielen (z.B. Aufbau eines internationalen Standings) sowie von ökonomischen und außerökonomischen Zielen (kein direkter Bezug zur wirtschaftlichen Sphäre) unterschieden werden.

International tätige Banken verfolgen ein mehrdimensionales Zielsystem, das sich aus monetären und nicht-monetären Sach-, Wert- und Sozialzielen zusammensetzt und sich hierarchisch in Ober- und Unterziele darstellen läßt.[199] Als Element des strategischen Managements von Banken ist das Zielsystem auch Element des strategischen Planungsprozesses, in den die definierten Zielgrößen als Planungs-, Steuerungs- und Kontrollgröße einfließen.

---

[194] Vgl. Perlitz, M.: Internationales Management [1995], 34-39.
[195] Vgl. Kapitel 1.1.
[196] Vgl. Büschgen, H.E.: Entwicklungsphasen [1989], S. 4-7.
[197] Hinterhuber, H.: Strategische Unternehmensführung [1989], S. 14. Die Festsetzung der Ziele der Bank ist hier als fundamentaler Bestandteil der Formulierung von Strategien zu sehen.
[198] Vgl. Süchting, J.: Bankmanagement [1992], S. 313-315.
[199] Vgl. Priewasser, E.: Bankbetriebslehre [1994], S. 172-173.

Aus diesen definierten und teilweise schwer zu operationalisierenden Zielsetzungen läßt sich die Struktur einer Zielhierarchie aufbauen, wobei die verfolgten Zielsetzungen in unterschiedlichen Verhältnissen zueinander stehen können.[200] Das Zielsystem der Bank unterscheidet sich unter Berücksichtigung des internationalen Geschäftes grundsätzlich nicht vom Gesamtzielsystem, sondern es treten meist zusätzliche Zielkriterien auf, die „… neben den grundsätzlichen betriebswirtschaftlichen Kriterien … zusätzlich die Vereinbarkeit der jeweiligen Strategie mit den Bedingungen des konkreten sozialen, kulturellen Umfeldes …"[201] berücksichtigen.[202] Diese kulturell geprägten Anforderungen werden als wesentlicher Schwerpunkt dieser Arbeit untersucht und im folgenden Kapitel bei der Betrachtung der Umfeldbeziehungen der international tätigen Bank in ihren Auswirkungen dargestellt.

2.2.3.2 Umfeldbeziehungen als Kontextfaktoren eines interkulturellen Managementansatzes

Bei der Darstellung von Kultur als Umweltfaktor sind die wechselseitigen Beeinflussungen mit anderen gesellschaftlichen Elementen wie Religion, Politik, wirtschaftlichen Rahmenbedingungen sowie Technologie und Bildungssystem aufgezeigt worden.[203] Diese beschreiben gemeinsam das externe Handlungsumfeld der international tätigen Bank. Die Betrachtung der Bezugsebenen von Kultur hat ergeben, daß die Landes- bzw. ethnische Kultur in ausländischen Märkten andere Bezugsebenen hinsichtlich der zugrunde liegenden Werthaltungen dominiert.[204] Wesentliche Voraussetzung eines auf die Gestaltung von Interaktionen ausgerichteten Interkulturellen Managements von Banken ist die Analyse dieser externen Rahmenbedingungen und die Betrachtung der Wirkungsbeziehungen. Innerhalb des beschriebenen Zyklus des strategischen Managements steht daher in dieser Arbeit die Untersuchung der Umweltbedingungen bzw. Kontextfaktoren im Vordergrund der strategischen Planung.[205] Hierauf aufbauend kann die Adaption der international tätigen Bank an diese Rahmenbedingungen gestaltet werden. Im folgenden soll dies anhand der Umfeldbeziehungen der Bank für einen interkulturellen Managementansatz aufgezeigt werden.

Der Gesamtzusammenhang von Umfeld und international tätiger Bank wird nun anhand der schematischen Darstellung der existierenden Wirkungsbeziehungen in Abbildung A/2-10 verdeutlicht.

---

[200] Vgl. Büschgen, H.E.: Bankmarketing [1995], S. 80-82.
[201] Meissner, H.G.: Bedeutung der Marktforschung [1981], S. 268, zitiert bei Baumanns, F.J.: Faktoren einer Internationalisierungsentscheidung [1984], S. 258.
[202] Vgl. Schubert, T.: Strategische Allianzen im internationalen Bankgeschäft [1995], S. 41; Baumanns, F.J.: Faktoren einer Internationalisierungsentscheidung [1984], S. 254-262.
[203] Vgl. Kapitel 2.1.1.2.
[204] Vgl. Kapitel 2.1.2.2.
[205] Die Begriffe Umweltbedingungen, Umfeldbedingungen, Rahmenbedingungen und Kontextfaktoren werden in der Arbeit synonym verwendet; eine Abgrenzung kann über Konkretisierungen erfolgen.

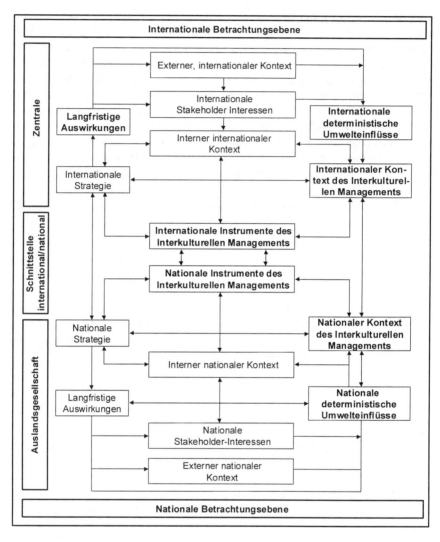

Abbildung·A/2-10: Umfeldbeziehungen für ein Interkulturelles Management von Banken[206]

Für die international tätige Bank ist es erforderlich, zwischen der Betrachtungsebene der Zentrale als generellem, eher international orientierten Umfeld und der des speziellen, eher national auf Ländermärkte ausgerichteteten Umfeldes der Auslandsgesellschaft zu unterscheiden.[207] Diese separaten Betrachtungsebenen weisen eine

---

[206] Quelle: In Anlehnung an Wagner, D.: Internationales Arbeitsumfeld [1998], S. 16.
[207] Vgl. Wagner, D.: Internationales Arbeitsumfeld [1998], S. 23-24.

Schnittstelle auf, die theoretisch zwischen der Zentrale und jeder Auslandsgesellschaft liegt. Der interkulturelle Managementansatz für Banken wird aus der Perspektive der Auslandsgesellschaften in Bezug auf die notwendige Berücksichtigung von kulturellen Anforderungen im Umfeld der Ländermärkte entwickelt. Dieser Ansatz soll den hieraus resultierenden Handlungsbedarf in der Zentrale einschließen.

Für die Gestaltung eines interkulturellen Managementansatzes sind drei Elemente in der Darstellung von wesentlicher Bedeutung für diese Arbeit:[208]

- **Internationaler bzw. nationaler Kontext des Interkulturellen Managements**

  Als wesentliche Einflußgrößen fließen zunächst der externe nationale bzw. internationale Kontext der Bank in Form der kulturellen und kulturell geprägten Rahmenbedingungen im Umfeld der Bank in die als deterministisch bezeichneten Einflußgrößen ein. Hinzu kommen die Interessen der Stakeholder als internationale und nationale Anspruchsgruppen (Kapitalgeber, Mitarbeiter, Kunden, Öffentlichkeit). Die Bank selber beeinflußt die grundsätzlichen Möglichkeiten der Ausgestaltung eines interkulturellen Managementansatzes durch den inneren Kontext von Zentrale und Auslandsgesellschaft. Dieser umfaßt die strategische Grundorientierung, die auch die Kulturorientierung der international tätigen Bank einschließt, sowie die Unternehmungskultur als Oberbegriff der grundsätzlichen Werthaltungen der Bank.

- **Internationale bzw. nationale Instrumente des interkulturellen Managementansatzes**

  Die Gesamtheit der interkulturellen Managementinstrumente stellt den zu entwickelnden interkulturellen Managementansatz dar. Die Instrumente beziehen sich im wesentlichen auf die Ansatzpunkte zur Gestaltung der externen und internen Interaktionen der Auslandsgesellschaft im jeweiligen Ländermarkt. Die Ausgestaltung der Instrumente wird durch die internationale bzw. nationale Geschäftsstrategie der Bank, dem o.a. inneren Kontext der Bank sowie dem dargestellten spezifischen Kontext des interkulturellen Managements bestimmt. Wichtig ist in diesem Zusammenhang die Konsistenz und gleichgerichtete Wirkung der internationalen und nationalen Instrumente des interkulturellen Managements.

- **Internationale bzw. nationale langfristige Auswirkungen**

  Für den Einsatz von interkulturellen Managementinstrumenten ist die Abbildung der langfristigen Auswirkungen hinsichtlich der Erfolgswirksamkeit von Bedeutung. Diese Auswirkungen beeinflussen das Verhältnis zu den Anspruchsgruppen der Bank sowie die externen Kontextfaktoren.

54

Die Umfeldbeziehungen der international tätigen Bank stellen sich als ein sehr komplexes System von Einflußfaktoren und Wechselwirkungen dar, da die einzelnen für die Zentrale und die Auslandsgesellschaft abgebildeten Umfeldbedingungen wiederum voneinander abhängig sind. Das Verständnis des Systems an Umfeldbeziehungen wird für die Entwicklung und Nutzung eines interkulturellen Managementansatzes für wesentlich erachtet, da dieser als ‚Denkansatz' durch eine funktionale Ausgestaltung in den verschiedenen personen- und verhaltensorientierten Managementbereichen der Bank zur Anwendung kommt. Die Intensität der wechselseitigen Beziehungen sowie die Stärke der Einflußnahme wird bei Besprechung der Themenbereiche in der Arbeit berücksichtigt.

Da der Ansatzpunkt für ein Interkulturelles Management auf der Ebene des strategischen Managements der Bank identifiziert wurde, werden im folgenden die möglichen Kulturorientierungen bei der durch die strategische Grundorientierung implizierten Führungskonzepte beschrieben.

2.2.3.3 Kulturorientierung strategischer Führungskonzepte im Internationalen Management

Ziel der strategischen Planung ist die Entwicklung eines strategischen Managementansatzes, an dem alle (internationalen) bankbetrieblichen Aktivitäten ausgerichtet werden. Aus der aufgezeigten Perspektive des internationalen bzw. nationalen Kontextes des Interkulturellen Managements betrachtet, werden die folgenden relevanten Strategieinhalte festgelegt:[209]

• Bestimmung der strategischen Orientierung der Gesamtbank als Basis des Führungskonzeptes der Auslandsgesellschaften,

• Konzeptionierung von Strategien zum Management der Umwelt und aus Perspektive der Auslandsgesellschaft insbesondere der Anspruchsgruppen im spezifischen Ländermarkt,

• Entwicklung von einzelnen Funktionsbereichsstrategien im internationalen und nationalen Kontext, wenn diese für die Formulierung des interkulturellen Managementansatzes relevant sind.

Basis für eine Kulturorientierung ist die normative Ebene der Unternehmungskultur in der international tätigen Bank. Nicht erst aber spätestens seit der ‚Entdeckung' der Bedeutung von ‚weichen' Unternehmenscharakteristika für den Erfolg einer Unternehmung werden die Aufgaben und Funktionen, die Unternehmungskultur zuge-

---

[208] Vgl. zu den nachfolgenden Ausführungen auch Wagner, D.: Internationales Arbeitsumfeld [1998], S. 21-23, 33-35, 38-40.
[209] Vgl. Macharzina, K.: Unternehmensführung [1995], S. 727-742.

schrieben werden, dem strategischen Management zugeordnet. Wichtiger Indikator hierfür ist, daß Unternehmungskultur als ‚integratives' Element der Unternehmungsführung angesehen wird und eine Art überlagernde Klammerfunktion im Rahmen des strategischen Managements wahrnimmt.[210]

Die theoretische Verbindung von strategischer Orientierung, Führungskonzept und Unternehmungskultur der international tätigen Bank soll im folgenden dargestellt werden.

Heenan/Perlmutter haben ein strategisches Konzept für die Internationalisierung von Unternehmungen unter der expliziten Annahme entwickelt, daß die Einstellung des Managements zur Internationalisierungsstrategie sich durch das angewandte Führungskonzept gegenüber den Auslandsgesellschaften in vier möglichen Strategieausprägungen widerspiegelt.[211] Basis sind die Überlegungen *Perlmutters* „…the orientation towards ‚foreign people, ideas, resources,' in headquarters and subsidiaries, and in host and home environments, becomes crucial in estimating the multinationality of a firm … the attitudes men hold are clearly more than their passports."[212] Hiermit wird die Auffassung unterstrichen, daß unabhängig von der strategischen Orientierung einer international tätigen Unternehmung die Persönlichkeit und Einstellung des Managements selber erheblichen Einfluß auf das Verhalten der Unternehmung hat. Die entwickelten Managementkonzeptionen sind weiterentwickelt worden[213] und werden heute vorwiegend als Basis einer Typologie von Ausprägungen internationaler Strategiemuster verwendet (Abbildung A/2-11).[214]

---

[210]   Vgl. Eschenbach, R. / Kunesch, H.: <u>Strategische Konzepte</u> [1996], S. 106-107, 161. Durch das ‚7-S-Konzept' von *Peters/Waterman* ist die Bedeutung der Unternehmungskultur als eine der Erfolgsdeterminanten einer Unternehmung herausgestellt worden, wobei diese Auffassung in dem Werk von *Deal/Kennedy* in Bezug auf die Wertigkeit der Unternehmungskultur noch stärker betont worden ist. Vgl. Peters, T.J. / Waterman, R.H.: <u>Search of Excellence</u> [1982]; Deal, T. / Kennedy, A.A.: <u>Unternehmenserfolg</u> [1987].

[211]   Vgl. Heenan, D.A. / Perlmutter, H.V.: <u>Multinational Organisation Development</u> [1979], S. 17-21. Dieses Strategiekonzept wird auch als ‚EPRG'-Konzept (**E**thnozentrisch, **P**olyzentrisch, **R**egiozentrisch, **G**eozentrisch) bezeichnet. Das ursprüngliche Konzept von *Perlmutter* bestand lediglich aus drei Komponenten und ist um die geozentrische Perspektive ergänzt und auch weiterentwickelt worden.

[212]   Perlmutter, H.V.: <u>Tortuous Evolution</u> [1969], S. 11, Perlitz, M.: <u>Internationales Management</u> [1995], S. 140.

[213]   Vgl. Perlitz, M.: <u>Internationales Management</u> [1995], S. 140.

[214]   Vgl. Welge, M.K.: <u>Strukturen</u> [1995], S. 662. Die Begriffsbelegung ist bei verschiedenen Autoren unterschiedlich. Die hier als Grundtypen vorgestellten Führungskonzeptionen werden auch als Orientierungssysteme internationaler Tätigkeit bezeichnet. Diese beeinflussen die Aktivitäten der Unternehmungen und dienen selber als Prinzipien der strategischen Orientierung. Vgl. Usunier, J.-C. / Walliser, B.: <u>Interkulturelles Marketing</u> [1993], S. 124-126; siehe auch Kutschker, M.: <u>Konzepte und Strategien der Internationalisierung</u> [1995], S. 657.

56

Abbildung A/2-11:   Strategiemuster im internationalen Management[215]

Die vier Strategietypen stellen *idealtypische* Strategiemuster dar, die zwar die grundsätzlichen Gestaltungsmöglichkeiten aufzeigen, aber in der Unternehmungspraxis
nicht einheitlich in der Anwendung bzw. Umsetzung vorzufinden sind.[216] Im Rahmen
der internationalen Strategie (ethnozentrische Unternehmungskultur) werden die
Führungsstrukturen, Systeme und Prozesse der Zentrale auf die Auslandsgesellschaften übertragen. Die multinationale Strategie (polyzentrische Unternehmungskultur) umfaßt die Anpassung der Führungsstruktur an die lokalen Rahmenbedingungen der jeweiligen Auslandsgesellschaften. Bei einer globalen Strategie wird durch
weltweite Zentralisierung, Formalisierung und Standardisierung die globale Effizienz
der gesamten Bank auf dem Weltmarkt angestrebt und eine weltweit einheitliche
Führungsstruktur verfolgt (geozentrische Unternehmungskultur).[217] Mit der transnationalen Strategie wird versucht Standardisierungsvorteile gleichzeitig mit lokalen Dif-
ferenzierungsvorteilen auszuschöpfen, was jedoch für jedes Geschäftsfeld einzeln zu
untersuchen ist.[218] Eine mit der transnationalen Ausrichtung verbundene Unternehmungskultur ist synergetisch ausgestaltet. Im Rahmen des Führungskonzeptes
werden kulturelle Unterschiede zwischen Zentrale und Auslandsgesellschaften bzw.
in der Zentrale und in der Auslandsgesellschaft bewußt als Ressource aufgefaßt.[219]
Die Wahl der jeweiligen Führungskonzeptionen hat neben der aufgezeigten Unter-

---

215 Quelle: In Anlehnung an Welge, M.K.: Internationales Management [1998], S. 124.
216 Vgl. Kapitel 2.2.1.
217 Vgl. Welge, M.K.: Internationales Management [1998], S. 124-127; Welge, M.K.: Strukturen
     [1995], S. 664; Meffert, H. / Bolz, J.: Internationales Marketing-Management [1998], S. 25-29.
218 Vgl. Welge, M.K.: Internationales Management [1998], S. 124.
219 Vgl. Meffert, H.: Globalisierungsstrategien und ihre Umsetzung [1989], S. 456.

nehmungskultur Einfluß auf alle weiteren Aktivitäten (z.B. Personalmanagement, Führungsstruktur, Marketing) der Bank.[220]

Für die angeführten strategischen Orientierungen kann ein Entwicklungsprozess aufgezeigt werden, anhand dessen die ‚Evolution‘ der Kulturorientierung im Rahmen der strategischen Ausrichtung betrachtet werden kann.[221] Jeder der strategischen Grundtypen impliziert ein notwendiges bzw. bestimmtes Maß an Kulturverständnis als Element der Führungskonzeption, um den jeweiligen Strategietyp zielkonform umzusetzen (Tabelle A/2-3).

	Heimatmarkt-orientierung	Internationa-lisierung	Multinationale Orientierung	Globalisierung/ Transnationale Orientierung
Perspektive	Ethnozentrisch	Polyzentrisch	Multinational	Global/ multizentrisch
Notwendigkeit der kulturellen Sensibilisierung	unbedeutend	hohe Bedeutung	relativ bedeutend	sehr hohe/ kritische Bedeutung
Zielobjekt kultur-orientierten Verhaltens	———	Kunden	Mitarbeiter	Mitarbeiter/ Kunden

Tabelle A/2-3: Kulturelle Orientierung im Rahmen der strategischen Ausrichtung international tätiger Unternehmungen[222]

Die Darstellung zeigt, daß mit unterschiedlichen strategischen Ausrichtungen die Notwendigkeit der Berücksichtigung von kulturellen Aspekten differiert. Vor dem Hintergrund der Überlegung von *Meffert/Bolz* – international tätige Unternehmungen befinden sich in einem ‚strategischen Korridor‘ zwischen multinationaler und globaler Strategie mit Ausrichtung auf eine transnationale Strategie[223] – kommt der Beachtung von Kultur in der Interaktion mit Mitarbeitern und Kunden eine hohe Bedeutung zu. Im Rahmen des angeführten Spektrums an Strategien, in welcher Ausprägung diese auch von international tätigen Banken verfolgt werden, wird der Annahme gefolgt, daß Aspekte der globalen Integration vor allem im Innenverhältnis der internationalen Bank zum Tragen kommen können, während die Marktbearbeitung in den einzelnen Ländern unter lokaler Anpassung erfolgt.[224] Hieraus resultieren Implikatio-

---

[220] Vgl. Usunier, J.-C. / Walliser, B.: <u>Interkulturelles Marketing</u> [1993], S. 124.
[221] Vgl. Adler, N.J.: <u>Organizational Behavior</u> [1997], S. 7-9.
[222] Quelle: In Anlehnung an Adler, N.J.: <u>Organizational Behavior</u> [1997], S. 7.
[223] Vgl. Meffert, H. / Bolz, J.: <u>Internationales Marketing-Management</u> [1998], S. 28-29.
[224] Vgl. Roxin, J.: <u>Internationale Wettbewerbsanalyse und Wettbewerbsstrategie</u> [1992], S. 110-113. Siehe auch Agthe, K.E.: „<u>Multi-local" statt „Multi-national"</u> [1982], S. 149-150.

nen für das Interkulturelle Management der Banken, die im Rahmen dieser Arbeit aufgezeigt werden sollen.

2.2.4 Fazit

In den vorangegangenen Abschnitten ist das internationale Bankgeschäft hinsichtlich der Komponenten der Bankmarktleistung sowie der Geschäfts- und Kundensegmente aus einer kulturellen Perspektive untersucht worden. Als Ergebnis hat sich gezeigt, daß gemäß dem Verständnis von Interkulturellem Management in dieser Arbeit sich durch die geschäftsbezogenen Interaktionen mit lokalen Kunden und mit lokalen Mitarbeitern, die das Bankgeschäft im Auslandsmarkt in der international tätigen Bank ausüben, sowohl marktbezogener als auch bankinterner Bedarf für interkulturelles Handeln ergibt. Zudem resultiert aus der Darstellung der Umfeldbeziehungen für die konkrete Bestimmung des Kontextes eines Interkulturellen Managements ein hoher Informations- und Analysebedarf der externen (nationalen) Kontextfaktoren in spezifischen Ländermärkten. Hinzu kommen als interne Kontextfaktoren die unterschiedlichen strategischen Orientierungsmuster, die mit einem spezifischen Kulturverständnis einhergehen und den Stellenwert von interkulturellem Handeln im Führungskonzept der Banken aufzeigen.

Die Synthese dieser Themen soll im folgenden durch die Aufstellung eines Bezugsrahmens zur schrittweisen Entwicklung und Gestaltung des interkulturellen Managementansatzes erfolgen.

2.3 Aufstellung eines Bezugsrahmens für einen interkulturellen Managementansatz von Banken

Aufbauend auf den in den vorangegangenen Kapiteln erarbeiteten Grundlagen wird nun ein Bezugsrahmen für die Vorgehensweise in dieser Arbeit aufgestellt. Dieser soll an dieser Stelle einen systematischen Überblick über die relevanten Teilaspekte der Entwicklung und Gestaltung eines interkulturellen Managementansatzes von Banken geben und die wesentlichen Zusammenhänge verdeutlichen. Aus diesem Bezugsrahmen sollen als Ergebnis Arbeitshypothesen aufgestellt werden können, die anhand der aus dem Bezugsrahmen abzuleitenden Vorgehensweise in der Arbeit weiterentwickelt werden können.

Zunächst sollen die Basisannahmen für die Aufstellung des Bezugsrahmens zusammenfassend dargestellt werden, bevor der Bezugsrahmen im Überblick veranschaulicht und anschließend in den Einzelkomponenten erläutert wird.

2.3.1 Basisannahmen für ein Interkulturelles Management von Banken

Die international tätige Bank ist in einem turbulenten Umfeld den wirtschaftlichen Auswirkungen der Globalisierung sowie der Zunahme der kulturellen Vielfalt ausgesetzt, wobei dies sowohl für die interne Struktur an Mitarbeitern und Anzahl an Ländern mit Geschäftsaktivitäten als auch für die Vielfalt an Märkten und Kunden aus unterschiedlichen Kulturen gilt. Da menschliches Verhalten grundsätzlich als kulturgeprägt vorausgesetzt wird, ist die Annahme eines kulturgebundenen Managements insbesondere für Banken relevant, die als Dienstleistungsunternehmen in den aufgezeigten interkulturellen Interaktionen mit Marktteilnehmern stehen und somit kulturell unterschiedlich geprägte Verhaltensweisen direkt aufeinandertreffen. An interkulturellen Situationen kommen die bei personalintensiven Dienstleistungsunternehmen auftretenden innerbetrieblichen Interaktionssituationen hinzu. Diese Verhaltensweisen – verstanden als Ausprägungen von Kulturen verschiedener sozialer Gruppen – als Bezugsebenen werden grundsätzlich als von der jeweiligen Landeskultur dominiert angesehen. Die Landeskultur in den Ländermärkten ist Element der nationalen externen Kontextfaktoren der Auslandsgesellschaft und ein wesentlicher Einflußfaktor des nationalen bzw. internationalen Kontextes des interkulturellen Managements.

Dieser Arbeit liegt das Konzept der situativen (internationalen) Unternehmungsführung zugrunde.[225] Grundgedanke dieses Ansatzes ist, daß dieser unter „der Annahme einer Umweltbezogenheit unternehmerischer Handlungen Aussagen ableitet, in welcher Art die jeweilige Situation ... die Handlungen des Managements beeinflußt".[226] Die international tätige Bank agiert als offenes, soziotechnisches System in einem dynamischen Umfeld und ist mit der Umwelt durch eine Vielzahl von Transaktionsbeziehungen bzw. Interaktionen verbunden.[227] Dieses Begriffsverständnis liegt auch dem situativen Führungskonzept zugrunde, da nur ein offenes System situationsspezifisch geführt werden und in einem ständigen Austausch an Informationen und Leistungen mit dem spezifischen Umsystem stehen kann. Unternehmungen müssen ihre Aktivitäten grundsätzlich an den Erfordernissen der Umwelt ausrichten, um in der jeweiligen gegebenen Situation die verfolgten Unternehmungsziele

---

[225] Diese Führungstheorie kann den umweltorientierten Führungstheorien zugerechnet werden. Als weiteren Ansatz für Führungstheorien kann man unternehmensorientierte Führungstheorien unterscheiden. „Durch die Wahl des Ansatzes in der Führungstheorie wird bereits eine inhaltsbestimmende Vorselektion vollzogen". Kieser, A.: Anleitung zum kritischen Umgang mit Organisationstheorien [1993], S. 1, zitiert bei Macharzina, K.: Unternehmensführung [1995], S 43.

[226] Macharzina, K.: Unternehmensführung [1995], S. 64-66. Siehe auch Staehle, W.H.: Management: eine verhaltenswissenschaftliche Perspektive [1994], S. 327-335.

[227] Vgl. Eilenberger, G.: Bankbetriebswirtschaftslehre [1996], S.13-18. Die Organisation ‚Bankbetrieb' sowie deren auf Entscheidungen basierende Ergebnisse werden hierbei unter verhaltenswissenschaftlichen Aspekten untersucht und bewertet. Als Haupteinflußgrößen bankbetrieblichen Verhaltens, das als Verhalten einer Organisation letztlich menschliches Verhalten ist, sieht der Autor gleichermaßen die innerbetrieblichen Faktoren und die äußeren Umweltfaktoren.

60

bestmöglich realisieren zu können.[228] Die Unternehmungsführung ist somit vom situativen Kontext der Unternehmung abhängig, wobei unternehmungsexterne und -interne Faktoren zu beachten sind.[229]

Für das strategische Management der international tätigen Bank ist dieser Führungsansatz von Bedeutung, da bei einem kulturorientierten Managementansatz gerade die aus spezifischen Landeskulturen resultierenden lokalen (Umwelt-) Erfordernisse für die bankbetriebliche Zielsetzung von Bedeutung sind und auch ein nicht nur situations-, sondern auch kulturadäquates Führungsverhalten erforderlich wird. Die Führungsentscheidungen der Bank sind gemäß der hier vertretenen Auffassung mit den relevanten Umweltdeterminanten abzustimmen, d.h. es muß ein ‚Fit' von international tätiger Bank und externem Kontext mittels zielgerichteter Strategie vorliegen.[230] Der externe Kontext soll hier als unabhängige Variable angesehen werden, das Management des Bankbetriebes als abhängige Variable.[231] Diese Auffassung geht mit der grundsätzlichen Positionierung in der Arbeit einher, daß Management culturebound ist, d.h. eine von den externen Kontextfaktoren – hier als ein Faktor Kultur – determinierte, abhängige Größe. Die Analyse der externen Kontextfaktoren der international tätigen Bank bildet daher einen Schwerpunkt in der Betrachtung des nationalen Kontextes eines interkulturellen Managements. Bei der Entwicklung eines interkulturellen Managementansatzes stehen die nationalen externen Kontextfaktoren im Vordergrund, da die Perspektive von Auslandsgesellschaften in spezifischen Ländermärkten eingenommen wird. Auf bankinterne, internationale Kontextfaktoren des interkulturellen Managements wird im Rahmen der konkreten Gestaltung von Managementinstrumenten eingegangen.

Diese Annahmen gehen als Grundlagen in den im folgenden aufzustellenden Bezugsrahmen ein.

2.3.2 Aufstellung des Bezugsrahmens

Basis für den Entwicklungs- und Gestaltungsprozeß eines interkulturellen Managementansatzes im internationalen Bankgeschäft soll der im folgenden dargestellte Bezugsrahmen sein. Der Bezugsrahmen soll zunächst als Überblick in Abbildung A/2-12 dargestellt und anschließend in den Einzelkomponenten erläutert werden.

---

[228] Vgl. Perlitz, M.: Internationales Management [1995], S. 301-313.
[229] Vgl. Zentes, J. / Swoboda, B.: Grundbegriffe [1997], S. 293.
[230] Vgl. Scholz, C.: Effizienz und Effektivität [1992], Sp. 543-544; Macharzina, K.: Unternehmensführung [1995] S. 65. Siehe auch Wolf, J.: Internationales Personalmanagement [1994], S. 93.
[231] Vgl. Wöhe, G.: Einführung [1990], S. 87-88. Unabhängige Variablen sind Situationsgrößen, Situationsfaktoren und Kontextvariablen, deren Beziehungen zu abhängigen Variablen (Dimension von Struktur und Verhalten) untersucht wird. Dies geschieht mittels dem situativen Ansatz in der Organisationstheorie, im übertragenen Sinne auch für die Führungstheorie, sowie Rechnungswesen, Unternehmensplanung und teilweise in betrieblichen Funktionsbereichen.

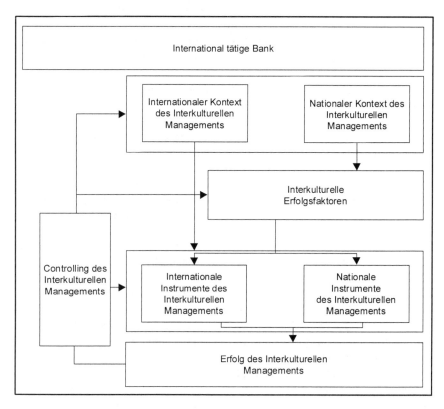

Abbildung A/2-12: **Bezugsrahmen zur Entwicklung eines interkulturellen Managementansatzes für Banken[232]**

Der Bezugsrahmen lehnt sich in seiner Struktur an einen aus den Phasen Planung, Steuerung (Realisierung) und Kontrolle bestehenden Führungszyklus an. Der Bezugsrahmen verdeutlicht die komplementäre Position des Interkulturellen Managements im Rahmen des internationalen strategischen Managements von Banken.

Wie im vorangegangenen Kapitel erläutert, stellen sich die nationalen und internationalen Kontextbedingungen der internationalen Bank als wesentliche Einflußfaktoren für die Ausgestaltung des interkulturellen Managementansatzes dar. Im Rahmen der Arbeit stehen die Analysen der externen nationalen Kontextbedingungen, der Interaktionen im lokalen Firmen- und Privatkundengeschäft am Markt sowie der Interaktionen in der Auslandsgesellschaft mit lokalen Mitarbeitern im Vordergrund der Betrachtung. Dieser Schwerpunkt resultiert aus der Analyseperspektive der Aus-

---

[232] Quelle: Eigene Darstellung.

landsgesellschaften. Aus der Analyse der Interaktionen werden interkulturelle Erfolgsfaktoren abgeleitet, deren Berücksichtigung sich auf Ansatzpunkte der internationalen Betrachtungsebene der Zentrale sowie der nationalen Betrachtungsebene der Auslandsgesellschaft bezieht.

Auf Basis der aus den nationalen Kontextfaktoren in den untersuchten Ländern abgeleiteten interkulturellen Erfolgsfaktoren werden die Anforderungen an ein Interkulturelles Management formuliert und die strategischen Entscheidungen über die Gestaltung des interkulturellen Managementansatzes getroffen. Die konkrete Umsetzung der nationalen und internationalen Instrumente erfolgt im Rahmen der Steuerung (Realisation) funktional orientiert in den verhaltens- und personenbezogenen Managementbereichen. Da die Arbeit aus Perspektive der Auslandsgesellschaften geschrieben wird, werden erst bei der Ausgestaltung der interkulturellen Managementinstrumente die vorwiegend internen internationalen Kontextfaktoren berücksichtigt.

Die Umsetzung der nationalen und internationalen interkulturellen Managementinstrumente beeinflußt über den Erfolg eines interkulturellen Managementansatzes den Erfolg der internationalen Geschäftstätigkeit der Bank. Hieraus resultiert in der Phase der strategischen Kontrolle die Notwendigkeit der Bestimmung des Erfolges durch ein geeignetes Controllinginstrumentarium. Um Erfolgsbeeinflussung messen zu können, ist eine Operationalisierung des Erfolges über Meßkriterien – Effizienzkriterien – erforderlich. Eine Entwicklung von Effizienzkriterien zur Bestimmung des Erfolgsbeitrages von Kulturorientierung bzw. des Ansatzes eines komplementären ‚Interkulturellen Managements' wird diskutiert und erarbeitet. Soll der Erfolgsbeitrag des Interkulturellen Managements separat ermittelt und operationalisiert werden, entstehen methodische Probleme. Hier schließt sich wiederum der Zyklus für das strategische Management, wenn es gelingt, Ansätze für ein qualitativ orientiertes ‚Kultur-Controlling' zu definieren. Dies zeigt sich darin, dass strategische Entscheidungen mit Wirkung auf die Ausgestaltung der operativen Maßnahmen mittelbar wiederum über die ‚normative Kraft des Faktischen' durch die Auswirkungen der operativen Handlungsweisen selber beeinflußt werden. Hinzu kommen die ebenfalls zu berücksichtigenden Veränderungen der dynamischen Umweltbedingungen.[233] Grundsätzlich kann zunächst einmal angenommen werden, daß bei Stimmigkeit der angeführten einzelnen Komponenten des Bezugsrahmens eines gemäß dem strategischen Management aufgebauten interkulturellen Managementansatz die ergriffenen Maßnahmen auch positiv mit dem Unternehmenserfolg korrelieren.[234]

Als Ergebnis sollen im folgenden Arbeitshypothesen als Implikationen abgeleitet werden, die die systematische, strukturierte Darstellung der Vorgehensweise gemäß dem Bezugsrahmen thesengestützt inhaltlich unterlegen sollen.

---

[233] Vgl. Meissner, H.G.: Strategisches internationales Marketing [1995], S. 88.
[234] Vgl. Scholz, C.: Effizienz und Effektivität [1992], Sp. 543-544.

2.3.3 Implikationen für das Interkulturelle Management von Banken

Bei der Entwicklung des Bezugsrahmens sind die Basisannahmen dieser Arbeit auf-geführt worden. Diese sind implizit auch in der Entwicklung der nachfolgenden Ar-beitshypothesen enthalten und werden an dieser Stelle zunächst länderübergreifend im Sinne von Implikationen für die international tätigen Banken aufgestellt. Basis sind die bisherigen Überlegungen bezüglich des theoretischen Zusammenhangs von in-ternationalem Bankgeschäft, Kultur und einem interkulturellen Managementansatz. Diese sollen jetzt als inhaltlich zielführende Implikationen für einen interkulturellen Managementansatz formuliert werden.

- Vor dem Hintergrund der Globalisierung nimmt die Multikulturalität innerhalb der Bank, aber auch am Markt zu. Unabhängig von der Form der Präsenz in auslän-dischen Märkten ist durch die Interaktion mit lokalen Kunden bzw. Mitarbeitern die Relevanz eines interkulturellen Managementansatzes für die Geschäftstätigkeit der international tätigen Banken gegeben.

- Einen Ansatzpunkt zur Handhabung der internen Integration dieser Multikulturali-tät stellt die Unternehmungskultur der international tätigen Bank dar.

- Die Ergänzung des internationalen strategischen Managements von Banken um qualitative, kulturorientierte Faktoren kann den Geschäftserfolg in ausländischen Märkten erhöhen. Die Orientierung an solchen Erfolgsfaktoren kann zur Generie-rung von Wettbewerbsvorteilen führen.

- Die Interaktionskomponente der Bankmarktleistung bietet grundsätzlich Differen-zierungspotential für die international tätige Bank: Das Leistungsprogramm der in-ternational tätigen Bank beinhaltet Bankmarktleistungen, die sich hinsichtlich Art, Umfang und Intensität der Interaktion bei der Leistungserstellung unterscheiden. Die interkulturelle Gestaltung der Geschäftsbeziehungen im Firmen- und Privat-kundengeschäft kann entsprechend dieser Merkmale ausgerichtet werden.

- Service sowie Servicequalität, die bei Erstellung der Bankmarktleistung eine wich-tige Komponente neben dem eigentlichen Produkt spielen, können gezielt als Dif-ferenzierungsmerkmale gemäß den segmentspezifischen Kundenerwartungen im internationalen Wettbewerb eingesetzt werden.

- Da die Kundensegmente sich hinsichtlich der Inanspruchnahme von Bankmarkt-leistungen und deren Interaktionsintensität unterscheiden, kann von einer unter-schiedlich ausgeprägten Kulturrelevanz hinsichtlich der Gestaltung der Bank-marktleistung ausgegangen werden. Hinzu kommt, daß die aufgeführten lokalen Kundengruppen international betrachtet heterogene Bedürfnisstrukturen sowie Verhaltensweisen aufweisen.

64

Die bisher stark auf die theoretische Perspektive der Themenstellung fokussierte Betrachtung soll nun um die konkrete Vorgehensweise für eine kulturorientierte Analyse der Rahmenbedingungen ergänzt werden.

2.4 Entwicklung eines kulturorientierten Analyseansatzes für die nationalen Kontextfaktoren im internationalen Bankgeschäft

Basis für die Entwicklung eines interkulturellen Managementansatzes ist gemäß dem aufgestellten Bezugsrahmen die Analyse der externen nationalen Kontextfaktoren der Auslandsgesellschaften. Diese dient gemäß dem Bezugsrahmen der Identifikation und der Beurteilung der bei der Formulierung eines interkulturellen Managementansatzes zu berücksichtigenden erfolgsbestimmenden Faktoren. Die Kontextanalyse erfolgt aus einer kulturorientierten Perspektive. Die Beziehung von Kultur auf Landesebene zu anderen Umweltelementen ist dargestellt worden. Kulturorientiert bedeutet hier, daß die Umweltbedingungen gezielt auf kulturelle bzw. kulturell geprägte Elemente mit Relevanz für das Interkulturelle Management untersucht werden. Dabei ergeben sich jedoch methodische Probleme.

In den nächsten Abschnitten wird ein geeigneter Analyseansatz entwickelt, der diesen Zielsetzungen gerecht werden soll und der es leistet, zu den einzelnen Kulturebenen im Umfeld der Bank managementrelevante Aussagen zu treffen.

2.4.1 Vorgehensweise zur Analyse der relevanten Kontextfaktoren im internationalen Bankgeschäft

2.4.1.1 Komplexitätsreduktion im Umgang mit Informationen

Der fremde Kontext im Auslandsmarkt wird als das Kernproblem des Internationalen Managements identifiziert und soll mit einem adäquaten Analysekonzept dem Management einer international tätigen Bank Hilfestellung leisten. Insbesondere in dem Fremdheitsgrad der Umweltbedingungen im Auslandsmarkt wird die Hauptursache für Managementprobleme in fremden Ländern gesehen.[235] Dieser Fremdheitsgrad wird aus Sicht des Managements einer Auslandsgesellschaft definiert als der „subjektiv empfundene Mangel des Entscheidungsträgers an Informationen, der daraus resultiert, daß dieser die inhaltlichen Auswirkungen von Umwelteinflüssen in den Konsequenzen seiner Entscheidungsalternativen nicht erkennen kann"[236]. Hinzu kommt eine auftretende kulturelle Distanz, da die kulturellen Unterschiede z.B. zwischen Ländern aus geographisch entfernten Weltregionen hoch erscheinen. Der Versuch, kulturelle Unterschiede jedoch konkret meßbar zu machen, ist sehr schwierig. Kulturelle Distanz kann lediglich als subjektiv empfundene Fremdheit bzw. geo-

---

[235] Vgl. hierzu und im Folgenden Dülfer, E.: Internationales Management in unterschiedlichen Kulturbereichen [1996], S. 180-181.

graphische Entfernung sowie die Erfahrung aus historischen und aktuellen Kontakten zu einer anderen Kultur verstanden werden.[237]

Das Problem der Umweltberücksichtigung fokussiert sich somit auf ein Informationsproblem (Informationsbeschaffung, -analyse, -bewertung). Die hieraus resultierende Notwendigkeit aus Sicht der international tätigen Bank, die Differenz zwischen objektiv gegebenen externen Kontextfaktoren in den Gastländern und der subjektiven Wahrnehmung (Perzeption) dieser Kontextfaktoren zu reduzieren, zielt ebenfalls darauf ab. Dieses grundlegende Informationsdefizit führt zu einer Ungewißheit über Umwelteinflüsse, die über zusätzliche Informationsbeschaffung zur Verbesserung der Information über die relevanten Umweltelemente abgebaut werden kann. Als ‚informationspraktisches Dilemma' wird in diesem Zusammenhang der Bedarf an Umweltanalyse und -differenzierung bezeichnet. Dieser Bedarf wird durch den Mangel an Informationen über die Art von Auswirkungen von Entscheidungen, die Beschaffenheit der Umwelt-Komponenten und deren Beziehungen untereinander beim Management ausgelöst.[238]

Die Komplexität und die Dynamik der umgebenden Umwelt erfordert theoretisch auf Basis eines entsprechenden Informationsumfanges eine vollständige Analyse aller möglichen Abhängigkeitsbeziehungen zwischen Umweltelementen und deren Einflußnahme auf Unternehmungen sowie der Handlungsalternativen für das Management. Diese Analyse ist im Rahmen einer Arbeit weder praxisorientiert noch praktikabel. Ziel eines pragmatisch orientierten Analysekonzeptes muß es daher sein, eine Reduktion der Komplexität der Umwelt durch die Beschaffung der relevanten Informationen über die wesentlichen und für die Bankenbranche typischen Strukturen und Einflußfaktoren in ausländischen Märkten vorzunehmen.[239] Diese Umweltanalyse soll das Entscheidungsfeld des Bankmanagements konkret strukturieren helfen. Für diesen Zweck wird im folgenden ein für das Interkulturelle Management von Banken adäquates Konzept entwickelt.

2.4.1.2 Strukturierung der relevanten Kontextfaktoren

Als relevante externe Kontextfaktoren werden diejenigen Faktoren bezeichnet, die für die Erledigung der Aufgabenstellung der international tätigen Bank, die durch das

---

[236] Dülfer, E.: Internationales Management in unterschiedlichen Kulturbereichen [1996], S. 180.
[237] Vgl. Berger, R.: Managementkulturen und Erfolgsfaktoren [1993], S. 19-21. Siehe auch Meissner, H.G.: Kulturschock in der Betriebswirtschaftslehre [1997], S. 2-6. *Meissner* bezeichnet die Überwindung dieser Distanz auch als Kulturschock.
[238] Vgl. Dülfer, E.: Internationales Management in unterschiedlichen Kulturbereichen [1996], S. 203-206.
[239] Vgl. Kieser, A. / Kubicek, H.: Organisation [1992], S. 70-71. Die Autoren sehen in der Komplexitätsreduktion und somit in der Herausstellung des in Bezug auf die verfolgte Fragestellung Wesentlichen die eigentliche Bedeutung wissenschaftlich basierter Analysen.

66

Zielsystem bestimmt wird, notwendig sind.[240] Im internationalen Geschäft handelt es sich dabei um[241]

- externe Kontextfaktoren (politisch, rechtlich, wirtschaftlich, technologisch),
- externe, wettbewerblich relevante Kontextfaktoren,
- interne, kulturell geprägte Strukturmerkmale von Teilmärkten, die mit den angeführten Kontextfaktoren nicht überschneidungsfrei sind.

Zur strukturierten Analyse dieser Umweltelemente können diese anhand eines sog. ‚Schichtenmodells‘ in Anlehnung an *Dülfer* aufgespalten werden, das sich aus den Elementen ‚globale Umwelt‘ und ‚Aufgabenumwelt‘ zusammensetzt. Hinzu kommt für die angestrebte branchenspezifische Anwendung die Branchenumwelt, da so die branchenbezogenen Rahmenbedingungen gesondert angeführt, aber direkt im Zusammenhang dargestellt werden können. Die international tätige Bank ist von globalen (länder)-, branchen- und aufgabenspezifischen Kontextfaktoren umgeben.[242]

Die **Aufgabenumwelt** bildet als die Summe aller Interaktionspartner des Systems Bank die Gesamtheit aller wirtschaftlichen Beziehungen ab, mit denen die Bank zielbedingt durch ihre Aufgabenstellung in Kontakt steht. Die **globale Umwelt** der Bank wirkt auf die identifizierten Interaktionspartner ein und beeinflußt deren Verhalten. Diese zweidimensionale Betrachtung läßt das Modell zu einem wichtigen Bezugsrahmen für die Umweltanalyse von international tätigen Banken werden.[243] In Anlehnung an die erfolgte Abgrenzung von Kultur zu anderen Umweltfaktoren[244] unter Annahme der Dominanz der Landes- bzw. ethnischen Kultur ergibt sich die modellhafte Reihenfolge in Abbildung A/2-13.[245]

---

[240] Vgl. Dülfer, E.: Internationales Management in unterschiedlichen Kulturbereichen [1996], S. 207-211. Siehe anders Eilenberger, G.: Bankbetriebswirtschaftslehre [1996], S. 14-15. Als zu berücksichtigende Umweltfaktoren wird hier von der sog. ‚relevanten Umwelt‘ ausgegangen, d. h. von Teilen der Umwelt, die im Hinblick auf den gesamten Zielbildungsprozess im Bankbetrieb wesentlich oder möglicherweise relevant sind. Es wird jedoch explizit auf die Vernachlässigbarkeit von ‚übrigen‘ Umweltfaktoren wie Kultur, Religion etc. gegenüber den anderen Umweltfaktoren für den Bankbetrieb verwiesen und für das internationale Geschäft keine Erweiterung der Umweltfaktoren vorgenommen.
[241] Vgl. Meissner, H.G.: Interkulturelle Marktforschung [1999], S. 354-355.
[242] Vgl. Schuster, L.: Interkulturelles Bankmanagement [1996], S. 51-52.
[243] Vgl. Macharzina, K.: Unternehmensführung [1995], S. 718-720.
[244] Vgl. Kapitel 2.1.1.2.
[245] Die von Dülfer weiter angeführten natürlichen Rahmenbedingungen wie bspw. das Klima werden im Rahmen dieser Arbeit nicht betrachtet.

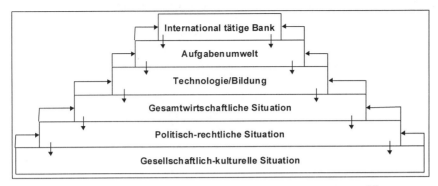

Abbildung A/2-13: **Schichtenmodell der externen nationalen Kontextfaktoren[246]**

Die Anordnung der Schichten zeigt die implizite Annahme auf, daß langfristig gesehen die jeweils tiefer gelegene Schicht die relativ stabilere ist und die jeweils tiefer gelegenen Umweltschichten die jeweils höher gelegenen beeinflussen. Zusätzlich existieren interne Einflußbeziehungen sowie Rückkopplungen zwischen den einzelnen Schichten.[247]

Länderspezifisch gilt es, die jeweils ‚globale' Umwelt des Landes aus kultureller Perspektive zu analysieren, die im Rahmen dieser Arbeit die bankrelevanten gesamtwirtschaftlichen, politischen, rechtlichen, technologischen und bildungsbezogenen Umweltfaktoren umfaßt. Gleichzeitig determinieren und beschreiben diese den Entwicklungsstand eines Landes.[248] Aufgabenspezifisch sollen sowohl die internen als auch die externen Interaktionspartner des Bankmanagements analysiert werden. Interne Interaktionspartner sind für das Management die Mitarbeiter, das Management der Zentrale und die Kapitalgeber der Bank.[249] Als externe Interaktionspartner werden als sog. primäre Brancheninteraktionsteilnehmer die Kunden, die Wettbewerber und die Lieferanten, als sog. sekundäre Brancheninteraktionsteilnehmer die Öffentlichkeit, staatliche Institutionen und Aufsichtsbehörden angesehen.[250] Insbesondere mit dieser Aufgabenumwelt finden die Leistungsaustauschprozesse statt, wo die internationale Bank Wettbewerbsvorteile erzielen und halten kann.

---

[246] Quelle: In Anlehnung an Dülfer, E.: Internationales Management in unterschiedlichen Kulturbereichen [1996], S. 218.

[247] Grundsätzlich können kausale Zusammenhänge bei der Untersuchung der Einflußnahme der Umweltschichten untereinander angenommen und begründet werden. Vgl. Popp, S.: Multinationale Banken [1996], S. 142-143. Es soll hier aber Abstand von der Annahme genommen werden, daß es nur kausale Zusammenhänge gibt. Vgl. Fischer, M.: Interkulturelle Herausforderungen [1996], S. 23-24.

[248] Vgl. Popp, S.: Multinationale Banken [1996], S. 114-115.

[249] Vgl. Dülfer, E.: Internationales Management in unterschiedlichen Kulturbereichen [1996], S. 207-211.

[250] Vgl. Porter, M.E: Wettbewerbsstrategie [1995], S. 25-29; Popp, S.: Multinationale Banken [1996], S. 147-156.

Zwischen der Aufgabenumwelt und der globalen Umwelt befindet sich die **Branchenumwelt**, die die branchenspezifischen Rahmenbedingungen des Bankgeschäftes in einem Land darstellt. Diese setzt sich zum einen aus einem Teil der Interaktionspartner der Bank im ausländischen Markt (Kunden, Wettbewerber), zum anderen aber auch aus direkt durch die globale Umwelt beeinflußten Elementen (Rechtssystem, Ausstattung der Zentralbank mit Befugnissen) zusammen. Branchenspezifisch ergeben sich die speziellen bank- und finanzmarktbezogenen Rahmenbedingungen, die den Entwicklungsstand sowie die Strukturen der Banken- und Finanzmärkte in ausländischen Märkten verdeutlichen. Hierbei kann unterschieden werden zwischen den länderübergreifenden und länderspezifischen Einflußfaktoren, die für die Banken relevant sind. Bei Vergegenwärtigung der globalen Aktivitäten der internationalen Banken ist zu berücksichtigen, daß die Ausübung des internationalen Bankgeschäftes in einem Land ebenfalls nach übergeordneten internationalen Standards und Usancen auf Basis der länderspezifischen Gegebenheiten erfolgt. Die bisher auf nationaler Ebene durchgeführte Bildung von Umweltschichten ist daher für das internationale Bankgeschäft um internationale Aspekte zu erweitern. Somit stellen bspw. die bankspezifischen globalen Entwicklungstrends ebenfalls zu berücksichtigende Rahmenbedingungen bei der Geschäftstätigkeit in bestimmten Ländermärkten dar.[251]

Bisher ist ,Kultur' als separates Analyseobjekt noch nicht konkret berücksichtigt worden. Kultur ist im Sinne des zugrunde liegenden kulturorientierten Ansatzes als mittelbarer oder unmittelbarer Einflußfaktor auf die gesamte, d.h. sowohl die länderbezogene ,globale', die branchenbezogene als auch die Aufgabenumwelt der Banken als ,underlying values' für alle bisher angeführten Analysedimensionen relevant. Andererseits gilt Kultur aber auch als eigenständiges Element in der länderbezogenen Umwelt.[252] Konkret lassen sich die dargestellten Kulturebenen Landeskultur, Unternehmungskultur und Branchenkultur für analytische Zwecke den aufgeführten Analyseebenen für gezielte Aussagen über Kulturen im Umfeld zuordnen. Die Betrachtung der Unternehmungskulturen der externen Interaktionspartner ist für die Analyse der Aufgabenumwelt von Bedeutung.

Kultur ist bisher über Bezugsebenen veranschaulicht, jedoch immer als ein abstraktes, vielschichtiges Phänomen angesehen worden. Im folgenden soll daher aufgezeigt werden, welche Ansatzpunkte zur Operationalisierung von Kultur existieren.

---

[251] Vgl. Schuster, L.: Interkulturelles Bankmanagement [1996], S. 39-40
[252] Vgl. Dülfer, E.: Internationales Management in unterschiedlichen Kulturbereichen [1996], S. 219.

2.4.2 Möglichkeiten der Operationalisierung von Kultur

2.4.2.1 Wahrnehmung von Kultur durch Strukturierung von Kulturelementen

Für die identifizierten Kulturebenen im Bankenbereich besteht eine interkulturelle Varianz, die sich in Gemeinsamkeiten und Unterschieden im Verhalten von sozialen Gruppen und Organisationen konkretisiert und sich auf kulturelle Faktoren zurückführen läßt.[253] Es existiert allerdings kein Konzept, mit dessen Hilfe die vollständige Erschließung und vor allem ‚Sichtbarmachung' von Kultur zum besseren Erfassen und Verstehen möglich ist. Kultur kann jedoch mit Hilfe einer theoretischen Aufspaltung in Abbildung A/2-14 in Ebenen von Kulturausprägungen in der Art beschrieben werden, daß die Wahrnehmung von Kultur bewußt gemacht wird.

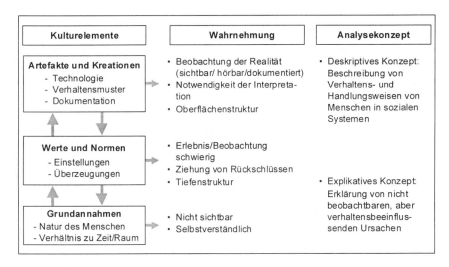

Abbildung A/2-14: **Kulturelemente und Möglichkeiten ihrer Wahrnehmung und Analyse[254]**

Der Begriff der Kulturebene bzw. Kulturausprägung bezieht sich in diesem Modell auf den „Grad der Sichtbarkeit eines kulturellen Phänomens für den Beobachter".[255] Diese Ebenen sind begrifflich nicht mit den Kulturebenen im Bankgeschäft zu vermengen. Dieses Modell der differenzierten Kulturanalyse kann jedoch zur Analyse von Unternehmens-, Branchen- wie auch von Landeskulturen herangezogen werden.[256]

---

[253] Zobel, P.H.: Aktuelle Forschungsfelder [1996], S. 136-140.
[254] Quelle: In Anlehnung an Schein, E.H.: Coming to a New Awareness of Organizational Culture [1984], S. 3-4; Keller, E.v.: Management in fremden Kulturen [1982], S. 120-125.
[255] Schein, E.H.: Unternehmenskultur [1995], S. 29.
[256] Vgl. Schneider, S.C.: National vs. Corporate Culture [1988], S. 233.

70

Am einfachsten sind die beobachtbaren Verhaltensweisen oder aber Artefakte wie bspw. die Dokumentation eines Unternehmensleitbildes einer Bank wahrzunehmen. Jene Kulturausprägungen sind leicht zu erkennen, aber interpretationsbedürftig hinsichtlich der zugrunde liegenden Ursachen, so daß diese per se keinen Sinn vermitteln.[257] Um nun die Ursache eines beobachteten Verhaltensmusters eines sozialen Systems (z.b. Bank) zu verstehen, ist das Ziehen von Rückschlüssen auf die zugrunde liegenden Werte und Normen durch bspw. Befragungen von Bankmitarbeitern notwendig. Sämtliche Werte basieren aber wiederum auf basalen Grundannahmen, die sich gänzlich der Möglichkeit der Beobachtung oder Interpretation entziehen, da diese oftmals als selbstverständlich angenommen werden.[258] Diese Grundannahmen entstehen aus den Werten und Normen jeder kulturellen Gruppe, bestimmen und beeinflussen diese wiederum.

Zudem stehen viele der zu analysierenden kulturellen Faktoren oftmals untereinander in gegenseitigen Wechselbeziehungen und lassen sich daher nicht immer streng isoliert voneinander betrachten. Für die grundsätzliche Vorgehensweise ist daher die Unterscheidung zwischen zwei Konzeptionen zum inhaltlichen Verständnis der dargestellten Kulturausprägungen hilfreich:[259]

- Das deskriptive Kulturkonzept bietet die Möglichkeit, beschreibende Aussagen des menschlichen Verhaltens auf Basis von direkt beobachtbarem Verhalten treffen zu können. Die Analyse der Kultur setzt somit an der Oberflächenstruktur des Verhaltens an.

- Das explikative Kulturkonzept hingegen, das Kultur als verhaltensbeeinflussenden Faktor versteht, versucht jene nicht direkt beobachtbaren Verhaltensursachen zu eruieren, die das kulturspezifische Verhalten von Individuen in ihrem sozialen Umfeld bestimmen. Hier werden die Tiefenstrukturen des Verhaltens untersucht.

Alle aufgeführten Kulturausprägungen manifestieren sich in konkreten Verhaltensweisen (deskriptives Konzept der Kulturanalyse), die auf bestimmten Verhaltensursachen (explikatives Konzept der Kulturanalyse) für jede zu untersuchende Modellebene der Umwelt der Banken zurückzuführen sind. Diese unterschiedlichen Vorgehensweisen zur Identifikation von Kulturunterschieden und kulturellen Besonderhei-

---

[257] Vgl. Stüdlein, Y.: Management von Kulturunterschieden [1997], S. 32.

[258] Vgl. Schein, E.H.: Coming to a New Awareness of Organizational Culture [1984], S. 3-4.

[259] Vgl. Keller, E.v.: Management in fremden Kulturen [1982], S. 120-125; Kutschker, M.: Internationalisierung der Unternehmensentwicklung [1997], S. 56-57. In der Literatur findet sich ebenfalls die Unterscheidung von ‚perzepta' und ‚concepta'. Die perzepta umfaßt analog dem deskriptiven Konzept die empirische und materielle Kultur, die concepta analog dem explikativen Konzept ebenfalls das theoretische Konstrukt der ‚Rückschlüsse' aus dem beobachtbaren Verhalten. Siehe hierzu auch ausführlich Schmid, S.: Multikulturalität [1996], S. 159-168. Hier wird die Betrachtungsweise der perzepta und concepta auf den Bereich der Unternehmungskultur vorgenommen.

ten werden in dieser Arbeit für das Bankgeschäft herangezogen. Somit können die Verhaltensweisen und -ursachen der Interaktionspartner der Bank, die für das Management des Bankbetriebes relevant sind, gruppiert werden. Schwerpunkt dieser Arbeit sind die deskriptiven Aussagen zu Kulturausprägungen, da eine fundierte Analyse der Verhaltensursachen – wenn nicht eindeutig durch bisherige Forschungsarbeiten belegt – den empirischen Rahmen dieser Arbeit weit überschreiten würde. Als *Kulturunterschiede* sollen im Rahmen dieser Arbeit „sämtliche Unterschiede in den Ausprägungen der konstitutiven Elemente und Artefakte der Kulturen verschiedener sozialer Gruppen derselben institutionellen Ebene (Nation, Branche, Unternehmung)"[260] verstanden werden. Mit Bezug auf Abbildung A/2-4 sind jedoch bei der Unterscheidung von Werten und Praktiken Unterschiede zwischen den Bezugsebenen hinsichtlich des Umfanges der erkennbaren Praktiken zu machen.[261]

Unter Berücksichtigung der Erkenntnisse der Strukturierung von Kultur wird im Folgenden die Möglichkeit der Durchführung eines Kulturvergleiches aufgezeigt.

2.4.2.2 Darstellung von unterschiedlichen Kulturdimensionen

Als Basis der Interkulturellen Managementforschung existieren unterschiedliche Konzepte aus der Kulturvergleichenden Forschung zur Operationalisierung von Kulturdimensionen. Diese Art der Erfassung von Kultur ermöglicht, auf einer übergeordneten Ebene diejenigen Kulturunterschiede aufzuzeigen, die als Erklärungsgrößen für kulturelle Unterschiede herangezogen werden können.

Für die Charakterisierung von Landeskulturen kann auf nationaler Ebene auf die Ergebnisse der Studie von Hofstede zurückgegriffen werden. Basis der empirischen Studie ist eine schriftliche Befragung von 116.000 Mitarbeitern in den Auslandsgesellschaften des multinationalen Konzerns IBM in über 50 Ländern, die in einem mehrjährigen Erhebungszeitraum um 1970 durchgeführt worden ist.[262] Auf Basis von statistischen Auswertungen wurden unterschiedliche Verhaltensausprägungen identifiziert, die als Dimensionen von (nationalen) Kulturen bezeichnet werden können. Die vier in der Studie identifizierten Dimensionen ermöglichen die Messung und den Vergleich von kulturellen Aspekten auf nationaler Ebene. Bei den Dimensionen handelt es sich um die Faktoren Machtdistanz (gering bis groß), Individualismus, Maskulinität und Ungewißheitsvermeidung (schwach bis stark).[263] Die fünfte Dimension, Langfristorientierung, ist im Rahmen einer Anschlußstudie identifiziert worden, wobei diese Dimension für insgesamt 23 Länder erhoben worden ist und auf einem chinesisch

---

[260] Stüdlein, Y.: Management von Kulturunterschieden [1997], S. 52.
[261] Vgl. Kapitel 2.1.2.2.
[262] Vgl. Hentze, J.: Kulturvergleichende Managementforschung [1987], S. 180; siehe auch Schmid, S.: Multikulturalität [1996], S. 262.
[263] Vgl. Hofstede, G.H.: Cultures and Organizations [1997], S. 13-15.

72

konzipierten Forschungsdesign beruht.[264] Zur Messung der jeweiligen nationalen Kulturausprägung ist auf Basis von statistischen Auswertungen für jedes Land eine Punktzahl auf einer Skala von 0 - 100 (0 Punkte für das Land mit der niedrigsten Punktzahl, 100 Punkte für das Land mit der höchsten Punktzahl) vergeben worden. Diese ermöglichen eine relative Positionierung von Ländern insgesamt zueinander. Die Aussagen der einzelnen Kulturdimensionen lassen sich folgendermaßen interpretieren.[265]

- Die Kulturdimension **Machtdistanz** bezeichnet das Maß, bis zu dem die schwächeren Mitglieder einer sozialen Gemeinschaft (Familie, Unternehmung) erwarten und akzeptieren, daß die Macht innerhalb der sozialen Gemeinschaft ungleich verteilt ist.
- Der Grad an **Individualismus** bzw. **Kollektivismus** zeigt auf, inwieweit Individuen in einer sozialen Gemeinschaft integriert sind. Eine starke Ausprägung des Individualismus bedeutet, daß die Beziehungen zwischen den Individuen sehr locker sind und jedes Individuum in Eigenverantwortung steht. Kollektivismus zeigt hingegen an, daß jedes Individuum von Geburt an zu einer starken Gruppe gehört, deren Schutz auf Lebenszeit gegen uneingeschränkte Loyalität in Anspruch genommen werden kann. In diesem Zusammenhang können die Begriffe des Universalismus und Partikularismus verwendet werden.[266]
- Die Rollenverteilung im sozialen Kontext der Gesellschaft hat als kulturelle Dimension ergeben, daß Wertvorstellungen einer von **Feminität** veranlagten Gesellschaft von Fürsorge und Behutsamkeit, jedoch in einer von **Maskulinität** geprägten Gesellschaft durch Bestimmtheit und Konkurrenzdenken gekennzeichnet sind.
- Die vierte Dimension **Ungewißheitsvermeidung** bezeichnet das Ausmaß, bis zu dem sich Mitglieder einer sozialen Gruppe in unsicheren oder unbekannten Situationen bedroht fühlen. Kulturen, die durch hohe Unsicherheitsvermeidung charakterisiert sind, versuchen das Auftreten solcher Situationen durch entsprechend bspw. strenge Gesetzgebung oder Sicherheitsmaßnahmen zu verhindern.
- Für die fünfte Kulturdimension **Langfristige Orientierung** sind Werte festgestellt worden, die Bedeutung für die Zukunft haben (langfristig) und sich auf die Wertvorstellungen wie bspw. Fleiß, Durchhaltevermögen und Sparsamkeit beziehen. Wertvorstellungen kurzfristiger Art beziehen sich bspw. auf die Erfüllung von sozialen Verpflichtungen.

---

[264] Vgl. Hofstede, G.H.: Cultures and Organizations [1997], S. 161-162.
[265] Vgl. Hofstede, G.H.: Bedeutung von Kultur [1992], S. 306-311.
[266] Unter Universalismus wird eine Denkweise verstanden, nach der die Normen, die den Rahmen dafür geben, wie eine Person zu behandeln ist, für alle Personen gleich sind. Partikularismus hingegen beschreibt die Normen, die sich bezüglich der Behandlung von Personen an der Gruppe orientiert, der die jeweiligen Personen gehören. Vgl. Hofstede, G.H.: Bedeutung von Kultur [1992], S. 307-308.

Diese auf nationaler Basis gewonnenen Erkenntnisse sind von *Hofstede* explizit auf bestimmte Lebensbereiche, wie Familie, Schule und Arbeitsplatz bzw. Verhalten in Unternehmungen übertragen worden.

In der Literatur findet sich Kritik zu den Ergebnissen der Studie, die sich insbesondere auf die wissenschaftliche Methodik, die Repräsentativität sowie die Möglichkeit der Interpretation der Ergebnisse bezieht.[267] Trotzdem herrscht in der Literatur Einigkeit darüber, daß es derzeit keine weitere derart fundierte, empirisch-quantitativ erhobene und hinsichtlich der untersuchten Länder umfangreiche und der kulturvergleichenden Managementforschung zuzuordnende Studie gibt.[268] Die Studie liefert wertvolle Erkenntnisse durch die fundierten Einblicke in die Landeskulturen und kann somit einen wichtigen Erklärungsbeitrag für die Ursachen von interkulturellen Problembereichen von westlichen Banken leisten. Es soll im Rahmen dieser Arbeit davon ausgegangen werden, daß sich die Ergebnisse dieser der kulturvergleichenden Managementforschung zuzuordnenden Studie grundsätzlich - trotzdem sie im Industriebereich erzielt worden sind - auf die Bankenbranche übertragen lassen.[269]

Für die Untersuchung in dieser Arbeit spiegeln die Ergebnisse die bereits angesprochene Problematik der Abgrenzung von Kulturkreisen durch nationale Grenzen wider.[270] Trotzdem liefern die Ergebnisse sowohl durch die auf die jeweilige Landeskultur bezogenen Erkenntnisse als auch durch die Möglichkeit des Transfers auf Gesellschaft und Arbeitsbereich Hinweise zur Identifizierung von zentralen kulturspezifisch geprägten Verhaltens- und Einstellungsdimensionen und deren Auswirkungen auf das Führungsverhalten.[271]

Im folgenden soll ermittelt werden, welche Aussagen im Rahmen einer Kulturanalyse in dieser Arbeit getroffen werden können, die später in die Formulierung von Handlungsempfehlungen einfließen können. Die inhaltliche Ausgestaltung dieser Aussa-

---

[267] Vgl. Schmid, S.: Multikulturalität [1996], S. 259-263; Mead, R.: Cross Cultural Dimensions [1998], S. 41-42; Fischer, M.: Interkulturelle Herausforderungen [1996], S. 10-11, sowie die jeweils dort angeführte Literatur.

[268] Vgl. Mead, R.: Cross Cultural Dimensions [1998], S. 43. Eine Studie von Trompenaars aus den achtziger Jahren, die erstmalig 1993 veröffentlicht und bis 1997 hinsichtlich der Untersuchungsbasis erweitert worden ist, basiert auf ca. 30.000 Befragungen von vorwiegend (75%) Managern aus 30 Unternehmungen mit Abteilungen in ca. 50 Ländern. Trompenaars definiert sieben Kulturdimensionen. Vgl. Trompenaars, F. / Hampden-Turner, C.: Riding the Waves of Culture [1997], S. 1-2, 8-10. Die Methodik sowie der wissenschaftliche Ansatz von Trompenaars sind ebenfalls der wissenschaftlichen Kritik ausgesetzt.

[269] Der Index für Machtdistanz variiert beispielsweise auch für verschiedene Berufsgruppen. Auch kann in Organisationen zwischen wahrgenommenen Zielen und den Karrieremöglichkeiten für Frauen und Männer eine Beziehung festgestellt werden. Grundsätzlich stellt das Bankgewerbe eine eher konservative Branche dar, in deren Führungspositionen vorwiegend Männer (Ausnahme: Ostblock) zu finden sind. Vgl. hierzu auch Hentze, J.: Kulturvergleichende Managementforschung [1987], S. 182-183. Siehe auch allgemein zu Branchenunterschieden Trompenaars, F. / Hampden-Turner, C.: Riding the Waves of Culture [1997], S. 238-240.

[270] Vgl. Kapitel 2.1.2.1.

[271] Vgl. Thomas, A.: Aspekte Interkulturellen Führungsverhaltens [1996], S. 39.

74

gen ist mit methodischen Problemen der Interkulturellen Managementforschung verbunden. Diese sollen im folgenden betrachtet werden.

2.4.3 Problembereiche bei der Gewinnung interkultureller Erkenntnisse

In dieser Arbeit ist ein qualitativer Forschungsansatz gewählt worden. Durch die Analyse und Bewertung von kulturellen Ausprägungen sollen Erkenntnisse gewonnen werden, die sowohl als Erklärungs- als auch Gestaltungsgrößen in einem interkulturellen Managementansatz herangezogen werden können. Obwohl der qualitative Forschungsansatz als geeignet für die Gewinnung von Erkenntnissen in der interkulturellen Managementforschung angesehen wird,[272] treten bei der Generierung und Bewertung der relevanten Informationen methodische Schwierigkeiten auf. Als für diese Arbeit grundlegende Problembereiche werden die notwendige Formulierung von Kulturindikatoren zur Erfassung von Kultur, der Mangel an Objektivität durch die mehrfache Beurteilung kultureller Sachverhalte sowie die Auswahl und kulturelle Prägung der Gesprächspartner angesehen.

2.4.3.1 Notwendigkeit der Formulierung von Kulturindikatoren

Bei der Analyse der externen nationalen Kontextfaktoren werden länderübergreifende Untersuchungskriterien im Literaturstudium und bei der Datenanalyse verwendet, um die kulturellen Ausprägungen von Landes- bzw. ethnischen Kulturen selber, aber auch die Einflußnahme auf andere Kontextfaktoren beschreiben zu können. Die im nächsten Schritt durch einen qualitativen Forschungsansatz gestützte Vorgehensweise zur Erfassung interkultureller Interaktionen basiert auf Expertengesprächen, in denen die von den Interviewpartnern *wahrgenommenen* kulturellen Verhaltensmerkmale der Interaktionspartner im Aufgabenumfeld identifiziert und interpretiert werden.[273] Dies bedeutet, daß seitens der Gesprächspartner aus westlichen Banken diejenigen Verhaltensweisen aufgeführt werden, die nicht als rationales, sondern als ‚ungereimtes' Verhalten bzw. als nicht konform mit den eigenen Erwartungen und Verhaltensweisen in der Interaktion empfunden werden. Die Ausführungen zu den wahrgenommenen Verhaltensmerkmalen – als Ausdruck von Kultur und kulturellen Unterschieden gemäß dem deskriptiven Konzept der Kulturanalyse – werden daher bei den Analysen um Hintergrundinformationen sowie Datenmaterial ergänzt, um in Verbindung mit den allgemeinen kulturellen Einflußfaktoren im externen Kontext der Gesprächspartner Erklärungsansätze gemäß dem explikativen Analyseansatz liefern zu können.[274]

---

[272] Vgl. Kapitel 1.2.

[273] Hinsichtlich der Wahrnehmung bzw. der Wahrnehmungsfähigkeit von Menschen dient Kultur als ‚highly selective screen', der das, was aufmerksam wahrgenommen wird und was nicht, unbewußt steuert. Vgl. Hall, E.T.: Beyond Culture [1976], S. 85.

[274] Vgl. Mead, R.: Cross-Cultural Dimensions [1998], S. 77-78. Die hier vorgeschlagene weitere Vorgehensweise zur vollständigen Analyse der jeweiligen Kulturen über die Generierung von Hypothesen wird zum Teil über die bisherigen Ausführungen zur globalen Umwelt der international tä-

Kultur ist durch die Wahrnehmung und Beschreibung von Verhalten und Verhaltens-ergebnissen bezüglich der Möglichkeit der *Analyse* hinreichend operationalisiert wor-den. Für die *Aufbereitung* dieser wahrgenommenen und auch interpretierten kultur-spezifischen Ausprägungen in Bezug auf die interessierende Fragestellung im Inter-kulturellen Management ist die Formulierung von Kulturindikatoren erforderlich, die die unterschiedlichen Ausprägungen kulturübergreifend abbilden und selber einen inhaltlichen Zusammenhang mit dem relevanten Untersuchungsgegenstand aufwei-sen. Diese Kulturindikatoren sollen die repräsentativen Ausprägungen für die be-trachtete Kultur erfassen und gleichzeitig sowohl relevant als auch in einer determi-nierenden Beziehung zu dem untersuchten Sachverhalt im Interkulturellen Manage-ment sein.[275] Abbildung A/2-15 zeigt diese Problemstellung schematisch auf.

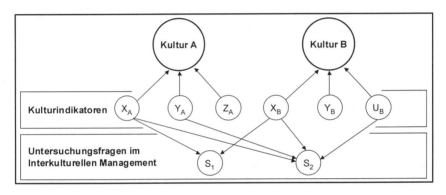

Abbildung A/2-15: **Operationalisierungsprobleme von Kultur in der interkulturellen Forschung**[276]

Hier wird dargestellt, daß bei der Analyse von bspw. zwei Kulturen A und B zur Er-forschung der Fragestellung hinsichtlich der Bedeutung und Ausprägung von Kultur im internationalen Bankgeschäft bestimmte länderübergreifende Kulturindikatoren (X,Y,Z,U) aus der Untersuchungsfrage zum Interkulturellen Management abgeleitet werden.[277] Diese sind jedoch nicht unabhängig voneinander. Diese Kulturindikatoren sollen Kulturen auf Basis gleicher Kriterien charakterisieren. Wenn die Ausprägung

tigen Banken sowie durch weitergehende Analysen abgedeckt. Im Rahmen der Expertengesprä-che sind Thesen und Aspekte, die erstmalig angeführt wurden, in nachfolgenden Gesprächen aufgegriffen und diskutiert worden. Hierdurch soll gewährleistet werden, daß einzelne subjektive Eindrücke, Erfahrungen und Wahrnehmungen eliminiert werden konnten.

[275] Vgl. Holzmüller, H.H.: Konzeptionelle und methodische Probleme [1995], S. 74-76; Dülfer, E.: Internationales Management in unterschiedlichen Kulturbereichen [1996], S. 422.

[276] Quelle: In Anlehnung an Holzmüller, H.H.: Konzeptionelle und methodische Probleme [1995], S. 75.

[277] Vgl. hierzu und im Folgenden Holzmüller, H.H.: Konzeptionelle und methodische Probleme [1995], S. 74-76. Die angeführte Problematik kann verallgemeinernd in die grundsätzlichen Fra-gestellungen der internationalen Markt- bzw. Marketingforschung eingeordnet werden. Vgl. Dülfer, E.: Internationales Management in unterschiedlichen Kulturbereichen [1996], S. 421-424.

76

der Kulturen A und B in verschiedenen Kulturen auf den gleichen Kulturindikator X hinweist (X_A, X_B), können interkulturell relevante Untersuchungsgegenstände gemäß der Zielsetzung der Arbeit anhand von länderspezifischen Ausprägungen verdeutlicht und im Anschluß länderspezifisch gestaltet werden. Es ergeben sich jedoch auch Probleme bei der Zuordnung und Aufbereitung der in den Expertengesprächen gewonnenen Aussagen als länderspezifische Kulturausprägungen.

1. Einzelne Ausprägungen der Kulturen A und B lassen sich nicht den gewählten Kulturindikatoren zuordnen (Z_A und Y_B). Hieraus resultiert die Frage der Einordnung als kulturelle Besonderheit oder als eine nicht eindeutig kulturbezogene Ausprägung.

2. Scheinbar unterschiedliche Ausprägungen der untersuchten Kulturen weisen auf einen bestimmten Kulturindikator hin (Y_A und U_B) und sind vor dem Hintergrund der Kenntnisse der Kulturkreise genauer zu interpretieren.

Aus den angeführten Überlegungen läßt sich ableiten, daß eine vollständige und exakte Analyse und Abbildung von kulturellen Ausprägungen nicht möglich ist. Zur Erzielung verbesserter Aussagen auf Basis der verwendeten Indikatoren bietet sich daher eine Klassifikation von möglichen wichtigen Einflußfaktoren auf das Verhalten und auf Verhaltensergebnisse in einer Kultur an. So können z. B. das kulturelle System und das soziale System oder das Individuum als Bezugsgrößen für Kulturausprägungen gewählt werden.[278] Forschungsmethodisch stützt sich diese Arbeit inhaltlich auf die Formulierung von Arbeitshypothesen zum Interkulturellen Management von internationalen Banken. Diese sind zum einen länderübergreifend auf das Erkenntnisobjekt internationales Bankgeschäft und zum anderen länderspezifisch auf managementrelevante interkulturelle Themenstellungen ausgerichtet. Da diese Hypothesen ebenfalls als Grundlage für die Expertengespräche gedient haben, können sie als ‚erwartete Richtungen‘ in der interkulturellen Untersuchung herangezogen werden und darüber hinaus auch den „Ausgangspunkt für Aussagen größerer inhaltlicher und kultureller Reichweite darstellen".[279]

Die Erfassung der Aussagen in den Expertengesprächen zu interkulturellen Managementthemen erfolgt in dieser Arbeit somit grundsätzlich länderspezifisch. Bei Möglichkeit der Ausschaltung der angeführten Probleme werden diese zu länderübergreifenden Erkenntnissen verdichtet.[280] Es wird jedoch keine kultur*vergleichende* Forschung im Rahmen dieser Arbeit angestellt. Durch die Darstellung von länderspezifi-

---

[278] Vgl. Holzmüller, H.H.: Konzeptionelle und methodische Probleme [1995], S. 77-78.

[279] Holzmüller, H.H.: Konzeptionelle und methodische Probleme [1995], S. 74.

[280] Dies bedeutet auch, daß wenn zu bestimmten Sachverhalten keine Aussagen bzw. keine eindeutigen oder mehrheitlichen Aussagen von den Gesprächspartnern gemacht worden sind, diese nicht dargestellt werden, auch wenn eventuell einzelne Stellungnahmen hierzu gemacht worden sind.

schen Ausprägungen von Kulturindikatoren sollen am Beispiel von verschiedenen Ländern zum einen Ergebnisse für die übergeordnete Forschungsfrage gewonnen, zum anderen soll die Forschungsfrage soweit möglich auch in der spezifischen Länderausprägung konkretisiert werden können.

Bei der Auswertung der qualitativen Aussagen ist eine Interpretation der Resultate erforderlich. Diese Interpretation erfolgt mit einem Mangel an Objektivität, der sich aus den unterschiedlichen kulturellen Einstellungen ergibt.

2.4.3.2 Mangel an Objektivität

Der bei Verfassung der Arbeit nicht zu verhindernde Mangel an Objektivität kann auf die folgenden Ursachen zurückgeführt werden:

- Die Verfasserin stammt selber aus einem westlichen Kulturkreis, was zu einer bestimmten Kulturgebundenheit führt.[281] Die Wirkung gewisser Annahmen, Werte und Normen bei den angestellten Überlegungen und gezogenen Schlußfolgerungen kann zwar durch die Expertengespräche und die Bezugnahme auf konkrete Forschungsergebnisse und theoretische Erkenntnisse reduziert, aber nicht vollständig eliminiert werden. Hierfür bedürfte es bspw. zusätzlichen Trainings, um neben der eigenen kulturellen Sensibilisierung kulturelle Empathie zu entwickeln.[282]

- Die verwendete Literatur (betriebswirtschaftliche Literatur, Dokumentationen und Beschreibungen von Ländern, Kulturstudien) zu den in dieser Arbeit angesprochenen Themenstellungen ist theoretisch ebenfalls auf Herkunft und Perspektive (westlich, asiatisch) zu untersuchen.

- Insbesondere beim Heranziehen von Forschungsergebnissen zu Kulturunterschieden ist es wiederum erforderlich, die Herkunft der Quellen in Bezug zueinander zu setzen. Soweit kulturvergleichende Studien existieren, ist es auch theoretisch notwendig, das Selbstbild der jeweiligen ethnischen Gruppen mit dem Fremdbild in Berichten von bspw. westlichen Wissenschaftlern oder aber Erfahrungsberichten von ausländischen Führungskräften zu vergleichen.

Die Anzahl an sog. weichen Einflußfaktoren auf die Interpretation von Kultur ist sehr hoch und kann in deren Einflußnahme trotz des wiederum subjektiv vorhandenen Bewußtseins der Problematik nicht ausgeschaltet werden. Es ist daher unabdingbar, die oben beschriebene Definition von objektiven Kriterien vorzunehmen, um Kulturausprägungen beschreiben zu können. Diese Kriterien sollen es leisten, anhand von

---

[281] Vgl. Holzmüller, H.H.: Konzeptionelle und methodische Probleme [1995], S. 50-51; Fischer, M.: Interkulturelle Herausforderungen [1996], S. 42.

[282] Vgl. Holzmüller, H.H.: Konzeptionelle und methodische Probleme [1995], S. 144-149.

objektiven Maßstäben die wesentlichen Gemeinsamkeiten und Unterschiede verschiedener Kulturen für die Themenstellung aufarbeiten zu können.

2.4.3.3 Herkunft der Gesprächspartner

Im Rahmen der Arbeit wurden Expertengespräche mit westlichen Banken sowie mit lokalen Banken und Institutionen geführt. Diese dienten zum einen der angeführten problemorientierten Themenaufbereitung und -bewertung, zum anderen der Generierung von Erkenntnissen aus der Bankpraxis zu Aspekten der Gestaltung von interkulturellen Situationen durch interkulturelle Managementinstrumente. Die Gespräche mit lokalen Banken und Institutionen wurden zur Vervollständigung der dargestellten Informationen über die Länder insgesamt, aber insbesondere zur Beurteilung der Branchenumwelt herangezogen. Hintergrund ist der teilweise schwierige Zugang zu Informationen sowie der sehr restriktive Umgang mit der Themenstellung in den Ländern.

Die Herkunft der Banken und Institutionen und der Gesprächspartner kann Abbildung A/2-16 entnommen werden. Es wurden insgesamt 40 Expertengespräche mit Vertretern von 31 (Auslands-)gesellschaften von insgesamt 21 Banken sowie von drei Institutionen geführt.[283] Die westlichen Banken (15) stammen aus sieben Ländern aus westlichen Kulturen, die lokalen Banken (6) und Institutionen (Zentralbanken, Central Institute for Economic Management) aus den untersuchten Ländern.[284] Von den insgesamt 34 (Auslands-)gesellschaften der Banken und Institutionen befinden sich elf in Singapur, 14 in Malaysia und neun in Vietnam. Einige der Gesprächspartner in Auslandsgesellschaften in Singapur sind nicht nur verantwortlich für das Geschäft in Singapur, sondern tragen von Singapur aus auch Verantwortung für andere Länder in der Region. Soweit die Gesprächspartner Erfahrung im Umgang mit den anderen untersuchten Ländern aufwiesen, konnten auch über diese Länder Aussagen getroffen werden. Die Möglichkeit, Erkenntnisse zu mehr als einem der untersuchten Länder zu gewinnen, gilt auch für diejenigen Gesprächspartner, die spezifische Erfahrung in diesen Ländern aufwiesen.

---

[283] Diese Zahlen ergeben sich, da teilweise mehrere Gespräche mit Vertretern einer Bank in verschiedenen Ländern bzw. mit Vertretern verschiedener Nationalitäten einer Bank in einem Land geführt wurden.

[284] Das Central Institute for Economic Management (CIEM) in Hanoi ist ein ökonomischer ‚Think Tank' der vietnamesischen Regierung.

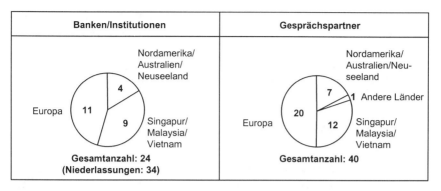

Abbildung A/2-16: Nationale Herkunft der Gesprächspartner[285]

Das Management der Auslandsgesellschaften westlicher Banken, mit denen die Ex-pertengespräche geführt worden sind, stammt vorwiegend aus westlichen Kulturkrei-sen. Die Internationalisierung des Bankgeschäftes führt durch die Internationalisie-rung des Personalmanagements konkret dazu, daß das Management der Repräsen-tanz, Filiale oder Tochtergesellschaft nicht mehr die Nationalität des Herkunftslandes der Bank, sondern entweder die des untersuchten Landes oder die eines Drittlandes hat.

Die Herkunft des Managements ist – aufgrund der These der Dominanz der Landes-kultur – insbesondere für die problemorientierte Analyse und Beurteilung inter-kultureller Situationen relevant. Aus diesem Grund ist bei der Auswertung der Inter-views darauf geachtet worden, welcher Herkunft der jeweilige Gesprächspartner bzw. –partnerin war. Bei der Konzeptionierung eines interkulturellen Management-ansatzes wird jedoch auf die Ebene der Gesamtbank und des Handelns der Mitarbei-ter insgesamt abgestellt, so daß hier aus der nicht-westlichen Herkunft der Ge-sprächspartner keine forschungskonzeptionellen Probleme entstehen können.

Von den 40 Gesprächspartnern stammen 27 aus einem westlichen Kulturkreis (Eu-ropa, Nordamerika, Australien/Neuseeland), einer aus einem nicht-westlichen Kultur-kreis und zwölf Gesprächspartner aus den untersuchten Ländern. Um Stellungnah-men aus verschiedenen Perspektiven des Bankgeschäftes und auch aus verschie-denen interkulturellen Sichtweisen zu gewinnen, wurden einzelne Gespräche auch bewußt mit ausländischen Mitarbeitern westlicher Herkunft bei lokalen Banken sowie lokalen Mitarbeitern bei ausländischen Banken in den Ländern geführt. Diese Ge-spräche werden aber nicht gesondert gekennzeichnet, so daß die Interviews mit Banken nur allgemein in anonymisierter Form mit der Unterscheidung ‚Lokale Bank

---

[285] Quelle: Eigene Darstellung.

80

in ...' oder ,Auslandsbank in ...' zitiert werden. Lediglich die Aussagen der Zentralbanken in Malaysia und Vietnam und des CIEM werden offiziell aufgeführt.[286]

Die aufgezeigten Problembereiche bei der Gewinnung von interkulturellen Erkenntnissen sollen im Folgenden bei der Darstellung des verwendeten Analyserasters berücksichtigt werden.

2.4.4 Darstellung des Analyserasters

Für die Analyse der externen Kontextfaktoren des Interkulturellen Managements der Banken beschreibt die folgende Abbildung A/2-17 das Raster für eine kulturorientierte Vorgehensweise. Dieses existiert aus der Perspektive der Auslandsgesellschaft. Die externen, länderspezifischen Kontextfaktoren sind auf die Analyseebenen internationale und globale Umwelt des jeweils zu untersuchenden Landes, auf die Branchenumwelt und die Anspruchsgruppen in der Aufgabenumwelt aufgeteilt worden. Hauptkriterium für die Reihenfolge der Analysen stellt die Möglichkeit der Beeinflußbarkeit des Kontextes durch die Auslandsgesellschaft dar.

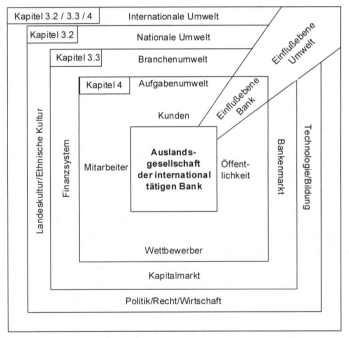

Abbildung A/2-17: **Analyseraster zur kulturorientierten Umweltanalyse**[287]

---

[286] Die Monetary Authority of Singapore (MAS) als Zentralbank des Stadtstaates hat ein Interview abgelehnt.

Die gewählte Darstellung veranschaulicht die bestehenden Abhängigkeitsbeziehungen zwischen der Auslandsgesellschaft und den angeführten Kontextfaktoren. Die auf der Ebene der globalen (nationalen) Umwelt zu analysierenden Teilaspekte beeinflussen sich gegenseitig,[288] aber auch die innerhalb der globalen Umweltebene gezeigte Branchen- und Aufgabenumwelt. Diese Verflechtungen führen dazu, daß eine isolierte Betrachtung der Analyseebenen nicht möglich ist und Redundanzen nicht vermeidbar sind. Im Rahmen der Analyse aufgezeigte Querverbindungen sind deshalb beabsichtigt, da nur so die Interdependenzen verdeutlicht werden können und die Veranschaulichung von Kultur als Einheit möglich ist.[289] Die externen internationalen Kontextfaktoren werden bei Betrachtung der Länder, der Branche und in der Aufgabenumwelt genannt.

Das Analyseraster schließt auch die Betrachtung der dargestellten unterschiedlichen Kulturebenen im Umfeld der international tätigen Bank ein. Bei Untersuchung der nationalen ‚globalen' Umwelt werden die Landes- bzw. ethnische Kulturen dargestellt. Bei der Analyse der Aufgabenumwelt wird der Versuch unternommen, Ansatzpunkte für die Unternehmungskulturen der Geschäftspartner im lokalen Bankgeschäft aufzuzeigen. Bei der Darstellung der Finanzsysteme und Bankenmärkte in den untersuchten Ländern wird auch auf spezifische Verhaltensweisen der Branchenteilnehmer eingegangen, die der Aufgabenumwelt zuzurechnen sind. Für die kulturorientierten Analyseteile werden die aufgezeigten Kulturindikatoren formuliert, um für die untersuchten Länder hinsichtlich der Themenstellung qualitativ und quantitativ gleichwertige Aussagen treffen zu können.[290]

Darüber hinaus unterliegen die einzelnen Kulturebenen auch Faktoren der internationalen Einflußebene. Zusätzlich ist die Branchenkultur von Banken in Ländern, die sich dem internationalen Bank- und Finanzgeschäft geöffnet haben, stets auch von den Entwicklungen des internationalen Geschäftsgebarens geprägt.

Die einzelnen Analyseebenen geben die Struktur für die in den folgenden Kapiteln 3 und 4 durchzuführenden Untersuchungen vor. Es wird die bisher länderübergreifende, allgemein gehaltene Perspektive aufgegeben und für die drei Länder Singapur, Malaysia und Vietnam konkretisiert.

---

[287] Quelle: Eigene Darstellung.
[288] Vgl. Kapitel 2.4.1.2.
[289] Vgl. Fischer, M.: Interkulturelle Herausforderungen [1996], S. 38.
[290] Restriktionen für eine gleichwertige Darstellung aller Länder stellen der Mangel an Informationen bzw. mangelnde Aussagen zu einzelnen Aspekten dar.

Teil B: Kulturorientierte Analyse der Umfeldbedingungen in Singapur, Malaysia und Vietnam

3 Kulturorientierte Analyse externer Kontextfaktoren der westlichen Banken in Singapur, Malaysia und Vietnam

Gegenstand dieses dritten Kapitels ist die Analyse der externen Kontextfaktoren für international tätige Banken in den südostasiatischen Ländern Singapur, Malaysia und Vietnam, die den Rahmen für einen interkulturellen Managementansatz verdeutlichen sollen. Aus dieser Aufgabenstellung lassen sich die Inhalte der folgenden Kapitel aufzeigen.

- Charakterisierung der Region Südostasien als Zielmarkt der Banken vor dem Hintergrund der Wirtschaftsleistung und Wirtschafts- und Finanzkrise sowie Bestimmung der zu untersuchenden Länder Singapur, Malaysia und Vietnam (Kapitel 3.1),

- Analyse der externen Kontextfaktoren in den ausgewählten Ländern unter Berücksichtigung der landes- und ethnisch-kulturellen Beeinflussung dieser Rahmenbedingungen (Kapitel 3.2),

- Analyse der externen, branchenbezogenen Kontextfaktoren der Finanzsysteme und Bankenmärkte in den untersuchten Ländern unter Berücksichtigung landesspezifischer Besonderheiten (Kapitel 3.3).

Die schrittweise Analyse der externen Kontextfaktoren in Kapitel 3.2 und 3.3 erfolgt – soweit möglich – unter Bezugnahme auf deren Bedeutung für die Geschäftstätigkeit und somit für die Phase der strategischen Planung der Gestaltung eines interkulturellen Managementansatzes für die in den Ländern tätigen westlichen Banken.

3.1 Bedeutung Südostasiens als Zielregion international tätiger Banken

3.1.1 Attraktivität der Region Südostasien für international tätige Banken

Als Emerging Markets werden Volkswirtschaften in Schwellen-, Entwicklungs- und Transformationsländern bezeichnet, die sich noch im Aufbau befinden, von hohen, teilweise volatilen Wachstumsraten gekennzeichnet sind sowie bezüglich ihrer weiteren gesamtwirtschaftlichen Entwicklung ein hohes Potential aufweisen.[291] Die Weltregionen, die derzeit als Emerging Markets bezeichnet werden, sind Zentral- und Ost-

---

[291] Vgl. Becker, G.M.: Kreditmanagement in Emerging Markets [1998], S. 154; Zech, L.G.v.: Emerging Markets [1996], S. 307-328. Weitere Kennzeichen für Emerging Markets können ein hoher Nettozufluß an Kapital oder auch eine rapide Entwicklung der Finanzmärkte sein. Vgl. Union Bank of Switzerland: Guide [1997], S. 12.

europa, Südamerika und (Süd-)Ostasien. Typisch für diese Märkte ist, daß zum Teil erst in jüngerer Zeit eine Hinwendung zu marktwirtschaftlichen Prinzipien stattgefunden hat (z. B. China, Vietnam).[292] Im Folgenden soll die Region Asien betrachtet werden.

Die dynamische Wirtschaftsentwicklung Asiens hat bereits in den sechziger Jahren in Japan eingesetzt und sich über die ganze westpazifische Region bis zu den Märkten China und die Länder Indochinas erstreckt. Bis zum Ausbruch der asiatischen Wirtschafts- und Finanzkrise wurde diese Region aufgrund der relativ konstant hohen jährlichen Wachstumsraten als ‚The East Asian Miracle' oder ‚The Asian Economic Miracle' bezeichnet,[293] da im Zeitraum 1965-1990 und vorwiegend auch darüber hinaus die Volkswirtschaften Asiens stärker gewachsen sind als alle anderen Weltregionen.[294] In Tabelle B/3-1 sind die durchschnittlichen jährlichen realen Wachstumsraten des Bruttoinlandsproduktes der Länder für diesen Zeitraum im Vergleich zu Deutschland, Frankreich und den USA aufgeführt.

Land	1960 – 69	1970 – 79	1980 – 89	1990 – 00	davon: 1990 – 95
Ostasien • Japan	10,5	5,2	3,8	1,3	1,9
Tigerstaaten • Hong Kong • Korea • Taiwan • Singapur	– 7,7 9,8 –	7,9 9,4 10,2 9,5	3,0 8,1 8,1 7,4	4,0 5,7 – 7,8	5,1 7,9 6,4 8,6
"NIE" • Malaysia • Thailand • Indonesien	– 8,3 4,0	8,1 7,4 7,8	5,8 7,3 5,8	7,0 4,2 4,2	8,9 8,9 7,1
Andere ostasiati- sche Länder • China • Philippinen • Vietnam	2,9 4,9 –	7,5 6,1 –	9,4 2,0 –	10,3 3,3 7,9	10,2 2,4 7,7
Andere asiatische Länder • Indien	3,7	3,2	6,0	6,0	4,8
Nachrichtlich • Deutschland • Frankreich • USA	4,4 5,6 4,1	2,7 3,3 3,1	2,2 2,4 2,9	1,5 1,7 3,4	1,2 1,1 1,7

Tabelle B/3-1: Durchschnittliche jährliche Wachstumsraten in asiatischen Volkswirtschaften[295]

---

292 Vgl. Zech, L.G.v.: Emerging Markets [1996], S. 307-328.
293 Siehe bspw. World Bank: The East Asian Miracle [1993]; Union Bank of Switzerland: The Asian Economic Miracle [1996].
294 Vgl. Union Bank of Switzerland: The Asian Economic Miracle [1996], S. 2; World Bank: World Development Indicators [2001], http://www.worldbank.org/data/countrydata. Die Bezeichnung der Ländergruppen folgt der Einteilung der Weltbank. Die High-Performing Asian Economies (HPAEs) umfassen Japan als führende Wirtschaftsnation, die vier Tigerstaaten, China sowie die NIEs (Newly Industrializing Economies). Die NIEs haben die Gruppe der HPAEs erst in den letzten zwei Dekaden erreicht. Siehe auch World Bank: The East Asian Miracle [1993], S. XVI.
295 Quelle: In Anlehnung an Union Bank of Switzerland: The Asian Economic Miracle [1996], S. 2; Sachverständigenrat: Jahresgutachten 1998/99 [1998], S. 312-313. Alle Angaben sind in Prozent.

Aus der Tabelle lassen sich die Entwicklungslinien der Länder in der Region aufzeigen. Hat zunächst Japan als heute führende Wirtschaftsregion Asiens in den sechziger Jahren die höchsten Wachstumsraten aufgewiesen, so ist Japan von der Gruppe
der sog. Tigerstaaten Hong Kong, Korea, Taiwan und Singapur in jährlichen Wachstumsraten in den siebziger Jahren übertroffen worden. Die sog. Newly Industrializing
Economies (NIE) Malaysia, Thailand und Indonesien haben vorwiegend seit Ende
der achziger Jahre bis zum Ausbruch der Wirtschafts- und Finanzkrise in 1997 die
höchsten Wachstumsraten erzielt. China und Vietnam schließen aus der Gruppe der
jüngsten Emerging Markets nun zu den anderen Ländern auf. Zwischen diesen Ländergruppen findet auch ein regionaler Wettbewerb in Bezug auf die von den Ländern
erbrachte Wertschöpfung statt.[296]

Die Weltbank kam in einer Untersuchung zu der Erkenntnis, daß das ‚Wunder' in
Asien „… is largely due to superior accumulation of physical and human capital"[297] im
Vergleich zu anderen Ländern. Solange die geeigneten Voraussetzungen in Form
von wirtschaftspolitischen Ansätzen vorhanden seien, kann bei einer entsprechenden
politischen Flexibilität das ‚Asiatische Modell' auch auf jedes entwickelte Land in
westlichen Kulturen übertragen werden. Dem widersprechen Arbeiten, nach denen
die spezifische kulturelle Umgebung, durch die Wahrung von bestimmten Werten
und Befolgung bestimmter Verhaltensweisen, die Grundvoraussetzung ist, um zu einer modernen Wirtschaft zu gelangen.[298] Auf diesen gegensätzlichen Gedanken basieren Forschungsarbeiten, die die Entwicklung der asiatischen Länder aus ökonomischer und politischer Perspektive, gemäß der jeweiligen sozialen Grundordnung oder
aber auch aus kultureller Perspektive betrachtet haben.[299]

Vor diesem Hintergrund existiert ein großes Interesse von ausländischen Investoren
in der asiatischen Region, welches sich nicht nur in Handel und Direktinvestitionen,
sondern aufgrund zu erwartender Wachstums- und Renditezahlen auch in den entsprechenden Kapitalströmen über international tätige Banken in diesen Ländern niederschlägt. Aufgrund der meist noch nicht sehr weit entwickelten nationalen Bankenmärkte nehmen international tätige Kreditinstitute in stark wachsenden Volkswirtschaften insbesondere die Funktion der Kapitalmobilisierung und -allokation wahr,
um den langfristigen Kapitalbedarf zur Finanzierung des Wirtschaftswachstums der

---

[296] Vgl. Laumer, H.: Wachstumsmarkt Asien-Pazifik [1994], S. 30-33; Nguyen-Khac, T.Q.: Wachstumsregion Asien [1995], S. 471.
[297] Vgl. World Bank: The East Asian Miracle [1993], S. 5.
[298] Vgl. Brook, T. / Luong, H.v.: Culture and Economy in a Postcolonial World [1997], S. 4-5.
[299] Siehe bspw. Rowen, H.S.: Behind East Asian Growth [1998]; Rohwer, J.: Asia Rising [1995];
Brook, T. / Luong, H.v.: Culture and Economy [1997]. Siehe auch Pei, M.: Political Foundations
[1998], S. 40. Der Autor trägt verschiedene Untersuchungsperspektiven zusammen, die sich mit
der Erklärung des ‚Miracles' beschäftigen und sich nach seiner Auffassung teilweise ergänzen:
gemeinsam mit dem kulturorientierten Ansatz werden der Ansatz der politischen Ökonomie in
Form von enger Kooperation von Staat und Wirtschaft durch Interventionspolitik in Form von In-
dustriepolitik, Kreditkontrolle und Zielinvestitionsbereichen sowie der Ansatz der exportorientierten
Industrialisierungsstrategie mit aktiver Teilnahme des Staates gewählt.

Länder auch international bereitstellen zu können. Zudem können international tätige Banken (hier: ausländische Banken) spezielle und komplexe Bankdienstleistungen an den nationalen, expandierenden Bankenmärkten anbieten, die die Inlandsbanken der Länder oftmals noch nicht bereitstellen können.[300]

Die Internationalisierung von heute internationalen Banken erfolgte historisch gesehen seit dem zweiten Weltkrieg in Abhängigkeit von der jeweils nationalen Herkunft in drei Schüben: Zunächst (1960-1970) bauten vorwiegend die US-amerikanischen Banken ihr internationales Geschäft aus. Seit 1970 folgen die europäischen Banken und seit 1980 bzw. besonders seit 1985 die japanischen Banken.[301] Bei Betrachtung der Internationalisierung der europäischen Banken nach regionalen Schwerpunkten zeigt sich, daß nach Ausbau der Position in den europäischen Finanz- und Wirtschaftszentren sowie in Nordamerika seit Beginn der achtziger Jahre der ost- und südostasiatische Wirtschaftsraum zunehmend an Bedeutung gewonnen hat.[302]

Die im folgenden betrachtete Region Südostasien[303] hat die Aufmerksamkeit der internationalen Finanzwelt vorwiegend durch die wirtschaftliche Entwicklung an sich, aber auch durch die hohe Exportdynamik auf sich gelenkt.[304] Ursache für das gestiegene Engagement international tätiger Banken am ,Finanz- und Bankenmarkt Südostasien' ist die in Verbindung mit der volkswirtschaftlichen Entwicklung der Region auftretende Erwartung der weiteren Verstärkung des internationalen Finanzgeschäftes. Die Region verzeichnet insgesamt eine steigende Bedeutung durch die verschiedenen Finanzmärkte wie der Asien-Dollar-Markt in Singapur sowie die Off-Shore Bankenzentren in Malaysia und Thailand. So ging z.B. die Deutsche Bank AG in ihren Investitionen in Mitarbeiter und Technologie in Asien und in den Planungen aus dem Jahr 1996 und im Herbst 1997 davon aus, daß der Ergebnisbeitrag aus dem Asiengeschäft bis zum Jahr 2001 ein Drittel des Gesamtergebnisses liefern wird.[305] Die niederländische ABN AMRO plante einen eigenständigen Ausbau des Filialnetzes in Asien, da Akquisitionen als schwierig angesehen wurden. Im Zuge der Expansion wurde eine Verdoppelung des Personals von 2.900 auf 6.000 Mitarbeiter

---

[300] Vgl. Strittmatter, G.: Kooperationsstrategien [1984], S. 141-147; Gray, J.M. / Gray, H.P.: The Multinational Bank: A financial MNC? [1981], S. 57.
[301] Vgl. Dennig, U.: Internationale Geld- und Kreditmärkte [1993], S. 1073.
[302] Vgl. Bumbacher, U.: Internationale Wettbewerbsfähigkeit im Bankwesen [1994], S. 41-61; Büschgen, H.E.: Entwicklungsphasen [1989], S. 10-11. Ausnahmen von diesen Internationalisierungsschüben stellen die in den ehemaligen kolonialisierten Ländern Südostasiens bereits seit Ende des letzten Jahrhunderts tätigen europäischen Kolonialbanken dar.
[303] Unter den südostasiatischen Ländern wird in dieser Arbeit der Schwerpunkt auf die ASEAN-Länder Indonesien, Malaysia, Philippinen, Singapur, Thailand und Vietnam gelegt (ASEAN = Association of Southeastasian Nations). Der ASEAN-Verbund umfaßt weiterhin als Mitgliedstaaten Brunei, Laos, Myanmar sowie als jüngstes Mitglied Kambodscha.
[304] Vgl. Kohlhaussen, M.: Strategien im Bankbereich [1991], S. 481. Unter Ostasien werden alle Volkswirtschaften aus Ost- und Südostasien sowie dem Pazifik zusammengefaßt, incl. China und Thailand.
[305] Vgl. Fisher, A.: Facing a Rough Side [1996], S. 5; Rohmund, S.: Erträge aus Asien [1997], S. 12.

sowie eine Verdoppelung des derzeitigen Gewinnbeitrages für die ABN AMRO Gruppe von 6% auf 12% erwartet.[306]

Die Bedeutung der Region Südostasien resultiert auch aus der Rolle, die ausländische Banken in Emerging Markets bei der Entwicklung der Länder einnehmen. Zur Bewältigung des wirtschaftlichen Wachstums in Südostasien ist der Aufbau eines funktionierenden Dienstleistungssektors in den Ländern essentiell, wobei als Basisleistungen u.a. die effiziente Abwicklung der Bankdienstleistungen zu nennen ist.[307] Banken nehmen in jeder Volkswirtschaft insofern eine Sonderstellung ein, als daß sie als Finanzintermediäre die Voraussetzungen für Güterproduktion und -distribution durch Bereitstellung von Finanzierungs- und Geldanlagemöglichkeiten und die Durchführung des Zahlungsverkehrs schaffen.[308] Somit verwalten Banken große Teile des Volksvermögens und beeinflussen das vorhandene Geldvermögen einer Volkswirtschaft sowie die Funktionsfähigkeit von Finanz- und Gütermärkten.[309]

Grundsätzlich sind die südostasiatischen Länder bestrebt, einen offenen Weg für die gesamtwirtschaftliche Entwicklung und für die eigenen Bankenmärkte zu finden. Allerdings unterscheiden viele asiatische Emerging Markets zwischen der Liberalisierung des Handelsbereiches und dem Finanz- und Bankensektor. Hier wird zudem zwischen der Liberalisierung der Kapitalmärkte und des kommerziellen Bankensektors differenziert. Die Länder wollen den nationalen Bankenmarkt vor der ausländischen Konkurrenz schützen, da – im Gegensatz zum Handelsbereich – im Finanzdienstleistungsbereich angenommen wird, daß nur die ausländischen Banken von den Geschäften profitieren werden. Daher sollen einerseits die Kompetenz von ausländischen Banken sowie die Ressourcenallokation durch die ausländischen Banken genutzt werden. Andererseits werden durch die Schaffung entsprechender institutioneller und rechtlicher Rahmenbedingungen die inländischen Banken sukzessive an einen unbeschränkten Wettbewerb herangeführt. Den südostasiatischen Ländern ist die Bedeutung eines effizienten Finanz- und Bankenbereiches zur Mobilisierung und Allokation der Ressourcen bewußt.

Die Präsenz und Geschäftsaktivität der westlichen Banken ist mit dem wirtschaftlichen Aufschwung in der Region Südostasien gewachsen. Dies insbesonders vor dem Hintergrund des Marktpotentials in den Geschäftssegmenten, die durch die Ent-

---

[306] Vgl. Cramb, G.: Asia Branch Network [1996], S. 11.

[307] Vgl. Riddle, D.I.: The Role of the Service Sector [1987], S. 83-85, 100-102.

[308] Das Bankensystem bedient insgesamt sechs volkswirtschaftliche Grundbedürfnisse: Abwicklung des Zahlungsverkehrs, Bereitstellung von Mechanismen zur Bündelung von finanziellen Ressourcen, Transfer von ökonomischen Ressourcen über Zeitzonen und Distanzen, Bereitstellung von Methoden für das Risikomanagement sowie von Preisinformationen für die Koordination von dezentral abzuwickelnden Entscheidungsprozessen, Schaffung von effizienten Geschäftstransaktionen. Vgl. Crane, D.B. / Bodie, Z.: The Transformation of Banking [1996], S. 109-110.

[309] Vgl. Eilenberger, G.: Bankbetriebswirtschaftslehre [1996], S. 27-28.

wicklung von Bank- und Kapitalmärkten auch im lokalen Firmenkunden- und Privatkundengeschäft entstehen.

Emerging Markets, wie die südostasiatischen Länder, werden insbesondere dann
zum Gegenstand von Diskussionen, wenn sich die Vorteile der Globalisierung von Finanzmärkten plötzlich in das Gegenteil verwandeln. Die engen Verknüpfungen von
Aktien-, Schuldverschreibungs- und Kreditmärkten, Währungen und Finanzinstru-
menten führen zu einer sehr schnellen Übertragung von ökonomischen Turbulenzen,
die sich global in hohen Volatilitäten internationaler Finanzmärkte niederschlägt. Krisen, wie die im Sommer 1997 entstandene Finanzmarktkrise in Asien zeigen, daß
– auch durch den rapiden Wandel im weltweiten Finanzgewerbe – die Gefahr stets
vorhanden ist, daß sich latente Systemprobleme in den Bankensystemen von Emerging Markets über die Grenzen einzelner Länder hinweg ausbreiten können.

Die asiatische Wirtschafts- und Finanzkrise hat sich sehr schnell in der Region ausgeweitet und hier Auswirkungen auf die Geschäftstätigkeit der ausländischen Banken
gehabt. Die Betrachtung dieser jüngsten Entwicklung in Südostasien ist Gegenstand
des folgenden Kapitels.

3.1.2 Bedeutung der Wirtschafts- und Finanzkrise für die Geschäftstätigkeit international tätiger Banken

Die asiatische Wirtschafts- und Finanzkrise hat die Rahmenbedingungen für die in
den südostasiatischen Ländern tätigen ausländischen Banken beeinflußt, da die
volkswirtschaftlichen Entwicklungen hinter den Erwartungen der Banken an die Ge-
schäftsentwicklungen zurückgeblieben sind. Die Zusammenarbeit mit südostasiatischen Ländern, Banken und Unternehmungen als Geschäftspartner der ausländischen Banken ist durch die krisenbedingten Liquiditätsprobleme und Liquidationen
dieser Kunden, die zu hohen Kreditausfällen geführt haben, erschwert worden. Im
Rahmen der Erklärungsansätze für die Krise sind neben der Untersuchung der makroökonomischen und finanzwirtschaftlichen Fundamentaldaten ebenso Analysen
über bspw. Vetternwirtschaft, Korruption und Managementansätze asiatischer Unter-
nehmenskonglomerate angestellt worden. Diese Analysen beurteilen, aus der ex-
post Perspektive, die teilweise als Ursachen des ‚Asian Miracle' angeführten Nor-
men- und Wertesysteme in den Ländern Südostasiens nun tendenziell negativ.

Bevor die Bedeutung der Asienkrise für die Bank- und Finanzmärkte in der Region
und insbesondere für international tätige Banken dargestellt wird, soll im Folgenden
der Verlauf der Krise anhand der in Abbildung B/3-1 aufgezeigten Zeitachse beschrieben werden.

88

1994/1995	1996	1997/1998	1999/2000
• Ø 7,75% p.a. Wachstum in güterwirtschaftlicher Produktion • Überhitzung der Volkswirtschaften • Überkapazitäten • Steigende private Investitionen	• Steigende Anzahl staatlicher Infrastrukturprojekte • Steigende Geldmengen/ Zufluß an ausländischem Kapital • Geldpolitische Maßnahmen • Konjunkturabschwung	• Offenbarung struktureller Schwächen und Bedarf an Reformen • Einflußfaktoren Vetternwirtschaft/ Korruption • Vertrauensverlust der Investoren	• Börsencrashs • Steigender Anteil notleidender Kredite • Liquiditätsprobleme • Konkurse von Banken und Unternehmungen	• Bankenmarktreformen/ Restrukturierung • Initiierung von Reformen/ Restrukturierung im Unternehmenssektor

Abbildung B/3-1:   Zeittafel der asiatischen Wirtschafts- und Finanzkrise im Überblick[310]

Die südostasiatischen Länder haben in den letzten fünfundzwanzig Jahren eine jährliche durchschnittliche Wachstumsrate von 7,75% in der güterwirtschaftlichen Produktion realisiert. Für die Finanzierung dieses Wachstums haben die Länder der Region versucht, die Kapitalbildung und –allokation gezielt zu fördern und zu steuern[311] und haben für ausländische Kapitalgeber Anreize und Möglichkeiten für Investitionen geschaffen. Der Beginn eines Konjunkturabschwungs in einigen südostasiatischen Ländern ab 1996[312] hat strukturelle Schwächen in den Finanzsystemen und insbesondere in den Bankensystemen der Länder offengelegt.[313] Diese Schwächen haben die Notwendigkeit für Reformen der Banken- und Finanzsysteme verdeutlicht.[314]

---

[310] Quelle: Eigene Darstellung.

[311] Vgl. Bank für internationalen Zahlungsausgleich: 64. Jahresbericht [1994], S. 42-46.

[312] Vgl. Bank für internationalen Zahlungsausgleich: 65. Jahresbericht [1995], S. 41-42.

[313] Vgl. Bank für internationalen Zahlungsausgleich: 67. Jahresbericht [1997], S. 120-121.

[314] Vgl. Masuyama, S.: Evolution [1999], S. 1. Der Reformbedarf der Bankensysteme in Emerging Markets (hier: der südostasiatischen Länder) kann in Abhängigkeit von den im Folgenden dargestellten Faktoren diskutiert und beurteilt werden:
- Qualität der Bankenaufsicht sowie aufsichtsrechtliche Rahmenbedingungen,
- Umsetzung einer stabilitätsorientierten Geldpolitik,
- Ausreichende private inländische Ersparnisbildung,
- Marktreformen bei veränderten Wettbewerbsverhältnissen am Markt,
- Qualität des Bankmanagements: Diversifizierung des Kreditportfeuilles, Kreditsicherungsbewertungssysteme,
- Fristenkongruenz der Refinanzierungsstrukturen,
- Stabilität der Infrastruktur des Finanzsystems.
Vgl. Bank für internationalen Zahlungsausgleich: 65. Jahresbericht [1995], S. 160-165. Siehe auch World Bank: Global Development Finance [1998], S. 29-38.

Viele der südostasiatischen Länder hatten erst zeitlich verzögert zum wirtschaftlichen Aufschwung begonnen, die Banken- und Finanzsysteme zu liberalisieren. Eine solche Öffnung des Finanzsektors für ausländisches Kapital birgt jedoch dann Probleme, wenn dieser vorher stark kontrolliert wurde.[315] Nahezu abrupt geöffnete inländische Finanzmärkte, die sich zunehmend in globalisierte Finanzmärkte integrieren, stellen sich als anfälliger gegenüber störenden Einflüssen aus dem Ausland heraus. Die Liberalisierung von nationalen Finanzsektoren hatte gemeinsam mit anderen Einflußfaktoren (z.B. unkontrollierteres Kreditwachstum, Preisblasen für Vermögenswerte, rigide Wechselkurssysteme, Vetternwirtschaft und Korruption) direkten Einfluß auf die Stabilität von Bankensystemen.[316] Diese Instabilität resultiert auch aus der hohen Volatilität und niedrigen Liquidität an den Kapitalmärkten sowie fehlenden Marktsegmenten zur Unternehmungsfinanzierung. Hieraus ergab sich eine Konzentration des Kreditrisikos bei den kreditgebenden Banken.

Diese strukturellen Schwächen wurden zu einem Zeitpunkt offensichtlich, als gleichzeitig andere internationale konjunkturelle Ungleichgewichte ihre Auswirkungen auf Asien zeigten. Den ersten Abwärtsbewegungen an den südostasiatischen Börsen sowie den starken Abwertungen der nationalen Währungen folgte der Vertrauensverlust der internationalen Investoren und Kreditgeber als psychologische Auswirkungen[317] und gleichzeitigem ‚Hebel' für den Abzug von Kapital aus der Region.[318]

Diese Entwicklungen führte von Spätsommer 1997 bis Ende 1999 an den südostasiatischen Finanzmärkten zu nur teilweise wieder kompensierten Kursverlusten an den Börsen. Die folgende Tabelle B/3-2 zeigt die Entwicklung der Marktkapitalisierung an den verschiedenen Aktienbörsen der ASEAN-Staaten im Vergleich der Jahre 1996/1997 und 1998/1999 auf.[319]

[315] Konkret kann sich dies in einem sprunghaften Anstieg der Bankkredite, der überhöhten Vergabe von Immobilienkrediten, einem starken Anstieg der Preise von Vermögenswerten sowie dem möglichen Verlust der geldpolitischen Kontrolle niederschlagen.
[316] Vgl. Delhaise, P.: Implosion [1998], S. 14-15. Die bei der Liberalisierung von Märkten teilweise notwendige Erschließung (anderer) profitabler Geschäftsarten für lokale Banken oder aber die Durchführung von Marktbereinigungen durch Restrukturierungen und Unternehmenszusammenschlüsse, ist nicht geschehen. Dies liegt u. a. daran, daß Garantien der Regierungen unprofitable Banken während der Liberalisierungsphasen künstlich am Leben hielten. Vgl. Bank für internationalen Zahlungsausgleich: 67. Jahresbericht [1997], S. 121-122.
[317] Vgl. Delhaise, P.: Implosion [1998], S. 14-15.
[318] Vgl. World Bank: Global Development Finance [1998], S. 29-38. So herrschte bspw. die Angst vor der Notwendigkeit, Preiskorrekturen auf den jeweiligen Immobilien- und Aktienmärkten hinnehmen zu müssen. Vgl. Bank für internationalen Zahlungsausgleich: 68. Jahresbericht [1998], S. 118-119.
[319] Vgl. International Federation of Stock Exchanges: Statistics [2000], http://www.fibv.com.fra; eigene Berechnungen. Die Angaben beziehen sich auf die Marktkapitalisierung inländischer Unternehmungen in den Ländern.

90

Börsenplatz	Veränderungen 1996/1997	Veränderungen 1998/1999
Jakarta (Indonesien)	-68%	190%
Kuala Lumpur (Malaysia)	-70%	46%
Manila (Philippinen)	-61%	38%
Singapur	-31%	100%
Bangkok (Thailand)	-76%	68%

Tabelle B/3-2: Marktkapitalisierungen an Börsenplätzen der ASEAN-Staaten im Jahresvergleich[320]

Innerhalb kürzester Zeit sind durch die Kursverluste im Vergleich von 1996 auf 1997 bis zu 70% (Malaysia) bzw. 76% (Thailand) in börsennotierten Werten vernichtet worden. Die Kreditvergabe der Banken an die privaten Unternehmungen in den Ländern ist extrem stark gesunken.[321] Die zunehmenden Liquiditätsprobleme und Konkurse von Unternehmungen haben den Anteil der notleidenden Kredite im Portfolio der Banken enorm ansteigen lassen[322] und diese mit Reformzwängen und der Notwendigkeit der Restrukturierung konfrontiert.[323] Hier sind jedoch in einzelnen Ländern unterschiedliche Maßnahmen ergriffen worden. Tendenziell sind nicht Marktbereinigungen durch Konkurse von Banken zugelassen worden, sondern der Schwerpunkt der Maßnahmen wurde auf die Rekapitalisierung von Banken und die Initiierung von Fusionen gelegt.[324]

Seit dem ersten Quartal 1999 befinden sich die Börsen als Zeichen wirtschaftlicher Erholung wieder im Aufwärtstrend, was sich aus der Relation der Marktkapitalisierungen 1998 zu 1999 in Tabelle B/3-2 entnehmen läßt. Einzelne Marktsegmente in südostasiatischen Ländern verzeichnen Ende 1999/Beginn 2000 sogar bereits wie-

---

[320] Quelle: Eigene Darstellung.
[321] Vgl. Bank für internationalen Zahlungsausgleich: 69. Jahresbericht [1999], S. 42. Da die zugrunde liegenden Daten zur Marktkapitalisierung in US$ sind, sind die Abwertungen der südostasiatischen Währungen mit in diesen Entwicklungen enthalten. Die vollständigen Angaben zu den Entwicklungen (in Mio US$) enthält Anhang C.1.
[322] Vgl. Bank für internationalen Zahlungsausgleich: 67. Jahresbericht [1997], S. 120; Bank für internationalen Zahlungsausgleich: 68. Jahresbericht [1998], S. 119.
[323] Vgl. Bank für internationalen Zahlungsausgleich: 68 Jahresbericht [1998], S. 117.
[324] Vgl. Bank für internationalen Zahlungsausgleich: 69. Jahresbericht [1999], S. 49-50.

der Rekordzuwächse.[325] Die Nachhaltigkeit eines wirtschaftlichen Aufschwunges wird sich jedoch in den nächsten Quartalen beweisen müssen.

Hauptkreditgeber in der Region sind international tätige Banken. Der private Unternehmungssektor und die lokalen Banken stellten die Hauptschuldner der international tätigen Banken dar.[326] Die Bankkredite bestanden überwiegend aus kurzfristigen Interbankkreditlinien (Fremdwährungen) und die Kapitalzuflüsse fanden vorwiegend über Banken statt, da der Absatz von international begebenen Emissionen der Schuldnerländer in der Region sehr begrenzt war.[327] Die kreditgebenden Banken haben aufgrund der verschlechterten wirtschaftlichen Rahmenbedingungen einzelner südostasiatischer Länder in 1996 mit einer stärkeren Differenzierung, aber kaum mit der Reduzierung der Kreditvergabe, reagiert. Die Ausleihungen an einzelne asiatische Länder wurden weiter erhöht.[328] Erst bei Einsetzen der Währungsturbulenzen im Spätsommer 1997 ist die Vergabe von Bankkrediten in die Region grundsätzlich reduziert worden. Trotzdem haben insbesondere die europäischen Banken im Vergleich zu den japanischen und US-amerikanischen Banken ihr Engagement in der Region zwischenzeitlich erhöht, und zwischen Anfang 1995 und Mitte 1997 kamen mehr als die Hälfte der Kredite an Indonesien, Korea, Malaysia, die Philippinen und Thailand von dieser Bankengruppe.[329] Die folgende Abbildung B/3-2 zeigt die Verteilung der Kreditvergabe europäischer Länder sowie der USA und Japans an ASEAN-Länder vor Ausbruch der Krise 1997 auf.[330] Eine Gesamtübersicht zu den Kreditengagements der angeführten Länder und ausgewählter Banken in den ASEAN-Ländern befindet sich im Anhang C.2.

---

[325] So weisen einzelne Segmente an der malaysischen Börse (Kuala Lumpur Stock Exchange) Wachstumsraten von bis zu 39% auf. Vgl. Abdullah, D.O / Sivanithy, R.: Tech stocks [2000], http://www.business-times.asia1.com.sg.

[326] Vgl. o.V.: Gewinneinbruch [1998], S. 14. So entfallen von den 9 Mrd. DM Ausleihungen an die Länder Südkorea, Thailand, Malaysia und Indonesien jeweils die Hälfte auf Banken und Unternehmen.

[327] Vgl. Bank für internationalen Zahlungsausgleich: 66. Jahresbericht [1996], S. 159-161.

[328] Thailand ist als erstes südostasiatisches Land von der Wirtschaftskrise erfaßt worden; am 02. August 1997 wurde die Anbindung an den US$ aufgehoben.

[329] Vgl.: Bank für internationalen Zahlungsausgleich: 68. Jahresbericht [1998], S. 118-127.

[330] Vgl. o.V.: Milliarden-Kredite deutscher Banken [1997], S. 20; Delhaise, P.: Implosion [1998], S. 16, 18-19; Engelen, K.C.: Europas Banken [1997], S. 22. Bei den ASEAN-Ländern handelt es sich hier um Indonesien, Malaysia, Philippinen, Singapur und Thailand. Zu Vietnam liegen keine Angaben vor.

92

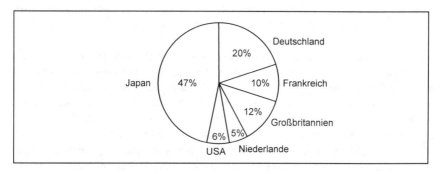

Abbildung B/3-2: **Kreditausleihungen von Ländern an ASEAN-Staaten zu Beginn der Wirtschafts- und Finanzkrise**[331]

Bei einer länderbezogenen Betrachtung der Herkunft der Kredite zeigt sich, daß neben Japan als Hauptkreditgeber in der Region, europäische Länder wie Deutschland (20%), Großbritannien (12%) und Frankreich (10%) im Geschäft mit den ASEAN-Ländern engagiert sind. In den Ländern sind es wiederum einzelne Bankinstitute, die hohe Kreditausleihungen an einzelne Länder aufweisen.

Die Verschlechterung der Bonität der Kreditnehmer hat eine verstärkte Risikovorsorge mit entsprechenden Ergebnisauswirkungen 1997 und 1998 mit sich gebracht. Die Deutsche Bank AG hat bspw. 1997 zusätzliche 1,4 Mrd. DM Risikovorsorge (mehr als 50% der Gesamtvorsorge) für zu erwartende Ausfälle von Krediten an die betroffenen Krisenländer gebildet, die Commerzbank AG 1 Mrd. DM, die Bayerische Landesbank 500 Mio. DM; die Abschreibungen der französischen Société Générale bezifferten sich insgesamt auf 162 Mio. US$.[332] Die Grundlagen einer bis kurz vor Ausbruch der Krise auf Expansion ausgelegten Kreditpolitik in der Region sind unterschiedlich. Teilweise haben Banken bereits sehr lange eine Präsenz in den Ländern, zum Teil sind jedoch Kredite an südostasiatische Länder vergeben worden, ohne in dem speziellen Land eine Präsenz oder ausreichende Kapazität für tiefergehende Risikobeurteilungen gehabt zu haben.[333]

Die Krise stellt für die westlichen Banken auch ein Chancenpotential dar: Die in manchen Ländern stattfindende Öffnung der nationalen Märkte für Fusionen und Übernahmen bzw. Beteiligungen für ausländische Banken an lokalen Banken war vor der Krise nicht gegeben. So erwarb die niederländische ABN AMRO 1998 die Mehrheitsanteile (75%) an der thailändischen Bank of Asia. Deren landesweit 110 Niederlassungen ergänzen die weiterhin geplante aggressive Expansionsstrategie im Pri-

---

[331] Quelle: Eigene Darstellung.
[332] Vgl. o.V.: Breuer [1998], S. 1; Islam, S.: No Pain, no Gain [1998], S. 60-61; o.V.: Bayerische Landesbank [1998], http://www.handelsblatt.de.

vatkundengeschäft der niederländischen Bank, die nun durch schnelleres externes Wachstum umgesetzt werden soll.[334] Nach Protestaktionen der Mitarbeiter der indonesischen Bank of Bali und langen Verhandlungen hat die britische Standard Chartered Bank den Prozess der Akquisition, der kurz vor dem Abschluß stand, abgebrochen.[335] Durch die Öffnung des philippinischen Marktes entstehen Möglichkeiten für ausländische Banken, die bspw. von der britischen HSBC geplant werden zu nutzen.[336] Einzelne Banken, deren Präsenz in der Region noch nicht in jedem Land vorhanden ist, weisen auch Interesse an einem Markteinstieg über eine Akquisition in Malaysia auf.[337] Zudem öffnen manche Länder auch selektive Geschäftsbereiche (z.B. Kapitalbeschaffung, Vermögensverwaltung) zur Vermeidung des Verlustes von Finanzgeschäften an das Ausland, zur Steigerung der Marktattraktivität sowie zur Gewinnung von professionellem Management. Diese aktuellen und teilweise krisenbedingten Entwicklungen ermöglichen eine Re- oder aber auch Neupositionierung der in der Region aktiven Banken.[338] Die Krise hat die Rahmenbedingungen für international tätige Banken in südostasiatischen Ländern dahingehend verändert, daß der Umgang mit Rahmenbedingungen überdacht wird und die Entwicklungen in den Ländern nun teilweise vorsichtiger bewertet werden. Für eine Bewertung der Rahmenbedingungen in den Ländern sind umfangreiche Marktkenntnisse erforderlich.

Das Bankgeschäft in Asien gilt weiterhin als eine der Industrien nach der asiatischen Wirtschafts- und Währungskrise mit größtem Wachstumspotential. Schätzungen ergeben, daß sich das Einkommen des Finanzdienstleistungssektors in der Region von 210 Mrd. US$ in 1998 bis zum Jahr 2010 auf 450 Mrd. US$ mehr als verdoppeln wird.[339] Außerhalb Japans werden in Asien jährliche Wachstumsraten in der Branche von 10% erwartet.

Zur geographischen Fokussierung in dieser Arbeit werden im Folgenden die zu untersuchenden südostasiatischen Länder Singapur, Malaysia und Vietnam ausgewählt.

3.1.3 Auswahl der zu untersuchenden Länder Singapur, Malaysia und Vietnam

Die südostasiatischen Länder, die zu der betrachteten Gruppe von ASEAN-Staaten gehören, sind in Tabelle B/3-1 in unterschiedlichen Gruppen hinsichtlich der wirtschaftlichen Entwicklung dargestellt worden. Die Gruppe der ASEAN-Staaten zeigt sich auch insgesamt als sehr heterogene Region. Diese Heterogenität bezieht sich

---

[333] Vgl. Kruse, V.: Lehren aus der Asienkrise [1999], S. 750.
[334] Vgl. Vatikiotis, M.: Face to Face [1998], S. 45.
[335] Vgl. o.V.: Failed Deal [1999], S. 14; o.V.: Stanchart pulls out of Bank Bali Deal [1999], S. 13.
[336] Vgl. o.V.: Eyeing Purchases in Philippines [2000], http://www.business-times.asia1.com.sg.
[337] Vgl. o.V.: ANZ Bank finds Malaysia attractive [1999], S. 22.
[338] Vgl. Gilley, B.: The Deal's the Thing [1999], S. 43-44. Siehe auch Ziesemer, B.: Fuß in der Tür [1997], S. 63.
[339] Vgl. Gilley, B.: The Deal's the Thing [1999], S. 43.

nicht nur auf die wirtschaftliche Entwicklung, sondern auch auf politische Systeme sowie gesellschaftliche Strukturen und die unterschiedlichen Landes- bzw. ethnischen Kulturen. Die international tätigen Banken aus westlichen Kulturkreisen finden innerhalb der ASEAN-Staaten als Basis für ihre Geschäftstätigkeit auch unterschiedlich entwickelte Finanzmärkte in Bezug auf die Struktur der Finanz- und Bankenmärkte, den Regulierungsstand, die Bankenaufsicht sowie die Zulässigkeit von Geschäftsaktivitäten vor. Bezogen auf den Entwicklungsstand der Bank- und Finanzmärkte kann analog dem makroökonomischen Entwicklungsstand eine Gruppierung der südostasiatischen Länder erfolgen: Stellt Singapur bereits ein weitestgehend internationales Finanzzentrum dar, so können die Finanzplätze Bangkok (Thailand), Manila (Philippinen), Kuala Lumpur (Malaysia) sowie Jakarta (Indonesien) eher als Finanzzentren mit regionalem Bezug bezeichnet werden. Der Bank- und Finanzmarkt in Vietnam ist in seinem Entwicklungsstadium als sehr lokal fokussierter Markt zu bezeichnen.[340]

Bei einer Auswahl der Länder nach dem Kriterium des Entwicklungsstandes werden im Rahmen dieser Arbeit die drei Länder Singapur, Malaysia und Vietnam betrachtet. Diese stellen gleichzeitig aus kultureller Perspektive heterogene Untersuchungsobjekte dar. Das ethnisch chinesisch dominierte Singapur, ein Vielvölkerstaat mit vorwiegend moslemischer Bevölkerung wie Malaysia und ein durch eine sozialistisch-kommunistische Ideologie geprägtes Vietnam sollen bei der Analyse und Ausgestaltung eines interkulturellen Managementansatzes als exemplarische Märkte in Südostasien dienen, an denen interkulturelle Managementansätze beispielhaft anhand von Maßnahmen aufgezeigt werden.

3.2 Analyse der Kernelemente der externen Kontextfaktoren auf Länderebene

Die Analyse der Rahmenbedingungen in den Ländern Singapur, Malaysia und Vietnam erfolgt anhand der Systematisierung

- gesellschaftlich-kulturelle,

- politisch-rechtliche,

- gesamtwirtschaftliche,

- technologische und bildungssystembezogene

Kontextfaktoren.[341] Diese repräsentieren den für internationale Banken nicht beeinflußbaren Handlungsrahmen am Standort.[342] Aus der existierenden Vielzahl von

---

[340] Vgl. Popp, S.: Multinationale Banken [1996], S. 17; Teufel, H.: Banken und Finanzmärkte in Vietnam [1997], S. 77-81; Menkhoff L. / Teufel H.: Singapur als internationales Finanzzentrum [1995], S. 868-873; Teufel H. / Mathe, C.: Malaysias ehrgeizige Pläne [1996], S. 416-421.
[341] Vgl. Macharzina, K.: Unternehmensführung [1995], S. 17-27.

kulturellen Faktoren, die das Handeln im jeweiligen Land bestimmen, bilden die diesen vier Bereichen zuzurechnenden kulturellen Faktoren gleichzeitig die wesentlichen Elemente der kulturellen Umgebung der westlichen Banken.[343]

Bei der Abgrenzung von Kultur gegenüber anderen Kontextfaktoren ist herausgestellt worden, daß Kultur als grundlegender Einflußfaktor auf die nationalen externen Rahmenbedingungen einwirkt sowie als eigenständiges Element der globalen Länderumwelt alle dargestellten Umweltschichten determiniert.[344] Diese Aussage ist zunächst einmal für den gesamtwirtschaftlichen Bereich gültig, da für die wirtschaftliche Entwicklung auch das zugrunde liegende kulturelle Wertesystem kennzeichnend ist.[345] Auch für den rechtlichen und den politischen Bereich gilt diese Behauptung, da hier Kultur der Verfestigung der zugrunde liegenden Normen dient. Technologie ist selber ein kulturelles Produkt, das die „kulturell bedingten Fähigkeiten der Mitglieder einer Gesellschaft die Realität (im Original kursiv) zutreffend zu erklären"[346] umfaßt. Eine Wechselbeziehung dieser Umweltelemente bezieht sich sowohl auf die Kernelemente untereinander als auch zwischen den Kernelementen und dem Handeln der westlichen Bank in fremdkultureller Umgebung.[347]

Die Analyse beginnt mit der Charakterisierung der gesellschaftlich-kulturellen Kontextfaktoren der westlichen Banken in den untersuchten Ländern, da diese die Grundlage der weiteren Kontextfaktoren darstellen.

3.2.1 Charakterisierung des gesellschaftlich-kulturellen Umfeldes internationaler Banken

3.2.1.1 Kulturhistorische Entwicklung von Singapur, Malaysia und Vietnam

Die Bedeutung der Kenntnis der kulturellen Geschichte eines Landes ist für das Interkulturelle Management von international tätigen Banken unabdingbar.[348] Grund dafür ist, daß aktuelle Ereignisse nur unter Berücksichtigung der Vergangenheit verstanden werden können. Das Augenmerk ist daher auf die Geschichte der Länder zu legen, um Herkunft und Rahmenbedingungen der Bevölkerungen bzw. ethnischen Gruppen und deren Entwicklung zu verstehen.[349] Die Analyse von langfristig entwickelten kulturellen Charakteristika basiert darauf, sich in interkulturellen Situationen auf die Verhaltensweisen eines aus einem anderen Kulturkreis stammenden (Geschäfts-)Partners einzustellen und dessen Verhaltensweisen antizipieren zu kön-

[342] Vgl. Popp, S.: Multinationale Banken [1996], S. 115.
[343] Vgl. Rothlauf, J.: Interkulturelles Management [1999], S. 31-32.
[344] Vgl. Dülfer, E.: Kultur und Organisationsstruktur [1992], Sp. 1202-1203.
[345] Vgl. Weggel, O.: Kultur- und Wertvorstellungen [1991], S. 43.
[346] Dülfer, E.: Kultur und Organisationsstruktur [1992], Sp. 1203.
[347] Vgl. hierzu auch Kapitel 2.1.1.2 zur Abgrenzung von Kultur von anderen Umweltfaktoren.
[348] Vgl. Bartlett, C.A. / Ghoshal, S.: Managing across Borders [1998], S. 51.

96

nen.[350] Da Kultur sich in dieser Arbeit auf die Bezugsebene der sozialen Gruppe bezieht, werden die Entwicklungen der wichtigsten ethnischen Gruppen in der Beschreibung der Geschichte der drei Länder für die Darstellung der heutigen Gesellschaftsordnung aufgezeigt.

Aufgrund der bis zur Erreichung der Unabhängigkeit gemeinsamen Geschichte von Singapur und Malaysia wird der historische Abriß zunächst für beide Länder zusammen durchgeführt. Im Anschluß folgt dann Vietnam.

3.2.1.1.1 Gemeinsame Wurzeln von Singapur und Malaysia

Für die Betrachtung der Geschichte von Singapur und Malaysia kann diese in grob drei Abschnitte unterteilt werden:[351]

1. Die Entwicklung bis Anfang des 19. Jahrhunderts, in der das traditionelle Malaya als Handels- und Seefahrtszentrum entstanden ist,
2. Die mit Gründung Singapurs im Jahre 1819 beginnende Ära mit neuen politischen und ökonomischen Entwicklungen in der Region, die auch die Periode als britische Kronkolonien ab 1874 sowie die Gründung der malaiischen Föderation in 1895 umfaßt,
3. Die Geschichte des heutigen Malaysias und Singapurs nach Erreichung der Unabhängigkeit am 31. August 1957 (Malaysia) und 09. August 1965 (Singapur).

Das **traditionelle Malaya** (der heutige Name Malaysia entstand erst 1963) war – bedingt durch die geographische Lage und Rohstoffvorkommen – geprägt durch die Entwicklung des internationalen Handels mit Indien und China. Zwei indonesische Königreiche kämpften um die Vorherrschaft im Ost-West-Handel in der Region. Vor Beginn der Kolonialzeit war Malacca (an der Westküste von Peninsula Malaysia gelegen) das wichtigste Handelszentrum Südostasiens.[352] Die Bevölkerung Malayas bestand zu dieser Zeit aus den sog. ‚Orang Asli‘ (Waldmenschen) und den wirtschaftlich vorwiegend auf Landwirtschaft und Fischerei ausgerichteten ethnischen Malayen.[353] Die Kontakte mit indischen Händlern brachten starke kulturelle und religiöse Einflüsse in die Region; zunächst Hinduismus, später auch durch arabische Händler den Islam.[354] Der europäische und der chinesische Einfluß war auf geschäftliche Kontakte in einigen Küstengegenden beschränkt.

---

[349] Vgl. Li, T.M.: Singapore Malay Problem [1998], S. 147.
[350] Vgl. Fischer, M.: Interkulturelle Herausforderungen, [1996], S. 199-202.
[351] Vgl. Watson Andaya, B. / Andaya, L.Y.: History of Malaysia [1982], S. 5; SarDesai, D.R.: Past & Present [1997], S. 100, 108-109.
[352] Zur geographischen Orientierung siehe Anhang A mit einer Ausschnittskarte für die Region Südostasien.
[353] Die Einwohner Malaysias in der heutigen Staatsform werden als Malaysier bezeichnet; die ethnische Bevölkerung Malaysias sind die Malayen.
[354] Vgl. Watson Andaya, B. / Andaya, L.Y.: History of Malaysia, [1982], S. 14-20.

Als Kolonialmächte herrschten mit zeitweiligem und wechselndem Einfluß in Malaya die Portugiesen, die Holländer und vor allem die Briten. Das vorrangige Ziel war der Handel und der Zugang zu Rohstoffen, die für die fortschreitende Industrialisierung Europas notwendig waren. Mit der **Gründung Singapurs**, als zweitem britischen Hafen neben der Insel Penang im Norden der Westküste von Peninsula Malaya, nahm die Bedeutung der Handelszentren (insbesondere Malacca) unter der Herrschaft von Malaya ab. Bis zur Erreichung des Status als getrennte Kronkolonien beschränkte sich die britische Herrschaft auf diese drei Häfen, die mit Singapur als neuem Handelszentrum organisiert waren.[355] Der Handel Singapurs war zunächst vorwiegend auf China ausgerichtet, erreichte aber zum Ende des 19. Jahrhunderts einen höheren Anteil mit Europa, da hier die industrielle Entwicklung einen steigenden Bedarf an Rohstoffen aus der Region erzeugte.[356] Die Wirtschaft der Region war im kommerziellen Handel und Bergbau zunehmend durch die Dominanz zugewanderter ethnischer Chinesen geprägt.[357]

Bis zur Mitte des 19. Jahrhunderts stellten die chinesischen Einwanderer bereits über 50% der Bevölkerung der Stadt Singapur. Einige Städte Malayas waren ebenfalls vorwiegend chinesisch geprägt. Der Mangel an Arbeitskräften für den Bedarf der Kolonialmächte zur wirtschaftlichen Erschließung Südostasiens Ende des 19./Anfang des 20. Jahrhunderts hatte eine Sogwirkung auf die Chinesen zu einer Zeit, als die politische Situation in China sich änderte sowie Armut und Hungersnot im Süden Chinas auftraten.[358] Die Zuwanderung der ethnischen Chinesen verschaffte den Kolonialmächten und der Verwaltung ein gesichertes Einkommen durch Steuereinnahmen. Hinzu kam der Bedarf der malaiischen Bevölkerung nach Zugang zu Kapital aus der Gemeinde der ethnischen Chinesen und dem Aufbau effizienter Geschäftsorganisationen.[359] Als weitere Bevölkerungsgruppe kamen Inder als Arbeitskräfte durch eine von der britischen Kolonialmacht initiierte Immigration nach Malaya.[360]

Die chinesischen Einwanderer aus den verschiedenen Regionen des Landes isolierten sich teilweise dadurch, daß sich das politische und gesellschaftliche Leben in den sog. ‚secret societies' abspielte.[361] Diese Gruppierungen basierten auf gleicher regionaler Herkunft und Sprache in China, die sich sozial nicht integrierten, sondern die

---

[355] Vgl. SarDesai, D.R.: Past & Present, [1997], S. 100.

[356] Vgl. Watson Andaya, B. / Andaya, L.Y.: History of Malaysia, [1982], S. 133-135.

[357] Vgl. Watson Andaya, B. / Andaya, L.Y.: History of Malaysia, [1982], S. 135-139. Die chinesischen Einwanderer in Malaya stammten vorwiegend aus drei südöstlichen Provinzen, was zu einer Sprachenvielfalt von fünf Dialekten führte.

[358] Vgl. Suryadinata, L.: Overseas Chinese, Chinese Overseas or Southeast Asians? [1997], S. 9-11.

[359] Vgl. Watson Andaya, B. / Andaya, L.Y.: History of Malaysia, [1982], S. 135-139.

[360] Vgl. Watson Andaya, B. / Andaya, L.Y.: History of Malaysia, [1982], S. 178-181. Der Ausdruck Inder steht stellvertretend für Menschen vom indischen Subkontinent, da die ersten Immigranten vorwiegend aus dem Süden, d.h. den tamilischen Gebieten Sri Lanka und Ceylon stammten.

[361] Vgl. Kennedy, J.: History of Malaya, [1993], S. 131-132.

eigene Tradition und Kultur aufrechterhalten wollten.[362] Eine bewußte Trennung der ethnischen Gruppen in Malaya, die teilweise aufgrund der bevorzugten Behandlung der Chinesen durch die britische Kolonialmacht noch gefördert wurde, sowie die Gründung der Republik China im Jahre 1911 bewirkte bei vielen Chinesen eine Renaissance chinesischer Werte und Traditionen.

Malaya erreichte seine Unabhängigkeit von Großbritannien am 31. August 1957. Die Eingliederung der auf Borneo gelegenen Staaten Sabah und Sarawak (ehemals British Borneo), Singapurs und die Förderation malaiischer Staaten (FMS) in 1963 führte zur Gründung des Staates Malaysia. Nach einem zweijährigen Versuch der gemeinsamen Politik erhielt Singapur letztendlich die eigene Unabhängigkeit am 09. August 1965 durch die Abspaltung von Malaysia.[363]

Zum Zeitpunkt der Verkündung der **Unabhängigkeit Singapurs** hatte Lee Kuan Yew (1959-1990 Premierminister, seit 1990 Senior Minister von Singapur) die folgenden Gedanken, die die Ausgestaltung der späteren Politik prägten und einen Erklärungsbeitrag für die gesamte Entwicklung Singapurs liefert:

„Seventy-five percent of our population of two million were Chinese, a tiny minority in an archipelago of 30,000 islands inhabited by more than 100 million Malay and Indonesian Muslims. We were a Chinese island in a Malay sea. How could we survive in such a hostile environment?"[364]

Dieses Selbstbild des Stadtstaates ist ein Hauptmotivationsfaktor für die extrem schnelle Entwicklung Singapurs in den letzten 35 Jahren. Singapur ist fast über Nacht aus einer Stadt innerhalb einer Region zu einem selbständigen Land geworden.[365] Malaysia und Singapur hatten zu diesem Zeitpunkt eine ähnliche Ausgangsbasis. Malaysia verfügte jedoch über den Vorteil von natürlichen Ressourcen, Singapur verfügte ‚lediglich' über einen Freihafen und Humankapital. Beide Länder begannen auf Basis der vorhandenen gesellschaftlichen Strukturen, die durch ethnische Vielfalt und Multikulturalität gekennzeichnet waren, mit der Gestaltung von nationalen Einheiten.

---

[362] Vgl. Watson Andaya, B. / Andaya, L.Y.: History of Malaysia, [1982], S. 141-143. So wurden bspw. die Kinder in der speziellen Sprache von Lehrern aus den Provinzen mit Originaltextbüchern ausgebildet.

[363] Vgl. Baker, J.: Crossroads [1999], S. 11. Singapur wurde durch die Verfassung 1959 eine selbstregierende Republik im Commonwealth und nach zweijähriger Zugehörigkeit zur malaiischen Föderation vollständig unabhängig.

[364] Lee, K.Y.: Singapore Story [1998], S. 23.

[365] Vgl. Clammer, J.R.: Singapore: Ideology, Society, Culture [1985], S. 5.

3.2.1.1.2 Vietnam als südostasiatisches Land in Indochina

Vietnam gehört gemeinsam mit Kambodscha und Laos geographisch zu ‚Indochina', dem sog. Festland Südostasiens. Die Geschichte Vietnams ist durch die Beziehung zu China, Nord-Süd-Wanderungen und Nord-Süd-Spannungen geprägt worden.[366]

Das Verhältnis von Vietnam zu China ist als ambivalent zu bezeichnen: Vietnam hat gegen die **Dominierung durch China** stets Widerstand geleistet. Durch chinesische Einflüsse und Einwanderungen von Chinesen, insbesondere von Flüchtlingen, ist Vietnam stets ein Sinologisch-Vietnamesisches Land gewesen. Im chinesischen Jahrtausend der direkten Beherrschung von 111 v.Chr. bis 939 n. Chr. nahmen vorwiegend der Hof und die vietnamesische Elite die konfuzianischen Werte des Chinesischen ‚Mandarin Systems' an, da so eine Autorität aufgebaut werden konnte, die zur sozialen und ökonomischen Distanzierung gegenüber den vietnamesischen Bauern genutzt wurde.[367] Diese Bauernschaften hingegen behielten ihre eigenen Sprachen, Sitten und religiösen Bräuche und verblieben somit authentisch in den Dorfgemeinschaften.[368] Während einer zweiten chinesischen Besetzung von 1407-1428 fand eine wesentlich intensivere *Sinicization* durch Einführung chinesischer Verwaltung (Schaffung von Ministerien, Bürokratie) und offiziellem Verbot von vietnamesischen Werten und religiösen Praktiken statt.[369] Der Assimilierung der chinesischen Kultur in Form von u.a. konfuzianischen Prinzipien, chinesischen Klassikern und Schriftzeichen, aber auch von Wissen und Technologie, ist in diesem Zeitraum wenig Widerstand entgegen gebracht worden. Letztendlich konnte Vietnam von diesem Entwicklungsvorsprung profitieren.[370]

Zudem gab es **Nord-Süd-Wanderungen**, die das alte (Nord-)Vietnam im Gebiet des Roten Flusses bis zum heutigen Verwaltungsbereich von Ho Chi Minh Stadt und weiter bis zum Delta des Mekong Flusses ausdehnt. Die **Teilung Vietnams** von 1533 bis 1802 endete nach langen Bürgerkriegen zwischen zwei großen Dynastien in Nordvietnam (unterstützt durch die Niederländer) und Südvietnam (verbündet mit den Franzosen) mit der Übernahme durch den Süden. Die Zeit der Teilung ist durch unterschiedliche Entwicklungen des Nordens und des Südens Vietnams hinsichtlich der Mentalität und der Wirtschaftssysteme gekennzeichnet.[371] Die anschließende

---

[366] Vgl. Weggel, O.: Indochina [1990], S. 49-53.

[367] Vgl. SarDesai, D.R.: Past & Present [1997], S. 36-38. Dieses ‚Mandarin System' verkörperte die Verwaltung Vietnams analog der Administrationsbereiche im chinesischen Reich. Vgl. Huard, P. / Durand, M.: Viet-Nam, Civilization and Culture [1998], S. 25-27.

[368] Die Bedeutung der Dorfgemeinschaften in dem durch Landwirtschaft geprägten Vietnam ist auch heute noch sehr hoch. Die starke Position dieser eigenständigen Verwaltungseinheiten kommt in dem folgenden vietnamesischen Sprichwort zum Ausdruck: „Die Macht des Königs endet an der Mauer des Dorfes."

[369] Vgl. SarDesai, D.R.: Past & Present [1997], S. 41-42.

[370] Vgl. Ellis, C.: Vietnam [1998], S. 30-31.

[371] Vgl. Weggel, O.: Indochina [1990], S. 49-53.

Imperialismuspolitik Frankreichs ab 1858 endete mit der Annektierung Vietnams als französisches Protektorat 1884.[372] Das Wertesystem der Bevölkerung wurde gezielt beeinflußt: die etablierten Dorfstrukturen wurden aufgelöst; ein ‚Vietnamese' nach französischem Wertvorstellungen sollte geschaffen werden. Nach französischer Politik wurde eine Angleichung Vietnams anstelle einer Verbindung in Form einer kolonialen Selbstregierung befürwortet.[373] Die japanische Besetzung von Französisch-Indochina von 1941-1945 endete mit der Verkündung der ‚Unabhängigkeit' Vietnams durch den politischen Führer der Vietnamesen, Ho Chi Minh.

Die **erneute Teilung von 1954-1975** basierte auf dem ersten (französischen) Indochina Krieg (1946-1954). Durch das Abkommen von Genf (1954) sollte das Land ursprünglich nur bis zu einer in Gesamtvietnam stattfindenden Wahl zur Schaffung eines blockfreien Vietnams (1956) in das (von den Amerikanern unterstützte) Königreich Südvietnam und in die (von China und der Sowjetunion geförderte) von Ho Chi Minh geführte kommunistisch orientierte Demokratische Republik Vietnam im Norden geteilt werden.[374] Nach dem Vietnamkrieg von 1964-1975 gegen die Amerikaner nahm der kommunistische Norden den Süden Vietnams ein und proklamierte 1976 die Sozialistische Republik Vietnam. Die vietnamesischen Kommunisten wurden von Rußland unterstützt, da die Anbindung an China in 1978 durch den Einmarsch der vietnamesischen Truppen in Kambodscha abgebrochen wurde. Dies führte zu einer internationalen politischen, und vor allem wirtschaftlichen, Isolierung Vietnams, deren Ende letztlich erst in 1994 mit Aufhebung des Wirtschaftsembargos der USA beendet wurde.[375]

Die gesellschaftliche Situation ist weniger von Immigration bestimmt als von der Infiltration unterschiedlicher Wertvorstellungen der verschiedenen Besatzungsmächte. Die Vietnamesen veranschaulichen ihre gesellschaftliche Basis mit der Analogie

„The Vietnamese… are like a country house with an open door located on each of its four walls. The wind can blow in from any direction and when it has abated, the house still stands and retains none of the wind. Invaders have come from many directions but, through it all, Vietnam has retained its own national characteristics."[376]

Eine nationalistische Einstellung wie in Vietnam ist trotz der unterschiedlichen Historie der untersuchten Länder auch in Singapur und in Malaysia zu finden. Die drei Länder haben als Ziel die Bildung von jeweils vereinenden Nationen.

---

[372] Vgl. Nguyen K.V.: A long History [1999], S. 135-136.
[373] Vgl. Hall, D.G.E.: History of South-East Asia [1981], S. 798-802.
[374] Vgl. Weggel, O.: Indochina [1990], S. 49-53; SarDesai, D.R.: Past & Present, [1997], S. 194-195.
[375] Vgl. SarDesai, D.R.: Past & Present, [1997], S. 336-339. Die USA folgten den vorausgegangen Bemühungen der Normalisierung der Beziehungen anderer westlicher Staaten.
[376] Ellis, C.: Vietnam [1998], S. 27.

3.2.1.2 Nationalismus als gemeinsames Kennzeichen der post-kolonialen Geschichte der Länder

Die Kolonialzeit hat die drei Länder stark beeinflußt, jedoch ist das nationale Bewusstsein der Länder sehr hoch. Auswirkungen der Kolonialzeit auf die noch jeweils sehr junge Geschichte der Länder der heutigen Form können wie folgt beschrieben werden:

- Die Beeinflussung der kulturellen Manifestationen durch Kulturexport, der beispielsweise in den Baustilen historischer Gebäude (z.b. französische Kolonialbauten in Ho Chi Minh Stadt[377]), der Übernahme von Lebensweisen oder Prägung von Rechtssystemen (z.b. das angelsächsisch beeinflußte Rechtssystem und Handelsrecht in Malaysia und Singapur) zum Ausdruck kommt.[378]

- Die starke Prägung der Bildungssysteme der Kolonien, d.h. nicht nur die Ausbildung nach europäischen Prinzipien (z.b. Unterrichtssprache), sondern vor allem die Vermittlung von Werteordnungen und die Sensibilisierung von Werten wie Selbstbestimmung und fundamentale Freiheiten fördern die Bestrebungen des Nationalismus. Die Biographie des ehemaligen Premierministers Singapurs, Lee Kuan Yew, der in England beruflich ausgebildet und politisch beeinflußt wurde, oder aber des Führers Vietnams, Ho Chi Minh, der zunächst in China, später in Europa und in Moskau ausgebildet wurde, sind Beispiele für nationalistisch aktive Führungspersönlichkeiten in diesen Ländern.[379]

- Von hoher Bedeutung für die Bevölkerung in den Ländern ist jedoch, daß die Entstehung der Grenzen nicht historisch gewachsen, sondern politisch durch die Kolonialmächte erfolgt ist.[380] Dies hatte in Malaysia und Singapur eine Trennung von ehemals ethnisch homogenen Gebieten (z.B. Nordmalaysia und Thailand, indonesisches und malaysisches Borneo) zur Folge. Politisch gesehen war Peninsula Malaya vor der Unabhängigkeit in die malaiische Föderation, die Straits Settlements, sowie in vier unabhängige Staaten unterteilt; hinzu kamen drei Protektorate in Borneo sowie Kuala Lumpur und Singapur als Machtzentren. Die Außengrenzen dieser von der britischen Kolonialmacht kontrollierten Staaten bildeten die Grenzen des heutigen Malaysias (mit Ausnahme Singapurs und Bruneis). Diese stellten allerdings keine homogene Nation dar, die sich zu einem gemeinsamen Zentrum bekannte.

---

[377] Ho Chi Minh Stadt ist der offizielle Name der südvietnamesischen Stadt, die während der französischen Besetzung Saigon hieß.
[378] Vgl. Clammer, J.R.: Singapore: Ideology, Society, Culture [1985], S. 5-6.
[379] Vgl. Kathirithamby-Wells, J.: The Old and the New [1998], S. 26.
[380] Vgl. Suryadinata, L.: Overseas Chinese, Chinese Overseas or Southeast Asians? [1997], S. 5.

102

Die sozialen und ökonomischen Unterschiede waren zum Zeitpunkt der Unabhängigkeit teilweise gravierend.[381] Ethnische Minderheiten in Vietnam hatten ebenfalls starke historische und kulturelle Verbindungen zu den Bevölkerungsstämmen in den benachbarten Ländern Thailand, Laos oder China.[382]

Aus diesen Entwicklungen und Einflüssen der Kolonialzeit sind Staaten entstanden, die, wenn auch in unterschiedlichem Maße, durch sehr starke nationalistische Bestrebungen geprägt waren und sind.[383] Dieser Nationalismus in den Ländern dient auch der Notwendigkeit, die verschiedenen Rassen und Kulturen der Bevölkerungsgruppen hinsichtlich einer gemeinsamen Zielsetzung wie wirtschaftlichem Wachstum und der Entwicklung der durch politische Grenzen entstandenen Nationen zu lenken. Da sich die Bevölkerung aus unterschiedlichen Rassen zusammensetzt, bedeutet dies, daß nur durch die Bildung einer *zukünftigen* Nation das Gefühl der Gemeinsamkeit in den Ländern Singapur und Malaysia entstehen kann. In Vietnam ist die Bevölkerung in der Lage, eine Nation aufzubauen.

Die Gesellschaftsstrukturen in den Ländern werden auf Basis der ethnischen Bevölkerungsgruppen im folgenden Kapitel beschrieben und hinsichtlich ethnischer und kultureller Merkmale charakterisiert.

3.2.1.3 Charakterisierung von Kultur auf Basis ethnischer Bevölkerungsgruppen

Die untersuchten Länder weisen keine homogenen Gesellschaftsstrukturen auf. Die Bevölkerungsstrukturen nach ethnischen Gruppen in den Ländern können der folgenden Tabelle B/3-3 entnommen werden.[384]

---

[381] Vgl. Watson Andaya, B. / Andaya, L.Y.: History of Malaysia, [1982], S. 200. Siehe auch SarDesai, D.R.: Past & Present, [1997], S. 145.

[382] Vgl. Hainsworth, G.B.: Human Resource Development in Vietnam [1993], S. 162.

[383] Vgl. Pye, L.W.: Asian Power and Politics [1985], S. 90. Hieraus darf nicht gefolgert werden, daß nationalistische Tendenzen nicht bereits vorher in den Ländern vorhanden waren; die Rahmenbedingungen sind durch die Unabhängigkeit verändert worden. In Malaysia haben sich nationalistische Tendenzen der ethnischen Malayen bereits bei Einwanderung der Chinesen und deren Anspruch auf politisches Mitspracherecht gezeigt. Vgl. Abraham, C.E.R.: Divide and Rule [1997], S. 186-188.

[384] Vgl. World Bank: World Development Indicators [1999], http://www.worldbank.org/data/-countrydata; Baratta, M.v.: Weltalmanach [1997], Sp. 477, 654, 755. Die fortgeschriebene Zählung für Singapur stammt aus dem Jahr 1994, für Malaysia aus dem Jahr 1991 und für Vietnam aus dem Jahr 1989. Die Aufstellung umfaßt nur eine grobe Unterteilung der Bevölkerungen nach ethnischen Gruppierungen; eine weitere Aufteilung der bspw. chinesischen oder indischen Einwohner der Länder nach Herkunftsregionen, woraus wiederum verschiedene Sprachen, Religionen und Kulturnuancen resultieren, ist für die Analyse im Rahmen dieser Arbeit zu weitgehend. Siehe hierzu auch weiterführend Clammer, J.R.: Singapore: Ideology, Society, Culture [1985], S. 91-94. In Ostmalaysia leben auf Borneo unterschiedliche ethnische Stämme und auch Ureinwohner, die Orang Asli. In Vietnam existieren insgesamt 54 ethnische Gruppen, die sich aus 170 lokalen Gruppen zusammensetzen, die sich wiederum fünf unterschiedlichen Sprachgruppen zurechnen lassen. Vgl. To, N.T.: Threshold [1996], S. 281-282; Trinh, A.: Cultural Integration [1999], http://www.vietnamnews.vnagency.com.vn.

Singapur		Malaysia		Vietnam	
Ethnische Chinesen	77,5%	Ethnische Chinesen	27%	Ethnische Chinesen	1%
Malayen	14,2%	Malayen	58%	Vietnamesen	87%
Inder, Pakistani, Sri Lanker	7,1%	Inder, Pakistani	8%		
Andere: (Eurasier, Japaner etc.)	1,2%	Andere: (u. a. Stämme der Iban, Kadazans)	7%	Andere	12%

Tabelle:B/3-3:   **Bevölkerungsstrukturen in Singapur, Malaysia und Vietnam nach ethnischen Gruppen**[385]

Singapur ist ethnisch chinesisch dominiert (78%) und hat als zwei bedeutsame Gruppen an ethnischen Minderheiten die Malayen (14%) und ethnische Gruppen vom indischen Subkontinent, die insgesamt 7% der Bevölkerung stellen.[386] Diese Gruppen stellen in **Malaysia** einen Anteil von 8% an der Bevölkerung. Die ethnischen Chinesen sind die größte ethnische Minderheit (27%) in Malaysia, da hier die ethnischen Malayen die Bevölkerungsmehrheit (58%) bilden.[387] Hier existiert das ebenfalls in anderen südostasiatischen Ländern vorzufindende Merkmal, daß die Bevölkerungsminderheit der Auslandschinesen mit großer wirtschaftlicher Macht im Land ausgestattet ist. In der Bevölkerung **Vietnams**, das durch einen Anteil von 87% Vietnamesen eine relativ homogene Bevölkerungsstruktur aufweist, spielen die ethnischenChinesen trotz des geringen Bevölkerungsanteils (1%) ebenfalls eine wichtige wirtschaftliche Rolle.[388]

Im Gegensatz zum Stadtstaat Singapur zeigen sich in den Flächenstaaten Malaysia und Vietnam weitere strukturelle Unterschiede in der Bevölkerung durch die Geographie der Länder:

---

[385] Quelle: Eigene Darstellung.

[386] Die meisten Einwohner arbeiten im ausgeprägten Produktions- sowie im zunehmend an Bedeutung gewinnenden Dienstleistungsbereich, lediglich 0,8% der Bevölkerung arbeiten noch in der Landwirtschaft des Stadtstaates. Vgl. Weggel, O.: Indochina [1990], S. 181.

[387] In Malaysia gibt es historische Ursachen für die Verteilung der multi-ethnischen Bevölkerung auf die unterschiedlichen Berufsgruppen. Die Malayen sind vorwiegend in der Landwirtschaft, insbesondere aber in staatlichen Unternehmungen und im öffentlichen Dienst beschäftigt. Die Chinesen in Malaysia dominieren als Angestellte im verarbeitenden Gewerbe und im Dienstleistungsbereich insbesondere den Handel. Vgl. Economic Planning Unit Malaysia: Seventh Malaysia Plan [1996], S. 78-79. Auch wenn die Malayen eigene Geschäftsbetriebe aufgebaut haben, so liegt der Fokus mehr auf land- und agrarwirtschaftlichen Betrieben als im Bereich Handel und Industrie. Bereits in der Kolonialzeit haben die ethnischen Chinesen vorwiegend den Handel betrieben, eigene Unternehmungen gegründet und die Geschäftsaktivitäten zunehmend diversifiziert. Die Inder in Malaysia arbeiten vorwiegend in der Verwaltung, als höher qualifizierte Angestellte in Berufen wie z.B. Anwälte, Mediziner oder als Arbeiter.

[388] Zur wirtschaftlichen Bedeutung der ethnischen Chinesen in Südostasien siehe auch Kapitel 4.3.3.2.

Malaysia ist durch die geographische Trennung der Staaten Sabah und Sarawak auf Borneo von Peninsula Malaysia ethnisch sehr unterschiedlich geprägt.[389] Borneo ist stärker von ethnischen Chinesen und malaiischen Stämmen, das Festland von den ethnischen Malayen, den sog. Bumiputras ('Söhne der Erde') geprägt. In **Vietnam** hingegen existieren durch die langen, politisch bedingten Teilungen des Landes in Nord- und Südvietnam sowie in der Zentralregion nicht nur Strukturunterschiede, die sich in der Entwicklung des Landes bemerkbar machen. Hinzu kommen auch Unterschiede in der Mentalität und in der Kultur der Menschen in der Nord-, Süd- und auch Zentralregion des Landes.[390]

Die drei untersuchten Länder sind durch ethnische Vielfalt und einer hiermit einhergehenden kulturellen Vielfalt gekennzeichnet. Die folgende Charakterisierung der homogenen, ethnischen Gruppen soll dazu dienen, das kulturelle Umfeld der westlichen Banken auf gesellschaftlicher Ebene zu beschreiben. Dies geschieht insbesondere vor dem Hintergrund der dargestellten historischen Entwicklungen, da „... values *are* important, but they must be observed in social and historical context."[391]

Als ethnische Gruppen werden im folgenden die Auslandschinesen in den drei Ländern, die Malayen in Malaysia und Singapur und die Vietnamesen anhand von Kulturindikatoren untersucht (Abbildung B/3-3).[392] Diese können auf den beschriebenen Ebenen des Individuums und der Gesellschaft der ethnischen Gruppen ausgemacht werden:[393]

- Grundlegende Normen und Werte (z.B. Religion, Philosophien),

- Gesellschaftsstrukturen (z.B. Bedeutung der Familie) in Verbindung mit

- Beziehungs- und Verhaltensregeln.

---

[389] In Sarawak bestehen beispielsweise 60% der Bevölkerung (von insgesamt 1,9 Mio. Einwohnern, die 9% der Gesamtpopulation von Malaysia ausmachen) aus den alten, traditionellen Stämmen und Waldmenschen Malaysias (Orang Asli). Vgl. Ministry of Finance Malaysia: Economic Report 1998/99 [1998], S. ixix. Die Zahlen sind für das Jahr 1997 erhoben worden.

[390] Vgl. Weggel, O.: Indochina [1990], S. 52; Nguyen, K.V.: A long History [1999], S. 380-382; Hainsworth, G.B.: Human Resource Development in Vietnam [1993], S. 161.

[391] McVey, R.: Southeast Asian Entrepreneur [1996], S. 346.

[392] Vgl. Keller, E.v.: Management in fremden Kulturen [1982], S. 142-144. Der Zusammenhang von Individuum, Kultur und Gesellschaft stammt ursprünglich aus dem Interdependenzmodell. Dieses bildet die Relation von Kultur zum Individuum durch den Prozeß der Enkulturation, die Beziehung von Individuum und Gesellschaft durch den Prozeß der Sozialisation ab. Gemeinsam stellen diese Beziehungen den Prozeß des Kulturwandels dar. Im Rahmen dieser Arbeit werden jedoch nur die Kulturen anhand der Kriterien für die größten bzw. wirtschaftlich wichtigsten ethnischen Gruppen in den Ländern betrachtet. Einzelne kulturelle Aspekte wie bspw. das gesamte Spektrum an in den Ländern praktizierten Religionen werden ebenfalls nicht aufgegriffen.

[393] Vgl. Keller, E.v.: Management in fremden Kulturen, [1982], S. 138-139; Redding, G.S.: Spirit of Chinese Capitalism [1990], S.43.

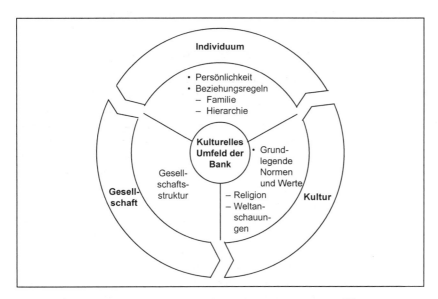

Abbildung B/3-3:   **Kulturindikatoren zur Analyse ethnischer Gruppen**[394]

Durch die Wahl dieser Kulturindikatoren kommen die folgenden Annahmen zum Ausdruck: Zunächst ist das Individuum in seinen Werten und Normen sowie in seiner Persönlichkeit von Kultur geprägt. Diese Prägung tritt durch Verhaltensweisen beim Individuum als Mitglied der Gesellschaft bzw. ethnischer Gruppe hervor. Individuelle Wertvorstellungen bilden sich und können interpersonell ausgetauscht werden – Kultur hat hier einen sehr stark normativen Charakter. Diese Werte, in Verbindung mit ethischen Werten aus Religionen, Philosophien und Weltanschauungen, sind die Voraussetzung für die Entwicklung von Gesellschaftsstrukturen, die soziale Bindungen und Beziehungen herstellen.[395]

Die Kenntnis dieser Werteordnungen als Erklärungsgrößen für bestimmte Verhaltensweisen ist für das Management der westlichen Banken in interkulturellen Situationen mit den lokalen Kunden und Mitarbeitern von großer Bedeutung. Die folgenden Ausführungen sind daher die Grundlagen für das *Verstehen* von Verhaltensweisen, die konkret bei der Betrachtung der Interaktionen in Kapitel 4 untersucht werden.

---

[394] Quelle: Eigene Darstellung.
[395] Vgl. Dülfer, E.: Internationales Management in unterschiedlichen Kulturbereichen [1996], S. 216.

106

3.2.1.4 Ethnische Chinesen in Singapur, Malaysia und Vietnam

3.2.1.4.1 Ethnische Chinesen als Einwohner südostasiatischer Staaten

Außerhalb des Herkunftslandes China leben in vielen Ländern Südostasiens die sog. ‚Auslandschinesen'. Diese Bevölkerungsgruppe existiert bereits seit mehreren Generationen in den Ländern und ist je nach Politik des Landes unterschiedlich integriert. Da die Wahlheimat Südostasien hinsichtlich der politischen Zugehörigkeit im Gegensatz zu Hong Kong und Taiwan nicht zu ‚Greater China' gehört, sich die dort lebenden ethnischen Chinesen aber als Auslandschinesen bezeichnen, sollte hier eher der Ausdruck ‚ethnische' Chinesen gewählt werden.[396] Aus der ethnischen Herkunft der in Südostasien lebenden Chinesen resultieren weitere Überlegungen: diese Bevölkerungsgruppen setzen – wenn auch in unterschiedlichem Ausmaß und oftmals in Abhängigkeit von der Generation ethnischer Chinesen, die im jeweiligen ehemaligen Einwanderungsland bereits lebt – nicht nur Glauben und Werte der traditionellen chinesischen Normen bezüglich Autorität und Beziehungen, sondern auch ein gewisses Maß an Identität mit den Leistungen der chinesischen Zivilisation fort.[397] Ethnische Chinesen in Südostasien unterscheiden sich aber durch den Grad der Integration in den jeweiligen Ländern. Außerdem hat die geschichtliche Interaktion mit der jeweils einheimischen Bevölkerung die ethnische und kulturelle Identität auf komplexe Art und Weise beeinflußt.[398] Ausdruck der Kultur der ethnischen Chinesen in Südostasien ist trotz der heterogenen wirtschaftlichen Rahmenbedingungen, Investitionsmöglichkeiten sowie Komplexität des politischen Umfelds in den einzelnen Ländern eine homogene Form des sog. ‚Chinese capitalism'. Dies impliziert, daß die zugrunde liegenden ‚tieferen Wurzeln' eine hohe interne Konsistenz aufweisen müssen.[399]

Im Folgenden werden zunächst die unterschiedlichen Rahmenbedingungen der ethnischen Chinesen in Singapur, Malaysia und Vietnam beschrieben, die die Entwicklung dieser in den einzelnen Ländern beeinflußt haben. Für die Charakterisierung der ethnischen Chinesen anhand der angeführten Kulturindikatoren wird davon ausgegangen, daß diese für die ethnische Gruppe der Chinesen in Südostasien in den Grundannahmen repräsentativ sind.

Singapur ist das einzige Land in Südostasien, das eine ethnisch-chinesische Bevölkerungsmehrheit hat, die die politische Kontrolle ausübt.[400] Die hier lebenden ethni-

[396] Vgl. Suryadinata, L.: Overseas Chinese, Chinese Overseas or Southeast Asians? [1997], S. 2-4.
[397] Vgl. Redding, G.S.: Distinct Nature [1996], S. 429.
[398] Vgl. Mackie, J.: Southeast Asian Chinese [1998], S. 132-133; Suryadinata, L.: Overseas Chinese, Chinese Overseas or Southeast Asians? [1997], S. 2-4.
[399] Vgl. Redding, G.S.: Distinct Nature [1996], S. 429. Es kann an dieser Stelle nur vermutet werden, daß der Autor sich bei dem Bezug auf die ‚tieferen Wurzeln' der Verhaltensweisen auf die zweite und dritte Ebene von Modell von Schein in Kapitel 2.4.2.1 bezieht.
[400] Vgl. Clammer, J.R.: Singapore: Ideology, Society, Culture [1985], S. 11. In einer Erhebung zur Bevölkerungsstruktur in Singapur in 1985 wurde festgestellt, daß etwa 70% der ethnischen Chi-

schen Chinesen haben gemäß zweier vergleichender Studien aus 1969 und 1989 ihre Selbst-Identifizierung von einer stark ethnisch geprägten Orientierung zu einer relativ starken nationalen Identifizierung als ‚Chinese Singaporeans' entwickelt.[401] Diese Entwicklung basierte auf einer Politik der nationalen, schulischen und sozialen Integration.[402] Die Regierung von Singapur verfolgte den Ansatz des kulturellen Pluralismus,[403] der die Aufrechterhaltung der eigenen ethnischen, kulturellen Identität sowie die Identifikation mit Singapur fördern sollte.[404] Singapur hat sich in einem transparenten und durch Politiker offen geförderten Prozeß hinsichtlich einer kulturellen Identität orientiert. Diese hat sich in Richtung einer allgemeinen asiatischen Identität (nicht in eine asiatisierte westliche Kultur) entwickelt, die Raum lassen soll für ethnische Identitäten.[405]

Das Malaysian Institute of Management (MIM) bezeichnete in einer Studie die in **Malaysia** lebenden ethnischen Chinesen als durch eine der ältesten Traditionen der Welt gekennzeichnete Gruppe, „... who came here as survivors who believed in working with their family or clan."[406] In Malaysia existiert eine Politik der sog. positiven Diskriminierung der ethnischen Malayen gegenüber den anderen Bevölkerungsgruppen.[407] Die ethnischen Chinesen in Malaysia leben aufgrund dieser Politik und durch den bevölkerungsbezogenen Minderheitenstatus in der ambivalenten Position, wirtschaftliche Macht auszuüben, ohne ein der wirtschaftlichen Stellung entsprechendes Machtäquivalent in Politik und Gesellschaft zu haben.[408] Die Politik der Regierung gegenüber der kulturellen Identität ist die, daß die ethnischen Gruppen einen Modus der Zusammenarbeit über das Erlernen der gemeinsamen malaiischen Sprache fin-

---

nesen in Singapur geboren wurden; 30 % sind zugewandert. Letztendlich sind aber alle Vorfahren der ethnischen Chinesen zugewandert. Im Rahmen dieser Arbeit soll zwar auf regionale Herkunftsunterschiede der ethnischen Chinesen hingewiesen werden, diese für analytische Zwecke jedoch nicht vertieft werden.

[401] Vgl. Chiew, S.K.: Chinese Singaporeans [1997], S. 219-223.

[402] Vgl. Chiew, S.K.: Chinese Singaporeans [1997], S. 217-219.

[403] Durch ein Regierungsprogramm sind jedoch in den siebziger Jahren ganz gezielt kulturelle bzw. konfuzianische Werte in der Gesellschaft als ‚nationale Hauptwerte' propagiert worden. Vgl. Lawson, S.: Culture of Politics [1998], S. 242-243. Die Verbreitung der Werte bezieht sich allerdings eher auf akademische Kreise. Vgl. Clammer, J.R.: Chinese Beliefs [1993], S. 214. Diese Politik wurde durch eine zusätzliche Förderung der chinesischen Sprache (Mandarin-Dialekt) als Sprache der Kultur in der Gesellschaft zum Ende der siebziger Jahre ergänzt. Als ‚language of economics' (Technologie, Wissenschaft, Wirtschaft) wurde jedoch ab 1980 Englisch gefördert, um so die Entwicklungschancen der Studenten und somit letztendlich der Wirtschaft Singapurs zu fördern. Vgl. Clammer, J.R.: Singapore: Ideology, Culture, Society [1985], S. 100-101. Dieser Mandarin-Dialekt wurde, obwohl er nur von ca. 1% der ethnischen chinesischen Bevölkerung gesprochen wurde, als ‚adäquat' zur Stärkung der chinesischen Werte in der Gesellschaft angesehen. Vgl. Lawson, S.: Culture of Politics [1998], S. 242-243.

[404] Vgl. Suryadinata, L.: Overseas Chinese, Chinese Overseas or Southeast Asians? [1997], S. 14-15.

[405] Vgl. Brook, T. / Luong, H.v.: Culture and Economy in a Postcolonial World [1997], S. 12-13.

[406] Malaysian Institute of Management: Management in Malaysia [1999], S. 52.

[407] Siehe hierzu auch das folgende Kapitel 3.2.1.5 über die ethnische Gruppe der Malayen.

[408] Hintergrund der Implementierung der New Economic Policy (NEP) waren letztendlich die gewalttätigen Ausschreitungen zwischen ethnischen Chinesen und Malayen im Jahr 1969 in Kuala Lumpur.

den. Die kulturellen Rechte der ethnischen Gruppen sind grundsätzlich garantiert, teilweise aber durch politische, aber auch religiöse Entwicklungen eingeschränkt.[409] Nach der Übernahme des Südens von **Vietnam** durch die Kommunisten 1976 haben viele, vorwiegend dort lebende ethnische Chinesen das Land verlassen. Ursachen waren „…in the aftermath of the earlier organized terror directed against this community…"[410], da u.a. Eigentum und Grundbesitz im Rahmen der ‚nationalen Wiedervereinigung' verstaatlicht wurden und auch China Einfluß auf die ethnische Gruppe nehmen wollte.[411] Hinzu kamen die Einschränkungen der Privatwirtschaft, die die Aktivitäten der ethnischen Chinesen stark beeinflußt haben.[412] Die Regierung versucht heute, sowohl die ausgewanderten Chinesen als auch die sog. Auslandsvietnamesen (Viet Kieu) zur Rückkehr nach Vietnam zu bewegen sowie Anreize zur Investition des in diesen Bevölkerungsgruppen vorhandenen Vermögens in Vietnam zu schaffen.[413] Der politische Umgang mit ethnischen Chinesen ist daher als wechselhaft zu bezeichnen: Einer Politik der Zusammenarbeit unter Bewahrung der ethnischen Identitäten vor 1976 folgte eine Politik der Assimilierung und Vertreibung. Seit Beginn der Reformbemühungen 1986 wird wieder die Politik der Zusammenarbeit angestrebt.[414] Die politische, wirtschaftliche und soziale Integration hat jedoch noch nicht wieder das Niveau von vor 1976 erreicht.[415]

Die Ausführungen zeigen, daß eine Einordnung der Länder Singapur und Vietnam und der Minderheit der ethnischen Chinesen in Malaysia zur Gruppe der metakonfuzianischen Welt in Asien vor den länderspezifischen Rahmenbedingungen erfolgen kann.[416] Singapur und die ethnischen Chinesen in Malaysia bspw. sind jedoch nicht

---

[409] Vgl. Suryadinata, L.: Overseas Chinese, Chinese Overseas or Southeast Asians? [1997],S. 13-14. Zu politischen und religiösen Entwicklungen, die parallel zur Implementierung der NEP auftraten, siehe auch Lee, K.H.: Seeking Identity [1997], S. 91-106. Die Ansprüche der Gemeinschaft der ethnischen Chinesen in Bezug auf die Wahrung ihrer Kultur durch die Garantie von schulischen und universitären Einrichtungen gestaltet sich schwierig.

[410] Woodside, A.: Struggle [1997], S. 65. So erscheinen regelmäßig Artikel in der vietnamesischen Tagespresse, in denen den Viet Kieus die vereinfachten Möglichkeiten der Rückkehr sowie für Investitionen dargestellt werden. Siehe bspw. o.V.: Make country prosperous [2000]; o.V.: Buy houses at home [2000].

[411] Vgl. Hainsworth, G.B.: Human Resource Development in Vietnam [1993], S. 161-162. Schätzungen gehen für den Zeitraum von 1975 bis 1990 von ca. 800.000 ethnischen Chinesen aus, die Vietnam über die chinesische Grenze bzw. als ‚Boat People' verlassen haben. Vgl. Tran, K.: Ethnic Chinese in Vietnam [1997], S. 282-284, 292.

[412] Vgl. Hainsworth, G.B.: Human Resource Development in Vietnam [1993], S. 161-162.

[413] Vgl. Murray, G.: New Market [1997], S. 65-66. Studien haben ergeben, daß 55% der 80.000 Haushalte ethnischer Chinesen in Ho Chi Minh Stadt Verwandte in mehr als 20 anderen Ländern haben. Hiervon verspricht man sich die Attraktion von ausländischem Kapital nach Vietnam, das einen ‚Hebeleffekt' auf die Wirtschaft haben soll. Vgl. Woodside, A.: Struggle [1997], S. 65.

[414] Vgl. Suryadinata, L.: Overseas Chinese, Chinese Overseas or Southeast Asians? [1997], S.14.

[415] Vgl. Tran, K.: Ethnic Chinese in Vietnam [1997], S. 277-278.

[416] Vgl. Weggel, O.: Kultur- und Wertvorstellungen [1991], S. 45. Vgl. hierzu kritisch Mackie, J.: Southeast Asian Chinese [1998], S. 134-135. Hier wird die Auffassung vertreten, daß „in fact even the application of terms like ‚Confucian' and ‚neo-Confucian' to the culture or values of the Southeast Asian Chinese is so questionnable that the terms are best avoided entirely." Mackie, J.: Southeast Asian Chinese [1998], S. 134.

durch eine starke traditionell konfuzianische Gesellschaft gekennzeichnet.[417] Die nachfolgende Beschreibung der Wertordnungen der ethnischen Chinesen verdeutlicht aber die gemeinsamen Grundwerte.

3.2.1.4.2 Religion und Philosophie

Als „chinesische Religion" können insbesondere der Buddhismus, der Taoismus und der Konfuzianismus gemeinsam angeführt werden.[418] Die chinesische Kultur kennt jedoch keine strikte Trennung zwischen Philosophie und Religion, so daß Philosophie und Glaube mehr als tägliche Alltagsbewältigung gelebt werden. Buddhismus und Taoismus stellen religiöse Glaubensrichtungen der ethnischen Chinesen dar.[419] Der Konfuzianismus ist als eine vielschichtige Wertordnung zu verstehen, die politische, ethische, philosophische, religiöse und auf das allgemeine Leben bezogene Aspekte miteinander verknüpft.[420]

Für das Verstehen der grundlegenden Werte, wie ethnische Chinesen das menschliche Wesen und ihre soziale Welt sehen, ist eine Betrachtung des Konfuzianismus erforderlich, da diese Wertordnung prägend für die chinesische Kultur ist[421] und in vielen Denk-, Kommunikations- und Verhaltensweisen zum Ausdruck kommt. Die Werte können aus dem Prinzip ‚ren' (Güte, Menschlichkeit) abgeleitet werden, das es durch einen sozialen und moralischen Prozeß zu erreichen gilt. Hierbei stellt die Bedeutung des Einzelnen immer eine Beziehung zu einer der fünf sozialen Bezugsgruppen Familie, Nachbarschaft, Gemeinschaft, Gesellschaft und Kosmos ab. Hauptziele der Vermittlung von konfuzianischen Werten sind:[422]

---

[417] Vgl. Lawson, S.: Culture of Politics [1998], S. 242-243. Dies resultiert zum einen daraus, daß in China diese Werte von den höheren, gebildeten Bevölkerungsschichten gelebt wurden, da so eine klare hierarchische Struktur und autoritäre Führung möglich war. Die ethnischen Chinesen in Singapur bzw. Malaysia stammen jedoch vorwiegend aus den ehemals niedrigeren Schichten im Süden Chinas, so daß die Assimilation dieser Werte nicht so stark verbreitet war.

[418] Vgl. Clammer, J.R.: Chinese Beliefs [1993], S. 199.

[419] Der Buddhismus ist eine religiöse Bewegung, bei der Erlösung von den Leiden der wiederholten Reinkarnationen erreicht werden kann. Die Überwindung des menschlichen Daseins wird in seiner Ganzheit erstrebt und die Erfüllung der menschlichen Sehnsüchte wird herbeigeführt. Vgl. Khoury, A.T.: Buddhismus [1991], S. 40, siehe auch Howell, J.D.: Religion [1998], S. 116. Der Buddhismus betont die Glückseligkeit nach dem Tod, der Taoismus lehrt analog dem Konfuzianismus die Glückseligkeit in der Gegenwart. Vgl. Nguyen, D.L.: Communication and Adjustment [1994], S. 52.

[420] Vgl. Howell, J.D.: Religion [1998], S. 116-117. Kong Fuzi (‚Master Kong' oder von westlichen Kulturkreisen als Konfuzius bezeichnet) lebte von 551-479 vor Christus und lehrte ein System von sozialen Beziehungen, das auf Basis von Harmonie durch Respekt für Hierarchie in der Familie und im Staat funktioniert.

[421] Vgl. Storz, M.L.: Malay and Chinese Values [1999], S. 120-121. Der Fokus auf Konfuzianismus bedeutet nicht, daß die Kultur der ethnischen Chinesen als monolithisch betrachtet und die durch unterschiedliche Herkunftsregionen und Dialekte bedingte intra-ethnische Heterogenität negiert wird.

[422] Es handelt sich um fünf Bereiche, in denen ein Mensch lernen muß sich selbst zu perfektionieren: Ästhetik, Rituale, Bewußtsein der Geschichte, Verantwortlichkeit in der Hierarchie der Bezugsgruppen, das Selbst Werden. Vgl. Storz, M.L.: Malay and Chinese Values [1999], S. 122-123.

- die Wahrung von harmonischen Beziehungen,

- die Bedeutung der Familie, in der analog der sozialen Bezugsgruppen jedem Individuum eine feste Stellung in der Hierarchie zugewiesen wird,

- das tugendhafte Verhalten des Einzelnen.

Aus den Gedanken und Zielen des Konfuzianismus läßt sich eine Analogie zu der im nächsten Kapitel im Rahmen der Darstellung der Grundlagen der malaiischen Kultur zugrunde liegenden Philosophie des ‚budi' Komplexes nachweisen. Diese Gemeinsamkeiten beziehen sich auf die Kriterien:[423]

- Sicht der einzelnen Person: Kollektivistische Orientierung, Wertschätzung von Reziprozität und Gegenseitigkeit, starke Kontextabhängigkeit und Abhängigkeit von den Erwartungen anderer,

- Erkenntnisgewinnung: Subjektives Wissen, Intuition,

- Umgang mit Zeit: Zeit ist subjektiv, relativ und fließend.

Diese Auffassungen und Wertschätzungen finden sich in vielen auch geschäfts- und arbeitsbezogenen Verhaltensweisen wieder, die für die westlichen Banken von Bedeutung sind. Im Folgenden sollen für die nähere Bestimmung der Kulturausprägungen die Bedeutung von Hierarchie und Beziehungen weitergehend betrachtet werden.

3.2.1.4.3 Gesellschaftsstruktur und Beziehungsregeln

Die chinesische Kultur ist – und dies gilt auch und insbesondere für die Geschäftskultur der ethnischen Chinesen – durch den Aufbau von ‚Netzwerken' gekennzeichnet: die hierarchischen Beziehungen innerhalb der Familie als vertikale Orientierungsgröße in Verbindung mit horizontalen, mehr auf Gleichberechtigung und Gegenseitigkeit abstellenden Beziehungen, den sog. ‚guanxi'.[424]

Die Familie stellt meistens die Basis für das chinesische Geschäft dar. Die konfuzianische Rangordnung in der Familie (z.B. Vater - Sohn) fordert vom ‚niedriger' Gestellten (Sohn) Loyalität und Beitrag zum Familiengeschäft, umgekehrt aber Fürsorge des patriarchalisch führenden Familienoberhauptes.[425] Im Familiengeschäft bedeutet dies, daß das Familienoberhaupt von den Kindern kostenlose Arbeitskraft oder aber

---

[423] Vgl. Storz, M.L.: Malay and Chinese Values [1999], S. 123-127.
[424] Vgl. Hefner, R.W.: Society and Morality [1998], S. 12-17.
[425] Insgesamt existieren ‚fünf Beziehungen', die das sittliche Verhalten des Einzelnen in zwischenmenschlichen Beziehungen an die jeweilige Stellung in der Beziehung verknüpft: Vater - Sohn, Mann - Frau, älterer - jüngerer Bruder, Herrscher - Untergebener, Freund - Freund. Vgl. Yeung, I.Y.M. / Tung, R.L.: Guanxi [1996], S. 55.

Gehalt, quasi als Gegenleistung für Erziehung und Ausbildung, fordern kann. Die Familie ist somit Kennzeichen des Kollektivismus in der chinesischen Kultur unter Berücksichtigung der hierarchischen Beziehungen.[426]

Das Ausmaß von ‚guanxi' als Bezeichnung für persönliche Beziehungen und soziales Netzwerk ist sehr weitreichend in der Gesellschaft der ethnischen Chinesen verbreitet.[427] Diese auf den konfuzianischen Prinzipien basierenden Beziehungen entstehen zwischen zwei Personen auf individueller Basis und sind langfristig angelegt zum Fortbestand der Verbindung auf dem Prinzip der Reziprozität, das von jedem Individuum fordert:[428] „If someone pays you an honour of a linear foot, you should reciprocate by honoring with ten linear foot". Grundsätzlich wird persönliche Macht durch Beziehungen und basierend auf ethischen Werten einer institutionalisierten Autorität, die sich in Gesetzen und schriftlich fixierten Verträgen äußert, vorgezogen.

Als wichtiges Konzept in der Gestaltung von Beziehungen ist ‚face' zu sehen, was Ausdruck von Scham bzw. Schande als gesellschaftliche Sanktion bei Mißachtung von Regeln oder ungebührlichem Verhalten ist. Der Verlust des Gesichtes des einzelnen hat in einer konfuzianischen Gesellschaft nicht nur Schande für sich selber, sondern auch für die Familienmitglieder und deren Funktion in der Gesellschaft zur Folge.[429]

Bei der folgenden Betrachtung der ethnischen Gruppe der Malayen zeigt sich, daß sich – wie angeführt – trotz verschiedener Einflußfaktoren wie Herkunft und insbesondere religiöser Ausrichtung Parallelen bezüglich einiger grundlegender Verhaltensweisen von ethnischen Chinesen und Malayen finden lassen.

3.2.1.5 Ethnische Malayen in Malaysia und Singapur

3.2.1.5.1 Positive Diskriminierung in Malaysia und Minderheitenstatus in Singapur

Die Trennung Singapurs von Malaysia hat aus Malaysia wieder ein von ethnischen Malayen dominiertes Land geschaffen. In Singapur bekamen die Malayen den Status einer ethnischen Minderheit. In Malaysia ist der Status ‚Malaye' durch das politische System mit Sonderrechten verbunden, in Singapur ist der Status der Malayen der einer Minderheit, was Auswirkungen auf den Umgang der Bevölkerungsgruppen miteinander hat.

---

[426] Vgl. Hefner, R.W.: Society and Morality [1998], S. 13-14.
[427] Vgl. Yeung, I.Y.M. / Tung, R.L.: Guanxi [1996], S. 63.
[428] Vgl. Hefner, R.W.: Society and Morality [1998], S. 15-17.
[429] Vgl. Yeung, I.Y.M. / Tung, R.L.: Guanxi [1996], S. 56-57.

112

Traditionell haben die ethnischen Malayen ein sehr einfaches Leben geführt. In der Geschichte **Malaysias** haben wichtige Führer des Landes und vor allem die Religion stets eine starke Führungsfunktion ausgeübt.[430] Der Status der Verteilung des Volksvermögens zu Gunsten der ethnischen Chinesen und ausländischen Investoren und somit zu Ungunsten der Malayen in den für die Wirtschaft wichtigen und anspruchsvolleren Berufen in Produktion, Finanzen und Handel wurde vom heutigen Premierminister *Mahathir* im Jahre 1970 folgendermaßen beschrieben: „For the Malays it would appear there is not just an economic dilemma, but (it is, Anm. d. Verf.) a Malay dilemma"[431]. *Mahathir* argumentiert, daß aufgrund der Immigration von Chinesen und Indern die Malayen in eine unterlegene ökonomische Rolle gedrängt worden sind, aus der sie ohne ,konstruktive Protektion' nicht herauskommen können. Das Dilemma besteht nun darin, ob die Malayen aufhören sollten, sich selber zu helfen, um die armen Bürger eines auf chinesischer Wirtschaft basierenden, florierenden Landes zu sein, oder aber versuchen sollten, etwas von den geschaffenen Reichtümern des Landes zu erlangen, auch wenn dies zu Lasten der weiteren Entwicklung der Wirtschaft gehen sollte.[432] Die Folgerungen aus der letzteren Sichtweise zeigen sich in der seit 1970 seitens der Regierung implementierten New Economic Policy (NEP), die u.a. die Umverteilung des Volksvermögens zu Gunsten der ethnischen Malayen (Bumiputras) beinhaltet.[433] Diese Politik kommt in einer Vielzahl an Begünstigungen in Ausbildung, Beschäftigung im öffentlichen Dienst, Bevorzugung bei öffentlichen Aufträgen sowie Kapitalbeteiligungen an Unternehmungen zum Ausdruck.[434]

Das beschriebene Dilemma ist laut der Regierung in Malaysia jedoch bisher nicht gelöst und ist eher noch durch den Einfluss der Globalisierung und den verstärkten Wettbewerb zwischen ethnischen Gruppen unterschiedlicher Herkunft erweitert worden.[435] Diese Begünstigungen sind in Malaysia auch von ausländischen Unternehmungen, d.h. auch von den westlichen Banken, bei der Geschäftstätigkeit zu berücksichtigen.

Die gesellschaftliche Position der Malayen in **Singapur** ist eher als untergeordnet zu bezeichnen. Basierend auf der Unterrepräsentanz der Malayen mit höherer Ausbildung in Singapur, konzentriert sich die Beschäftigung der Malayen vorwiegend auf

---

[430] Vgl. Malaysian Institute of Management: <u>Management in Malaysia</u> [1999], S. 52.
[431] Mahathir, M.: <u>Malay Dilemma</u> [1970], S. 61.
[432] Vgl. Mahathir, M.: <u>Malay Dilemma</u> [1970], S. 30-31, 60-61.
[433] Vgl. Gomez, E.T. / Jomo, K.S.: <u>Political Economy</u> [1997], S. 3. Die Autoren führen an, daß auf Basis von Argumenten wie der Vermeidung von ethnischen Unruhen (wie 1969 in Kuala Lumpur zwischen Malayen und ethnischen Chinesen aufgetreten) und der ökonomischen Umverteilung zwischen den Rassen politische Maßnahmen mit weitreichenden gesellschaftlichen Folgen legitimiert werden, die über die Basisargumente hinausgehen.
[434] Vgl. Howell, J.D.: <u>Religion</u> [1998], S. 124; Lee, K.H.: <u>Seeking Identity</u> [1997], S. 90.
[435] Vgl. Ghazali, F.: <u>New complexion on Malay Dilemma</u> [2000], http://www.business-times.asia1.-com.sg.

Tätigkeiten als unausgebildete Arbeitskräfte in der Produktion sowie allgemeine, nicht qualifizierte Dienstleistungsaktivitäten.[436]

Ein Kriterium, politisch und gesellschaftlich der Gruppe ethnischer Malayen zugerechnet zu werden, ist die islamische Religionszugehörigkeit. Die im Folgenden dargestellten Aussagen gelten für die Malayen in Malaysia und in Singapur, da im Gegensatz zu den ethnischen Chinesen die Trennung durch die Landesgrenzen erst seit 1965 besteht.

3.2.1.5.2 Religion und Philosophie

Die Kultur der Malayen ist geprägt durch die Religion des Islam als dominierende Werteordnung.[437] Islam als Staatsreligion in Malaysia beeinflußt nicht nur das Leben der moslemischen Malayen sehr stark, sondern in Malaysia werden islamische Werte mit geringen Veränderungen auch in der Verfassung festgeschrieben.[438]

Die Welt wird durch den Islam als holistisch, d. h. als eine organisch verbundene und voneinander abhängige Einheit angesehen, in der es keinen Unterschied zwischen geistigem und weltlichem Bereich gibt.[439] Dies bedeutet, daß für den Moslem Gott, Land, Familie, Freunde und Bekannte miteinander verbunden bzw. voneinander abhängig und untrennbar sind.[440]

Der Koran als eine der Hauptquellen für Anweisungen schreibt sehr detailliert Beziehungs- und Verhaltensregeln im sozialen und geschäftlichen Leben vor.[441] Einige relevante Gebote und Verbote sind der Tabelle B/3-4 zu entnehmen.[442]

---

[436] Vgl. Clammer, J.R.: Singapore: Ideology, Society, Culture [1985], S. 122-123.

[437] Vgl. Yoshikawa, M.J.: Theocentric Management [1997], S. 3.

[438] Die Beziehung Kultur zu Religion ist vielschichtig: Religion erfüllt grundsätzlich eine psychologische Funktion für den Gläubigen, aber auch eine soziale Funktion in Ländern, indem soziale, ökonomische und auch politische Ordnungen abgesichert und stabilisiert werden. Darüber hinaus werden Religionen aber auch durch politische Instrumentalisierung kulturell interpretiert und verändert. Vgl. Keller, E.v.: Management in fremden Kulturen [1982], S. 215-216.

[439] Vgl. Ess, J.v.: Islam [1991], S. 70, 72; Yoshikawa, M.J.: Theocentric Management [1997], S. 3-4. Der Islam ist zudem eine Religion der Öffentlichkeit und der Praxis, die in den fünf Hauptgeboten Glaubensbekenntnis, Gebete, Fasten, Zahlung der Armensteuer sowie Pilgerfahrt zum Ausdruck kommt.

[440] Vgl. Yoshikawa, M.J.: Theocentric Management [1997], S. 3-4.

[441] Vgl. Harris, P.R. / Moran, R.T.:Managing Cultural Differences [1993], S. 437.

[442] Vgl. Dülfer, E.: Internationales Management in unterschiedlichen Kulturbereichen [1996], S. 296-297.

Gebote	Verbote
• Denken im Sinne der Gemeinschaft zur Gewährleistung guten Zusammenlebens • Prinzip der Mäßigung zur wirtschaftlichen Ausgewogenheit • Forderung nach Wissenserwerb • Wahrhaftigkeit (Wirtschafts- und Rechtsverkehr) • Mahnung zur Versöhnlichkeit	• Verbot der üblen Nachrede • Verbot der Undankbarkeit • Brechen von Schwüren und Eiden • Diebstahl, Genuß von Alkohol, Ehebruch

Tabelle B/3-4: Interpretation von Geboten und Verboten aus dem Koran[443]

Diese sollen bewirken, daß die malaiische Kultur und die malaiische Religion unauflöslich miteinander verbunden sind und die Malayen somit ihren moslemischen Glauben durch die Art ihrer Lebensführung ausdrücken.[444]

3.2.1.5.3 Gesellschaftsstruktur und Beziehungsregeln

Die Orientierung an den Vorschriften des Islam wird durch das Konzept des ‚Budi‘ (mind/Geist) ergänzt, das den Kern der sozialen Beziehungen der Malayen durch die Formulierung der Normen für das individuelle und soziale Verhalten ausmacht.[445] Das Budi-Konzept ist als fundamentales Konzept zu beurteilen, das die ethischen Werte der Malayen stark prägt und das ideale Verhalten, das von Malayen erwartet wird, veranschaulicht.[446] Dieses Konzept hat die folgenden Charakteristika für einen idealen Menschen[447]:

- Lieferung von Orientierungswerten: Großzügigkeit, Respekt, Aufrichtigkeit, Rechtschaffenheit, Diskretion sowie Gefühle der Scham auf kollektiver und auf individueller Ebene in Verbindung mit

- Normen und Erwartungen in Bezug auf Reziprozität,

- System an Höflichkeit zur Regelung der verbalen, paraverbalen und non-verbalen Kommunikation mit Orientierung an der hierarchischen Ordnung,

- Überlegenheit der intuitiven Erkenntnisgewinnung (Denken).

---

[443] Quelle: Eigene Darstellung.
[444] Vgl. Yoshikawa, M.J.: Theocentric Management [1997], S. 3-4.
[445] Vgl. Storz, M.L.: Malay and Chinese Values [1999], S. 119.
[446] Vgl. Harris, P.R. / Moran, R.T.: Managing Cultural Differences [1993], S.435-436.
[447] Vgl. Dahlan, H.M.: Local Values [1991], S. 46-47; Storz, M.L.: Malay and Chinese Values [1999], S. 119-120.

Die dem Islam ähnliche holistische Sichtweise in Bezug auf Menschen und ihre Umwelt zeigt sich auch in der engen Verknüpfung mit der islamischen Ordnung. Das Individuum wird im Rahmen einer kollektivistischen Orientierung und hoher Kontextabhängigkeit beurteilt. Diese vorwiegend subjektive und intuitive Art der Erkenntnisgewinnung sowie der Umgang mit Zeit sind Werteordnungen, die ähnlich einigen dem Konfuzianismus zugrunde liegenden Vorstellungen angesehen werden können.

Auf Basis der Erwartungen des Budi-Konzeptes und der durch den Islam aufgebauten sozialen und moralischen Systeme ergibt sich für die Beziehungen zu Familie und Staat, daß diese harmonisch gestaltet werden sollen. Diese Beziehungen basieren auf Unterordnung und Hierarchie.[448] Die Bedeutung des Status ist sehr hoch, wobei der Rang in der Gesellschaft höher bewertet wird als die Fähigkeiten des Ranginhabers.[449] Der Status der Familie ist unter den Malayen sehr hoch, unterscheidet sich jedoch bei dem Engagement für eine Familienunternehmung. Die Einstellung zur hierarchischen Ordnung innerhalb der ‚Familie' wird von der Form der ethnischen Chinesen unterschieden, wobei auf das malaiische Unternehmertum abgestellt wird: eine Familienunternehmung wird eher als unabhängige Verantwortung der Eltern anstelle von einer gemeinsamen Verantwortung gesehen, so daß die malaiische Familie individualistischer ausgerichtet scheint. Hieraus resultiert eher eine Ablehnung des uneingeschränkten Bekenntnisses zur Familie in Form von z.B. unbezahlter Arbeit.[450]

Für die westliche Bank bedeutet der Umgang mit moslemischen Malayen als Geschäftspartner bzw. als Mitarbeiter in der Auslandsgesellschaft die Notwendigkeit der Akzeptanz der strengen religiösen Vorschriften der Glaubensausübung. Zum anderen sind in Singapur und Malaysia, in denen beide ethnische Gruppen vertreten sind, die teilweise unterschiedlichen Einstellungen zu berücksichtigen.

3.2.1.6 Ethnische Vietnamesen in Vietnam

3.2.1.6.1 Vielfältige Einflüsse auf die vietnamesische Kultur

Die vietnamesische Kultur ist in ihrer Geschichte durch die Invasion verschiedener Länder auch durch entsprechenden Kulturimport gekennzeichnet worden. Als grundsätzliche Einflußrichtungen auf die vietnamesische Kultur können die folgenden vier verschiedenen Strömungen genannt werden[451]:

---

[448] Vgl. Yoshikawa, M.J.: Theocentric Management [1997], S. 4.
[449] Vgl. Yoshikawa, M.J.: Theocentric Management [1997], S. 5.
[450] Vgl. Hefner, R.W.: Society and Morality [1998], S. 13; Li, T.M.: Singapore Malay Problem [1998], S. 156-157.
[451] Vgl. Weggel, O.: Indochina [1990], S. 159-169.

- Austropazifischer bzw. indonesischer Kulturkreis, aus dem die ehemals matriarchalische Organisation der Familie und das Grundmuster der vietnamesischen Sprache stammen,

- Dominierender Einfluß insbesondere in der Kolonialisierung durch China mit Verbreitung der konfuzianische Wertordnung,

- Direkte und indirekte Einflüsse indischer Kultur in Form von frühen buddhistischen Einflüssen und Architektur,

- Frühe französische Einflüsse durch Christianisierung und während der Kolonialzeit durch Beeinflussung des städtischen Lebens wie bspw. staatliche Organisation, öffentliche Presse und Eingliederung der wohlhabenden Vietnamesen in die französische Gesellschaft.

Diese vielfältige kulturelle Basis ist während der Kollektivierungsphase nach 1976 lediglich unterdrückt, jedoch nicht verändert worden, so daß in der jetzigen Transformationsphase Vietnams dieses Kulturwissen eine Hilfestellung sein kann.[452]

Die vietnamesische Kultur ist insbesondere durch die Assimilierung chinesischer Kulturwerte geprägt worden. Im Gegensatz zu Malaysia sind somit z.B. konfuzianische Werte keine Besonderheiten einer ethnischen Gruppe im Land, sondern Einflußfaktor der vietnamesischen Bevölkerung selber. Der chinesische Einfluß zeigt sich insbesondere in der Religion und Philosophie, aber auch in der Gestaltung von Beziehungen.

3.2.1.6.2 Religion und Philosophie

Als religiöse und philosophische Einflüsse sind Buddhismus, Taoismus und Konfuzianismus in Vietnam anzuführen, hinzu kommt die Praktizierung des Ahnenkults.[453] Die jeweils resultierenden Normen und Werte sind dargestellt worden und beeinflussen die Verhaltensweisen der Vietnamesen in ähnlicher Weise wie die der ethnischen Chinesen.[454] Der Ahnenkult ist keiner religiösen Richtung zuzuordnen, sondern stellt unabhängig von der jeweiligen Glaubensrichtung des Einzelnen die Grundlage der Religiosität dar, kann jedoch auch als ‚Ersatzreligion' dienen. Die Praktizierung der Wahrung des Ansehens der Vorfahren stellt die Konsequenz und die Fortsetzung der strengen Einhaltung der Respektierung der Eltern dar.[455]

---

[452] Vgl. Rothlauf, J.: Interkulturelles Management [1999], S. 161.
[453] Vgl. Nguyen, D.L.: Communication and Adjustment [1994], S. 48-50. Darüber hinaus existiert auch ein insbesondere durch die Franzosen initiiertes Christentum.
[454] Konfuzianische Werte und der Buddhismus haben insbesondere in Nordvietnam eine große Bedeutung für die Bevölkerung. Vgl. Howell, J.D.: Religion [1998], S. 117-118.
[455] Vgl. Nguyen, D.L.: Communication and Adjustment [1994], S. 49-50; Rothlauf, J.: Interkulturelles Management [1999], S. 167.

Die Vielfältigkeit der nebeneinander und teilweise auch gleichzeitig ausgeübten Religionen und Philosophien in Vietnam unterstreicht den grundsätzlichen Pragmatismus im Verhalten der Vietnamesen.[456]

3.2.1.6.3 Gesellschaftsstruktur und Beziehungen

Die vietnamesische Gesellschaftsordnung ist durch das Familiensystem, aber auch durch die typischen Dorfstrukturen gekennzeichnet.

Das Familiensystem basiert auf den chinesischen Werten der konfuzianischen Wertordnung. Für das Zusammenleben in der Familie gelten die Normen der ‚kindlichen Ehrfurcht' gegenüber Eltern, dem Respekt vor Älteren sowie der Harmonie im gesamten Familienleben. Das Verhältnis der verschiedenen Generationen einer Familie zueinander ist durch sehr enge Beziehungen gekennzeichnet.[457] Das Zusammenspiel macht aus dem einzelnen Vietnamesen, insbesondere in der Familie ein ‚kollektives Wesen', dessen Prioritäten sich an denen der Gruppe und weniger an den individuellen Wünschen orientieren.[458]

Die sozialen Beziehungen werden durch den starken Familienbezug sowie durch den teilweise von Vorsicht gekennzeichneten Umgang mit Ausländern geprägt. Die Wahrung der sozialen Hierarchie, Vermeidung von Egoismus, Vorsicht vor den Gefühlen und der Empfindlichkeit der Mitmenschen, Selbstbeherrschung, Höflichkeit und Fähigkeit der Ruhe sind die Charakteristika im Umgang mit Mitmenschen.[459] Das Konzept des ‚face' ist daher in Vietnam ebenfalls stark ausgeprägt und schlägt sich in der Art der Kommunikation und Gestaltung von Beziehungen nieder. Der hohe Stellenwert von persönlichen Beziehungen läßt sich folgendermaßen erklären:

„... it's the only thing the Vietnamese can trust. They've seen legal systems come and go. They've had the Chinese legal system, and the French legal system, and the Saigon regime's legal system. But personal relationships are the only thing that can be guaranteed to work in Haiphong and to work in Vung Tau".[460]

Persönliche Beziehungen haben daher auch einen hohen Stellenwert im Arbeits- und Geschäftsleben in Vietnam. Vor dem angeführten Zusammenhang der wechselvollen Geschichte Vietnams spielt Vertrauen in vielen Lebensbereichen eine wichtige Rolle. Die Schaffung von Harmonie in persönlichen Beziehungen wird daher sehr hoch bewertet und gilt als höherwertig als die Leistungen des Einzelnen und Konkurrenzden-

---

[456] Vgl. Rothlauf, J.: Interkulturelles Management [1999], S. 165-166.
[457] Vgl. Nguyen, X.T.: Vietnamese Family Moral Code [1994], S. 75-76.
[458] Vgl. Huard, P. / Durand, M.: Viet-Nam, Civilization and Culture [1998], S. 135.
[459] Vgl. Huard, P. / Durand, M.: Viet-Nam, Civilization and Culture [1998], S. 136-142.
[460] Nguyen, C.D.: You don't understand Vietnam [1997], S. 17.

118

ken.[461] Die Beziehungen werden jedoch auch nach dem Prinzip der ‚Reziprozität'
eingegangen, so daß bei der Gewährung von Hilfe und Unterstützung von Sach-
leistungen auch eine Gegenleistung erwartet wird.[462]

Durch die langsam steigende Urbanisierungsrate in Vietnam entsteht eine eher städ-
tisch geprägte Kultur im Gegensatz zu der extrem vielfältigen Tradition und Kultur der
allgemeinen Bevölkerung durch die überwiegend vorzufindende Dorfstruktur. Diese
Heterogenität trotz relativ homogener Bevölkerungsstruktur ließ Wissenschaftler bereits zu dem Ergebnis kommen, daß in Vietnam – außer politisch motiviert – nicht
von *der* vietnamesischen Tradition gesprochen werden kann.[463]

3.2.1.7 Implikationen für das Interkulturelle Management von westlichen Ban-
ken

Die Ausführungen zu den Ländern haben anhand der Kulturindikatoren die kulturelle
Heterogenität in der Region verdeutlicht und den Zusammenhang von historischen
Entwicklungen, kulturellen Werten und Beziehungs- und Gesellschaftsordnungen
aufgezeigt. Für diese Darstellung ist bewußt überwiegend Literatur von lokalen Autoren aus den betrachteten Ländern bzw. der Region verwendet worden. Folge ist, daß
die beschriebenen Werteordnungen das ‚Idealbild' der Kulturen darstellen. Die angeführten Normen und Werte prägen jedoch das Verhalten der ethnischen Gruppen.

Für ein Interkulturelles Management der international tätigen Banken lassen sich die
folgenden Implikationen aufzeigen:

• Die kulturelle Prägung der Interaktionspartner aus unterschiedlichen ethnischen
  Gruppen der westlichen Banken macht einen interkulturellen Managementansatz
  erforderlich, der sich nicht nur auf Landeskulturen, sondern auch auf die ethnischen Kulturen der Geschäftspartner und Mitarbeiter bezieht.

• Die in den Kulturen vorherrschenden Beziehungsregeln (z.B. erwartete Reziprozi-
  tät, Autoritätsorientierung) bestimmen die Erwartungen an die Gestaltung von
  Geschäftsbeziehungen von lokalen Kunden und der westlichen Bank sowie an
  Führungsverhältnisse von Management und Mitarbeitern.

---

[461] Vgl. Nguyen, D.L.: Communication and Adjustment [1994], S. 47.
[462] Vgl. Rothlauf, J.: Interkulturelles Management [1999], S. 161-162.
[463] Der vietnamesische Führer Ho Chi Minh hat Aspekte der vietnamesischen Geschichte, Kultur und
       Tradition genutzt, um die Ziele der nationalen Befreiung und Aufbau des Sozialismus in Vietnam
       zu erreichen sowie die historische und moralische Führungsrolle der Vietnamesischen
       Kommunistischen Partei hierbei zu unterstreichen. Vgl. Lawson, S.: Culture of Politics [1998],
       S. 239.

- Die Darstellung der Religionen und Philosophien verdeutlicht, daß das Alltagsleben auch durch Glaubensausübung in unterschiedlichen Formen geprägt ist. Für die Zusammenarbeit mit den jeweils ethnischen Gruppen ist die Bedeutung der aus Glaubensrichtungen resultierenden Etikette bzw. die konkrete Praktizierung der Glaubensausübung zu beachten.

- Die gesellschaftliche Struktur sowie das Verhältnis der ethnischen Gruppen zueinander spiegelt sich bei der Beschäftigung von lokalen Mitarbeitern unterschiedlicher ethnischer Herkunft auch in der Auslandsgesellschaft wider und ist daher im Rahmen der Führung der Auslandsgesellschaft zu berücksichtigen.

Für die im Folgenden beschriebenen politisch-rechtlichen und anschließenden gesamtwirtschaftlichen Kontextfaktoren auf Länderbasis werden unterschiedliche Auffassungen zwischen westlichen und asiatischen Kulturkreisen angesprochen.

3.2.2 Politisch-rechtliche Kontextfaktoren

Die aufgezeigten kulturellen Werte stellen auch die Basis für die politisch-rechtlichen Rahmenbedingungen in einem Land dar. Die Gestaltung von sozialen Beziehungen und Bindungen ist die Voraussetzung dafür, diese Verhaltensweisen durch rechtliche Normen zu untermauern. Diese Rechtsnormen wiederum beeinflussen auch die Beziehungen, hinzu kommen politische Normen, die als ‚ideologisch begründete Gebote und Verbote' das Verhalten der Individuen einer Gesellschaft bedingen.[464] Beide Arten von Normen jedoch sind keine isoliert zu betrachtenden Umweltfaktoren, sondern als eine komplexe Gesamtheit zu untersuchen.[465] Die praktische Wirkung der festgeschriebenen Rechtsordnungen zeigt sich jedoch erst im Zusammenwirken mit dem Rechtsbewußtsein der Gesellschaft und dem entsprechenden Umgang mit Recht.

Im Folgenden werden daher nach einer Beschreibung der politischen Systeme und aktuellen politischen Situationen als politische Kulturindikatoren das Demokratieverständnis sowie der Umgang mit Recht in den Ländern dargestellt.

3.2.2.1 Einordnung und Beschreibung der politischen Systeme

Zur Einordnung und Beschreibung der politischen Systeme wird zunächst ein Überblick über die politischen Grundordnungen in den untersuchten Ländern gegeben. Die relevanten Informationen zu den politischen Grundordnungen der untersuchten Länder können der folgenden Tabelle B/3-5 entnommen werden.[466]

---

[464] Vgl. Dülfer, E.: Internationales Management in unterschiedlichen Kulturbereichen [1996], S. 216.
[465] Vgl. Dülfer, E.: Internationales Management in unterschiedlichen Kulturbereichen [1996], S. 339.
[466] Vgl. Baratta, M.v.: Weltalmanach [1997], Sp. 477-478, 654-655, 755-756. **Singapur**: Der ehemalige Premierminister Lee Kuan Yew hält nach seiner Machtabgabe als Senior Minister immer noch eine sehr starke Position ein. **Malaysia**: Premierminister Mahathir bin Mohamad ist bereits seit

	Singapur	Malaysia	Vietnam
Staatsform	Republik mit parlamentarischer Demokratie (1959)	Föderalistische parlamentarische Demokratie i. V. m. konstitutioneller Wahlmonarchie (1963)	Sozialistische Republik (1976)
Verfassung von	1959	1957	1992
Staatsoberhaupt	Präsident: Ong Teng Cheong	König: "Yang Di-Pertuan Agong"	Präsident: Tran Duc Luong
Regierungspartei	People's Action Party (1959)	UMNO/Koalition der Nationalen Front (1971)	Kommunistische Partei Vietnams (1980)
Regierungschef	Premierminister: Goh Chok Tong (1990)	Premierminister: Mahathir bin Mohamad (1981)	Premierminister: Phan Van Kai (1997)
Verwaltung	Stadtstaat; 5 Bezirke	13 Bundesstaaten (darunter 9 Sultanate), 2 Bundesterritorien	7 Regionen mit 50 Provinzen, 3 Stadtbezirken

Tabelle B/3-5: Politische Grundordnungen in Singapur, Malaysia und Vietnam[467]

Singapur und **Malaysia** sind als ehemalige britische Kronkolonien Staaten im Commonwealth-Verbund. Der politischen Geschichte der Länder Singapur und Malaysia ist gemeinsam, daß die etablierten politischen Parteien alle auf Basis der jeweiligen ethnischen Herkunft als Interessenvertretungen gegründet worden sind und die Partei der jeweiligen ethnischen Mehrheit an der Regierung beteiligt ist.

- Die Position der seit 1959 an der Macht befindlichen People's Action Party (PAP) in **Singapur** ist mit 81 von 83 Sitzen im Parlament fest gesichert und die Wahlen in 2002 werden voraussichtlich keine Überraschungen hervorbringen. Die politische Situation ist von hoher Stabilität gekennzeichnet. Die Wirtschaftskrise und Rezession des Landes 1998 haben keine politischen Gegnerschaften hervorgebracht.[468]

- Die Position der regierenden Nationalen Front, eine Koalition von 11 Parteien unter Dominanz der stärksten Partei UMNO (United Malays National Organization) in **Malaysia** war bisher sehr gefestigt (Wahl 1995: 161 von 192 Parlamentssitzen). Die politische Situation ist seit September 1998 durch geringere Stabilität gekennzeichnet: Die Entlassung des stellvertretenden Premierministers und stellvertretenden Parteivorsitzenden Anwar Ibrahim sowie seine Anklage und Verur-

---

1976 stellvertretender Premierminister gewesen, so daß er nun seit ca. 25 Jahren die Entwicklung Malaysias beeinflußt. Die Aufgaben des im Fünfjahres-Turnus aus dem Kreis der neun Sultanate gewählten Königs umfassen vorwiegend protokollarische Dienste. Der vollständige Name des in 1999 gewählten Königs lautet Yang Di-Pertuan Agong Sultan Salahuddin Abdul Aziz Shah Alhaj Almarhum Sultan Hishamuddin Alam Shah Alhaj.

[467] Quelle: Eigene Darstellung.

[468] Vgl. Institute for South East Asian Studies: Regional Outlook [1998], S. 13-16. Diese sind auch nicht durch unpopuläre Maßnahmen zur Überwindung der asiatischen Wirtschafts- und Finanzkrise (z.B. Kürzung der Arbeitgeberbeiträge zum Pensionsfonds) hervorgerufen worden.

teilung aufgrund von ‚Mißverhalten' im Frühjahr 1999 hat zu zunehmender Unzu-
friedenheit in der Bevölkerung und zu einem Verlust an Vertrauenswürdigkeit im
In- und Ausland geführt.[469] Die Position der etablierten Oppositionsparteien sowie
einer neuen Oppositionspartei, die von Anhängern und der Ehefrau von Anwar Ibrahim gegründet wurde, ist hierdurch gestärkt worden. Die im November 1999
abgehaltene Parlamentswahl hat die Regierungskoalition in einer geschwächten
Position bestätigt (141 von 193 Parlamentssitzen).[470] Der Wahlkampf seitens der
Regierung galt als einer der ‚schmutzigsten' in der Geschichte der Wahlen Malaysias.[471] Trotz der Darstellung des Wahlergebnisses durch die Regierung als
deutlicher Sieg, hat sich die Position der Opposition im ganzen Land gestärkt.
Insbesondere haben die Anhänger der als fundamentalistisch-islamisch einzustu-
fenden Oppositionspartei ihre Position im Land stärken können.

Analog der Herkunft der Parteien sind auch die Ideologien in Singapur und Malaysia
explizit oder implizit an der Kultur der jeweils ethnisch dominanten Gruppe ausgerichtet.[472]

Die Verfassung **Vietnams** als sozialistische Republik (eine der fünf weltweit noch
existierenden) schreibt der kommunistischen Partei das Machtmonopol als Führer
von Staat und Gesellschaft sowie die Verantwortung der Führung des Landes gemäß
den Grundsätzen des Marxismus-Leninismus sowie Ho Chi Minhs zu.[473] Die wirtschaftliche Situation Vietnams in Form einer schweren Wirtschaftskrise in Verbindung mit einer Hyper-Inflation – neben einer Zunahme des internationalen Druckes
durch Reformen in der ehemaligen Sowjetunion und China – hat 1986 den 6. Parteikongreß der Kommunistischen Partei zur Einführung von Reformen gezwungen, die
als Politik der ‚Erneuerung' (Doi Moi) 1987/1988 letztendlich implementiert werden
konnte.[474] Begleitet werden sollten die wirtschaftlichen Reformen von einer graduel-
len Liberalisierung der Partei, der Nationalversammlung und der Presse. Dies ist beispielsweise durch den Generationenwechsel an der nun reformorientierten Regie-
rungsspitze mit Benennung des neuen Parteisekretärs sowie von Premierminister

---

[469] Vgl. Institute for South East Asian Studies: Regional Outlook [1998], S. 8-10; Chen, M.Y.: Malaysian Youth [1999], S. 1,4; o.V.: New Challenges for Mahathir [1999], S. 10.

[470] Vgl. Lopez, L.: Mahathir retains Power [1999], S 1,2. Die Oppositionsparteien haben sich im Vorfeld der Wahlen zu einer Koalition zusammengeschlossen, um ein Gegengewicht zur Regierungskoalition zu bilden. Ein abgestimmtes, alle Interessen der beteiligten Parteien berücksichtigendes
Programm ist jedoch nicht verabschiedet worden.

[471] Dies ist nicht nur von der internationalen Presse angeprangert, sondern auch in Malaysia selber
so empfunden und dargestellt worden. Vgl. Lopez, L.: Mahathir retains Power [1999], S. 1-2; Jayasankaran, S. / Vatikiotis, M.: Wake-up Call [1999], S. 16-17.

[472] Vgl. Lawson, S.: Culture of Politics [1998], S. 241; Gomez, E.T. / Jomo, K.S.: Political Economy
[1997], S. 1-2.

[473] Vgl. Union Bank of Switzerland: Guide [1997], S. 758-759.

[474] Der Parteikongreß, der alle fünf Jahre stattfindet, beschließt die generelle strategische Ausrichtung des Landes auf Basis der Vorgaben des Politbüros. Vgl. Quinlan, J.P.: Vietnam: Business
Opportunities and Risks [1995], S. 17-21.

Phan Van Kai im Jahr 1997 erfolgt.[475] So sehr die Regierung aber bemüht ist, durch die Wirtschaftsreformen eine zentralistische Planwirtschaft in Richtung einer kapitalistischen, marktwirtschaftlichen Ausrichtung zu entwickeln, so werden bis heute keine politischen Reformen hinsichtlich eines demokratischen Pluralismus durchgeführt.[476]

Das Dilemma dieser Vorgehensweise ist nun, daß bei einer Anerkennung des privaten Sektors als stärkste Kraft für das Wirtschaftswachstum dieser Sektor auch politisch in Erscheinung treten wird. Dies kann zum einen eine entsprechend wirtschaftlich gestärkte Bevölkerungsgruppe hervorbringen, andererseits die Kontrolle und Autorität des regierenden Systems schwächen.[477] Hinzu kommt, daß die Ausübung der Führung in Vietnam in der Theorie und in der Verfassung der Nationalversammlung als höchstem Organ zusteht, die Macht aber in Händen des Politbüros liegt, an deren Spitze der Parteisekretär als ‚primus inter pares‘ steht. Diese kollektivistische Parteiführung beeinträchtigt Entscheidungsprozesse und letztlich den Erneuerungen gegenüber aufgeschlossenen Premierminister Phan Van Khai bei der Umsetzung wichtiger Reformpakete.[478] Die Optionen, vor denen die vietnamesische Regierung steht, markieren einen wichtigen Schritt für die Zukunft des Landes: entweder wird die Erhaltung der politischen Stabilität durch die weitere Aufschiebung der Implementierung von Reformen ‚erkauft‘, oder aber die fundamentalen Reformen – auch zur Erhaltung des Anschlusses an die regionale Entwicklung in Südostasien – werden unter Hinnahme des politischen Risikos umgesetzt.[479] Die im Januar 2000 begonnene Neuorganisation der politischen und wirtschaftlichen Führung soll in der aktuellen Phase der Spaltung der Partei bezüglich der wirtschaftlichen und politischen Reformen zumindest gemäßigt die Wirtschaft weiterentwickeln. Der Parteikongress im Jahr 2001 wird eventuell weitergehende Maßnahmen beschließen.[480]

3.2.2.2 Demokratieverständnis und Ausübung von Recht

Auch politische Systeme unterliegen unterschiedlichen Wertordnungen und Demokratien können nach einem anderen als nach westlichem Verständnis ausgeübt werden.[481] Asiatische Werte stellen den Staat über das Individuum, während westliche Auffassungen die individuelle Freiheit und Rechte des einzelnen Individuums in den Vordergrund stellen. Werden die kulturellen Normen und Werte der ethnischen

---

[475] Vgl. Nathan, M.: Globalization [1999], S. 339.
[476] Vgl. Quinlan, J.P.: Vietnam: Business Opportunities and Risks [1995], S. 17-21, siehe auch Haubold, E.: Führung [2000], S. 3.
[477] Vgl. Than, M. / Tan J.L.H.: The Vietnamese Economy in Transition [1993], S. 15.
[478] Vgl. Institute for South East Asian Studies: Regional Outlook [1998], S. 30-31.
[479] Vgl. Institute for South East Asian Studies: Regional Outlook [1998], S. 32-33.
[480] Vgl. o.V.: Appointment [2000], S. 4. Die Partei sowie der Staatsapparat sollen zudem vereinfacht bzw. entbürokratisiert werden. Vgl. o.V.: Simplified [1999], http://www.vietnamnews.vnagency.com.vn.
[481] Vgl. Mackerras, C. / Maidment, R. / Schak, D.: Diversity and Convergence [1998], S. 1-5. Siehe auch Gomez, E.T. / Jomo, K.S.: Political Economy [1997], S.2.

Gruppen in den Ländern nun auf die politischen Systeme übertragen, zeigt sich, daß die politischen Kulturen von Singapur und Vietnam auch durch konfuzianische Prinzipien geprägt sind, deren Betonung und Respekt für Autorität und Hierarchie in Personifizierung und Dominanz von starker politischer Führung Ausdruck findet.[482] Die dargestellte Analogie der Autoritätsorientierung im malaiischen Budi-Komplex erklärt das gleiche Phänomen in Malaysia.

Die Staaten Asiens verstehen sich als ‚Volksherrschaften‘ und dies unabhängig davon, ob eine parlamentarische Demokratie oder aber ein leninistisches System existiert.[483] Die Ausübung der Macht in Singapur und Malaysia kann für westliche Begriffsauffassungen eher als autoritäre bzw. autokratische Systeme bezeichnet werden als als Demokratie; das System Vietnams ist zudem von kommunistischer Ideologie geprägt. Die folgende Abbildung B/3-4 zeigt die Entwicklung der politischen Systeme anhand der Ausprägungen Autoritäre und Demokratische Regierungssysteme nach dem zweiten Weltkrieg auf.

Autoritäres-demokratisches Kontinuum			
Stark autoritäres System und orthodoxer Kommunismus	Schwach autoritäre Systeme	Demokratisierende Regime/fragile Demokratien	Etablierte Demokratien
Vietnam (1954 – 86)	Singapur (1965 –) Malaysia (1970 –)	Vietnam (1986 –)	Singapur (1955 – 1963) Malaysia (1963 – 1969)

Abbildung B/3-4: **Evolution politischer Systeme seit 1945**[484]

Die Situation heute bezeichnet Lee Kuan Yew bezogen auf die Gemeinschaft der ASEAN-Staaten „There's no great ideological divide between the ASEAN countries. ... We are just varying degrees of democracy or of authoritarianism."[485] Singapur und Malaysia haben sich nach der Unabhängigkeit von den Kolonialmächten als demokratische Systeme in schwach autoritäre Regime entwickelt, Vietnam nach Einführung der wirtschaftlichen Reformen von einem orthodoxen Kommunismus in eine sehr fragile Form der Demokratie.[486]

---

[482] Dies soll jedoch nicht einer Gleichsetzung von diesen asiatischen Werten mit ‚Diktatur‘ gleichkommen, sondern eher darauf hinweisen, daß damit asiatische Wertvorstellungen sich im Arbeitsleben auswirken, eine starke, visionäre Führung, eine starke politische Basis in Verbindung mit ökonomischem Sachverstand erforderlich sind. Vgl. Low, L.: Government-made Singapore [1998], S. 27-29.

[483] Vgl. Weggel. O.: Asiaten [1990], S. 96.

[484] Quelle: In Anlehnung an Pei, M.: Political Foundations [1998], S. 42.

[485] Interview mit Lee Kuan Yew in: o.V.: Looking for the Future [1999], S. 32-33.

[486] Dieses Phänomen weisen auch andere Länder Südostasiens bzw. Ostasiens auf, die ein hohes Wirtschaftswachstum im gleichen Zeitraum zu verzeichnen hatten. Vgl. Pei, M.: Political Foundations [1998], S. 43-44. Siehe auch Gomez, E.T. / Jomo, K.S.: Political Economy [1997], S. 2.

Dem politischen Entwicklungsschub standen jeweils heimische Krisen voran: in **Singapur** führte die erfolglose politische Union mit **Malaysia** zu günstigen Voraussetzungen für die Festigung der Position der PAP von Lee Kuan Yew. So kann bspw. die autoritär und auch interventionistische Grundeinstellung der Regierung in Singapur bzw. des Senior Ministers Lee Kuan Yew gegenüber den notwendigen Maßnahmen, die aus Sicht der Regierung die Vision und somit Basis für den wirtschaftlichen Erfolg waren, durch das folgende Zitat verdeutlicht werden: „I say without the slightest remorse that we would not have made economic progress, if we had not intervened on very personal matters – who your neighbour is, how you live, the noise you make, how you spit, or what language you use. We decide what is right. Never mind what the people think – that's another problem." [487] In Malaysia führten die ethnischen Unruhen 1969 zu einer Einschränkung im politischen Wettbewerb und Restrukturierung der politischen Institutionen. Hinzu kam die Tabuisierung der seitdem gesellschaftlich sensiblen Themen Religion, Rasse und Kultur.[488] In **Vietnam** sind die Reformen 1986 durchgesetzt worden, da nach 1975 und der Besetzung Kambodschas die Ergreifung radikaler, jedoch erfolgloser wirtschaftspolitischer Maßnahmen Veränderungen hat hervorbringen müssen.[489] Den drei Ländern ist gemeinsam, daß – wie dargestellt - jeweils eine dominierende Partei bzw. ein Ein-Parteien-Regime in der Phase des starken wirtschaftlichen Wachstums die Regierungsgeschäfte geleitet hat.

Am Beispiel von Wahlkampf und Pressefreiheit sollen Merkmale der unterschiedlichen Demokratieauffassungen bzw. -ausübungen aufgezeigt werden:

Die relativ offenen Wahlen in **Singapur** und **Malaysia** werden unter Regeln abgehalten, die die Regierungspartei begünstigen. Der Wahlkampf in Malaysia sieht bspw. dergestalt aus, daß die Parteien einen sieben bis neuntägigen Wahlkampf führen (angekündigt vom Premierminister, entschieden vom sog. Election Committee, das wiederum von der regierenden Partei bestellt wird), ohne aber Wahlkundgebungen in Form von Großveranstaltungen oder in Verbindung mit öffentlicher Redefreiheit durchführen zu dürfen (Act of General Election).[490] Die Position der Oppositionsparteien bzw. deren Regierungsfähigkeit auf regionaler Ebene wird seitens der Regierung bspw. durch den Mechanismus der Bereitstellung von öffentlichen Mitteln zur Finanzierung von z.B. Infrastrukturprojekten in Frage gestellt. Dieses Vorgehen ist auch in Singapur relevant, wo die Redefreiheit und die Möglichkeiten der Opposition stark eingeschränkt sind. Administrative Regelungen schränken hier die Tätigkeit von

---

[487] Lee Kuan Yew, zitiert bei: Harrison. M.: Asia-Pacific [1994], S. 428. So umfassen die Regulierungen bspw. die vielzitierten Verbote des Spuckens auf den Gehsteig, des Essens in der Untergrundbahn. Siehe auch Low, L.: Government-made Singapore [1998], S. 35.

[488] Vgl. Jayasankaran, S. / Hiebert, M.: Formative Fury [1999], S. 46.

[489] Vgl. Pei, M.: Political Foundations [1998], S. 45.

etwaigen Oppositionsaktivitäten stark ein.[491] Im politischen System **Vietnams** haben Wahlen eher symbolischen Charakter.[492]

Neben der Restriktion von Oppositionsaktivitäten ist es auch die Ausübung der Kontrolle über die Medien, die die Regierungen für eigene Zwecke nutzen. Diese eher autoritäre Ausübung einer Demokratie nach asiatischen Vorstellungen beeinflußt insbesondere die Stellung der Pressefreiheit.[493]

Die Pressefreiheit in **Singapur** und **Malaysia** ist zwar proklamiert, de facto aber nicht existent. Das Parlament in Singapur hat 1998 abgelehnt die Zensur der regierungskontrollierten Presse aufzuheben, der Informationsminister hat aber eine Prüfung der Zensurgesetze angekündigt, die als offene Einstellung gegenüber der Thematik angesehen wird.[494] Malaysias Premierminister Mahathir umschreibt seine Auffassung dazu folgendermaßen und spricht stellvertretend für die gesamte Regierungspolitik: „I agree to freedom of the press, but only so long as it is not used to rob others of their freedom, dignity or well-being. Malaysia, for instance, has several different ethnic groups and thus a potential exists for them to clash against each other if sensitive issues are used to fuel racial animosity."[495] Er führt weiter aus, daß westliche Reporter stets dieses Spannungspotential herausstellen würden und daher diese Art der freien Berichterstattung gerade Spannungen schafft, die ein weniger entwickeltes Land in das Chaos stürzen können. „In this case, I believe it is justified to limit the freedom of the press."[496]

Die wirtschaftlichen Reformen ab 1986 in **Vietnam** wurden erst mit der Förderung einer aktiven Presse sowie mehr politischen Freiheiten verbunden, ab 1989 mit dem Kollaps des Kommunismus in Osteuropa jedoch wieder stark eingeschränkt.[497] Für Vietnam gilt Artikel 2 des Pressegesetzes „assuring the freedom of press and freedom of speech in the press ... the press is not submitted to censorship before being printed or broadcasted".[498] Dies bringt allerdings eine entsprechende Sanktionierung

---

[490] Die Wahlen im November 1999 sind im Vorfeld des offiziellen Wahlkampfes durch eine ‚pre-election' Reise des Premierministers in den Bundesstaaten vorbereitet worden. Vgl. o.V.: M'sian Election's Timing [1999], http://www.business-times.asia1.com.sg.

[491] Vgl. Weggel, O.: Asiaten [1990], S. 96.

[492] Vgl. Pei, M.: Political Foundations [1998], S. 50.

[493] Eine Darstellung der Betrachtung der Pressefreiheit aus asiatischer Sicht im Vergleich zu einer westlichen Perspektive gibt Mahbubani, K.: Can Asians think? [1998], in seinem Artikel ‚An Asian Perspective on Human Rights and Freedom of the Press', hier insbesondere die Seiten 62-68 und 79-80.

[494] Vgl. o.V.: Singapore MPs vote against free Press [1998], S. 17, Ching, F.: Change [1999], S. 31.

[495] Mahathir, M.: Deal [1999], S. 71.

[496] Mahathir, M.: Deal [1999], S. 71. Vgl. Singh, S.: Need [1999], S. 2.

[497] Vgl. Quinlan, J.P.: Vietnam: Business Opportunities and Risks [1995], S. 17-21.

[498] National Assembly of the Socialist Republic of Vietnam: Law on the Press v. 28. Dezember 1989 [1998], Artikel 2. Darüber hinaus sollen die Informationen u. a. die Linie und Politik der Partei sowie die Staatsgesetze unterstützen. Vgl. National Assembly of the Socialist Republic of Vietnam: Law on the Press vom 28. Dezember 1989 [1998], Artikel 6.

seitens der Regierung bei Publizierung oder Veröffentlichung von nicht-re
gierungskonformen Aussagen zum Ausdruck.

Der Umgang mit der Pressefreiheit ist für die in den Ländern tätigen ausländischen
Banken dahingehend relevant, daß die politischen und gesellschaftlichen Gescheh-
nisse in den Ländern durch die jeweilige Pressezensur nur sehr schwer beurteilt
werden können. Dies stellt verallgemeinernd ein grundsätzliches Problem bei der Informationsbeschaffung aber insbesondere bei der Informationsbeurteilung in den
Ländern dar. Das Verständnis von Vorgängen im jeweiligen Land und die Meinungsbildung sind deshalb mehr auf informelle Quellen und Gespräche als auf geschriebe-
ne Quellen angewiesen. Bei Vergegenwärtigung der gesellschaftlichen Strukturen
sowie der autoritären politischen Führung in bspw. Malaysia werden insbesondere
politische Themen von den ethnischen bzw. von regierungsnahen und oppositions-
nahen Gruppen zum einen unterschiedlich dargestellt, zum anderen aber auch nur
innerhalb der jeweils vertrauten Gruppen ausgesprochen.

3.2.2.3 Ausprägungen im Umgang mit Recht

Die kulturelle Prägung des Umgangs mit Recht als institutionelle Rahmenbedingung
für wirtschaftliche Entwicklung kann auf Basis des Niveaus an Korruption aufgezeigt
werden.[499] Diese Verhaltensweisen lassen sich nicht konkret auf die angeführten
Normen und Wertvorstellungen der Individuen und der Gesellschaften zurückführen.
Der Umgang mit Recht stellt jedoch wesentliche Verhaltensweisen in den Ländern
dar, die für die westlichen Banken in ihrem Verhalten im Umgang mit lokalen Behörden und Unternehmungen zum Verständnis zu berücksichtigen sind.

Die Diskussion, ob Korruption, Cronyismus und Nepotismus als asiatische Werte
oder Wertvorstellungen zu bezeichnen sind, gestaltet sich auch dahingehend schwierig, als daß die Beurteilung aus westlicher und asiatischer Sicht unterschiedlich erfolgt.

Aus westlicher Perspektive wird der Korruption in Vietnam im intra-asiatischen Vergleich eine sehr hohe Bedeutung zugeschrieben, so daß Unternehmungen, die sich
an diesem ‚System' nicht beteiligen, damit rechnen müssen, daß die Abwicklung von
Projekten sich entweder verlangsamt oder aber Geschäftsabschlüsse nicht zustande
kommen. Die Beurteilung der Relevanz von Korruption bei der Geschäftstätigkeit in
Malaysia wird deutlich niedriger bewertet, ist aber trotzdem von Bedeutung. Die Relevanz in Singapur ist negiert worden.[500] Es zeigt sich, daß Korruption ein für die Ge-

---

[499] Vgl. That, D.T.: Role of the State [1993], S. 39-40. Unter Korruption wird der gezielte Einsatz von
finanziellen Mitteln verstanden, um Entscheidungen im Sinne des Korrumpierenden zu beeinflussen. Vgl. Zachert, H.-L.: Internationalisierung [1997], S. 575.

[500] Die Bewertungen resultieren aus einer Befragung von europäischen und amerikanischen Managern in ostasiatischen Ländern durch das INSEAD Euro-Asia Centre im Jahr 1996 zur Beurteilung

schäftstätigkeit insbesondere in Vietnam, aber auch in Malaysia zu berücksichtigendes Merkmal ist.

In den Ländern ist die Thematik jedoch nicht tabu: In **Singapur** werden zur Vermeidung der Korrumpierung des Staatsapparates den Regierungsangestellten im Landesvergleich und im internationalen Vergleich sehr hohe Gehälter gezahlt.[501] In **Malaysia** gibt es eine offizielle, dem Prime Minister's Department angeschlossene ‚Anti-Corruption Agency' (ACA), die das Ausmaß an Korruption, aber auch von ‚malpractices' und Machtmißbrauch im Land bekämpfen soll.[502] In **Vietnam** hat die Kommunistische Partei offiziell Korruption – neben Bürokratie, Ineffizienz und Verschwendung – als grundsätzliche Ursache bzw. Hemmnis der wirtschaftlichen Entwicklung bezeichnet.[503] An konkreten Maßnahmen hat im Mai 1999 eine Anti-Korruptions-Kampagne begonnen, die bis Ende 2001 dauern soll und bereits zu einigen Prozessen sowie Entlassungen von Beamten und Politikern geführt hat.[504]

Der dargestellte, im Vergleich zu westlichen Verhaltensweisen als unterschiedlich aufgefaßte Umgang mit Recht vermischt sich auch dann mit kulturellen, aber auch entwicklungsstandbezogenen Aspekten, wenn es sich um den Abschluß von Verträgen, Stellenwert von Vertragsformen und Vertragstreue handelt.

3.2.2.4 Implikationen für das Interkulturelle Management von westlichen Banken

Die politisch-rechtlichen Rahmenbedingungen sind für die internationalen Banken dahingehend von Bedeutung, als daß diese den Rechtsrahmen, in denen auch sich die Rechtsregeln für die Geschäftstätigkeit der Banken bewegen, bestimmen. In diesem Zusammenhang spielen die ethischen Wertvorstellungen bei der Ausübung von Geschäften eine erhebliche Rolle.

---

der Einflußnahme von Korruption auf die Geschäftstätigkeit in den Ländern. Vgl. Lasserre, P. / Probert, J.: Understanding [1998], S. 31-33. Im Rahmen der Umfrage zu Einflußfaktoren für Geschäftsentscheidungen und Ausmaß der Bedeutung von Regierungen, Kunden und Wettbewerbern auf die Geschäftsumwelt in Ostasien sind insgesamt 285 Antwortkataloge von Managern in 12 Ländern ausgewertet worden. Bei den in 1998 veröffentlichten Umfrageergebnissen handelt es sich um eine Wiederholungsumfrage von 1992, die in 1994 veröffentlicht worden war. Mit Bezug auf die zwischen Durchführung und Veröffentlichung der Umfrage ausgebrochene asiatische Wirtschafts- und Finanzkrise merken die Autoren an, daß die Ergebnisse helfen, einige Ursachen der Krise besser zu verstehen.

501 Vgl. Union Bank of Switzerland: Guide [1997], S. 600-601. Diese Verbindung von öffentlichem und privatem Sektor hat gleichzeitig den Effekt, daß eine Position in der Regierung mit der finanziellen Ausstattung einer Position in der freien Wirtschaft gleichwertig ist, da so ein Austausch von qualifizierten Führungskräften zwischen Wirtschaft und Politik stattfindet. Vgl. Low, L.: Government-made Singapore [1998], S. 209-216. Hier findet sich auch eine Übersicht über die Gehaltsstrukturen im öffentlichen Sektor in Singapur im nationalen und internationalen Vergleich.

502 Vgl. Prime Minister's Department: Malaysian Civil Service [1998], S. 526-528.

503 Vgl. Institute for South East Asian Studies: Regional Outlook [1998], S. 30-31.

- Das Umfeld der westlichen Banken stellt sich in den drei Ländern insgesamt als autoritär geprägt dar, so daß die Orientierungsmuster der Banken bei der Beurteilung von politischen Geschehnissen die politische Kultur und das Verhältnis Staat – Individuum berücksichtigen müssen.

- Die teilweise eingeschränkten Möglichkeiten der Beschaffung und Bewertung von objektiven Informationen machen für die westlichen Banken zur Beurteilung des eigenen Umfeldes sowie des Umfeldes der jeweiligen Geschäftspartner die Generierung von Informationen über ein informelles Netzwerk an Informationsquellen erforderlich.

- Es ist davon auszugehen, daß Korruption im Rahmen der Geschäftstätigkeit auch an die westlichen Banken herangetragen wird. Die Auseinandersetzung mit dem Thema Korruption sowie der Umgang mit auf Korruption abstellendem Verhalten kann sowohl im Rahmen von Geschäftsbeziehungen als auch bezüglich des Verhaltens von Mitarbeitern erforderlich sein.

Stellen die politisch-rechtlichen Kontextfaktoren die eher institutionellen Rahmenbedingungen der Geschäftstätigkeit dar, so agieren die westlichen Banken ökonomisch vor allem im Kontext der Wirtschaftssysteme und Entwicklungsvisionen. Diese beeinflussen nicht nur den Umfang der Geschäftstätigkeit der westlichen Banken. Auch die Art der Geschäftstätigkeit wird geprägt, da das Marktpotential und hiermit die Nachfrage nach Bankmarktleistungen der verschiedenen Kundensegmente wesentlich von der wirtschaftlichen Entwicklung in den Ländern bestimmt wird.

3.2.3 Gesamtwirtschaftliche Kontextfaktoren und Entwicklungstendenzen

Die Wirtschaftssysteme und die ihnen zugrunde liegenden Ideologien in der asiatischen Region sind ebenso unterschiedlich wie die Kulturen der Länder.[505] Übereinstimmung besteht in der Literatur darüber, daß analog der Unterschiede zwischen westlichen und asiatischen Demokratieauffassungen wiederum die Basiswerte und politischen Ideologien die Differenzen zwischen westlicher und asiatischer Auffassung von Marktwirtschaft ausmachen. Vietnam stellt in diesem Fall eher eine Ausnahme dar, da die marktwirtschaftlichen Reformen auf Basis der Ideologie des Sozialismus eingeführt werden.

In allen drei Ländern gibt es eine Wirtschaftsplanung mit Zielvorgaben für die künftige Entwicklung jeden Landes und einer entsprechenden Einstellung der erforderlichen Mittel in das jährliche Budget.[506] Die zugrunde liegenden Wirtschaftsstrategien unterscheiden sich jedoch signifikant auf Basis von unterschiedlichen Wirtschafts-

---

[504] Vgl. Haubold, E.: Führung [2000]; S. 3.; o.V.: Sack DPM over graft [1999], http://www.business-times.asia1.com.sg.

[505] Vgl. Harrison, M.: Asia-Pacific [1994], S. 6-10.

[506] Vgl. Strittmatter, G.: Kooperationsstrategien [1984], S. 65-67.

strukturen bzw. ideologischen Ausrichtungen: In Singapur gibt es eine liberale wirtschaftspolitische Ausrichtung, in Malaysia eine sukzessive Einführung von Deregulierungs- und Liberalisierungsmaßnahmen vor stark nationalistischem Hintergrund. In beiden Ländern spielt der Staat durch die wirtschaftliche Einbindung eine große Rolle. Die Länder Singapur und Malaysia haben ihre als ehrgeizig zu bezeichnenden Visionen für die jeweilige Entwicklung formuliert, um ein nach Maßstäben der OECD entwickeltes Land zu werden. **Singapur** strebt ein BIP/Einwohner auf Niveau der Niederlande bis zum Jahr 2020 bzw. auf dem Niveau der USA bis zum Jahr 2030 an.[507] **Malaysia** definiert einen Plan zur Erreichung des Status eines entwickelten Landes in seiner ‚Vision 2020'.[508] Die Wege dorthin werden durch die gegebenen Rahmenbedingungen sowie durch unterschiedliche Vorgehensweisen geprägt. **Vietnam** ist als Entwicklungsland von der Formulierung von solchen Visionen weit entfernt. Da die politische Ideologie weiterhin priorisiert wird, kämpft das Land mit der Umsetzung weiterer wirtschaftlicher Reformen.

Die gesamtwirtschaftlichen Kontextfaktoren sollen anhand der folgenden Struktur betrachtet werden:

- Makroökonomische und demographische Indikatoren,
- Wirtschaftssystem und Entwicklungstendenzen,
- Internationale Ausrichtung und Integration.

Um die Darstellung der aktuellen Entwicklungen unter Bezug auf aktuelle Ereignisse in den Ländern vornehmen zu können, erfolgt diese vor dem Hintergrund der asiatischen Wirtschafts- und Finanzkrise. Hieraus lassen sich auch kulturelle Merkmale im Umgang mit den Auswirkungen der Krise erkennen.

Zunächst soll der Entwicklungsstand der untersuchten Länder anhand der sektoralen Struktur der Volkswirtschaften aufgezeigt werden, bevor Singapur, Malaysia und Vietnam nacheinander betrachtet werden.

---

[507] Vgl. The Economic Planning Committee/Ministry of Trade & Industry: Strategic Economic Plan [1991], S. 40-48. ‚Entwickeltes' Land bedeutet hier, zu den führenden Industrienationen der Welt (G7 Staaten) aufzurücken.
[508] Vgl. Ahmad, S.A.H.: Malaysia's Vision 2020 [1997], S. XVIII.

130

3.2.3.1 Struktur der Volkswirtschaften

Die Unterschiede des volkswirtschaftlichen Entwicklungsstandes lassen sich anhand der sektoriellen Entstehung des BIP in 1998 in den untersuchten Ländern wie in Tabelle B/3-6 darstellen. Die Entwicklung von Volkswirtschaften läßt sich anhand der Struktur des BIP einordnen. [509]

Sektor	Singapur	Malaysia	Vietnam
Agrar-/Landwirtschaft	0,1	9,4	28,6
Industrie/Produktion	35,2	43,5	36,1
Dienstleistungen	64,7	47,1	35,3

Tabelle B/3-6: Sektorielle Zusammensetzung des BIP in Singapur, Malaysia und Vietnam[510]

Das Bruttoinlandsprodukt Singapurs basiert vornehmlich auf Dienstleistungen und industrieller Produktion. Es entwickelt sich derzeit auch vor dem Hintergrund steigender Lohnkosten und daher sinkender Wettbewerbsfähigkeit innerhalb der Region zu einer Dienstleistungsgesellschaft. In Malaysia ist der Industriesektor sehr stark ausgeprägt, da sich die Industrie qualitativ innerhalb dieses Sektors von Montagetätigkeiten zur industriellen Fertigung von Gütern bewegt. In Vietnam hingegen, wo ca. 80% der Bevölkerung auf dem Land leben, leistet die Landwirtschaft einen wesentlichen Beitrag (29%) zum Bruttoinlandsprodukt. Trotz des gleichen Anteils des Industriesektors wie in Singapur, findet in Vietnam die Entwicklung zum Montage- und Industriestandort erst langsam durch die Ansiedlung von Industriezweigen statt. Dies hat zur Folge, daß Naturkatastrophen von 1997 und 1998 erhebliche Auswirkungen auf die wirtschaftliche Entwicklung gehabt haben. [511] Da die Wirtschaftsstrukturen sehr unterschiedlich sind, ist es in diesem Kapitel sinnvoll, die untersuchten Länder hinsichtlich der wirtschaftlichen Entwicklung getrennt darzustellen.

3.2.3.2 ‚Management' des Stadtstaates Singapur

„Nothing in Singapore happens by accident" - aufgrund der geringen Größe Singapurs ist es möglich, mit dem als autoritär zu bezeichnendem Regierungssystem das Land nicht nur auf makroökonomischer Basis, sondern auch durch große Nähe zum

---

[509] Vgl. World Bank: World Development Indicators [1999], http://www.worldbank.org/data/country-data. Angaben in Prozent.
[510] Quelle: Eigene Darstellung.
[511] Ende 1997 hat der Typhoon Linda in Vietnam verheerende Auswirkungen gehabt, jeweils in 1997 und 1998 gab es sehr lange Dürreperioden sowie Überflutungen im südlich gelegenen Mekong River Delta sowie in den nördlichen Bergregionen.

mikroökonomischen Bereich zu ‚führen'.[512] Die Nähe der Regierung Singapurs zur lokalen Wirtschaft ist sehr stark, da bis heute die größten Unternehmungssgruppen in staatlichem (Teil-)Eigentum sind bzw. von einer politisch involvierten Elite gesteuert werden.[513] Die wesentlichen makroökonomischen und demographischen Indikatoren zu Singapur im Zeitablauf können Tabelle B/3-7 entnommen werden.[514]

Indikator	1980	1990	1996	1997	1998	1999	2000(F)
Gesamtwirtschaft							
BIP (Mio. US$)	27.641	55.870	91.135	99.254	99.503	105.086	111.669
Veränderungen zum Vorjahr in %	9,7	9,0	7,6	8,9	0,2	5,6	6,3
BIP/Einwohner (US$)	5.140	13.556	29.936	30.697	26.672	27.600	28.700
Staatshaushalt							
Budgetsaldo (Mio. US$)	-3.291	1.820	8.864	4.748	n.a.	n.a.	n.a.
in % des BIP	0,4	2,7	6,9	3,4	2,4	2,7	3,5
Preise und Sparquote							
Inflationsrate (in %)	8,52	3,64	1,38	2,00	-0,30	n.a.	n.a.
Sparquote in % des BIP	37,50	37,90	51,20	51,80	52,20	50,00	40,00
Internationale Verflechtungen							
Direktinvestitionen (Mio. US$)	1.138	3.541	1.609	4.988	4.110	5.700	5.300
Handelsbilanz (in % vom BIP)	-25,3	-4,5	-2,4	1,2	17,4	4,1	3,0
Soziales							
Bevölkerung (Mio.)	2,38	2,70	3,04	3,10	3,20	3,20	3,30
Anteil unter 15 Jahre (in %)	27,10	21,40	22,40	22,40	n.a.	n.a.	n.a.
Arbeitslosigkeit (in %)	3,50	1,80	2,00	1,80	3,2	3,3	2,8

Tabelle B/3-7: Wirtschaftliche und demographische Indikatoren Singapurs[515]

Singapur realisiert in 1999 mit einem Bruttoinlandsprodukt (BIP) pro Einwohner in Höhe von 27.600 US$ einen Wohlstand, der gleichauf mit den wirtschaftlich führen-

---

[512] Vgl. Cunaha, D.d.: Singapore in 1998 [1999], S. 271.
[513] Vgl. Low, L.: Government-made Singapore [1998], S. 36, 155.
[514] Vgl. Econimist Intelligence Unit: EIU Country Data [2000]; World Bank: World Development Indicators [1999], http://www.worldbank.org/data/countrydata; Asian Development Bank: Asian Development Outlook [1999], S. 59; Low, L.: Government-made Singapore [1998], S. 128, 136; Monetary Authority of Singapore: Annual Report 1998/99 [1999], S. 102; Ministry of Trade and Industry: Economic Survey of Singapore 1998 [1999], S. 113; Institute for South East Asian Studies: Regional Outlook [1998], S. 40, Appendices; HSBC: HSBC Business Profile Series: Singapore [1999], S. 21. Die Angaben für 1998 (BIP, BIP/Einwohner) und 1999 sind Schätzungen, die Angaben für das Jahr 2000 Prognosen.
[515] Quelle: Eigene Darstellung. Die Angaben für das Jahr 2000 sind Hochrechnungen (F = Forecast).

132

den Nationen der Welt (USA: 33.900 US$, Deutschland: 25.500 US$. Frankreich: 24.300 US$, Japan: 34.400 US$) liegt. Im Vergleich zu 1965, zum Zeitpunkt der Unabhängigkeit von Malaysia, entspricht das BIP/Einwohner heute mehr als dem siebenfachen des BIP/Einwohner in Malaysia (3.730 US$). Der dieser Entwicklung zugrunde liegende wirtschaftliche Führungsansatz Singapurs läßt sich in drei Phasen unterteilen, die gleichzeitig die Entwicklungs- und Marketingkonzeptionen für den Stadtstaat darstellen:[516]

1. 1959 - 1968: Singapore Incorporated: Industrielle Restrukturierung von einem Handelsstandort zur Importsubstitution;[517] Instrumente: Aufbau aktiver staatlicher Unternehmungen (Government Linked Corporations – GLCs) sowie Schaffung eines positiven Investitionsklimas für Direktinvestitionen und Multinationale Unternehmungen (MNU),

2. 1969 - 1992: Singapore International: Exportorientierung und Schaffung eines Zentrums ('Hubs') für internationale Unternehmungen; Expansion lokaler Unternehmungen mit partnerschaftlicher Unterstützung durch multinationale und staatliche Unternehmungen außerhalb des lokalen Marktes; Verlagerung und integrierte Steuerung von weniger wertschöpfenden Aktivitäten in Nachbarländer Singapurs[518],

3. 1993 - heute: Singapore Unlimited: Kollektiver Ansatz der Regionalisierung der Wirtschaft Singapurs in Verbindung mit der Ausweitung der Geschäftsaktivitäten von multinationalen Unternehmungen in der Region Asien-Pazifik.

Die Gestaltung Singapurs als Standort multinationaler Unternehmungen beinhaltet auch die Schaffung von Anreizen für die laufende und zukünftige Geschäftstätigkeit international tätiger Banken.

Nach Erreichung der Unabhängigkeit sind konsequent ehrgeizige Pläne zur Förderung des Landes entwickelt und umgesetzt worden. Hauptcharakteristikum und gleichzeitig 'moralische Antriebskraft' der Wirtschaft ist das starke Engagement der Regierung, was Singapur zu einem 'government-made' Land macht. „It must be recognised, that Singapore is to a great extent a *planned* rather than a 'natural' city."[519]

---

[516] Vgl. Low, L.: Government-made Singapore [1998], S. 56-58.

[517] Singapur war bis zur Unabhängigkeit durch die starken Handelsaktivitäten ein 'entrepôt' in der Region und hatte einen sehr schwach ausgeprägten Produktionssektor, was sich 1960 in einem Anteil von 11,9% Industrieproduktion am BIP sowie an einer Wiederausfuhrquote in Höhe von 94% am Gesamtexport zeigte. Vgl. Union Bank of Switzerland: Guide [1997], S. 602-603.

[518] Die Einbindung ausländischer Investoren wurde vor allem in die Bereiche gelenkt, in denen Singapur einen nationalen Wettbewerbsvorteil gegenüber anderen Ländern hatte. Zur Definition und Entstehung von Wettbewerbsvorteilen von Nationen siehe auch Porter, M.E.: Competitive Advantage of Nations [1990], S. 71-73 bzw. ausführlich S. 69-130. Dies bedeutet, daß die Gewinne der MNCs von der weltweiten Nachfrage nach den in Singapur hergestellten Gütern und Dienstleistungen abhängig sind. Vgl. Union Bank of Switzerland: Guide [1997], S. 602-603.

[519] Clammer, J.R.: Singapore: Ideology, Society, Culture [1985], S. 6.

Dies kommt zum Ausdruck durch die Gründung von Regierungsinstitutionen zum Management des Stadtstaates wie bspw. das Economic Development Board (EDB), die Kontrolle des staatlichen Pensionsfonds Central Provident Funds (CPF) sowie die staatlichen Beteiligungen an lokalen Unternehmungen.[520] Vorrangig wurde mittels einer liberalen Wirtschaftspolitik der Freihandel und das private Unternehmerwesen gefördert.[521] Zudem ist das produzierende Gewerbe vor allem durch die jeweils zehnjährigen Wirtschaftspläne - für 1980-1989 als ‚Zweite Industrielle Revolution' und für 1990 bis 1999 als ‚Strategic Economic Plan' bezeichnet – aufgebaut worden.

Erklärtes Ziel der Wirtschaftspolitik ist die Kooperation von Wirtschaft, Arbeit und Regierung. Zur kontinuierlichen Verbesserung des Lebensstandards der Bevölkerung dienen die Förderung von öffentlichem Wohnungsbau, der Ausbildung und die an die Entwicklung der Arbeitsproduktivität gekoppelten Löhne. Hinzu kommen Infrastrukturprojekte und das Bestreben nach ausländischen Investitionen.[522] Dabei werden insbesondere technologieorientierte Investitionen gefördert, wodurch sich Singapur zu einem der führenden Standorte im Technologiesektor entwickeln will.[523] Dies geschieht durch die konkrete Einbeziehung der angesiedelten international tätigen Unternehmungen in den Aufbau dieses Industriesektors in Singapur, wobei die Restriktion der lokalen Binnennachfrage mit zunehmender Regionalisierung und Globalisierung der lokalen Unternehmen gemeinsam mit den ansässigen multinationalen Unternehmungen kompensiert wird.[524]

Die asiatische Wirtschafts- und Währungskrise hat auch Auswirkungen in Singapur gezeigt. Das volkswirtschaftliche Wachstum wurde von hohen Zuwächsen bei der Arbeitsproduktivität begleitet, die 1996 aufgrund extrem steigender absoluter Arbeitskosten sowie durch die später massiven Abwertungen der Währungen der umliegenden südostasiatischen Länder beeinträchtigt wurden. Die intraregionale Wettbe-

---

[520]   Das Economic Development Board (EDB) ist dafür verantwortlich, die Wirtschaftsbereiche mit hohem Wachstums- und Einkommenspotential zu identifizieren und als Ansprechpartner für ausländische Investoren entsprechende Investitionsanreize zu gewähren. Vgl. Garbrecht, G.: Singapur [1997], S. 116-120. Zusätzlich investiert Singapur in den Aufbau und technologische Verbesserung der physischen Infrastruktur wie Industrieparks, Telekommunikation, um für ausländische Investoren in der Region herausragende Rahmenbedingungen zu schaffen. Vgl. Wong, P.K.: Industrial Policy [1996], S. 68. Vgl. Union Bank of Switzerland: Guide [1997], S. 600-601. Bei dem Central Provident Fund (CPF) handelt es sich um den Pensionsfonds in Singapur, in den Arbeitgeber und Arbeitnehmer obligatorisch Beiträge einzuzahlen haben. Dieser Fonds ist wesentlicher Baustein des wirtschaftlichen Aufbaus von Singapur geworden: zum einen ist die inländische Sparquote im Verhältnis zum BIP regional sehr hoch (1998: 52%), zum anderen können die Arbeitnehmer angespartes Vermögen zum Erwerb von bspw. Wohneigentum verwenden.

[521]   Der Hafen von Singapur hat den Status eines Freihafens.

[522]   Vgl. Harrison, M.: Asia-Pacific [1994], S. 428-431.

[523]   Vgl. FAZ u.a.: ASEAN / Indochina [1997], S. 112.

[524]   Vgl. International Trade Administration: Big Emerging Markets [1995], S. 173-174. Der Nettozufluß an ausländischen Direktinvestitionen hat gemäß Tabelle B/3-7 nach einem Rückgang in 1998 bereits in 1999 das Niveau von 1997 überstiegen. Die Investitionen von lokalen Unternehmungen aus Singapur in Asien betrugen in 1996 51% der weltweiten Investitionen. Vgl. Ministry of Trade and Industry: Economic Survey of Singapore 1998 [1999], S. 7.

134

werbsfähigkeit Singapurs ist dadurch reduziert worden. Da die Möglichkeiten der Erhaltung der Wettbewerbsfähigkeit durch relative Kostenvorteile ausgeschöpft sind, sollen nun die Fähigkeiten (z.b. technologisches Know-how) des Stadtstaates einen nationalen Wettbewerbsvorteil in der Region schaffen.[525] Weitere Auswirkungen der Krise in Singapur zeigen sich aufgrund der wirtschaftlichen Verflechtungen in der Region, da die südostasiatischen Länder wichtige Absatzmärkte sowohl für den Handel als auch für Direktinvestitionen darstellen. Hinzu kommen die Reduktion der sog. ‚Hub-Services‘ in den Bereichen Handel, Transport, Tourismus und Finanzdienstleistungen. Im Gegensatz zu den umliegenden Ländern ist Singapur direkt aufgrund der hohen Währungsreserven, einer konsequenten Trennung der On-Shore- und Off-shore Banking Bereiche[526] sowie einer geringeren Verschuldung im Ausland von den Ausmaßen der Krise – relativ betrachtet – verschont geblieben.[527]

Singapur hat zur Kompensation der durch die Auswirkungen der Krise auf die umgebenden Länder ausgelösten Kontraktion des BIP im vierten Quartal 1998, und erstmaligem fast Nullwachstum im gesamten Jahr 1998, begonnen, die Krise als Chance für die weitere Entwicklung des Landes aufzufassen und die Wettbewerbsfähigkeit auf globalem Niveau zu erhalten. Das hierfür vom Committee on Singapore's Competitiveness vorgeschlagene Maßnahmenpaket umfaßt vorwiegend solche Vorschläge zur Reduzierung der Geschäftskosten sowie der Steuerbelastungen. Außerdem bemüht man sich um die Sicherstellung der Finanzierung von lokalen Unternehmen, Verbesserung der Qualifikation und somit der Qualität der Arbeitskräfte, Diversifizierung der Exportmärkte als Absatzmärkte für lokale Unternehmen und eine weitere Verstärkung der Aktivitäten zum Anreiz von Direktinvestitionen aus dem Ausland.[528] Die mit der Krise verbundene und teilweise genutzte Chance zeigt sich in der weiteren Öffnung des Landes nicht nur gegenüber ausländischen Investoren, sondern auch qualifizierten ausländischen Arbeitnehmern. Hinzu kommen hohe Investitionen in die Ausbildung der Arbeitskräfte sowie einer ‚Revolutionierung‘ des Bildungssystems, um die neue Generation Singapurs auf die Anforderungen einer auf Wissen und Informationen aufbauenden Wirtschaft und Gesellschaft vorzubereiten.[529]

---

[525] Vgl. Ministry of Trade and Industry: Singapore's Competitiveness [1998], S. 105.

[526] Vgl. Kapitel 3.3.2.2.2.

[527] Vgl. Asian Development Bank: Asian Development Outlook [1999], S. 58-59.

[528] Vgl. Ministry of Trade and Industry: Singapore's Competitiveness [1998], S. 30-33. Als konkrete Maßnahmen zur Entlastung der lokalen Unternehmungen sind u. a. die Senkung der Industrielöhne um 15% sowie der Reduktion des Arbeitgeberbeitrages zum staatlichen CPF Pensionsfonds verabschiedet worden. Der Arbeitgeberbeitrag ist von 20% auf 10% des Gehaltes gesenkt worden, der Arbeitnehmerbeitrag stabil auf 20% belassen worden. Das gesamte Maßnahmenpaket umfaßt Kostenreduktionen in Höhe von 10,5 Mrd. S$ und ergänzt bereits in 1998 verabschiedetes Paket in Höhe von 2 Mrd. S$. Diese Pakete belasten das Staatsbudget in 1998 mit 1,8 Mrd. S$ und für 1999 mit 1,8 Mrd. S$. Vgl. Tau, R.H.T.: Budget Statement 1999 [1999], S. 14.

[529] Vgl. Institute for South East Asian Studies: Regional Outlook [1998], S. 43-44. So wird die Strategie des ‚attracting foreign talent‘ nicht nur regelmäßig von Politikern eingefordert, sondern auch exemplarisch bei der Besetzung von Managementpositionen von lokalen Unternehmungen durchgeführt. So ist z. B. ein australischer Manager in die Geschäftsführung von Singapore Airli-

Strategisches Ziel Singapurs ist es, die Rolle als regionales Zentrum ‚Business Hub' innerhalb der ASEAN-Länder zu behaupten und internationaler Zugang zu Asien zu sein. Dies geschieht auf Basis der Vision ‚S21', die Singapur als ‚knowledge-based economy' bezeichnet und insgesamt acht strategische Herausforderungen[530] umfaßt. Deren konkrete Umsetzung soll Singapur unterstützen, die angeführte Vision, ein entwickeltes Land zu werden, zu erreichen und auf ein entsprechendes Wettbewerbsumfeld vorbereitet zu sein. Die spezifischen Programme zur Implementierung beziehen sich auf die Industrieproduktion, Schaffung des International Business Hub, die Regionalisierungspolitik, Umsetzung des National Technology Plan zur Schaffung eines Kompetenzzentrums in den Bereichen Research and Development. Außerdem will man die Schaffung einer Plattform für Informationstechnologie, Förderung der Entwicklung von lokalen Unternehmungen, Etablierung des Co-Investment Programms zur Kooperation mit international tätigen Unternehmungen sowie der Bildung von Industrie-Clustern erreichen, die durch horizontale und vertikale Integration die Produkte und Dienstleistungen Singapurs wettbewerbsfähig machen sollen. Die Umsetzung dieser Maßnahmen geschieht durch die Antizipation zukünftiger Entwicklungen und vor dem Hintergrund der Krise durch die weitere Öffnung des Landes und der geförderten Kernbranchen.

3.2.3.3 Nationalistische Wirtschaftsmaßnahmen in Malaysia

Wesentliches Kennzeichen der malaysischen Wirtschaftspolitik ist neben der Implementierung der sog. New Economic Policy (NEP) bzw. der nachfolgenden New Development Policy (NDP) zur sozialen Integration der ethnischen Nicht-Malayen eine durch Regierungskontrolle und Paternalismus gekennzeichnete enge Verflechtung von Wirtschaft und Politik.[531] Im Gegensatz zu Singapur bezieht sich diese jedoch nicht vorwiegend auf die wirtschaftliche Betätigung staatlicher Unternehmungen, sondern auch auf die Notwendigkeit für Wirtschaftsteilnehmer, enge Verbindungen mit einflußreichen Politikern und Regierungsmitgliedern aufzubauen und zu erhalten, um bei Auftragsvergaben sowie bei Privatisierungen berücksichtigt zu werden.[532] Die

---

nes bestellt worden. Vgl. o.V.: Talent for a globalised Economy [1999], http://www.businesstimes.asia1.com.sg.

[530] Bei den strategischen Herausforderungen handelt es sich um:
Strategic Thrust 1: Enhancing Human Resources
Strategic Thrust 2: Promoting National Teamwork
Strategic Thrust 3: Becoming Internationally Oriented
Strategic Thrust 4: Creating a Conducive Climate for Innovation
Strategic Thrust 5: Developing Manufacturing and Service Clusters
Strategic Thrust 6: Spearheading Economic Redevelopment
Strategic Thrust 7: Maintaining International Competitiveness
Strategic Thrust 8: Reducing Vulnerability
Vgl. The Economic Planning Committee/Ministry of Trade & Industry: Strategic Economic Plan [1991], S. 98-108, siehe auch Wong, P.K.: Industrial Policy [1996], S. 69-81.

[531] Vgl. Salleh, H.: Development [1999], S. 187.

[532] Vgl. Salleh, H: Development [1999], S. 194. Es soll hier jedoch nicht ausgeschlossen bzw. negiert werden, daß ähnliche Konstellationen und Vorkommnisse auch in Singapur existieren.

136

vor diesem Hintergrund erreichte Entwicklung Malaysias kann anhand der angeführten Indikatoren in Tabelle B/3-8 verfolgt werden.[533]

Indikator	1980	1990	1996	1997	1998	1999	2000(F)
Gesamtwirtschaft							
BIP (Mio. US$)	32.085	57.338	99.169	106.651	98.649	103.849	109.943
Veränderungen zum Vorjahr in %	7,4	9,0	10,0	7,5	-7,5	5,3	5,9
BIP/Einwohner (US$)	1.788	2.408	4.826	4.661	3.358	3.730	4.110
Staatshaushalt							
Budgetsaldo (Mio. RM)	n.a.	n.a.	1.815	5.066	-5.003	-13.745	-12.969
in % des BIP	-6,9	-3,0	0,7	2,4	-1,8	-4,4	-3,8
Preise und Sparquote							
Inflationsrate (in %)	6,67	2,62	3,48	2,66	5,30	3,00	n.a.
Sparquote in % des BIP	32,90	35,70	42,60	43,80	48,00	47,10	46,10
Internationale Verflechtungen							
Direktinvestitionen (Mio. US$)	934	1.808	1.378	2.006	1.051	1.200	1.650
Handelsbilanz (in % vom BIP)	9,8	5,9	3,9	4,0	24,5	25,9	22,6
Soziales							
Bevölkerung (Mio.)	13,8	18,2	20,6	21,0	21,4	21,9	22,4
Anteil unter 15 Jahre (in %)	39,3	36,5	35,5	35,0	n.a.	35,0	n.a.
Arbeitslosigkeit (in %)	n.a.	5,1	2,5	2,6	3,2	3,0	3,0

Tabelle B/3-8: Wirtschaftliche und demographische Indikatoren Malaysias[534]

Malaysia gehört bei einem BIP pro Einwohner von 3.730 US$ und hohen Wachstumsraten zur Gruppe der sog. ‚kleinen Tigerstaaten'. Hohe, aber dennoch nicht ausreichende Sparquoten und der gleichzeitig starke Zufluß an ausländischem Kapital in Form von Direktinvestitionen und auch Krediten haben die bisherige Entwicklung des Landes positiv unterstützt. Die Abhängigkeit von teilweise auch kurzfristigen Kapitalzuflüssen, die zu einem extern finanzierten Wachstum zur Überbrückung einer Lücke zwischen Spar- und Investitionsvolumen geführt hat, sowie die hohe, auch externe Verschuldung des privaten Sektors in Malaysia, sind makroökonomische Schwächen

---

[533] Vgl. Economist Intelligence Unit: EIU Country Data [2000]; World Bank: World Development Indicators [1999], http://www.worldbank.org/data/countrydata; Asian Development Bank: Asian Development Outlook [1999], S. 103; Ministry of Finance Malaysia: Economic Report 1999/2000 [1999], S. 7; Bank Negara Malaysia: Annual Report 1998 [1999], S. 2.
[534] Quelle: Eigene Darstellung. Die Angaben für das Jahr 2000 sind Hochrechnungen (F = Forecast).

gewesen, deren Ursachen auch während der Wachstumsphase nicht gegengesteuert werden konnte.[535]

Die Wirtschaftspolitik in Malaysia seit 1970 ist von zwei vorwiegend gesellschaftlich motivierten Rahmenplänen bestimmt worden:[536]

1. 1970 - 1990: New Economic Policy
2. 1990 - 2000: New Development Policy

Die Verkündung der New Economic Policy von 1970 hatte zum Ziel, eine nationale Einheit der multi-rassischen Gesellschaft in Malaysia durch ‚Ausrottung der Armut‘ für alle Rassen und durch ‚Restrukturierung der Gesellschaft‘ zu erreichen. Diese sollte insbesondere durch die Erzielung von ökonomischer Parität zwischen ethnischen Gruppen, d.h. zwischen den malaiischen ‚Bumiputras‘ und vornehmlich den chinesischen Einwohnern Malaysias erreicht werden.[537] Notwendige Basis für die Realisierung dieser Ziele war ein nachhaltiges Wirtschaftswachstum, das vornehmlich durch Staatsintervention und Ausgabenerhöhung des öffentlichen Sektors sowie durch exportorientierte Industrialisierungspolitik gefördert wurde. Die Verbesserung der wirtschaftlichen Möglichkeiten der Malayen hat jedoch nicht die ökonomischen Möglichkeiten der Nicht-Bumiputras eingeschränkt, sondern ging in den Jahren von 1970-1990 vornehmlich zu Lasten des Anteils ausländischer Investoren am malaysischen Volksvermögen. Der vereinigende Charakter dieser Politik für die Bevölkerungsgruppen ist durch das Wirtschaftswachstum entstanden, so daß der Widerstand aus der Gruppe und der Umfang der Auswirkungen auf die Gruppe der anderen ethnischen Volksgruppen gering war.[538] Es wird jedoch auch davon ausgegangen, daß durch die Maßnahmen der NEP das ökonomische Wachstum geringer als möglich ausgefallen ist. Die zur Förderung der Wirtschaft in malaiischer Hand eingeräumten Privilegien und die Zuteilung von Quoten sowie die Verflechtungen zwischen Wirtschaft und Politik haben sich auch in ‚Vetternwirtschaft‘ ausgewirkt.[539] Die der NEP nachfolgende NDP zielt auf eine ausgewogene Entwicklung der malaiischen Gesellschaft ab, wobei die Konkretisierung einer ‚united und just society‘ sogar noch über

---

[535] Vgl. Jomo, K.S.: From Miracle to Debacle [1998], S. 181-182.
[536] Vgl. Economic Planning Unit Malaysia: Seventh Malaysia Plan [1996], S. 3, 9.
[537] Vgl. Gomez, E.T. / Jomo, K.S.: Political Economy [1997], S. 24. Unter Bumiputras werden vorwiegend die ethnischen Malayen verstanden.
[538] Vgl. Salleh, H.: Development [1999], S. 187. Die Umverteilung des Volksvermögens zugunsten der Bumiputras hat bereits Teilziele erreicht, aber ist bisher hinter den Erwartungen zurückgeblieben. Bei Implementierung der NEP in 1970 ist als Ziel ein Anteil von 30% an Eigentum des Firmensektors für die Bumiputras vorgesehen gewesen. Vgl. Gomez, E.T. / Jomo, K.S.: Political Economy [1997], S. 24. Erreicht wurde bis 1998 ein Anteil von knapp 20%. Vgl. Ghazali, F.: New complexion on Malay Dilemma [2000], http://www.business-times.asia1.com.sg. Trotz der ökonomischen Ineffizienz der NEP ist in Malaysia nach den ethnischen Unruhen in Indonesien im Mai 1998 darauf hingewiesen worden, daß die Hauptursache die in Indonesien vorhandene im Verhältnis zur Bevölkerungsstruktur ungleiche Verteilung des Volksvermögens ist. Vgl. Delhaise, P.: Implosion [1998], S. 144.
[539] Vgl. Gomez, E.T. / Jomo, K.S.: Political Economy [1997], S. 25.

138

den Anspruch der 1991 proklamierten Vision 2020 für Malaysia hinausgeht.[540] Verbunden mit der NDP war eine Lockerung von Bestimmungen der NEP hinsichtlich
der staatlichen Eingriffnahme zur Steuerung der wirtschaftlichen Verteilung und
durch eine Verstärkung der export-orientierten Industrialisierungspolitik in Verbindung mit extremen Bemühungen um ausländische Direktinvestitionen.[541]

Die Zusammenarbeit von Wirtschaft und Politik in Malaysia funktioniert oftmals nach
dem System der sog. ‚politischen Patronage'. In diesem sind Politik, Regierungen,
Unternehmungen und auch Banken unterschiedlicher ethnischer Gruppen sehr eng
hinsichtlich der Vergabe von Aufträgen und Konzessionen sowie Finanzierungen
miteinander verwoben.[542] Für das Bankgeschäft bedeutet dies konkret, daß vorwiegend lokale regierungs- und politiknahe Banken in dieses System involviert sind. Es
kann davon ausgegangen werden, daß Finanzierungen bereitgestellt werden für Projekte, die evtl. nach Rentabilitäts- und Risikomaßstäben nicht zu vertreten wären,
oder aber bestimmten Unternehmungen, deren Eigentümer oder Management in einem engen Verhältnis zur Regierung stehen, gewährt werden. Bei Betrachtung der
Ausübung der politischen Macht und der engen Verflechtungen von Politik, Recht
und dem lokalen Geschäftssystem kann daher angenommen werden, daß bestimmte
Geschäftsabschlüsse ausländischen Banken verschlossen bleiben.

Die Auswirkungen der Wirtschafts- und Finanzkrise sind in Malaysia durch die mas-
sive Abwertung des malaysischen Ringgits um 45% bis Januar 1998 offensichtlich
geworden.[543] Auch wenn im regionalen Vergleich die kurzfristige Verschuldung, relativ betrachtet, geringer war, ist der Verschuldungsgrad insgesamt gemeinsam mit
den erheblichen Verlusten an der Kuala Lumpur Stock Exchange und einem anstei-
genden Zinsniveau von Bedeutung gewesen. Die Auswirkungen sind sowohl für den
Industrie- als auch für den Bankensektor sehr stark gewesen: Reduzierung der Industrieproduktion, Liquiditätsschwierigkeiten, fallende private Nachfrage, aber auch
Schrumpfung des Exports und sinkende Investitionen mündeten in eine Kontraktion
des BIP in 1998 in Höhe von 7,5%.

---

[540] Vgl. Kassim, M.S.M.: Vision 2020's Linkages [1997], S. 67-68.
[541] Vgl. Salleh, H.: Development [1999], S. 189. Die Exportorientierung ist Inhalt des sog. Industrial
Master Plans gewesen. Sowohl die NEP als auch die NDP sind durch zehnjährige sog. Outline
Perspektive Plans (derzeit OPP2) festgeschrieben, die wiederum durch Fünfjahrespläne in konkreten Politiken, Strategien und Progammen operationalisiert werden. Ziel des derzeit gültigen
siebten Malaysia Industrial Master Plans für 1996-2000 ist es u.a., von einem investitions-
getriebenen Wachstum zu einem produktivitäts- und qualitätsgetriebenen Wachstum zu gelangen
sowie die Erhöhung des Wertschöpfungsanteils an Produkten und eine Förderung des Dienstleistungssektors zu erreichen, so daß eine strukturelle Transformation der malaysischen Wirtschaft
bei weiterem Wachstum stattfinden kann. Vgl. Economic Planning Unit Malaysia: Seventh Malaysia Plan [1996], S. 9-10.
[542] Vgl. Gomez, E.T.: Chinese Business [1999], S. 192-194. Vgl. hierzu auch eine schematische Abbildung zur Funktionsweise dieses Systems in Anhang B.1.
[543] Vgl. Montes, M.F.: ASEAN Economic Miracle unravels [1999], S. 21.

Die Regierung in Malaysia hat mit zwei Maßnahmenpaketen auf die wirtschaftliche Situation reagiert: Zum einen wurde ein National Economic Recovery Plan (NERP) aufgestellt, zum anderen sind Kapitalverkehrskontrollen eingeführt worden.

Der National Economic Recovery Plan (NECR) vom 23. Juli 1998 basiert auf der Formulierung von insgesamt sechs Zielen zur Bewältigung der Situation.[544] Für jedes dieser Ziele werden Empfehlungen oder konkrete Maßnahmen ausgesprochen.[545] Kernpunkte sind fiskale Expansionsmaßnahmen, die die Wiederaufnahme von zwischenzeitlich unterbrochenen Infrastrukturprojekten sowie die Finanzierung von Restrukturierungsmaßnahmen im Banken- und Unternehmensbereich zum Inhalt haben. Insgesamt haben diese Maßnahmen in 1998 zu einem defizitären Budgetsaldo von 3,40% geführt.[546] Sowohl zur Restrukturierung des Unternehmenssektors als auch zur Konsolidierung des Bankensektors sind gesonderte Institutionen gegründet worden.[547]

Obwohl Malaysia ursprünglich empfohlene Maßnahmen des Internationalen Währungsfonds (IWF) aufgegriffen und umgesetzt hat und auch zu konsultativen Zwecken Kontakt mit dem IWF hatte, hat das Land im Gegensatz zu den Nachbarstaaten Indonesien und Thailand eine Zusammenarbeit mit dem Internationalen Währungsfonds vorwiegend aus innenpolitischen Gründen abgelehnt.[548] Dies geschah vor dem Hintergrund, daß die finanzielle Unterstützung Malaysias durch den IWF mit Auflagen für die allgemeine wirtschaftspolitische Ausrichtung und auch mit einer Forderung der Aufgabe der aus der NDP resultierenden Maßnahmen verbunden gewesen wäre.[549]

Zum 01. September 1998 hat Malaysia eine Politik der wirtschaftlichen Isolierung aus den Mechanismen der Marktwirtschaft eingeführt: Die Währung ist in einem festen Kursverhältnis an den US-Dollar gebunden worden, die Einführung von Kapitalverkehrskontrollen hatte u.a. das Ziel, kurzfristige Kapitalabflüsse zu verhindern. So konnten die expansiven fiskalpolitischen Maßnahmen des NECR umgesetzt werden, ohne international die finanzielle Stabilität des Landes und der Währung zu gefährden.[550] Im Februar 1999 waren die Beschränkungen der Kapitalrepatriierung durch

---

[544] Hierbei handelt es sich um die folgenden Zielsetzungen: Stabilisierung des malaiischen Ringgit, Wiederherstellung des Marktvertrauens, Aufrechterhaltung der Stabilität des Finanzmarktes, Stärkung der ökonomischen Fundamentaldaten, Fortsetzung der Politik der Eigenkapitalausstattung von Unternehmungen und Verbesserung der sozio-ökonomischen Rahmenbedingungen im Land sowie die Stärkung von besonders stark durch die Krise betroffenen Industriebranchen.

[545] Vgl. National Economic Action Council: National Economic Recovery Plan [1998], S. 25.

[546] Vgl. Asian Development Bank: Asian Development Outlook [1999], S. 103.

[547] Vgl. hierzu auch Kapitel 3.3.2.3.4.

[548] Vgl. Montes, M.F.: ASEAN Economic Miracle unravels [1999], S. 23-24.

[549] Vgl. Toh, E.: UMNO [1999], http://www.nstpi.com.my. Malaysia hat bereits seit 1996 freiwillig Maßnahmen ergriffen, die auf Ratschlägen des IMF basieren, um der in 1996 aufgetretenen Überhitzung der Wirtschaft entgegenzuwirken. Vgl. Bank of Tokyo-Mitsubishi: Malaysian Economy [1998], S. 1.

[550] Vgl. Montes, M.F.: ASEAN Economic Miracle unravels [1999], S. 24-25. Hinzu kamen die innenpolitischen Spannungen zwischen Premierminister Mahathir und dem damaligen stellvertretenden

Einführung einer sukzessive sinkenden ‚exit tax' erleichtert worden. Der für September 1999 befürchtete hohe Kapitalabfluß nach Ablauf der Einschränkung der Möglichkeiten des Kapitalabzugs hat nicht eingesetzt.[551] Dies liegt auch daran, daß das gesamtwirtschaftliche Klima sich in der Zwischenzeit in der Region verbessert und das Vertrauen der Investoren in die Erholung der südostasiatischen Länder eingesetzt hat.[552] Diese Maßnahmen haben auch das Geschäft der international tätigen Banken in Malaysia beeinflußt, da diese Maßnahmen die bereits existierenden Kontrollen (Exchange Control Mechanism - ECM) durch weitere Reglementierungen und Einschränkungen der Kapitalflüsse verschärft haben.

Die Maßnahmen der Regierung sind im Inland positiver aufgenommen worden als im Ausland, wobei bezüglich der wirtschaftlichen Konsequenzen für das Land allgemein eine abwartende Haltung eingenommen wurde. Begleitet wurden die Maßnahmen seitens des Premierministers mit der Formulierung von Schuldzuweisungen an das Ausland,[553] in denen bspw. auch die Globalisierung als Instrument westlicher Unternehmen und als ‚Neues Instrument der Kolonialisierung' mit dem Ziel der Dominierung der malaysischen Wirtschaft,[554] aber auch anderer Emerging Markets bezeichnet wird.[555] Diese Aussagen zeigen wiederum die historisch bedingten starken nationalistischen Bestrebungen trotz der de facto existierenden hohen Abhängigkeit von ausländischem Kapital zur Realisierung der Entwicklungspläne des Landes.

Malaysia hat mit den ergriffenen Maßnahmen eine Stabilisierung im Land erreicht. Die Regierung war entschlossen soziale Ruhe zu bewahren, und hat es bei den angestrebten und durchgeführten Restrukturierungsmaßnahmen vorgezogen, eine ‚sanfte Landung' zu erzielen und unpopuläre Vorgehensweisen (insbesondere vor dem Hintergrund der Wahlen in 1999), wie bspw. in Singapur zu vermeiden. Die Wachstumsprognosen für das BIP für das Jahr 2000 belaufen sich auf ca. 3,50-4,50%, so daß die Erholung der Wirtschaft anscheinend eingesetzt hat. Es ist jedoch davon auszugehen, daß die Umsetzung der Restrukturierungsprogramme sehr zeitintensiv sein und daher auch weiterhin die inländischen Investitionen hemmen wird.[556] Die Realisierung der Vision 2020 für Malaysia ist daher in Frage zu stellen. Der Premierminister Mahathir hat jedoch das Festhalten an der Vision im angestrebten Zeitraum proklamiert.[557] Ziel ist es weiterhin, in die Gruppe der entwickelten Staa-

---

Premierminister Anwar Ibrahim. Der politische Schritt der Entlassung Anwars folgte direkt nach der Einführung der Kapitalverkehrskontrollen. Eine durch die Absetzung hervorgerufene Kapitalflucht aus dem Land konnte durch diese Reihenfolge verhindert werden.

[551] Vgl. Gabriel, A.: Only US$328m [1999], http://www.nstpi.com.my.
[552] Die Entwicklung des Nettozuflusses an Direktinvestitionen kann Tabelle B/3-8 entnommen werden.
[553] Vgl. Asian Development Bank: Asian Development Outlook [1999], S. 104.
[554] Vgl. Mahathir, M.: Challenges of Turmoil [1998], S. 12-13.
[555] Vgl. Mahathir, M.: Malaysia [1999], S. 10-11; Mahathir: Globalisation and what it really means [1999], S. 12.
[556] Vgl. o.V.: Still barriers [2000], http://www.business-times.asia1.com.sg.
[557] Vgl. o.V.: 2020 Vision still on Target [2000], http://www.business-times.asia1.com.sg.

ten nicht nur in ökonomischen, sondern auch in politischen, sozialen und spirituellen Maßgrößen aufzurücken.[558]

3.2.3.4 Wirtschaftliche Folgen des politisch-ideologischen Dilemmas in Vietnam

Vietnam gehört mit einem BIP pro Einwohner von 349 US$ (Tabelle B/3-9) einkommensbezogen (gemeinsam mit Myanmar, Laos und Kambodscha) zu den ärmsten Ländern des ASEAN-Verbundes.[559] Für die Kompensierung des Bevölkerungswachstums in Höhe von derzeit jährlich ca. 2% ist bereits ein Mindestwachstum zur Stabilisierung des derzeitigen BIP pro Einwohner notwendig, so daß insgesamt zur Entwicklung Vietnams politische und wirtschaftliche Maßnahmen erforderlich sind.

Indikator	1980	1990	1996	1997	1998	1999	2000(F)
Gesamtwirtschaft							
BIP (Mio. US$)	n.a.	15.116	24.508	26.506	28.043	29.387	30.634
Veränderungen zum Vorjahr in %	n.a.	5,1	9,3	8,2	5,8	4,8	4,2
BIP/Einwohner (US$)	n.a.	123	325	348	348	349	360
Staatshaushalt							
Budgetsaldo (Mio. VND)	n.a.	n.a.	n.a.	n.a.	n.a.	n.a.	n.a.
in % des BIP	n.a.	-5,8	-0,7	-1,7	-2,0	-4,0	-4,9
Preise und Sparquote							
Inflationsrate (in %)	>100%	36,0	4,5	3,6	10,0	11,5	n.a.
Sparquote in % des BIP	n.a.	5,8	14,1	21,1	24,6	22,0	23,0
Internationale Verflechtungen							
Direktinvestitionen (Mio. US$)	n.a.	120	1.803	2.587	1.294	950	1.278
Handelsbilanz (in % vom BIP)	n.a.	-0,5	-12,8	-4,9	-3,6	3,9	2,4
Soziales							
Bevölkerung (Mio.)	53,70	66,20	75,40	76,70	78,10	n.a.	n.a.
Anteil unter 15 Jahre (in %)	42,50	38,80	36,30	35,30	n.a.	n.a.	n.a.
Arbeitslosigkeit (in %) (Stadtgebiete)	n.a.	n.a.	5,90	6,00	6,90	n.a.	n.a.

Tabelle B/3-9: Wirtschaftliche und demographische Indikatoren Vietnams[560]

---

[558] Vgl. Ahmad, S.A.H.: Malaysia's Vision 2020 [1997], S. XIII;

[559] Vgl. World Bank: World Development Indicators [1999], http://www.worldbank.org/data/country-data; Asian Development Bank: Asian Development Outlook [1999], S. 12; Institute for South East Asian Studies: Regional Outlook [1998],S. 63, Appendices; HSBC: HSBC Business Profile Series: Vietnam [1999], S. 18; State Bank of Vietnam: Annual Report 1998 [1999], S. 75.

[560] Quelle: Eigene Darstellung. Die Angaben für das Jahr 2000 sind Hochrechnungen (F = Forecast).

142

Die industriepolitischen Maßnahmen nach der Wiedervereinigung 1975 haben die bei der Integration des Landes bestehenden industriellen Unterschiede zwischen dem Norden und dem Süden deutlich aufgezeigt. Einen durch kollektivistische Landwirtschaft, Schwerindustrien und ehemaligen Handel mit kommunistischen CMEA Staaten (Council for Mutual Economic Assistance) geprägten Norden galt es mit der auf privaten, kleinen Unternehmen in der Landwirtschaft und einer auf klein- und mittelgroßen Betrieben basierenden Leichtindustrie im Süden des Landes, die insbesondere internationalen Handel mit westlichen, entwickelten Ländern abwickelte, zusammenzuführen. Die Folgen dieser Versuche waren verheerend und führten 1986 zur Einführung der marktwirtschaftlich orientierten Reformen (Doi Moi).

Vietnam wird, bezogen auf den makroökonomischen Entwicklungsstand, als eine offene Volkswirtschaft bezeichnet, in der das gesamte Volumen des Außenhandels fast dem Bruttoinlandsprodukt entspricht. Die Wirtschaft ist daher gegenüber externen Einflüssen wie einer abrupten Senkung der ausländischen Nachfrage sehr störungsanfällig.[561] Bereits seit Ende 1996 hat sich die wirtschaftliche Situation in Vietnam verschlechtert und die Wachstumsraten sind kontinuierlich gesunken. Neben den Auswirkungen von Naturkatastrophen führte die unzureichende Umsetzung der angestrebten Reformvorhaben zu Liquiditätsengpässen bei Zentral- und Provinzregierungen. Eine Vielzahl an staatlichen Unternehmen wurde insolvent aufgrund von Finanzierungsproblemen, die auch durch staatliche Hilfe nicht gelöst werden konnten.[562] Diese Situation bewirkte einen Rückgang der ausländischen Direktinvestitionen.[563] Grund ist, daß die ausländische Investorengemeinschaft trotz der Aktivitäten auf diesem Gebiet auf weitere Reformschritte der Wirtschaft wartet.[564]

Seit 1998 treffen Vietnam die Auswirkungen der Krise, wenn auch zunächst nur indirekt: Durch die intraregionalen Handelsbeziehungen in der Region sowie die wichtigen Investorengruppen aus Asien sind zunächst die Handelsströme in die Region und die Finanzströme aus der Region gesunken. Da der vietnamesische Dong zudem nicht frei konvertierbar ist, hat Vietnam auch einen Wettbewerbsnachteil durch

---

[561] Vgl. Asian Development Bank: Asian Development Outlook [1999], S. 121.

[562] Vgl. Institute for South East Asian Studies: Regional Outlook [1998], S. 56.

[563] Die Entwicklung der ausländischen Direktinvestitionen in Vietnam kann Tabelle B/3-9 entnommen werden.

[564] Vgl. Freeman, N.J.: Greater Mekong Sub-Region [1999], S. 37. Durch die neue Verfassung von 1992 sind einige wichtige gesetzliche Grundlagen für Wirtschaftsangelegenheiten geschaffen worden, so z. B. das Gesetz zum Schutz des Landrechts sowie das Gesetz zum Schutz vor Nationalisierung. Vgl. Thanh, N.B.: The 1992 Constitution [1993], S. 91-93. Zudem soll das in 1996 geschaffene Ministry of Planning and Investment als zentrale Anlaufstelle für Investoren die bürokratischen Abläufe vereinfachen. Darüber hinaus werden von der Regierung identifizierte Industrien durch beispielsweise steuerliche Vergünstigungen oder die Schaffung von sog. Export Processing Zones gefördert. Vgl. Chou, C.H. u. a.: Promotion Policies [1997], S. 20-21. Hinzu kommt die in Anfang 2000 erfolgte Überarbeitung des Gesetzes für ausländische Investitionen in Vietnam. Trotz der allgemein geschaffenen Investitionsanreize wird das Investitionsklima in Vietnam im Vergleich zu den anderen Ländern aufgrund der Bürokratie sowie teilweise unsicherer Gesetzeslage als unsicher und schwierig angesehen.

die Abwertung der Währungen in der Region hinnehmen müssen. Die hieraus resultierenden Folgen waren ein verlangsamtes Wachstum des Bruttoinlandsprodukts,
Zahlungsbilanzschwierigkeiten, importierte Inflation und eine geringere Industrieproduktion.[565] Die direkten Konsequenzen der Krise, wie sie sich bspw. in Malaysia gezeigt haben, sind aufgrund des Entwicklungsstandes des Bank- und Finanzmarktes
jedoch nicht aufgetreten.[566]

Den zunehmenden Auswirkungen der asiatischen Wirtschafts- und Finanzkrise in der
Region ausgesetzt, antwortete die Partei 1997 und 1998 lediglich mit einer Refokus-
sierung auf ideologische und kulturelle Themen. Hauptanliegen der Führung in Vietnam bleibt, trotz der wirtschaftlichen Situation, die Erhaltung der internen Stabilität
und Einheit der Partei zum Schutz der vietnamesischen Kultur und Werte angesichts
der Kräfte einer Globalisierung.[567] Die Reformierung der staatlichen Unternehmen,
die fast 50% der inländischen Kreditvergabe absorbieren, sowie des Finanzsektors
sind die dringendsten Forderungen an die politische Führung.[568] Die verlangsamte
wirtschaftliche Entwicklung wird daher weiterhin hinter den Erwartungen der ausländischen Investoren, zu denen auch die international tätigen Banken gehören und die
für den Umbau und die Stärkung der vietnamesischen Wirtschaft gegen externe Einflüsse notwendig sind, zurückbleiben.

Die Regierung strebt trotz der Verlangsamung des Industrialisierungsprozesses weiterhin die industrielle Modernisierung von ausgewählten Schlüsselindustrien an.[569]
Als sozio-ökonomische Ziele und Aufgaben werden für 1999 und 2000 insbesondere
„to carry on the renovation; to step up the industrialisation and modernisation of the
country, in the first place, the industrialisation and modernisation of agriculture and
rural areas; to effectively implement the action programme ..., to preserve socio-
economic stability; to master efforts on the development of the industries, sectors
and products which enjoy an advantagerous position; to raise the effectiveness and
competitiveness of the economy; to create the required premises for subsequent de-

---

[565] Vgl. Freeman, N.J.: Greater Mekong Sub-Region [1999], S. 33-34. Vor der Krise resultierten ca.
70% der Direktinvestitionen in Vietnam aus der asiatischen Region.

[566] Aufgrund des niedrigen Entwicklungsstandes Vietnams gibt es zwei wesentliche Auswirkungen
der Krise auf andere Länder, die auf Vietnam nicht zutreffen. Es fehlt ein Kapitalmarkt, über den
spekulatives Kapital in das Land gebracht werden kann, aber auch wieder abgezogen werden
kann. Da es in Vietnam zudem nur wenige Unternehmungen gibt, die als international Kreditnehmer Kredite im Ausland nachfragen, existiert eine niedrige kurzfristige Verschuldung des privaten Sektors bei der internationalen Bankengemeinschaft. Vgl. Freeman, N.J.: Greater Mekong
Sub-Region [1999], S. 38-41.

[567] Vgl. Freeman, N.J.: Greater Mekong Sub-Region [1999], S. 43. In 1997 hat die Neuordnung der
politischen Führungsstruktur Vorrang gehabt vor den ökonomischen Aufgaben.

[568] Vgl. Asian Development Bank: Asian Development Outlook [1999], S. 123.

[569] Bei den Industrien handelt es sich um Düngemittel, Schifffahrt, Export von Industrieprodukten sowie Steigerung der Produktion von Konsumgütern für den inländischen Verbrauch wie Elektroven-
tilatoren und Fahrräder. Vgl. Institute for South East Asian Studies: Regional Outlook [1998], S.
58.

144

velopment",[570] aufgeführt. Inwieweit diese Ansprüche durch die ausbleibenden politischen Reformen erfüllt werden können, ist in der derzeitigen Situation schwierig zu beurteilen. Es ist jedoch offensichtlich, daß für die wirtschaftliche Erholung Vietnams eigene Bemühungen stärker in den Vordergrund rücken müssen, da die bisher als Handelspartner und Investoren auftretenden Länder aus der Region, zumindest mittelfristig, noch mit den eigenen wirtschaftlichen Problemen beschäftigt sein werden.

Die vietnamesische Führung selber sieht die Ursache für die wirtschaftliche Situation nicht (mehr) nur in den Auswirkungen der Krise und den Naturkatastrophen,[571] sondern auch in den inhärenten Problemen der vietnamesischen Wirtschaft und des Systems.[572] Die Globalisierung der Wirtschaft in Verbindung mit der notwendigen Öffnung wird in der derzeitigen Situation als schwierig, aber für die zukünftige Entwicklung des Landes als unausweichlich angesehen.[573]Theoretisch kann die Krise eine Beschleunigung des Zerfalls des alten Systems, das auf insolventen Staatsunternehmen basiert, herbeiführen und der wirtschaftliche Aufschwung gemeinsam mit dem privaten Sektor bewältigt werden.[574] Da der Reformprozeß jedoch fast auf der Stelle tritt, fehlen die gesetzlichen Grundlagen und die Sicherheit für die privaten Investoren.[575]

Die Entwicklungsvisionen der untersuchten Länder zeigen, daß unter Bewahrung der nationalen Identität weiterhin die verstärkte Teilnahme am globalen Wirtschaftsgeschehen angestrebt wird. Dies geschieht nicht nur über den intraregionalen Handel, sondern auch über eine verstärkte regionale Zusammenarbeit.

3.2.3.5 Regionale und globale Integration der Länder

Die regionale Herkunft der wichtigsten Handelspartner der untersuchten Länder weist auf eine hohe Bedeutung der asiatischen Region hin. Die Regionen, mit denen der größte Außenhandel erfolgt, stellen – mit länderspezifischen Schwerpunkten – Asien mit Japan sowie Europa und die USA dar (Tabelle B/3-10).[576]

---

[570]   Phan, V.K.: Socio-economic Development [1999], S. 14-20.
[571]   Vgl. State Bank of Vietnam: Brief Report [1998], S. 1.
[572]   Vgl. Freeman, N.J.: Greater Mekong Sub-Region [1999], S. 46-47.
[573]   Vgl. Zitat des Premierministers Pham Van Khai in Nathan, M.: Globalization [1999], S. 339; Interview mit dem Leiter der vietnamesischen Handelskammer in: o.V.: Globalisation Process [2000], http://www.vietnamnews.vnagency.com.vn.
[574]   Vgl. Institute for South East Asian Studies: Regional Outlook [1998], S. 56.
[575]   Es hat im Juni 1999 eine Reform des Company Law gegeben, das Steuersystem wurde ebenfalls überarbeitet.
[576]   Vgl. Singapore Trade Development Board: Singapore Trade Statistics [1999]; Ministry of Finance Malaysia: Economic Report 1989/90 [1989], Appendix, S. XX-XXI; Ministry of Finance Malaysia: Economic Report 1999/2000 [1999], Statistical Tables S. XX-XXI; Asian Demographics Ltd.: Historic Series Data: Vietnam [1998], http://www.asiandemographics.com. Die Angaben sind in Prozent vom Gesamtvolumen an Importen und Exporten in 1997 in Singapur und Malaysia und 1995/96 in Vietnam.

Region	Singapur	Malaysia	Vietnam
Europa	15,9	15,2	21,5
USA	17,7	18,8	3,9
Südamerika	1,9	1,3	0,0
Japan	12,5	18,2	19,4
Rest von Asien	49,3	43,3	51,6
Afrika	0,8	0,9	0,7
Australien	1,9	2,3	2,9
	100,0	100,0	100,0

Tabelle B/3-10: Außenhandel nach Weltregionen von Singapur, Malaysia und Vietnam[577]

Die asiatische Region, inklusive Japan, bildet für alle drei Länder die Haupthandelsregion. So macht der intraregionale Handel für Singapur und Malaysia mehr als 60%, für Vietnam mehr als 70% des gesamten Import- und Exportvolumens aus. Die regionale Herkunft der Handelspartner von Vietnam hat sich nach wirtschaftlicher Abkoppelung von sozialistischen Ländern stark verändert.[578]

Zu diesen wirtschaftlichen Verflechtungen kommt die politisch motivierte Zusammenarbeit der Länder innerhalb der asiatischen Region hinzu.

Sowohl Singapur als auch Malaysia sind bereits aktive Teilnehmer der APEC und im ASEAN Verbund. Vietnam ist seit 1995 Mitglied der ASEAN-Staaten und im November 1998 erstmalig bei einem Treffen der APEC zugelassen worden.[579] Parallel zu einer weltweiten Orientierung verläuft die Tendenz zur Regionalisierung durch Abschluß von Handelsvereinbarungen. So soll die Schaffung der Freihandelszone AFTA (ASEAN Free Trade Area) bis zum Jahr 2003 (mit Ausnahmen) zu einem stärkeren Wachstum der Volkswirtschaften und Handelsbeziehungen innerhalb der Region führen. Trotzdem diese Vereinbarungen erst nach mittel- bis langfristigen Übergangsfristen vollständig verwirklicht sein werden, liefern sie einen Beitrag zur Schaffung politisch und wirtschaftlich stabilerer Rahmenbedingungen in der Region. Hiervon können die teilnehmenden Länder bei der Beurteilung durch ausländische Inves-

---

[577] Quelle: Eigene Darstellung; Angaben in Prozent.
[578] Vgl. Than, M.: Vietnam's External Trade [1993], S. 223-225.
[579] Vgl. Nathan, M.: Globalization [1999], S. 348-349.

146

toren profitieren.[580] Die Gespräche und Vorbereitungen sind durch die Krise zeitweise in den Hintergrund des Geschehens gerückt worden, da derzeit die Länder in der Region zunächst mit der Stabilisierung der eigenen Volkswirtschaften beschäftigt sind. Es ist jedoch erkannt worden, daß die regionale Zusammenarbeit die wirtschaftliche Erholung beschleunigen kann. Das Treffen der ASEAN-Staaten am 15./16. Dezember 1998 in Hanoi hatte einen gemeinsamen ‚Hanoi Plan of Action‘ zum Ergebnis, der als erster aus einer Serie von Plänen die Realisierung einer ASEAN Vision 2020 zum Inhalt hat.[581] Der Aktionsplan umfaßt u.a. Maßnahmen für die Entwicklung der nationalen Bank- und Finanzmärkte sowie der intraregionalen Förderung der Zusammenarbeit in diesen Bereichen. Bei den Treffen zur Überprüfung der ersten Maßnahmen sind die gemeinsamen Zielsetzungen der einbezogenen Länder noch einmal bekräftigt und durch weitere Pläne konkretisiert worden. Darüber hinaus sind notwendige vertrauensbildende Maßnahmen für die Lenkung weltweiter Investitionen in die Region Südostasien diskutiert worden.[582] Zusätzlich gewinnt die Idee einer ‚East Asian Community‘ nach Vorbild Europas immer mehr Anhänger in der Region.[583]

3.2.3.6 Implikationen für das Interkulturelle Management von westlichen Banken

Aus den gesamtwirtschaftlichen Kontextfaktoren ergeben sich die folgenden Überlegungen, die sowohl auf kulturelle Einflüsse abstellen, als auch die Rahmenbedingungen der Geschäftätigkeit in den untersuchten Kundensegmenten der Firmen- und Privatkunden aufzeigen.

- Die Entwicklungspläne der Länder und Fokussierung auf die Förderung neuer Industriebereiche erfordert auch ein Umdenken in der Gesellschaft der Länder zur Bewältigung dieser Ausrichtungen. Diese Veränderungen gehen entwicklungsbezogen mit einem kulturellen Wandel der Gesellschaften einher, der bei der Interaktion der Banken am Markt bzw. in der Auslandsgesellschaft zu berücksichtigen ist.

---

[580] Vgl. Proff, H. / Proff, H.V.: Regionalisierung [1996], S. 438-439. Siehe zu einzelnen intra-regionalen Abkommen, die zwischen den ASEAN-Staaten bisher und zusätzlich zur Bewältigung der Wirtschafts- und Finanzkrise initiiert wurden auch Ministry of Finance Malaysia: Economic Report 1998/99 [1998], S. 66-67; Baratta, M.v.: Weltalmanach [1997], Sp. 874-877.

[581] Vgl. o.V.: Hanoi Plan of Action [1999], S. 113-149. Die Vision lautet „An ASEAN as a concert of Southeast Asian Nations, outward-looking, living in peace, stability and prosperity, bonded together in partnership in dynamic development and in a community of caring societies."

[582] Vgl. Yang, R.K.: The Asean challenge [1999], http://www.business-times.asia1.com.sg.

[583] Vgl. Ching, F.: An Emerging East Asia [1999], S. 36; o.V.: Asean aims for an East Asian Community [1999], S. 8.

- Bei steigender Regionalisierung bzw. Globalisierung der lokalen Unternehmungen in Singapur wird die Komplexität der Geschäfte weiter zunehmen und erhöht somit das Geschäftspotential für die westlichen Banken. Die Komplexität der Geschäfte bringt die Inanspruchnahme weiterer, evtl. anspruchsvollerer Produkte seitens dieser Kunden mit sich, so daß die Zusammenarbeit zwischen lokalen Kunden und den westlichen Banken intensiviert werden wird.

- Die enge Verbindung von Regierung, Politik und Wirtschaft stellt die westlichen Banken analog der Ausführungen zum Umgang mit Recht in Malaysia und Vietnam vor die Thematik der ethischen Grundsätze der eigenen Zusammenarbeit mit öffentlichen Stellen.

Die bisher aufgezeigten externen Kontextfaktoren stellen die für Banken grundsätzlich nicht beeinflußbaren Faktoren der Geschäftstätigkeit dar. Den Handlungsrestriktionen, die aus der im folgenden beschriebenen technologischen Umweltsituation resultieren, können international tätige Banken zumindest eingeschränkt durch den Einsatz und das Angebot von Informations- und Kommunikationstechnologie begegnen.[584]

3.2.4 Technologie und Bildungssysteme als Entwicklungsfaktoren von kulturellem Wandel

Kultureller Wandel wird vorwiegend auf Technologie und Bildungssysteme zurückgeführt. Umfang, Auswahl und Nutzung von Technologie werden wiederum über kulturelle Einflußgrößen erklärt.[585] Bevor im nachfolgenden Kapitel die Überlegungen zu den Wechselwirkungen zwischen Kultur, Umweltelementen und kulturellem Wandel konkretisiert werden, sollen für die drei untersuchten Länder die folgenden Themenbereiche untersucht werden:

- Stellenwert von Technologie, und hier insbesondere der Informationstechnologie in den Ländern,

- Umgang und Nutzung von Technik,

- Struktur der Bildungssysteme zur Beurteilung des Qualifikationsniveaus.

Aus diesen Überlegungen lassen sich Schlußfolgerungen für die Bedeutung von kulturellem Wandel für einen interkulturellen Managementansatz in den Ländern aufzeigen.

---

[584] Vgl. Popp, S.: Multinationale Banken [1996], S. 114-115.
[585] Vgl. Mead, R.: Cross Cultural Dimensions [1998], S. 10-11. Vgl. auch Kapitel 2.1.1.2.

148

3.2.4.1 Stellenwert von (Informations-) Technologie

Sowohl Singapur als auch Malaysia fokussieren sich für die weitere Entwicklung der Länder auf technologieorientierte Strategien[586] und die Attraktion von ausländischem Know-how zur Verbesserung der eigenen Leistungskraft. Vietnam schafft in der derzeitigen Phase zunächst die Infrastruktur für eine an (Informations-)Technologie ausgerichtete Orientierung.

Ein Element der Strategie **Singapurs**, die Stellung als regionales Geschäftszentrum auf- und auszubauen, ist die Positionierung als globaler ‚Hub' für Informationstechnologie in der Region Asien-Pazifik.[587] Dieser Ansatz wird durch zwei Programme konkretisiert: Der National Technology Plan aus 1991 und in Fortsetzung der National Science and Technology Plan aus 1996 sollen gewährleisten, daß die Basis für eine technologieorientierte Wirtschaft durch Förderung der Forschungs- und Entwicklungsarbeiten der lokalen Wirtschaft sowie durch Attraktion der Forschungs- und Entwicklungsabteilungen von multinationalen Unternehmungen gelegt wird.[588] Die Ansiedlung von ausländischen Fachkräften ist ein wesentliches Instrument für den Wissenstransfer bzw. -austausch. Parallel hierzu zielt das Programm der IT2000 Vision und der National Information Infrastructure Initiative darauf ab, aus Singapur ein ‚Island of Intelligence' durch innovative Informationstechnologie sowie Ausbau der Informationsinfrastruktur zu machen.[589]

Malaysia konkurriert mit Singapur um die Position des regionalen Technologieführers durch den Aufbau des sog. Multimedia Supercorridors (MSC), in dem sich international führende Technologieunternehmen zu einem zweiten ‚silicon valley' niederlassen. Dieser MSC soll Malaysias Eintritt in das Informationszeitalter ermöglichen und helfen, die Ziele der Vision 2020 zu erreichen.[590] Analog zur Strategie Singapurs und im Wortlaut gleich –‚knowledge-based society'– soll die Ansiedlung von insbesondere Forschungs- und Entwicklungsabteilungen von multinationalen Unternehmungen sowie von Anwendern von Multimediatechnologie gefördert werden. Die Umsetzung soll innerhalb von 20 Jahren, in denen Malaysia die Führerschaft im Informationszeitalter erreichen will, in drei Phasen des schrittweisen Aufbaus und der

---

[586] Dieses Vorgehen ist Inhalt der Strategien/Projekte von vielen asiatischen Ländern (China, Hongkong, Indien, Malaysia, Philippinen, Singapur, Südkorea, Thailand, Taiwan) die hierin die Gewinnung eines möglichen Wettbewerbsvorteils und Verstärker der ökonomischen Entwicklung sehen. Vgl. o.V.: Race to set up IT Hubs is on [1999], S. 27.

[587] Vgl. Ministry of Trade and Industry: Singapore's Competitiveness [1998], S. 96.

[588] Die Förderung umfaßt die Schaffung von Investitionsanreizen für lokale und ausländische Unternehmen, eine kontinuierliche Steigerung der Forschungs- und Entwicklungsaufgaben sowie den Aufbau von Fachkräften für die Forschung. Siehe hierzu auch Ministry of Trade and Industry: Singapore's Competitiveness [1998], S. 105.

[589] Vgl. Wong, P.K.: Industrial Policy [1996], S. 75-78.

[590] Vgl. National Economic Action Council: National Economic Recovery Plan [1998]; http//www.neac.gov.my; o.V.: MSC [1999], http://www.bnm.gov.my. Der 15 Kilometer mal 50 Kilometer grosse Korridor umfaßt bisher die Entwicklung des digitalen Regierungssitzes Putrajaya sowie des Zentrums ‚Cyberjaya'. Geplant ist weiterhin der Aufbau einer Multimedia Universität.

internationalen Vernetzung realisiert werden. Die offizielle Eröffnung des MSC hat im Juli 1999 stattgefunden.[591] Bis Mai 1999 hatten insgesamt 216 vorwiegend lokale Unternehmen den sog. ‚MSC-Status' erhalten, der mit entsprechenden Investitionsprivilegien verbunden ist.[592] Die Regierung plant, insgesamt 50 weltweit aktive Unternehmen bis zum Jahr 2003 anzusiedeln.[593] Als ein wesentlicher Engpaß für die Umsetzung des MSC-Projektes wird jedoch der erhebliche Mangel an lokalen Fachkräften gesehen.[594]

Gemessen an internationalen Standards ist der Entwicklungsstand der Informationstechnologie in **Vietnam** sehr niedrig. Die Effektivität der existierenden Applikationen der Informationstechnologie ist sehr schwach. Außerdem existiert keine Industriebasis für Informationstechnologie und für die Forschung und Entwicklung eines Informationstechnologie-Sektors fehlt es an qualifiziertem Personal und den notwendigen Forschungseinrichtungen. Die Regierung hat diese Schwäche erkannt und in 1993 ein Programm zur Förderung von Informationstechnologie initiiert. Dieses Programm ist 1995 in einen Masterplan übersetzt worden, der die Ziele des Ausbaus der Infrastruktur für Informationstechnologie, die branchenübergreifende Nutzung für staatliche und sozio-politische Entwicklung, den Aufbau einer nationalen Informationskultur und die Entwicklung einer Informationstechnologie-Industrie im Land vorsieht.[595]

Für die stark von Informations- und Kommunikationstechnologie getriebene Bankenindustrie bedeutet dies, in einem gegenüber der Einführung und Nutzung von Informationstechnologie aufgeschlossenen Umfeld in den untersuchten Ländern zu agieren. Diese Aufgeschlossenheit relativiert sich jedoch vor dem Hintergrund des Entwicklungsstandes der Länder, dem Umgang mit Informationen sowie der tatsächlichen Kenntnis und Nutzung von Technik.

3.2.4.2 Umgang und Nutzung von Informationstechnologie

Der Zugang und die Steuerung von Informationen, wie bspw. im Zusammenhang mit der Pressefreiheit in den Ländern dargestellt,[596] wird durch die Entwicklungen in der Informationstechnologie dahingehend konterkariert, daß das Internet den Zugang zu Informationen jeglicher Art ermöglicht und die Kontrolle des Informationszugangs durch die Regierungen eingeschränkt ist.

---

[591] In der lokalen Presse wird Malaysia als Führer im regionalen Wettbewerb mit Singapur, aber auch Hongkong bezeichnet. Vgl. Singh, S. / Sareem, A. / Rustam, A.: Collective thumbs up to MSC [1999], S, 1.
[592] Dieser Status gilt auch für lokale Unternehmen, die ihre Aktivitäten in den MSC verlagern.
[593] Vgl. o.V.: Multimedia Super Corridor [1999], http://www.business-times.asia1.com.sg; o.V.: MSC project 'on track' [1999], S. 19, 20.
[594] Dem Bedarf an qualifizierten Fachkräften von ca. 60.000 für den MSC stehen bspw. in 1995 als Absolventen von staatlichen Universitäten lediglich ca. 39.000 Ingenieure und Ingenieursassistenten gegenüber. Vgl. Daneels, J.: Costly Lessons [1998], S. 38.
[595] Vgl. Lee, J. u.a.: Providing Internet Service in Vietnam [1997], S. 234-236.
[596] Vgl. Kapitel 3.2.2.2.

150

Die Verfügbarkeit von Computern bzw. der Zugang zum Internet schränkt die Möglichkeiten der Nutzung durch die Bevölkerung ein.[597] In Singapur haben in 1998 41% der Nutzer von Personalcomputern Zugang zum Internet, in Malaysia sind es 29%.[598]. Bei den Unternehmungen in Vietnam ist die Nutzung des Internet stark gestiegen: 1994 haben ca. 30 Unternehmen dieses verwendet, 1996 waren es bereits ca. 3.000.[599] Insgesamt ist die Nutzung des Internet in Asien derzeit noch sehr niedrig,[600] wobei hohe Wachstumsraten erwartet werden. Eine Studie über die Entwicklung des Internet aus 1999 geht dennoch von einem jährlichen durchschnittlichen Wachstum in Höhe von insgesamt 40% von 1998 bis 2003 in Asien aus, wobei sich dieses nach Ausgangssituation und Entwicklungsstand der Länder ungleichmäßig verteilt (Tabelle B/3-11).

Land	1997	1998	1999(F)	2000(F)	2001(F)	2002(F)	2003(F)	Wachstum p.a. (%) 1998-2003(F)
Singapur	0,4	0,6	0,7	0,8	1,0	1,2	1,5	25
Malaysia	0,4	0,4	0,7	0,7	1,0	1,3	1,9	32
Vietnam	n.a.	n.a.	0,1	0,1	0,2	0,3	0,4	51

Tabelle B/3-11:   Entwicklung der Internet Anwendung[601]

In **Singapur** ist die Internet Nutzung sehr weit fortgeschritten; die Sicherheitsbestimmungen dafür werden derzeit bei bestimmten neuen Anwendungen weiter ausgebaut.[602]

Malaysia hat einen ‚Code of Ethics' seitens des dem Ministerium für Energie, Kommunikation und Multimedia unterstellten Kommitee für Kommunikation und Multimedia aufgelegt, um den Mißbrauch des Internet bei bspw. Verbreitung von Gerüchten und Unwahrheiten zu sanktionieren.[603]

---

[597] Gemessen an der Anzahl an Personalcomputern im Land ergab eine Studie in 1994, daß lediglich 40.000 bis 45.000 Pesonalcomputer (bei einer Bevölkerung von 73 Mio Einwohnern) in Vietnam vorhanden sind. Dies entspricht einwohnerbezogen einer Penetrationsrate von ca. 0,1%. Singapur weist in 1998 eine haushaltsbezogene Penetration in Höhe von 41% bzw. personenbezogene Penetration in Höhe von 32%, Malaysia eine personenbezogene Penetration von 6% auf. Vgl. Ministry of Trade and Industry: Singapore's Competitiveness [1998], S. 103; o.V.: 1999 Asian Retail Distribution Data [1998/1999], S. 16-17.

[598] Vgl. Goldman Sachs: Asia Internet [1999], S. 5. Für Vietnam liegen keine Zahlen vor. Der Anteil der städtischen Bevölkerung (Erwachsene), der keinen Bezug zu dem Ausdruck 'Internet' hat, liegt in Malaysia bei ca. 29%. Vgl. o.V.: Internet [1999], http://www.nstpi.com.my.

[599] Vgl. Lee, J. u.a.: Providing Internet Service in Vietnam [1997], S. 227-228.

[600] Vgl. Bickers, C.: Net Returns [1999], S. 48.

[601] Quelle: Entnommen aus Goldman Sachs: Asia Internet [1999], S. 4-5. Angaben in Millionen Anwendern. Die Angaben für die Jahre 1999 bis 2003 sind Hochrechnungen (F = Forecast).

[602] Aktuellstes Beispiel sind die von der Monetary Authority of Singapore (MAS) im Februar 2000 erlassenen Regelungen für die Abwicklung von Zeichnungen von Aktienemissionen über das Internet. Vgl. o.V.: Guidelines [2000], http://www.business-times.asia1.com.sg.

[603] Vgl. Azura, A. / Tan, M.: Code of ethics [1999], S. 1.

Das Internet könnte es **Vietnam** ermöglichen, die technologische Lücke bei der Datenübertragung zu überwinden und die Basis für eine Informationsgesellschaft zu schaffen.[604] Vietnam hat hierzu mittlerweile ein Kommitee etabliert und ein Regelwerk geschaffen, welches den Informationszugang steuert.[605]

Für die westlichen Banken bedeutet die Offenheit der Länder für Informationstechnologie vor dem Hintergrund des geringeren Entwicklungsstandes der ländlichen Gebiete im Vergleich zu den Städten in Malaysia und Vietnam, daß die anzubietenden Anwendungen für Personal Computer bzw. Internet im Bankgeschäft dem Enwicklungsstand der Kundensegmente angepaßt werden müssen. Andererseits bieten insbesondere die Internetanwendungen eine andere Art der Marktbearbeitung als herkömmliche Filialstrukturen. Die persönlichen Interaktionen mit den lokalen Kunden werden durch diese Entwicklungen jedoch nur teilweise substituiert werden und die technischen Applikationen eine unterstützende Funktion wahrnehmen.

3.2.4.3 Ausbildungssysteme in den Ländern

Das Bildungssystem eines Landes kann definiert werden als die formale Struktur, durch die die kulturellen Werte sozialer Gemeinschaften neuen Mitgliedern, Kindern und Jugendlichen zugänglich gemacht werden - Kindergärten, Schulen und Universitäten sind nach der Familie wesentliche Orte der Sozialisierung. Struktur und Methodik eines Bildungssystems haben die Aufgaben Bestehendes zu bewahren, zum anderen aber auch einen Wandel zur Verbesserung von Zuständen hervorzubringen.[606]

In der folgenden Tabelle B/3-12 sind im Überblick die Bildungssysteme der Länder anhand der Anzahl von Schulen und Universitäten und die Qualifikation der Schulabgänger zusammengestellt.[607]

---

[604] Vgl. Lee, J. u.a.: Providing Internet Service in Vietnam [1997], S. 227.

[605] Vgl. National Internet Coordinating Committee: Internet, [1998].

[606] Vgl. Mead, R.: Cross Cultural Dimensions [1998], S. 67.

[607] Vgl. Department of Statistics: Statistics Handbook Malaysia [1998], S. 61; Asian Demographics Ltd: Singapore [1999], Malaysia [1999], Vietnam [1999], http://www.asiandemographics.com; Singapore Department of Statistics: Statistics Singapore [1999], http://www.singstat.gov.sg; Asian Development Bank: Malaysia [1999], S. 14.; The Economist Intelligence Unit Ltd.: South-east Asia at a glance [1999], S. 46. Die Angaben zu den Ausbildungskapazitäten sind für Singapur von 1998, für Malaysia von 1997. Die Angaben zum Bildungsniveau sind für Singapur und Malaysia von 1999, für Vietnam von 1996. Die Angaben zu den öffentlichen Ausgaben sind für Singapur von 1998, für Malaysia und Vietnam von 1997.

	Singapur	Malaysia	Vietnam
Bevölkerung 1999 (in Mio.)	3,2	21,9	79,5
Ausbildungskapazität (Anzahl Institutionen)			
• Grundschule	193	7.084	n. a.
• Höhere Schule	147	1.561	n. a.
• Universität/Fachhochschulen	36	51	n. a.
Bildungsniveau (%, über 15 Jahre)			
• Grundschule	37%	31%	54%
• Höhere Schule	28%	56%	32%
• Universität/Fachhochschulen	34%	13%	13%
Öffentliche Ausgaben			
• Bildungsausgaben (in % BSP)	2,35%	5,2%	2,6%

Tabelle B/3-12:   Bildungssysteme im Überblick[608]

Alle drei Länder sind für die weitere Entwicklung darauf angewiesen, eine Abstimmung von Bildung und wirtschaftlichem Wachstum dahingehend zu erreichen, daß ein Vorlauf in der Ausbildung stattfindet. Nicht nur die Berufsanfänger müssen einen der Nachfrage am Arbeitsmarkt entsprechenden Ausbildungsstand vorweisen, sondern auch die bereits im Arbeitsprozess stehenden Arbeitnehmer müssen kontinuierlich weiter ausgebildet werden.[609] Die Übersicht zeigt, daß die Ausbildungsstruktur in Singapur relativ gleichmäßig verteilt ist. In Malaysia hat der Großteil der Bevölkerung eine höhere Schulausbildung, während in Vietnam die Mehrheit eine Grundschulausbildung vorweist.

Für **Singapur** stellt sich die Problematik, daß niedrig qualifizierte Arbeitsplätze an Länder verloren werden, die einen kostenbezogenen Wettbewerbsvorteil gegenüber Singapur haben.[610] Dies hat zur Folge, daß die niedriger qualifizierten Arbeitskräfte weiter ausgebildet werden müssen, da diese Arbeitsplätze auch nicht künstlich erhalten werden sollen.[611] Singapur hat seine Ausgaben für Bildung zwar kontinuierlich erhöht. Im Vergleich zu Malaysia lagen diese absolut gesehen im Jahr 1995 allerdings um 57% niedriger. Das Land hat die gesamte Bevölkerung aufgerufen, sich verstärkt der technologieorientierten Ausrichtung des Landes durch eine entsprechende Ausbildung anzuschließen.[612]

---

[608]   Quelle: Eigene Darstellung.
[609]   Vgl. Chan, W.K. / Lui, A.Y. / Peh, C.S.: Development [1997], S. 314.
[610]   Vgl. Kapitel 3.2.3.2.
[611]   Vgl. Wong, P.K.: Industrial Policy [1996], S. 83-84.
[612]   Diese Aufforderung umfaßte explizit auch die ethnische Minderheit der Malayen im Land. Vgl. Soh, T.K.: Upgrade skills [1999], http://business-times.asia1.com.sg.

Malaysia hat seine Bildungsausgaben, die für ein Land dieses Entwicklungsstandes sehr hoch sind, 1980 (6% des BSP) auf 5,3% verringert; diese Zahl ist bis 1997 weiter auf 5,2% gesunken. Gemessen an den angeführten wirtschaftlichen Zielen sind in Malaysia zu wenig Plätze an Universitäten sowie zu wenig ausreichend qualifizierte Lehrkräfte vorhanden, so daß Studenten entweder an privaten Schulen (ca. 300) oder im Ausland das Studium aufgenommen haben.[613] Gemäß der sozial-gesellschaftlich motivierten Ziele der Regierung sind ca. 60% der Studienplätze an öffentlichen Universitäten für ethnische Malayen reserviert.[614] Die malaiischen Studenten haben jedoch weniger technologieorientierte Studiengänge, sondern vorweigend geisteswissenschaftliche Fächer gewählt, mit denen ein Arbeitsplatz im Staatsdienst angestrebt war.[615] Ethnisch chinesische und indische Malaysier haben somit meist wiederum – mit höherem finanziellen Aufwand – private oder ausländische Universitäten besucht und stellen wiederum die Mehrheit an Arbeitskräften in technischen Bereichen, was dem Ziel der Beschäftigungspolitik der New Development Policy entgegenläuft.[616]

Obwohl **Vietnam** die öffentlichen Ausgaben für Bildung zwischen 1989 und 1995 von 1% mehr als verdoppelt hat, ist das Niveau von 2,7% des BSP immer noch zu gering für die Bedürfnisse im Land. Bei einer Unterscheidung zwischen den Städten und den ländlichen Gegenden ist die Lücke im Bildungsgrad sehr hoch, so daß die landesbezogene, durchschnittliche schulische Ausbildung 4,5 Jahre beträgt.[617] Hinzu kommt die Forderung nach einer Verbesserung des gesamten Ausbildungssystems und einer Antizipierung der Anforderungen der Globalisierung.[618] Da auch ein Mangel an Lehrern und Akademikern vorliegt, wird Vietnam die Ausgaben für Institutionen und Ausbildung weiter erhöhen müssen, um die Anforderungen aus der Wirtschaft erfüllen zu können. Dies geschieht unter Inanspruchnahme von finanzieller Unterstützung von supranationalen Organisationen[619] und internationaler Kooperation.[620]

---

[613] Vgl. Daneels, J.: Costly Lessons [1998], S. 38.

[614] In Malaysia kann die ethnische Struktur in privaten Bildungsstätten nicht nachgehalten werden, so daß private Abschlüsse erst durch ein Gesetz in 1996 den Abschlüssen an öffentlichen Universitäten gleichgestellt wurden. Dieses Gesetz war Bestandteil einer Reform des Bildungssystems in 1996.

[615] Vgl. Daneels, J.: Costly Lessons [1998], S. 39.

[616] Vgl. Jayasankaran, S. / Hiebert, M.: Formative Fury [1999], S. 45.

[617] Vgl. Chan, W.K. / Lui, A.Y. / Peh, C.S.: Development [1997], S. 313. Das Bildungssystem ist nach der Reform in 1979 auf zwölf Jahre ausgelegt.

[618] Vgl. o.V.: Education [1999], http://www.vietnamnews.vnagency.com.vn; o.V.: Education Strategy [1999], http://www.vietnamnews.vnagency.com.vn

[619] Die Weltbank hat in 1993 in einem Projekt (70 Mio. US$) die Förderung des Grundschulsystems (primary education) finanziert, in 1998 sind weitere 80 Mio. US$ (in Verbindung mit 21 Mio. US$ Finanzierung durch Vietnam für die Verbesserung der universitären Ausbildung in einem Sechsjahres-Programm bewilligt worden. Hintergrund ist, daß lediglich 2,5% der arbeitenden Bevölkerung von 36,3 Mio. Menschen einen Universitätsabschluss haben.

[620] So ist in Vietnam die erste zweisprachige Schule für vietnamesische Schüler genehmigt worden. Vgl. o.V.: First bilingual school approved [2000], http://www.vietnamnews.vnagency.com.vn.

154

Lösungsmöglichkeiten für die Probleme Malaysias und auch Vietnams zur Schaffung ausreichender Ausbildungskapazitäten sind die Zulassung von privaten Schulen sowie von Niederlassungen ausländischer Universitäten alternativ zur Ausbildung im Ausland.[621] Aus kultureller Perspektive werden die Ausbildungsstätten als Orte der Sozialisierung durch die ‚Pluralisierung' bzw. Internationalisierung der Ausbildung jedoch verändert. Im Studienjahr 1995/96 sind 18,7% der Studenten in Singapur und 21,5% der Studenten in Malaysia für einen Studienaufenthalt im Ausland gewesen.[622]

Die Personalbeschaffung wird auch durch arbeitsrechtliche Bestimmungen in den Ländern beeinflußt, die u.a. die Anzahl von nicht-lokalen Mitarbeitern (Expatriates) begrenzen. Der überwiegende Bedarf ist daher lokal abzudecken. Singapur hat durch das Ziel der Attraktion von ‚foreign talent' eine sehr offene Politik gegenüber Expatriates, wohingegen die Möglichkeit der Beschäftigung von nicht-lokalen Mitarbeitern insbesondere in Malaysia eingeschränkt ist.[623] In Vietnam werden Expatriates für die Bereiche, in denen Vietnamesen Mangel an Know-how im Bereich Management oder Technik haben, zugelassen.[624]

Die Ausführungen zeigen die Bedeutung für das personalintensive Geschäft der westlichen Banken dahingehend auf, daß sowohl die Qualifikation als auch der Grad der Internationalität der Gesellschaften das Rekrutierungspotential an Mitarbeitern in den Ländern beeinflußt.

3.2.4.4 Kultureller Wandel in Singapur, Malaysia und Vietnam

Kultur ist als System von Werten definiert worden, daß den Mitgliedern von sozialen Gruppen als Orientierungsmuster bei der Ausrichtung ihrer Verhaltensweisen dient. Für die Bezugsebenen von Kultur sind Unterschiede in der jeweiligen Relation von kulturellen Werten und Praktiken herausgestellt worden.[625] Kultureller Wandel kann sich daher auf beides beziehen. Mit Bezug auf die Operationalisierungsmöglichkeit von Kultur sowie auf die grundsätzliche Erlernbarkeit von Kultur erscheinen die sichtbaren Artefakte und Verhaltensweisen (Praktiken) als weniger stabil als die kulturellen Normen und Werte einer Kultur.

---

[621] In Malaysia haben Niederlassungen von ausländischen Universitäten mittlerweile den Unterricht begonnen, wobei der Abschluß in Malaysia und im Herkunftsland der Universität anerkannt wird. Darüber hinaus haben auch drei im staatlichen Teilbesitz befindliche lokale Unternehmen private Universitäten gegründet. Vgl. Daneels, J.: Costly Lessons [1998], S. 39.
[622] Vgl. Lachica, E.: Who needs Harvard? [1997], S. 9.
[623] So steht den westlichen Banken in Malaysia nur eine eingeschränkte Anzahl an Arbeits- und Aufenthaltsgenehmigungen für Expatriates zur Verfügung, die nicht in proportionaler Abhängigkeit von der Betriebsgröße steht.
[624] Vgl. Murray, G.: New Market [1997], S. 223.
[625] Vgl. Kapitel 2.1.2.2.

Die zunehmende wirtschaftliche Integration durch den Außenhandel und die Direkt-investitionen in den untersuchten Ländern führt dazu, daß Märkte nicht mehr rein na-tional sind, sondern daß durch ausländische Investoren und Intermediäre internatio-nale Trends in die Länder hineingetragen werden.[626]

Diese wirtschaftliche Entwicklung beeinflußt zunächst die Geschäftspraktiken von Unternehmungen, da die internationale Öffnung der Länder und die Teilnahme an der Globalisierung die Differenzen der Anforderungen des internationalen Geschäfts und der branchenüblichen Praktiken und Usancen eines Landes aufzeigt. Die natio-nalen und ethnischen kulturellen Elemente auf Landesebene sind jedoch immer noch stark genug, um als spezifische Charakteristika identifiziert zu werden, die die kultu-rellen Unterschiede zwischen den Ländern deutlich werden lassen.[627] Traditionelle Werte gehen den untersuchten Kulturen nicht verloren, aber der Einfluß von moder-nen Entwicklungen auf die Tradition ist grundsätzlich als höher anzunehmen als um-gekehrt, so daß eine Koexistenz von beiden anzutreffen ist.[628] Bemerkenswert ist in diesem Zusammenhang, daß der Islam in einer modernen Gesellschaft eher stärker wird. In Malaysia spielt dieser eine wesentliche Rolle, dessen Position sich im Laufe der vergangenen Jahre im Land durch die kontinuierliche Förderung in der Gesell-schaft sowie in der Wirtschaft stärker gefestigt hat.[629]

In Malaysia und vor allem in Vietnam sind die sozialen und auch kulturellen Unter-schiede durch die Dichotomie von Stadt und Land sehr groß.[630] Modernisierung und gesellschaftlicher Wandel finden hier vornehmlich in den Städten statt, so daß die Gegensätze durch die unterschiedliche Entwicklungsgeschwindigkeiten in urbanen und ländlichen Regionen größer werden können. Für die jüngere Generation in die-sen Ländern bedeutet dies, innerhalb verschiedener Wertordnungen zu leben und diese überbrücken zu müssen: Ausbildung und oftmals Arbeitsplatz in einer städti-schen Umgebung bilden ein anderes Umfeld als Heimatstadt/-dorf. Die notwendige kulturelle ‚Offenheit' durch beispielsweise Beschäftigung in einem internationalen Un-ternehmen darf aber nicht darüber hinweg-täuschen, daß die traditionellen Werte in Form der Sitten und Gebräuche weiter in der Familie und in der Struktur des Heimat-

---

[626] Vgl. Harrison, M.: Asia-Pacific [1994], S. 6-10. Als Einflußfaktoren auf Kultur werden Industrialisie-rung, Marktwirtschaft, Reisen und Völkerwanderungen, Tourismus, Kommunikation und globale Medien aufgeführt. Vgl. Mackerras, C. / Maidment, R. / Schak, D.: Diversity and Convergence [1998], S. 11-13.

[627] Vgl. Harrison, M.: Asia-Pacific [1994], S. 6-10; Mackerras, C. / Maidment, R. / Schak, D.: Diversity and Convergence [1998], S. 11-13.

[628] Vgl. Mackerras, C. / Maidment, R. / Schak, D.: Diversity and Convergence [1998], S. 11-13.

[629] Vgl. Howell, J.D.: Religion [1998], S. 132. Die derzeitige politische Führung strebt jedoch keinen islamischen Staat an, wie er von der Oppositionspartei gefordert wird. Vgl. Nagata, J.: Place of Is-lam [1997], S. 87-90.

[630] Die Urbanisierungsrate in Malaysia betrug in 1997 55%, in Vietnam 19,5%. Vgl. World Bank: World Development Indicators [1999], http://www.worldbank.org/data/countrydata.

ortes gelebt werden. Dies gilt für Chinesen, Malayen und Vietnamesen gleichermaßen.[631]

Die Modernisierung wird begleitet von einem gegenläufigen Trend der Bestärkung der ‚kulturellen Identität', was oftmals durch politische Einflußnahme und vor allem das Instrument der Bildungssysteme gesteuert wird.[632] In allen Ländern spiegelt sich eine bestimmte Beziehung zwischen Politik und Kultur wider, die zum einen in der Förderung von bestimmten Werten durch das jeweilige System, zum anderen aber auch in dem Bestreben der Erhaltung kultureller Werte des jeweiligen Landes zum Ausdruck kommt.[633]

Die Unabhängigkeit der Länder nach der Kolonialzeit brachte eine ‚Relegitimierung' von alten, traditionellen Werten zu Tage, die durch die Suche nach nationaler Einheit intensiviert wurde.[634] Es hat sich in der Vergangenheit bis heute in den Ländern gezeigt, daß sich die existierenden kulturellen Werte zum Teil nicht evolutorisch entwickelt haben. Teilweise werden diese gezielt durch die Politik aufgegriffen und instrumentalisiert, um bestimmte wirtschaftliche oder aber auch ideologische Ziele im Land zu verwirklichen. Gemeinsam ist den drei untersuchten Ländern, daß kulturelle Werte als Instrumente einer geplanten ideologischen und politischen Ausrichtung sowie der wirtschaftlichen Entwicklung gezielt eingesetzt bzw. ‚nutzbar' gemacht werden. Das Zitat von Lee Kuan Yew „A Confucianist view of order between subject and ruler – this helps in the rapid transformation of a society... in other words, you fit yourself into society – the exact the opposite of the American right of the individual"[635] macht diese Haltung ebenso deutlich wie die dargestellte Auffassung von Mahathir Mohamed zum ‚Malay Dilemma', auch wenn die Implementierung dieser Auffassungen wiederum unterschiedlich erfolgt ist.[636] Die andauernde, komplexe und zentralisierte Machtausübung in Vietnam hat dazu beigetragen, die kulturelle Vielfalt durch die nationale Einheit homogenisieren zu wollen.[637] Die bürokratischen und kollektiven Traditionen des Konfuzianismus sind ebenfalls mit dem auf Kollektivismus ausgerichteten Sozialismus verwoben worden.[638]

Grundsätzlich haben die durch internationale Integration, politische Motivation oder gesellschaftlichen Wandel hervorgerufenen Beeinflussungen kultureller Werte zur

---

[631] Dies läßt sich am Beispiel der Feier zum Chinesischen Neujahrsfest erläutern: nach alter Tradition treffen sich alle Familienmitglieder für diese höchsten chinesischen Feiertage im Haus des Oberhauptes des Familie, d. h. meist bei dem ältesten Familienmitglied der Familie, meist in der Stadt oder in dem Dorf, wo diese Generation lebt. Dies gilt ebenfalls für das höchste moslemische Fest, Hari Raya, sowie für die höchsten vietnamesischen Feiertage, das Tetfest.

[632] Dies entspricht der These, daß jede Bewegung eine Gegenbewegung auslöst.

[633] Vgl. Kapitel 2.1.2.2.

[634] Vgl. Pye, L.W.: Asian Power and Politics [1985], S. 91.

[635] Lee Kuan Yew, zitiert in: Gibney, F.: Pacific Century [1992], S. 257.

[636] Vgl. Gomez, T. / Jomo, K.S.: Political Economy [1997], S. 3-4.

[637] Vgl. Mackerras, C ./ Maidment, R. / Schak, D.: Diversity and Convergence [1998], S. 11.

[638] Vgl. Rothlauf, J.: Interkulturelles Management [1999], S. 170.

Folge, daß diese nicht als statisches Phänomen beurteilt werden dürfen, sondern als dynamische Entwicklung, die auch gesteuert werden kann.[639]

Den Konsequenzen aus dem Wandel der Kulturen wird in unterschiedlichem Maß durch nationalistisch orientierte Steuerungsinstrumente bzw. Auffassungen der Regierungen entgegengesteuert. **Singapur** versteht sich zunächst als multikulturelle Gesellschaft und betreibt die Integration der Rassen aktiv mit verschiedenen Maßnahmen.[640] Die Regierung fordert die Bevölkerung auf, sich unter Wahrung der eigenen Werte und der Identität Singapurs den neuen Ideen und Kulturen, die die Entwicklung Singapurs mit sich bringt, offen zu stellen.[641] **Malaysia** hat eine ‚National Cultural Policy‘ implementiert, die als Zielsetzungen die Verstärkung der nationalen Einheit, die Revitalisierung der einheimischen Kulturen, eine selektive Adaption von ausländischen Kulturen sowie die Internationalisierung der malaysischen Kultur umfaßt. Weiterhin soll (gemäß der politischen und wirtschaftlichen Orientierung) in einem zunehmend internationalen bzw. globalisierten Umfeld die Integration der verschiedenen ethnischen Gruppen zu einem vereinigten Staat erreicht werden.[642] Im Rahmen dieses Politikansatzes werden als Hauptproblemfelder für die Erhaltung der kulturellen Werte der Nation, der moralische Zerfall durch die Adaption von materialistischen Werten, die Erosion der Institution Familie und deren Netzwerk, die Fortsetzung der Dominanz der Ansichten der entwickelten Länder und die Verbreitung dieser Ansichten durch die Massenmedien und die Verdrängung von lokalem Know-how genannt.[643] In **Vietnam** wird das moderne Vietnam als das Ergebnis erfolgreicher kultureller Integration der unterschiedlichen ethnischen Gruppen angesehen, wobei die kulturelle Vielfalt und Gleichberechtigung betont wird.[644]

Alle drei Länder haben Vorbehalte und auch Befürchtungen in Bezug auf die weitere Entwicklung der jeweiligen Kulturen im Rahmen der gesamten – insbesondere wirtschaftlichen und gesellschaftlichen – Entwicklung der Länder.

3.2.4.5 Implikationen für das Interkulturelle Management von westlichen Banken

Für ein Interkulturelles Management der Banken ergeben sich aus der Bedeutung von Technologie und der Bildungssysteme sowie des kulturellen Wandels in den Ländern die folgenden Auswirkungen:

---

[639] Vgl. Lawson, S.: Culture of Politics [1998], S. 234-237.
[640] Für die staatlich geförderten Wohngebiete gibt es für die ethnischen Gruppen Pflichtquoten, nach denen die einzelnen Wohnhäuser zu belegen sind. Vgl. Chiew, S.K.: Chinese Singaporeans [1997], S. 219.
[641] Vgl. o.V.: Change Mindsets [2000], http://www.business-times.asia.com.sg.
[642] Vgl. Kapitel 3.2.3.3. Diese Zielsetzung entspricht der Zielsetzung der NEP bzw. NDP. Siehe auch Sharifah, Z.: Issues in Malaysia [1996], S. 99-103.
[643] Vgl. Sharifah, Z.: Issues in Malaysia [1996], S. 103-109.
[644] Vgl. Trinh, A.: Cultural Integration [1999], http://www.vietnamnews.vnagency.com.vn.

- Die verstärkte Technologieorientierung der Länder bedeutet für die westlichen Banken eine mögliche Ausrichtung des Marketings auf das Angebot von computer-gestützten und internet-bezogenen Anwendungen als Produktkomponenten. Hierbei ist jedoch der genaue Entwicklungsstand der Länder zu ermitteln und zu berücksichtigen.

- Die herrschenden Bildungssysteme stellen die Frage nach dem Rekrutierungspotential an fachlich ausreichend qualifizierten lokalen Mitarbeitern für westliche Banken.

- Die Art der Sozialisierung in den ethnischen Gruppen (hier insbesondere Familien) sowie in den Bildungseinrichtungen (national, teilweise international) prägt die kulturellen Werte der lokalen Mitarbeiter. Diese Wertvorstellungen sind mit den spezifischen Unternehmungskulturen der Banken in Einklang zu bringen.

- Der kulturelle Wandel im Umfeld betrifft das interkulturelle Verhalten der westlichen Bank dahingehend, als daß neue Wertvorstellungen und veränderte Verhaltensweisen an die Bank herangetragen werden können, die im Verhalten der Bank zu antizipieren sind. Dies ist bspw. auch durch den externen Schock der asiatischen Wirtschafts- und Finanzkrise der Fall, in dem die existierenden Wertvorstellungen der Länder in Frage gestellt worden sind.

Die verschiedenen als Implikationen für ein Interkulturelles Management der westlichen Banken aufgeführten Aspekte verdeutlichen die Vielzahl an Einflußfaktoren, die aus den externen, auf ethnische Gruppen und auf Länder bezogenen Kontextfaktoren resultieren. Diese Einflußfaktoren werden im Folgenden um die bankenspezifischen Kontextfaktoren ergänzt.

3.3 Analyse der bank- und finanzwirtschaftlichen Branchenumwelt

In diesem Kapitel soll die Branchenumwelt des Bankgeschäftes in Singapur, Malaysia und Vietnam dargestellt werden. Diese sowie die spezifische Branchenkultur resultieren aus den Einflüssen der Landes- bzw. ethnischen Kultur und der umgebenden Rahmenbedingungen im jeweiligen Land, aber auch aus dem Grad der Öffnung gegenüber den internationalen Einflüssen – sei es durch internationale Abkommen, Art und Umfang der Bankgeschäfte oder aber durch die internationalen Marktteilnehmer.[645] Ziel ist es, die Märkte in ihrer Entstehung, Struktur und Entwicklung hinsichtlich der aktuellen und zukünftigen Geschäftstätigkeit der westlichen Banken in

---

[645] Vgl. Kapitel 2.4.4. Bei der Analyse und Beurteilung der Bank- und Finanzmärkte werden Aussagen aus den Expertengesprächen mit lokalen und ausländischen Banken sowie den Institutionen berücksichtigt.

den untersuchten Ländern sowie der Bedeutung für einen interkulturellen Managementansatz zu analysieren.[646]

Der folgende Überblick dient zunächst der Darstellung und Einordnung der Struktur und Bedeutung der Banken-und Finanzmärkte. Der jeweilige Entwicklungsstand der Länder beeinflußt das Umfeld für internationale Banken aus einer institutionellen Betrachtungsweise heraus wesentlich. Die rechtlichen Rahmenbedingungen, aufsichtsrechtlichen Vorschriften und der Grad der Offenheit des jeweiligen Marktes zeigen die Restriktionen der Geschäftstätigkeit der internationalen Banken auf. Gleichzeitig wird über die Zulässigkeit des Marktangebotes der ausländischen Banken in den Ländern die Ausgestaltung des Leistungsprogrammes bestimmt.

Vor dem Hintergrund aktueller Entwicklungen in den Ländern, werden auch die Auswirkungen der Wirtschafts- und Finanzkrise betrachtet, da diese sich vorwiegend als Krise der Bankenmärkte dargestellt hat. Aus dem politischen bzw. kulturellen Umgang der Länder mit den Auswirkungen der Krise auf den jeweils nationalen Bankenmarkt lassen sich auch Erkenntnisse über die Branchenkulturen gewinnen.

Analog der Vorgehensweise für die Beschreibung der Länder im vorangegangen Kapitel 3.2, beginnt die Betrachtung des Branchenumfeldes aus einer historischen Perspektive des Engagements von ausländischen Banken in den Ländern.

3.3.1 Historische Entwicklung der Bankenmärkte unter Einfluß von Auslandsbanken und Nationalisierungsbestrebungen

Die Entstehung und Entwicklung der Bankenmärkte als Vorläufer eines Finanzsystems in den Ländern Singapur, Malaysia und Vietnam ist geprägt von Einflüssen der Kolonialzeit, der Präsenz ausländischer Banken sowie, nach der Unabhängigkeit der Länder, von Nationalisierungsmaßnahmen. Diese Maßnahmen betrafen in Singapur die Auslandsbanken, in Malaysia die Auslandsbanken und Banken in Eigentum von nicht-malaiischen ethnischen Gruppen und in Vietnam Banken in inländischem oder ausländischem privatem Eigentum.

Bis zur Trennung Singapurs von Malaysia 1965 haben die Bankenmärkte beider Länder eine gemeinsame Geschichte. Die ersten Banken, die Mitte des 19. Jahrhunderts im Gebiet des ehemaligen Malaya gegründet wurden, waren bedingt durch den Finanzierungsbedarf und die Abwicklung der Finanzierungen für die Handelsaktivitäten zwischen den südostasiatischen Ländern und den Kolonialländern ausländischer Herkunft. Hierauf folgten weitere Gründungen von Banken aus den Ländern der ehe-

---

[646] In diesem Zusammenhang ist zu berücksichtigen, daß insbesondere für Vietnam aufgrund des Entwicklungsstandes des Marktes sowie der verfügbaren Informationen nicht immer eine Betrachtung in der gleichen Tiefe/Detaillierung wie in Singapur und Malaysia möglich ist.

maligen Kolonialmächte (Kolonialbanken).[647] Aufgrund des steigenden Bevölkerungsanteils der ethnisch chinesischen Einwanderer und des wachsenden chinesischen Einflusses auf den Handel folgten vorwiegend Gründungen von Banken der aus den unterschiedlichen Regionen Chinas stammenden ethnischen Chinesen. Bei den Gründern und Direktoren der Banken handelte es sich um Geschäftsleute aus dem produzierenden Gewerbe (z. B. Gummi- und Zinnbereich), die trotz der Anlehnung an Prinzipien des Bankgeschäftes in China und Hongkong eigene, teilweise an westliche Techniken angelehnte Geschäftspraktiken entwickelten. Geschäftspartner der Banken waren anfänglich Händler und Produzenten aus unterschiedlichen chinesischen Dialektgruppen, die mit regionalen Schwerpunkten in Malaya tätig waren, wofür die chinesischen Banken vorwiegend kurzfristige Handelskredite und Devisentransaktionen bereitstellten. Die chinesischen Banken wiesen eine gute Liquiditätsposition aufgrund der hohen Exportüberschüsse der Länder auf. Die Kreditvergabe war als konservativ zu bezeichnen und basierte auf Marktkenntnissen und persönlichen Beziehungen innerhalb der chinesischen Gemeinschaft[648] Hauptcharakteristikum der chinesischen Banken war, daß diese nach dem ersten Weltkrieg oftmals als ‚Kuppelprodukt' im Aufbau von chinesischen Unternehmenskonglomeraten entstanden und daher die Banktätigkeiten nicht autonom von den Handels- und Produktionstätigkeiten waren. Sowohl das Einlagen- als auch das Kreditgeschäft wurde durch die kommerziellen Prioritäten diktiert und ist somit nicht unabhängig voneinander ausgeführt worden.[649] Bei den chinesischen Banken haben sich nach der Weltwirtschaftskrise die Eigentümerstrukturen vereinzelt dahingehend verändert, daß die Dominanz von einzelnen Familien von durch Partnerschaften geformten Aktiengesellschaften ersetzt wurde. Dies ermöglichte den Banken, Kapital von und nach Südostasien zu transferieren[650] und sich eine wichtige Position im regionalen bzw. internationalen Geschäft in und mit Asien zu sichern.

Später im 20. Jahrhundert und insbesondere nach dem zweiten Weltkrieg folgte die Ansiedlung weiterer ausländischer Banken unterschiedlicher Herkunft (USA, Japan, Indien, Europa).[651] Die Auslandsbanken mit Fokus auf internationale Handelsgeschäfte erfüllten zwischen den Herkunftsländern und Singapur bzw. Malaysia eine komplementäre Aufgabe zu den auf die lokale Geschäftsgemeinschaft der chinesischen Händler ausgerichteten ethnisch chinesischen Banken.[652] Die lokalen indischen Banken betreuten die indische Geschäftsgemeinschaft, wobei die Bedeutung der chinesisch-indischen Finanzverbindungen den gleichen Stellenwert hatte wie die

---

[647] Vgl. Cheah, K.G.: Financial Institutions in Malaysia [1995], S. 39-40. Die erste Bank im Gebiet Singapurs, die Union Bank of Calcutta, wurde 1840 gegründet, die erste Bank im Gebiet der heutigen Pensinsula Malaysia, die Chartered Mercantile Bank of India, London & China, im Jahr 1859.

[648] Vgl. Lee, S.-Y.: Monetary and Banking Development [1973], S. 75-76.

[649] Vgl. Brown, R.: Chinese Business and Banking [1996], S. 137.

[650] Vgl. Brown, R.: Chinese Business and Banking [1996], S. 145.

[651] Vgl. Sattelhak, G.: Struktur des Bankwesens in Singapore [1983], S. 29.

[652] Vgl. Lee, S.-Y.: Monetary and Banking Development [1973], S. 65

chinesisch-westlichen Beziehungen.[653] Die ausländischen Banken haben sich analog der Handelsunternehmungen zur Abwicklung ihrer Geschäftsbeziehungen und Bewältigung sprachlicher und kultureller Unterschiede sog. ,compradors' (chinesische kommerzielle Mittler) bedient, die als Intermediäre zwischen der chinesischen Geschäftsgemeinschaft und den westlichen Handelshäusern oder aber Finanzhäusern fungierten.[654]

Die drei aufgeführten Bankengruppen (lokale, vorwiegend chinesische Banken, Kolonialbanken, spätere Auslandsbanken) prägen heute die Bankenlandschaft in Singapur und – gemeinsam mit den später entstandenen malaiischen Banken – in Malaysia.

Der Bankenmarkt in Vietnam war Anfang des 20. Jahrhunderts gemeinsam mit dem kommerziellen Zentrum im Süden Vietnams, in Ho Chi Minh Stadt (früher Saigon), angesiedelt und wurde vorwiegend von französischen ausländischen Banken dominiert. Nach dem Rückzug der Franzosen im Jahr 1954 wurde der Bankensektor im Norden Vietnams verstaatlicht, während die ausländischen Banken im Süden ihre Geschäftsaktivitäten fortsetzten.[655]

Seit der Unabhängigkeit Singapurs, Malaysias und Vietnams haben sich aufgrund wirtschaftlicher und vor allem politischer und sozialer Entwicklungen nicht nur die Bedeutung dieser Banken für die Länder, sondern auch die Rahmenbedingungen für die ausländischen Banken verändert. Sie wurden zum einen mit einer politischen, zum anderen mit einer wirtschaftlichen Dekolonialisierung bzw. Nationalisierung konfrontiert.[656] Diese Politik hat in den drei Ländern unterschiedliche Ausprägungen gehabt und ist insbesondere in Malaysia und in Vietnam auch heute noch von großer Bedeutung.

In **Malaysia** fand eine Lokalisierung der vorwiegend chinesischen Banken durch die Implementierung der New Economic Policy statt,[657] wo die Umverteilung der Eigentümerstruktur der Banken im Land zugunsten der einheimischen ethnischen Bevölkerungsmehrheit, der Bumiputras, erfolgte. Die chinesisch-malaysischen Banken mußten den ethnischen Malayen Beteiligungen einräumen, so daß sich heute keine lokale Bank in Malaysia mehr im alleinigen Eigentum von ethnischen Chinesen befindet. Die Filialen von ausländischen Banken sind 1989 aufgefordert worden, innerhalb von fünf Jahren lokal zu firmieren, d. h. durch die Umwandlung in Tochtergesellschaften lokal registrierte Kapitalgesellschaften zu werden. Es war jedoch erlaubt die Tochtergesellschaften zu 100% im Eigentum der Auslandsbanken zu belassen. Den Hinter-

---

[653] Vgl. Brown, R.: Chinese Business and Banking [1996], S. 135.
[654] Vgl. Brown, R.: Chinese Business and Banking [1996], S. 134; Hao, Y.: Comprador [1996], S. 75.
[655] Vgl. World Bank: Financial Sector Study [1994], S. 15.
[656] Vgl. hierzu und im folgenden Chang, C.-Y: Localization and Chinese Banking [1988], S. 354-365.
[657] Vgl. Kapitel 3.2.3.3.

grund bildete, daß diese Politik „... was aimed at achieving a banking system that reflected a more positive and permanent financial commitment to the country."[658] Fast alle existierenden Auslandsfilialen kamen dieser Aufforderung nach.[659]

In **Vietnam** ging die ‚Dekolonialisierung' durch die Fortsetzung der Nationalisierung von 1954 sowie nach der Wiedervereinigung im Jahr 1975, als die Kommunisten aus dem Norden das nicht-kommunistische Regime in Südvietnam ablösten und die gesamte Führung des Landes übernahmen, von statten. Basis der Nationalisierungsbestrebungen war der Kampf gegen den Kapitalismus. Während für die vietnamesische Regierung zwischen 1954 und 1975 die Erhöhung des Anteils an vietnamesischen (einheimischen) Banken am Bankenmarkt im Vordergrund des Interesses stand, so wurde nach 1975 die Geschäftätigkeit von ausländischen Banken in Vietnam grundsätzlich verboten sowie auf Basis der kommunistisch-sozialistischen Ideologie jegliches Privateigentum verstaatlicht.[660] Alle ausländischen Banken zogen sich daher aus Vietnam zurück. Die Auslandsgesellschaften sowie die aktiven privaten vietnamesischen Banken wurden in die State Bank of Vietnam (SBV) integriert.[661] Fast alle lokalen Bankleistungen (mit Ausnahme von zwei Spezialinstituten für Außenhandel und langfristige öffentliche Projektfinanzierung) wurden ab diesem Zeitpunkt alleine von der SBV angeboten.[662] Erst nach Einführung der wirtschaftlichen Reformen wurden 1989 auch private Finanzinstitutionen wieder in Vietnam zugelassen sowie ab 1990 die Betätigung ausländischer Banken ermöglicht. Es ist davon auszugehen, daß die heute in Vietnam präsenten ausländischen Banken entweder bereits vor 1954 bzw. 1975 Auslandsgesellschaften im Rahmen ihrer Asienpräsenz gehabt haben oder aber aufgrund des erwarteten Marktpotentials wiederum als ‚späte' Auslandsbanken in Vietnam eine Präsenz aufgebaut haben.[663]

Die Form der Nationalisierung, die in **Singapur** zum Tragen kam, war eine Strategie der sog. Dekolonialisierung. Dies bedeutete für die bei Unabhängigkeit Singapurs im Stadtstaat tätigen Banken, daß der Geschäftsschwerpunkt von ehemals Import/ Export erweitert wurde im Hinblick auf die industrielle Entwicklung, Landentwicklung und weitere dienstleistungsorientierte Geschäfte. Darüber hinaus ging im Gegensatz zu Malaysia und Vietnam die Dekolonialisierung in Singapur mit einer Internationalisierung des Marktes einher. Diese umfaßte allerdings keinen Zusammenschluß von lokalen und ausländischen Banken, so daß keine gemeinsamen internationalen Netzwerke entstanden sind.[664]

---

[658] Financial Times: Banking in Asia Pacific [1997], S. 175.
[659] Lediglich zwei der Banken haben ihre Lizenzen veräußert. Die Aufrechterhaltung der 100% Eigentumsquote in ausländischer Hand geht mit Restriktionen im Geschäftsumfang einher. Vgl. Teufel, H. / Mathe, C.: Malaysias ehrgeizige Pläne [1996], S. 416.
[660] Vgl. Nguyen, D.T. / Thoung, P.D.: Viet Nam: Banking System [1994], S. 12.
[661] Vgl. World Bank: Financial Sector Study [1994], S. 15.
[662] Vgl. Ang, B.S.H. u.a.: Reforms [1997], S. 59.
[663] Vgl. Probert, J.: Vietnam: open for business [1994], S. 67.
[664] Vgl. Chang, C.-Y: Localization and Chinese Banking [1988], S. 354-365.

Vor dem Hintergrund dieser Geschichte der Bankensysteme können die derzeitigen Strukturen der Banken- und Finanzmärkte dargestellt werden, wobei die drei Gruppen nationaler Herkunft – lokale Banken, Kolonialbanken, spätere Auslandsbanken – bis heute bestehen. Die Kolonialbanken[665] haben durch die lange Präsenz in den Ländern und aufgrund der langen Zusammenarbeit mit lokalen, vorwiegend chinesischen Geschäftsgemeinden eine Marktnähe und -kenntnisse gewonnen, die eine Positionierung zwischen lokalen Banken und Auslandsbanken rechtfertigt.

3.3.2 Strukturen und Entwicklungen der Banken- und Finanzsysteme

3.3.2.1 Übersicht der Marktcharakteristika

Die Strukturen und Entwicklungen der Banken- und Finanzsysteme werden anhand der im folgenden aufgezeichneten Marktbesonderheiten für jedes der untersuchten Länder aufgezeigt. Schwerpunkte der Darstellung sind die Analysen der Struktur der Banken- und Finanzmärkte sowie insbesondere des Geschäftsbankenbereiches mit Bezug zum inländischen On-Shore- sowie inländischen und ausländischen Off-Shore-Geschäft. In diesen Geschäftsbereichen sind vorwiegend auch die im Rahmen dieser Arbeit betrachteten westlichen Banken aktiv.[666] Hinzu kommen Marktbesonderheiten wie das duale Bankensystem in Malaysia sowie die hohe Bedeutung des informellen Banken- und Finanzmarktes in Vietnam. Eine Betrachtung der Auswirkungen der Krise auf den jeweiligen Markt beendet die jeweiligen Darstellungen. Die Konsequenzen für die westlichen Banken werden anhand der aus der Krise heraus angestrebten Entwicklung der Märkte aufgezeigt.

Die Charakteristika weisen auch auf die Beurteilung der jeweiligen Bank- und Finanzsysteme als internationales (Singapur), regionales (Malaysia) und lokales Finanzzentrum im Anfangsstadium (Vietnam) hin.[667]

Im Folgenden werden die Banken- und Finanzmärkte für die Länder getrennt betrachtet. Singapur und Malaysia weisen aufgrund der gemeinsamen Geschichte der Länder und der Entstehung des Bankenmarktes jedoch einige Gemeinsamkeiten auf, die zur Einordnung der Bankcharakteristika angeführt werden sollen.

---

[665] Diese Bezeichnung trifft vorwiegend für die Kolonialbanken in Singapur und Malaysia zu.

[666] Vgl. Kapitel 2.2.2.3. In der Arbeit werden die Geschäftsbereiche Commercial Banking, Investment Banking sowie Private Banking mit lokalen Kunden betrachtet.

[667] Ein Finanzzentrum ist ein Ort oder eine Stadt, wo eine Konzentration von Banken und Finanzdienstleistungsunternehmen existiert, die bei Vorliegen einer unterstützenden Infrastruktur ein weites Spektrum an Finanzdienstleistungen zur Abwicklung von Handel, Investitionen auf regionaler und internationaler Basis anbietet. Vgl. Luckett, D.G. / Schulze, D.L. / Wong, R.W.Y.: Banking, Finance & Monetary Policy in Singapore [1994], S. 96-97.

164

Als ehemalige britische Kolonien sind die Bankensysteme in Singapur und Malaysia vom angelsächsischen Trennbankensystem geprägt. Die Finanzinstitutionen sind zum einen auf das Einlagen- und Kreditgeschäft (Commercial Banks) und zum anderen auf das Wertpapiergeschäft (Merchant Banks, Broker-Häuser) spezialisiert.[668] Als dritte wichtige Gruppe an Finanzinstitutionen existieren in beiden Ländern die sog. Finance Companies, die unter bestimmten rechtlichen Konstellationen ähnliche Aufgabenstellungen wie die Commercial Banks ausüben.[669] In Ergänzung zum inländischen On-Shore Geschäft sind in Singapur mit dem Asien-Dollar-Markt und in Malaysia mit Gründung des International Offshore Financial Centres (IOFC) zwei unterschiedlich konzipierte Off-Shore Zentren gebildet worden. Ein Off-Shore Zentrum für das Bankgeschäft wird allgemein als ein Zentrum internationaler Bank-, Finanzierungs- und anderer Dienstleistungen definiert, dessen Transaktionen und Finanzströme den Inlandsmarkt des Landes, in dem die Off-Shore Bank tätig ist, nicht berühren. Hauptaufgabe ist die Vermittlung und Weiterleitung internationaler Geldströme und Finanzierungsmittel und die Ausstattung mit der erforderlichen insbesondere technischen Infrastruktur sowie vorwiegend steuerlichen und anderen administrativen Rahmenbedingungen.[670]

3.3.2.2 Singapur als internationales Finanzzentrum in der Region

3.3.2.2.1 Struktur des Finanzsystems

Singapur hat parallel zur makroökonomischen Entwicklung die des Finanzsektors vorangetrieben und das Finanzsystem im Land zum drittwichtigsten internationalen Finanzzentrum in Südostasien geführt. Das Hauptcharakteristikum des Finanzsystems ist das hohe Maß an Internationalisierung durch die Präsenz international tätiger Banken und des abgewickelten Geschäftes. Auch wenn Singapur im Vergleich zu anderen internationalen Finanzzentren wie London, New York und Tokyo, bezogen

---

[668] Vgl. Eilenberger, G.: Bankbetriebswirtschaftslehre [1996], S. 30. Die Commercial Banks sind im Einlagen- und Kreditgeschäft tätig, bieten Kontokorrentkonten mit Scheckverkehr, Zahlungsverkehrs- und allgemeine Bankdienstleistungen sowie Leistungen in Fremdwährungen an. Zudem zeichnen sie bei Ausgabe von Regierungswertpapieren. Vgl. Pang, J.: Banking & Finance – Singapore [1997], S. 30-31; Cheah, K.G.: Financial Institutions in Malaysia [1995], S. 53-54. Die Investment Banken in beiden Ländern dürfen keine Einlagen von Privatpersonen annehmen.

[669] Finance Companies dürfen in beiden Ländern Einlagen von Privatunternehmen entgegennehmen, jedoch analog dem Investment Banken keine Kontokorrentkonten führen bzw. Fremdwährungsgeschäfte abwickeln. Schwerpunkt der Geschäftstätigkeit ist das Kreditgeschäft für Privatkunden für Konsumzwecke wie bspw. Teilzahlungskauf. Vgl. Pang, J.: Banking & Finance – Singapore [1997], S. 36; Pang, J.: Banking & Finance – Malaysia [1995], S. 36-37. In Malaysia investieren die Finance Companies stark in Regierungswertpapiere; zudem nutzt die Regierung die bei den Finance Companies unterhaltenen hohen Einlagen für entwicklungspolitische Zwecke des Landes.

[670] Vgl. Fischer, L.: Off-shore-Zentren [1989], Sp. 1553-1554; Brützel, C.: Offshore-Banking [1985], S. 22-23. Weitere Kennzeichen sind, daß diese Verrechnungseinheiten den im Stammland domizilierten Muttergesellschaften der jeweiligen im Off-Shore-Geschäft tätigen Auslandsgesellschaften zugerechnet werden sowie weitere liberale Aufsichtsregeln in Anspruch genommen werden.

auf die Breite und Tiefe des Finanzsystems sowie auf die Qualität der Finanzproduk-te, noch nicht genauso weit entwickelt ist, steht Singapur mit dem Finanzplatz Hong-kong um die Abwicklung der Finanzströme und die Ansiedlung von regionalen Zent-ralen internationaler Banken im regionalen Wettbewerb.[671]

Die Bedeutung Singapurs als Finanzzentrum läßt sich an der Anzahl, der horizonta-len Diversifikation an Marktteilnehmern sowie am Volumen einzelner Marktsegmente festmachen. Die wichtigste Grundlage des Finanzzentrums bildet jedoch die nachhal-tige und konsequente Strategie der Regierung, gemeinsam mit der Monetary Authori-ty of Singapore (MAS) einen internationalen Finanz-‚Hub' in der Region zu ent-wickeln. Diese Strategie ist ein wesentliches Element zur Realisierung der Vision für Singapur als ein regionales Zentrum. Der Finanzsektor spielt in der dienstleistungs-orientierten Wirtschaft Singapurs bereits eine wichtige gesamtwirtschaftliche Rolle: Der Finanzsektor beschäftigt 5% der Arbeitskräfte[672] und der Anteil am BIP beläuft sich in 1998 auf 11%, wobei ein weiterer Ausbau um 3 bis 4 Prozentpunkte bis zum Jahr 2003 für wahrscheinlich gehalten wird.[673]

Die Entwicklung Singapurs von einem Bankplatz mit regionaler Bedeutung zu einem internationalen Finanzplatz begann Ende der sechziger Jahre, als der Ausbau des Finanzplatzes mit überregionaler Bedeutung durch die Gründung des sog. Asien-Dollar-Marktes 1968 sowie durch eine Liberalisierung der Zulassungspolitik gegen-über Auslandsbanken initiiert wurde.[674] Die folgende Abbildung B/3-5 gibt einen Überblick über das heutige Finanzsystem Singapurs. Es läßt sich anhand der wich-tigsten Gruppen regierungsnahe Finanzinstitutionen, Finanzinstitutionen sowie Fi-nanzmarktsegmente beschreiben.

---

[671] Vgl. Nguyen-Khac, T.Q. / Guretzky-Cornitz, G.v.: Bankenplatz Hongkong [1997], S. 392-393. Hin-tergrund für den Wettbewerb sind die Unsicherheiten bei internationalen Banken bezüglich der weiteren politischen Entwicklung in Hongkong sowie ein zunehmender Kostenwettbewerb sowie steuerliche Überlegungen.

[672] Vgl. Montes, M.F. / Tan, K.G.: Financial Services Industry in Singapore [1999], S. 233.

[673] Vgl. Velloor, R. / Perng, C.J.: Niche Areas [1998], S. 5.

[674] Vgl. Sattelhak, G.: Struktur des Bankwesens in Singapore [1983], S. 14-16.

166

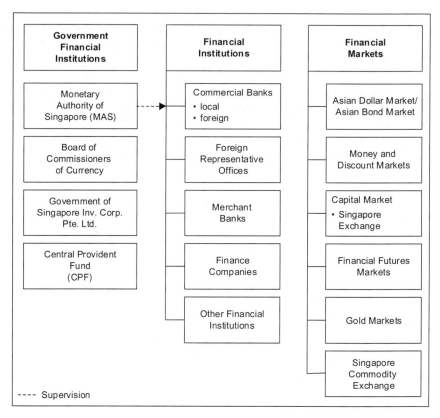

Government Financial Institutions	Financial Institutions	Financial Markets
Monetary Authority of Singapore (MAS)	Commercial Banks • local • foreign	Asian Dollar Market/ Asian Bond Market
Board of Commissioners of Currency	Foreign Representative Offices	Money and Discount Markets
Government of Singapore Inv. Corp. Pte. Ltd.	Merchant Banks	Capital Market • Singapore Exchange
Central Provident Fund (CPF)	Finance Companies	Financial Futures Markets
	Other Financial Institutions	Gold Markets
		Singapore Commodity Exchange

---- Supervision

Abbildung B/3-5: **Finanzsystem von Singapur im Überblick**[675]

An Finanzinstitutionen waren im Dezember 1999 insgesamt 294 Geschäfts- und Investmentbanken, Finance Companies und Repräsentanzen ausländischer Finanzinstitutionen in Singapur tätig. Alle am Markt tätigen Finanzinstitutionen unterstehen der Aufsicht und Überwachung der Monetary Authority of Singapore (MAS).[676] Von den Geschäfts- und Investment Banken verfügen 198 über Asian Currency Units (ACU) und nehmen am Off-Shore Geschäft über den Asien-Dollar-Markt teil.[677] Da-

---

[675] Quelle: In Anlehnung an Pang, J.: <u>Banking & Finance - Singapore</u> [1997], S. 16-18. Auf die Finanzmärkte wird in Kapitel 3.3.3.2 eingegangen.

[676] Vgl. Financial Times: <u>Banking in Asia Pacific</u> [1997], S. 272-273.

[677] Die ACU stellen die für das Off-Shore Banking erforderlichen buchungstechnischen Abteilungen dar, in denen das Off-Shore Bankgeschäft getrennt vom On-Shore Geschäft abgewickelt werden kann. Analog einem Euro-Dollar-Markt ist der Asien-Dollar-Markt dadurch gekennzeichnet, daß alle Transaktionen auf diesem Markt in ausländischen Währung, d.h. nicht in Singapur Dollar abgewickelt werden. Durch die konsequente Trennung des Off-Shore Bankgeschäftes von Singapur Dollar sollte die Internationalisierung des Singapur Dollars zur Vermeidung von spekulativen

rüber hinaus bewirkten Geld- und Devisenhändler sowie die für den Geld- und Devisenhandel zugelassenen Banken, daß Singapur weltweit hinter Großbritannien, USA und Japan der viertgrößte Devisenmarkt in Bezug auf das tägliche Handelsvolumen wurde.[678] Die internationalen Aktivitäten der sog. Domestic Business Units (DBU) der im lokalen Bankgeschäft aktiven Geschäfts- und Investmentbanken tragen ebenfalls – wenn auch in wesentlich geringerem Umfang – zur Abwicklung des internationalen Geschäftes bei.[679] Diese hohe Bedeutung des internationalen Geschäftes ist auf die Schaffung der regulatorischen und steuerlichen Rahmenbedingungen und der notwendigen Infrastruktur, insbesondere für den Asien Dollar Markt, zurückzuführen. Hinzu kommt die an globalen Entwicklungen orientierte Öffnung des Marktes durch die Monetary Authority of Singapore (MAS).

Begleitet wird diese Entwicklung von einem angestrebten Wandel der Einstellung Singapurs und der aktiven Finanzinstitutionen gegenüber den notwendigen Reformen zur Erhaltung und vor allem Weiterentwicklung eines wettbewerbsfähigen Finanzplatzes.[680] Die MAS hat ihre Strategie bezüglich der weiteren Diversifizierung des Finanzsystems sowie der Schaffung einer höheren Dynamik des Finanzzentrums in einem Strategiepapier dargelegt sowie eine allgemeine Förderungskampagne initiiert.[681] Als Hauptfelder für das weitere Wachstum des Finanzplatzes sind die Vermögensverwaltung, das Treasury- und Risikomanagement, die Aktienmärkte, die allgemeine Emission von Schuldtiteln, das Geschäft mit Versicherungen und Rückversicherungen sowie das grenzüberschreitende Electronic Banking, Corporate Finance und Venture Capital, identifiziert worden.[682] Die Schaffung von erhöhter Transparenz im gesamten Finanzsystem ist für die Weiterentwicklung des Finanzplatzes eine wesentliche Voraussetzung.[683] Die Förderungskampagne soll analog dem Ansatz der auf die Akquisition von Direktinvestitionen bezogenen ‚Vermarktung' Singapurs durch das Economic Development Board (EDB) erfolgen,[684] um das Finanzzentrum international als Standort attraktiv zu gestalten. Ziel ist es, die Anzahl der ausländischen Finanzinstitutionen am Markt weiter zu erhöhen, hierdurch die Breite und Tiefe des Sortiments an Dienstleistungen weiter auszubauen sowie die Entwicklung des Finanzmarktes weiter voranzutreiben. Neben der Umsetzung der

---

Transaktionen mit Auswirkung auf die lokale Wirtschaft verhindert werden. Vgl. Luckett, D.G. / Schulze, D.L. / Wong, R.W.Y.: Banking, Finance & Monetary Policy in Singapore [1994], S. 30-32.

[678] Vgl. o.V.: Forex Trading Hub [1998], S. 61. Die Wachstumsrate im Vergleich zum täglichen Handelsvolumen in 1995 beträgt 32%. Singapur versucht derzeit, von den politischen Rahmenbedingungen und Unsicherheiten bezüglich der künftigen Entwicklungsmöglichkeiten an Bedeutung für international tätige Banken am Finanzplatz Hongkong zu profitieren.

[679] Vgl. Luckett, D.G. / Schulze, D.L. / Wong, R.W.Y.: Banking, Finance & Monetary Policy in Singapore [1994], S. 40-41.

[680] Vgl. Montagu-Pollack, M.: Singapore tears down the Barriers [1998], S. 21-22.

[681] Vgl. Anandarajah, K.: Further Steps [1998], S. 24. Ein Baustein der Strategie ist auch die Initiierung eines Wandels der lokalen Finanzinstitutionen in Richtung auf dynamischere Institutionen.

[682] Vgl. Anandarajah, K.: Further Steps [1998], S. 22.

[683] Vgl. Dolven, B.: Hang Looser [1998], S. 13.

[684] Vgl. Kapitel 3.2.3.2.

168

von zahlreichen Kommitees erarbeiteten Maßnahmen (ca. 120 auf die Finanzindustrie bezogene Projekte sind seit 1998 initiiert worden) ist ein der MAS angegliedertes Financial Sector Promotion Department gegründet worden, das regelmäßig über die Entwicklung der Aktivitäten berichtet. Hinzu kommen Marketingreisen in Europa, Asien und den USA sowie die Planung der Gründung von Nebenstellen in London und New York.[685]

Der Banken- und Finanzsektor kann – vom Führungsanspruch der Monetary Authority of Singapore und der Regierung her – als eine Geschäftseinheit des Konzeptes ‚Singapur Inc.' betrachtet werden.[686] Singapur ist auf dem Weg – im Gegensatz zu anderen Finanzzentren, die in den jeweiligen Domizilländern einen größeren Heimatmarkt zur Entwicklung von lokalen Anbietern von Finanzdienstleistungen haben – die erzielte Position in Südostasien zu sichern und auszubauen und für international tätige Banken auch regionaler Hauptsitz innerhalb der südostasiatischen Region zu werden.[687]

3.3.2.2.2 Bankenmarkt im On- und Off-Shore Geschäft

Die Marktstruktur der am Bankenmarkt tätigen Finanzinstitutionen kann der folgenden Abbildung B/3-6 entnommen werden.[688]

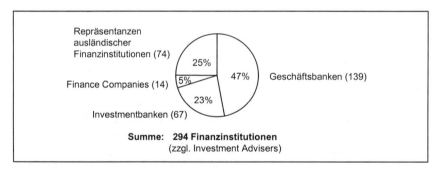

Abbildung B/3-6:   Übersicht Finanzinstitutionen in Singapur[689]

---

[685]   Vgl. Monetary Authority of Singapore: World-Class [1998], http://www.mas.gov.sg/speeches/sp_240898.

[686]   Interview Auslandsbank in Singapur.

[687]   Vgl. Menkhoff, L. / Teufel, H.: Singapur als internationales Finanzzentrum [1995], S. 868.

[688]   Vgl. Monetary Authority of Singapore: Directory of Financial Institutions [2000], http://www.mas.-gov.sg. Zu den angeführten 294 Finanzinstitutionen sind noch die Investment Advisers (z.B. Privatbanken) hinzuzurechnen, die zusätzlich zu den mit der Lizenz eines Investment Advisers ausgestatteten Finanzinstitutionen am Markt in Singapur tätig sind. Diese Zahl ist den Angaben der Monetary Authority of Singapore nicht zu entnehmen.

[689]   Quelle: Eigene Darstellung. Eine vollständige Übersicht befindet sich in Anhang C.3.1.

In Singapur dominiert der Sektor mit 139 Geschäftsbanken (lokal: 8, ausländisch: 131) den Bankenmarkt.[690] Der mögliche Umfang der Geschäftstätigkeit der Auslandsbanken im lokalen Bankgeschäft ist durch die Art der vergebenen Lizenz bestimmt. Die Lizensierungspraxis in Singapur hat 1971 und 1973 den möglichen Geschäftsumfang neuer Marktteilnehmer durch die Einführung neuer Lizenzen für eine eingeschränkte Geschäftstätigkeit am lokalen On-Shore Markt jeweils weiter reduziert.[691] Ursache für die sukzessive Reduzierung der Geschäftsmöglichkeiten ist die Protektion des inländischen Marktes, so daß die lokalen Banken vor dem Wettbewerb mit ausländischen Banken geschützt werden. Die lokalen Banken in Singapur haben aufgrund dieser Regulierungsmaßnahmen trotz der geringen Anzahl im lokalen Markt eine sehr starke Position.[692] Bezogen auf den Gesamtmarkt halten diese einen Anteil von ca. 74% (ausländische Banken: ca. 26 %), bezogen auf den lokalen Kreditmarkt von ca. 81% (ausländische Banken: ca 19%).[693] Die 14 Finance Companies spielen ebenfalls eine wichtige Rolle am Markt und üben mittlerweile ähnliche Geschäftstätigkeiten wie die Geschäftsbanken aus.[694] Außerdem gibt es 67 Investmentbanken (Merchant Banks), wobei die lokalen Investmentbanken Tochtergesellschaften von lokalen Geschäftsbanken, die ausländischen Investmentbanken meistens Joint-Ventures von lokalen Firmen und ausländischen Geschäfts- oder Investment Banken sind. Der Aktivitätsschwerpunkt ist neben dem teilweise spezialisierten Angebot von Investment Banking Leistungen das Engagement auf dem Asian-Dollar-Markt.[695] Für die Betätigung in der Vermögensberatung bzw. im Fund Management haben insgesamt 145 Finanzinstitutionen den Status eines sog. Investment Advisers (Anlageberatungsgesellschaften). Hierzu zählen u.a. ausländische Privatbanken sowie Beratungsgesellschaften für Finanzgeschäfte.[696]

Durch die Vielzahl an Marktteilnehmern und die Breite des abgewickelten Geschäftes kann der Bankenmarkt in Singapur – vor dem Hintergrund des Entwicklungsstandes einzelner Marktsegmente – als sowohl horizontal als auch vertikal relativ diversifiziert bezeichnet werden.

---

[690] Im Vergleich dazu waren 1970 36 Geschäftsbanken (lokal: 11, ausländisch: 25) am Bankenmarkt tätig.

[691] Vgl. Luckett, D.G. / Schulze, D.L. / Wong, R.W.Y.: Banking, Finance & Monetary Policy in Singapore [1994], S. 10-11.

[692] Der Vergleich zwischen den Marktanteilen im Off-shore Markt ist aufgrund der Informationslage nicht möglich.

[693] Vgl. Monetary Authority of Singapore: Monetary and Financial Developments [1999], http://www.mas.gov.sg; Development Bank of Singapore: Annual Report 1998 [1999], S. 126-129; Oversea-Chinese Banking Corporation: Annual Report 1998 [1999], S. 87; KeppelTatLee Bank: Our Mission & Nature of Business [2000], http://www.keppelbank.com.sg; United Overseas Bank: About Us - Our Business [2000], http//www.uob.com.sg; Overseas-Union Bank: About Us [2000], http://www.oub.com.sg. Die Angaben beziehen sich jeweils auf Ende 1998; eigene Berechnungen. Der Gesamtanteil bezieht sich auf die Bilanzsummen der Banken.

[694] Vgl. Financial Times: Banking in Asia Pacific [1997], S. 279.

[695] Vgl. Financial Times: Banking in Asia Pacific [1997], S. 282.

[696] Vgl. Financial Times: Banking in Asia Pacific [1997], S. 300. Die Lizenz des Investment Advisers haben Investment Banken, Mitglieder und Nicht-Mitglieder der Stock Exchange of Singapore (SES) sowie Finanzinstitutionen, die als Investment Adviser tätig sind.

170

Das Off-Shore Bankgeschäft in Singapur konnte ursprünglich als sog. ‚Out-Out' Geschäft bezeichnet werden, was der Definition des herkömmlichen Off-Shore Banking entspricht. Wesentliche Ursachen für die Gründung des Asien-Dollar-Marktes 1968 war der wachsende Bedarf an internationaler Finanzierung für die südostasiatische Region sowie der Bedarf ausländischer Banken an einem Off-Shore Zentrum, das in einer Zeitzone liegt, das in Verbindung mit weiteren Finanzzentren die weltweite Abwicklung von Finanzgeschäften rund um die Uhr ermöglicht. Darüber hinaus dient das Zentrum als Vermittlungsstelle für internationale Finanzierungen. Gefördert wurde die Marktentwicklung durch die vollständige Mobilität von Finanzierungsmitteln von und nach Singapur auf Basis der ACU der Finanzinstitutionen sowie durch den hohen Finanzierungsbedarf in der südostasiatischen Region.[697] Im Dezember 1999 sind insgesamt 131 (von 139) Geschäftsbanken (lokale: 7, ausländische: 124) sowie die 67 am Markt tätigen Investment Banken mit insgesamt 198 ACU am Off-Shore Markt Singapurs unter der Aufsicht der MAS tätig gewesen.[698] Im Dezember 1999 betrug das Geschäftsvolumen der ACUs insgesamt 480 Milliarden US$, wobei ca. 23% aus dem Kreditgeschäft mit Nicht-Banken und 66% dieses Geschäftsvolumens aus dem Interbankengeschäft (davon 81% außerhalb Singapurs) resultiert.[699] Die Auswirkungen der Asienkrise haben sich vorwiegend in einer Kontraktion des Geschäftsvolumens im Interbankengeschäft, vor allem aber im Off-Shore Geschäft mit Nicht-Banken in Asien gezeigt.[700]

Eine wesentliche Anforderung an die im On-Shore und Off-Shore Geschäft aktiven Banken ist die strikte Trennung der lokalen und der internationalen Bankgeschäfte durch die separate Führung der ACU-Konten. Einzelne Maßnahmen von Regierung und Zentralbank, wie bspw. die Möglichkeit der Notierung ausländischer Unternehmen an der lokalen Börse in Fremdwährung, zielen auf die Verbesserung des regionalen Profils Singapurs und auf die Förderung des Fondsmanagements ab. Die Aufnahme von internationalen Finanzierungsmitteln von lokalen und internationalen Unternehmen mit Sitz in Singapur ist durch die ACUs auf dem Asien-Dollar Markt und dem Asien-Bond Markt möglich. Eine Internationalisierung des Singapur Dollars durch Zulassung der internationalen Finanzierung in Singapur Dollars wird angesichts der geringen Größe des lokalen Marktes sowie des gleichzeitig hohen Finanzierungsbedarfs in der Region als kritisch angesehen.[701]

Vgl. Financial Times: Banking in Asia Pacific [1997], S. 295-296.
[698] Vgl. Pang, J.: Banking & Finance – Singapore [1997], S. 41-43. Der Asien-Dollar Markt ist aufgrund der Kurzfristigkeit der Geschäfte als Geldmarkt als Pendant zum Euro-Dollar-Markt zu bezeichnen, der Asien-Bond-Markt als Kapitalmarkt im Off-Shore Geschäft in Singapur zu betrachten.
[699] Vgl. Monetary Authority of Singapore: Facts & Figures [2000], https//www.mas.gov.sg, Table V.1A. Die verbleibenden 11% des Geschäftsvolumens resultieren aus sonstigen Forderungen.
[700] Vgl. Monetary Authority of Singapore: Monetary and Financial Developments [1999], https://www.mas.gov.my.
[701] Vgl. Montes, M.F. / Tan, K.G.: Financial Services Industry in Singapore [1999], S. 251-253.

Vor diesem Hintergrund sind die Auswirkungen der asiatischen Wirtschafts- und Finanzkrise auf den Bankenmarkt relativ moderat geblieben. Die strukturellen Schwächen anderer Bankenmärkte in der Region existieren, relativ gesehen, nicht in Singapur, so daß die Folgen der Krise vorwiegend aus den Währungsabwertungen resultieren. Diese sind neben dem Ausfall von Konsumkrediten und Immobilienfinanzierungen insbesondere bei Krediten innerhalb der Region Südostasiens relevant.[702] Um einem möglichen Vertrauensverlust entgegenzuwirken, sind Schätzungen über den Umfang von wahrscheinlichen Kreditausfällen aus Geschäften in der Region öffentlich gemacht worden.[703] Darüber hinaus hat Singapur jedoch die Krise analog der Strategie für die makroökonomische Entwicklung als Auslöser genutzt, den Finanzsektor durch Maßnahmen zur weiteren Liberalisierung zu stärken und somit die Reputation als internationales Finanzzentrum zu verbessern. Zur weiteren Förderung des Finanzplatzes wird vor allem eine Erhöhung der Transparenz bei der Offenlegung und Berichterstattung der lokalen Unternehmen und Finanzinstitutionen sowie bei der Evaluierung von Krediten verlangt.[704]

Die Internationalität des Finanzzentrums Singapur basiert auf dem hohen Anteil an ausländischen Banken am Bankenmarkt. Diese sind nicht nur im On- und Off-Shore Geschäft in Singapur tätig, sondern können über das Off-Shore Geschäft in der gesamten Region Südostasien ihre Geschäftstätigkeit ausüben.

3.3.2.3 Regionales Finanzzentrum in Malaysia

3.3.2.3.1 Struktur des Finanzsystems

Das Finanzsystem Malaysias kann als ein diversifiziertes Finanzsystem auf mittlerem Entwicklungsstand im internationalen Vergleich von Emerging Markets bezeichnet werden. Bei einem ähnlich zum Finanzsystem Singapur dargestellten Überblick zeigt sich anhand der Kriterien Institutionen der Regierung (vorwiegend Aufsichtsbehörden), Finanzinstitutionen und Finanzmärkte aufgrund des Entwicklungsstandes eine starke Präsenz von Nicht-Banken-Finanzintermediären, die für die Entwicklung des Landes institutionalisiert worden sind und für bspw. die Finanzierung von lokalen Infrastrukturprojekten eine wichtige Rolle spielen (Abbildung B3/-7).[705]

---

[702] Vgl. Montes, M.F. / Tan, K.G.: Financial Services Industry in Singapore [1999], S. 256-257.
[703] Vgl. Montes, M.F.: ASEAN Economic Miracle unravels [1999], S. 26.
[704] Vgl. Montes, M.F. / Tan, K.G.: Financial Services Industry in Singapore [1999], S. 232.
[705] Beispiele für Nichtbankeninstitutionen sind die Entwicklungsbanken für Industrie und Landwirtschaft, sowie Savings Institutions (Banken zur Mobilisierung von Sparguthaben in der Bevölkerung) sowie Kredit-Kooperativen. Die Regierung greift auf diese Banken auch dann zurück, wenn eine Projektfinanzierung erforderlich ist, die hinsichtlich der Fristigkeit, Risiko und Finanzierung von Geschäftsbanken nicht durchgeführt werden bzw. durchgeführt werden sollen. Teilweise ist die Geschichte einzelner Institutionengruppen sehr kurz; die lokalen Merchant Banks (Investmentbanken) existieren erst seit 1970. Als Monetary Institutions werden die Finanzinstitute be-

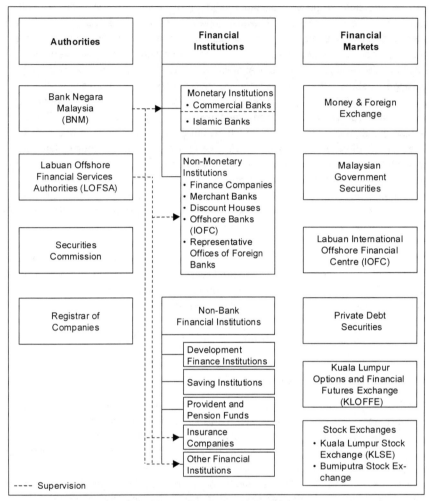

Abbildung B/3-7:   **Finanzsystem von Malaysia im Überblick[706]**

Die Internationalisierung ist bezogen auf den lokalen Bankenmarkt (On-Shore) durch die geringe Öffnung des Finanzsystems niedrig, bezogen auf den Off-Shore Bankenmarkt jedoch sehr hoch. Hier sind 62 (lokale und ausländische) Banken aktiv. Mit Ausnahme der Off-Shore Banken hat die Bank Negara Malaysia die Aufgabe der

---

zeichnet, die allgemein zur Führung von Kontokorrenzkonten autorisiert sind sowie die Zentralbank selber.

[706] Quelle: In Anlehnung an Bank Negara Malaysia: <u>Financial Markets</u> [1999], http://www.bnm.gov.my; Pang. J.: <u>Banking & Finance - Malaysia</u> [1995], S. 14-17. Auf die Finanzmärkte wird in Kapitel 3.3.3.2 eingegangen.

Aufsicht und Überwachung aller Finanzinstitutionen.[707] Das Finanzsystem hat die Entwicklung des industriegeprägten Malaysias gefördert und soll in Zukunft im Rahmen der Entwicklung des Dienstleistungssektors im Land eine wichtige Rolle spielen.[708] Die gesamtwirtschaftliche Bedeutung des Finanzsektors ist gemeinsam mit Immobilien- und Geschäftsdienstleistungen in 1998 mit 12,6% Beitrag zum BIP angegeben.[709]

Für den Finanzbereich in Malaysia existieren ehrgeizige Entwicklungspläne. Die Gründung des Internationalen Offshore Financial Centres (IOFC) im Oktober 1990 ist Bestandteil der Entwicklungsstrategie zu einem regionalen Finanzzentrum, das im Wettbewerb mit Singapur und Bangkok stehen soll.[710] Dem Islamic Banking[711], das in mehreren Bereichen des Finanzmarktes aufgrund des hohen Bevölkerungsanteils an Moslems institutionalisiert worden ist, wird eine wichtige Rolle nicht nur am lokalen Markt, sondern auch im internationalen Off-Shore Bereich zugedacht.[712]

Der Ausbau des Kapitalmarktes ist durch Schaffung zusätzlicher Marktsegmente weiter fortgeschritten. Hierbei ist Malaysia vor allem auf ausländische Investoren angewiesen, damit die Tiefe und die Liquidität des Marktes erhöht werden können. Für diesen Zweck sind sog. ‚Roadshows‘ zur Gewinnung von ausländischen Investoren durchgeführt sowie zahlreiche Investitionsanreize geschaffen worden.[713] Bis zum Ausbruch der Krise 1997 hatte der Aktienmarkt der Kuala Lumpur Stock Exchange eine Marktkapitalisierung erreicht, die den Aktienmarkt nach Japan und Hongkong zum drittgrößten in der Region werden ließ. Der Markt ist vor allem von privaten und nicht von institutionellen Anlegern gefördert worden, was sich in einer geringeren Marktstabilität ausgedrückt hat.[714] Die Schwächen der einzelnen Segmente des Finanzsystems sind durch die Wirtschafts- und Finanzkrise offenbar geworden. Die Art der Internationalisierung, die Möglichkeit der Verschuldung der lokalen Kreditnehmer in Fremdwährungen sowie auch verschiedene lokale Finanzierungsformen, wie bspw. das ‚Share Financing‘ (Kreditfinanzierung von Aktienkäufen gegen Möglichkeit der Besicherung durch Aktien[715]), haben wesentlichen Einfluß auf den Markt gehabt.[716] Für die weitere Entwicklung ist daher zunächst die Verbesserung des strukturellen Fundamentes erforderlich, bevor die angestrebte Position im regionalen Finanzgeschäft eingenommen werden kann.

---

[707] Vgl. Price Waterhouse: Banking Regulations Asia Pacific [1993], S. 221.
[708] Vgl. Financial Times: Banking in Asia Pacific [1997], S. 173.
[709] Vgl. Bank Negara Malaysia: Central Bank [1999], S. 13.
[710] Vgl. Teufel,H. / Mathe, C.: Malaysias ehrgeizige Pläne [1996], S. 416.
[711] Auf Islamic Banking wird im Rahmen des existierenden dualen Banksystems in Malaysia im Verlauf dieses Kapitels eingegangen.
[712] Vgl. o.V.: LOFSA targets Islamic Money Mart for End-2000 [1999], S. 23.
[713] Vgl. Jayasankaran, S. / Silverman, G.: At your Service [1995], S. 56-57.
[714] Vgl. Cooke, K: Malay stocks [1994], S. 10.
[715] Vgl. Lee, Y.W. / Gerrard, P.: Bank Services [1996], S. 9.
[716] Vgl. Delhaise, P.: Implosion [1998], S. 150.

174

3.3.2.3.2 Bankenmarkt im On- und Off-Shore Geschäft

In Malaysia findet sich im Dezember 1999 ein aus insgesamt 160 Finanzinstitionen bestehender Bankenmarkt vor. Diese Finanzinstitutionen sind vorwiegend am On-Shore Markt, jedoch seit Entstehung des Off-Shore Marktes zum Teil auch im IOFC tätig[717] (Abbildung B/3-8).

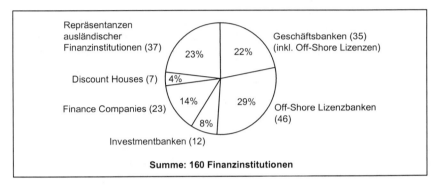

Abbildung B/3-8:   Übersicht Finanzinstitutionen in Malaysia[718]

Die 35 Geschäftsbanken stellen gemeinsam mit den weiteren 46 Off-Shore Banken die stärkste Gruppe am Markt dar. Eine weitere wichtige Position nehmen die 23 Finance Companies ein, da diese auch stark im Einlagengeschäft tätig sind.[719] Analog zu Singapur hat auch Malaysia durch die Art der Lizensierung eine weitere Gruppe an Geschäftsbanken (Off-shore-Lizenz-Banken) in Verbindung mit dem IOFC geschaffen. Die seit 1970 am Markt zugelassenen 12 Investmentbanken (Merchant Banks) sind vorwiegend lokaler Herkunft und teilweise Gemeinschaftsgründungen von lokalen Banken und Auslandsbanken.[720] Hauptaktivitäten der Investmentbanken sind Corporate Financial Advisory Services, Vermögensverwaltung und Investment Services, Syndizierungen und weitere Bankdienstleistungen.[721] Für die Vermögensverwaltung gibt es in Malaysia bisher nur im Off-Shore Banking Institutionen. Die Fondsmanager von Privatbanken und Vermögensverwaltungsgesellschaften sind meist an den Finanzzentren Singapur oder Hongkong in der Region angesiedelt und der Zugang zum malaysischen Markt erfolgt über die lokalen Stock Broking Companies.

---

717   Quelle: In Anlehnung an Bank Negara Malaysia: Banking Institutions [1999], http://www.bnm.gov.-my; Bank Negara Malaysia: List of Banking Institutions [2000], http://www.bnm.gov.my.

718   Quelle: Eigene Darstellung. Die vollständige Übersicht kann Anhang C.3.2 entnommen werden.

719   Am Gesamtgeschäftsvolumen des Bankenmarktes halten die Geschäftsbanken ca. 60% und die Finance Companies ca. 16%. Der Anteil der Geschäftsbanken an den Depositen privater Einleger beträgt ca. 69%, der Anteil der Finance Companies ca. 20%. Vgl. Bank Negara Malaysia: Annual Report 1998 [1999], S. 135-136. Die Angaben beziehen sich auf Ende 1998.

720   Vgl. Cheah, K.G.: Financial Institutions in Malaysia [1995], S. 150-151.

721   Vgl. Cheah, K.G.: Financial Institutions in Malaysia [1995], S. 154-155.

Die Marktanteile ausländischer Banken in Malaysia (13 von 35 Geschäftsbanken) sind traditionell sehr hoch. Obwohl der Gesamtmarktanteil ausländischer Banken 1957 mehr als 95%, Anfang der sechziger Jahre mehr als 80% und Ende 1998 ca. 22% betrug, ist der Marktanteil angesichts der Größe und des Entwicklungsstands des Marktes immer noch als hoch zu bewerten.[722] Insbesondere die Position der sog. Kolonialbanken ist in Malaysia aufgrund der historischen Entwicklung für die heutige Marktpositionierung und Geschäftstätigkeit von Bedeutung. Die drei größten ausländischen Geschäftsbanken haben 1997 einen Marktanteil von insgesamt 9% gehalten.[723]

In Malaysia wurde 1990 auf der für die Region Südostasien als strategisch gut positioniert angesehenen Insel Labuan vor der Küste Borneos (Ostmalaysia) das International Offshore Financial Centre (IOFC) gegründet. Die Überwachungs- und gleichzeitig auch die Förderungs- und Entwicklungsfunktion für das IOFC erfolgt durch die 1995 geschaffene Labuan Offshore Financial Services Authority (LOFSA), die zur Vereinfachung der Administration Hauptansprechpartner für die auf Labuan tätigen Banken ist. Bis zur Schaffung der LOFSA verlief die Entwicklung des IOFC zunächst schleppend. Ziel der Regierung für das IOFC ist es, Malaysia als Investitionszentrum in Asian-Pazifik weiter aufzubauen und vor allem im Finanzbereich weiter zu fördern.[724] Durch das IOFC soll im internationalen Off-Shore Geschäft zudem die Nischenstrategie verfolgt werden, ein internationales Zentrum für Islamic Banking Produkte im Off-Shore Bereich zu werden.

Im IOFC sind Ende 1999 von den insgesamt 35 lokalen und ausländischen Geschäftsbanken 8 lokale und 8 ausländische Institute (neben den Tochtergesellschaften im On-Shore Bankenmarkt) gemeinsam mit 46 weiteren ausländischen Geschäfts- und Investmentbanken aktiv.[725] Die Ansiedlung der ausländischen Off-Shore Banken wird dadurch motiviert, daß außer in Form von Repräsentanzen derzeit kein anderer Zugang zum malaysischen Bankenmarkt möglich ist. Für die lokalen Banken und Unternehmungen stellt das IOFC umgekehrt den Zugang zu regionalen und internationalen Märkten und Finanzierungsquellen dar.[726]

---

[722] Vgl. Teufel, H. / Mathe, C.: Malaysias ehrgeizige Pläne [1996], S. 416; Cheah, K.G.: Financial Institutions in Malaysia [1995], S. 47.

[723] Vgl. Bank Negara Malaysia: Approved Financial Institutions [1998], http://www.bnm.gov.my; eigene Berechnungen.

[724] Vgl. Economic Planning Unit Malaysia: Seventh Malaysia Plan [1996], S. 490; Chee, K.L.: Strategies towards Vision 2020 [1996], S. 85-86. Im IOFC auf Labuan sind neben den Off-Shore Geschäftsbanken noch Off-Shore Versicherungen, Vermögensverwaltungsgesellschaften sowie Off-Shore Aktivitäten von multinationalen Unternehmen angesiedelt. Ende 1998 waren insgesamt 1.870 Off-Shore Unternehmungen und unterstützende Unternehmungen im IOFC etabliert. Vgl. Labuan Offshore Financial Services Authority: Annual Report 1998 [1999], S. 1.

[725] Von diesen 62 Off-Shore Banken waren 8 Tochtergesellschaften von lokalen Banken sowie 51 Filialen und 3 Tochtergesellschaften ausländischer Banken.

[726] Vgl. Montgomery, G.: Foundation [1997], S. 46-48.

Als Bankgeschäfte sind Einlagen und Kreditgeschäfte in anderen Währungen als der malaysischen mit Gebietsfremden und in limitiertem Umfang mit Gebietsansässigen möglich.[727] Seitens der Regierung ist das IOFC als ein Markt für ‚Out-Out' Geschäft von regionaler Bedeutung geplant gewesen. Faktisch handelt es sich allerdings um einen ‚Out-In' Markt. Das Geschäftsvolumen des Off-Shore Marktes betrug 1998 ca. 22,5 Mrd US$. Von den ausgegebenen Krediten in US$ gingen 1998 ca. 70% an malaysische Unternehmungen und Privatpersonen.[728] Von den verbleibenden ca. 30% landete ein Großteil an im Ausland investierende malaysische Unternehmungen.[729] Bedingt durch die Krise ist das Geschäftsvolumen am IOFC gesunken und es haben sich zwei japanische Banken aus dem IOFC zurück-gezogen.

Die Etablierung des IOFC ist hinter den hochgesteckten Erwartungen zurückgeblieben. Die geographische Distanz der Insel Labuan zur Hauptstadt Kuala Lumpur hat bewirkt, daß die vorgesehene Bündelung der Aktivitäten auf Labuan sich nicht bewährte. Da die für das Off-Shore Geschäft in Frage kommenden Kunden in Kuala Lumpur angesiedelt sind, ist es den Off-Shore Banken erlaubt, hier zusätzlich eine Repräsentanz für das Marketing der Off-Shore Gesellschaft mit einer maximalen Anzahl von vier Kundenbetreuern zu unterhalten. In der Praxis bedeutet dies, daß vorwiegend die Abwicklung und Administration auf Labuan verbleibt und das gesamte Kundengeschäft in Kuala Lumpur betreut wird.[730]

3.3.2.3.3 Konventionelles Finanzgeschäft und Islamic Banking als duales Finanzsystem

Ein wesentliches durch die von den ethnischen Malayen praktizierte Religion des Islam hervorgerufenes kulturelles Kennzeichen des Bankenmarktes in Malaysia ist die Institutionalisierung eines dualen Bankensystems im Jahr 1983, in dem parallel zum konventionellen Bankgeschäft ein vollständiges Leistungsprogramm im Islamic Banking angeboten werden soll[731] und sich zu einem dualen Finanzsystem entwickelt hat. Unter Islamic Banking wird allgemein die Abwicklung des Bank- und Finanzgeschäftes gemäß der islamischen Prinzipien der *Shariah* verstanden (Abbildung B/3-9).

---

[727] Vgl. Financial Times: Banking in Asia Pacific [1997], S. 189.
[728] Vgl. Labuan Offshore Financial Services Authority: Annual Report 1998 [1999], S. 3-5.
[729] Vgl. Jayasankaran, S.: Clouded vision [1998], S. 51.
[730] Interviews lokale Banken und Auslandsbanken in Malaysia.
[731] Islamic Banking ist vorwiegend in moslemischen Ländern zu finden, wird aber auch in nicht-moslemischen Ländern bzw. auch von Banken nicht-moslemischer Herkunft angeboten.

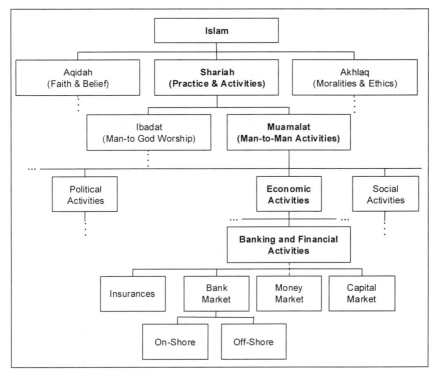

Abbildung B/3-9: Zusammenhang von Islam und Bankgeschäft[732]

Im Rahmen der Basiselemente des Islam beschäftigt sich die *Shariah* als allgemeines islamisches Rahmenwerk von Gesetzen mit allen praktischen Aspekten, die das tägliche Lebens eines Moslems betreffen.[733] Dies schließt auch die politischen, sozialen und die ökonomischen Aktivitäten ein, zu denen das Bank- und Finanzgeschäft gerechnet wird. Im Koran sowie in der Sunna als Hauptquellen der islamischen Lehre werden die für die ökonomischen Aktivitäten relevanten ‚Gesetze' festgeschrieben.[734] Hauptmerkmal des Islamic Banking ist, daß die Berechnung von *riba* (Zins) für Geschäfte zwischen bzw. von Moslems verboten ist und daher Finanzgeschäfte vorwiegend auf anderen Prinzipien wie der Vereinbarung von Gewinn- und Verlustbeteiligungen anstelle von Zinszahlungen basieren.[735]

---

[732] Quelle: In Anlehnung an Bank Islam Malaysia Berhad: Islamic Banking Practice [1994], S. 9.
[733] Vgl. Nienhaus, V.: Islamic Economics, Finance and Banking [1986], S.1-3.
[734] Umfaßt der Koran auf sehr detaillierter Basis die Regelungen des täglichen Lebens der Moslems, so sind in Ergänzung der Sunna Aussprüche und Handlungen des Propheten Mohammed enthalten. Vgl. Ess, J.v.: Islam [1991], S. 69.
[735] Vgl. Zakariya, M.: The Malaysian Experience [1988], S. 71.

Im islamischen Bankwesen wird bei Gewinnbeteiligungen die Verteilung von Risiko anstelle von festgelegten Zinszahlungen zwischen Bank und Kunden festgelegt.[736]

In Malaysia sollen durch den Aufbau eines funktionsfähigen islamischen Banken- und Finanzmarktes die folgenden Ziele erreicht werden:[737]

- Schaffung einer ausreichenden Anzahl von Marktteilnehmern zur Erzielung einer ausreichenden Tiefe des Marktes (Ziel von 5% Geschäftsanteil jeder im Islamic Banking aktiven Bank bis Ende 2000),
- Angebot eines breiten Leistungsprogrammes,
- Errichtung eines islamischen Interbankenmarktes zur Verknüpfung der Marktteilnehmer und Produkte.

Die Sicherstellung einer ausreichenden Marktpenetration geschieht in Malaysia in zwei Formen: Zum einen gibt es seit 1983 mit der Bank Islam Malaysia Berhad (BIMB) und einer bei der Fusion von zwei lokalen Geschäftsbanken in 1999 entstandenen zweiten separaten Bank Mualamat Malaysia Berhad zwei Institute, die vollständig gemäß den Vorschriften des Islamic Banking operieren.[738] Dies umfaßt auch die Tochtergesellschaft der BIMB, die als Börsenmakler an der Börse in Kuala Lumpur in denjenigen Wertpapieren handeln kann, die gemäß den islamischen Prinzipien als ‚halal‘ (akzeptabel) angesehen werden.[739] Darüber hinaus haben im Juni 1999 insgesamt 24 Geschäftsbanken, 18 Finance Companies, 5 Investment Banken sowie 7 Discount Houses durch die Schaffung separater Einheiten gemäß der Vorschriften des Interest-Free Banking Schemes (IFBS) ebenfalls die seit 1993 bestehende Möglichkeit genutzt, Islamic Banking Produkte anzubieten.[740] Islamic Banking hat grundsätzlich einen hohen Stellenwert in Malaysia und wird durch die Regierung sehr gefördert.[741] Bei der Frage nach der organisatorischen Ausrichtung des Islamic Banking als separate Institute oder aber gemäß des IFBS handelt es sich daher eher um eine vieldiskutierte Grundsatzfrage.[742] Im Off-Shore Islamic Banking sind derzeit die Toch-

---

[736] So wird bspw. der Einleger durch die Gewinnbeteiligung dafür entschädigt, das durch die Transformationsfunktion der Bank übernommene Risiko im Bereich der Handels- und Projektfinanzierungen zu teilen. Vgl. Piazolo, M.: Islamic Banking – ein Wachstumsmarkt [1997], S. 122-124; Astbury, S.: Reaping [1996], S. 48. Die islamischen Banken werden den konventionellen Geschäftsbanken als gleichartig bezeichnet, da die Prinzipien der Vereinbarung von Gewinnverteilung bzw. Zinszahlungen große Ähnlichkeiten aufweisen. Vgl. Hiebert, M.: Banking on Faith [1995], S. 54.

[737] Vgl. Bank Negara Malaysia: Money and Banking in Malaysia [1994], S. 328-329; Bank Negara Malaysia: Central Bank [1999], S. 249.

[738] Diese zweite Bank entstand durch die Fusion der lokalen malaysischen Banken Bank of Commerce Berhad und Bank Bumiputra Berhad in 1999.

[739] Vgl. Hiebert, M.: Banking on Faith [1995], S. 55.

[740] Vgl. Bank Negara Malaysia: Annual Report 1998 [1999], S. 163; o.V.: Islamic Banking [1999], S. 23; Lee, K.Y.: Good Progress [1999], S. 3; o.V.: Amanah [1999], S. 18.

[741] Vgl. Zakariya, M.: The Malaysian Experience [1988], S. 90-91.

[742] Interview lokale Bank in Malaysia.

tergesellschaft der (BIMB) sowie eine Vermögensverwaltungsgesellschaft tätig.[743] Islamic Banking erstreckt sich in Malaysia nicht nur auf das Privatkunden- und Firmenkundengeschäft. Es umfaßt weiterhin die Emission von Investmentzertifikaten durch die Regierung seit 1983, einen seit 1994 etablierten Interbankenmarkt sowie die Emission von durch Hypotheken unterlegte Industrieschuldverschreibungen durch das nationale Realkreditinstitut Cagamas.[744] Für das Jahr 2000 ist die Etablierung eines auf islamischen Prinzipien basierenden internationalen Geldmarktes (International Islamic Money Market - IIMM) am Off-Shore Center IOFC zur Verbesserung der Liquidität im internationalen Islamic Banking geplant.[745]

Zu Beginn der Institutionalisierung von Islamic Banking Anfang der 80er und 90er Jahre waren mehr Nicht-Moslems als Moslems Kunden in diesem Geschäft. Trotzdem das Islamic Banking immer noch unter einem Mangel an Bekanntheit und Kenntnissen am Markt leidet[746], verläuft die Entwicklung des Islamic Banking Marktes nach Angaben der Bank Negara Malaysia zufriedenstellend. Der Anteil an Gesamtaktiva der Bank Islam Malaysia Behad sowie der Interest-Free Banking Schemes der Finanzinstitutionen beträgt in 1998 ca. 2%, der Anteil an Einlagen bei Finanzinstitutionen ca. 3%. Der Anstieg der Einlagen um 28,4% in 1998 wird seitens der BNM mit der Abwanderung von Depositen aus dem herkömmlichen Bankgeschäft in Islamic Banking Produkte aufgrund von höheren Renditen erklärt.[747] Islamic Banking als ein nur aus religiösen Gründen existierendes Geschäftsfeld in Malaysia einzuordnen, ist aufgrund der dargestellten Argumentation eine einseitige Betrachtungsweise.

Zur Gruppe der im Islamic Banking aktiven Geschäftsbanken in Malaysia gehören auch ausländische Banken, die Islamic Banking Produkte in ihrem Leistungsspektrum im On-Shore Bankgeschäft für Privat- und Firmenkunden anbieten.[748] Seitens der Banken wird es für erforderlich gehalten, Islamic Banking Produkte anzubieten, da auch nicht-moslemische Kunden, die mit der Abwicklung der Islamic Banking Produkte vertraut sind, diese Leistungen nachfragen.[749]

3.3.2.3.4 Institutionalisiertes Maßnahmenpaket in Malaysia

Der Bankenmarkt in Malaysia ist aufgrund seiner internationalen Verschuldung trotz des im regionalen Vergleich relativ niedrigen Anteils an kurzfristigen Verbindlichkeiten sowie der nationalen Entwicklung im Immobilienbereich sehr stark von der asiati-

---

[743] Vgl. o.V.: Move [1999], S. 22.
[744] Vgl. Financial Times: Banking in Asia Pacific [1997], S. 189.
[745] Vgl. o.V.: LOFSA targets Islamic Money Mart for End-2000 [1999], S. 23.
[746] Vgl. o.V.: Reason [1998], S. 7.
[747] Vgl. Bank Negara Malaysia: Annual Report 1998 [1999], S. 162-163, eigene Berechnungen.
[748] Siehe hierzu auch Kapitel 4.1.3.
[749] Interview Auslandsbank in Malaysia.

180

schen Krise betroffen gewesen.[750] Ende 1997 belief sich die Fristigkeitsstruktur der Forderungen ausländischer Banken an Malaysia im Gesamtvolumen in Höhe von 27,3 Mrd. US$ auf 52,8% mit einer Restlaufzeit von unter einem Jahr.[751] Hinsichtlich der Struktur der Kreditnehmer waren 35% malaysische Banken, 7% der öffentliche Sektor und 58% der private Nicht-Bankenbereich.[752] Diese Finanzierungsstruktur zeigte die strukturellen Schwächen im Bankensystem auf. In Malaysia kam jedoch noch hinzu, daß der Bankensektor offiziell insgesamt 6,1% (1997) und 4,8% (1998) der Ausleihungen an den privaten Nicht-Bankensektor zur Finanzierung von Aktienkäufen vergeben hatte.[753]

Für den Banken- und Finanzsektor werden als Einzelmaßnahmen des National Economic Recovery Plans (NERP) nach Ausbruch der Krise die Aufrechterhaltung der Integrität des Bankensektors, die Rekapitalisierung der Banken, die Überwachung der Kreditexpansion, die Verbesserung des Kapitalmarktes und die Entwicklung des privaten Emissionsmarktes aufgeführt. Darüber hinaus wird der Zusammenschluß von Banken und die Verbesserung der internationalen Wettbewerbsfähigkeit der malaysischen Banken gefordert.[754] Für die Restrukturierung des Bankenmarktes ist durch die Gründung von zwei Institutionen ein Mechanismus geschaffen worden, der es leisten soll, dem Anstieg der notleidenden Kredite entgegenzusteuern, einzelne Bankinstitute zu rekapitalisieren sowie die Finanzierungsstruktur von krisenbetroffenen Unternehmen mit einem zusätzlichen Corporate Debt Restructuring Committee (CDRC) zu verbessern.[755]

Die notleidenden Kredite im malaysischen Bankensystem waren – je nach Bankengruppe unterschiedlich – von insgesamt 3,7% (1996) auf 4,1% (1997) und 9,0% (1998) angestiegen.[756] Für den Erwerb der notleidenden Kredite von Banken ist eine Vermögensverwaltungsgesellschaft (Pengurusan Danaharta Nasional Berhad) gegründet worden, die es den Banken ermöglichen sollte durch neue Kreditvergaben die Geschäftsaktivitäten der lokalen Unternehmen zur Stimulierung der wirtschaftli-

---

[750] Vgl. Ong, H.C.: The Malaysian Financial System [1999], S. 161.

[751] Vgl. Bank for International Settlements: Consolidated International Banking Statistics [1999], S. 5. Laut Angaben der Bank Negara Malaysia lag der Anteil der kurzfristigen Verbindlichkeiten nur bei ca. 30-39%. Vgl. Ong, H.C.: The Malaysian Financial System [1999], S. 161.

[752] Vgl. Bank for International Settlements: Consolidated International Banking Statistics [1999], S. 5.

[753] Vgl. Bank Negara Malaysia: Annual Report 1997 [1998], S. 129; Bank Negara Malaysia: Annual Report 1998 [1999], S. 137. Unter Berücksichtigung von indirekten Finanzierungen von Aktienkäufen beläuft sich der Anteil in 1997 auf 9,3% der Ausleihungen. Vgl. Delhaise, P.: Implosion [1998], S. 149.

[754] Vgl. National Economic Action Council: National Economic Recovery Plan [1998], S. 26.

[755] Vgl. Bank Negara Malaysia: Annual Report 1998 [1999], S. 9.

[756] Vgl. Bank Negara Malaysia: Annual Report 1998 [1999], S. 37; 153. Die Prozentzahlen ergeben sich aus der bankindividuellen Klassifizierung von notleidenden Krediten (drei oder sechs Monate Klassifizierung). Analysten haben bei einem Vergleich der Summe der Angaben der Einzelinstitute mit den Gesamtzahlen für den malaysischen Markt keine Übereinstimmung gefunden, so daß die tatsächlichen Zahlen höher sind als die angegebenen. Vgl. Delhaise, P.: Implosion [1998], S. 146.

chen Entwicklung zu fördern.[757] Für die Rekapitalisierung ist als ‚Spezialvehikel' die Gesellschaft Danamodal Nasional Berhad gegründet worden, die kapitalschwache Banken durch Kapitalzufuhr unterstützen sollte. Gleichzeitig wird die Gesellschaft strategischer Anteilseigner der als kapitalbedürftig identifizierten Banken, die eine Einflußnahme auf die weitere Entwicklung der Banken im Rahmen der Restrukturierung oder Fusionsmöglichkeiten, auch über die Berufung von neuen bzw. zusätzlichen Direktoren der betroffenen Finanzinstitutionen, mit sich bringt. Die Kosten der Rekapitalisierung sind auf ca. 4,2 Mrd. US$ geschätzt worden; hinzu kommen ca. 3,9-6,6 Mrd. US$ für den Erwerb der notleidenden Kredite.[758] Bis Ende September 1998 sind Verhandlungen über den geplanten Kauf von insgesamt 18,8 Mrd. RM an notleidenden Krediten geführt worden[759], tatsächlich sind bis Ende Juni 1999 insgesamt 40 Mrd. RM (10,5 Mrd. US$) von insgesamt 66 Finanzinstitutionen gekauft worden. Dies entspricht ca. 34% (2.000 Kreditkonten) der gesamten notleidenden Kredite im Banksystem.[760] Darüber hinaus sind 1,6 Mrd US$ an Kapital in 10 Finanzinstitutionen investiert sowie weitere Finanzinstitutionen identifiziert worden.[761]

Die Situation hat sich durch die Initiierung der Programme entschärft, ist aber noch nicht ausgestanden. Die Vorhaben sind insgesamt sehr anspruchsvoll, bedürfen jedoch auch der notwendigen Zeit, wenn eine wirkungsvolle Implementierung geschehen soll. Die Separierung der notleidenden Kredite aus dem Bankensektor hat im ersten Schritt nur eine Verlagerung der Probleme dargestellt, die durch eine effiziente Kreditrestrukturierung im Unternehmungsbereich fortgesetzt werden muss. Die derzeitige wirtschaftliche Erholung darf diese Bemühungen nicht unterbinden, da sonst die Aufwendungen nicht den entsprechenden Erfolg bringen werden. Zudem ist noch nicht der gesamte Finanzmarkt von den initiierten Maßnahmen erfasst worden.[762]

3.3.2.4 Lokaler Bank- und Finanzsektor als ‚Infant-Industry' in Vietnam

3.3.2.4.1 Struktur des Finanzsystems

Bedingt durch die Geschichte des Landes hat sich das Finanzsystem Vietnams nicht kontinuierlich entwickeln können. So haben Zusammenbrüche des Finanzsystems

---

[757] Vgl. Pengurusan Danaharta Nasional Berhad: Information Guide Danaharta [1998].

[758] Vgl. Baidura, A.: Danamodal [1998], S. 21. Basis ist eine Ausstattung der Banken mit einer risikogewichteten Eigenkapitalquote von 9% sowie einem Anteil von notleidenden Krediten im Bankensystem von 20%. Vgl. o.V.: Danamodal boost to banking [1998], S. 4; o.V.: Danaharta [1998], S. 21.

[759] Das größte von einer einzelnen Bank erworbene Paket an notleidenden Krediten umfaßt 3,89 Mrd RM, was 7,2% des gesamten notleidenden Kredite ausmacht. Vgl. Devaraj, A.: Danaharta to buy RM 11,26b of NPLs [1998], S. 17.

[760] Vgl. Bank Negara Malaysia: Progress [1999], S. 1-2; Gabriel, A.: Danaharta seeks FIC help on asset sale [1999], http://nstpi.com.my.

[761] Vgl. Bank Negara Malaysia: Progress [1999], S. 3; o. V.: Danamodal injects RM 6.4bn into 10 BIs [1999], S. 6.

[762] Vgl. o.V.: Danaharta plan for stockbroking Industry [1999], S. 21.

aufgrund von Wirtschaftskrisen sowie politischen Veränderungen einer beständigen Entwicklung entgegengewirkt. Das Finanzsystem in seiner heutigen Struktur ist nach der letzten großen Wirtschaftskrise Ende der achtziger Jahre, die mit Inflationsraten von bis zu 700% verbunden war, entstanden und ein Element der marktwirtschaftlichen Reformen (Doi Moi) in Vietnam gewesen. Das derzeitige System wird jedoch als allgemein nicht ausreichend betrachtet, um das wirtschaftliche Wachstum des Landes unterstützen zu können. Für die angestrebte Entwicklung des Landes von 1997 bis zum Jahr 2003 wird ein Kapitalbedarf von ca. 50 Mrd. US$ seitens der Regierung angenommen, wobei 50% des Volumens durch inländische Finanzierungsquellen sichergestellt werden sollen.[763] Die Struktur und Effizienz des Finanzsystems stellt dieses Ziel jedoch in Frage.

Das Finanzsystem besteht aus einem formellen und einem informellen Bereich, so daß der institutionalisierte Finanzmarkt derzeit mit dem formellen Bankenmarkt gleichgesetzt werden kann. Dieser ist hinsichtlich des Grades der Institutionalisierung eines formalen Systems als sehr unterentwickelt zu bezeichnen[764] (Abbildung B/3-10).

---

[763] Vgl. Murray, G.: New Market [1997], S. 8; Christmann, S.: Reformen unerlässlich [1996], S. 4.
[764] Vgl. Financial Times: Banking in Asia Pacific [1997], S. 359.

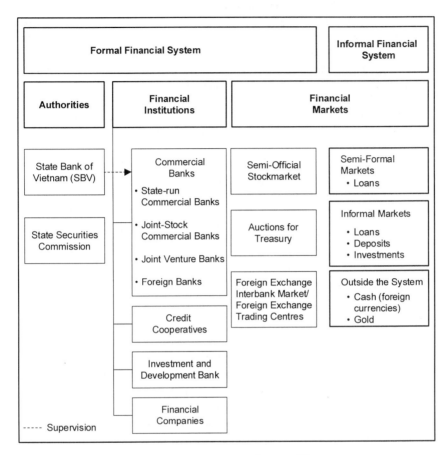

Abbildung B/3-10:   Finanzsystem von Vietnam im Überblick[765]

Die Vorgehensweise zur Entwicklung des Finanzmarktes ist durch schleppende Reformen und durch einen Experimentiercharakter geprägt. Die seit Mitte der neunziger Jahre angekündigten Pläne zur Gründung einer Aktienbörse sind immer wieder verschoben worden. Ursache hierfür ist neben politischen und wirtschaftlichen Überlegungen die aufgrund der bisher nicht ausreichenden Privatisierungen geringe Anzahl und mangelnde Börsenreife der vietnamesischen Unternehmen.[766] Ein sog. ‚halboffizieller' Kapitalmarkt stellt die Vorstufe der Institutionalisierung einer Aktienbörse dar

---

[765]   Quelle: In Anlehnung an Nguyen-Khac, T.Q.: Vietnamese Banks [1996], S. 292-293; Financial Times: Banking in Asia Pacific [1997], S. 361.
[766]   Die mangelnde Börsenreife resultiert aus einem inadäquaten Rechnungswesen, das eine Bewertung der Unternehmen schwierig gestaltet. Vgl. Nguyen-Khac, T.Q.: Vietnamese Banks [1996], S. 297.

und sollte bis Ende 1999 den Geschäftsbetrieb in Ho Chi Minh Stadt aufnehmen. Eine weitere Aktienbörse soll in ‚naher Zukunft' in Hanoi etabliert werden. Außer der Aufnahme des Aktienhandels will man auch Emissionen von festverzinslichen Wertpapieren begeben. [767] Neben einigen Nicht-Bank Finanzinstitutionen (vorwiegend staatliche Entwicklungsbanken) existieren mit Ausnahme der Auktionen von Treasury Bills keine weiteren formalen Finanzmarktsegmente.

Ein Hauptcharakteristikum des vietnamesischen Finanzsystems ist die auf den niedrigen Entwicklungsstand zurückzuführende Existenz von informellen und halb-formellen Finanzmärkten. Dieser Mangel an Intermediation konterkariert die erforderliche Mobilisierung von Sparguthaben für die angestrebte Entwicklung Vietnams. Der Aufbau des Finanzsystems stellt nach Auffassung von supranationalen Organisationen sowie der vietnamesischen Regierung einen kritischen Beitrag zur Wiederaufnahme des wirtschaftlichen Reform- und damit Wachstumsprozesses dar. [768] Es ist jedoch wie bei den anderen Wirtschaftssektoren im Land fraglich, wann diese Reformen und Maßnahmen ergriffen bzw. in welchem Zeitraum sie wirksam werden können.

Nicht nur systembedingt, sondern auch entwicklungsbedingt ist der vietnamesische Banken- und Finanzmarkt als weiteres Charakteristikum durch die Existenz von informellen Märkten gekennzeichnet.

3.3.2.4.2 Bedeutung des informellen Finanzmarktes

Die Existenz eines informellen Finanzmarktes ist ein wesentliches Kriterium für einen unterentwickelten Finanzmarkt. Der Finanzmarkt in Vietnam ist durch einen solchen sog. finanziellen Dualismus charakterisiert. Dies bedeutet, daß ein institutionalisierter formeller Finanzsektor, bestehend aus Zentralbank, Bank- und Nicht-Bank-Finanzinstitutionen sowie Ansätzen für die Entwicklung eines Kapitalmarktes, parallel zu einem informellen Finanzmarkt, der auf einer Vielzahl von informellen Beziehungen zwischen bspw. Kreditnehmer und Kreditgeber basiert, bestehen kann. [769] Ursachen für die Existenz informeller Märkte sind kulturelle und sozio-politische Gründe: Das Horten von Sparguthaben in Form von Gold oder Sachgütern kann in der Wertschätzung von Statussymbolen gesehen werden. In Vietnam ist es zusätzlich Ausdruck des starken Mißtrauens in den Bankensektor und in das gesamte institutionalisierte

---

[767] Vgl. o.V. Semi-official stock market due to open [1999], http://www.vietnamnews.vn-agency.com.-vn.

[768] Vgl. Asian Development Bank: Asian Development Outlook [1999], S. 123; World Bank: Rising to the Challenge [1998], S. 22-29.

[769] Vgl. Germidis, D. / Kessler, D. / Meghir, R.: Financial systems and development [1991], S. 15-16. Der Ausdruck des Dualismus wird hier für das parallele Bestehen von formalen und informellen Märkten verwendet. Die auch übliche Verwendung von Dualismus zu einer geographisch basierten Abgrenzung von vermögenden Stadtgebieten und armen Landgebieten in einem Land soll hier nicht angewandt werden.

Finanzsystem. Der informelle Finanzsektor findet sich sowohl in städtischen als auch besonders in ländlichen Gegenden, da hier aufgrund der im Aufbau befindlichen Niederlassungsstruktur der lokalen Banken noch kein Zugang zu Finanzinstituten besteht. Aufgrund der vergangenen Wirtschafts- und auch Bankenkrisen, mangelnder Infrastruktur der Banken in den ländlichen Gegenden sowie der Einstellung der Bevölkerung zum Bankensystem erscheint eine Mobilisierung von inländischen Sparguthaben durch das formale Bankensystem in dem angestrebten Umfang für Investitionszwecke als schwierig und die Rolle der Banken im Land als Finanzintermediär noch nicht ausreichend gefestigt.[770] So schätzt die Weltbank, daß nur ca. ein Viertel des Kreditbedarfs im landwirtschaftlichen Sektor durch den formellen Finanzsektor gedeckt wird, andere Stellen vermuten ca. 40% auf dem Land sowie 60% in den Städten.[771]

Vietnam weist durch die Institutionalisierung von Kredit-Kooperativen auch Merkmale eines ‚halb-formellen' Marktes auf, der als weiteres Merkmal für den Entwicklungsstand bzw. das Übergangsstadium des Marktes ist. Funktioniert dieser ‚halb-formelle' Markt auf Basis von Selbsthilfe und gegenseitiger Solidarität der Marktteilnehmer, so ist der informelle Markt durch individuelle Geldleiher, individuelle Gruppen, die auf Basis von bspw. ethnischen oder regionalen Kriterien eine Gemeinschaft bilden, gekennzeichnet.[772] In der Praxis sehen diese informellen Bankgeschäfte nach persönlicher Meinung eines Mitarbeiters des Central Institute for Economic Management (CIEM) dann dergestalt aus, daß Kredite auf Basis von Vertrauen und ‚Blutsbruderschaften' und ohne die Stellung von Sicherheiten vergeben und Beteiligungen an Geschäften eingegangen werden.[773] Die Konditionen für diese Art von Geschäften unterscheiden sich von denen des formellen Sektors insofern, als daß die für die Abwicklung der Geschäfte anfallenden Transaktionskosten niedriger sind, die Zinssätze jedoch allgemein als höher angenommen werden können.[774] In Vietnam wird auf Basis der persönlichen Einschätzungen eines Mitarbeiters des CIEM sowie der SBV der Anteil des informellen Finanzsektors insgesamt als sehr hoch angenommen. Dieser informelle Markt geht einher mit einem auf ca. 30-40% geschätzten Umfang des realwirtschaftlichen Schattenmarktes.[775]

Der Zugang zum Kunden und die Überzeugung den formellen Finanzsektor zu nutzen, sind derzeit die wichtigsten Themen in Vietnam.[776] Hinzu kommt, daß es nach persönlicher Meinung eines Mitarbeiters der SBV für die neue Börse fraglich ist, ob die Privatanleger in Kenntnis der Situation der zu privatisierenden Unternehmungen

---

[770] Vgl. Hellmann, T. / Murdock, K. / Stiglitz, J.: Deposit Mobilisation [1996], S. 219-220.
[771] Vgl. Teufel, H.: Banken und Finanzmärkte in Vietnam [1997], S. 80-81; siehe auch Probert, J.: Vietnam: open for business [1994], S. 66.
[772] Vgl. Germidis, D. / Kessler, D. / Meghir, R.: Financial systems and development [1991]; S. 15-16.
[773] Interview CIEM in Vietnam.
[774] Interview Auslandsbank in Vietnam.
[775] Interview CIEM in Vietnam; Interview State Bank of Vietnam; Interview Auslandsbank in Vietnam.

186

überhaupt bereit sind, an einer Börse zu investieren. Insofern bestehen die auf Werbung und Öffentlichkeitsarbeit ausgelegten Aktivitäten im Land vor allem aus der Aufklärung und Unterrichtung über finanzwirtschaftliche Themen. Die State Securities Commission in Vietnam publiziert Fernsehspots zur Erläuterung des Aktienmarktes. Die lokalen Banken fördern durch materielle Anreize (z.B. Lotteriegutschein, kleine Geschenke) die Einlage von Depositen.[777]

3.3.2.4.3 Bankenmarkt im On-Shore Geschäft

Am Bankenmarkt in Vietnam täuscht die Anzahl der Banken gemäß der folgenden Abbildung B/3-11 über die tatsächliche Marktsituation und Leistungsfähigkeit des vietnamesischen Bankenmarktes hinweg, da der Markt von den vier staatlichen Geschäftsbanken dominiert wird.[778]

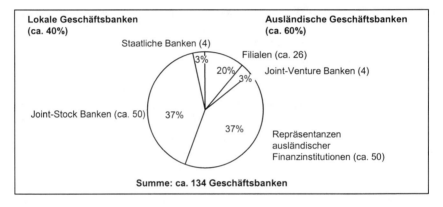

Abbildung B/3-11:   Übersicht Geschäftsbanken in Vietnam[779]

Bei der Schaffung des zweistufigen Bankensystems in 1987 sind aus zwei Abteilungen/Niederlassungen der State Bank of Vietnam (SBV) sowie aus bereits zwei existierenden und der SBV unterstellten Banken die vier staatlichen Geschäftsbanken entstanden.[780] Diesen Geschäftsbanken sind konkrete Aufgaben zur Förderung verschiedener Industriebereiche zugewiesen. Als weitere Marktteilnehmer sind nach einer Krise 1989-1991 und dem Zusammenbruch von sog. Kredit-Kooperativen bis Ende 1999 ca. 50 private Joint-Stock Banken entstanden. Hinzu kommen noch 26

---

[776] Interview State Bank of Vietnam.

[777] Interview State Bank of Vietnam. Hinzu kommen die Erläuterungen, daß die Einlage bei Banken sicherer als Bargeld ist, Zinseinkommen erzielt werden kann sowie das Geld über ATM jederzeit verfügbar ist. Interview Auslandsbank in Vietnam.

[778] Vgl. o.V.: Banks [2000], http://www.vietnamnews.vnagency.com.vn; State Bank of Vietnam: Brief Report [1998], S. 1; ING Barings: Banking Review [1997], S. 18-20.

[779] Quelle: Eigene Darstellung. Eine vollständige Übersicht der Finanzinstitutionen ist Anhang C.3.3 zu entnehmen.

[780] Vgl. Brahm, L.J.: Banking and Finance in Indochina [1992], S. 2.

Filialen und 50 Repräsentanzen ausländischer Geschäftsbanken sowie 4 Joint-Venture Banken, die durch 50:50 Beteiligungen von ausländischen Banken und staatlichen Geschäftsbanken entstanden sind.[781] Alle Banken unterliegen der Aufsicht der SBV.[782]

Die Marktanteile der Bankengruppen in Vietnam zeigen, daß die staatlichen Banken den Markt im Kredit- und Einlagengeschäft dominieren. Die Staatsbanken halten ca. 65-70% Marktanteil bezogen auf Geschäftsvolumen und Kredite.[783] Laut offiziellen Angaben beläuft sich der Anteil der lokalen Banken am Einlagengeschäft auf ca. 87,2% in lokaler Währung und auf ca. 61,1% in ausländischer Währung. Da die ausländischen Banken bei der Hereinnahme von lokalen Einlagen durch die Kapitalhöhe eingeschränkt sind, beträgt der Anteil lediglich 12,8% und ist auf das Geschäft mit Einlagen in Fremdwährung (Marktanteil: 28,8%) konzentriert.[784]

Wesentliches Kennzeichen des Bankenmarktes in Vietnam ist, daß dieser kein integraler Bestandteil der vietnamesischen Gesellschaft bzw. des gesamtwirtschaftlichen Systems ist. Bei Vergegenwärtigung der Tatsache, daß nur ca. 5-10% der Bevölkerung Kontakt in Form von Bankverbindungen zu Banken haben, zeigt sich, daß das fehlende Vertrauen in den Bankenmarkt aufgrund der Historie (Zusammenbruch des Bankenstems Ende der achtziger Jahre) sowie des Systems (keine Deklaration von Privatvermögen, Angst vor Rücknahme von Reformen) keine ausreichenden Voraussetzungen bietet, um die für die Entwicklung des Landes notwendige Mobilisierung von Einlagen zu erreichen. Banken sind somit in ihrer volkswirtschaftlichen Funktion in Vietnam kaum integriert und werden seitens der Bevölkerung – auch aufgrund der mangelnden Leistungsfähigkeit des Systems bei bspw. der Abwicklung des Zahlungsverkehrs oder Gehaltszahlungen – nicht in Anspruch genommen. Das Bankensystem ist auch in seiner jetzigen Form immer noch eher eine Art ‚Regierungssystem', das neben der Gesellschaft einhergeht.[785]

Kennzeichen des vietnamesischen Finanzmarktes ist systembedingt das sog. ‚directed lending'. Die staatlichen Banken leisten die ehemals über die Staatsbank erfolgte Finanzierung für die staatlichen Unternehmen gemäß der Planzahlen der Regierung zur Förderung der staatlichen Ziele weiter.[786] Insofern unterscheidet sich diese sys-

---

[781] Bedingt durch die Asienkrise haben sich insbesondere asiatische Banken aus Vietnam zurückgezogen. In 1997 und 1998 ist die Zahl der Repräsentanzen ausländischer Banken von 72 auf 50 gesunken, wobei jedoch ca. 4 Repräsentanzen in Filialen ausländischer Banken umgewandelt worden sind. Vgl. o.V.: Banks [2000], http://www.vietnamnews.vnagency.com.vn.

[782] Vgl. Financial Times: Banking in Asia Pacific [1997], S. 360-361.

[783] Interview State Bank of Vietnam. Andere Quellen sprechen von 60-80% Anteil am Kreditvolumen. Interview Auslandsbank in Vietnam.

[784] Vgl. o.V.: Deposits [2000], S. 10; o.V.: Banks [2000], http://www.vietnamnews.vnagency.com.vn. Die Angaben beziehen sich auf Ende 1999. Die SBV macht in ihrem Geschäftsbericht keine Angaben zur Gesamtstruktur des Bankenmarktes.

[785] Interview Auslandsbank in Vietnam.

[786] Vgl. Christmann, S.: Reformen unerlässlich [1996], S. 4.

tembedingte Form des ‚directed lending' zumindest teilweise von den in anderen südostasiatischen Ländern praktizierten Form der Kreditvergabe, die oftmals eher auf Vetternwirtschaft, Korruption und persönlichen Beziehungen basiert.[787]

3.3.2.4.4 Verschlimmerung der Situation in Vietnam

Die Asienkrise hat den wirtschaftlichen Abschwung in Vietnam verstärkt. Die Auswirkungen auf Vietnam kamen zeitversetzt, da die wichtigsten Handels- und Wirtschaftspartner in Asien erst durch die Auswirkungen im eigenen Land begonnen haben, das Engagement in Vietnam zu reduzieren. Hierdurch bleibt die schwierige Situation des Bankenmarktes weiterhin angespannt.

Durch den geringen Grad an internationaler Verschuldung der lokalen Banken und Unternehmen sind die direkten Krisenauswirkungen für den Bankenmarkt jedoch in Vietnam moderat geblieben. Die Forderungen externer Gläubiger an Banken beliefen sich Ende Juni 1997 auf 1,6 Mrd US$, hier kommen noch 514 Mio US$ an Forderungen gegenüber Nicht-Banken hinzu. Der Gesamtbetrag in Höhe von 2.089 Mio US$ entspricht 1,6% des BIP.[788] Die zweifelhaften Forderungen der privaten und auch staatlichen Banken liegen laut Angaben der Staatsbank bei über 20%; inoffiziell werden die Quoten wesentlich höher eingeschätzt. Ein erster Ansatz ist, daß in 1999 erstmalig die Möglichkeit der Abschreibung von uneinbringlichen Kreditforderungen seitens des Finanzministeriums zugelassen wurde.[789]

Die Restrukturierung der lokalen Banken ist jedoch als schleppend zu beurteilen. Hinzu kommt, daß Vietnam etwaige Maßnahmen kaum aus eigener Wirtschaftskraft heraus leisten kann und der Aufbau der Infrastruktur und Entwicklung des Finanz- und Bankenmarktes von der Finanzierung von supranationalen Organisationen wie z. B. der Weltbank, der Asian Development Bank sowie von bilateralen Hilfsprojekten abhängig ist.[790]

3.3.2.5 Fazit

Die Darstellung der Strukturen und Entwicklungsstände der Bank- und Finanzmärkte verdeutlicht die unterschiedlichen Rahmenbedingungen der ausländischen Banken in den untersuchten Ländern. Die hohe internationale Ausrichtung des Finanzzentrums Singapur in der Region, das an der Religion der ethnischen Gruppe der Malayen

---

[787] Interview Auslandsbank in Vietnam.

[788] Vgl. Freeman, N.J.: Greater Mekong Sub-Region [1999], S. 40-41. Zum Vergleich ergeben die 27,3 Mrd. US$ an externer Verschuldung Malaysias Ende 1997 einen Anteil von 29% des BIP.

[789] Interview State Bank of Vietnam.

[790] Interview State Bank of Vietnam. Deutschland und Frankreich sind an der Durchführung von Trainingsprogrammen beteiligt, die ADB führt Technical Assistance Programme durch, der IWF und die Weltbank sind an Projekten zur Restrukturierung des Bankensektors und zur Modernisierung des Zahlungsverkehrs beteiligt.

ausgerichtete duale Bankensystem Malaysias sowie die sowohl volkswirtschaftlich als auch gesellschaftlich unzureichende Integration des Bankensystems in Vietnam stellen kulturelle und auch entwicklungsbezogene Besonderheiten dar, die bei der Gestaltung des eigenen Marktverhaltens zu berücksichtigen sind.

In einer weitergehenden Betrachtung von kulturellen und entwicklungsbezogenen Merkmalen sollen im folgenden die lokalen Banken in den Ländern charakterisiert sowie das Leistungsangebot beschrieben werden. Anschließend wird die Leistungsfähigkeit der Banken- und Finanzmärkte aus Perspektive der ausländischen Banken betrachtet.

3.3.3 Charakterisierung und Beurteilung der lokalen Bankenmärkte

3.3.3.1 Charakterisierung der lokalen Banken als Marktteilnehmer

Bei der Betrachtung der Rangliste der größten 200 Banken der Welt befinden sich viele asiatische – vorwiegend japanische und ostasiatische – Banken an der Spitze der Rangliste (Rangkriterium: Eigenkapital). Die größten lokalen Banken Singapurs liegen 1998 weltweit zwischen den Rängen 70 und 141, die größte malaysische Bank befindet sich auf Rang 158.[791] Weist die Bank auf Rang 1 (Rang 200) ein Eigenkapital in Höhe von ca. 46 Mrd US$ (1,6 Mrd US$) aus, so beträgt das Eigenkapital der größten vietnamesischen Bank in 1998 115 Mio US$. Diese Relation führt den entwicklungsbezogenen Abstand Vietnams zu anderen Bank- und Finanzmärkten sehr stark auf.

Spiegelbildlich zur Gesellschaftsstruktur existieren ethnische Unternehmungsgruppen mit einer am politischen und wirtschaftlichem System in den Ländern ausgerichteten Eigentums- und Managementstruktur. Die Beschreibung von Managementkulturen kann aufgrund der bisher aufgezeigten Heterogenität gesellschaftlicher, politischer und wirtschaftlicher Strukturen in der asiatischen Region nicht als ‚eine' asiatische Managementkultur dargestellt werden. Im Folgenden sollen die lokalen Banken anhand der wesentlichen kulturellen Charakteristika Eigentümerstruktur (z.B. ethnische Struktur) und Managementverhalten (z.B. Offenlegung von Informationen) beschrieben werden.[792]

---

[791] Vgl. Euromoney / Fitch IBCA: Bank Atlas [1999], S. 209-214. Angaben für Ende 1998.
[792] Vgl. Harrison, M.: Asia-Pacific [1994]; siehe auch Eilenberger, G.: Bankbetriebswirtschaftslehre [1996], S. 634; Goschin, J.: Entwicklungsperspektiven [1993], S. 81. Interviews Auslandsbanken und lokale Banken in Singapur, Malaysia und Vietnam. Aufgrund von unzureichender Datenqualität ist es allerdings nicht möglich, in jedem Land zu jedem Kriterium eine Beurteilung abzugeben.

3.3.3.1.1 Regierungs- und familiendominierte Banken in Singapur

Alle acht lokalen Geschäftsbanken in Singapur sind Voll-Lizenzbanken, die zu insgesamt fünf Bankengruppen in Singapur gehören. Diese Gruppen umfassen für die lokalen Geschäftsaktivitäten neben mindestens einer Geschäftsbank weitere Gesellschaften, die die Aktivitäten von Finance Companies, Vermögensverwaltungsgesellschaften, Merchant Banks, Stock Broking Companies sowie Dienstleistungen im Bereich der Verwahrung und Verwaltung von Wertpapieren abwickeln.[793] Die lokalen Geschäftsbanken unterscheiden sich in Singapur hinsichtlich der Eigentümerstruktur wesentlich (Tabelle B/3-13).[794]

Bank	Gründung	Eigentum	Management
DBS Bank	1968	• Mehrheitlich Regierung • Börsennotiert	• International (u.a. CEO) • Mehrheitlich lokal
Oversea-Chinese Banking Corporation	1932	• Vorwiegend Familieneigentum • Börsennotiert	• Familie (Chairman) • Mehrheitlich lokal
United Overseas Bank	1935	• Vorwiegend Familieneigentum • Börsennotiert	• Familie (Chairman, Funktionen in der Gruppe) • Mehrheitlich lokal
Overseas-Union Bank	1949	• Vorwiegend Familieneigentum • Börsennotiert	• Topmanagement extern • Mehrheitlich lokal
KeppelTatLee Bank	1959/1974 Fusion 1998	• 1999: 25% Allied Irish Bank • Börsennotiert	• International • Mehrheitlich lokal

Tabelle B/3-13:   Eigentums- und Managementstrukturen lokaler Bankengruppen in Singapur[795]

Die marktbeherrschende Gruppe der Development Bank of Singapore (DBS), die 1998 mit der staatlichen POSBank fusioniert wurde[796], ist zu ca. 40% über zwei der

---

[793] Vgl. Development Bank of Singapore: Annual Report 1998 [1999], S. 126-129; Oversea-Chinese Banking Corporation: Annual Report 1998 [1999], S. 87; KeppelTatLee Bank: Our Mission & Nature of Business [2000], http://www.keppelbank.com.sg; United Overseas Bank: About Us - Our Business [2000], http//www.uob.com.sg; Overseas-Union Bank: About Us [2000], http://www.oub.com.sg.

[794] Vgl. Development Bank of Singapore: Annual Report 1998 [1999], S. 117; Oversea-Chinese Banking Corporation: Annual Report 1998 [1999], S. 84; KeppelTatLee Bank: Our Mission & Nature of Business [2000]; http://www.keppelbank.com.sg; United Overseas Bank: About Us - Our Business [2000], http//www.uob.com.sg; Overseas-Union Bank: About Us [2000], http://-www.oub.com.sg. Siehe auch Montagu-Pollock, M.: Roaming far and wide [1997], S. 51-53; Montagu-Pollock, M.: Changing of the Guards [1996], S. 59-60.

[795] Quelle: Eigene Darstellung.

vier Investitionsgesellschaften im Eigentum der Regierung (Ministry of Finance Inc.). Die drei weiteren wichtigen Bankengruppen der Oversea-Chinese Banking Corporation, United Overseas Bank und Overseas-Union Bank, die aus chinesischen Familienunternehmungen während der britischen Kolonialzeit entstanden sind, sind über Holdingkonstruktionen und Minderheitsbeteiligungen noch im Eigentum von chinesischen Familien. Alle Banken sind bereits länger börsennotiert. Die fünfte Gruppe um die KeppelTatLee Bank ist 1998 durch die Fusion der regierungsnahen Keppel Bank mit der noch im Familieneigentum befindlichen TatLee Bank entstanden. In 1999 hat kurz nach der Ankündigung der Öffnung des lokalen Bankenmarktes durch die Monetary Authority of Singapore die irische Allied Irish Banks Plc. einen Anteil von 25% an der Keppel TatLee Bank erworben.[797]

Diese Eigentümerstrukturen bedeuten gleichzeitig unterschiedliche Managementstile, wobei jedoch eine Öffnung der Eigentümerstruktur durch Börsennotierungen nicht mit der Öffnung der Managementstrukturen einhergegangen ist. Die Banken orientieren sich am Ziel der Gewinnmaximierung und gelten allgemein hinsichtlich des Geschäftsgebarens als konservativ.[798]

Die regierungsnahe DBS Bank ist vom Economic Development Board (EDB) im Rahmen der neu definierten Aufgabenstellung der Konzentration auf Investitionsförderung und Finanzierung von Entwicklungsprojekten der Regierung 1968 gegründet worden.[799] Dies diente auch dem Ziel, Kredite an im produzierenden Gewerbe tätige internationale Unternehmungen bzw. Tochtergesellschaften von amerikanischen, japanischen und europäischen Investoren zu vergeben. Darüber hinaus hat die DBS wesentliche Beteiligungen an Tochtergesellschaften von international tätigen Unternehmungen.[800] Die zunehmende regionale und internationale Investitionspolitik der Regierung über die Temasek Holding Gruppe (eine der regierungsnahen Mehrheitsaktionäre der DBS Bank) wird auch von der DBS mit einer parallelen Internationalisierungs- bzw. Regionalisierungsstrategie begleitet.[801]

Am Markt kann die Regierung auch durch die Implementierung bestimmter politischer Maßnahmen über die DBS Bank Zeichen setzen und den anderen Banken ‚vorleben'. Mit dem Ziel, die besten und qualifiziertesten Arbeitskräfte nach Singapur zu holen, um von der Expertise hinsichtlich der Entwicklung des Landes zu profitie-

---

[796] Die POSBank (gegründet 1972) ist vor der Fusion eine staatliche Spareinrichtung gewesen, die über ein breites Niederlassungsnetzwerk im Stadtstaat verfügt und das größte Einlageninstitut war. Vgl. Pang, J.: Banking & Finance – Singapore [1997], S. 26-27.

[797] Auf diese Entwicklung am Bankenmarkt wird in Kapitel 3.3.4.2 eingegangen.

[798] Vgl. Montagu-Pollock, M.: Roaming far and wide [1997], S. 50; o.V.: Allied Irish Banks [1999], S. 1; Tan, C.: Two Irishmen [1999], S. 26.

[799] Vgl. Low, L.: Government-made Singapore [1998], S. 38, Dolven, B.: Offshore Ambitions [1999], S. 42.

[800] Interview lokale Bank in Singapur.

[801] Vgl. Dolven, B.: Set for Change [1998], S. 78.

ren, ist die Öffnung für qualifizierte, ausländische Arbeitnehmer verbunden.[802] Das Management der DBS Gruppe und der KeppelTatLee Bank umfaßt jeweils auch internationale Manager. Bis auf die Overseas-Union Bank haben die Oversea-Chinese Banking Corporation Bank und die United Overseas Bank das Topmanagement mit Familienmitgliedern besetzt. Die DBS Bank hat 1998 als erste Bank in Singapur einen Nicht-Singapurer (amerikanischen) Chief Executive Officer (CEO) bestellt.

Im Vergleich zu weniger entwickelten Ländern als Singapur hat sich das Management der chinesischen Banken im Familieneigentum mit einem konsistenten Managementstil, aber hinsichtlich der Unternehmungspraktiken weiter in die Richtung auf internationale Unternehmungspraxis entwickelt. Die Banken sind jedoch stark hierarchisch und traditionell orientiert, was sich beispielsweise darin zeigt, daß Beförderungen von Mitarbeitern lokaler Banken in Singapur oftmals noch auf Basis von Seniorität anstelle von Leistungen ausgesprochen werden. [803]

Die Banken in Singapur sind stark kapitalisiert und verfügen über diversifizierte Kreditportfolios.[804] Das Ziel der verbesserten Unternehmungsführung (Corporate Governance) und vor allem von erhöhter Transparenz über das Bankgeschäft sowie in der Rechnungslegung der Banken geht einher mit der Öffnung des Bankenmarktes und Orientierung an internationalen Maßstäben. Die Forderung nach mehr Transparenz ist seitens der Regierung und der Monetary Authority of Singapore spätestens mit Ausbruch der Asienkrise verstärkt worden. Als die lokalen Banken keine detaillierten Informationen zu ihren Kreditengagements in der Region herausgegeben haben, hat die Monetary Authority of Singapore die relevanten Informationen an Analysten und Investoren am Finanzplatz Singapur weitergegeben, um das Vertrauen in die Banken und den Markt nicht zu schwächen.[805] Es läßt sich daraus schließen, daß die erwünschte Offenheit und Transparenz bisher kein Element der Geschäftskulturen in Singapur ist.[806] Unter Berücksichtigung dieser Angaben ist auch der geförderte Wandel des Marktes ein langsamer vonstatten gehender, andauernder Prozeß. Die weitere Öffnung des Marktes wird zu einer Verbesserung der Managementqualitäten sowie einer weiteren Erhöhung der Markttransparenz führen, so daß für westliche Banken die Zusammenarbeit am Markt weiter verbessert wird.[807]

---

[802] Die Forderung wird wiederholt von der Regierung und von Seiten des Senior Ministers ausgesprochen. Vgl. Siow, L.S. / Tan, C.: Talent call [1999], S. 5; o.V.: Foreign banking talent [1999], S. 15.

[803] Interview Auslandsbank in Singapur.

[804] Interview lokale Bank in Singapur.

[805] So findet sich auf der Web-site der Monetary Authority of Singapore bspw. eine Tabelle mit Angaben zum regionalen Kreditengagement der lokalen Banken. Vgl. Monetary Authority of Singapore: Facts & Figures [2000], http://www.mas.gov.sg.

[806] Vgl. Klass, C.: Singapore Banks [1998], S. 12. Im August 1999 hat die DBS Bank eine Schuldverschreibung herausgegeben, deren Emission seitens der lokalen Presse mit einer für den Markt sehr großen Offenheit über Informationen gegenüber den Investoren beurteilt und als beispielhaft bezeichnet worden ist. Vgl. Wong, W.K.: Corporate Transparency [1999], S. 20.

[807] Interview Auslandsbank in Singapur.

3.3.3.1.2 Veränderung der Marktstruktur durch Großfusionen in Malaysia

Der Bankensektor spielt bei der Umsetzung wirtschaftlicher, sozialer und gesellschaftlicher Ziele in Malaysia eine wesentliche Rolle.[808] Die angestrebte Beteiligung der ethnischen Malayen auch im Bankensektor ergibt eine Marktstruktur, die sich ebenfalls anhand der Eigentümerstrukturen als Charakteristikum kennzeichnen läßt.[809]

Die Mehrzahl der Geschäftsbanken in Malaysia steht in einem Unternehmensverbund mit weiteren Finanzinstitutionen wie bspw. Finance Companies sowie Stock Broking Gesellschaften. Dieser Unternehmensverbund wird mit Ausnahme der Stock Broking Companies durch das von der Regierung und Bank Negara Malaysia im Sommer 1999 initiierte Fusionsprojekt bis Ende Dezember 2000 weiter integriert[810], da die Geschäftsaktivitäten von Geschäftsbanken und Finance Companies und von Merchant Banks zunächst in sechs bzw. später revidiert in zehn Bankengruppen zusammenschließen werden.[811] Die von Regierung und Bank Negara Malaysia erarbeitete Vorgabe der zu fusionierenden Institute ist aufgrund der eher politischen als ökonomischen Motive nicht nur am Markt, sondern insbesondere von den Banken nicht akzeptiert worden.[812]

Vor dem Hintergrund dieser Großfusion sind in Tabelle B/3-14 die Geschäftsbanken in der zunächst von Regierung und Zentralbank geplanten Marktstruktur unter Angabe der bisherigen Marktposition nach Bilanzsumme 1998 aufgeführt.[813]

---

[808] Vgl. Montagu-Pollock, M. / Hoon L.S.: Turning [1995], S. 22.

[809] Interviews lokale Banken in Malaysia; Interviews Auslandsbanken in Malaysia.

[810] Die unternehmerischen Verbindungen zwischen Geschäftsbanken und Stock Broking Companies haben in der Krise aufgrund der Kreditfinanzierung von Wertpapiergeschäften bei Stellung von Wertpapieren als Sicherheiten zu hohen Ausfällen geführt. Die Stock Broking Companies sollen daher aus dem jeweiligen Unternehmensverbund herausgelöst werden und als Unternehmensbereich durch ein separates Fusionsprojekt konsolidiert werden. Vgl. o.V.: Stockbrokers on the Move [1999], S. 25; o.V.: Merge or perish [1999], http://www.business-times.asia1.com.sg.

[811] Vgl. Bank Negara Malaysia: Merger Programme [1999], http://www.bnm.gov.my.

[812] Vgl. Elegant, S.: Merger delayed [1999], S. 80; Toh, E.: M'sia may have more than 6 anchor banks: Mahathir [1999], http://www.business-times.asia1.com.sg.

[813] Vgl. Bank Negara Malaysia: Central Bank [1999], S. 391; The Association of Banks in Malaysia: Bankers Directory 1998 [1998]; Bank Negara Malaysia: Approved Financial Institutions [2000], Toh, E.: No room [1999], http://www.business-times.asia1.com.sg; Taing, A.: All eyes on bank stocks [1999], S 1, 15. Die Angaben beziehen sich auf die Bilanzsummen der Banken zum 31.12.1998. Die Fusionen in 1999 der Bank of Commerce und Bank Bumiputra zur Commerce Bumiputra Bank sowie der RHB Bank und Sime Bank zur RHB Bank sind in den Zahlen nicht enthalten. Die Darstellung umfaßt nur die Geschäftsbanken, die prozentuale Marktbedeutung der neuen Institutsgruppen jedoch auch die in den Institutsgruppen ebenfalls aufgehenden 25 Finance Companies und 12 Investment Banken.

"Ankerbanken"				Einzubeziehende Banken (nur Geschäftsbank)			
Nr.	Institut	Rang	Mehrheits-eigentümer	Institut	Rang	Mehrheits-eigentümer	Marktbedeutung nach Fusion
1	Maybank (1960)	1	Regierung	Pacific Bank (1919/1922)	14	Lokal (OCBC Bank)	1 26%
				EON Bank (1964)	17	Malaysisch (Konglomerat)	
2	Multi-Purpose Bank (1957)	20	Lokal (Verbindung zu MIF)	RHB Bank (1965)	3/10	Lokal (Rashid Hussein)	2 22%
				Phileo Allied Bank (1966)	16	Lokal (Chinesisch)	
				Oriental Bank (1937)	18	Lokal (MIF)	
				Sabah Bank (1979)	26	Lokal (Bundesstaat)	
				International Bank Malsia (1961)	32	Lokal (Verbindung MIF)	
3	Bumiputra Commerce Bank (1956/ 1965) Fusion 1999	2/6	Regierung	Hong Leong Bank (1923)	11	Lokal (Chinesisch)	3 21%
4	Perwira Affin Bank (1976)	9	Regierung (Armee)	Arab-Malaysian Bank (1957)	13	Lokal (Azman Hashim)	4 17%
				Bank Utana (1976)	21	Lokal (Bundesstaat Sarawah)	
				BSN Commercial Bank (1975)	22	Regierung	
5	Public Bank (1966)	4	Lokal (Chinesisch)	Hock Hua Bank (1951)	24	Lokal (Chinesisch)	5 9%
				Wah Tat Bank (1955)	33	Lokal (Chinesisch)	
6	Southern Bank (1965)	19	Lokal (Chinesisch)	Ban Hin Lee Bank (1935)	35	Lokal (Chinesisch)	6 5%

Tabelle B/3-14: Struktur des Bankenmarktes in Malaysia gemäß geplanter Fusionen per Juli 1999[814]

Hier lassen sich vor der Fusion Banken im Regierungseigentum bzw. mit engen Verbindungen zur Regierung oder Bundesstaaten, Banken als Teile von malaysischen oder chinesischen Unternehmungskonglomeraten[815], Banken in vorwiegend chinesischem Familieneigentum sowie Banken im Eigentum von malaiischen Unternehmern bzw. Unternehmergruppen unterscheiden. In Verbindung mit der ethnischen Struktur

---

[814] Quelle: Eigene Darstellung.
[815] Als Unternehmungskonglomerat wird hier eine diagonal diversifizierte Unternehmungsgruppe über unterschiedliche Branchen verstanden.

im Land können die Managementkulturen – wenn auch nur grob in den Aussagen – anhand dieser Eigentümerstrukturen der Banken festgemacht werden.[816]

Die Banken im chinesischen Familieneigentum (inkl. Konglomerate) werden von Mitgliedern der Familie geführt.[817] Der Managementstil der ethnisch chinesischen Banken wird als konservativ, hierarchisch strukturiert, kostenbewußt und gewinnorientiert beschrieben. Die chinesischen Banken in Malaysia sind bereits während der Kolonialzeit gegründet worden und heute vorwiegend börsennotiert. Geschäftsbezogen sind diese Banken stets als Regionalbanken, mit Fokus auf die in bestimmten Regionen Malaysias angesiedelten Chinesen aus bestimmten Regionen Chinas (z.B. Kanton) tätig gewesen.[818] Diese teilweise kleinen Banken haben sich zu profitablen Nischenanbietern entwickelt.[819]

Die wirtschaftliche Präsenz und Stellung der Bumiputra-Banken ist teilweise durch Implementierung der NEP und als Folge von Privatisierungen und Patronage zustande gekommen.[820] Ursache hierfür ist, daß die malaiischen Unternehmungen nicht die Geschäftserfahrung durch andere Industrie- und Handelsaktivitäten aufweisen konnten, so daß nach einem gescheiterten Versuch einer Bank in 1952 die (ehemalige) Bank Bumiputra in 1965 unter der Schirmherrschaft der Regierung entstanden ist.[821] Nach Implementierung der NEP sind innerhalb von 20 Jahren acht der zehn größten Banken, die einst vorwiegend chinesisch kontrolliert waren, unter die Kontrolle von Bumiputra- und Regierungsunternehmungen gebracht worden.[822] Die positive Diskriminierungspolitik, die Übertragung von Positionen zur wirtschaftlichen Machtausübung sowie die oftmals fehlende persönliche Verbindung von Eigentum und Management führten dazu, daß der Marktauftritt entsprechend aggressiver, risikoreicher und weniger konservativ als in chinesisch geführten Unternehmungen ist.[823] Der Managementstil der malaiischen Banken wird aber ebenfalls als sehr hierarchisch orientiert dargestellt.[824] Die enge Verbindung der malaiischen Bankengruppen zur Regierung existiert auch im täglichen Geschäft. So bekommen diese und weitere regierungsnahe Banken teilweise zinslose Einlagen von der Regierung, so daß auf dieser Refinanzierungsbasis andere Konditionengestaltungen möglich sind als für die Wett-

---

[816] Interviews lokale Banken in Malaysia.
[817] Vgl.Toh, E.: Bank Mergers [1999], http://www.business-times.asia1.com.sg.
[818] Interview lokale Bank in Malaysia.
[819] Vgl. Delhaise, P.: Implosion [1998], S. 147.
[820] Vgl. Gomez, E.T. / Jomo, K.S.: Political Economy [1997], S. 62.
[821] Vgl. Lee, S.-Y.: Monetary and Banking Development [1973], S. 65-66. Die Vormachtstellung der chinesischen Banken kam analog der chinesischen allgemeinen Geschäftätigkeiten auch durch den fehlenden Wettbewerb mit der einheimischen Bevölkerung in diesem Geschäftsbereich zustande. Vgl. Brown, R.: Chinese Business and Banking [1996], S. 146.
[822] Vgl. Gomez, E.T. / Jomo, K.S.: Political Economy [1997], S. 62. Vgl. Kapitel 3.3.1.
[823] Interview Auslandsbank in Malaysia. Dies hat sich beispielsweise bei der Übernahme der ehemaligen Development and Commercial Bank (lokal-chinesisch) durch die RHB Gruppe (Bumiputra-Unternehmer) gezeigt, was einen erheblichen Kulturwechsel in der Bank sowie die mit der Integration verbundenen Probleme mit sich geführt hat. Interview lokale Bank in Malaysia.
[824] Interviews lokale Banken in Malaysia; Interviews Auslandsbanken in Malaysia.

196

bewerber am Markt.[825] Der politische Faktor bzw. die Stärke in bestimmten Regionen im Land kann aus historischen Gründen, aber auch aus engen Kontakten zu Regierung und Ministern resultieren.[826]

Das Management der regierungsnahen Banken wird allgemein als weniger professionell und die Prozesse als sehr bürokratisch bezeichnet. Das Geschäft orientiert sich an „… government-oriented policy; profitability achievements are a compromise between commercial aspects and social programming …".[827] Die Gewinnorientierung ist daher auch aufgrund anderer Aufgabenstellungen (z. B. Finanzierung von Projekten, die unter Rentabilitätsgesichtspunkten eventuell nicht finanziert worden wären) nicht so ausgeprägt wie bei anderen Bankengruppen.

Im Bereich des Risikomanagements haben jedoch alle lokalen Banken Schwachpunkte, die letztendlich auch durch die Krise zum Vorschein kamen. Kreditvergaben sind in Malaysia oftmals auf Basis von ‚Name-lending' vorgenommen worden, was insbesondere vor der Krise für große Namen im Land galt, aber nun aufgrund der Probleme der lokalen Banken eventuell reduziert werden wird.[828] Dieses Vorgehen wird aus westlicher Sicht als mangelnde Rationalität im Markt sowie schwach entwickelte Professionalität gedeutet.[829] Eine Durchführung von Kreditwürdigkeitsprüfungen auf Basis von Beurteilungen der Geschäftsentwicklung der Kunden, Analyse von Cash-Flow Projektionen, Märkten und Strategien ist jedoch generell noch kein Standard im Markt. Hinzu kommt, daß am Markt keine entsprechend qualifizierten Mitarbeiter vorhanden sind bzw. die Mitarbeiter in den Banken aus Mangel an Implementierung des ‚neuen Konzeptes' Risikomanagement in den Banken nicht entsprechend ausgebildet werden können.[830]

Die beschriebene Marktstruktur sollte durch die in Tabelle B/3-14 dargestellten Großfusionen dahingehend verändert werden, daß die Finanzinstitutionen zu sechs großen Finanzgruppen unter Führung einer sog. ‚Ankerbank' fusioniert werden. Auf dieser Basis wären vier große regierungsnahe und zwei kleinere chinesisch dominierte Gruppen entstanden. Hauptaugenmerk war, daß die Bestimmung der Fusionspartner

---

[825] Interviews lokale Banken in Malaysia.
[826] Interview lokale Bank in Malaysia.
[827] Interview lokale Bank in Malaysia; Interview Auslandsbank in Malaysia. Die angeführte Bank Bumiputra ist bereits dreimal in Zahlungsunfähigkeit geraten, aber von der Regierung immer wieder unterstützt worden. Vgl. Ford, M.: Financial supermarkets [1997], S. 90. Dies liegt nicht zuletzt daran, daß diese Bank viele Projekte der Regierung finanziert hat, die von anderen Banken aufgrund der Projektstrukturen nicht finanziert worden wären. Interview lokale Bank in Malaysia. Die Bank ist in 1998 mit der Bank of Commerce fusioniert worden; die Ausführung der regierungsnahen Aufgaben wird nun vermutlich von anderen, nicht an den Fusionen beteiligten Banken mit Sonderaufgaben übernommen werden. Nach Abschluß der Fusionen soll die Unterstützung von Banken, die in wirtschaftliche Schwierigkeiten geraten, nicht mehr erfolgen. Vgl. Ghazali, F.: No more [1999], S. 25.
[828] Interviews Auslandsbanken in Singapur und Malaysia.
[829] Interview Auslandsbank in Malaysia.
[830] Interviews Auslandsbanken in Malaysia; Interview lokale Bank in Malaysia.

durch die Regierung und die BNM vorgenommen wurde. Als Folge kann man festhalten, daß kleine Banken größere Institute zu integrieren hatten, wobei die ausgewählten Ankerbanken jedoch nicht immer die marktstärksten bzw. profitabelsten Banken waren und die beschriebenen Managementkulturen der Banken mit unterschiedlichen Eigentumsstrukturen integriert bzw. übernommen hätten werden müssen.[831] Es ist davon ausgegangen worden, daß die Integration länger als der von der Regierung angestrebte Zeitraum dauern wird, was auch bei der bis Ende 2000 umzusetzenden Zustimmung zur Bildung von zehn Bankengruppen der Fall sein wird. Diese Darstellung der unterschiedlichen Bankengruppen verdeutlicht die erhebliche unternehmungskulturelle Problematik der angestrebten Fusionen. Die neu gebildeten Finanzgruppen werden in der nachfolgenden Tabelle B/3-15 dargestellt.[832]

Nr.	"Ankerbank"	Einzubeziehende Banken (nur Geschäftsbanken)
1.	Maybank	Phileo Allied Bank, The Pacific Bank
2.	Bumiputra-Commerce Bank	–
3.	RHB Bank	–
4.	Public Bank	Hock Hua Bank
5.	Arab-Malaysian Bank	Bank Utama
6.	Hong Leong Bank	Wah Tat Bank
7.	Perwira Affin Bank	BSN Commercial Bank
8.	Multi-Purpose Bank	International Bank Malaysia, Sabah Bank
9.	Southern Bank	Ban Hin Lee Bank
10.	EON Bank	Oriental Bank

Tabelle B/3-15:   **Struktur des Bankenmarktes in Malaysia als verabschiedete Fusionen per Februar 2000**[833]

Die zusätzlich mit dem ‚Ankerbank'-Status versehenen Banken sind die Banken, hinter denen einflußreiche malaysische Unternehmer (malaiisch und chinesisch) stehen. Diese Banken sollen vorwiegend aus politischen Gründen (Anhänger des ehemaligen stellvertretenen Premierministers Anwar Ibrahim) nicht in der ursprünglichen,

---

[831] So werden insbesondere die chinesischen familiengeführten Banken in den Finanzgruppen aufgehen. Dies ist ein Nebeneffekt der Fusionen. Ziel der Regierung ist, große Institute zu schaffen, da zum einen kleine, familiengeführte Banken Nachteile im internationalen Wettbewerb haben werden und zum anderen die Trennung von Management und Eigentümer erreicht werden soll. „The banks should be run by professional managers, not by controlling shareholders". Zitat des Finanzministers Daim Zainuddin in: Menon, N.: Bridge Interview [1999]; siehe auch Toh, E.: No room [1999], http:// www.business-times.asia1.com.sg.

[832] Vgl. Bank Negara Malaysia: Consolidation of Domestic Banking Institutions [2000], http://www.-bnm.gov.my.

[833] Quelle: Eigene Darstellung.

von Regierungsseite bestimmten Gruppe an Ankerbanken enthalten gewesen sein.[834]

Auf Landesebene hatte das Vorgehen bei den Fusionen unter Berücksichtigung der angeführten Motive[835] eine Signalwirkung für die ausländischen Banken, was das Vertrauen in die Verläßlichkeit und die Kompetenz des Bankenmarktes Malaysia angeht.[836] In Malaysia ist dieser starke kulturelle Aspekt im Bankgeschäft vorhanden, der sich bspw. in den etablierten Netzwerken und der Einflußnahme der Regierung ausdrückt.[837] Malaysia ist jedoch oftmals Bestandteil eines Netzwerkes von ausländischen Banken in Asien. Die am Beispiel Malaysias dargestellten Entwicklungen, die zu solchen politisch motivierten Konstellationen führen, können daher für die Bewertung eines Landes hinsichtlich der Reputation als problematisch angesehen werden.[838]

3.3.3.1.3 Dominanz staatlicher Geschäftsbanken in Vietnam

Als Marktteilnehmer am Interbankenmarkt unter Geschäftsbanken in Vietnam sind die vier staatlichen Banken dominierend, die privaten Joint-Stock Banken spielen trotz wesentlich höherer Anzahl am Markt in Bezug auf erzielte Volumen eine eher untergeordnete Rolle.[839] Die folgende Tabelle B/3-16 zeigt die wichtigsten lokalen Geschäftsbankengruppen auf.[840]

---

[834] Vgl. o.V.: Rashid Hussain [2000], http://www.business-times.asia1.com.sg; Toh, E.: Bank Negara gives nod [2000], http://www.business-times.asia1.com.sg.

[835] Vgl. McNulty, S.: Malaysian banks in dark [1999], S. 10; Interviews lokale Banken in Malaysia.

[836] Interview Auslandsbank in Malaysia.

[837] Interview Auslandsbank in Singapur; vgl. o.V.: Making Friends in Malaysia [1999], S. 14.

[838] Auslandsbank in Malaysia. (Mahrdt)

[839] Vgl. o.V.: Deposits [2000], S. 10.

[840] Vgl. ING Barings: Banking Review [1997], S. 39, 41-42.

Banken	Gründung	Eigentümerstruktur
Staatliche Geschäftsbanken		
• Bank for Foreign Trade of Vietnam (Vietcom Bank)	1963	
• Industrial & Commercial Bank (Vietincombank)	1988	
• Investment & Development Bank Vietindebank)	1957	Staat
• Bank for Agriculture and Rural Development	1988	
Private Banken		• Privatpersonen/-unternehmungen (Ethnische Chinesen, Auslands-
• Städtische Stock Banks (ca. 20)	ab 1991	vietnamesen)
• Ländliche Joint Stock Banks (ca. 30)		• Staatliche Unternehmungen/Banken

Tabelle B/3-16: Übersicht Eigentumsstruktur der Geschäftsbanken in Vietnam[841]

Die ursprünglich als Privatunternehmungen anzusehenden ca. 50 Joint-Stock Banken sind in Eigentum von privaten Unternehmungen, Privatpersonen (lokal, Überseevietnamesen), aber auch von staatlichen Unternehmungen und Geschäftsbanken.[842] Insbesondere im Gebiet des wirtschaftlich starken Südens Vietnams sind die Banken eher im Privateigentum und werden dort von den ethnischen Chinesen geführt.[843] Hinsichtlich der geographischen Geschäftstätigkeiten lassen sich städtische und ländliche Joint-Stock Banken unterscheiden.

Die staatlichen Banken dominieren den Markt in Bezug auf ihre Marktstellung durch die Unterstützung der Regierung. Bisher sind die unternehmerischen Zielsetzungen nicht gewinnorientiert, sondern auf die Verteilung des Staatsbudgets nach Maßgabe der Regierung ausgerichtet gewesen.[844] Die staatlichen Banken stehen bezüglich des Managements und der Eigentümer unter starkem politischem Einfluß als ‚government-offices'.[845] In Vietnam ist die Zusammenarbeit mit den vier Staatsbanken für die westlichen Banken notwendig, da diese die Wirtschaft bestimmen und die Finanzgeschäfte durch diese Banken kanalisiert werden.[846] Ähnlich der staatlichen Unternehmungen (State-Owned Enterprises - SOE) haben die staatlichen Banken (State-Owned Banks - SOB) ein ‚etabliertes Gewohnheitsrecht' der Gewährleistung ihrer

---

[841] Quelle: Eigene Darstellung.
[842] Vgl. ING Barings: Banking Review [1997], S. 39; Brahm, L.J.: Vietnam: Banking and Finance [1995], S. 34.
[843] Vgl. Nguyen-Khac, T.Q.: Vietnamese Banks [1996], S. 300.
[844] Interviews Auslandsbanken in Vietnam.
[845] Vgl. Brahm, L.J.: Vietnam: Banking and Finance [1995], S. 29. Vgl. Interview Auslandsbank in Vietnam. Der Direktor jeder staatlichen Geschäftsbank wird vom Gouverneur der State Bank of Vietnam vorgeschlagen und vom Premierminister ernannt.
[846] Interview Auslandsbank in Vietnam.

Kapitalausstattung durch die Regierung.[847] Zudem haben sie bezüglich dem Inter-bankengeschäft und insbesondere der Refinanzierung am Interbankenmarkt eine er-hebliche Marktmacht.[848] Bei der Zusammenarbeit ist mit einer von Bürokratie, einem niedrigen Qualifikationsniveau der Bankmitarbeiter sowie einem Mangel an Ma-nagementerfahrung gekennzeichneten Geschäftskultur zu rechnen.[849]

Die Zusammenarbeit am Bankenmarkt erfolgt seitens der westlichen Banken nur mit ausgewählten Adressen an Joint-Stock Banken, die anhand der Kriterien Solvenz, Bilanzpolitik, Stärke des Managements, Kapitalisierung und Schwerpunkt des Markt-segmentes der Geschäftätigkeit beurteilt werden. Es werden keine Geschäfte ge-macht, ohne Einblick in das Geschäft und das Abwicklungsprozedere der Banken zu haben.[850] Die Vermutung liegt nahe, daß die Joint-Stock Banken, die aktiv am Ban-kenmarkt teilnehmen, eine bestimmte Mindestgröße an Geschäftsvolumen generie-ren und auch als Intermediäre am Markt teilnehmen. Nur so ist eine Erhöhung an Depositen zugunsten der Joint-Stock Banken[851] zu erklären. Die Joint Stock Banken werden von den privaten Investoren oftmals als ‚Vehikel' zur Kreditvergabe benutzt, d. h. die Motivation von Investoren sich an diesen Banken zu beteiligen, resultiert z.B. aus Liquiditätsengpässen bzw. aus der Erreichung von Kreditlimits bei anderen Banken. Bei einer mehrheitlich staatlichen Eigentümerstruktur forcieren die Eigentü-mer die Vergabe von Krediten an staatliche Unternehmungen auf Basis derer Integri-tät.[852] Die Einflußnahme auf das Management ist daher nicht von unternehmeri-schem, sondern vorwiegend von privatem Interesse geprägt.[853] Die Strukturen der Banken und des Marktes sind neben der mangelnden Qualität des Managements und einer Unterkapitalisierung auch durch Intransparenz gekennzeichnet.[854]

Funktionale Bereiche wie bspw. die Managementinstrumente Kreditanalyse und –be-wertung, Risikosteuerung und -kontrolle sind nicht vorhanden oder werden durch Umstrukturierungen und vor allem Qualifizierung der Mitarbeiter erst sukzessive ge-schaffen.[855] Die lokalen Banken haben aus diesen Gründen sowie wegen der prob-lematischen wirtschaftlichen Situation Schwierigkeiten, Finanzierungsobjekte zu

---

[847] Interview Auslandsbank in Vietnam.
[848] Interview Auslandsbank in Vietnam.
[849] Interview Auslandsbank in Vietnam.
[850] Interviews Auslandsbanken in Vietnam.
[851] Interview State Bank of Vietnam.
[852] Vgl. Brahm, L. J.: Vietnam: Banking and Finance [1995], S. 34.
[853] Interview Auslandsbank in Vietnam. Folge ist, daß diese Banken einen extrem hohen Anteil an Non-Performing Loans (NPL) haben. Die Schätzungen gehen seitens der Angaben der State Bank of Vietnam von „größer 20%" aus.
[854] Interview Auslandsbank in Vietnam.
[855] Interview Auslandsbank in Vietnam. Vgl. auch Tran, D.B.: Commercial Banks [1998], S. 25-28. Die mangelnde Qualifikation in der Ausbildung ist letztendlich auch ein Engpaß innerhalb des Sy-stems: solange die Banken nicht in der Lage sind Kreditwürdigkeitsprüfungen adäquat durch-zuführen, kann die vorhandene Liquidität nicht gemäß dem existierenden Finanzierungsbedarf an Unternehmungen gegeben werden. Diese sind wiederum aufgrund ihrer Unterkapitalisierung nicht in der Lage die notwendigen Kredite mit entsprechenden Sicherheiten zu unterlegen.

identifizieren, die hinsichtlich der Risikostruktur akzeptabel sind. Da der private Sektor sehr risikoreich ist, sind vorwiegend staatliche Unternehmungen die Zielkunden der Banken. Andererseits bewirkt die Wirtschaftslage auch, daß Unternehmungen aufgrund der Risikostruktur der Geschäfte Finanzierungen vom Staat benötigen.

Im Umgang mit vietnamesischen Banken zeigt sich, daß auch bei Implementierung von vereinfachten Prozessen durch teilweise widersprüchliche Richtlinien oder Verwaltungsbescheide die beteiligten Mitarbeiter überfordert sind. Dies führt dazu, daß aus Gründen der Unsicherheit und aus Angst, Fehler zu machen Angelegenheiten nach altem Schema abgewickelt werden, so daß neue Prozesse sehr schleppend eingeführt werden.[856] Die extreme Bürokratie zeigt sich ebenfalls im Verhalten der Banken und staatlichen Unternehmungen allgemein. Das Zielsystem der staatlichen vietnamesischen Unternehmungen ist noch stark an die ehemals zentralistische Verwaltungswirtschaft angelehnt: „Der Orientierungswert ist in diesem System eher noch die Planerfüllung und nicht das unternehmerische Ziel der Gewinnmaximierung oder –optimierung. Hiermit geht einher, wie z.b. die Bedienung von Krediten seitens der Banken gehandhabt wird."[857] Die lokalen Unternehmungen sehen die lokalen Banken immer noch als Teil der Regierung an, der die Finanzierungsmittel an die Unternehmungen kanalisiert. Die Vereinbarung von Zins- und Tilgungsleistungen ist zweitrangig. Hinzu kommt, daß das System dahingehend sehr integriert ist, als daß der Mitarbeiter bei der SOB ehemals Mitarbeiter beim SOE gewesen sein kann. Diese engen Verflechtungen und das neue Denken in einem alten System erschweren die Umstellung.[858] Da in Vietnam auch die staatlichen Banken und die Regierung wie dargestellt eng verflochten sind, ist es für ausländische Banken teilweise sehr schwierig, die Verflechtungen nachzuvollziehen und Sachverhalte korrekt beurteilen zu können.

Die Charakterisierung der lokalen Banken verdeutlicht sehr stark die kulturellen Aspekte im Bankgeschäft in den Ländern, die die Märkte in ihrer Struktur und ihren Abläufen sehr unterschiedlich machen. Dies geschieht durch die aufgezeigte ethnische Einflußnahme der Managementkulturen sowie die in den Ländern mit unterschiedlicher Intensität auftretende Einflußnahme von Regierung und Politik. Für die in diesen Ländern tätigen ausländischen Banken ist es problematisch diese Verflechtungen zu erkennen und zu verstehen, sowie die unterschiedlichen Managementkulturen, die die Branchenkultur im Bankgeschäft stark beeinflussen, beurteilen zu können.

---

[856] Interview Auslandsbank in Vietnam.
[857] Interview Auslandsbank in Vietnam.
[858] Interview Auslandsbank in Vietnam.

3.3.3.2 Beurteilung der Leistungsfähigkeit der lokalen Banken- und Finanzmärkte aus Perspektive der Geschäftätigkeit ausländischer Banken

In den folgenden Abschnitten wird die Leistungsfähigkeit der lokalen Banken- und Finanzmärkte untersucht. Die Leistungsfähigkeit der lokalen Banken umfaßt im Marktsegment der Geschäfts- und Investmentbanken in Singapur, Malaysia und Vietnam die Breite und Tiefe der Leistungsprogramme in Verbindung mit der jeweils eingesetzten Technologie. Bei der Betrachtung der Finanzierungsstrukturen der lokalen Unternehmungen (Bankkredite, Privatisierungen, Börsengänge, Schuldverschreibungen) werden an den Kapitalmärkten in Singapur und Malaysia die Segmente für Aktien und Schuldverschreibungen vor dem Hintergrund der Entwickungspläne der Regierungen für die jeweiligen Finanzmärkte dahingehend untersucht, welche Entwicklungen der Kapitalmarktsegmente sich hinsichtlich der zukünftigen Struktur der Unternehmungsfinanzierungen ergeben können.[859]

Für die Geschäftätigkeit der ausländischen Banken resultiert aus der Leistungsfähigkeit der Märkte die Positionierung gegenüber den lokalen Banken am Markt durch die Gestaltung des Leistungsprogrammes (komplementär, konkurrierend) in Abhängigkeit vom Entwicklungsstand und der Nachfragestruktur der Segmente im Firmenkunden- und Privatkundengeschäft. Aus dem Leistungsprogramm können für die Gestaltung eines interkulturellen Managementansatzes Annahmen getroffen werden über die Art der Zusammenarbeit mit lokalen Kunden.

3.3.3.2.1 Leistungsangebot der lokalen Banken

Der unterschiedliche Entwicklungsstand der Länder spiegelt sich im Leistungsangebot der lokalen Banken wider. Die folgende Übersicht in Tabelle B/3-17 zeigt nach den Segmenten Firmenkunden- und Privatkundengeschäft die Produktgruppen im Leistungsangebot der lokalen Banken in den Ländern auf.[860]

---

[859] Da in Vietnam noch kein Kapitalmarkt besteht, sind die allgemeinen Ziele eines Kapitalmarktes bereits in Kapitel 3.3.2.4.1 angeführt worden.

[860] Vgl. hierzu und im Folgenden Development Bank of Singapore: Annual Report 1998 [1999], S. 30-41; Development Bank of Singapore: Personal Banking [2000], http://www.dbs.com.sg; Development Bank of Singapore: Enterprise Banking [2000], http://www.dbs.com.sg; Development Bank of Singapore: Corporate Banking [2000], http://www.dbs.com.sg; Oversea-Chinese Banking Corporation: Annual Report 1998 [1999], S. 10-18; Oversea-Chinese Banking Corporation: Products and Services [2000], http://www.ocbc.com.sg; KeppelTatLee Bank: For Individuals [2000], http://www.keppelbank.com.sg; KeppelTatLee Bank: For Business [2000]; http://www.keppelbank.com.sg; United Overseas Bank: Banking for Organisations [2000], http//www.uob.com.sg; United Overseas Bank: Banking for Individuals [2000], http//www.uob.com.sg; Overseas-Union Bank: Personal Banking & Investments [2000], http://www.oub.com.sg; Overseas-Union Bank: Business Banking [2000], http://www.oub.com.sg; Maybank: Annual Report 1998 [1999], S. 20-23; Maybank: Consumer Products [2000], http://www.jaring.my/maybank; Maybank: Business Banking [2000], http://www.jaring.my/maybank; Public Bank: Annual Report 1998 [1999], S. 31-37; Multi-Purpose Bank: Annual Report 1998 [1999], S.16-18; Perwira Affin Bank: Annual Report 1998 [1999], S. 36-37; Pacific Bank: Annual Report 1998 [1999], S.6-7; RHB Bank: Annual Report 1998 [1999], S. 12-17; Ban Hin Lee Bank: Annual Report 1998 [1999], S. 12-13; Vietnam Maritime Commercial Stock Bank: Annual Report 1996 [1997], S. 22; Saigon Bank for Industry and

Geschäftsbereich	Singapur Produkte	Singapur Technologie	Malaysia Produkte	Malaysia Technologie	Vietnam Produkte	Vietnam Technologie
Institutionelles Bankgeschäft / **Corporate Banking**	• Unternehmensfinanzierung • Lokale Projektfinanzierung • Kapitalmarkttransaktionen • Finanzmarktinstrumente • Corporate Advisory • Cash Management • Internationaler Zahlungsverkehr • Finanzierungen • Regionale Syndizierungen	• Angebot über ATM • Personal Computer-Unterstützung • Electronic Banking	• Kreditgeschäft (konventionell, Islamic Banking) • Nationaler und internationaler Zahlungsverkehr/Finanzierungen • Handelsfinanzierungen • Treasury Services • Corporate Advisory • Börsengeschäfte (konventionell, Islamic Banking)	• Electronic Banking	• Kreditgeschäft (lokal und ausländische Währung) • Devisenhandel • Außenhandel	
Privatkundengeschäft • Massenkundengeschäft • Gehobenes Privatkundengeschäft • Private Banking • Mittelstandsbetreuung	• Kreditkarten • Einlagengeschäft • Immobilienfinanzierung • Wertpapiergeschäft • Priority Banking • Vermögensberatung und -management • Unternehmensfinanzierung • Abwicklung von Regierungsprogrammen zur Mittelstandsförderung	• ATM • Touchscreen • Cashcard • Internet Banking • Internet Investment Advisory • Phone Banking	• Einlagen- und Kreditgeschäft (konventionell, Islamic Banking) • Immobilienfinanzierung • Kreditkarten • Aufbau Asset Management • Gehobenes Privatkundengeschäft (Priority/Red Carpet Banking)	• Intranetanwendungen • Phone Banking • ATM • Online Banking (Personal Computer, Mobiltelefon)	• Einlagen- und Kreditgeschäft • Kreditkarten (Stadtgebiete)	

Tabelle B/3-17: Geschäftssegmente lokaler Banken in Singapur, Malaysia und Vietnam[861]

Die lokalen Banken in **Singapur** sind je nach Kundenfokus im Retailgeschäft mit Privatkunden und Firmen (Mittelstandsbetreuung) oder bei einer stärkeren internationalen Ausrichtung mit einem erhöhten Fokus auf lokale Firmenkunden in den Ge-

---

Trade: Annual Report 1996 [1997], S. 15-17; Vietcombank: Annual Report 1996 [1997], S. 37-41; Bank for Investment and Development of Vietnam: 40 Years of Growth [1997], S. 74-75; Vietnam Bank for Agriculture and Rural Development: Annual Report 1997 [1998], S. 18-20, 36-37; Industrial and Commercial Bank of Vietnam: Annual Report 1996 [1997], S. 27-33; Vietnam Export – Import Commercial Joint-Stock Bank: Annual Report 1996 [1997], S. 48-58; Asia Commercial Bank: Annual Report 1996 [1997], S. 41.

[861] Quelle: Eigene Darstellung.

schäftssegmenten aktiv. Die Banken in Singapur positionieren sich aufgrund ihres Leistungsspektrums als Regionalbanken und Universalbanken bzw. streben diese Positionierung an.[862]

Im Firmenkundengeschäft umfassen die Geschäftsbereiche das Commercial und das Investment Banking. Im Privatkundengeschäft ist bei den Banken begonnen worden, hinsichtlich der Betreuung nach Massenkundengeschäft (Retail Banking), gehobener Privatkundschaft (Personal Banking) und Private Banking zu segmentieren. Die Sortimentsbreite im Privatkundengeschäft ist sehr hoch. Bspw. werden im Einlagengeschäft Sparprodukte in Verbindung mit Versicherungsprodukten angeboten, die sich am Lebenszyklus der Kundschaft orientieren. Eine lokale Bank bietet seit 1999 im Privatkundengeschäft auch Islamic Banking Produkte an. Als Vertriebskanäle werden neben dem im Stadtgebiet ausgebauten Zweigstellennetz (1998: 474 Zweigstellen) von den fünf großen Bankengruppen Internet Banking im Privatkundengeschäft sowie im Firmenkundengeschäft angeboten, wobei das Produktspektrum vorwiegend Zahlungsverkehrsfunktionen, aber auch die Beantragung von Krediten und die Zeichnung von Aktienemissionen umfaßt.[863] Eine Vielzahl an Funktionalitäten wird zusätzlich an den Selbstbedienungsterminals (z.B. Zeichnung von Aktien bei Emissionen) angeboten. Die Mehrheit der Bevölkerung nutzt diese Fazilitäten vorwiegend zur Überprüfung von Kontoständen und Abwicklung von Überweisungen.[864]

Die Banken aus Singapur begleiten die Regionalisierungsstrategie des Landes durch die zunehmende Eröffnung von Filialen und Repräsentanzen in den umliegenden Ländern Südostasiens. Zudem sind alle lokalen Banken über die separaten ACU auch im Off-shore Geschäft tätig. Die Möglichkeit der grenzüberschreitenden Akquisition von Banken in der Region ist aufgrund der Krise von der Development Bank of Singapore durch den Erwerb der thailändischen Thai Danu Bank wahrgenommen worden.[865]

Das Produktsortiment der lokalen Banken in **Malaysia** ist im konventionellen Bankgeschäft weniger breit und tief als in Singapur, im institutionalisierten Islamic Banking jedoch sowohl im Einlagen- als auch Kreditgeschäft im Privat- und Firmenkundengeschäft sehr differenziert.

---

[862] Vgl. Development Bank of Singapore: Annual Report 1998 [1999], S.1; Oversea-Chinese Banking Corporation: About OCBC [2000], http://www.ocbc.com.sg; KeppelTatLee Bank: Our Mission & Nature of Business [2000], http://www.keppelbank.com.sg; United Overseas Bank: About Us - Our Business [2000], http//www.uob.com.sg; Overseas-Union Bank: About Us [2000], http://www.-oub.com.sg.

[863] Vgl. o.V.: Internet based Financial Services [1999], S. 15.

[864] Vgl. Bickers, C.: Net Returns [1999], S. 48.

[865] Vgl. Gilley, B.: The Deal's the Thing [1999], S. 43-44.

Die großen Banken beginnen den Privatkundenmarkt zu segmentieren und die vermögende Privatkundschaft in separaten Einheiten zu bedienen[866] Die Produkte im Firmenkundengeschäft beziehen sich vorwiegend auf die lokalen Unternehmungen im On-Shore und Off-Shore Geschäft. Insgesamt sind acht lokale Banken im Off-Shore Geschäft engagiert, die daher im Produktportfolio auch internationale Anlage- und Finanzierungsmöglichkeiten haben. Ein gemäß den für das Privatkundengeschäft angeführten Segmentierungskriterien Private Banking existiert bisher in Malaysia noch nicht. Personal Banking befindet sich im Aufbau bei großen Banken und umfaßt derzeit eher die privilegierte Behandlung der Kunden als konkret für die Kunden entwickelte Produkte in der Vermögensberatung und -verwaltung.[867] Die technischen Möglichkeiten bspw. der ATM sind weniger umfangreich als in Singapur. Das Angebot von Internet Banking durch die Verbindung der Web-Sites der Banken mit Bankleistungen im Internet Banking ist bis Dezember 1999 noch nicht zugelassen worden, obwohl die technologische Plattform insgesamt in Malaysia sehr weit entwickelt ist.[868] Eine steigende Anzahl von Banken bietet daher Produkte, die über das Internet abgewickelt werden könnten, bisher über bankindividuelle Intranetlösungen an.[869]

Die Banken sind hinsichtlich der Marktabdeckung unterschiedlich aufgestellt. Die großen Banken haben eine nahezu landesweite Marktabdeckung, während einzelne, insbesondere in den Wirtschaftszentren angesiedelte Banken (vorwiegend ethnisch chinesisch geführt) eher als Regionalbanken mit Fokus auf chinesische Geschäftsgruppen aus bestimmten Regionen entstanden und daher auch immer noch auf dieses Geschäft ausgerichtet sind.[870]

Malaysia ist bezüglich des Entwicklungsstandes des Marktes und der Leistungsfähigkeit der lokalen Banken für die internationale Geschäftsanbindung stärker auf die Präsenz von internationalen Banken oder aber auf die Internationalisierung von lokalen Banken angewiesen.[871] Internationale Aktivitäten der lokalen Banken in Form des Aufbaus einer eigenen Präsenz in unterschiedlichen Rechtsformen existiert lediglich

---

[866] Interviews lokale Banken in Malaysia.
[867] So umfaßt die Produktpalette der größten Bank in Malaysia (Maybank) neben dem Angebot von Kreditkarten, Share Financing auch die Bedienung in separaten Beratungsräumen sowie freies Parken während der Beratung. Vgl. Maybank: Consumer Products [2000], http://www.jaring.-my/maybank; Interview lokale Bank in Malaysia.
[868] Vgl. o.V.: Internet Jungle [1999], S. 6; Wong, C.K.: Customers [1997/1998], S. 9. Lt. Angaben der Bank Negara Malaysia sind u. a. die Sicherheitsbestimmungen lt. offizieller Quellen noch nicht ausreichend. Telefonauskunft der Bank Negara Malaysia v. 20. November 1999. Schriftliche Unterlagen sind nicht zur Verfügung gestellt worden. Es ist anzunehmen, daß es sich hierbei eher um eine Maßnahme zum Schutz der lokalen Banken vor dem technisch weit entwickelten Angebot ausländischer Banken handelt. Aufgrund der steigenden Nutzung von Internet in Malaysia ist davon auszugehen, daß dieses Verbot aufgehoben werden wird.
[869] Vgl. o.V.: Internet based Financial Services [1999], S. 15.
[870] Interviews lokale Banken in Malaysia.
[871] Interview Auslandsbank in Singapur.

bei den großen Banken, so daß die überwiegende Mehrzahl der lokalen Banken international über Korrespondenzbankverbindungen angebunden ist.

Die Leistungen der vier großen Staatsbanken in **Vietnam** sind neben dem Angebot von Basisprodukten an die Privatkundschaft und Unternehmungen vor allem auf die Kanalisierung von staatlichen Geldern in die im Staatsbudget bestimmte Verwendungsrichtung ausgerichtet. Die Leistung des Bankenmarktes erstreckt sich somit eher auf die Zurverfügungstellung von Liquidität.[872] Da die staatlichen Banken bei ihrer Gründung jeweils für bestimmte Geschäftsbereiche (Außenhandel, Industriefinanzierung, Finanzierungen in ländlichen Gegenden Vietnams, lokale Infrastrukturprojekte) etabliert wurden, sind die Leistungsprogramme eher als komplementär zueinander zu bezeichnen. Entsprechend dieser Geschäftsausrichtung gestaltet sich der Geschäftsumfang mit Privatkunden sehr unterschiedlich. Alle staatlichen Banken bedienen jedoch vorwiegend die staatlichen Unternehmungen.[873] Die in ihrem Geschäftsumfang reglementierten lokalen Banken im Privateigentum bieten vor allem lokale Bankmarktleistungen im Bereich des Einlagen- und Kreditgeschäftes an; hinzu kommen auch Gold- und Devisenhandel. Der Markt ist hinsichtlich des Produktangebotes als heterogen einzustufen, wobei am Markt jedoch große Angebotslücken bei der Grundversorgung mit Bankprodukten existieren.

Die Banken bauen mit Hilfe der supranationalen Organisationen die eigene elektronische Infrastruktur auf. Vertriebskanäle der Banken sind daher die Zweigstellennetze, die das Land jedoch nur unzureichend abdecken. Zudem sind dort die Kredit-Kooperativen in den ländlichen Gegenden stärker vertreten. Das internationale Geschäft wird von den lokalen Banken über Korrespondenzbankbeziehungen bzw. über die im Land vertretenen ausländischen Banken abgewickelt.

In Ergänzung zu den Geschäftsaktivitäten der lokalen Banken wird im Folgenden wird die Leistungsfähigkeit der Kapitalmärkte in Singapur und Malaysia dargestellt.

3.3.3.2.2 Leistungsfähigkeit der Banken- und Kapitalmärkte in Singapur und Malaysia

Hauptelemente des Kapitalmarktes in Singapur sind die zum 01. Dezember 1999 zur Singapore Exchange zusammengelegte Stock Exchange of Singapore (SES) und die Singapore International Monetary Exchange (SIMEX) sowie der lokale Markt für Schuldverschreibungen. In Malaysia existieren die Kapitalmarktsegmente neben der Kuala Lumpur Stock Exchange (KLSE), die Kuala Lumpur Options and Financial Fu-

---

[872] Interview Auslandsbank in Vietnam.
[873] Vgl. Brahm, L.J.: Vietnam: Banking and Finance [1995], S. 29-31.

tures Exchange (KLOFFE), sowie die Segmente der malaysischen Regierungs-schuldverschreibungen und der privaten Schuldverschreibungen.[874]

Die folgende Beurteilung der Leistungsfähigkeit der Finanzmärkte aus Sicht international tätiger Banken zielt auf die Beschreibung der Struktur der Unternehmungsfinanzierungen am lokalen Markt ab. Hierbei sind der Grad der Finanzintermediation, Art, Größe und Liquidität der Finanzmarktsegmente sowie die Möglichkeit der Teilnahme international tätiger Banken zu beurteilen. Die folgende Tabelle B/3-18 beschreibt die Leistungsfähigkeit der Banken- und Finanzmärkte in Singapur und Malaysia.[875]

---

[874] Vgl. Abbildung B/3-5 und Abbildung B/3-7 für die Struktur der Finanzsysteme.
[875] Vgl. Monetary Authority of Singapore: Annual Report 1998/99 [1999], S. 119; Monetary Authority of Singapore: Monthly Statistical Bulletin [2000], http://www.mas.gov.sg; International Federation of Stock Exchanges: Annual Report 1996 [1997]; International Federation of Stock Exchanges: Statistics [2000], http://www.fibv.com.fra. Vgl. Bank Negara Malaysia: Annual Report 1998 [1999], S. 290-291; Bank Negara Malaysia: Monthly Statistical Bulletin [2000], http://www.bnm.gov.my. Die Kreditausleihungen der Bankinstitutionen in Singapur und Malaysia umfassen die Ausleihungen der Commercial Banks, Finance Companies und Merchant Banks an Nicht-Bankkunden.

	Singapur				Malaysia			
Finanzierungen	1995	1996	1997	1998	1995	1996	1997	1998
Bankmarktfinanzierungen								
Kreditausleihungen Bankinstitutionen	109,0	127,0	143,2	151,6	251,9	332,9	421,2	413,5
Kreditwachstum (in %)	n.a.	16,5%	12,8%	5,9%	n.a.	32,2%	26,5%	-1,8%
Bankkredit/BIP (in %)	n.a.	98,5	101,4	107,4	115,2	133,3	152,0	n.a.
Kapitalmarktfinanzierungen								
Gesamtfinanzierung	15,9	15,6	16,5	17,3	19,8	31,8	33,5	17,7
Öffentlicher Sektor	10,4	10,1	6,6	11,5	0,0	1,3	-1,4	9,8
Privater Sektor	5,4	5,5	9,9	5,8	19,8	30,5	34,9	7,9
Gesamtemissionen Aktien	1,7	3,2	3,9	1,6	11,4	15,9	18,4	1,8
Schuldverschreibungen	3,8	2,3	6,0	4,2	8,4	14,5	16,6	6,3
Kapitalmarktsegmente								
Aktienmarkt								
Marktkapitalisierung	292,5	301,6	338,7	270,5	565,9	806,8	375,8	374,5
Marktkapitalisierung/BIP (in %)	n.a.	233,9	239,8	191,5	258,7	323,4	136,5	134,4
Handelsvolumen	97,4	88,9	114,3	98,6	178,9	463,3	408,6	115,2
Anzahl gelisteter Unternehmen	297	323	359	378	529	621	708	736
Schuldverschreibungen								
Marktwert	212,9	225,8	289,2	301,9	8,9	8,7	7,2	5,0
Handelsvolumen	5,6	4,0	5,8	1,5	0,94	0,7	2,6	0,5
Anzahl gelisteter Schuldverschreibungen	80	90	89	75	44	54	57	47

Tabelle B/3-18: **Indikatoren Bank- und Finanzmarktleistung in Singapur und Malaysia**[876]

Wie sich aus dem jeweiligen Gesamtvolumen an Kreditausleihungen der Banken und der Gesamtfinanzierung des privaten Sektors am Kapitalmarkt zeigen läßt, spielt der Kapitalmarkt zur Unternehmungsfinanzierung in beiden Ländern nur eine untergeordnete Rolle.[877] Die hohen Wachstumsraten bei den Kreditausleihungen haben insbesondere in Malaysia zu einer sehr hohen Intermediationsquote (Relation der Kre-

---

[876] Quelle: Eigene Darstellung. Alle Angaben in Mrd. S$ für Singapur und Mrd. RM für Malaysia, wenn keine andere Angabe erfolgt. Die Anzahl der gelisteten Unternehmen entspricht der Angabe.

[877] Über das Konstrukt der populären Kreditfinanzierung von Aktienkäufen in Malaysia kann zumindest teilweise auch der Aktienmarkt als kreditfinanziert betrachtet werden.

ditausleihungen/BIP) von 152% (1997) geführt.[878] Das Volumen an privat begebenen Schuldverschreibungen ist in beiden Ländern auf niedrigem Niveau, jedoch vor 1997 ebenfalls angestiegen. Darüber hinaus weisen die jeweils hohen Quoten der Relation von Marktkapitalisierung/BIP als Verhältnis des Kapitalmarktes zur realen Größe des zugrunde liegenden Marktes auf notwendige Maßnahmen zur Erhöhung der Anzahl gelisteter Unternehmungen hin.[879] Singapur und Malaysia waren Privatisierungen gegenüber schon in der Vergangenheit positiv eingestellt und haben große staatliche Unternehmungen bereits privatisiert. Darüber hinaus stellt sich insbesondere für Singapur die Notwendigkeit und die Möglichkeit, als internationales Finanzzentrum in der Region Südostasien zukünftig auch verstärkt ausländische Unternehmungen an der Börse zu notieren, da der lokale Markt an seine Grenzen stößt.[880]

Die lokalen Märkte für Schuldverschreibungen sind bei Betrachtung der Relation Marktwert zu Handelsvolumen in beiden Ländern als nahezu illiquide zu bezeichnen. Dies resultiert vornehmlich daraus, daß in **Singapur** die Regierung der größte Emittent von Schuldverschreibungen war, die bis zur Fälligkeit im Bestand von institutionellen Anlegern wie dem staatlichen Pensionsfonds CPF gehalten wurden. Von dem im Februar 1999 an 18 Finanzinstitutionen vergebenen Status, der diese zur Begleitung der Emission von Schuldverschreibungen lizensiert, sind 14 internationaler Herkunft, die die Emission und den Handel von Schuldverschreibungen in Singapur durchführen dürfen.[881]

Ausländische Banken dürfen bisher Beteiligungen in Höhe von bis zu 49% an Mitgliederinstitutionen der Singapore Exchange halten, um die Handelsfacilitäten der Börse zu nutzen, wobei hohe Qualitätsmaßstäbe an die ausländischen Anteilseigner gelegt werden.[882] Weitere ausländische Stock Broker sind bisher nicht für den Handel im Retailgeschäft zugelassen.[883] Die Monetary Authority of Singapore arbeitet derzeit an Vorschlägen für eine weitere Öffnung dieses Marktes für ausländische Stock Broking Unternehmen.[884]

---

[878] Der Grad an Finanzintermediation in Malaysia gehörte gemeinsam mit Thailand und Korea zu den höchsten in der Welt. Vgl. Delhaise, P.: Implosion [1998], S. 147.

[879] Insbesondere in Malaysia findet sich die Form eines ‚Populärkapitalismus', da die Vermögensumverteilung zugunsten der ethnischen Malayen sowohl durch den direkten Aktienerwerb als auch indirekt durch die Initiierung von speziellen Investmentfonds einen Großteil der Bevölkerung hat am Aktienmarkt teilhaben lassen. Vgl. Harrison, M.: Asia-Pacific [1994], S. 11-12.

[880] Vgl. Harrison, M.: Asia-Pacific [1994], S. 16-18.

[881] Vgl. Ong, C.: Hotting up [1999], http://www.business-times.asia1.com.sg; Monetary Authority of Singapore: Financial Industry – Bond Market [2000], http://www.mas.gov.sg. An den Status sind Steuererleichterungen für Gewinne aus dem Emissionsgeschäft gekoppelt.

[882] Im Wertpapiergeschäft sind insgesamt 77 Aktienhändler tätig, wovon 30 direkt an der SES als Mitglieder der SES (unter Beteiligung ausländischer Finanzinstitutionen) und 47 als Nicht-Mitglieder indirekt wiederum über die Mitgliedsfirmen handeln können. Vgl. Financial Times: Banking in Asia Pacific [1997], S. 286; Monetary Authority of Singapore: Directory of Financial Institutions [2000], http://www.mas.gov.sg.

[883] Vgl. o.V.: Singapore Exchange [1999], S. 35.

[884] Vgl. Monetary Authority of Singapore: Financial Sector Review [2000], http://www.mas.gov.sg.

Der öffentliche Sektor in **Malaysia** ist erst seit Mitte der neunziger Jahre nicht mehr der größte Emittent an Schuldverschreibungen, sondern ist von dem seit 1980 aktiven privaten Markt an Emissionen abgelöst worden. Die Relation Marktwert zu Handelsvolumen der gehandelten Schuldverschreibungen weist auf den hohen Grad an Illiquidität des Sekundärmarktes hin, der analog Singapur darauf zurückzuführen ist, daß Investoren die Wertpapiere bis zur Fälligkeit im Portfolio im Bestand halten. Analog einer für das Kreditgeschäft mit lokalen Unternehmungen beschriebenen Regel gilt auch im Emissionsgeschäft die 60:40 Regel zur Aufteilung des Geschäftsumfanges zwischen lokalen und ausländischen Banken im Markt. Oftmals nehmen ausländische Banken die aus Joint-Ventures von lokalen und ausländischen Anteilseignern entstandenen Merchant Banks als Partner in solche Emissionsgeschäfte auf. Darüber hinaus existiert für die ausländischen Banken für den Aktienhandel die Restriktion einer maximalen Beteiligungsquote in Höhe von 49% an Stock Broking Companies, die wiederum Mitglieder der KLSE oder KLOFFE sind.[885]

Um die aufgezeigten Entwicklungen zu erreichen sowie die Risikostreuung zwischen Bankenmarkt und Kapitalmarkt zu verbessern, sind in beiden Ländern Initiativen zur Förderung des Kapitalmarktes ergriffen worden. Die Regierungen und Aufsichtsbehörden in Singapur und Malaysia planen jeweils umfangreiche und ehrgeizige Entwicklungen für die einzelnen Finanzmarktsegmente, wobei in beiden Ländern die Entwicklung der Märkte für Schuldverschreibungen im Vordergrund steht. Malaysia verfolgt hierbei die Reduzierung kurzfristiger Finanzierungen und die Verbesserung der Risikoverteilung bei der Struktur der Unternehmungsfinanzierung zwischen Banken und Kapitalmarkt.[886] Hinzu kommt in beiden Märkten die Erhöhung der Tiefe und Breite der weiteren Finanzmarktsegmente durch die Zulassung neuer Finanzmarktprodukte. Singapur wird als etabliertes internationales Finanzzentrum diese Ziele jedoch nur erreichen können, wenn neben der konsequenten Umsetzung der Reformen und Liberalisierungsschritte insbesondere die wirtschaftlichen Rahmenbedingungen in der Region sich verbessern sowie die Regionalisierung der Wirtschaft Singapurs entsprechend der Planungen voranschreitet.[887]

Unter Berücksichtigung der im Nachfolgenden angeführten rechtlichen Grundlagen der Tätigkeit der ausländischen Banken bedeuten sowohl die Leistungslücken im Angebot der lokalen Banken als auch der Ausbau der Kapitalmärkte im Geschäft mit kapitalmarktfähigen lokalen Firmenkunden allgemein die Möglichkeit der Verbreiterung des bestehenden Leistungsprogrammes, da die traditionellen Kreditfinanzierun-

---

[885]   Vgl. Financial Times: Banking in Asia Pacific [1997], S. 200-203.
[886]   Vgl. Securities Commission: Malaysian Capital Market [2000], http://www.sc.com.my; Bank Negara Malaysia: Central Bank [1999], S. 38-39.
[887]   Vgl. Menkhoff, L. / Teufel, H.: Singapur als internationales Finanzzentrum [1995], S. 873. Die Fusion der Aktien- und Derivatebörsen SES und SIMEX ist Element der Strategie, so daß anstelle von Regulierungen mehr Wettbewerb zwischen den Stock Broking Companies entstehen soll. Vgl. o.V.: Singapore Exchange [1999], S. 35.

gen im Commercial Banking verstärkt um kapitalmarktbezogene Investment Banking Produkte ergänzt werden. Für den Umgang mit den lokalen Unternehmungen als Kunden der westlichen Banken stellt sich hieraus die Aufgabe, die Arbeitsweise des transaktionsorientierten Investment Bankings gemeinsam mit der Geschäftsphilosophie des beziehungsorientierten Commercial Banking in Einklang zu bringen, um die Zusammenarbeit mit lokalen Unternehmungen zu gestalten. Diese Schlußfolgerung ist vor dem Hintergrund der Zulässigkeit der Geschäftstätigkeit zu betrachten.

3.3.4 Status quo und Entwicklung der geschäftspolitischen Rahmenbedingungen für ausländische Banken in Singapur, Malaysia und Vietnam

Die Geschäftstätigkeit der ausländischen Banken in den untersuchten Ländern ist vorwiegend durch Maßnahmen zur Protektionierung der weniger entwickelten lokalen Finanzinstitutionen eingeschränkt. Vor dem Hintergrund der Vereinbarungen der General Agreements of Trade in Services haben sich die Staaten Singapur und Malaysia verpflichtet, den lokalen Markt für ausländische Anbieter von Finanzdienstleistungen zu öffnen. Die beiden Länder unterscheiden sich jedoch im Umfang der eingegangen Liberalisierungsverpflichtungen.[888] Der Darstellung der aktuellen Entwicklungen an den Bank- und Finanzmärkten als geschäftspolitische Kontextfaktoren für die Aktivitäten der ausländischen Banken in Singapur, Malaysia und Vietnam, werden im Folgenden die gesetzlichen Grundlagen der Geschäftstätigkeit der im weiteren betrachteten Geschäftsbanken vorangestellt.[889] Neben den in Kapitel 4.3.4.1 als marktprägende Teilnehmer und Interaktionspartner der ausländischen Banken darzustellenden Zentralbanken charakterisieren die gesetzlichen Rahmenbedingungen den jeweiligen Bankenmarkt.

3.3.4.1 Gesetzliche Grundlagen für die Geschäftstätigkeit ausländischer Banken

Die wichtigste Gesetzgrundlage für in **Singapur** tätige lokale und auch ausländische Banken ist der *Banking Act* von 1970 mit Ergänzungen von 1983 sowie einer Überarbeitung von 1993. Dieser formuliert die Überwachungsfunktion der Monetary Authority of Singapore und die aufsichtsrechtlichen Anforderungen wie die notwendige Kapitaladäquanz, Liquiditätsanforderungen sowie das Management des Kreditportfolios der Banken.[890] Zusätzlich definiert der Banking Act die mit der jeweiligen Banklizenz verbundenen möglichen Geschäftsaktivitäten der Banken, die in Verbindung mit Mitteilungen und Richtlinien vonseiten der MAS gesteuert werden.[891] In der

---

[888] Vgl. Barth, D.: WTO: Liberalisierung der Finanzdienstleistungen [1998], S. 103. Vietnam ist bisher kein Mitgliedsland der World Trade Organization (WTO).

[889] Die Bezeichnung Geschäftsbanken (Commercial Banks) ist an den Sprachgebrauch in den drei untersuchten Ländern angelehnt, hat aber keine Deckungsgleichheit mit den im Rahmen der Arbeit betrachteten Produkten im Commercial Banking.

[890] Vgl. Financial Times: Banking in Asia Pacific [1997], S. 275.

[891] Vgl. Ho, K.F. / Gerrard, P.: Practice & Law [1993], S. 6. Die Investment Banken unterliegen keiner Spezialgesetzgebung in Singapur, sondern den relevanten Bestimmungen des Companies Act

212

Praxis regelt die Monetary Authority of Singapore sowohl die Gründung als auch durch detaillierte Richtlinien die Geschäftstätigkeit dieser Institutsgruppe.[892] Grundsätzlich gibt es in Singapur keine Devisen- oder aber Kapitalverkehrskontrollen, die von den Banken beachtet werden müssen.

In **Malaysia** unterliegen die ausländischen Banken den Regeln des *Banking and Financial Institutions Act 1989 (BAFIA)* (mit Ergänzungen von 1996), des *Islamic Banking Act 1983* und des *Offshore Banking Act 1990*. Der *BAFIA* schließt die Gesetze für die Lizenzierung und die Regulierung der Geschäftsbanken, Finance Companies, Investment Banken sowie weiterer Finanzintermediäre wie Discount Houses und Geldhändler durch die Bank Negara Malaysia (BNM) ein.[893] Neben den Kapital- und Liquiditätsanforderungen existieren in Malaysia einerseits quantitative, andererseits auch qualitative Kreditkontrollen. Die quantitativen Kreditkontrollen beinhalten ein von der Regierung gemeinsam mit der Bank Negara Malaysia festgelegtes jährliches Kreditvolumen bzw. Kreditwachstumsziel. Die Banken sind aufgrund der krisenbedingten restriktiven Kreditpolitik aufgefordert worden, zur Stimulierung des gesamtwirtschaftlichen Wachstums (z.B. durch moral suasion, Aufrufe in der Presse) das angestrebte Mindestwachstum zu erreichen.[894] Die enge Verknüpfung von Politik und Bankenaufsicht zeigt sich in diesem Zusammenhang in den bspw. im August 1999 seitens der Regierung angekündigten Konsequenzen für das Management von (lokalen) Banken, wenn das angestrebte Kreditvolumen nicht erzielt wird.[895] Die qualitativen Kreditkontrollen beziehen sich auf die Auswahl der Kreditnehmer (Branchen, SME und kleine Unternehmungen, Bumiputra Sektor) im Rahmen des sog. ‚Priority Lending', das als Referenzgröße einen bestimmten Prozentsatz des gesamten Kreditvolumens einer in Malaysia tätigen Bank umfaßt.[896] Für die im internationalen Geschäft tätigen Banken existieren Kapitalverkehrs- und Devisenbestimmungen der Exchange Control Policy, die bei Einführung der Kapitalverkehrskontrollen verschärft worden sind.[897]

In **Vietnam** basiert die Geschäftstätigkeit der ausländischen Banken auf unterschiedlichen Rechtsgrundlagen, wobei die wichtigste Regelung das *Decree-Law on Credit*

1970. Die Finance Companies unterliegen den Regelungen des Finance Companies Act 1967 sowie Richtlinien, die von der Monetary Authority of Singapore herausgegeben werden. Vgl. Pang, J.: Banking & Finance – Singapore [1997], S. 24.

[892] Vgl. Sattelhak, G.: Struktur des Bankwesens in Singapore [1983], S. 16.

[893] Vgl. Pang, J.: Banking & Finance – Malaysia [1995], S. 23-26.

[894] Diese Kontrollen waren in den siebziger Jahren Instrumente zur Inflationssteuerung durch Festlegung von Obergrenzen.

[895] Vgl. o.V: CEOs may be replaced [1999], S. 12.

[896] Die BNM veröffentlicht einmal jährlich die Zielgruppen, denen der Zugang zu Kreditmitteln zu Sonderkonditionen gewährleistet werden soll. Vgl. Bank Negara Malaysia: Press Statement [1998], http://www.bnm.gov.my. Bei Verstoß gegen diese Regeln werden die Banken mit einer Geldstrafe belegt. Interview Auslandsbank in Malaysia.

[897] Vgl. Kapitel 3.2.3.3.

Institutions 1990 ist.[898] Ein komplettes gesetzliches Rahmenwerk mit eindeutigen Bestimmungen existiert soweit noch nicht, was die mangelnde Rechtssicherheit auch für ausländische Banken in Vietnam zum Ausdruck bringt. Das *Decree No. 13/1999/ND-CP* ist eine neue Rechtsgrundlage, die die Betätigung von ausländischen Kreditorganisationen in einer umfassenden Form regeln soll. Durch dieses Dekret behält sich die mit der Überwachung der Banken befaßte State Bank of Vietnam jedoch vor, in jeder Lizenz fallweise festzuschreiben, welche Geschäftsarten aus einem bestimmten Katalog von definierten 14 Geschäftsarten von der zu lizenzierenden Bank ausgeübt werden dürfen.[899] Die Vorgehensweise, daß jede Tätigkeit bzw. jedes Produkt oder Dienstleistung den ausländischen Banken ausdrücklich erlaubt werden muß, sowie die mangelnde Eindeutigkeit der relevanten Gesetze (teilweise Widerspruch, inhaltliche Überschneidungen) stellen wesentliche Hemmnisse der Entwicklung des Marktes dar.[900] Seitens der State Bank of Vietnam wird in den steuerlichen Vergünstigungen der ausländischen Banken im Vergleich zu lokalen Banken eine Kompensation für die Übernahme des erhöhten Risikos bei Geschäftstätigkeit im Land und die Grundlage für eine Expansion der Geschäftsaktivitäten gesehen.[901]

Die angeführten gesetzlichen Rahmenbedingungen zeigen die Heterogenität des Umfeldes im Umgang mit ausländischen Banken auf. Diese werden im Rahmen der Darstellung der Entwicklungen der Bank- und Finanzmärkte um die Geschäftsmöglichkeiten und die Präsenz ausländischer Banken nach Herkunftsregionen ergänzt.

3.3.4.2 Öffnung des lokalen Bankenmarktes in Singapur

Neben dem offenen internationalen Off-Shore Markt ist der lokale Bankenmarkt in Singapur bisher stark geschützt gewesen. Nach Aufbau der Präsenz ausländischer Banken sind ab 1971 sukzessive die Möglichkeiten für ausländische Banken hinsichtlich der Betätigung im lokalen Bankgeschäft anhand von verschiedenen Lizenzen reduziert worden. Als Lizenzarten für Geschäftsbanken existierten bisher die bis 1971 erteilten Voll-Lizenzen für die lokalen Banken und die vor 1971 gegründeten Auslandsbanken, die für zwischen 1971 und 1973 zugelassene Geschäftsbanken erteilten limitierten Lizenzen sowie die seit 1973 herausgegebenen Off-Shore-Lizenzen. Auf Basis einer Voll-Lizenz dürfen ausländische Banken alle Arten von Bankdienstleistungen für das Privat- und Firmenkundengeschäft anbieten. Sie sind jedoch im Hinblick auf die Anzahl an ATM (Automatic Teller Machines, mehrfunktio-

[898] Vgl. Price Waterhouse: Banking Regulations Asia Pacific [1993], S. 421-422. Die Lizenzierung der Auslandsbanken erfolgt durch die SBV in Einklang mit *Decree No 189-HDBT on the Regulation on Foreign Bank Branches and Joint Venture Banks* von 1991 sowie weiteren leitenden Circulars. Weitere Gesetzesgrundlage ist das *Law on Foreign Investment in Vietnam*, das *Decree-Law on the State Bank of Vietnam*, sowie die *Foreign Exchange Control Regulations*.
[899] Vgl.: o.V.: New Regulations [1999], S. 17.
[900] Vgl.: o.V.: What to expect from 1999? [1999], S. 43. Interview Auslandsbank in Vietnam.
[901] Vgl. Murray, G.: New Market [1997], S. 180.

nale Geldausgabeautomaten) und Filialen eingeschränkt. Auf Basis einer limitierten (restricted license) Lizenz sind die angebotenen Bankdienstleistungen durch Bestimmungen bezüglich der Refinanzierung am lokalen Markt, Beschränkung der Handelsaktivitäten auf einen Ort sowie der Limitierung der Filialen auf eine in Singapur eingegrenzt.[902] Off-shore-Lizenz-Banken konnten ursprünglich nur im Devisenhandel sowie über die ACU tätig werden. Nach einer sukzessiven Liberalisierung der Bestimmungen ab 1978 können die Off-Shore-Lizenz-Banken mittlerweile auch Kreditgeschäfte sowie weitere Geschäfte wie das Angebot von z.b. Kontokorrentkonten mit Gebietsansässigen im On-Shore Markt in Singapur tätigen. Die Rolle von Repräsentanzen umfaßt die Förderung der Handelsbeziehungen zwischen Singapur und dem Herkunftsland der durch die Repräsentanz vertretenen Bank, die Unterhaltung von Korrespondenzbankbeziehungen sowie die Sammlung und Verbreitung von allgemeinen Informationen zur Geschäftsförderung.[903] Ausnahmen von den Lizenzregeln sind die für Kolonialbanken existierenden sog. ‚grandfather rights‘, die sich z.B. in einer höheren Anzahl an Filialen und ATM als mit einer Voll-Lizenz für ausländische Geschäftsbanken verbunden ist, niederschlagen.[904]

Mit Ankündigung einer sukzessiven Liberalisierung des lokalen Marktes für ausländische Banken im Mai 1999 ist seitens der Regierung eine Forcierung der Fusionsaktivitäten unter den lokalen Geschäftsbanken sowie die Forderung nach einer Formierung von nur noch zwei lokalen Bankengruppen (von derzeit 5) offen ausgesprochen worden. Da die eine Gruppe von der marktdominierenden Development Bank of Singapore gestellt werden wird, stellt sich die Frage, welche der vier anderen großen Bankengruppen die Führungsrolle der zweiten Gruppe übernehmen kann.

Ziel des Maßnahmenpaketes der MAS ist es, die lokalen Banken auf den globalen Wettbewerb vorzubereiten, der durch die Öffnung des Marktes sowie die Erfüllung des GATS Abkommens unausweichlich ist. Die bisher seit Aufbau des Bankenmarktes vonstatten gegangene Entwicklung und Leistung der lokalen Banken ist lt. Meinung der Regierung nicht darauf zurückzuführen, daß die Banken ein ausgezeichnetes Management hatten. Der Seniorminister von Singapur hat die Banken im Mai 1999 eindringlich darauf hingewiesen, daß der Grund sei „... it's because I protected them, along with Koh Beng Seng".[905] Dieser Zeitraum des Protektionismus sei seitens der lokalen Banken für die Vorbereitung auf einen offenen Markt jedoch nicht ausreichend genutzt worden. Im internationalen Vergleich werden den lokalen Banken Defizite in den Bereichen der Technologie, Expertise, Umfang und Qualität des

---

[902] Vgl. Sattelhak, G.: Struktur des Bankwesens in Singapore [1983], S. 14-15. Die Banken dürfen keine Sparkonten führen und Festgelder nur ab Beträgen in Höhe von mindestens S$ 250.000 annehmen, so daß diese Banken bezüglich der Refinanzierung stark im Interbankengeschäft tätig sind.

[903] Vgl. Financial Times: Banking in Asia Pacific [1997], S. 274-275.

[904] Interviews Auslandsbanken in Singapur.

Kundenservices sowie Profitabilität für die Anteilseigner aufgezeigt. Wettbewerb anstelle von Protektion, sei nun der Weg zur Stärkung der lokalen Banken.[906] Der Druck auf die Banken zu kooperieren bzw. zu fusionieren wird ‚hinter den Kulissen' von Banken, Regierung und der MAS sehr viel höher eingeschätzt als offen am Markt erkennbar.[907]

Die Maßnahmen zur Öffnung und Stärkung des Bankenmarktes in Singapur umfassen die folgenden drei Bereiche:[908]

1. Durchführung eines 5-Jahres Liberalisierungsprogrammes

Dieses Programm erleichtert den Zugang ausländischer Banken im lokalen Markt für Retail Banking.[909] Die Schaffung einer neuen ‚Qualifiying Full Banks' (QFB) Lizenz bietet die Möglichkeit für sechs Auslandsbanken, weitere Filialen zu eröffnen und gesonderte ATM aufzustellen sowie unter den QFB Lizenzbanken die Schaffung von ATM-Netzwerken.[910] Die Anzahl an limitierten Lizenz-Banken wird von derzeit 13 auf 18 erhöht, wobei Off-Shore-Lizenz-Banken die Möglichkeit haben sollen, das lokale Firmenkundengeschäft auszuweiten, ohne sich im Retailmarkt zu engagieren. Für diese ‚Qualified Off-Shore'-Lizenz-Banken wird das maximale Kreditlimit von derzeit 300 Mio S$ auf 1 Mrd S$ erhöht sowie das Engagement in S$-Swaps ohne Verwendungsbestimmung ermöglicht. Analog zu Singapurs genereller Entwicklungsstrategie zielt Singapur auf eine diversifizierte Herkunftsstruktur der international tätigen Geschäftsbanken ab, da die Ansiedlung von weiteren internationalen Banken auf Basis hoher Qualitätsanforderungen beurteilt wird.[911]

2. Verbesserung der Qualität der Unternehmensführung

Die lokalen Banken sollen unterstützt werden, die Qualität der Unternehmensführung zu verbessern und hochqualifizierte Mitarbeiter für das Management zu gewinnen. Diese sind mit der notwendigen Autorität auszustatten, um professionelle Managemententscheidungen zu treffen und umsetzen zu können. Dies soll durch neu zu schaffende, sog. ‚Nominating Committees', gewährleistet werden, die auf Basis von Richtlinien, die die MAS veröffentlicht, arbeiten sollen.

---

[905] Lee Kuan Yew, zitiert bei Tan, A.: 'Headed down the Hill' [1999], S. 1. Koh Ben Seng ist der ehemalige stellvertretende Direktor der MAS.

[906] Vgl. Tan, A.: 'Headed down the Hill' [1999], S. 1; Monetary Authority of Singapore: Liberalising [1999], http://www.mas.gov.sg.

[907] Interview Auslandsbank in Singapur.

[908] Vgl. Monetary Authority of Singapore: Liberalising [1999], http://www.mas.gov.sg; Monetary Authority of Singapore: Press Conference [1999], http://www.mas.gov.sg.

[909] Die Monetary Authority of Singapore behält sich vor, konkrete Maßnahmen nur für die Jahre 1999-2001 anzukündigen und die Entwicklung des Marktes zu beobachten, bevor weitere Liberalisierungsmaßnahmen entschieden werden. Vgl. Monetary Authority of Singapore: Liberalising [1999], http://www.mas.gov.sg.

[910] Diese werden weiterhin nicht mit den ATM Netzwerken der lokalen Banken vernetzt.

[911] Vgl. Lee, S.-Y.: Monetary and Banking Development [1973], S. 96.

216

3. Abschaffung der Grenze für Beteiligungen ausländischer Anteilseigner an lokalen Banken

Die Beteiligung von ausländischen Anteilseignern an lokalen Banken wurde durch das Reformpaket insofern erleichtert, als daß die maximale Beteiligungshöhe für ausländische Investoren von 40% abgeschafft wird, bei einem angestrebten kumulierten Anteilsbesitz von 5%, 12% und 20% aber die Zustimmung der MAS erforderlich ist. Dies soll der Wahrung nationaler Interessen dienen sowie eine ungewollte Übernahme von lokalen Banken verhindern.

Die Einführung der Maßnahmen wurde von den ausländischen Banken begrüßt.[912] Allgemein werden die Maßnahmen jedoch nicht unbedingt als ausreichend und die Vorgehensweise der MAS als sehr vorsichtig bezeichnet – das Reformpaket wird eher als graduelle Öffnung des Bankenmarktes anstatt als ‚Big Bang' beurteilt.[913] In 1999 sind bereits vier der insgesamt sechs ‚Qualified Full Bank Licenses', vier von insgesamt acht neuen limitierten Lizenzen sowie acht ‚Qualified Offshore Bank' Lizenzen vergeben worden.[914]

Die folgende Tabelle B/3-19 zeigt die Präsenzstruktur ausländischer Geschäftsbanken nach Herkunftsregionen und in dieser Arbeit betrachteten Kulturkreisen in Singapur im Dezember 1999 unter Berücksichtigung der neu vergebenen Lizenzen auf.[915]

---

[912] Interviews Auslandsbanken in Singapur.

[913] Vgl. Ong, C.: Surprises [1999], S. 4; o.V.: Singapore's little bang [1999], S. 94.

[914] Vgl. o.V.: Monetary Authority of Singapore (MAS) announces 4 foreign banks [1999], S. 20; o.V.: Full-Bank Status to 4 Overseas Banks [1999], Reuters Business Briefing. Die weiteren vier Banken für die limitierten Lizenzen sind bereits ausgewählt und erhalten die Lizenz zum 01. Oktober 2000. Die verbleibenden zwei ‚Qualified Full Bank' Lizenzen werden im Januar 2001 noch einmal gesondert ausgeschrieben.

[915] Vgl. Monetary Authority of Singapore: Annual Report 1998/99 [1999], S. 119; Monetary Authority of Singapore: Directory of Financial Institutions [1998]; Monetary Authority of Singapore: Directory of Financial Institutions [2000], http://www.mas.gov.sg.

Ausländische Geschäftsbanken	Lizenzart der Filiale			Repräsentanz	Gesamt-präsenz
	Voll-Lizenz	Limitierte Lizenz	Off-Shore-Lizenz		
Geschäftsbanken aus westlichen Kulturkreisen	8	10	58	34	110
Europa	5 (3)	8	41	30	84
Nord-Amerika	3 (1)	2	12	3	20
Andere westliche Länder	–	–	5	1	6
Geschäftsbanken aus asiatischen Kulturkreisen	15	5	28	29	77
Japan	2	1	9	12	24
Andere asiatische Länder	13	4	19	17	53
Geschäftsbanken aus anderen Kulturkreisen	–	1	6	ca. 11	ca. 18
Gesamtanzahl	23	16	92	ca. 74	ca. 205

Tabelle B/3-19:   Präsenz ausländischer Geschäftsbanken in Singapur[916]

Hinsichtlich der Gesamtanzahl an Banken nehmen die Banken aus westlichen Kulturkreisen und hier insbesondere aus Europa im Vergleich zu asiatischen Kulturkreisen eine starke Position am Markt in Singapur ein. Diese Position bezieht sich jedoch vorwiegend auf die Off-Shore Lizenz Banken, während es unter den asiatischen Banken mehr Voll-Lizenz Banken gibt. Begünstigte der QFB Lizenzen waren westliche Geschäftsbanken, die das lokale Geschäft in Singapur weiter ausbauen wollen.[917]

3.3.4.3 Vorrang der Konsolidierung des Bankenmarktes in Malaysia vor Liberalisierung

In Malaysia ist seit 1978 keine On-Shore Lizenz mehr an ausländische Banken erteilt worden.[918] Auf Basis von On-Shore Lizenzen dürfen ausländische Banken unter Berücksichtigung von Einschränkungen[919] das Bankgeschäft im lokalen Markt ausüben. Seit 1990 werden jedoch parallel zur Entwicklung des IOFC Lizenzen für Off-Shore Banken herausgegeben, die vor allem das Geschäft in Fremdwährungen (inkl. An-

---

[916] Quelle: Eigene Darstellung.
[917] Vgl. o.V.: Full-Bank Status to 4 Overseas Banks [1999], Reuters Business Briefing.
[918] Vgl. Cheah, K.G.: Financial Institutions in Malaysia [1995], S. 123. Die Banklizenz wird durch das Finanzministerium durch die und auf Empfehlung von der Bank Negara Malaysia erteilt.
[919] Diese beziehen sich bspw. auf die Anzahl der Filialen, Angebot von eigenen bspw. Investmentfonds aus den Bankengruppen in Malaysia. Im Rahmen der angeführten Exchange Control Policy müssen von allen Kreditfazilitäten 60% mit lokalen Banken und maximal 40% mit ausländischen Banken getätigt werden. Vgl. Bank Negara Malaysia: Exchange Control Policy [1999], http://www.bnm.gov.my. Für die Abwicklung bedeutet dies für die ausländischen Banken als oftmals Hauptansprechpartner für ausländische Unternehmungen in Malaysia, daß zunächst Geschäftsvolumen verloren geht, durch die Vermittlung an lokale Banken und teilweise Übernahme von Garantien für die ausländischen Unternehmungen gegenüber den lokalen Banken jedoch weiteres Geschäftsvolumen generiert werden kann. Interview Auslandsbank in Malaysia.

nahme von Einlagen) von malaysischen Kunden abwickeln.[920] Nach einer Übergangsfrist sind alle Banken verpflichtet gewesen, diese Geschäfte tatsächlich von der Insel Labuan in Ostmalaysia aus abzuwickeln. Diese Konstellation erschwert insbesondere für die ausländischen Banken die Akquisition und Betreuung der oftmals in der Hauptstadt und wirtschaftlichem Zentrums Malaysias, Kuala Lumpur, ansässigen Kunden.[921] Aus diesem Grund ist es den Off-Shore Banken erlaubt, in Kuala Lumpur ein weiteres sog. Marketing Office mit max. vier Mitarbeitern zu unterhalten.[922] Seitens der Auslandsbanken wird dieses Marketing Office jedoch als Wettbewerbsverzerrung bzw. –benachteiligung im Vergleich zu den lokalen Banken angesehen. Für diese besteht die Möglichkeit, die Bürofazilitäten in die bestehenden Geschäftsräume in Kuala Lumpur zu integrieren und somit die Anzahl der tatsächlich für die Betreuung der Off-shore Geschäfte tätigen Mitarbeiter faktisch zu erhöhen.[923] Tabelle B/3-20 zeigt die Struktur der ausländischen Geschäftsbanken nach Herkunftsregionen und nach Präsenzform in Malaysia Ende 1999 auf.[924] In Malaysia dominieren die Banken aus westlichen Kulturkreisen die Gruppe der ausländischen Geschäftsbanken.

Ausländische Geschäftsbanken	Tochter-gesellschaft	Off-Shore-Filiale	Repräsentanz	Gesamt-präsenz
Geschäftsbanken aus westlichen Kulturkreisen	8	35	20	63
Europa	4	27 (1)	13	44
Nord-Amerika	4	7 (2)	3	14
Andere westliche Länder	–	1	4	5
Geschäftsbanken aus asiatischen Kulturkreisen	5	19	17	41
Japan	1	9	12	22
Andere asiatische Länder	4	10	5	19
Geschäftsbanken aus anderen Kulturkreisen	–	–	–	–
Gesamtanzahl	13	54	37	104

Tabelle B/3-20:   Präsenz ausländischer Geschäftsbanken in Malaysia[925]

---

[920] Vgl. Financial Times: Banking in Asia Pacific [1997], S. 189.
[921] Interviews Auslandsbanken in Malaysia.
[922] Vgl. Financial Times: Banking in Asia Pacific [1997], S. 189.
[923] Interview Auslandsbank in Malaysia.
[924] Vgl. Bank Negara Malaysia: Annual Report 1998 [1999], S. 278; The Association of Banks in Malaysia: Bankers Directory 1998 [1999]; Bank Negara Malaysia: List of Banking Institutions [2000], http://www.bnm.gov.my. Die Angaben in Klammern beziehen sich auf die Anzahl der Off-Shore Gesellschaften als Tochtergesellschaften der Geschäftsbanken.
[925] Quelle: Eigene Darstellung. Die Gesamtangaben zur Präsenzform umfassen Mehrfachnennungen der Institute; so sind ca. 42 Geschäftsbanken aus westlichen Kulturkreisen mit 63 Tochtergesellschaften, Off-Shore Filialen und Repräsentanzen in Malaysia vertreten.

Die in 1999 ergriffenen Maßnahmen zur Entwicklung des Marktes umfassen die Konsolidierung der lokalen Banken durch die Forcierung von Fusionen sowie verschiedene Aktivitäten, die in einem sog. ‚Banking Masterplan' zusammengefaßt worden sind.

Durch eine stärkere Kapitalisierung und die Schaffung finanzkräftigerer Banken soll der Bankenmarkt auf den weiter steigenden Konkurrenzdruck ausländischer Banken auf Basis des WTO-Abkommens zur Liberalisierung der Finanzdienstleistungen vorbereitet werden.[926] In Verbindung mit der Abänderung des ursprünglichen Fusionsplans ist im Herbst 1999 ein Banking Masterplan verabschiedet worden, der neben der Entwicklung des Devisen- und Geldmarktgeschäftes insbesondere die Förderung des Bankenmarktes mit Fokus auf das Off-Shore Bankgeschäft im IOFC fördernzum Inhalt hat. Als Einzelmaßnahmen werden angeführt:[927]

• Gewährung eines limitierten Zugangs zum Ringgit Kreditmarkt für Off-Shore Banken,

• Reduzierung der Anforderungen bei der Lizensierung neuer Off-Shore Banken,

• Eröffnung einer virtuellen Börse (Labuan International Financial Exchange - LIFE),

• Entwicklung eines globalen Netzwerkes für islamische Geldmärkte.

Besonders die ersten beiden Maßnahmen zeigen die vordringliche Notwendigkeit auf, für malaysische Unternehmungen neue Finanzierungsquellen zu erschließen, so daß die Gläubigerbanken diversifiziert sind und lokale Banken die Kreditnehmerlimite nicht überschreiten.[928] Es ist keine parallele Öffnung des Marktes für ausländische Banken geplant, da dies nicht als Lösung für die derzeitigen Probleme im Markt angesehen wird. Trotz der Verpflichtung Malaysias aufgrund des WTO Abkommens, den Markt zu öffnen, ist die generelle Haltung von Regierung und Bank Negara Malaysia, daß die Präsenz und die Marktanteile ausländischer Banken bzw. Anteilseigner für ein Land der Größe Malaysias bereits sehr stark sei und somit eine weitere Öffnung derzeit nicht erforderlich sei.[929] Die starke Marktposition ausländischer Banken ist allerdings nicht auf eine bisherige offene Politik zurückzuführen, sondern eine Folge der Kolonialzeit.[930] Es existieren lediglich einzelne Vorschläge im Eigeninteresse Malaysias als Insellösungen, die allerdings als kurzfristige Hilfsmittel zur Be-

---

[926] Vgl. Ford, M.: Financial Supermarkets [1997], S. 88.

[927] Vgl. Yap, L.K.: Blueprint for Labuan [1999], S. 1; o.V.: Banking sector Masterplan [1999], Reuters News Service.

[928] Interviews Auslandsbanken in Malaysia. Die Maßnahmen waren bereits im Sommer 1999 seitens der LOFSA mit Off-shore Banken diskutiert worden.

[929] So ist im November 1998 seitens der Regierung verkündet worden, daß eine Zulassung weiterer Banken nicht geplant sei. Vgl. o.V.: No plans [1998], S. 22.; siehe auch Nordin, M.F.: „Opening up" [1998], S. 25.

220

wältigung einzelner Problembereiche am Markt beurteilt werden können.[931] Es ist jedoch davon auszugehen, daß nach Abschluß und Umsetzung der Fusionen am lokalen Markt die Bereitschaft für langfristige Liberalisierungsmaßnahmen steigen wird.

3.3.4.4 Weiterhin limitierte Geschäftsaktivitäten für ausländische Banken in Vietnam

Nachdem seit 1989 wieder private Finanzinstitutionen in Vietnam zugelassen werden, können seit 1990 auch ausländische Banken wieder in Vietnam tätig werden.[932]
Diese dürfen in der Form von Filialen oder Joint-Venture Banken mit lokalen Banken
ein Leistungsprogramm von bis zu 14 Bankdienstleistungen anbieten. Repräsentanzen ausländischer Geschäftsbanken dürfen bis zu vier Geschäftsaktivitäten ausüben,
die Marktforschung sowie die Ausarbeitung von Investitionsprojekten ausländischer
Finanzinstitutionen umfassen.[933] Die folgende Tabelle B/3-21 zeigt die derzeitige
Struktur der Präsenz von Auslandsbanken in Vietnam auf, die von Banken aus westlichen Kulturkreisen dominiert wird.[934]

Ausländische Geschäftsbanken	Banken	Filialen	Repräsentanz	Joint-Venture Banken	Gesamt-präsenz
Geschäftsbanken aus westlichen Kulturkreisen	ca. 30	16	ca. 30	–	ca. 46
Europa	23	10	24	–	34
Nord-Amerika	5	4	5	–	9
Andere westliche Länder	2	2	1	–	3
Geschäftsbanken aus asiatischen Kulturkreisen	ca. 36	10	ca. 20	4	ca. 34
Japan	8	2	8	–	10
Andere asiatische Länder	27	9	12	4	25
Geschäftsbanken aus anderen Kulturkreisen	1	–	1	–	1
Gesamtanzahl	ca. 66	26	ca. 50	4	ca. 80

Tabelle B/3-21:   Präsenz ausländischer Geschäftsbanken in Vietnam[935]

---

[930] Vgl. Jayasankaran, S. / Silverman, G.: At your Service [1995], S. 57; Interview Auslandsbank in Singapur.
[931] Im Mai 1999 ist bspw. den 13 ausländischen Geschäftsbanken eine Erhöhung der Anzahl der Niederlassungen in Malaysia angeboten worden, wenn die Banken im Gegenzug Finance Companies in Verbindung mit deren Verbindlichkeiten kaufen würden. Dies wäre einer zaghaften Öffnung des Bankenmarktes gleichgekommen. Vgl. Ganesan, V.: Bank Negara's Offer [1999], S.1.
[932] Vgl. Kapitel 3.3.1.
[933] Vgl. o.V.: New Regulations [1999], S. 17.
[934] Vgl. State Bank of Vietnam: Brief Report [1998]; S. 4-5; ING Barings: Banking Review [1997]; o.V.: Banks [2000], http://www.vietnamnews.vnagency.com.vn; Reed Information Services: The Banker's Almanac [1997], S. 5940-5942. Darüber hinaus sind die Telefonbücher von Hanoi und Ho Chi Minh Stadt aus dem Jahr 1999 herangezogen worden.
[935] Quelle: Eigene Darstellung. Die erste Spalte gibt die Anzahl an Banken (Instituten) insgesamt an; die weiteren Spalten zeigen die im Land Vietnam vorhandenen Filialen, Repräsentanzen und Joint-Venture Banken dieser Institute auf.

Die Geschäftsmöglichkeiten der Filialen sind durch die Limitierung der lokalen Refinanzierung eingeschränkt. Die ausländischen Filialen dürfen nur bis zu 25% des eingezahlten Kapitals (15 Mio US$) in Form von Einlagen entgegennehmen. Hinzu kommt der Mangel an Eigentumsrechten sowie der allgemeinen Stellung von Sicherheiten. Für Grund und Boden, die im Eigentum des Staates sind, werden zwar Nutzungsrechte an Personen und Firmen vergeben, es ist aber nicht klar, ob diese als eindeutige Sicherheiten für Kredite mit entsprechenden Verwertungsrechten gestellt werden können.[936]

Zur Konsolidierung des lokalen Marktes wird über die Fusion von 30 städtischen Joint-Stock Banken in Hanoi und Ho Chi Minh Stadt nachgedacht, um die Wettbewerbsfähigkeit zu stärken.[937] Nach persönlicher Meinung eines Mitarbeiters der SBV dürfen aber auch die staatlichen Banken von diesem Prozeß der Restrukturierung nicht ausgenommen werden. Da dies aber große Institutionen sind, die aufgrund der Eigentümerstruktur mit entsprechender ‚politischer Sensibilität' zu behandeln sind, gestaltet sich die Umsetzung vorerst schwierig.

Als Hauptprobleme der Fusionen stellen sich jedoch die folgenden Themen heraus, die hemmend auf die Umsetzung dieser Programme wirken. Sie können jedoch für ausländische Banken von Bedeutung sein: Die Entstehung von ca. 2/3 der Joint-stock Banken resultierte aus der Bankenkrise von 1989 - 1991 mit einer ‚Aufwertung' von ehemaligen Kredit-Kooperativen, die durch die Krise schwer betroffen waren. Diese waren von Geschäftleuten geführt worden, die auch in den Joint-Stock Banken wiederum als Manager oder Eigentümer beteiligt sind, so daß die Umwandlung nichts an der Qualität der Banken bzw. der Führung der Banken verbessert hat. Ursache für diese, im nachhinein betrachtet, falsche Vorgehensweise der SBV ist das gleiche Problem, das sich heute für etwaig zu fusionierende Banken stellt: es gibt keine Erfahrung im Management von privaten Banken und es gibt keine Manager, die qualifiziert dafür sind, die Banken bei einer Restrukturierung zu begleiten. Einige Banken werden derzeit direkt von der SBV kontrolliert bzw. geführt.

Die Lösung für diese Situation zu finden, kann nach persönlicher Meinung eines Mitarbeiters der SBV als ein ‚doppeltes Dilemma' für die SBV und die Regierung beschrieben werden:

---

[936] Vgl. Teufel, H.: <u>Banken und Finanzmärkte in Vietnam</u> [1997], S. 80.

[937] Interview State Bank of Vietnam.

- Wenn zum Know-how Transfer sowie zur Einbringung von Kapital ausländische Banken als Investoren oder Anteileigner zugelassen würden, wäre dies in Kapitalkosten ausgedrückt günstiger für den Staat. Die sozialen Kosten wären jedoch sehr hoch, da die Einflußnahme auf mögliche Mitarbeiterentlassungen reduziert würde.[938] Aus diesem Grund werden die lokalen Banken trotz der desolaten Finanzlage nicht für bankrott erklärt. Aufgrund der Sensibilität der Geschichte der Bankenmärkte und dem möglichen entstehenden Vertrauensverlust in das Finanzsystem, der wiederum kritisch für das gesamte Land ist, wird der Versuch unternommen, den Bankenmarkt in seiner Struktur weitestgehend zu belassen.

- Auf die ausländischen Banken zwecks Investitionen im Land zuzugehen, kommt einer starken Öffnung des Finanzmarktes gleich, da ein 100% ausländisches Eigentum an Banken in Vietnam bisher nicht zugelassen ist. Vor allem würde dies aber bedeuten, daß bei dem Angebot einer Übernahme von lokalen Banken die ausländischen Banken einen Markteintritt mit einer Infrastruktur und breiten Produkt- und Geschäftsbasis hätten, die den bereits am Markt mit stark limitierten Geschäftsmöglichkeiten tätigen ausländischen Banken theoretisch ebenfalls zuzusprechen wäre.

Die SBV und die Regierung haben vereinzelte Schritte unternommen, um die Situation zu verbessern. Mitte Juni 1999 ist eine limitierte Beteiligungsmöglichkeit von maximal 20% für ausländische Investoren an lokalen vietnamesischen Unternehmungen angekündigt worden.[939] Dies geschah vor allem vor dem Hintergrund, Anreize für Investoren an dem Ende 1999 den Betrieb aufnehmenden Semi-Official Aktienmarkt zu schaffen, was eventuell auch ausländische Banken betreffen könnte. Darüber hinaus sind keine Lockerungen der Bestimmungen für ausländische Banken in Aussicht gestellt worden.

3.3.5 Implikationen für das Interkulturelle Management von westlichen Banken

Die drei Banken- und Finanzmärkte stellen sich als sehr heterogenes Branchenumfeld für die ausländischen Banken dar. Nicht nur der unterschiedliche Entwicklungsstand begründet Unterschiede zwischen den Ländern, sondern auch wirtschaftliche, politische und kulturelle Einflußfaktoren prägen eine jeweils marktspezifische Branchenkultur.

Im Rahmen der zulässigen Geschäftstätigkeit der ausländischen Banken lassen sich unter Berücksichtigung der Entwicklung und Struktur der Märkte, aber auch der internationalen Trends an Banken- und Finanzmärkten unterschiedliche Implikationen hinsichtlich der Betätigung der ausländischen Banken sowie der hiermit verbundenen Zusammenarbeit mit lokalen Kunden ableiten.

---

[938] Interview Auslandsbank in Vietnam.

- Die Rolle der ausländischen Banken am Markt bedeutet mit Bezug auf das existierende Leistungsangebot in den Ländern die Schließung der Leistungslücke, die sich vorwiegend auf Großkunden im lokalen Firmen- und Privatkundengeschäft bezieht.

- Der durch die Entwicklung der Kapitalmärkte bedingte Trend des verstärkten provisionsabhängigen Geschäftes bedeutet für die ausländischen Banken hochentwickelte Produkte im Investment Banking an die lokalen Kunden zu vertreiben. Hiermit ist eine intensive Zusammenarbeit mit den Kunden verbunden.

- Vor dem Hintergrund des möglichen Marktpotentials sowie eines kontinuierlich stärker werdenden Wettbewerbs bietet sich auch für ausländische Banken im Islamic Banking zusätzliches Marktpotential, das nicht nur im Firmen- und Retailkundengeschäft mit moslemischen Kunden ausgeschöpft werden kann. Die Finanzierungsmöglichkeiten im Islamic Banking stehen auch nicht-moslemischen Kunden zur Verfügung, die diese in Anspruch nehmen. Eine befragte lokale Bank in Malaysia hat bspw. ausländische Kunden aus Asien, die auf Basis von Islamic Banking Finanzierungen zu Konditionen abschließen konnten, die im konventionellen Geschäft nicht möglich gewesen wären.[940] Es ist jedoch zu berücksichtigen, inwieweit die moslemischen Kunden im Firmenkundengeschäft und im Private Banking die ausländischen – nicht-moslemischen – Banken als Geschäftspartner akzeptieren würden.

- Die Aufweichung der bisher traditionellen Grenzen zwischen Commercial Banking, Investment Banking, Versicherungen und Asset Management ist in Ansätzen auch in Singapur und Malaysia festzustellen. Die durch Fusionen entstehenden Finanzinstitute decken ein breites Leistungsprogramm ab. Diese Überlegungen führen auch dazu, daß die Diskussion über die Zukunft des Bankgeschäftes sich verstärkt zwischen den Extremen des universalen, traditionellen Bankgeschäftes und dem technologiegetriebenen, informationsproduzierenden und -verarbeitenden Spezialisten (nicht-traditionelles Bankgeschäft) abspielt.[941]

- **Singapur** und **Malaysia** erleben den historischen Prozeß der Marktbearbeitung über den Vertriebskanal der Zweigstelle bzw. Bankfiliale. In Malaysia wurden bis 1998 immer noch Zweigstellen eröffnet bzw. einige Zweigstellen verlagert; es ist jedoch davon auszugehen, daß die Zweigstellennetze der Geschäftsbanken und Finance Companies durch die Fusionen zusammengelegt und konsolidiert werden. Diese kostenintensive Infrastruktur wird derzeit von ausländischen Banken (mit mehreren Zweigstellen) und lokalen Banken vor allem in Malaysia aber auch in Singapur durch Automation in mehr Selbstbedienungsbereiche umgestellt.[942]

---

[939] Vgl. o.V.: Foreigners set limit [1999], http://www.vietnamnews.vnagency.com.vn.
[940] Interview lokale Bank in Malaysia.
[941] Vgl. Warg, M.: International Banking im Jahr 2020 [1994], S. 988-991.
[942] Interview lokale Bank in Singapur; Interviews lokale Banken in Malaysia. Es gibt verschiedene Formen von Zweigstellen mit Selbstbedienungseinrichtungen. Commercial Branches (groß, für al-

Dies ist vor allem für das Segment des Privatkundengeschäftes relevant, geht aber auch mit der Möglichkeit der Zusammenarbeit mit den lokalen Firmenkunden auf verstärkt elektronischer Basis einher. Der hohe Grad der Individualisierung der zukünftig durch ausländische Banken vertriebenen Produkte im lokalen Firmenkundengeschäft und Private Banking wird durch diese Entwicklung nicht tangiert, so daß die Bedeutung der Interaktion mit dem Kunden nicht reduziert wird.

- Diese technologischen Entwicklungen sind für Märkte in einem Entwicklungsstadium wie **Vietnam** interessant. Die derzeit gültigen rechtlichen Rahmenbedingungen für die Geschäftstätigkeit der ausländischen Banken sind durch die eingeschränkte Kapazität (Infrastruktur) sowie die Festlegung von Grenzen für das Einlagengeschäft mit Privatkunden darauf angewiesen, durch Automatisierung sowie die Einführung von Produkten, die nicht unter die gesetzlichen Beschränkungen fallen, den Marktanteil auszubauen.[943] Durch die Offenheit gegenüber der Informationstechnologie und deren Nutzung könnte allgemein der Aufbau von Zweigstellennetzen zumindest in städtischen Gegenden durch das Angebot von alternativen Vertriebskanälen zum Zweigstellennetz überdacht werden.[944] In der Entwicklung und Implementierung des Bankgeschäftes sind daher Entwicklungssprünge möglich.

Nachdem in diesem Kapitel das länder- und branchenspezifische Umfeld für international tätige Banken in Singapur, Malaysia und Vietnam dargestellt worden ist, werden im folgenden Kapitel 4 die in diesem Umfeld stattfindenden Interaktionen im Rahmen der Geschäftstätigkeit von Banken aus westlichen Kulturkreisen untersucht.

---

le Kundensegmente mit persönlicher Betreuung zzgl. ATMs), Small Branches (klein), In-Store-Branches (Servicecenter in z.B. Einkaufszentren), Stand-Alone-Branches (100% Selbstbedienung).

[943] Interviews Auslandsbanken in Vietnam.

[944] Bei einer Marktabdeckung von Telefonen in Höhe von 2% der Bevölkerung, (städtische Gebiete) sowie einer niedrigen Anzahl von Computern in privaten Haushalten und Unternehmungen kann durch die Schaffung von einem zentraliertem Zugang durch die Aufstellung von Computern mit Internet-Zugang in bspw. Postämtern ein wachsender Markt an Internet Banking Teilnehmern (unter Annahme der Schaffung der rechtlichen Rahmenbedingungen und Voraussetzungen) erreicht werden. Vgl. World Bank: World Development Indicators [1999], http://www.world-bank.org/data/-countrydata.

Teil C: Konzeptionierung eines interkulturellen Managementansatzes für westliche Banken in Singapur, Malaysia und Vietnam

4 Analyse und Beurteilung multikultureller Situationen bei der Geschäftstätigkeit westlicher Banken

Bei der Konzeptionierung der kulturorientierten Analyse von relevanten Umweltfaktoren einer international tätigen Bank ist eine zweistufige Vorgehensweise dargestellt worden.[945] Die im Kapitel 3 durchgeführten Analysen der externen Kontextfaktoren Rahmenbedingungen hatten zum Ziel, diejenigen Umwelteinflüsse zu beschreiben, die das Umfeld, insbesondere aber die Verhaltensweisen der Interaktionspartner (Aufgabenumwelt) der Banken in den untersuchten Ländern beeinflussen. Inhalt dieses Kapitels ist es, auf Basis einer Strukturierung der Aufgabenumwelt die Verhaltensweisen dieser Interaktionspartner in den drei Ländern bezüglich der konkreten Ausprägungen der zugrunde liegenden kulturellen Erklärungsgrößen in der Interaktion mit den untersuchten Banken aus westlichen Kulturkreisen zu analysieren. Darüber hinaus können weitere landesspezifische Aussagen zu den bankspezifischen Branchenkulturen getroffen werden, da zur vollständigen Beschreibung einer Branchenkultur die Charakterisierung der Marktteilnehmer erforderlich ist.

Ziel von Kapitel 4 ist es, unter Berücksichtigung der theoretischen Überlegungen in Kapitel 2 und der Analyseergebnisse aus Kapitel 3 zu einer Beurteilung der Bedeutung von Kultur in ihren Ausprägungen auf das Management westlicher Banken in den untersuchten Ländern zu gelangen. Gemäß dem Bezugsrahmen zur Entwicklung eines interkulturellen Managementansatzes[946] werden als Ergebnisse Erfolgsfaktoren für einen interkulturellen Managementansatz von Banken abgeleitet. Diese dienen als Anforderungen für die Ausgestaltung sowohl strategischer als auch operativer Maßnahmen in der Zentrale und in der Auslandsgesellschaft.

Grundlage dieser Überlegungen ist die themenorientierte Erfassung der interkulturellen Interaktionen, die zwischen den Auslandsgesellschaften der westlichen Banken und den Interaktionspartnern aus Singapur, Malaysia und Vietnam ablaufen. Diese Erfassung, Beschreibung und Beurteilung wird in den folgenden Schritten vorgenommen:

---

[945] Vgl. Kapitel 2.4.1.2.
[946] Vgl. Kapitel 2.3.

- Darstellung der strategischen Orientierungen im internationalen Bankgeschäft, der Präsenzstruktur in Südostasien sowie der Geschäftsaktivitäten der aus westlichen Kulturkreisen stammenden Banken in Singapur, Malaysia und Vietnam als Grundlage der Konkretisierung von relevantem Objektbereich und Interaktionspartnern (Kapitel 4.1),

- Beschreibung potentieller Konfliktbereiche bei der Interaktion von westlichen Banken und Interaktionspartnern aus den untersuchten Ländern als Erklärungsansätze interkultureller Probleme am Markt und in der Auslandsgesellschaft (Kapitel 4.2),

- Analyse von Interaktionsbeziehungen der Auslandsgesellschaft am länderspezifischen Markt in Verbindung mit der Charakterisierung der jeweiligen Interaktionspartner (Kapitel 4.3),

- Analyse von Interaktionsbeziehungen in der Auslandsgesellschaft zur Charakterisierung interkultureller Führungssituationen (Kapitel 4.4),

- Ableitung und Bestimmung interkultureller Erfolgsfaktoren für die westlichen Banken (Kapitel 4.5).

Im Folgenden wird zunächst eine Darstellung der strategischen Orientierungen im internationalen Bankgeschäft, der Präsenzstruktur in Südostasien und der Geschäftsaktivitäten der aus westlichen Kulturkreisen stammenden Banken in Singapur, Malaysia und Vietnam als Rahmen interkultureller Situationen gegeben.

4.1 Engagement westlicher Banken in Singapur, Malaysia und Vietnam

4.1.1 Strategische Grundausrichtungen westlicher Banken im internationalen Bankgeschäft

Die möglichen Idealformen strategischer Orientierungen im internationalen Bankgeschäft in Verbindung mit den jeweiligen implizierten Führungskonzepten sind als Grundlagen der internationalen Geschäftstätigkeit für das strategische Management dargestellt worden.[947] Diese sollen nun für die Banken aus westlichen Kulturkreisen in Tendenzaussagen konkretisiert werden. In der Übersicht in Tabelle C/4-1 sind auf Basis einer Studie die Mitte der neunziger Jahre vorherrschenden strategischen Grundorientierungen in Verbindung mit den Schwerpunktbereichen der Geschäftstätigkeit für Bankengruppen (Großbanken) aus westlichen Ländern zusammengestellt worden.[948] Diese Ausführungen wurden um Aussagen aus den Interviews ergänzt.

---

[947] Vgl. Kapitel 2.2.3.3.
[948] Vgl. hierzu und im Folgenden Bumbacher, U.: Internationale Wettbewerbsfähigkeit im Bankwesen [1994], S. 62-68, 70-74, 76-82.

Herkunftsregion nach Banktypen	Internationale Geschäftsstrategie	Strategische Grundorientierung
US-Amerikanische Commercial Banks		
• Typ Citibank	• Retail Banking • Wholesale Banking • Geschäftsschwerpunkt Emerging Markets	• Globales Basiskonzept mit notwendiger Individualisierung • Tendenziell globale Ausrichtung
• Typ J. P. Morgan	• Spezialisierung Großkunden- geschäft/Investment Banking mit Universalbankelementen	• Kombination von globalem/ multinationalem Basiskonzept
Britische Banken		
• Britische Großbanken	• Wholesale Banking • Private Banking	• Tendenziell multinational
• Kolonialbanken	• Wholesale Banking • Retail Banking • Geschäftsschwerpunkt ehemalige Kolonialstaaten/Emerging Markets	• Tendenziell multinational
Deutsche Banken		
• Deutsche Universalbanken	• Wholesale Banking (Firmen- und Privatkundengeschäft)	• Tendenziell zwischen multi- nationaler und globaler Ausrichtung
• Landesbanken	• Wholesale Banking (privat/ institutionell)	• Tendenziell zwischen internationaler und globaler Ausrichtung
Französische Banken		
• Französische Großbanken	• Wholesale Banking • Commercial Banking/ Investment Banking (teilweise spezialisiert) • Private Banking (privat/institutionell)	• Tendenziell hohe Stammhaus- bindung bei internationaler Ausrichtung
Niederländische Banken		
• ABN AMRO (Kolonialbank)	• Retail Banking • Wholesale Banking • Firmen- und Privatkundengeschäft	• Tendenziell multinational
Schweizer Banken		
• Schweizer Großbanken	• Commercial Banking • Investment Banking • Private Banking (privat/ institutionell) • Fokus Großkunden	• Tendenziell zwischen multi- nationaler und globaler Ausrichtung

Tabelle C/4-1: Strategische Orientierungen von Banken aus westlichen Ländern[949]

Die dargestellten Grundorientierungen bewegen sich zwischen multinationalen und globalen Strategien und hiermit einhergehenden Führungskonzepten im internationalen Geschäft. Als gemeinsamer Geschäftsschwerpunkt findet sich vorwiegend das Großkundengeschäft im Firmen- und Privatkundengeschäft (Wholesale Banking). Ei-

---

[949] Quelle: Eigene Darstellung.

ne Geschäftsstrategie im Bereich des Retail Banking ist insgesamt innerhalb dieser Bankengruppen nur vereinzelt wie bspw. bei den britischen Kolonialbanken, der niederländischen ABN AMRO Bank und der amerikanischen Citibank vorzufinden. Das Spektrum an strategischen Grundorientierungen einzelner Banken unterscheidet sich demzufolge auch für die einzelnen Geschäftssegmente: Die Citibank weist tendenziell eine globale Grundorientierung, die durch die Übertragung eines globalen Basiskonzeptes insbesondere im Retail Banking (Consumer Banking) forciert wird, sowie eine erforderliche Individualisierung in der Marktbearbeitung im Wholesale Banking auf. Die ehemaligen Kolonialbanken verfolgen im stark lokal orientierten Geschäft vorwiegend multinationale Geschäftsausrichtungen. Diese alternativen Vorgehensweisen treffen interessanterweise in den untersuchten Emerging Markets Südostasiens als Fokusregionen der angeführten Banken aufeinander. In den Emerging Markets kommen – allgemein gesprochen und durch die bisherigen Ausführungen zu den drei untersuchten Ländern auch teilweise belegt – wiederum andere strategische Anforderungen durch den Entwicklungsstand der Märkte und die hieraus resultierenden, von entwickelten Märkten abweichenden Kontextfaktoren, auf die westlichen Banken zu.[950]

Tendenziell findet gemäß der zitierten Studie bei den eher multinational/global ausgerichteten europäischen Bankengruppen ein Trend in Richtung einer verstärkten Integration und Kooperation auf globaler Ebene der Gesamtbankkonfiguration statt. Dies bezeichnet *Bumbacher* als transnationale Grundausrichtung, der jedoch insbesondere aufgrund der Eigenschaften des individuellen und beratungsintensiven Großkundengeschäftes Grenzen gesetzt sind hinsichtlich der Möglichkeit, über globale Standardisierungen Vorteile zu erringen.[951] In den im Jahr 1999 mit den westlichen Banken geführten Expertengesprächen ist dieses Bild der strategischen Grundorientierungen grundsätzlich bestätigt worden, wobei einige Banken für sich eine transnationale Ausrichtung der Strategie und somit auch Führungskonzeption in Anspruch nehmen.[952] Die Umsetzung der auf dieser Ausrichtung basierenden Geschäftsstrategien wird im Folgenden für die Positionierung der Banken in der Region bzw. in den untersuchten Ländern konkretisiert.

4.1.2 Regionale Konfiguration westlicher Banken in Südostasien

Eine Standortwahl im internationalen Bankgeschäft erfolgt unter den Aspekten der Markt- oder Strategiebezogenheit, wobei sich diese hinsichtlich der Identität von Standort und zu bearbeitendem Markt unterscheiden.[953]. Marktbezogene Standorte sind durch Identität von Standort und Markt gekennzeichnet. In diesem Fall hängt die Standortentscheidung unmittelbar mit der Definition der in diesem Markt zu bearbei-

---

[950] Vgl. Bumbacher, U.: Internationale Wettbewerbsfähigkeit im Bankwesen [1994], S. 66.
[951] Vgl. Bumbacher, U.: Internationale Wettbewerbsfähigkeit im Bankwesen [1994], S. 110-111.
[952] Interviews Auslandsbanken in Singapur, Malaysia und Vietnam.
[953] Vgl. Jacob, A.-F.: Wahl strategischer Standorte [1989], S. 9.

tenden Zielsegmente zusammen. Bei der strategiebezogenen Standortwahl sind die Motive in übergeordneten geschäftsstrategischen Ebenen zu finden.[954]

Die befragten westlichen Banken sind neben den Länderaktivitäten in der Region Südostasien mit einer regionalen Zentrale vertreten, die vorwiegend in Singapur angesiedelt ist. Vereinzelt haben die Banken jedoch auch eine für den gesamten asiatisch-pazifischen Raum verantwortliche Zentrale in Hongkong. Die meisten der befragten Auslandsgesellschaften berichten direkt an die je nach Organisationsstruktur Länder- oder Geschäftsbereichs-/Produktverantwortlichen an diesem sowohl markt- als auch strategiebezogenen, regionalen Standort. Die Standortentscheidungen in Malaysia und Vietnam sind vorwiegend auf den lokalen Markt ausgerichtet sowie als Elemente eines weltweiten Netzwerkes getroffen worden.[955]

Der strukturelle Aufbau der weltweiten Bankaktivitäten, die sog. Konfiguration, stellt die Verteilung der einzelnen Aktivitäten innerhalb der Wertschöpfungskette einer international tätigen Bank auf einzelne Länder dar. Die Entscheidung über die Streuung (jede Aktivität wird in jedem Land ausgeführt) oder aber Konzentration der bankbetrieblichen Aktivitäten auf bestimmte Standorte basiert auf der Einteilung der Wertschöpfungskette gemäß der Notwendigkeit, vorgelagerte Aktivitäten und unterstützende Maßnahmen nicht notwendigerweise an den Kundenstandort binden zu müssen, während nachgelagerte, stark auf die Kunden ausgerichtete Aktivitäten, geographisch nah beim Kunden anzusiedeln sind.[956] In Abhängigkeit vom Kontaktumfang mit dem Kunden für die Leistungserstellung wird zwischen Front-Room-Aktivitäten und Back-Room-Aktivitäten unterschieden. Front-Room-Aktivitäten (z.B. Beratungsgespräche) bedingen eine Gegenwart des Kunden bei der Leistungserstellung, Back-Room-Aktivitäten (z.B. Abwicklung des Zahlungsverkehres) hingegen nicht.[957] Diese Differenzierung impliziert organisatorische Gestaltungsmöglichkeiten, da Front-Room und Back-Room sich geographisch nicht an einem Ort befinden müssen. Eine entsprechende Zentralisierung von vorgelagerten und unterstützenden Aktivitäten – je nach Strategie – in einzelne Länder oder aber in regionale Zentralstellen kann daher unter Effizienzgesichtspunkten vorgenommen werden.

Auch für Front-Room-Aktivitäten ist eine fachliche Bündelung von Know-how in sog. regionalen oder weltweiten Kompetenzzentren unter Effizienzgesichtspunkten auf internationaler Basis sowie der Möglichkeiten zur Produktentwicklung sinnvoll. In Singapur sind bei der vorwiegend nach Geschäftsbereichen aufgestellten internationalen Organisation der westlichen Banken Kompetenzzentren in Produktbereichen des

---

[954] Vgl. Nägele, C.: Ergebnisorientierte Eigenkapital-Allokation [1992], S. 20-22.
[955] Interviews Auslandsbanken in Singapur, Malaysia und Vietnam.
[956] Vgl. Porter, M.E.: Wettbewerb auf globalen Märkten [1989], S. 25-31.
[957] Vgl. Mößlang, A.M.: Internationalisierung von Dienstleistungsunternehmen [1995], S. 226. Die Begriffe Back-Room und Back-Office werden im Folgenden synonym verwendet.

230

Firmenkundengeschäftes zentral für die Region angesiedelt.[958] Diese Spezialabteilungen werden im Bedarfsfall zur Unterstützung der Auslandsgesellschaften herangezogen. Dies gilt insbesondere, wenn ein einzelner Ländermarkt nicht ausreichendes, d.h. nicht kostendeckendes Potential für den Aufbau einer eigenen Produkteinheit im Rahmen der Geschäftstätigkeiten im jeweiligen Land bietet. Dies ist überwiegend für einzelne Produktbereiche im Corporate Banking (Investment Banking Produkte wie z.b. Structured Finance) aber auch für das Geschäftsfeld des Private Banking (z.b. Vermögensverwaltung) relevant.[959] Es bedeutet, daß diese beratungsintensiven Produkte im Großkundengeschäft mit hohen Individualisierungsanforderungen von Singapur aus in die unterschiedlichen Ländermärkte in der Region vertrieben werden. Dies setzt aufgrund der dargestellten kulturellen Heterogenität in der Region die Fähigkeit voraus, in verschiedenen Ländermärkten kulturadäquat handeln zu können.[960]

Bedingung für die reibungslose Abwicklung von ‚gestreuten' Prozeßaktivitäten ist die Übertragbarkeit der Leistungsbestandteile aus dem Back-Room durch Kommunikationsmittel oder Trägermedien sowie die Implementierung von geeigneten Koordinations- bzw. Integrationsmechanismen, die ähnliche bzw. verwandte Aktivitäten in verschiedenen Ländern koordinieren.[961] Dies geschieht durch eine weitestmögliche Zentralisierung von Back-Room-Aktivitäten in Singapur. Beschränkungen zur optimalen Nutzung des eingesetzten Kapitals in Sachinvestitionen wie z.b. EDV-Anlagen können allerdings gesetzlicher Art sein. So verlangt z.b. Malaysia aus Gründen der Sicherheit bei der Datenübertragung von den ansässigen ausländischen Banken, die Datenverarbeitung vollständig in Malaysia abzuwickeln.[962]

Bei der Ausrichtung der Wertschöpfungsketten der international tätigen Banken findet derzeit in den Heimatmärkten eine Zentralisierung von Back-Office-Aktivitäten statt, die teilweise sogar institutsübergreifend eingesetzt wird. So hat z.B. die Deutsche Bank 1999 die European Transaction Bank AG (e.t.b.) gegründet, die Transaktionen im Effekten- und Zahlungsverkehr institutsneutral bündeln und abwickeln kann. Die Commerzbank AG hat bisher den deutschen Zahlungsverkehr in sechs überregionalen ‚Zahlungsverkehrsfabriken' zusammengefaßt.[963] Analog wäre diese Abwicklung zur Schaffung von neuen Produkten aus bisherigen Back-Room Service-

---

[958] Interviews Auslandsbanken in Singapur, Malaysia und Vietnam.
[959] Die Zentralisierung von Aktivitäten gilt auch für spezifische im jeweiligen Land nicht zugelassene Geschäftsarten, wie bspw. das über Singapur abgewickelte Geschäft mit ‚up-market private customers' in Vietnam der französischen BNP. Vgl. Banque Nationale de Paris: <u>The BNP in Vietnam</u> [1999], http://www.bnp.fra. Es gibt keine Lizenzen für Private Banking in Vietnam.
[960] Dieser Aspekt wird im Verlauf der Arbeit weiter vertieft.
[961] Vgl. Kutschker, M. / Mößlang, A.M.: <u>Kooperationen als Mittel der Internationalisierung von Dienstleistungsunternehmen</u> [1996], S. 325-326; Porter, M.E.: <u>Wettbewerb auf globalen Märkten</u> [1989], S. 25-31.
[962] Interview Auslandsbank in Malaysia.
[963] Vgl. Deutsche Bank AG: <u>European Transaction Bank AG</u> [1999], http://www.deutsche-bank.de; Interview Auslandsbank in Singapur.

leistungen möglich. So können diese auch institutsübergreifend in Asien angeboten werden für andere internationale Banken, deren internationale Präsenz nicht mit dem internationalen Geschäftspotential einhergeht. Auf diese Weise können abwicklungs- und transaktionsbezogene Produkte dahingehend entwickelt werden, daß das existierende Netzwerk von Banken zur Abwicklung von bspw. Handelsfinanzierungen durch andere Banken genutzt wird. Kunde und somit Risikoträger für die anbietende Bank wäre somit nur die nachfragende Bank, die weiterhin das Geschäftsrisiko mit den Geschäftskunden trägt.[964] Dies bedeutet, daß nicht nur bankintern, sondern auch institutsübergreifend die Wertschöpfungskette derart gestaltet werden kann, daß die Dienstleistungen dort bzw. durch denjenigen Anbieter erbracht werden, wo sie am effizientesten hergestellt werden können.

4.1.3 Präsenz und Geschäftstätigkeiten westlicher Banken in den Ländern

Die Präsenz der westlichen Banken in Singapur, Malaysia und Vietnam ist hinsichtlich der wesentlichen Herkunftsländer der Banken in den jeweiligen Ländern in Tabelle C/4-2 dargestellt.[965]

---

[964] Interview Auslandsbank in Singapur.

[965] Vgl. Monetary Authority of Singapore: Annual Report 1998/99 [1999], S. 119; Monetary Authority of Singapore: Directory of Financial Institutions [1998]; Monetary Authority of Singapore: Directory of Financial Institutions [2000], http://www.mas.gov.sg; Bank Negara Malaysia: Annual Report 1998 [1999], S. 278; The Association of Banks in Malaysia: Bankers Directory 1998 [1999]; Bank Negara Malaysia: List of Banking Institutions [2000], http://www.bnm.gov.my; State Bank of Vietnam: Brief Report [1998], S. 4-5; ING Barings: Banking Review [1997]; o.V.: Banks [2000], http://-www.vietnamnews.vnagency.com.vn. Darüber hinaus sind die Telefonbücher von Hanoi und Ho Chi Minh Stadt aus dem Jahr 1999 herangezogen worden. Bei den Schweizer Banken sind in Singapur Doppelzählungen aufgrund verschiedener Tochtergesellschaften enthalten. Für die vollständigen Übersichten zur Präsenz der westlichen Banken siehe Anhang C.4.1 (Singapur), Anhang C.4.2 (Malaysia) und C.4.3 (Vietnam). Einige Banken konnten aufgrund der Informationslage Eigentümerstrukturen nicht eindeutig zugerechnet werden.

	Singapur	Malaysia	Vietnam
Deutschland	13	5	6
Frankreich	11	7	6
Großbritannien	10	7	3
Niederlande	6	3	3
Schweiz	15	3	–
Kanada	5	2	1
USA	15	8	4
Australien	5	3	2
Andere	30	4	5
Summe	110	ca. 42	ca. 30

Tabelle C/4-2: Präsenz westlicher Banken nach Herkunftsländern[966]

Singapur erfüllt für die meisten Banken die Funktion des ‚regional hubs' in der Region durch die Ansiedlung der regionalen Zentrale, von Tochtergesellschaften im Bereich von bspw. Asset Management sowie von Kompetenzzentren einzelner Produktbereiche. Dies ermöglicht die Abwicklung des internationalen, regionalen und lokalen Bankgeschäftes. In Malaysia sind die mehrheitlichen Standorte der Banken die Hauptstadt Kuala Lumpur und das IOFC auf Labuan vor Ostmalaysia.[967] Standorte der westlichen Banken in Vietnam für die Repräsentanzen und Filialen sind Hanoi und Ho Chi Minh Stadt. Unterschiede werden in Bezug auf die Art des Geschäftes bzw. der Industrie gemacht, mit denen die Banken in Vietnam zusammen arbeiten. Im Norden sind vorwiegend die Infrastruktur sowie die staatlichen Hauptentscheidungsträger, im Süden die Auslandsgesellschaften der international tätigen Unternehmungen sowie die konsumgutorientierten Industriezweige anzutreffen.[968]

Anhand ausgewählter westlicher Banken soll die derzeitige Geschäftstätigkeit in den unterschiedlichen Geschäftssegmenten in den Ländern in Tabelle C/4-4 dargestellt werden.

---

[966] Quelle: Eigene Darstellung. Die Zahlen korrespondieren mit den Angaben in Tabelle B/3-19, B/3-20 und B/3-21 zur Gesamtzahl der in den Ländern tätigen Institute aus westlichen Kulturkreisen.
[967] Vgl. Kapitel 3.3.2.3.2.
[968] Interview Auslandsbank in Vietnam.

Bank	Land	Geschäftssegmente
ANZ Bank (Australien)	• Singapur	• Commercial Banking (Wholesale) • Investment Banking • Private Banking
	• Malaysia	• Unterstützung über Repräsentanz • Beteiligung an Merchant Bank: Merchant Banking
	• Vietnam	• Corporate Banking/Interbankengeschäft (Trade Finance, Business Loans) • Personal Banking
HSBC Bank (UK)	• Singapur	• Corporate Banking, Traesury, Debt Capital Markets • Personal Banking
	• Malaysia	• Corporate Banking, Treasury, Capital Markets • Personal Banking inkl. Islamic Banking
	• Vietnam	• Corporate Banking (Handelsfinanzierung, Treasury) • Electronic Banking, ATM
BNP (Frankreich)	• Singapur	• Corporate Banking • Corporate Finance (Peregrine) • Private Banking
	• Malaysia	• Off-Shore Banking • Correspondent Banking
	• Vietnam	• Corporate Banking/Assistenz bei Abwicklungen
Citibank (USA)	• Singapur	• Corporate Banking • Consumer Banking/Private Banking
	• Malaysia	• Corporate Banking, Corporate Finance, Capital Markets (inkl SME) • Consumer Banking/Treasury, Private Banking • Islamic Banking (Corporate/Consumer)
	• Vietnam	• Corporate Banking (Trade Finance, Project Finance, Project Advisory, Cash Management)
ABN Amro (Niederlande)	• Singapur	• Corporate Banking • Consumer Banking • Private Banking
	• Malaysia	• Corporate Banking (inkl. SME)
	• Vietnam	• Corporate Banking
Deutsche Bank AG (Deutschland)	• Singapur	• Wholesale Banking • Betreuung Private Banking/Global Markets in der Region
	• Malaysia	• Corporate Banking • Private Banking (Beteiligung Merchant Bank/Stock Broker)
	• Vietnam	• Corporate Banking
Dresdner Bank AG	• Singapur	• Firmen- und Privatkundengeschäft • Interbankengeschäft
	• Malaysia	• Wholesale Banking (Off-Shore)
	• Vietnam	• Corporate Banking − Handelsfinanzierungen − Refinanzierung für lokale Banken − Vereinzelt langfristiges Kreditmanagement

Tabelle C/4-3: Geschäftstätigkeiten westlicher Banken in Singapur, Malaysia und Vietnam[969]

Auswahlkriterium für die angeführten Banken ist die Geschäftspräsenz in mindestens zwei der untersuchten Länder.[970] Durch die Betätigung der Banken in Emerging Mar-

---

[969] Quelle: Eigene Darstellung.

kets mit bisher extrem hohen Wachstumsraten sowie auch nach krisenbedingter Konsolidierung wiederum zu erwartenden hohen Wachstumsraten ist ein wichtiges Kriterium der westlichen Banken, neben der Betreuung der existierenden internationalen und lokalen Kunden, die Teilnahme am Geschäftspotential der Wachstumsregion Südostasien bzw. der Länder Singapur, Malaysia und Vietnam. Dieses zeigt sich in der Geschäftsidentifizierung nach Potentialmaßstäben gemäß der wirtschaftlichen Entwicklung durch die strategische Ausrichtung auf spezifische Kundensegmente bei den weltweit vorwiegend nach Geschäftssegmenten organisierten Banken. Es bedeutet konkret eine – auch krisenbedingte – Ausrichtung auf das eher provisions- als zinsabhängige Geschäft im Wholesale Banking sowie eine Fokussierung auf den entstehenden Mittelstand im Firmenkundengeschäft (z.b. SME, lokale Firmen mit Regionalisierungs- bzw. Internationalisierungspotential) und im Privatkundengeschäft (z.b. gehobene Privatkundschaft ab bestimmter Einkommensklassen).[971]

Die Aktivitäten westlicher Banken mit regionaler Präsenz in den Ländern unterscheiden sich hinsichtlich der Herkunftsländer erheblich. Es ergeben sich zwei grobe Rahmenstrategien der Marktbearbeitung und Markttiefe in den Kundensegmenten der westlichen Banken mit regionaler Präsenz: Zum einen die im Wholesale Banking (Firmen- und Privatkunden) aktiven Banken (z.B. Banque Nationale de Paris, Chase Manhattan Bank, Deutsche Bank) und zum anderen die im Wholesale Banking und Retail Banking, d.h. im Geschäft mit Großkunden und im Massengeschäft aktiven Banken (z.B. ABN Amro, Citibank, HSBC, Standard Chartered Bank).[972] Diese Unterteilung hat teilweise historische Gründe, da bspw. die britischen und niederländischen Banken in Singapur und Malaysia durch die engen wirtschaftlichen Verflechtungen der Kolonialzeit bedingt bereits Ende des 19. Jahrhunderts Niederlassungen

---

[970] Vgl. ANZ: Personal Banking Services in Vietnam [1997]; ANZ: Business Banking Services in Vietnam [1997]; Banque Nationale de Paris: The BNP in Singapore [1999], http://www.bnp.fra; Banque Nationale de Paris: The BNP in Vietnam [1999], http://www.bnp.fra; Citibank: Welcome to Citibank Malaysia [1999], http:www.citibank.com.my; Citibank: Welcome to Citibank Singapore [1999], http:www.citibank.com.my; o.V.: Citibank increasing lendings to SMIs [1999], S. 19; Deutsche Bank AG: Deutsche Bank in Malaysia [1999]; o.V.: Talk on Futures [1999], S. 5; Rohmund, S.: Erträge aus Asien [1997], S. 12; o.V.: Dresdner says cuts 72 Staff in Asia [1998], Reuters News Service; o.V.: Universal Banking [1999], S. 45-46; Granitsas, A.: On the Move [1998], S. 53; Wong, W.K.: ABN Amro - newest Consumer Bank [1999], S. 10; HSBC: Services in Vietnam, März [1999]; The Association of Banks in Malaysia: Bankers Directory 1998 [1999]; Monetary Authority of Singapore: Directory of Financial Institutions [2000], http://www.mas.gov.sg; Interviews Auslandsbanken in Singapur, Malaysia und Vietnam. Die Ausführungen und Informationen zu den ausgewählten westlichen Banken resultieren vorwiegend aus öffentlich zugänglichen Quellen wie Geschäftsberichten, Broschüren, web-sites und Artikeln in der lokalen und regionalen Presse in Südostasien. Die Auswahl der hier angegebenen Banken ist nicht deckungsgleich mit den im Rahmen der Expertengespräche befragten Banken. Aufgrund der den Gesprächspartnern zugesagten Anonymisierung der Angaben von den westlichen Banken zur strategischen Ausrichtung der eigenen Bank sowie der Kommentierung der Geschäftsstrategien anderer westlichen Banken werden die aus Expertengesprächen gewonnenen Aussagen in diesem Kapitel allgemein gehalten.

[971] Interviews Auslandsbanken in Singapur, Malaysia und Vietnam.

in den betrachteten Ländern gegründet haben, was zu guten Marktkenntnissen und zu Marktnähe führte.[973] Die HSBC Bank, die Standard Chartered Bank, die ABN AMRO Bank, aber auch die Citibank haben mehr als eine Filiale. Später in die Märkte eingetretene Banken konnten aufgrund der jeweils erteilten Lizenz nicht mehr in allen Geschäftssegmenten aktiv sein und haben in Singapur und Malaysia nur jeweils eine Filiale.

Aus diesen groben Aufteilungen resultiert auch die Wettbewerbspositionierung am jeweiligen Markt:

Die erste Gruppe definiert die Wettbewerber je nach Internationalisierungsgrad, globaler Marktstellung und Spezialisierungsgrad auf Produktfelder auf einer international/regionalen Ebene.[974] Die Marktabdeckung variiert unter den westlichen Banken erheblich, teilweise findet eine Spezialisierung auf Nischen aus dem Produktportfolio von im jeweiligen Heimatmarkt als Großbanken tätigen Banken statt. Diese kundenbezogene, globale Nischenpolitik bezieht sich in den meist nach Geschäftssegmenten organisierten Banken im Corporate Banking und Private Banking auf das Geschäft mit Großkunden.[975] Durch die stark globale Positionierung wird weltweit versucht, Standardisierungsvorteile über zentralisierte Aktivitäten zu erreichen, was eher der strategischen Ausrichtung in eine transnationale Richtung entspricht.

Die zweite Gruppe der Banken positioniert sich zusätzlich über die definierten Zielkundensegmente (Wholesale und Retail Banking) auch gegenüber den lokalen Banken und stellt sich in den lokalen Wettbewerb am Markt.[976] Die strategische Ausrichtung dieser zweiten Bankengruppe differiert jedoch auch aufgrund der weltweit konzipierten Rahmenstrategien in den untersuchten Ländern. Die britischen Banken, HSBC Bank und Standard Chartered Bank, agieren wie asiatische Banken in den geographischen Fokusregionen.[977] Die niederländische ABN AMRO Bank arbeitet an der Umsetzung ihrer weltweiten Universalbankstrategie und die Citibank wendet als globale Bank die Basiskonzepte in Emerging Markets an.

Die HSBC, die sich bisher als intra-asiatische Bank positioniert hat, hat 1999 sukzessive eine weltweite Markenstrategie umgesetzt und die zur Gruppe der Hongkong

---

[972] Zur Bildung von strategischen Gruppen im internationalen Bankgeschäft siehe auch Schmittmann, S.: Führung von internationalen Stützpunkten [1986], S. 25-26. Die Grenzen der Rahmenstrategien sind jedoch nicht überschneidungsfrei.

[973] Vgl. Kapitel 3.3.1.

[974] Interviews Auslandsbanken in Singapur, Malaysia und Vietnam.

[975] Interviews Auslandsbanken in Singapur, Malaysia und Vietnam.

[976] Interviews Auslandsbanken in Singapur und Malaysia. Durch die Einschränkungen im Retail Banking für die Auslandsbanken in Vietnam findet eine solche Positionierung hier noch nicht statt.

[977] Vgl. Nguyen-Khac, T.Q.: Wachstumsregion Asien [1995], S. 472. Die HSBC hat erst 1991 den Firmensitz von Hongkong nach Großbritannien verlegt. Aufgrund dieses rechtlichen Status sowie der Managementstruktur der Bank wird die Bank in dieser Arbeit bzgl. der Herkunft als britisch bezeichnet.

236

Shanghai Banking Corporation gehörenden Gesellschaften (z. B. die britische Mid-
land Bank) unter dem Namen HSBC mit weltweit einheitlichem Logo zusammenge-
fasst; gleichzeitig wurden einige weltweite Standardisierungen eingeleitet.[978] Hieraus
läßt sich eine leicht abweichendeTendenz von einer entlang der Länder in der Region aufgestellten dezentralen Organisationsstruktur mit einer multinationalen Strategie
erkennen.[979] Zudem ergänzt die Bank den bisherigen Geschäftsschwerpunkt Corporate Banking und Trade Finance um ein verstärktes Engagement im gehobenen Privatkundengeschäft (inklusive Kreditkartengeschäft), um am erwarteten Wachstum
des Segmentes des städtischen Mittelstandes in Singapur und Malaysia teilzuhaben.[980]

Die niederländische ABN AMRO Bank positioniert sich weltweit als globale Universalbank mit multinationalem Charakter, wobei jedoch neben einer Konsolidierung der
Gesamtbank im Bereich der Informationstechnologie sowohl eine globale Vernetzung
als auch eine einheitliche Plattform standardisiert werden.[981] Für den Aufbau eines
für Commercial Banking, Investment Banking und Retail Banking erforderlichen
weltweiten Netzwerkes hat die Bank durch die Krise die vorherrschende Strategie
des Eigenaufbaus des weltweiten Retail Banking Netzes zusätzlich um eine selektive
Akquisitionsstrategie erweitert.[982] So hat die ABN AMRO Bank im Mai 1999 den Ge-
schäftszweig des Retail Banking der Bank of Amerika in Singapur, Indien und Taiwan
erworben.[983] Durch die Zuteilung der ‚Qualifying Bank‘ Lizenz in Singapur kann das
Privatkundengeschäft weiter ausgebaut werden, wobei die Bank sich hier auf wenige
Geschäftsbereiche wie bspw. die Kraftfahrzeugfinanzierung oder das private Immobi-
lienkreditgeschäft spezialisieren will.[984] Eine analoge Strategie ist auch für den Markt
in Malaysia angekündigt worden.[985]

Die Geschäftsstrategie der amerikanischen Citibank im lokalen Privatkundengeschäft
gestaltet sich in der Art, daß unter Anwendung des Globalkonzeptes auf das Privatkundengeschäft in den südostasiatischen Ländern sich die Citibank als ‚premium‘
Bank in den lokalen Märkten gegenüber den lokalen Banken positioniert. Der Markteintritt basiert auf einer aggressiven Markenstrategie sowie dem Kreditkartengeschäft, das in den Ländern ein weiterhin großes Potential hat,[986] worüber eine entsprechende Penetration im Privatkundengeschäft erfolgt. Im Firmenkundengeschäft

---

[978] Vgl. HSBC: HSBC to establish Global Brand [1998], http://www.hsbc.com.
[979] Vgl. Leung, J.: Hongkong Bank extends Personal Touch [1997], S. 27.
[980] Vgl. HSBC: Annual Report 1998 [1999], S. 16-17; o.V.: Playing Catch-Up [1997], S. 88; Leung, J.:
       Hongkong Bank extends Personal Touch [1997], S. 24-25.
[981] Vgl. o.V.: Universal Banking [1999], S. 45-46. Siehe auch Granitsas, A.: On the Move [1998], S.
       53.
[982] Vgl. o.V.: Universal Banking [1999], S. 47.
[983] Vgl. Wong, W.K.: ABN Amro – newest Consumer Bank [1999], S. 10.
[984] Vgl. o.V.: Universal Banking [1999], S. 45.
[985] Vgl. o.V.: ABN Amro to play bigger Role in Consumer Banking [1999], http://www.nstpi.com.my.
[986] So plant die Citibank ein analoges Konzept für Vietnam. Vgl. Tra, M.: Citibank [1996], S. 13. Sie-
       he auch Bumbacher, U.: Internationale Wettbewerbsfähigkeit im Bankwesen [1994], S. 65.

mit großen lokalen Kunden wird hingegen eine Kombination aus lokalem Bekenntnis und internationaler ‚best practice' angewandt.[987] Gemäß der Strategie, am Wachstum der Emerging Markets teilzuhaben, kommt in Malaysia seit 1999 eine Fokussierung auf das Firmenkundengeschäft im Segment der SME hinzu.[988]

Aus den dargestellten Rahmenstrategien sowie den Beispielbanken resultieren sehr unterschiedliche Marktauftritte der westlichen Banken in den untersuchten Ländern. Die Zielkundensegmente der westlichen Geschäftsbanken sowie auch weiterer in den Ländern bzw. in der Region aktiven Privatbanken unterscheiden sich entsprechend der strategischen Ausrichtung und der rechtlichen Rahmenbedingungen in den Ländern im Firmenkunden- und im Privatkundengeschäft.

Gemeinsam ist den Banken, daß das Geschäft mit internationalen (nicht lokalen) Kunden nicht ausreicht für eine profitable Geschäftstätigkeit, so daß alle Banken lokale Kunden zu ihren Zielkunden zählen. Die Struktur der Kundenportfolios weist daher Anteile lokaler Kunden der vorwiegend im Wholesale Banking tätigen westlichen Banken in Singapur von bis zu 85% auf. Im Segment der SME tätige Banken haben in Malaysia einen Anteil von 60% an SME an ihrem Firmenkundenportfolio aufgeführt. In Vietnam ist der Anteil der lokalen Kunden geringer; es werden bei den mit Filiallizenz ausgestatteten Banken Anteile von ca. 30-40% lokalem Geschäft genannt.[989]

Die Darstellungen zeigen das Spektrum an strategischen Ausrichtungen der westlichen Banken sowie die wettbewerbsstrategischen Positionierungen am Markt auf. Es erscheint offensichtlich, daß die Kolonialbanken durch die Dauer des jeweiligen Engagements, die Tiefe der Marktbearbeitung sowie der hieraus resultierenden Marktkenntnisse Wettbewerbsvorteile gegenüber den ‚späten' Auslandsbanken[990] erzielen können.

Die Frage der strategischen Orientierung in Bezug auf die Organisation und Führung der westlichen Bank, aber auch hinsichtlich der Strategie der Marktbearbeitung in den untersuchten Ländern berührt bei der Dimensionierung der lokalen Anpassung durch multinationale oder aber auch transnationale Ausrichtungen immer die Thematik der bei Ausübung der Geschäftstätigkeit existierenden Mehrfachkulturen der international tätigen (westlichen) Banken.[991] Auf Basis der Forschung zum interkulturellen Management kann davon ausgegangen werden, daß die Behauptung, interkul-

---

[987] Vgl. Sender, H.: The Citibank Model [1999], S. 50.

[988] Vgl. o.V.: Citibank increasing lendings to SMIs [1999], S. 19. Die Citibank war bereits vor einigen Jahren in diesem Marktsegment in Malaysia aktiv und hatte sich gemäß der damaligen Gesamtbankstrategie aus dem Markt zurückgezogen. Interview lokale Bank in Malaysia.

[989] Interviews Auslandsbanken in Singapur, Malaysia und Vietnam.

[990] Vgl. Kapitel 3.3.1.

[991] Vgl. Bumbacher, U.: Internationale Wettbewerbsfähigkeit im Bankwesen [1994], S. 113.

238

turelle Interaktion sei durch erhöhte Komplexität und mit entsprechenden Problemstellungen durch die Konfrontation unterschiedlicher Interaktionspartner aus unterschiedlicher kultureller Zugehörigkeit gekennzeichnet,[992] auch für das internationale
Bankgeschäft gültig ist. Die Banken sehen sich insbesondere fremdkulturellen Kunden und Mitarbeitern, aber auch unterschiedlichen bankspezifischen Kulturen gegenüber, die für ein erfolgreiches Bankgeschäft der Berücksichtigung im Rahmen
des interkulturellen Managements bedürfen. Aus diesem Grund wird im Folgenden
die Vorgehensweise zur Analyse der Interaktionen mit diesen Interaktionspartnern
weiter konkretisiert.

4.1.4 Eingrenzung des Objektbereiches und Auswahl der relevanten Interak-
tionspartner

Zur Gewinnung von Erkenntnissen sowohl über Problembereiche als auch Gestal-
tungsansätze im Umgang mit der Multikulturalität im externen und internen Kontext
der Auslandsgesellschaft ist in dieser Arbeit die Perspektive der Auslandsgesellschaften eingenommen worden. In überwiegend mit dem Management der Auslandsgesellschaften geführten Expertengesprächen wurde die Einordnung der Problembereiche sowie die Überprüfung der bislang in den vorangegangen Kapiteln 2
und 3 aufgestellten Implikationen für einen interkulturellen Managementansatz vorgenommen.

In den Expertengesprächen haben sich die folgenden Hauptbereiche mit relevanten
interkulturellen Managementthemen ergeben (Abbildung C/4-1).

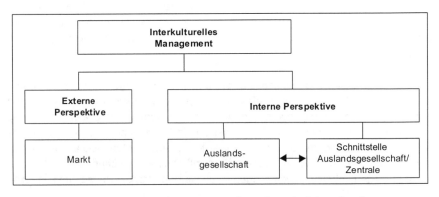

| Abbildung C/4-1: | Interkulturelle Managementdimensionen im internationalen
Bankgeschäft[993] |

---

[992] Vgl. Stüdlein, Y.: <u>Management von Kulturunterschieden</u> [1997], S. 91-92.
[993] Quelle: Eigene Darstellung.

Die Unterteilung in bankexterne (Markt) und bankinterne Perspektive ist aus der Sicht des Managements der Auslandsgesellschaften getroffen worden. Die interne Perspektive ist noch einmal in Auslandsgesellschaft selber und Schnittstelle Zentrale/Auslandsgesellschaft untergliedert worden. Dies bedeutet, daß kulturelle Faktoren nicht nur im direkten Umgang mit fremden Kulturen im Land, sondern indirekt auch durch die innerbetriebliche Vermittlung von kulturellen Aspekten zwischen Auslandsgesellschaft und Zentrale – sog. ‚Management teaching‘ – relevant sind.[994] Da jedoch die konkrete fremdkulturelle Interaktion in den untersuchten Ländern Gegenstand der Arbeit ist, werden im Folgenden lediglich die externe und interne Perspektive der Auslandsgesellschaft untersucht.[995]

Bei Einnahme einer solchen Perspektive kann aus forschungstheoretischer Sicht eintreten, daß die Auslandsgesellschaften in ihrer Beurteilung der hier interkulturellen Fragestellungen eine mögliche Anspruchsposition gegenüber der interkulturellen, betriebswirtschaftlichen Forschung einnehmen. Es ist nachzuvollziehen, daß der Standpunkt des Managements vor Ort vorwiegend einen Anspruch an die Forschung hinsichtlich der Steigerung der Problemlösungskompetenz im lokalen Umfeld stellt.[996] Somit ist hinsichtlich der leitenden Forschungsfragen abzuwägen, ob die Auslandsgesellschaften und/oder die Zentrale die adäquaten Informationsquellen sind. Gegenstand dieser Arbeit ist jedoch die konkrete Untersuchung des Handlungskontextes der Auslandsgesellschaften, da diese die für die Themenstellung dieser Arbeit relevante *interkulturelle Erfahrung* aufweisen. Erst im Anschluß an diese Analyse werden die für die Gesamtbank (Zentrale und Auslandsgesellschaften) relevanten Schlußfolgerungen gezogen und Handlungsempfehlungen abgeleitet. Aufgrund dieser Vorgehensweise sind die Expertengespräche nur mit Vertretern der Auslandsgesellschaften von westlichen Banken in Singapur, Malaysia und Vietnam geführt worden.[997]

Durch die Betrachtung von Außen- und Innenbeziehungen der westlichen Banken im Rahmen der Aufgabenanalyse stellt diese Arbeit auf Management- und Marketingaspekte ab. Diese zusammenfassende Bearbeitung resultiert daraus, daß entsprechend der vorgenommenen Trennung von globaler Umwelt und Aufgabenumwelt die kulturellen Rahmenfaktoren für einen interkulturellen Untersuchungsansatz sowohl

---

[994] Interviews Auslandsgesellschaften in Singapur, Malaysia und Vietnam.
[995] Im Rahmen der Gestaltung interkultureller Maßnahmen werden die hier auftretenden interkulturellen Problembereiche indirekt mit berücksichtigt.
[996] Weitere Anspruchspositionen nehmen die Zentrale (Sichtweise Stammhaus) sowie Externe (Sichtweise Politik, Administration, allgemeine Öffentlichkeit) ein. Vgl. Holzmüller, H.H.: <u>Konzeptionelle und methodische Probleme</u> [1995], S. 41-44. Während die Zentrale an Fragen der Übertragbarkeit von Managementtechniken und Schaffung von Problemlösungen auf globaler Basis interessiert ist, sind für Externe weitestgehend die gesellschaftlichen Auswirkungen von internationalen Unternehmensaktivitäten von Bedeutung.
[997] Siehe zur Problematik von Befragungen der Zentralen und der Auslandsgesellschaften von international tätigen Unternehmen auch Wolf, J.: <u>Internationales Personalmanagement</u> [1994], S. 102-103.

240

für die Verhaltensweisen am Markt als auch für die Verhaltensweisen innerhalb der Auslandsgesellschaft relevant sind.[998] Dies gilt gemäß der funktionalen Verwendung des Managementbegriffes zum einen für die unternehmungsinternen Aspekte der Führung, zum anderen für die hinzukommenden Aufgabenstellungen im Marketing zur Gestaltung der Außenbeziehungen.

Für die konkrete Analyse sind im Folgenden die branchenrelevanten Interaktionspartner von international tätigen Banken festzulegen.[999] Für die Strukturanalyse von Branchen werden als wesentliche marktbestimmende Teilnehmer neben den bestehenden und potentiellen neuen Wettbewerbern, die Abnehmer, die Lieferanten sowie die Anbieter von Ersatzprodukten und –diensten aufgeführt.[1000] Übertragen auf die Bankenbranche sind die Kunden sowie die Wettbewerber die wesentlichen Marktteilnehmer, mit denen die Banken in unmittelbarer Interaktion am Markt stehen.[1001] Diese sollen als direkte Interaktionspartner der Auslandsgesellschaften bezeichnet werden. Darüber hinaus werden als weitere, indirekte externe Interaktionspartner die Zentralbanken als aufsichtsrechtliche Institutionen und die Öffentlichkeit am Markt betrachtet. Die Zentralbanken prägen durch ihren Marktauftritt, Erwartungen und Verhaltensweisen wesentlich die Branchenkultur in den Ländern, sind aber nicht unmittelbar in Geschäftsaktivitäten involviert.[1002]

Der externen Managementperspektive werden in dieser Arbeit als direkt für die Geschäftstätigkeit der Banken relevante Interaktionspartner die lokalen Kunden (vorwiegend Wholesale) aus den Segmenten Firmenkundengeschäft und Private Banking zugeordnet.[1003] Als interne Interaktionspartner der Auslandsgesellschaft werden die lokalen Mitarbeiter betrachtet, wobei sich unter Führungsaspekten der Auslandsgesellschaft auch die Interaktion dieser lokalen Mitarbeiter mit Mitarbeitern aus anderen Ländern bzw. Kulturkreisen ergibt.

Die Analyse der Beziehungen zwischen den westlichen Banken und den Interaktionspartnern erfolgt problemorientiert und wird – bspw. unter Verwendung von Ergeb-

---

[998] Vgl. Holzmüller, H.H.: Konzeptionelle und methodische Probleme [1995], S. 17-18.

[999] In der Literatur findet sich lediglich eine Aufzählung möglicher externer Interaktionspartner, die zum einen nicht abschließend und um anderen nicht branchenspezifisch ist. Vgl. Dülfer, E.: Internationales Management in unterschiedlichen Kulturbereichen [1996], S. 209-210.

[1000] Vgl. Porter, M.E.: Wettbewerbsstrategie [1995], S. 25-56. Siehe hierzu auch kritisch Popp, S.: Multinationale Banken [1996], S. 149.

[1001] Die Kunden aus verschiedenen Segmenten stellen gleichzeitig die Lieferanten der Banken dar, da u.a. diese durch die Nutzung von Passivprodukten die Refinanzierung der Bank ermöglichen. Hinzu kommt, daß aufgrund der Homogenität der einzelnen Bankprodukte nicht durch Ersatzprodukte oder -dienstleistungen marktbeeinflussende Tendenzen, sondern durch den Marktauftritt von Non- und Near-Banks, die wiederum den Wettbewerbern zuzurechnen sind, die Wettbewerbsintensität erhöht wird.

[1002] Vgl. auch Popp, S. Multinationale Banken [1996], S. 149.

[1003] Zur Auswahl der Kundensegmente siehe Kapitel 2.2.2.3. Die Untersuchung der Interaktionen im Interbankengeschäft ist in Vietnam relevant, da dort die Zusammenarbeit mit lokalen Banken einen Schwerpunkt der Zusammenarbeit darstellt.

nissen der kulturvergleichenden Forschung – erklärt und begründet. Auf dieser Basis können im Anschluß die Erfolgsfaktoren für die Gestaltung der Interaktion in den identifizierten Bereichen des Management und des Marketing mit den identifizierten externen und internen Interaktionspartnern herausgearbeitet werden. Der konkreten Analyse der Aufgabenumwelt vorangestellt sind Erkenntnisse aus der interkulturellen Managementforschung, die als Erklärungsgrößen von potentiellen Ursachen von Problemen im Interkulturellen Management sowie für wahrgenommene Unterschiede in Verhaltensweisen bei Innen- und Außenbeziehungen herangezogen werden können.

4.2 Komplexität und Potentiale interkultureller Problembereiche westlicher Banken in Singapur, Malaysia und Vietnam

Ein mit der interkulturellen Managementforschung verbundenes theoretisches Problem besteht nun darin, die kulturunabhängigen Aspekte von den kulturabhängigen Aspekten des Managements so abzugrenzen, daß für ein Interkulturelles Management später konkrete Handlungsempfehlungen ausgesprochen werden können. In diesem Kapitel sollen die in der interkulturellen Managementforschung gewonnenen Erkenntnisse für die als kulturabhängig erachteten möglichen Konfliktpotentiale bzw. Themenbereiche aufgezeigt werden, die in der Interaktion von westlichen Banken bzw. dem jeweiligen Management aus westlichen Kulturkreisen mit Interaktionspartnern aus Singapur, Malaysia und Vietnam entstehen können.

Diese Betrachtung erstreckt sich auf die möglichen Konfliktpotentiale in der interpersonalen Zusammenarbeit, die sich aus der Gegenüberstellung von Kulturdimensionen in einem Kulturvergleich ergeben können.[1004] Ein Hauptelement der interkulturellen Interaktionen ist die interkulturelle Kommunikation, da Formen und Inhalte von Kommunikation kulturabhängig sind.[1005] Sobald der Prozeß des Informationsaustausches zwischen Personen aus unterschiedlichen Kulturkreisen stattfindet, liegen somit Möglichkeiten für interkulturelle Probleme in der Kommunikation vor. In den folgenden Kapiteln wird auf die möglichen Problembereiche, die in der interpersonalen Zusammenarbeit relevant sein können, durch die Betrachtung von Differenzen in den zugrunde liegenden Kulturdimensionen eingegangen. Im Anschluß werden die möglichen Hindernisse in der interpersonalen Kommunikation aufgezeigt.

[1004] Vgl. Rosenstiel, L.v.: Interkulturelle Managemententwicklung [1993], S. 172-173. Zur Verwendung von Kulturdimensionen im Rahmen der Operationalisierung von Kultur sowie zur Möglichkeit des Kulturvergleiches siehe auch Kapitel 2.4.2.2.

[1005] Vgl. Knapp, K.: Kommunikation [1996], S. 59.

242

4.2.1 Bedeutung unterschiedlicher Kulturausprägungen in der interpersonalen Zusammenarbeit

Das Ziel der folgenden Betrachtung von Kulturausprägungen der untersuchten Länder Singapur, Malaysia und Vietnam sowie westlicher Kulturkreise ist es, die in Interaktionen wahrgenommenen Verhaltensweisen der jeweiligen Umwelt, die die Interaktionspartner in ihrem Verhalten beeinflussen, zu verstehen und erklärbar zu machen.[1006] Die anhand der Kriterien Grundlegende Normen und Werte, Gesellschaftsstrukturen sowie Beziehungs- und Verhaltensregeln gewonnenen Erkenntnisse über die ethnischen Bevölkerungsgruppen in den Ländern[1007] werden mit der Möglichkeit der Operationalisierung von Kultur über Kulturdimensionen[1008] verknüpft.

In der folgenden Abbildung C/4-2 werden die in der Studie von *Hofstede* identifizierten Kulturdimensionen Machtdistanz, Individualismus/Kollektivismus, Maskulinität/Feminität und Ungewißheitsvermeidung sowie langfristige Orientierung, übertragen auf Gesellschaft bzw. Arbeitsplatz, dargestellt. Für jede der Kulturdimensionen werden die Verhaltensweisen für die jeweilige Extremausprägung aufgeführt. In der Realität liegen die Ausprägungen oftmals zwischen diesen Polen, dienen aber hier der Interpretation der Veranschaulichung.[1009]

[1006] Vgl. Engelmeyer, E.: Interkulturelle Personalführung [1994], S. 415.
[1007] Vgl. Kapitel 3.2.1.
[1008] Vgl. Kapitel 2.4.2.2.
[1009] Vgl. Hofstede, G.H.: Bedeutung von Kultur [1992], S. 307-310. Für die Dimension der langfristigen Orientierung liegt die Übertragung nur auf gesellschaftlicher Ebene vor. Vgl. Hofstede, G.H.: Cultures and Organizations [1997], S. 172-173.

Machtdistanz	
Gesellschaften mit geringer Machtdistanz	**Gesellschaften mit großer Machtdistanz**
• Hierarchie bedeutet Ungleichheit der Rollen, die aus praktischen Gründen hingenommen wird • Untergebene erwarten, daß sie auch konsultiert werden • Der ideale Chef ist ein fähiger Demokrat	• Hierarchie bedeutet existentielle Ungleichheit • Untergebene erwarten Anweisungen und Vorschriften • Der ideale Chef ist ein wohlwollender Autokrat (ein guter Vater)
Individualismus/Kollektivismus	
Kollektivistische Gesellschaften	**Individualistische Gesellschaften**
• Wertvorstellungsnormen unterschiedlich für In-Gruppen und Out-Gruppen – Partikularismus • Andere Menschen werden als Gruppenmitglieder gesehen • Zwischenmenschliche Beziehungen dominieren die Aufgabe • Die Arbeitgeber-Arbeitnehmer-Beziehung ist moralisch fundiert	• Die gleichen Wertvorstellungsnormen gelten für alle – Universalismus • Andere Menschen werden gemäß ihrem Nutzen beurteilt • Die Aufgabe dominiert zwischenmenschliche Beziehungen • Die Arbeitgeber-Arbeitnehmer-Beziehung ist zweckbezogen
Maskulinität	
Feminine Gesellschaften	**Maskuline Gesellschaften**
• Selbstbewußtes Verhalten wird lächerlich gemacht • Man verkauft sich unter seinem Wert • Die Lebensqualität besitzt einen hohen Stellenwert • Intuition	• Selbstbewußtes Verhalten wird anerkannt • Man verkauft sich über Wert • Die Karriere besitzt einen hohen Stellenwert • Entschlossenheit
Ungewißheitsvermeidung	
Gesellschaften mit schwacher Tendenz zur Ungewißheitsvermeidung	**Gesellschaften mit starker Tendenz zur Ungewißheitsvermeidung**
• Abneigung gegenüber Vorschriften, seien sie schriftlich oder mündlich • Weniger Formalisierung und Standardisierung	• Emotionales Bedürfnis nach Vorschriften, seien sie schriftlich oder mündlich • Mehr Formalisierung und Standardisierung
Langfristige/kurzfristige Orientierung	
Kurzfristig ausgerichtete Gesellschaften	**Langfristig ausgerichtete Gesellschaften**
• Respekt für Traditionen • Respekt für soziale und statusbezogene Verpflichtungen unabhängig von Kostenaspekten • Sozialer Druck zum "Mithalten" • Geringe Sparquoten, geringe Investitionen • Kurzfristige Erwartung von Resultaten • "Face"-Orientierung • Wahrheit	• Adaption von Traditionen im modernen Kontext • Respekt für soziale und statusbezogene Verpflichtungen limitiert • Hohe Sparquoten, Finanzierung von Investitionen gesichert • Bereitschaft der zweckorientierten Unterwerfung • Respekt vor der Forderung nach Tugend

Abbildung C/4-2: **Bedeutung der Kulturdimensionen in der Gesellschaft und am Arbeitsplatz[1010]**

[1010] Quelle: Entnommen aus Hofstede, G.H.: Bedeutung von Kultur [1992], S. 307-310; Hofstede, G.H.: Cultures and Organizations [1997], S. 173.

244

Diese Beschreibung der möglichen Kulturausprägungen im Verhalten am Arbeitsplatz wird nun um die konkreten Überlegungen für die betrachteten Länder ergänzt,
um für die untersuchten Länder und die westlichen Kulturkreise Aussagen über potentielle Problembereiche treffen zu können.

Im Folgenden werden interkulturelle Abweichungen in den Kulturausprägungen der
untersuchten Länder und acht westlicher Herkunftsländer der Banken bzw. der Gesprächspartner betrachtet, die auf Konfliktbereiche hinweisen können. Die Punktwerte für die vier Kulturdimensionen sind für Singapur und Malaysia sowie für europäische Länder, die USA, Kanada und Australien in der Übersicht in Tabelle C/4-4 aufgeführt.[1011] Vietnam ist im Rahmen der Studie nicht untersucht worden. Unter Bezugnahme auf die jeweiligen Kulturdimensionen können qualitativ gestützte Aussagen
gemacht werden.[1012]

	Machtdistanz		Individualismus		Maskulinität		Ungewißheits-vermeidung		Langfristige Orientierung	
	Index	Rang	Index	Rang	Index	Rang	Index	Rang	Index	Rang
Malaysia	104	1	26	36	50	25-26	36	46	n.a.	n.a.
Singapur	74	13	20	39-41	48	28	8	53	48	9
Indien	77	10-11	48	21	56	20-21	40	45	61	7
Indonesien	78	8-9	14	47-48	46	30-31	48	41-42	n.a.	n.a.
Australien	36	41	90	2	61	16	51	37	31	15
Deutschland	35	42-44	67	15	66	9-10	65	29	31	14-15
Frankreich	68	15-16	71	10-11	43	35-36	86	10-15	n.a.	n.a.
Großbritannien	35	42-44	89	3	66	9-10	35	47-48	25	18-19
Niederlande	38	40	80	4-5	14	51	53	35	44	10
Schweiz	34	45	68	14	70	4-5	58	33	n.a.	n.a.
USA	40	38	91	1	62	15	46	43	29	17
Kanada	57	31	51	20	52	24	48	41-42	23	20

Tabelle C/4-4: **Kulturdimensionen für Singapur, Malaysia und Länder aus westlichen Kulturkreisen**[1013]

[1011] Die Auswahl der westlichen Länder erfolgt aufgrund der stärksten Marktpräsenz in den drei Ländern. Vgl. Kapitel 4.1.3.
[1012] Um bei der Auswertung von qualitativen Aussagen eine entsprechende Validität zu erzielen, sind
vier Kriterien zu erfüllen: 1. Die Aussagen sollten beschreibend und nicht wertend sein, da sonst
mehr Informationen über das Wertesystem des Informanden als über die zu beschreibende Landeskultur gemacht werden. 2. Die Aussagen sollten von unterschiedlichen, unabhängigen Quellen
stammen, so daß die Subjektivität der Aussagen reduziert wird. 3. Die Aussagen sollten, wenn sie
nicht für alle Gesellschaftsmitglieder gelten, wenigstens für die statistische Mehrheit zutreffen. 4.
Die Aussagen sollten so spezifisch sein, daß eine spezifische Landeskultur beschrieben wird, da
die Aussagen sonst trivial sind. Vgl. Hofstede, G. H.: Cultures and Organizations [1997], S. 249.
Hieraus folgt, daß Aussagen über ethnische Gruppen den Kriterien 1, 2 und 4 genügen müssen.
Darüber hinaus gelten die in Kapitel 2.4.2 angestellten Überlegungen hinsichtlich der Operationalisierung von Kultur analog.
[1013] Vgl. Hofstede, G.H.: Bedeutung von Kultur [1992], S. 312-313.

Die durch die ethnische Vielfalt in Singapur und vor allem in Malaysia auf Länder-
ebene anzutreffenden ‚Subkulturen' (ethnische Gruppen) jedoch erfordern eine weitergehende Betrachtung.[1014] So ist in Malaysia ein geringerer Grad an innerer Homogenität bzw. kultureller Integration vorzufinden als beispielsweise in Singapur.[1015] Die
Studie von Hofstede kann hinsichtlich der ethnischen Vielfalt in Malaysia konkretisiert
werden. So wird vorgeschlagen, daß als Annäherung für die Bevölkerungsstruktur
Malaysias – Malayen (Bumiputras), Chinesen und Inder – die Länderwerte für Indonesien, Singapur und Indien herangezogen werden.[1016] Bei einem Vergleich der
Ausprägungen in Tabelle C/4-4 zeigt sich, daß für die ersten drei Kulturdimensionen
die Ausprägungen der Referenzländer untereinander relativ ähnlich sind, der Wert für
Ungewißheitsvermeidung für die Chinesen jedoch stärker abweicht.[1017] Für diesen
Wert ist bei den chinesischen Malaysiern folglich von einem abweichenden Index
auszugehen. Allgemein sollen die Aussagen der Studie daher als Tendenzaussagen
herangezogen werden.

Im Folgenden werden die ermittelten Punktwerte der Kulturdimensionen für Singapur
und für Malaysia jeweils allgemein, aber auch konkret für die Relevanz am Arbeitsplatz erläutert und um qualitative Aussagen zu Vietnam ergänzt. Diese ‚Kulturmes-
sungen' werden dann den jeweiligen für die westlichen Länder tendenziell gültigen
Kulturausprägungen gegenübergestellt, aus denen die westlichen Banken bzw. die
Gesprächspartner stammen. Die Ausführungen zu den Kulturausprägungen der
westlichen Länder erfolgen nicht auf Einzellandbasis.[1018]

[1014] Vgl. Huo, Y.P. / Randall, D.M.: Exploring subcultural differences [1990], S. 160.

[1015] Vgl. Hofstede, G.H.: Interkulturelle Zusammenarbeit [1993], S. 26-27. Siehe auch Clammer, J.R.:
Singapore: Ideology, Society, Culture [1985], S. 28-29. Bei Vergegenwärtigung der Bedeutung
von Sprache für Kultur zeigt sich, daß diese nicht nur ein Medium zur Übermittlung von Gedanken
und Informationen ist, sondern auch Art und Inhalt von Wahrnehmungen und Erfahrungen bestimmt. Vgl. Keller, E.v.: Management in fremden Kulturen [1982], S. 174. In Singapur und Malaysia werden vier offizielle Sprachen (englisch, malaiisch, chinesisch (in Singapur mandarin) und
tamilisch als indischer Dialekt) gesprochen; in Vietnam ebenfalls drei (vietnamesisch, chinesisch
und englisch bzw. französisch als Handels- und Bildungssprachen im Süden Vietnams). Nicht berücksichtigt sind hierbei die verschiedenen chinesischen und indischen Dialekte. Die Notwendigkeit einer differenzierten Betrachtung der ethnischen Subkulturen ist daher unabdingbar.

[1016] Vgl. Hofstede, G.H.: Management in a Multicultural Society [1991], S. 8-9.

[1017] Diese Abweichung ergibt sich aus einer von Hofstede zur Validierung herangezogenen Studie
(Rokeach Value Survey), die Daten von malaysischen Bumiputras und malaysischen Chinesen
separat erhoben hat. Vgl. Hofstede, G.H.: Management in a Multicultural Society [1991], S. 9.

[1018] Für die westlichen Länder wird keine Durchschnittsbetrachtung angestellt, da diese die Heterogenität dieser Länder negieren würde. Aus Gründen der den westlichen Banken zugesagten Anonymität werden keine Analysen bezüglich einzelner Banken bzw. Gesprächspartner gemacht. Die
den späteren Auswertungen der Wahrnehmung von Kultur zugrunde liegenden Ausführungen der
Interviewpartner in den Expertengesprächen liegen bei der Identifikation der interkulturellen Problembereiche und Wahrnehmung von kultureller Relevanz lediglich die Ergebnisse aus den Gesprächen mit den Gesprächspartnern mit einer Nationalität aus den untersuchten Ländern zugrunde.

246

1. Kulturdimension: Machtdistanz

Malaysia weist den höchsten Punktwert für Machtdistanz auf, was auf eine überdurchschnittliche Akzeptanz von hierarchischen Verhältnissen und Willen zur Unterordnung durch Autoritätsorientierung im Land hinweist. Auch bei einer Relativierung des Landeswertes durch die Annäherung der drei ethnischen Gruppen bleibt der Wert hoch.[1019] Die gesellschaftliche Bedeutung von Respektpersonen bzw. Vorgesetzten im Berufsleben ist daher sehr hoch. Zum anderen kann dies auch als Zeichen von Unselbständigkeit ausgelegt werden, die mit der Erwartung einer entsprechend starken Führung einhergeht. Die Hierarchisierung in Beziehungen ist sowohl im Islam und Budi-Komplex als auch in den konfuzianischen Werten festgeschrieben.[1020] Der Wert für Machtabstand für **Singapur** liegt mit 74 Punkten ebenfalls hoch (Rang 13), ist hinsichtlich der Erwartungen in Bezug auf Respektpersonen jedoch zu relativieren. In beiden Ländern sind die Ausprägungen der Machtdistanz Hinweise auf die gesellschaftliche Voraussetzung für autokratische Formen von Demokratie, die in beiden Ländern vorhanden ist.[1021] Auf Basis der Assimilierung von konfuzianischen Werten wird die Bedeutung der Dimension Machtdistanz auch in **Vietnam** zwar hoch sein, da auch die Einfügung in die Hierarchie der Familie eines der Grundelemente der vietnamesischen Gesellschaftsordnung ist.[1022] Dies ist jedoch vor dem Merkmal der Passivität gegenüber Autoritäten, die aus der starken Unterordnung des Einzelnen unter die Belange der Familie resultiert, zu relativieren.[1023]

Mit Ausnahme von Frankreich haben die aufgeführten **westlichen Länder** im Vergleich zu den drei untersuchten Ländern niedrige Punktwerte für Machtdistanz. Dies bedeutet, daß die Akzeptanz bzw. Erwartungshaltungen in Führungssituationen im Gegensatz zu den Ausprägungen in den drei Zielländern steht. Hieraus folgt ein unterschiedlicher Stellenwert von Selbständigkeit und Auseinandersetzung mit hierarchisch höhergestellten Personen, was Auswirkungen auf das Verhalten in Führungssituationen in den Ländern haben kann.

[1019] Das Malaysian Institute of Management (MIM) hat in den Jahren 1991/92 eine eigene Studie über die Werte der malaysischen Bevölkerung durchgeführt. Die Studie des MIM greift jedoch bei der Definition von Kultur und Kulturausprägungen auf die Definition von Kultur von Hofstede zurück. Das MIM kommentiert den hohen Wert der Machtdistanz, der nicht den Ergebnissen der MIM Studie entspricht, dahingehend kritisch, daß im Gegensatz zu der MIM Studie kein Bezug zu den ethnischen Gruppen in Malaysia hergestellt worden ist. Zudem wird darauf hingewiesen, daß die Studie von Hofstede bereits aus dem Jahr 1983 stammt und die jüngere Generation diese Werte heute eventuell anders beurteilen würde. Vgl. Malaysian Institute of Management: Management in Malaysia [1999], S. 57-58. Der Studie von Hofstede liegt (bei Ermittlung der vier angeführten Dimensionen) ein von westlichen Standards geprägtes Untersuchungsdesign zugrunde, das bei Nutzung von Studienergebnissen zu berücksichtigen bzw. zu vergegenwärtigen ist. Vgl. Hofstede, G.H.: Cultures and Organizations [1997], S. 160-161.
[1020] Vgl. Kapitel 3.2.1.5.2.
[1021] Vgl. Kapitel 3.2.2.2.
[1022] Vgl. Weggel, O.: Indochina [1990], S. 160-161.
[1023] Vgl. Rothlauf, J.:Interkulturelles Management [1999], S. 165.

2. Kulturdimension: Individualismus/Kollektivismus

Der geringe Grad an Individualismus weist in **Singapur** und in **Malaysia** auf eine hohe Orientierung an der Gruppe hinsichtlich der Meinungsbildung, dem Gefühl von Verpflichtungen gegenüber anderen sowie der Orientierung an Beziehungen hin. Beide Länder können als kollektivistische Gesellschaften bezeichnet werden. Die Orientierung an der Gruppe wird auch für **Vietnam** mindestens genauso hoch eingeschätzt, da in Vietnam die starke Einbindung in familiäre Denk- und Handlungsmuster erheblichen Einfluß auf das Verhalten des Einzelnen hat.[1024]

Die **westlichen Länder** können jeweils für sich als unterschiedlich stark ausgeprägte, aber grundsätzlich individualistisch orientierte Gesellschaften bezeichnet werden. Das Aufeinandertreffen dieser diametral gegensätzlichen unterschiedlichen Ausprägungen in Form von kollektivistischen und individualistischen Kulturen kann in unterschiedlichen Erwartungshaltungen hinsichtlich Meinungsbildung und -mitteilung sowie Gruppenorientierungen zum Ausdruck kommen und bei den entsprechenden Abweichungen von Erwartungshaltungen und realer Situation zu interkulturellen Problembereichen führen.

Die folgenden Kulturdimensionen zeigen stärkere Überschneidungen der westlichen und asiatischen Kulturausprägungen gemäß der angeführten Werte auf.

3. Kulturdimension: Maskulinität

Die mittelhohen Werte für Maskulinität bzw. Feminität in **Singapur** und **Malaysia** können dahingehend interpretiert werden, daß keine konkrete Ausrichtung der Gesellschaft auf Leistung bzw. selbstbewußtes Auftreten gelegt wird. Feminine Werte wie die Lösung von Konflikten über Kompromiß und Verhandlung haben jedoch in diesen Gesellschaften einen hohen Stellenwert. Der Grad an Maskulinität ist in der **vietnamesischen** Gesellschaft ebenso als mittelhoch einzuschätzen.

Aus den Werten für die **westlichen Länder** können lediglich Tendenzaussagen getroffen werden, da sowohl in Frankreich, aber insbesondere auch in den Niederlanden eine femininere Gesellschaftsorientierung vorliegt. Tendenziell sind die westlichen Länder jedoch durch maskulinere Werte wie Leistungsorientierung, Konkurrenzdenken und Entschlossenheit gekennzeichnet. Dies kann gemeinsam Einfluß auf die Gestaltung von Führungssituationen hinsichtlich der Motivations- und Anreizsysteme für die lokalen Mitarbeiter haben.

[1024] Vgl. Kapitel 3.2.1.6.3.

4. Kulturdimension: Ungewißheitsvermeidung

Der Wert für Ungewißheitsvermeidung weist auf die Orientierung an formalen Strukturen im Umfeld der jeweiligen Gesellschaft hin. **Singapur** hat mit einem Index von 8 einen sehr niedrigen Ungewißheitsvermeidungswert, der auf eine hohe Orientierung an wenig formalen und daher insbesondere an persönlichen Beziehungen hinweist.[1025] Der unterdurchschnittliche bis mittlere Wert für **Malaysia** weist auf das Verhalten hin, Abweichungen von Normen hinzunehmen und ebenfalls auf persönliche Beziehungen zu vertrauen. Dieser Wert liegt den Werten für Indonesien und Indien relativ nah, so daß bei Verwendung des Referenzwertes von Singapur für die malaysischen Chinesen diesen ebenfalls eine tendenziell niedrigere Ausrichtung bei der Ungewißheitsheitsvermeidung zuzuordnen ist. Analog den Überlegungen zur Kulturdimension Machtdistanz ist für **Vietnam** aufgrund der konfuzianisch beeinflußten Werteordnung tendenziell ein niedrigerer Wert anzusetzen.

Die Werte für die westlichen Länder liegen mit Ausnahme Großbritanniens und der USA über dem Mittelwert der Indexwerte. Tendenziell bedeutet dies, daß die **westlichen Gesellschaften** eher an formalen Regeln und Gesetzen als gesellschaftliche Orientierungsgrößen festhalten und im Vergleich zu den untersuchten Ländern sich als ‚strukturierte‘ Umwelt bezeichnen würden. Die hiermit verbundenen, auf Formalisierungen und Standardisierungen ausgerichteten Arbeitssituationen weisen auf eine unterschiedliche Gestaltung von Führungsinstrumentarien hin.

5. Kulturdimension: Langfristige Orientierung

Diese Dimension hat eine hohe Bedeutung für asiatische Länder, wie im Rahmen einer von Asiaten konzipierten Studie deutlich wurde. **Singapur** hat eine mittelhohe Langfristorientierung, die sich, wenn die Ergebnisse aus dieser Studie auf Länder mit konfuzianischer Vergangenheit übertragen werden, auch für **Vietnam** angenommen werden können. Für **Malaysia** existiert kein Wert auf Basis der Studie, es kann jedoch unter Berücksichtigung von weiteren Studienergebnissen festgehalten werden, daß die Malayen (Bumiputras) bezüglich ihrer Wertvorstellungen eher kurzfristig orientiert sind, während die malaysischen Chinesen (analog Singapur) und Inder eher langfristig orientiert sind.[1026]

Für die betrachteten **westlichen Länder** liegen nur vereinzelte Ausprägungen zu dieser Kulturdimension vor, die jedoch tendenziell auch auf eine eher kurz- als langfristige Orientierung hinweisen.

[1025] Vgl. die Ausführungen zu chinesischen ‚guanxi‘ in Kapitel 3.2.1.4.3.
[1026] Vgl. Hofstede, G.H.: <u>Management in a Multicultural Society</u> [1991], S. 9.; Hofstede, G.H. / Bond, M.H.: <u>Confucius Connection</u> [1988], S. 111.

Zusammenfassend läßt sich festhalten, daß die Gegenüberstellung der Kulturdimensionen bereits Hinweise auf interkulturelle Problembereiche in der Interaktion von westlich geprägten Vertretern der Banken mit den jeweils landes- bzw. ethnisch-kulturell geprägten Interaktionspartnern liefert. Diese Problembereiche existieren auf der Kulturebene der Werte und Normen, die wichtige Erklärungsbeiträge für auftretende Verhaltensweisen und Konflikte in westlichen Banken sowie zur Einschätzung der Anwendung von Managementinstrumenten liefern können.

Für eine Betrachtung von unterschiedlich entwickelten Märkten ist bisher nicht abgegrenzt worden zwischen Kulturausprägungen unterschiedlich entwickelter Länder. Bei der Untersuchung von Entwicklungsländern aus kultureller Perspektive stellt *Jaeger* die aufgeführten Kulturdimensionen in Tendenzaussagen für die Kategorien Entwickelte Länder und Entwicklungsländer gegenüber.[1027] Er versucht tendenziell typische Verhaltensweisen den Länderkategorien zuzuordnen, um das sozio-kulturelle Umfeld in Entwicklungsländern zu charakterisieren.[1028] Die als Tendenzaussagen zu wertenden Ergebnisse können jedoch lediglich zur Orientierung herangezogen werden (Tabelle C/4-5).

Kulturdimensionen	Entwickelte Länder	Entwicklungs-länder
Machtdistanz	relativ niedrig	relativ hoch
Individualismus-Kollektivismus	relativ hoher Individualismus	relativ niedriger Individualismus
Maskulinität	relativ hohe Maskulinität	relativ niedrige Maskulinität
Ungewißheitsvermeidung	relativ niedrig	relativ hoch

Tabelle C/4-5: Entwicklungsstand und Kulturdimensionen[1029]

Werden die drei untersuchten Länder als Emerging Markets den westlichen Ländern als entwickelte Länder gegenübergestellt, lassen sich die bisher getroffenen Aussagen allgemein mit Ausnahme der Ausprägungen zur Ungewißheitsvermeidung bestätigen. Die Tatsache, daß Singapur eine sehr niedrige Ausprägung der Ungewißheits-

---

[1027] Es werden keine Aussagen zur Dimension der langfristigen Orientierung gemacht.
[1028] Vgl. Jaeger, A.M.: Applicability [1995], S. 147, 149-150.
[1029] Quelle: Entnommen aus Jaeger, A.M.: Applicability [1995], S. 147.

vermeidung aufweist, ist jedoch auf kulturelle Werte und nicht auf den Entwicklungsstand zurückzuführen. Diese Aussage gilt für die westlichen Länder umgekehrt.

Der kulturelle Wandel in den untersuchten Ländern[1030] ist analog der westlichen Länder ein Prozeß, der aufgrund des in jedem Land bzw. jeder ethnischen Gruppe *parallel* stattfindenden Wandels die festgestellten Kulturunterschiede zwischen den Ländern aufrechterhält. Der Trend zum Individualismus in Gesellschaften wird auf zunehmenden wirtschaftlichen Wohlstand zurückgeführt und somit auch mit kulturellen
Werten in Verbindung gebracht. Auch wenn zunehmender wirtschaftlicher Wohlstand
in den untersuchten kollektivistisch orientierten Ländern zu einer finanziellen Unabhängigkeit des Einzelnen von der Familie führen wird, so werden dennoch die kollektivistischen Elemente wie die Beziehung des Einzelnen zur Gruppe aufrechterhalten
bleiben, so daß auch im Kulturvergleich diese Unterschiede bestehen bleiben. Von
einer Konvergenz der Werte ist daher nicht auszugehen.[1031]

Im Folgenden soll die kulturelle Prägung von Persönlichkeitsmerkmalen aufgezeigt
werden, da diese ebenfalls in der interpersonalen Zusammenarbeit sowohl in der
Auslandsgesellschaft als auch am Markt zu interkulturellen Problembereichen führen
kann.

4.2.2 Persönlichkeitsmerkmal der Leistungsorientierung als Einflußfaktor der interkulturellen Zusammenarbeit

Menschen werden durch die jeweiligen Sozialisierungsprozesse in ihren Persönlichkeitsmerkmalen geprägt, wobei Kultur einen wesentlichen Einflußfaktor für Verhaltensweisen von Individuen darstellt. Als für das Management von Auslandsgesellschaften besonders relevantes Persönlichkeitsmerkmal soll hier das Leistungsmotiv
im Sinne von intrinsischer Motivation dargestellt werden. Die kulturell bedingten Ausprägungen des Leistungsmotivs beeinflussen sowohl die Gestaltung als auch die
Wirkung von Anreizsystemen in der Führungssituation.

Das Leistungsmotiv stellt ein zwar individuelles, jedoch sehr stabiles Persönlichkeitsmerkmal dar, das sich „in der Suche nach herausfordernden und schwierigen
Aufgaben, in dem Bedürfnis, sich selbst und andere im Wettbewerb zu übertreffen
und in dem Verlangen nach Bewährung in schwierigen Situationen niederschlägt."[1032]
Für das interkulturelle Management steht das Leistungsmotiv in direktem Zusammenhang mit dem Arbeitsverhalten der Interaktionspartner. Das Arbeitsverhalten ist
abhängig von den sogenannten intrapersonalen (eigenen) Bedingungen des Menschen und den jeweiligen Einflüssen aus seiner Umwelt.[1033]

[1030] Siehe hierzu auch Kapital 3.2.4.4.
[1031] Vgl. Hofstede, G.H.: Cultures and Organizations [1997], S. 77.
[1032] Keller, E.v.: Management in fremden Kulturen [1982], S. 179.
[1033] Vgl. Hoyos, C.G.: Arbeitspsychologie [1975], Sp. 328.

Als eigene Bedingungen können Bedürfnisarten den Motiv- bzw. Bedürfnisklassen ‚Defizitbedürfnisse' und ‚Entfaltungsbedürfnisse' nach *Maslow*[1034] zugeordnet werden, die in der Zusammenarbeit auf die jeweiligen Werthaltungen und Ansprüche anderer Gruppen treffen. Diese Klassifizierung dient jedoch nur der Veranschaulichung einer möglichen Struktur, da sowohl Art als auch Bedeutung von Bedürfnissen wiederum kulturell geprägt sind.[1035] Beispielsweise vernachlässigt diese stark auf Selbstverwirklichung ausgerichtete Annahme einer Bedürfnisstruktur die im vorangegangenen Kapitel aufgezeigte Kulturdimension des Kollektivismus, in der der Einzelne seine Bedürfnisse denen der Bezugsgruppe unterordnet. Dies zeigt, daß bei der Gestaltung von Anreizsystemen, die auf die Befriedigung der individuellen Leistungsmotivation abzielt, die *kulturell* bedingten Ziele und Bedürfnisse sowie der kulturelle Kontext berücksichtigt werden sollten.[1036]

Als Umwelteinflüsse, die die Entwicklung des Leistungsmotivs prägen, werden die Faktoren Erziehungsstil, Familienstruktur, Herkunft und soziale Schicht, Bildung, sozio-kulturelle Strukturen und Gesellschaftsform, kulturelle Normen und religiöse Weltanschauung angeführt, die in ihren Ausprägungen im Umfeld des Menschen entweder hemmend oder fördernd auf das Leistungsmotiv des Einzelnen wirken. Hierbei spielten die primäre Sozialisation in der Familie und vor allem die kulturellen Normen und Werte der Eltern eine wichtige Rolle,[1037] da hier die wesentlichen Ursachen für kulturelle Unterschiede zu finden sind.[1038] Vor dem Hintergrund der Beschreibung der externen Kontextfaktoren der Auslandsgesellschaft in den untersuchten Ländern sind es diese Faktoren, die gemeinsam das Verhalten der Interaktionspartner prägen. Tendenziell können beispielhaft als Ausprägungen der Umwelteinflüsse ein mäßig starker Leistungsdruck in der Erziehung, vollständige Familien, moderne Mittelschicht, höhere Bildung, offene und demokratische Gesellschaftsformen und dominierender Wert der individuellen Tüchtigkeit insgesamt eher fördernd auf die Ausformung des individuellen Leistungsmotivs wirken, während zu geringer oder zu extremer Leistungsdruck, unvollständige Familien, niedrige soziale Schichten, geringe Bildung, autoritäre Strukturen in der Gesellschaft sowie die Betonung kollektiver Harmonie eher hemmend auf das Leistungsmotiv wirken.[1039]

[1034] Vgl. Schierenbeck, H.: Grundzüge der Betriebswirtschaftslehre [1993], S. 58-60; Dülfer, E.: Internationales Management in unterschiedlichen Kulturbereichen [1996], S. 255-256. Bei den fünf Bedürfnisarten handelt es sich (in hierarchisch aufsteigender Reihenfolge) um: Physiologische Bedürfnisse, Sicherheitsbedürfnisse, soziale Bedürfnisse, Wertschätzungsbedürfnisse und Bedürfnisse nach Selbstverwirklichung. Diese Klassifizierung ist auf anthropologische Forschungsansätze zurückzuführen.

[1035] Vgl. Schneider, S.C.: National vs. Corporate Culture [1988], S. 236; Adler, N.J.: Organizational Behavior [1997], S. 158-160.

[1036] Vgl. Kumar, B.N.: Kulturabhängigkeit von Anreizsystemen [1991], S. 136-137.

[1037] Vgl. Keller, E.v.: Management in fremden Kulturen [1982], S. 181-188. Bei der Analyse von Motivation stellen sich methodische Probleme der Ermittlung. Vgl. Rosenstiel, L.v.: Motivation von Mitarbeitern [1995], S. 174-175.

[1038] Vgl. auch Kapitel 2.1.2.2.

[1039] Vgl. Keller, E.v.: Management in fremden Kulturen [1982], S. 186-187.

252

Neben den aus dem gesellschaftlich-kulturellen und Bildungssystem bezogenen Faktoren spielt Religion eine wichtige Rolle für die intrinsische Motivation. Religion weist zunächst eigene Wertvorstellungen auf, die gemeinsam mit kulturellen Werten das Verhalten von Menschen prägen.[1040] Religion wird dann für das Management relevant, wenn das Interaktionsverhalten am Arbeitsplatz oder im Geschäftsleben aufgrund von religiösen Gründen geprägt wird oder aber die Sitten und Gebräuche zur Ausübung der Religion Einfluss nehmen. Religion kann Einstellungen zum Vertrauen in die eigene Leistungsfähigkeit, zur Perspektive von Zeit sowie zu autoritären Verhaltensformen prägen.[1041]

Das Leistungsmotiv bzw. die Motivation wird in der konkreten – hier interkulturellen – Führungssituation durch die Anwendung des kulturell geeigneten Anreizes gefördert. Die Mitarbeiter reagieren wiederum kulturell geprägt auf verhaltensbeeinflussende Managementinstrumente. Hierbei tritt die in Abbildung C/4-3 dargestellte Konstellation auf und verdeutlicht, daß sowohl der kulturelle Kontext des Beinflussenden (hier: Management der Auslandsgesellschaft) als auch des Beeinflußten (hier: Mitarbeiter) zu berücksichtigen sind.

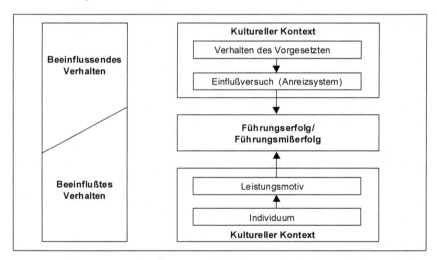

Abbildung C/4-3:   **Anreizsystem und Beeinflussung in der Führungssituation in der Auslandsgesellschaft**[1042]

Da sowohl die kulturelle Determiniertheit als auch der kulturelle Kontext der Beteiligten in der interkulturellen Führungssituation zu berücksichtigen sind, ergeben sich bei

---

[1040] Vgl. Dülfer, E.: Internationales Management in unterschiedlichen Kulturbereichen [1996], S. 275.
[1041] Vgl. Terpstra, V. / David, K.: Cultural Environment of International Business [1991], S. 72-73; Keller, E.v.: Management in fremden Kulturen [1982], S. 216-223.
[1042] Quelle: In Anlehnung an Kumar, B.N.: Kulturabhängigkeit von Anreizsystemen [1991], S. 135.

Auftreten von Kulturunterschieden und Nichtberücksichtigung der kulturellen Faktoren Problembereiche. Der in erwünschtem Verhalten bzw. unerwünschtem Verhalten ausgedrückte Erfolg bzw. Mißerfolg des Managers ist gemäß der angenommenen kulturellen Stimmigkeit von Leistungsmotiv und Anreizinstrument zu überprüfen.

Die bisherige Betrachtung von Kulturdimensionen sowie Persönlichkeitsmerkmalen liefert Erkenntnisse über die Auswirkungen der Zusammenarbeit westlicher Banken und lokaler Interaktionspartner aufgrund unterschiedlich kulturell geprägten Verhaltens. Im Folgenden werden diese verhaltensbezogenen Problembereiche um die Aspekte der interkulturellen Kommunikation ergänzt. Hier wird aufgezeigt, wie diese abläuft und welche inhärenten Konflikte während der Kommunikationsprozesse existieren bzw. konkret zum Ausdruck kommen können. Die kulturellen Werte beeinflussen jedoch Kommunikation, so daß die Kenntnis über die kulturell bedingte Gestaltung und den Einsatz von Kommunikationsmustern und –mitteln Orientierungshilfen für die Verhaltenseinschätzung in der Kommunikation liefert. Die Kommunikationsmuster und –mittel selber sind jedoch nicht kulturell geprägt.[1043] Daher ist als weitere Quelle von interkulturellen Problembereichen eine nähere Betrachtung der der Kommunikation zugrunde liegenden Strukturmuster erforderlich.

4.2.3 Problembereiche in der interkulturellen Kommunikation

4.2.3.1 Inhalts- und Beziehungsaspekt der Kommunikation

Kommunikation stellt einen wesentlichen Aspekt in der Interaktion zwischen Menschen dar. Es ist daher naheliegend, Kommunikation auf interaktionsorientierte Elemente zu untersuchen, die inhärente Möglichkeiten von Konfliktpotentialen aufweisen können. In einer interpersonalen Situation ist mit Verhalten auch immer eine Art der bewußten oder auch unbewußten Kommunikation verbunden. Die Mitglieder eines Kulturkreises greifen zur Deutung und Interpretation von Verhalten auf gemeinsame kognitive Schemata zurück.[1044] Dies gilt auch für die unterschiedlichen Formen von Kommunikation, die die Beteiligten auf Basis des jeweiligen Wissens interpretieren. Ist dieses Wissen unterschiedlich und werden Situationen, Verhalten und Kommunikation unterschiedlich interpretiert, kann es zu interkulturellen Problemen in Form von z.B. Mißverständnissen oder aber der Bildung von Stereotypen kommen.[1045]

[1043] Vgl. Knapp, K.: Kommunikation [1996], S. 68.
[1044] Vgl. Knapp, K.: Kommunikation [1996], S. 60. Das gemeinsame konstituierende Wissen einer Gruppe, das die aus sozialer und daher kulturspezifischer Erfahrung heraus entstandene Erwartungsstruktur hinsichtlich z.B. Verhaltensweisen und Handlungsabläufen ausmacht, wird als Menge kognitiver Schemata in einer Kultur bezeichnet.
[1045] Vgl. Mauritz, H.: Interkulturelle Geschäftsbeziehungen [1996], S. 143-144. Vgl. auch Knapp, K.: Kommunikation [1996], S. 62.

Kommunikation basiert auf einem Inhaltsaspekt und einem Beziehungsaspekt. Der Inhaltsaspekt beschreibt die Datenebene der Kommunikation und kann offen darge- legt werden. Der Beziehungsaspekt beinhaltet auch versteckte Informationen dar- über, wie eine Nachricht aufzufassen ist.[1046] Diese Interpretation basiert jeweils auf einseitigen und auch auf gegenseitigen Erwartungen sowie auf Selbstwertkonzepten der Beteiligten, so daß der spezifische situative Kontext, in dem und auf dessen Ba- sis die Kommunikation stattfindet, einbezogen wird.[1047] Problembereiche können dann entstehen, wenn die kommunikationsbezogenen kognitiven Schemata vonein- ander abweichen und bzw. oder wenn die Inhalts- und Beziehungsaspekte unter- schiedliche Bedeutung für Kulturen haben. Wenn der in diesen Aspekten enthaltene Gestaltungsbereich für die Beteiligten unterschiedlich ist, muß auf der Beziehungs- ebene Konsens erreicht werden, um die Beziehung aufrechthalten zu können.[1048] Dies gilt für jede Art von interkultureller Beziehung wie bspw. zwischen Management und Mitarbeiter und in Geschäftsbeziehungen von Bank und Kunden, so daß der Gestaltung der kulturadäquaten Kommunikation in interkulturellen Interaktionen (z.B. Art der Begrüßung, Austausch von Visitenkarten, Gestaltung der Gesprächseinlei- tung) eine hohe Bedeutung zukommt.

Kommunikation äußert sich über verschiedene Kommunikationskanäle, die jeweils Gegenstand unterschiedlicher kultureller Schemata sind.[1049] Arten der Kommunikati- on sind die verbale, para-verbale und die non-verbale Kommunikation, die sowohl für den Inhalts- als auch für den Beziehungsaspekt relevant sind.[1050] Die folgende Abbil- dung C/4-4 stellt die angeführten Zusammenhänge im Überblick dar. Die vorhandene Reziprozität in der Interaktion kommt in der dargestellten Kommunikationssituation durch die gleichzeitig von und zu den Beteiligten verlaufenden Elemente der Kom- munikation zum Ausdruck.

[1046] Vgl. Mauritz, H.: Interkulturelle Geschäftsbeziehungen [1996], S. 143-144.
[1047] Vgl. Bolten, J.: Interkulturelles Handeln [1995], S. 26-27.
[1048] Vgl. Mauritz, H.: Interkulturelle Geschäftsbeziehungen [1996], S. 143-144. Mead bezeichnet die- ses Modell der Kommunikation bezogen auf die verbale Kommunikation als ‚transactional', die die Bedeutung der persönlichen Beziehung der Beteiligten in den Vordergrund stellt. Vgl. Mead, R.: Cross Cultural Dimensions [1998], S. 159-160.
[1049] Vgl. Knapp, K.: Kommunikation [1996], S. 63.
[1050] Vgl. Bolten, J.: Interkulturelles Handeln [1995], S. 27.

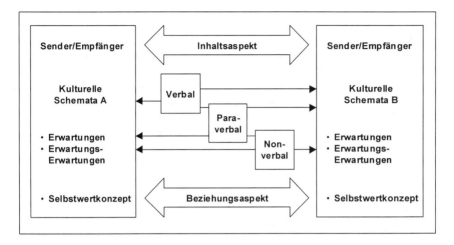

Abbildung C/4-4: Interkulturelle Kommunikationssituation[1051]

In den angeführten Kommunikationskanälen existieren vielgestaltige sprachliche Unterschiede zwischen Kulturen.[1052]

In der verbalen Kommunikation kann zwischen der Sprache und den Sprachhandlungen unterschieden werden.[1053] Bezüglich der Sprache sind der jeweilige Stand der Sprachentwicklung und die in einer Umgebung herrschende Sprachstruktur von Bedeutung. Letztendlich kann eine Sprache jedoch nur bei Kenntnis der jeweiligen Kultur vollständig verstanden werden.[1054] Aufgrund der eingeschränkten Möglichkeit der Übersetzung können sich daher kommunikative Mißverständnisse ergeben, wenn einzelne Wörter mit unterschiedlichem Sprachinhalt in verschiedenen Kulturen auftreten oder es überhaupt kein Äquivalent für bestimmte Wörter gibt.[1055] Einen Sonderfall stellt die Verwendung von Fremdsprachen als Unternehmungs- oder Verhandlungssprache in fremden Ländern dar, wenn z.b. deutsche und französische Banken Englisch als Unternehmungssprache in Singapur, Malaysia und Vietnam einführen. Hier kommt deutlich zum Ausdruck, daß es sich bei interkulturellem Verstehen nicht um das Verstehen der Fremdsprache (Inhaltsaspekt), sondern vor allem um die Erfassung des dahinterliegenden Bedeutungsinhaltes (Beziehungsaspekt) handelt.

[1051] Quelle: In Anlehnung an Bolten, J.: Interkulturelles Handeln [1995], S. 27.
[1052] Vgl. Knapp, K.: Kommunikation [1996], S. 68.
[1053] Vgl. Knapp, K.: Interkulturelle Kommunikationsfähigkeit [1995], S. 13.
[1054] Vgl. Dülfer, E.: Internationales Management in unterschiedlichen Kulturbereichen [1996], S. 262-263.
[1055] Vgl. Knapp, K.: Interkulturelle Kommunikationsfähigkeit [1995], S. 13. Diese interkulturelle Thematik hat sich auch während der Expertengespräche gezeigt, wenn das englische, eher neutral gehaltene Wort ‚issue‘ im Deutschen mit dem negativ behafteten Ausdruck ‚Problem‘ einseitig übersetzt wird.

Dies wird deutlich, wenn die Beteiligten eigenkulturelle Gedanken in einer fremden Sprache ausdrücken und die Aussagen der Kommunikationspartner vor dem eigenkulturellen Hintergrund interpretieren, so daß nicht nur Worte aus der eigenen Muttersprache in die Fremdsprache übersetzt werden.[1056] Sprechhandlungen im Rahmen der verbalen Kommunikation umfassen universale Sprechakte, die jedoch in spezifische komplexe Ablaufschemata der Kommunikation eingebettet sind. Diese zeigen sich beispielsweise in bestimmten Reaktionen bei der Benutzung von Dankes- oder Grußworten, in der Ausführlichkeit von Beschreibungen, Formulierung von Wortbeiträgen, dem Aufbau von Argumentationsketten oder der Bevorzugung von Kommunikationsmedien (z.B. schriftliche Berichte anstelle von mündlicher Berichterstattung).[1057]

Im para-verbalen Bereich können kulturelle Unterschiede hinsichtlich der Intonation, der Betonung sowie der Lautstärke bei der Kommunikation existieren.[1058] Durch die Verwendung dieser sprachlichen Gestaltungsmöglichkeiten können interkulturelle Probleme dann entstehen, wenn bspw. in einer Kultur, in der das Heben der Stimme bei Diskussionen ein offener Ausdruck von Emotionen ist, in einer Kommunikationssituation mit einer anderen Kultur, in denen Emotionen nicht offen gezeigt werden, einen für den Verlauf der Kommunikation nachteiligen Effekt erzielt.

Der Anteil der non-verbalen Kommunikation wird auf bis zu 75% der gesamten Kommunikation geschätzt.[1059] Die interkulturelle Bedeutung resultiert zudem daraus, daß diese Kommunikationsdimension von Interaktionsteilnehmern am wenigsten bewußt wahrgenommen wird.[1060] Können Mißverständnisse auf der sprachlichen Ebene zumindest bei inhaltlichen Unterschieden verhältnismäßig einfach aufgeklärt werden, so ist die Interpretation des ‚Unausgesprochenen' sowie die Klärung von Mißverständnissen auf dieser Basis umso schwieriger. Der Einsatz von Blickkontakt (direkt/indirekt, Bewegung der Augen), Mimik und Gestik sowie Körperhaltung und Bewegungen während der Kommunikation sind Beispiele, die aus dem eigenkulturellen Wahrnehmungsbereich heraus nicht verstanden oder aber falsch gedeutet werden können.[1061] Der Faktor Zeit spielt im Rahmen der non-verbalen Kommunikation dahingehend eine Rolle, daß in unterschiedlichen Kulturen die Auffassung bezüglich der Festlegung von Zeitplänen, der Dauer von Besprechungen, der notwendigen Zeit zum Kennenlernen vor dem ersten Geschäftsabschluß sowie von Pünktlichkeit zu

---

[1056] Vgl. Stüdlein, Y.: Management von Kulturunterschieden [1997], S. 96-97.
[1057] Vgl. Mead, R.: Cross Cultural Dimensions [1998], S. 148-149; Knapp, K.: Interkulturelle Kommunikationsfähigkeit [1995], S. 14.
[1058] Vgl. Knapp, K.: Kommunikation [1996], S. 65.
[1059] Vgl. Trompenaars, F. / Hambden-Turner, C.: Riding the Waves of Culture [1997], S. 76.
[1060] Vgl. Knapp, K.: Interkulturelle Kommunikationsfähigkeit [1995], S. 15.
[1061] Vgl. Mead, R.: Cross Cultural Dimensions [1998], S. 160-162; Dülfer, E.: Internationales Management in unterschiedlichen Kulturbereichen [1996]; S. 266, Knapp, K.: Kommunikation [1996], S. 66-67.

Besprechungen eine wichtige Rolle bei der Kommunikation spielt.[1062] Unterschiedliche kulturelle Auffassungen gegenüber diesen Punkten können nicht nur im Kundenkontakt, sondern auch bei der Zusammenarbeit in der Bank zu Problemen führen. So kann mangelnde Pünktlichkeit von Mitarbeitern auch als Geringschätzung der wartenden Mitarbeiter aufgefaßt werden.

Auch wenn die angeführten Beschreibungen der Kulturausprägungen nur als Beispiele aufgefaßt werden dürfen, so erhalten interkulturelle Kommunikationssituationen dadurch ihre Komplexität, daß in einer spezifischen Situation gleichzeitig über die unterschiedlichen Kommunikationskanäle kommuniziert wird.[1063]

4.2.3.2 Kontextabhängigkeit des Kommunikationsstils

Auf die eingeschränkte Übertragbarkeit von Kulturdimensionen und Werten auf kulturspezifische Kommunikationsstile ist bereits hingewiesen worden. Kulturen können aber losgelöst von den zugrunde liegenden Werten hinsichtlich des Kommunikationsstils beurteilt bzw. eingeordnet werden, so daß es möglich ist, Problembereiche in der Interaktion zu erkennen, die auf dieses Kommunikationsmerkmal zurückzuführen sind.[1064]

In Anlehnung an *Hall* können Kulturkreise hinsichtlich der Grundeinstellungen zu Kommunikation nach ihrem Grad der Kontextabhängigkeit unterschieden werden.[1065] In Kulturen mit hoher Kontextabhängigkeit gelten die externe Umwelt und die jeweilige Situation der Kommunikation als sehr wichtig. Insbesondere die non-verbale Kommunikation spielt bezüglich der Schaffung, aber auch der Interpretation von Kommunikationsinhalten eine wesentliche Rolle. Die zu vermittelnde Information ist entweder dem physischen Kontext oder aber – da internalisiert – der Person selber zu entnehmen. Die Kommunikation ist eher indirekt und implizit, da die Mitglieder dieser Kulturen gelernt haben, Hintergrundinformationen anhand anderer Stimuli aus dem Kontext der Situation abzuleiten.[1066] Für Kulturen mit niedriger Kontextabhängigkeit wird Kommunikation eher direkt und explizit ausgeübt, da die Mitglieder weniger von der Vermittlung und Erkennung von non-verbalen Kommunikationsinhalten abhängig sind und der Großteil der zu vermittelnden Informationen im expliziten Sprachcode enthalten ist.[1067] Hieraus resultiert der Sachverhalt, daß unabhängig vom Grad der Kontextabhängigkeit durch die Verbindung von Kontext und Informati-

---

[1062] Vgl. Mead, R.: Cross Cultural Dimensions [1998], S. 150-151.
[1063] Vgl. Knapp, K.: Interkulturelle Kommunikationsfähigkeit [1995], S. 16.
[1064] Vgl. Knapp, K.: Interkulturelle Kommunikationsfähigkeit [1995], S. 16-17.
[1065] Vgl. Hall, E.T.: Beyond Culture [1976], S. 91-92.
[1066] Vgl. Mead, R.: Cross Cultural Dimensions [1998], S. 28-31; Hall. E.T.: Beyond Culture [1976], S. 91.
[1067] Vgl. Mead, R.: Cross Cultural Dimensions [1998], S. 28-31.

on die Bedeutung und Aussagekraft der gesamten Kommunikationssituation stets gleich hoch ist.[1068]

Auch wenn diese Unterscheidung von Kulturen auf Basis von qualitativ gewonnenen Erkenntnissen basiert und keine Rangordnung für Länder existiert, so können zumindest tendenziell Singapur, Malaysia und Vietnam als Kulturen mit hoher Kontextabhängigkeit, die Herkunftsländer der westlichen Banken wiederum als vorwiegend kontextunabhängige Kulturen beurteilt werden.[1069] Die Bedeutung der Kenntnis dieser Unterschiede ist bei der Kommunikation für die Zusammenarbeit in den Auslandsgesellschaften der Banken sehr hoch, da Mißverständnisse Auswirkungen auf den Geschäftserfolg sowie den Führungserfolg haben können. Darüber hinaus können tendenziell auch Erkenntnisse über die Art der Entwicklung von Geschäftsbeziehungen und von Verhandlungen gewonnen werden.

4.2.4 Fazit

Die vorangestellten Ausführungen zu Unterschieden in den Ausprägungen von Kulturdimensionen sowie zu potentiellen Konfliktbereichen in der interkulturellen Kommunikation von westlichen Banken und den Interaktionspartnern in den untersuchten Ländern zeigen den möglichen Umfang an Gestaltungsbedarf von interkulturellen Situationen auf. Dieser Bedarf soll anhand der in den folgenden Kapiteln untersuchten Interaktionen am jeweiligen länderspezifischen Markt der Auslandsgesellschaft sowie in der Auslandsgesellschaft problemorientiert konkretisiert und aufbereitet werden.

Im Rahmen der Untersuchung der Geschäftätigkeit in Singapur, Malaysia und Vietnam sind die relevanten branchenbezogenen Interaktionspartner in den Außen- und Innenbeziehungen der westlichen Banken bestimmt worden.[1070] Das nächste Kapitel beschäftigt sich mit den Außenbeziehungen der Auslandsgesellschaften in den spezifischen Ländermärkten.

4.3 Analyse der externen Interaktionsbeziehungen der Auslandsgesellschaft

4.3.1 Überblick

Die Betrachtung der interkulturellen Situationen am jeweiligen Ländermarkt, in der die Auslandsgesellschaften in branchenrelevanten Außenbeziehungen zu Geschäftspartnern stehen, umfaßt die Charakterisierung der Kundensegmente sowie die Ana-

---

[1068] Vgl. Hall, E.T.: Beyond Culture [1976], S. 102.
[1069] Vgl. Mead, R.: Cross Cultural Dimensions [1998], S. 28-31. Die Einordnung in kontextabhängige und kontextunabhängige Kulturen bedeutet nicht, daß die angeführten Länder ausschließlich Merkmale dieser dargestellten Extremausprägungen aufweisen. Es ist vielmehr davon auszugehen, daß jede Kultur grundsätzlich Merkmale beider Kulturtypen aufweisen kann.
[1070] Vgl. Kapitel 4.1.4.

lyse der direkten Interaktionsbeziehungen im Rahmen der Zusammenarbeit mit diesen Kunden. Darüber hinaus erfolgt eine Charakterisierung der indirekt die Geschäftstätigkeit der westlichen Banken beeinflussenden Interaktionspartner (Zentralbanken, Erwartungen der Öffentlichkeit) in Singapur, Malaysia und Vietnam.

Die Kundensegmente werden im Folgenden anhand der marketingorientierten Kriterien Allgemeine Charakteristika, Nachfragefähigkeit sowie Nachfragebereitschaft in Verbindung mit dem Interaktionsverhalten der Kundensegmente im Umgang mit der westlichen Bank untersucht.

Als Allgemeine **Charakteristika** werden Eigenschaften der Interaktionspartner bezeichnet, die für das Verständnis von Verhaltensweisen von Bedeutung sind (z.B. Management- und Eigentumsstrukturen der Firmenkunden).[1071] Diese Charakteristika werden in Verbindung mit der **Nachfragefähigkeit** dargestellt, die allgemein die wirtschaftlichen Voraussetzungen zur Inanspruchnahme bestimmter Bankmarktleistungen beschreibt. Die **Nachfragebereitschaft** kennzeichnet die Kundengruppen in der Zusammenarbeit mit den westlichen Banken hinsichtlich der Erwartungen und konkreten Verhaltensweisen in der Interaktion zwischen Kunde und Auslandsgesellschaft.[1072] Da die dieser Arbeit zugrunde liegende Forschungsfrage auf die Ermittlung von kulturellen Merkmalen sowie von interkulturellen Managementthemen abzielt, ist es methodisch erforderlich, Kulturindikatoren zu bestimmen.[1073] Kultur kann durch die Unterscheidung von Artefakte, Verhaltensweisen und Praktiken als wahrnehmbare Kulturausprägungen sowie grundlegende Normen und Werte operationalisiert werden.[1074] Die erforderlichen Kulturindikatoren beziehen sich in dieser Arbeit nur auf die wahrnehmbaren Kulturausprägungen, die um Aussagen zu den länderbezogenen Ausprägungen von Kulturdimensionen ergänzt werden. Die von den Gesprächspartnern wahrgenommenen interkulturellen Verhaltensweisen und Kulturausprägungen werden für die ausgewählten Segmente im Firmen- und Privatkundengeschäft jeweils gesondert dargestellt.

Die Beschreibung der indirekten Interaktionspartner, der Zentralbanken, erfolgt auf der Ebene der Charakterisierung des jeweiligen Marktauftrittes sowie Ausübung der Aufgaben und Funktionen aus Perspektive der Auslandsgesellschaften. Zur Vervollständigung der Erfassung der spezifischen Branchenumwelt wird eine Beschreibung der Erwartungen der Öffentlichkeit an die westlichen Banken und Möglichkeiten der Mitarbeit in branchenbezogenen Interessen angeführt.

[1071] Managementkulturen können gemäß der Abgrenzung von Kulturebenen als eine Sub-Kultur von Unternehmungskulturen in Kapitel 2.1.2.1 bezeichnet werden.

[1072] Vgl. Süchting, J.: Bankmanagement [1992], S. 426. Als Nachfragebereitschaft wird das Verhalten von Kunden als Reaktion auf absatzpolitische Maßnahmen verstanden.

[1073] Vgl. zur Notwendigkeit der Bestimmung von Kulturindikatoren auch Kapitel 2.4.3.1.

[1074] Zur Operationalisierbarkeit von Kultur vgl. Kapitel 2.4.2.

4.3.2 Firmenkundengeschäft mit lokalen Unternehmungen

Die lokalen Zielkunden im Firmenkundengeschäft der westlichen Banken lassen sich in große und mittelgroße Unternehmungen sowie SME unterscheiden. Die Abgrenzungen der lokalen Segmente bei den westlichen Banken sind nicht einheitlich. Übereinstimmend sollten die vorwiegend betreuten LLC (Large Local Corporations) die Kriterien internationales Geschäft (bspw. mit international tätigen Unternehmungen, regionale oder globale Geschäftsausrichtung), bestimmte Mindestumsatzgröße, und u.a. ein Maß an Kapitalmarktfähigkeit (z.B. Rating von lokalen Gesellschaften) sowie Geschäftspotential für die angebotene Produktpalette der Geschäftssegmente der Banken aufweisen.[1075] Die westlichen Banken fokussieren sich insgesamt im lokalen Firmenkundengeschäft (Commercial und Investment Banking) auf große Unternehmungen in Industriezweigen mit strategischer Bedeutung für das jeweilige Land. Je nach strategischer Ausrichtung der westlichen Banken werden auch kleinere Unternehmungen sowie SME betreut. Bei westlichen Banken mit Fokus auf das Wholesale-Geschäft erfolgt weiterhin die Auswahl der lokalen Kunden teilweise auf Basis von weiteren Anforderungen wie bspw. der Qualität der Bilanzierung. Hieraus entsteht ein Kundenportfolio, das sich im Geschäftsverhalten an international orientierten ‚best practice' Maßstäben für Professionalität im Bankgeschäft (z.B. Preisgestaltung, Stabilität der Kundenbeziehung) orientiert.[1076]

Zur Charakterisierung der ethnischen Chinesen als bedeutsame Gruppe an Zielkunden der westlichen Banken soll im Vorfeld die Art der Unternehmungsführung dieser Bevölkerungsgruppe als Beispiel für asiatisches Management dargestellt werden.

4.3.2.1 Unternehmungsführung der ethnischen Chinesen

Die Beschreibung von Managementkulturen kann aufgrund der bisher aufgezeigten Heterogenität gesellschaftlicher, politischer und wirtschaftlicher Strukturen in den untersuchten Ländern nicht als ‚eine' asiatische Managementkultur dargestellt werden. Als Charakteristikum der Unternehmungen von ethnischen Chinesen kann diese Managementkultur als eine in südostasiatischen Ländern typische Managementkultur aufgefaßt werden. Da die chinesischen Unternehmungen oftmals eine überragende wirtschaftliche Bedeutung in den Ländern haben, stellen sie Zielkunden im Firmenkundengeschäft der westlichen Banken dar.[1077] Die Unternehmungen der ethnischen Chinesen weisen aufgrund der historischen Entwicklungen in den Ländern gemeinsame strukturelle Merkmale in ihrer Geschäftskultur auf, ohne daß an dieser Stelle regionale Unterschiede negiert werden sollen.[1078] Die Abgrenzung dieser Geschäftskultur zu der von den Unternehmungen anderer ethnischer Gruppen bzw. von staatli-

---

[1075] Interviews Auslandsbanken in Singapur, Malaysia und Vietnam.
[1076] Interview Auslandsbank in Singapur.
[1077] Vgl. Mead, R.: Cross Cultural Dimensions [1998], S. 371; Nass, O.: Interkulturelles Management in Südostasien [1998], S. 40-42; Interviews ausländische Banken in Singapur und Malaysia.

chen Unternehmungen kann in Malaysia bzw. in Vietnam vor dem Hintergrund der Entstehung und Entwicklung erfolgen.[1079] Eine Studie in 1996 zu den Geschäftskulturen der ethnischen Chinesen im Vergleich zu den jeweils einheimischen Bevölkerungsgruppen in verschiedenen Ländern Südostasiens hat aufgezeigt, daß „…their considerable similarities are based on adaptation to similar environmental conditions, particularly the abundant opportunities for entrepreneurship, the utility of networks and relationships, and the natural environment of family-based enterprise in fast-growing underdeveloped but newly industrializing economies".[1080] Die ethnischen Chinesen haben jedoch ihr ‚Modell' in der Region entwickelt.[1081] Dieses ‚Modell' soll anhand der strukturellen Merkmale der Unternehmungsführung dargestellt werden.[1082]

Die Unternehmungen von ethnischen Chinesen, unter denen die Familienunternehmung die prägende Unternehmungsform darstellt, kann anhand der folgenden Kriterien charakterisiert werden:[1083]

- Enge Überlappung von Eigentum, Kontrolle und Familie aufgrund des generell hohen Grades an Kollektivismus,

- Organisation mit zentralisierter Entscheidungsfindung sowie extremer Orientierung auf die führende Unternehmerfigur,

- Einfache Organisationsstruktur mit kleinem Führungsteam,

- Persönliche Beziehungen als Basis für Verbindungen zu Lieferanten, Kunden und Banken innerhalb eines chinesischen Netzwerkes,

- Extremer Fokus auf Kosten und finanzielle Angelegenheiten.

Es können drei Arten von ethnisch chinesischen Unternehmungen unterschieden werden, die sich in die Zielkundensegmente der westlichen Banken einordnen lassen. Dem angeführten ‚Modell' entsprechen zunächst die großen Unternehmungs-

---

[1078] Vgl. Harianto, F.: Chinese Entrepreneurs [1997], S. 153.
[1079] Der Ausdruck Managementkultur und Geschäftskultur wird hier im weiteren synonym verwendet. Die lokalen Unternehmungen in Singapur sind ethnisch chinesisch geführte Unternehmungen.
[1080] Lim, L.Y.C.: Southeast Asian Business System [1996], S. 67.
[1081] Vgl. Mead, R.: Cross Cultural Dimensions [1998], S. 376. Dies bedeutet nicht, daß die anderen lokalen Unternehmungen keine eigenen Unternehmungsstrukturen und Geschäftskulturen entwickelt haben. So haben die Malayen auf Penang die kommerzielle Entwicklung der Insel beeinflußt.
[1082] Entgegen der allgemeinen Annahme des ‚angeborenen Unternehmertums' von Chinesen berichtet eine Studie, daß dies eher aus historisch-politischen Gründen als aus kulturellen Gründen entstanden ist, da die Chinesen aus den südlichen Regionen Chinas keinerlei Unternehmertum mit sich brachten, in den jeweiligen Ländern sich jedoch wirtschaftlich behaupten mußten. Vgl. Brook, T. / Luong, H.v.: Culture and Economy in a Postcolonial World [1997], S. 14-15.
[1083] Vgl. Harianto, F.: Chinese Entrepreneurs [1997], S. 144. Siehe auch Redding, G.S.: Spirit of Chinese Capitalism [1990], S. 143-146; Weidenbaum, M.: Bamboo Connection [1997], S. 35-41; Mead, R.: Cross Cultural Dimensions [1998], S. 381.

gruppen (Konglomerate) und einfacheren Unternehmungen im Familieneigentum, die oftmals regionales und internationales Geschäft betreiben.[1084] Als weitere Gruppe kommen Familienunternehmungen in der Größe von SME hinzu, die durch eine hohe Flexibilität und Effizienz gekennzeichnet sind und durch laufende Neugründungen die Basis für die wirtschaftliche Entwickung in vielen Ländern darstellen. Eine Art ‚Hybrid' stellen die regierungsnahen großen Firmen in Singapur dar, die von Singapur-Chinesen geführt werden.[1085]

Wesentliche Handlungsmaxime des Managements sind Paternalismus und Personalismus.[1086] Der Führungsstil in einer chinesischen Unternehmung kann als eher autoritär bezeichnet werden und das existierende Senioritätsprinzip geht mit entsprechenden hierarchischen Strukturen in der Unternehmung einher. Ausdruck des paternalistischen Systems, das auf konfuzianische Werte zurückgeführt werden kann und gleichzeitig für hohe Machtdistanz steht, ist vor allem die Konzentration auf den engen Familienkreis.[1087] Eine Struktur von konzentrischen Kreisen (Abbildung C/4-5), die die strenge Hierarchisierung innerhalb der Familie und eine klare Abgrenzung zu externem Management ermöglichen, wird bei einer auf Wachstum ausgerichteten Unternehmungsstrategie unterbrochen bzw. aufgeweicht, da die erforderlichen Managementkapazitäten oftmals außerhalb des Familienkreises rekrutiert werden müssen. Diese Abstufung zeigt eine abnehmende Beziehungsqualität und -bedeutung hinsichtlich der bspw. gegenseitigen Verpflichtungen an. Für die Finanzierung des Unternehmungswachstums stellt sich die gleiche Problematik, da eine Erweiterung des Eigentümerkreises bis zur Aufnahme von Minderheitsaktionären oder Entstehung einer Publikumsgesellschaft geschaffen werden müssen.[1088]

[1084] Zur Entstehung der ethnisch chinesisch geführten Banken in der Region vgl. Kapitel 3.3.1.

[1085] Vgl. Redding, G.S.: Ethnic Chinese Business System [1998], S. 49-50.

[1086] Vgl. Redding, G.S.: Ethnic Chinese Business System [1998], S. 50.

[1087] Vgl. Mead, R.: Cross Cultural Dimensions [1998], S. 383; Trompenaars, F. / Hambden-Turner, C.: Riding the Waves of Culture [1997], S. 158-166. Vgl. Kapitel 4.2.1. Die drei Länder haben insgesamt jeweils hohe Ausprägungen für die Kulturdimension Machtdistanz.

[1088] Zu den Strukturen und Charakteristika der Unternehmungskonglomerate von Auslandschinesen siehe auch Mackie, J.: Southeast Asian Chinese [1998], S. 140-141.

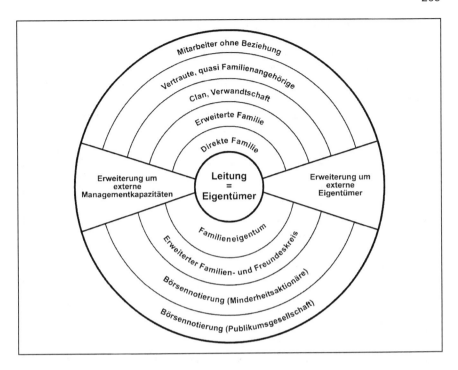

Abbildung C/4-5:   Entwicklungsstufen von Management- und Eigentumsstruktur ethnisch chinesischer Unternehmungen[1089]

Basis für die wirtschaftliche Entwicklung sind neben den Verbindungen innerhalb der Familie und der Unternehmungsgruppe die Beziehungen zur Regierung bzw. einfluß-reichen politischen Stellen, zu anderen Familienunternehmungen aus der gleichen oder anderen Branchen innerhalb des etablierten Netzwerkes sowie die Beziehungen zu ausländischen Unternehmungen.[1090] Dieses Netzwerk basiert vorwiegend auf Vertrauen durch die starke Personalisierung von Geschäftsbeziehungen.[1091] Die westlichen Banken gehören zur Gruppe der ausländischen Unternehmungen, so daß die folgenden Darstellungen zum Firmen- aber auch zum Privatkundengeschäft Hinweise darauf geben, welche Aspekte bei der Zusammenarbeit mit ethnisch chinesischen Unternehmungen von Bedeutung sind.

[1089] In Anlehnung an Westwood, R.: Harmony and Patriarchy [1997], S. 462-463.
[1090] Vgl. Harianto, F.: Chinese Entrepreneurs [1997], S. 144. Siehe auch Becker, G.M.: Kreditmanagement in Emerging Markets [1998], S. 155.
[1091] Vgl. Redding, G.S.: Ethnic Chinese Business System [1998], S. 50.

264

4.3.2.2 Kulturindikatoren im Firmenkundengeschäft

Bei der Zusammenarbeit mit den Zielkundensegmenten haben die Gesprächspartner die Geschäftskultur und die Interaktion mit den Kunden im Bankgeschäft in ihren Ausprägungen wahrgenommen, die den nachfolgend in Tabelle C/4-6 aufgeführten Kulturindikatoren zugeordnet werden können.[1092] Diese dienen der Strukturierung der jeweils länderspezifischen Ausprägungen, ohne diese jedoch zu verallgemeinern.

	Kulturindikatoren	Singapur	Malaysia	Vietnam
Person	• Stellenwert von Beziehungen	X	X	X
	• Religion		X	
	• Erwartungen an die Bank, Manager und Mitarbeiter	X	X	X
Unternehmung	• Auswahl von Banken und Loyalität	X	X	X
	• Risikoverständnis		X	X
	• Transparenz in der Geschäftsverbindung	X	X	X
	• Adaption internationaler Geschäftspolitik	X	X	X

Tabelle C/4-6:   **Kulturindikatoren im lokalen Firmenkundengeschäft[1093]**

Es zeigt sich, daß nicht alle Kulturindikatoren in allen Ländern spezifische Ausprägungen aufweisen, die von den Gesprächspartnern als relevant erachtet worden sind. Bspw. ist der religiöse Einfluß auf die Zusammenarbeit nur in Malaysia für das Bankgeschäft als bedeutsam empfunden worden. Die angeführten Kulturindikatoren können jedoch in der angegebenen Reihenfolge in personenbezogene und in unternehmungsbezogene Wertvorstellungen und Praktiken eingeordnet werden, die gemeinsam die interkulturelle Zusammenarbeit mit der westlichen Bank bzw. dem westlichen Management der Bank determinieren. Die Ausführungen zu den länderspezifischen Ausprägungen der Kulturindikatoren erfolgen anhand der einzelnen Länder.

[1092] Interviews Auslandsbanken in Singapur, Malaysia und Vietnam.
[1093] Quelle: Eigene Darstellung.

4.3.2.3 Firmenkundengeschäft in Singapur

4.3.2.3.1 Charakterisierung und Nachfragefähigkeit

Im März 1999 sind in Singapur insgesamt ca. 248.000 Unternehmungen registriert gewesen, davon sind ca. 1.900 Unternehmungen ausländischer Herkunft.[1094] Der Markt der Firmenkunden in Singapur ist bei den großen Unternehmungen insgesamt durch eine hohe Internationalität geprägt, was auf die Strategie der Förderung der Entwicklung des Landes durch die Kombination von staatlichen bzw. staatsnahen Unternehmungen und international tätigen Unternehmungen im Land zurückzuführen ist.[1095] Von den in den Sektoren Produktion, Handel und Dienstleistungen tätigen lokalen Unternehmungen können ca. 91% der Größenordnung von kleinen und mittleren Unternehmungen (SME) und 1% den großen Unternehmungen zugerechnet werden.[1096] Die lokalen Unternehmungen lassen sich anhand der Übersicht in Abbildung C/4-6 beschreiben.[1097]

[1094] Auskunft des Registrar of Companies, Singapore [1999]. Bezogen auf die TOP 1000 in Singapur tätigen Unternehmungen stammten in 1997 428 Unternehmungen aus Singapur und 578 Unternehmungen waren internationaler Herkunft. Die Rangordnung der Unternehmungen ergibt sich auf Basis des Umsatzes im Finanzjahr 01. April 1997 bis 31. März 1998. Vgl. DP Information Network: Singapore 1000 [1999], S. 134-154. Von den im Jahr 1999 an der (ehemals) Singapore Stock Exchange insgesamt 269 notierten Unternehmungen sind 38 Unternehmungen ausländischer Herkunft. Vgl. Stock Exchange Singapore: Listed Companies [1999], http://www.ses.sg.

[1095] Vgl. Low, L.: Government-made Singapore [1998], S. 154-156.

[1096] Vgl. Ministry of Trade and Industry: Economic Survey of Singapore 1998 [1999], S. 70-72. Diese zuletzt verfügbaren Daten beziehen sich auf 1996. Es liegen keine Angaben zu den Rechtsformen vor.

[1097] Auskunft Registrar of Companies Singapore [1999]; vgl. Stock Exchange Singapore: Listed Companies [1999], http://www.ses.sg; Low, L.: Government-made Singapore [1998], S. 159-164. Die SME in Singapur umfassen lt. den Angaben registrierte Einzelunternehmungen und Personengesellschaften. Alle Angaben beziehen sich auf die in Singapur registrierten Unternehmungen.

266

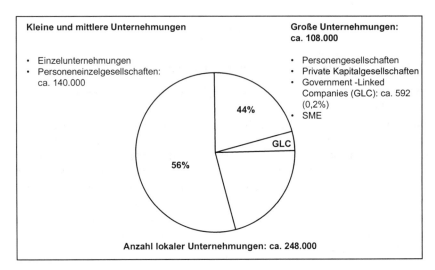

| Kleine und mittlere Unternehmungen | Große Unternehmungen: ca. 108.000 |

Kleine und mittlere Unternehmungen

• Einzelunternehmungen
• Personeneinzelgesellschaften:
  ca. 140.000

Große Unternehmungen:
ca. 108.000

• Personengesellschaften
• Private Kapitalgesellschaften
• Government -Linked
  Companies (GLC): ca. 592
  (0,2%)
• SME

44%

56%

GLC

Anzahl lokaler Unternehmungen: ca. 248.000

Abbildung C/4-6: Marktstruktur lokaler Unternehmungen in Singapur[1098]

Die Zielkundensegmente im lokalen Firmenkundengeschäft der westlichen Banken umfassen die Government-Linked Companies (GLC), private Unternehmungen (teilweise von großen asiatische Familien) sowie vereinzelt die lokalen SME. Die ca. 592 GLC in Singapur sind Tochtergesellschaften (91) und verbundene Unternehmungen (501) der vier staatlichen Holding-Unternehmungen sowie der 21 staatlichen sog. ‚Statutory Boards',[1099] die die Wirtschaft Singapurs wesentlich prägen.[1100] Die GLC in der Form von Kapitalgesellschaften sind teilweise über Börsengänge privatisiert worden. Kennzeichnend ist, daß die GLC gewinnorientiert wie private Unternehmungen agieren, meistens eine starke Finanzkraft aufweisen und die Geschäftsaktivitäten oftmals spezielle Aufgaben oder Projekte der Regierung umfassen.[1101]

Nach Berücksichtigung der börsennotierten GLC stellt der lokale Markt an börsennotierten Unternehmungen einen relativ kleinen Markt dar.[1102] Die privaten Unternehmungen sind vorwiegend ethnisch chinesische Unternehmungen (Kapitalgesellschaften, Personengesellschaften, Einzelunternehmungen) die gemäß der beschriebenen

[1098] Quelle: Eigene Darstellung.
[1099] Vgl. Low, L.: Government-made Singapore [1998], S. 163.
[1100] Vgl. International Trade Administration: Big Emerging Markets [1995], S. 181. Im Jahr 1995 konnten 44% der Wirtschaftsleistung auf GLC zurück geführt werden.
[1101] Vgl. International Trade Administration: Big Emerging Markets [1995], S. 181.
[1102] Quantitative Angaben sind nicht möglich, da mit Informationen zu GLC in Singapur sehr restriktiv umgegangen wird. Vgl. Low, L.: Government-made Singapore [1998], S. 159-164. Die lokalen börsennotierten Unternehmungen haben einen Umsatz zwischen 8 Mrd. und 65 Mio S$. Ein Promising Local Enterprises (PLE) Programm fördert lokale Unternehmungen mit dem Ziel, zwischen 1995 und 2000 ca. 100 PLE mit einem Umsatz von jeweils über 100 Mio. S$ zu schaffen.

Geschäftskultur der ethnischen Chinesen charakterisiert werden können. Dies gilt weitestgehend auch für die als ‚Hybrid' beschriebenen GLC, die von ethnischen Chinesen geführt werden.[1103]

4.3.2.3.2 Nachfragebereitschaft und Interaktionsverhalten

* Stellenwert von Beziehungen

Allgemein kann für das Geschäftsgebaren von Asiaten in Singapur festgestellt werden, daß „one of the things which have to be learnt is relationship first, business later".[1104] So wird bei einer gleichzeitig starken Ausrichtung der großen ethnisch chinesisch geführten Unternehmungen an internationales Geschäft der Stellenwert der Beziehung von Kunde und Bank als sehr hoch eingeschätzt. Die lokalen Unternehmungen (GLC und private Unternehmungen) legen großen Wert auf die persönlichen Beziehungen zur den Kontaktpersonen (hier: Managementebene) in der westlichen Bank, die über die rein geschäftliche Beziehung hinausgehen und als ‚Schlüsselfaktor' im Bankgeschäft zu bezeichnen sind.[1105] Die Erwartungen und Verhaltensweisen für die Gestaltung dieser Beziehung können auch bei den großen lokalen Kunden in chinesischem Eigentum bzw. chinesischer Führung unterschiedlich sein. Hierbei ist zu unterscheiden zwischen der Geschäftsbeziehung auf der Ebene Unternehmung - Bank und der persönlichen Beziehung auf der Ebene des jeweiligen Managements bzw. der jeweils im operativen Geschäft einbezogenen Bank- und Kundenmitarbeiter.[1106] Diese extrem personenbezogene Ausrichtung kann mit dem niedrigen Wert der Unsicherheitsvermeidung des ethnisch chinesisch dominierten Singapur erklärt werden, der in der dargestellten Art der Zusammenarbeit von chinesischen Unternehmungen zum Ausdruck kommt.

Neben der Bedeutung des Aufbaus eines persönlichen, langfristigen Vertrauensverhältnisses zur Bank spiegelt sich der Stellenwert des Senioritätsprinzips bei der Gestaltung der Geschäftsbeziehung im folgenden Beispiel wider:

„Bei einem Treffen sprach der chinesische Geschäftsinhaber kein Englisch, so daß der ausländische Bankmanager und der Geschäftsinhaber sich während des Gespräches nur angelächelt haben. Das Treffen ist von einem Übersetzer geleitet worden und positiv verlaufen. Der Geschäftsinhaber wollte den ranghöchsten Repräsentanten der ausländischen Bank sehen. ... Dieser Kunde macht auf dieser Basis bereits seit langer Zeit Geschäfte mit der Bank und hat ein Vertrauensverhältnis aufgebaut."[1107]

[1103] Vgl. Kapitel 4.3.2.1.
[1104] Interview Auslandsbank in Singapur.
[1105] Interview Auslandsbank in Singapur.
[1106] Interviews Aulandsbank in Singapur.
[1107] Interview Auslandsbank in Singapur.

Diese kulturellen Werte werden insbesondere am Beginn einer persönlichen Beziehung im Bankgeschäft sehr gepflegt, wobei die Abstimmung des persönlichen Verständnisses, die Schaffung von Vertrauen sowie die Sozialisierung wesentliche Bausteine sind. Das Beispiel verdeutlicht auch die hohe Bedeutung des Kontextes, in dem das Treffen stattgefunden hat, und die Bedeutung der Beziehungsebene in der Kommunikation. Wird die Gestaltung der Beziehung allerdings nicht (kultur-)adäquat vorgenommen, dann können die Erwartungen der Bank auf Geschäftsabschlüsse sowie die langfristige Geschäftsbeziehung und -entwicklung unterlaufen werden.[1108] Die geschäftspolitische Bedeutung der persönlichen Beziehung kann daher für die westliche Bank bzw. für das westliche Management als wesentliches Element der Geschäftsbeziehung in Singapur angesehen werden.

- Erwartungen an die Bank, Manager und Mitarbeiter

Grundsätzlich verlangen die lokalen Firmenkunden in Singapur einen aufmerksamen Betreuungsansatz, der eine kulturelle Sensibilität der für Kunden bedeutsamen Ereignisse (z.b. Feiertage der verschiedenen ethnischen Bevölkerungsgruppen) umfaßt.[1109] Auf der anderen Seite ist es in Singapur – bezogen auf große lokale Firmen – nach Erfahrung der Manager weniger entscheidend für die asiatischen Geschäftspartner, daß die lokalen Gepflogenheiten wie bspw. das Gesicht zu wahren oder überreichte Geschenke erst nach der Veranstaltung auszupacken, von den westlichen Managern beherrscht werden. Die ethnischen Chinesen in Singapur sind gegenüber den ausländischen Managern tolerant und akzeptieren ein notwendiges Aufeinanderzugehen der Kulturen zum gleichen Teil wie die ausländischen Manager selber.[1110] Grund ist, daß die im internationalen Geschäft tätigen Firmen bereits zunehmend stark internationale Verhaltensweisen im Sinne von Unternehmungspraktiken angenommen haben. Dies kommt in Singapur daher, daß sich die Geschäftsleute selber im Umgang mit fremden Kulturen bereits weiter entwickelt haben.[1111] Der Stellenwert des lokalen Protokolls kann daher im Umgang mit den betrachteten großen, international orientierten ethnisch chinesischen Unternehmungen als weniger relevant als in anderen Ländern bezeichnet werden.[1112] Die Einhaltung des Protokolls wie bspw. zum chinesischen Neujahrsfest Orangen zu überreichen, wird eher von den lokalen Mitarbeitern der westlichen Bank erwartet.[1113] Diese Differenzierung weist darauf hin, daß kulturelle Werte und Praktiken sich nicht gewandelt haben, bezogen auf den Umgang mit westlichen Kulturkreisen aber das eigenkulturelle Verhalten von international orientierten Singapurern hinsichtlich der Ausübung von kulturellen Praktiken scheinbar zurückgenommen wird.

[1108] Interview Auslandsbank in Singapur.
[1109] Interview Auslandsbank in Singapur.
[1110] Interview Auslandsbank in Singapur.
[1111] Interview Auslandsbank in Singapur.
[1112] Interview Auslandsbank in Singapur.

- Auswahl von Banken und Loyalität

Neben der Art und Intensität der Beziehung zur westlichen Bank werden je nach Alter und Größe der lokalen Unternehmung bei zunehmender Entwicklung und Professionalisierung des Managements auch ‚professionelle' Kriterien für die Auswahl von Banken wichtig: die Formulierung von eindeutigen Produkt- und Serviceansprüchen geht einher mit einer wachsenden Bedeutung der Preisgestaltung.[1114] Der Unterschied bei den Kriterien zur Auswahl der Bank zwischen einer ausländischen, international tätigen Unternehmung und einer lokalen Unternehmung in Singapur zeigt sich darin, daß die international tätige Unternehmung auf die Erzielung von Vorteilen aus der gesamten globalen Geschäftsbeziehung bedacht ist, während der lokale Kunde gemäß seiner Bedürfnisse zunächst einmal offen einen Vergleich der angebotenen Bankleistungen am Markt vornimmt und anhand der Kriterien Struktur, Kompetenz und Preis versucht, einen Vorteil durch Fokussierung auf einen einzelnen Geschäftsabschluß zu gewinnen.[1115] Ein Grund für dieses Vorgehen ist auch, daß in der Region nicht das Prinzip der Hausbank existiert, die durch das Angebot einer Universalbank alle Bankdienstleistungen anbieten kann.[1116] Der lokale Firmenkunde ist daher in der Situation, mit mehreren Banken zusammenarbeiten zu müssen, so daß der Firmenkunde in Singapur Testgeschäfte – auch für den Leistungsvergleich – mit verschiedenen Banken abschließt.[1117] Letztendlich ist für diesen Geschäftsabschluß jedoch auch wieder die persönliche Beziehung zu diesen Banken ausschlaggebend.

- Transparenz der Geschäftsverbindung

Die Transparenz der Geschäftsverbindung hängt sowohl von der Qualität der Geschäftsbeziehung als auch von der dargestellten Geschäftskultur der ethnisch chinesisch geführten lokalen Unternehmung ab.

Für die lokalen Firmenkunden gilt, daß wenn diese eine lokale oder ausländische Bank als einen Geschäftspartner (im Sinne einer Key-Bank) betrachten, die die Unternehmung in Singapur unterstützt, dann sind diese Unternehmungen grundsätzlich bereit, mehr Informationen an diese Bank zu geben als an Nicht-Key Banken.[1118] Darüber hinaus läßt sich hier zwischen dem Verhalten von GLC und Familienunter-

---

[1113] Interview Auslandsbank in Singapur.
[1114] Interview Auslandsbank in Singapur.
[1115] Interview Auslandsbank in Singapur.
[1116] Dies entspricht der Ausrichtung der lokalen Banken in Singapur, sich zu Universalbanken zu entwickeln.
[1117] Interview Auslandsbank in Singapur.
[1118] Allgemein lassen sich aus der Sicht von international tätigen Unternehmungen drei Arten von Beziehungen zu Banken unterscheiden: Die Hausbank ist als Anbieter aller Finanztransaktionen einer Unternehmung in Asien nicht bekannt. Eine Key-Bank umfaßt eine Gruppe von max. drei Banken, die sich hinsichtlich Betreuung und Leistungsangebot für den spezifischen Kunden deutlich von den Wettbewerbern differenzieren. Die Core-Bank ergänzt diese Bankengruppe auf max.

nehmungen (große Unternehmungen und SME) unterscheiden: bei der Zusammenarbeit eines (lokalen) Kundenbetreuers einer westlichen Bank mit einer GLC ist diese unabhängig von der Beziehung grundsätzlich bereit, nur den Umfang an Informationen herauszugeben, den die GLC für die Geschäftsbeziehung erforderlich hält. Bei asiatischen Familienunternehmungen bzw. privaten Unternehmungen aus Singapur hingegen ist die Art und Intensität einer persönlichen oder aber auch formalen Beziehung zum Hauptentscheidungsträger der Kundenunternehmung für den Kundenbetreuer von Bedeutung. Auf dieser Basis wird seitens der Unternehmung entschieden, wieviele Informationen der Bank zur Verfügung gestellt werden.[1119]

Die Qualität der Rechnungslegung sowie das Ausmaß an Transparenz ist – wie bereits für die lokalen Banken dargestellt – in Singapur niedriger als in entwickelten, westlichen Märkten. Es ist daher für das Bankgeschäft von großer Bedeutung, die Menschen (Manager, Eigentümer) hinter den lokalen Unternehmungen kennenzulernen, um diese beurteilen zu können.[1120] Diese Vorgehensweise wird als einer der größten Kontraste zwischen der herrschenden Managementkultur in Singapur und den westlichen Managementkulturen empfunden. Es ist aber laut der befragten Manager – jeweils im Hinblick auf die bedienten Kundensegmente und auf die Größe der Unternehmungen – ein langsamer Wandel festzustellen. Der kulturell geprägte Umgang mit Informationen wird durch die internationalen Anforderungen an die *Praktiken* der Geschäftspartner beeinflußt.

- Adaption internationaler Geschäftspraktiken

Die Firmenkunden in Singapur sind sehr stark bemüht, sich internationalen Standards und Usancen anzupassen; durch die Präsenz von international tätigen Banken können diese Standards in die Praxis des Geschäftsgebarens integriert werden.[1121] Hinzu kommt, daß die lokalen Firmen in Singapur mit internationalem Geschäft in ihrem Geschäftsgebaren bereits internationalisierter als andere Länder in der Region sind. Zum einen werden die Anforderungen von westlichen Banken an die Offenlegung von Geschäftsunterlagen und Qualität der Rechnungslegung akzeptiert, zum anderen die durch die lokalen Regularien hervorgerufenen Restriktionen für die Geschäftstätigkeit von westlichen Banken in Singapur verstanden.[1122]

Die Relevanz von kulturellen Besonderheiten der Geschäftspraktiken im Umgang mit Firmenkunden in Singapur ist daher hinsichtlich der Stärke des Engagements der jeweiligen Firmen im internationalen Geschäft differenziert zu betrachten.

---

10 Banken, die auch im Land tätige Auslandsbanken umfassen können. Vgl. Kern, H.: Relationship Management [1999], S. 65-66.

[1119] Interview Auslandsbank in Singapur.
[1120] Interview Auslandsbank in Singapur.
[1121] Interview Auslandsbank in Singapur.

Je mehr auf den lokalen Markt fokussierte Unternehmungen im Kundenportfolio der Bank enthalten sind, desto mehr werden stark lokal geprägte, kulturelle Werte und Praktiken für die Kundenbeziehung bedeutsam.[1123] Gleichzeitig wird die Anpassung der Verhaltensweisen der westlichen Bank wesentlich stärker gefordert. Die Erwartungen der ausländischen Banken an die lokale Kundschaft in Singapur bedeuten umgekehrt, daß internationale Standards die Grundlage für die Geschäftätigkeit sein sollen. Diese Forderung bzw. diese Erwartung an einen Verhaltenswandel im Umgang mit Banken kann an die Firmenkunden herangetragen werden, wenn es sich um internationale Produkte handelt, die die lokalen Banken aufgrund ihrer Leistungsfähigkeit nicht anbieten können.[1124]

Es hat sich in den Expertengesprächen in Singapur gezeigt, daß die westlichen Vertreter der Auslandsgesellschaften je nach Definition des Zielsegmentes im Sinne von Markttiefe (lokales Geschäft, Größe der Unternehmung) das Ausmaß an Bedeutung von Kultur (insbesondere auf die Praktiken bezogen) unterscheiden, jedoch segmentübergreifend im Firmenkundengeschäft die Bedeutung der kulturellen Werte in der Zusammenarbeit bestätigt haben.

4.3.2.4 Firmenkundengeschäft in Malaysia

4.3.2.4.1 Charakterisierung und Nachfragefähigkeit

Die Eigentumsstruktur der Unternehmungen in Malaysia ist analog der Struktur am lokalen Bankenmarkt von malaiischen, chinesisch-malaysischen, Regierungsunternehmungen und ausländischen Unternehmungen gekennzeichnet. Von den insgesamt ca. 1,5 Mio Unternehmungen sind ca. 474.000 in der Rechtsform äquivalent zu Gesellschaften mit beschränkter Haftung, sowie ca. 1 Mio Unternehmungen als Einzelunternehmer und Personengesellschaften registriert (Abbildung C/4-7). Die malaysischen Regierungsunternehmungen bzw. regierungsnahen Unternehmungen gehören zu den größten Unternehmungen im Land, [1125] gleichzeitig haben sich im Jahr 1990 ca. 70% der SME in chinesischem Eigentum befunden.

[1122] Interview Auslandsbank in Singapur.
[1123] Interview Auslandsbank in Singapur.
[1124] Interview Auslandsbank in Singapur.
[1125] Auskunft Registrar of Companies, Malaysia [1999]. Zur Anzahl der Regierungsunternehmungen sind keine Angaben gemacht worden. Die Angaben sind für Februar 1999. In 1999 waren insgesamt 25 ausländische und 714 lokale Unternehmungen an der Börse notiert. Vgl. International Federation of Stock Exchanges: Statistics [2000], http://www.fibv.com.fra.

272

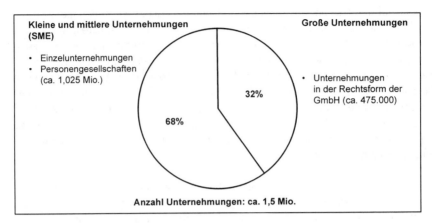

Abbildung C/4-7:   Marktstruktur lokaler Unternehmungen in Malaysia[1126]

Die Eigentümerstruktur der lokalen Unternehmungen in der Rechtsform der Aktiengesellschaften hat sich durch die Implementierung der NEP seit 1970 stark verändert
(Tabelle C/4-7).

	1969	1970	1975	1980	1985	1990	1995
Bumiputras/Bumiputra-Treuhandgesellschaften	1,5	2,4	9,2	12,5	19,1	19,2	20,6
Ethnische Chinesen	22,8	27,2	n. a.	n. a.	33,4	45,5	40,9
Inder	0,9	1,1	n. a.	n. a.	1,2	1,0	1,5
"Vorgeschobene" Unternehmungen"	2,1	6,0	n. a.	n. a.	1,3	8,5	8,3
Lokal-kontrollierte Unternehmungen	10,1	–	–	–	7,2	0,3	1,0
Ausländische Anteilseigner	62,1	63,4	53,3	42,9	26,0	25,4	27,7

Tabelle C/4-7: Eigentumsstrukturen am Aktienkapital nach ethnischen Gruppen in Malaysia[1127]

[1126] Quelle: Eigene Darstellung.
[1127] Quelle: In Anlehnung an Economic Planning Unit Malaysia: Third Malaysia Plan [1976], Seventh Malaysia Plan [1996]. Angaben jeweils in Prozent des Aktienkapitals in Malaysia im betreffenden Jahr.

Den Angaben zufolge ist der Anteil von Bumiputras am Aktienkapital von Unternehmungen von 1,5% auf 20,6% gestiegen. Dies entspricht zwar nicht der ursprünglichen Zielsetzung von 30% Anteil am Unternehmungskapital, wird aber im Land positiv gewertet.[1128] Der Anteil des von ethnischen Chinesen gehaltenen Aktienkapitals
hat sich von 1970 bis 1995 mehr als verdoppelt, wobei seit 1990 wieder ein Rückgang zu verzeichnen ist.[1129] Diese Entwicklung ging zu Lasten der Anteilseigner-
schaft von vorwiegend ausländischen Investoren.

Diesen Eigentümerstrukturen der Unternehmungen sollen vor dem Hintergrund der
ethnischen Strukturen und der politischen Motivation die jeweiligen Managementstrukturen gegenübergestellt werden (Abbildung C/4-8), so daß die tatsächliche Einflußnahme und Kontrolle der Unternehmungen aufgezeigt werden kann.[1130]

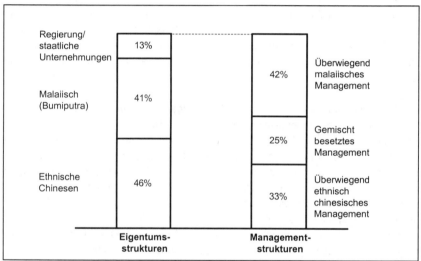

Abbildung C/4-8: Eigentums- und Managementstruktur der lokalen Unternehmungen in
Malaysia[1131]

Von den lokalen Unternehmungen sind 13% Regierungs- bzw. staatliche Unternehmungen, 41% Bumiputra- und 46% ethnisch chinesisch-dominierte Unternehmun-

---

[1128] Die Ziele der NEP bzw. NDP bleiben hinsichtlich dieser Zielgröße weiterhin gültig.

[1129] Diese Zahlen der Regierung werden allerdings seitens der chinesischen Gemeinschaft in Malay-
sia in Frage gestellt und für zu hoch eingeschätzt. Vielmehr wird davon ausgegangen, daß die
Anteile der Nominee Companies als ‚vorgeschobene Unternehmungen' ebenfalls den Bumiputra-
Anteilen hinzuzurechnen sind. Vgl. Gomez, E.T.: Chinese Business [1999], S. 2-3.

[1130] Diese Analyse wurde examplarisch am Beispiel der 50 umsatzstärksten Unternehmungen in Malaysia für das Geschäftsjahr 1997/1998 (46 lokale Unternehmungen, 4 ausländische Unternehmungen) durchgeführt. Hinsichtlich der Rangfolge sind die Unternehmungen durch Umsatzgrößen
zwischen 900 Mio. DM und 6,5 Mrd. gekennzeichnet. Vgl. Kuala Lumpur Stock Exchange: KLSE
Annual Handbook 1997 [1998].

[1131] Quelle: Eigene Darstellung.

gen. Die Managementstrukturen dieser Unternehmungen sind in der Vergangenheit stärker gemischt worden und daher anders gewichtet: so sind 42% des Managements überwiegend von Malayen, 33% überwiegend von chinesischen Malaysiern und 25% von Malayen und ethnisch chinesischen Malaysiern besetzt.[1132] Es ist jedoch zu berücksichtigen, daß durch die Implementierung der NEP in Malaysia viele politisch-verbundene Individuen in Managementpositionen aufgestiegen sind.[1133] Diese Konstellation kann dazu führen, daß die Entscheidungsträger im Unternehmen als relevante Ansprechpartner nicht immer direkt von den westlichen Banken identifiziert werden können, da die Position von Eigentümern und Management nach außen nicht sichtbar ist. Diese Strukturen sind jedoch im Rahmen der Betreuung der Unternehmungen von Bedeutung.

Zielkunden der westlichen Banken in Malaysia sind die großen lokalen Unternehmungen und öffentliche Auftraggeber; hinzu kommt das Segment der SME.[1134] Einige der westlichen Banken sind aufgrund von historischen Entwicklungen oder aber aufgrund der Internationalität der Geschäfte oftmals mehr mit ethnisch chinesisch dominierten Unternehmungen – in unterschiedlichen Größenordnungen – in Geschäftsverbindung.[1135]

Die lokalen Firmenkunden haben gemäß der Angaben der westlichen Banken in der Vergangenheit keine hochentwickelten Produkte (z.B. Kapitalmarktprodukte) in Anspruch genommen. Dies geht einher mit dem Entwicklungsstand des Marktes für Schuldverschreibungen, da keine nennenswerten Alternativen zur Aufnahme von Fremdkapital bei Banken bestanden haben. Die Finanzierungen der großen malaysischen Unternehmungen sind vorwiegend durch einfache Kreditstrukturen gekennzeichnet. Trotzdem es Entwicklungen in der Nachfrage nach anspruchsvolleren Produkten gibt, entspricht dies nicht der durchschnittlichen Inanspruchnahme der Unternehmungen an Bankmarktleistungen. Nur ca. 20% der lokalen Unternehmungen nehmen lt. Einschätzung einer westlichen Bank höher entwickelte im Sinne von anspruchsvolleren Produkten in Anspruch.[1136] Im Segment der SME wird die Unternehmensfinanzierung auch weiterhin aus einfachen Bankkrediten bestehen.[1137]

[1132] Hintergrund dieser Strukturen ist, daß die NEP nicht nur die Anforderungen hinsichtlich der Eigenkapitalstruktur, sondern auch für die Besetzung des Managements bzw. des Board of Directors definiert. Im Management lokaler Unternehmungen sind vereinzelt auch Inder und Nicht-Malaysier zu finden.

[1133] Vgl. hierzu Gomez, E.T.: Chinese Business [1999], S. 3 sowie eine Übersicht zu prominenten Bumiputra-Direktoren S. 24-25.

[1134] Interviews Auslandsbanken in Malaysia.

[1135] Interview Auslandsbank in Malaysia.

[1136] Interview Auslandsbank in Malaysia.

[1137] Interview Auslandsbank in Malaysia. Bis vor einigen Jahren war eine Zusammenarbeit mit den lokalen SME nicht möglich, da dieses Marktsegment bspw. keinen Gebrauch von Personal Computern machte.

4.3.2.4.2 Nachfragebereitschaft und Interaktionsverhalten

In Malaysia stellen die kulturellen Unterschiede der ethnischen Gruppen auch Unterschiede in der Zusammenarbeit mit den westlichen Banken dar. Zudem sind einige Unterschiede im Verhalten von lokalen Geschäftspartnern auf religiöse Ursachen sowie auf Aspekte aus den angeführten politischen und ethnischen Strukturen in Malaysia zurückzuführen. „...As far as banking is concerned, of course the bank has to deal with a Chinese in a different way than with a Bumiputra. But it is not different from anywhere else in the world that these ethnic groups are different people with different cultures, ... so it is a matter of fact and not an issue the bank can not cope with".[1138] In Bezug auf die nachfolgenden Kulturindikatoren lassen sich für Malaysia einige Unterschiede zwischen den ethnischen Gruppen, aber in Bezug auf Regionen im Land herausstellen.

- Stellenwert von Beziehungen

Der Stellenwert der persönlichen Beziehungen ist bei allen lokalen Unternehmungen in Malaysia, unabhängig von der ethnischen Herkunft, sehr hoch.[1139] Die Geschäftsbeziehung Bank zu Kundenunternehmung wird im Verhältnis zur Bedeutung der persönlichen Geschäftsbeziehungen zwischen den Entscheidungsträgern als von untergeordneter Bedeutung betrachtet, wie das folgende Beispiel zeigt:

„Bei Kontaktaufbau des neuen Managers der Bank mit dem Management einer ethnisch chinesischen Unternehmung in Malaysia, die bereits langjähriger Kunde der Auslandsbank ist, wurde im ersten Treffen auch über sachliche Themen gesprochen. Dieses Treffen diente aber vornehmlich dem Kennenlernen der Entscheidungsträger, ein Geschäftsabschluß oder die Anbahnung eines Geschäftes wäre in diesem Treffen nicht möglich gewesen. In den nachfolgenden Treffen können dann die Beziehungen vertieft und evtl. gemeinsame Geschäfte besprochen werden. Der Stellenwert der persönlichen Beziehung wird daher für die weitere Zusammenarbeit über die langjährige Geschäftsbeziehung zwischen der Unternehmung und der Bank gestellt".[1140]

Die Phase des Aufbaus von Geschäftsbeziehungen (Kennenlernen, Vertrauensbildung) spielt daher eine große Rolle im Bankgeschäft in Malaysia.

- Islam

Der Einfluß des Islam auf die Geschäftspraktiken der Malayen wird von den westlichen Managern in den Expertengesprächen als bedeutsam beurteilt.[1141] Dies bezieht

---

[1138] Interview Auslandsbank in Malaysia.
[1139] Interviews Auslandsbanken in Malaysia.
[1140] Interview Auslandsbank in Vietnam.
[1141] Interview Auslandsbank in Singapur.

sich zum einen auf die Nachfrage von Islamic Banking Produkten, zum anderen auf das aus dem Islam resultierende Wertesystem, das sich in einer bestimmten Einstellung zum Bankgeschäft niederschlägt. Werden die ethnischen Chinesen in Malaysia eher als leistungsorientierte, auf die Akkumulation von Vermögen ausgerichtete ‚achievement culture' beschrieben, so können die moslemischen Malayen als eher hedonistisch, intrinsisch schwächer motiviert,[1142] aber als wesentlich stärker protokoll- und status-orientierte ‚relationship culture' beschrieben werden.[1143] Diese Charakteristika werden im Bankgeschäft von den westlichen Managern teilweise konkret so empfunden, daß die Statusorientierung der Malayen sich mehr bei der Auswahl von Produkten und Produktmerkmalen ausdrücken kann, die Chinesen jedoch eher die Interaktion in der Verhandlung sowie den Preis als Kriterien zur Auswahl der Bank heranziehen. Hieraus resultiert eine härtere Art der Verhandlungsführung mit den ethnischen Chinesen als mit den Malayen.[1144] Mit Blick auf die Eigentumsstrukturen der lokalen Unternehmungen lassen sich diese Verhaltensmerkmale (Entscheidung auf Basis von Produkt oder Preis) wiederum auch an dem Kriterium objektivieren, wie eng – mit Bezug auf die Darstellung der Eigentums- und Managementstrukturen und vor dem Hintergrund der Entstehung von Bumiputra-Unternehmungen – Management und Eigentümer miteinander verbunden sind. Die ethnische bzw. religiöse Struktur in Malaysia beeinflußt somit die Interaktion im Bankgeschäft nicht unerheblich, da die Art der Gestaltung der Geschäftsbeziehung mit unterschiedlichen Schwerpunkten erfolgt.

- Erwartungen an die Bank, Manager und Mitarbeiter

Im Rahmen der Geschäftsbeziehung ist der Stellenwert des Protokolls in Malaysia sehr hoch. Die Berücksichtigung des lokalen Protokolls wird von den westlichen Banken im Umgang mit lokalen (hier: malaiischen) Geschäftspartnern erwartet.

„Seating at tables in hierarchical order, considering who is sitting next to the chief guest is a major issue. ... We have actually made a mistake in Malaysia: at an event with 50 participants including a Senior Manager of our bank. The names of two guests have been mixed up, so that the wrong one was sitting at table one, and not the manager of the big Malaysian company, who was supposed to be seated there. The manager of this company did not do business with the bank for two years, even though the manager did apologise immediately, took the guest to the door, admitted the mistake, wrote a letter; this manager did not even want to meet the manager of

---

[1142] Das bereits beschriebene ökonomische ‚Dilemma' der Malayen zeigt sich kulturell darin, daß die Malayen im allgemeinen einen wesentlich kürzeren Planungshorizont bezüglich finanzieller Vorsorge und geschäftlicher Planung haben. Die Notwendigkeit, Unternehmertum, Investitionen und langfristige Vorsorge bzw. Planung zu betreiben, wird weniger in einer langfristigen Orientierung angesehen. Der Gesprächspartner hat in diesem Zusammenhang die Verhaltensweisen der ethnischen Chinesen in Singapur und Malaysia als ähnlich betrachtet.

[1143] Interview Auslandsbank in Singapur.

[1144] Interview Auslandsbank in Malaysia.

the bank for two years. So attention to protocol is the second major issue behind re-lationship in Malaysia."[1145]

Gemeinsam mit dem Stellenwert der persönlichen Beziehungen stellt das Protokoll als Ausdruck der Wertschätzung des malaiischen Geschäftspartners sehr stark wer-te-orientierte Kulturausprägungen anstelle von Praktiken in Malaysia dar, die für die westlichen Banken die Zusammenarbeit komplexer gestalten.

Das Geschäftsgebaren der lokalen Kunden ist mit den Standards und Leitlinien der Banken in Einklang zu bringen. „Ein Firmenkunde in Malaysia erwartet auch, daß wenn in der Unternehmung das jährliche ‚Dinner & Dance' gefeiert wird, die Bank für diese Kundenveranstaltung spendet. Auch wenn die Bank seitens der Unterneh-mungspolitik zurückhaltend ist mit Spenden, so ist eine derartige Haltung in Malaysia nur schwierig durchsetzbar. Die Firmenkundschaft legt erheblichen Wert auf dieses ‚Sponsoring' und erwartet, daß eine Bank, die die betreffende Unternehmung mit ih-ren Bankprodukten begleitet, sich auch an solchen Veranstaltungen finanziell betei-ligt."[1146]

Die Erwartungshaltung der lokalen Firmenkunden an die westlichen Banken ist daher in Malaysia insgesamt als hoch zu bewerten, so daß die westlichen Banken in der Zusammenarbeit mit den lokalen Unternehmungen hohe Marktkenntnisse über die kulturellen sowie gesellschaftlichen Besonderheiten im Rahmen der Verhaltenswei-sen zu generieren und zu antizipieren haben. Im Verhalten in der Zusammenarbeit mit Banken unterscheidet sich das Bankgeschäft in Malaysia von Singapur desweite-ren dahingehend, daß bspw. bei den großen lokalen Unternehmungen die Vorgaben an die Banken hinsichtlich des Beratungsbedarfs und der Produktgestaltung wesent-lich weniger konkret sind und daher der Grad der Interaktionsintensität höher ist.[1147]

- Auswahl von Banken und Loyalität

Das Bankgeschäft in Malaysia stützt sich sehr stark auf existierende Verbindungen und Beziehungen. Gemäß der Erfahrung des Managements westlicher Banken in Malaysia und Singapur unterscheidet sich dies von Singapur, wo eher internationale Praktiken bei der Auswahl von Banken im Vordergrund stehen.[1148] Die Beurteilung der Loyalität der lokalen Unternehmungen gegenüber den westlichen Banken wird daher – je nach existierendem Netzwerk an diesen Verbindungen und Beziehungen – sehr uneinheitlich bewertet, wenn es sich um das Segment der großen lokalen Un-ternehmungen in Malaysia handelt. Bei den kleineren Unternehmungen ist von einer

---

[1145] Interview Auslandsbank in Malaysia.
[1146] Interview Auslandsbank in Malaysia.
[1147] Interview Auslandsbank in Malaysia.
[1148] Interview Auslandsbank in Singapur.

grundsätzlich höheren, personengesteuerten Loyalität als bei den größeren Unternehmungen auszugehen.[1149]

Als Differenzierungskriterien in Malaysia sind im Umgang mit den westlichen Banken die geographischen Regionen (stark malaiisch bzw. moslemisch geprägt, ethnisch chinesisch geprägt) sowie die Unterschiede zwischen Stadt- und Landbevölkerung bzw. Unternehmungen zu nennen. Die Loyalität der Firmenkunden ist bspw. in den ländlichen Regionen grundsätzlich höher als in der Stadt.[1150] Für die Region der Ostküste von Peninsula Malaysia, wo der Anteil an Moslems in der Bevölkerung sehr hoch ist, ist eine stärkere Berücksichtigung der religiösen Aspekte und traditionellen malaiischen Werte in der Zusammenarbeit erforderlich. Diese starke Ausrichtung an die lokalen Gepflogenheiten wird aber mit einer höheren Loyalität gegenüber der westlichen Bank verbunden.[1151]

- Risikoverständnis

Die Durchsetzung von Risikostandards der westlichen Banken stellt sich in Malaysia teilweise als schwierig dar: „Sie können einem malaysischen Kunden nicht sagen, daß ein Kredit fällig gestellt wird, und hierin wiederholt insistieren. Wenn der Kunde den Aspekt des Vertrauens in das Spiel bringt und die Rückzahlung durch sein Wort zusichert, kann es zu Unstimmigkeiten führen, wenn die Bank immer wieder gemäß der international gültigen Leitlinien der Bank nachhaken, die Zusage schriftlich verlangen oder aber gerichtliche Schritte unternehmen würde." Die Ziele der Zentrale bzw. des Risikomanagements sind in ausländischen Märkten ohnehin nicht 1:1 durchsetzbar, aber in Asien ist es extrem, da die Asiaten wenig mit den internationalen Risikoaspekten eines Risikorasters vertraut sind. Diese Risikodokumentation umfaßt auch die grundsätzlich verlangte schriftliche Vereinbarung von bspw. Kreditgeschäften. Seitens der Malaysier wird ein solches insistierendes Verhalten der westlichen Bank eher als Mißtrauen gewertet, was langfristig der Geschäftsbeziehung schaden kann.[1152] Hieraus resultiert für die westlichen Banken ein Vorgehen, daß die kulturelle Bedeutung von Vertrauen respektiert, ohne die eigenen unternehmungskulturellen Werte und Praktiken zu unterlaufen. Die Vermittlung dieser nach westlichen Prinzipien der Zusammenarbeit entwickelten Standards und Praktiken (tendenziell höhere Ungewißheitsvermeidung, tendenziell stärker an Vorschriften orientiert) bedarf daher einer umsichtigen Kommunikation.

- Transparenz in der Geschäftsverbindung

Als weiterer geographisch bedingtee kultureller Aspekt im Firmenkundengeschäft ergibt sich, daß die ethnisch chinesischen Unternehmungen auf Borneo (Ostmalaysia)

[1149] Interview Auslandsbank in Malaysia.
[1150] Interviews Auslandsbanken in Malaysia.
[1151] Interview Auslandsbank in Malaysia.

sehr stark auf die Region und den regionalen Dialekt der chinesischen Sprache fixiert sind, so daß die kulturellen Barrieren hier auch die Sprache umfassen. Die Geschäftsphilosophie ist stark von der Zentralisierung auf die Unternehmungsleitung und daher im Modell der chinesischen Unternehmungsführung auf den engsten Kreis gekennzeichnet. Diese Unternehmungen sind extrem zurückhaltend mit der Weitergabe von Informationen.[1153] Es ist schwierig, ein konsolidiertes Bild der tatsächlichen Vermögens- und Ertragslage dieser Unternehmungen zu finden, da für die Bank, die Steuerbehörde und die Familie unterschiedlich aufbereitete Zahlenwerke existieren. Die Qualität und die Aussagekraft der Rechnungslegung bilden jedoch nicht immer die wirkliche Geschäftssituation ab, so daß die westlichen Banken die Kreditwürdigkeitsprüfung auf Basis der bankeigenen Dokumentation der Entwicklung der Geschäftsbeziehung vornehmen. Die Besicherung der Kredite basiert auf Einlagen oder Sicherheiten des Eigentümers, nicht der Unternehmung.[1154] Für diese Kunden ist die Herausgabe von Informationen vor dem Hintergrund der persönlichen Beziehung wesentlich wichtiger als im Stadtgebiet der Hauptstadt Kuala Lumpur. Hier sind die lokalen Unternehmungen entsprechend der Anforderungen von ausländischen Banken bereit, mehr Informationen zu liefern.[1155]

Hinsichtlich der Qualität der Informationen über den Finanzbereich haben die großen ethnisch chinesischen Unternehmungen sich vor der asiatischen Wirtschafts- und Finanzkrise von den malaiischen Unternehmungen unterschieden. So sind seitens der ethnisch chinesischen großen Unternehmungen klare Cash-Flow Projektionen, betriebswirtschaftliche Kennzahlen, strategische Planungen bei den Banken eingereicht worden. Die malaiischen Firmen in gleicher Größenordnung haben vor der Krise eine solche Offenheit nicht an den Tag gelegt.[1156]

• Adaption internationaler Geschäftsgrundlagen

Hinsichtlich der Zusammenarbeit mit westlichen Banken ist das Verhalten der lokalen Unternehmungen ebenfalls als sehr heterogen zu bezeichnen, da einige Unternehmungen aufgrund von professionellen Kriterien Geschäfte machen, andere jedoch nicht. Die westlichen Banken sind vor dem Hintergrund dieser Risikokonstellation, die aus für die westlichen Banken nicht nachvollziehbaren Entscheidungen über Geschäfte resultiert, teilweise vorsichtig im Umgang mit den lokalen Firmenkunden.[1157] Wenn für die ausländischen Banken die Implementierung von professionellen Geschäftssystemen, finanzieller Unterstützung sowie die Entwicklung von unternehmerischen Fähigkeiten offensichtlich ist, dann wird die Zusammenarbeit als einfacher

[1152] Interview Auslandsbank in Malaysia.
[1153] Diese Einteilung bezieht sich auf die inneren Kreise der Darstellung des ethnisch chinesischen Unternehmungsmodells. Vgl. Kapitel 4.3.2.1.
[1154] Interview Auslandsbank in Malaysia.
[1155] Interview Auslandsbank in Malaysia.
[1156] Interview Auslandsbank in Malaysia.
[1157] Interview Auslandsbank in Singapur.

angesehen.[1158] Der hohe Stellenwert dieser Kriterien für die westlichen Banken zeigt sich darin, daß die malaysischen Firmenkunden in ihrem Geschäftsgebaren als stark kulturell geprägt, intransparent und nach lokalen Geschäftspraktiken handelnd erscheinen. Die Adaption von internationalen Praktiken ist daher noch nicht sehr weit entwickelt.

Die asiatische Wirtschafts- und Finanzkrise hat jedoch zum Teil erhebliche Auswirkungen auf die Unternehmungen gehabt, die sich in Verhaltensweisen niederschlagen, die sich vor und nach der Krise unterscheiden.[1159] Die Anforderungen der Kunden werden stark vom herrschenden Wettbewerbsumfeld bestimmt, so daß der vor der Krise im Firmenkundengeschäft existierende Käufermarkt sich durch die Krise tendenziell wieder zu einem Verkäufermarkt entwickelt hat.[1160] Den Liquiditätsengpässen der Unternehmungen in der Krise stand eine hohe Marktliquidität gegenüber, wobei die ausländischen Banken sich sehr restriktiv in ihrer Kreditvergabepolitik verhalten haben. Die Kunden waren dann bereit, mehr Informationen als Basis für die Umschuldungsverhandlungen an die Banken zu geben; vor der Krise war die Informationspolitik insgesamt am Markt sehr zurückhaltend.[1161] Im Rahmen von Umschuldungsverhandlungen kamen bspw. die malaiischen Manager der von der Krise stark betroffenen Unternehmungen in die Geschäftsräume der Bank, was vor der Krise, als die westliche Bank sich sehr engagieren mußte, um Termine zu bekommen, nicht der Fall gewesen wäre.[1162] Obwohl den ausländischen Banken die in der Situation liegende kulturelle Chance der Festigung von Geschäftsbeziehungen in wirtschaftlich schwierigen Situationen der lokalen Unternehmungen bewußt war,[1163] sind die Kreditengagements mit lokalen Unternehmungen aufgrund der Risikosituation und Risikovorschriften reduziert worden.

Das Firmenkundengeschäft in Malaysia stellt sich aufgrund ethnischer und kultureller Besonderheiten für die westlichen Banken insgesamt als ein eher als schwierig zu bezeichnender Markt dar. Die Marktstrukturen und das Geschäftsgebaren sind segment- und größenbezogen oftmals intransparent, wobei die Ursachen unterschiedlich (ethnisch, religiös, regional) sein können. Da der Stellenwert der persönlichen Beziehung – mit Unterschieden in der Ausgestaltung (Protokoll, Werteordnungen) – sehr hoch ist, kann die Gestaltung der Geschäftsbeziehung vermutlich einen hohen Beitrag leisten, die Komplexität dieser Zusammenarbeit, die umfangreiche Kenntnisse des unterschiedlichen Stellenwertes von Beziehungselementen erfordert, zu reduzieren.

[1158] Interview Auslandsbank in Malaysia.
[1159] Interview Auslandsbank in Malaysia.
[1160] Interview Auslandsbank in Malaysia.
[1161] Interview Auslandsbank in Malaysia.
[1162] Interview Auslandsbank in Malaysia.
[1163] Interview Auslandsbank in Malaysia.

4.3.2.5 Firmenkundengeschäft in Vietnam

In Vietnam zählen die staatlichen Unternehmungen in strategisch wichtigen und für die Entwicklung des Landes kritischen Branchen sowie vereinzelt private Unternehmungen zu den Zielkunden im Firmenkundengeschäft der westlichen Banken. Dieses umfaßt in der nachfolgenden Betrachtung auch das Geschäft mit lokalen, meist staatlichen Banken, da diese in ihrem Verhalten ähnlich wie die lokalen (staatlichen) Unternehmungen beschrieben worden sind.[1164]

4.3.2.5.1 Charakterisierung und Nachfragefähigkeit

Basierend auf dem existierenden System und der aufgeführten wirtschaftlichen Reformbemühungen wird der Markt an Unternehmungen von staatlichen Firmen (SOE) dominiert (Abbildung C/4-9).[1165] Analog der staatlichen Banken (SOB) haben auch die staatlichen Unternehmungen noch keine auf Gewinnziele ausgerichtete Geschäftsphilosophie.[1166]

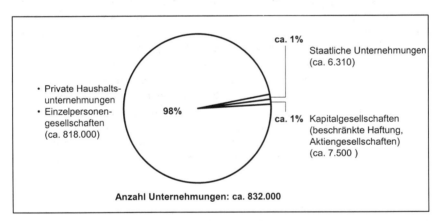

Abbildung C/4-9:   Marktstruktur lokaler Unternehmungen in Vietnam[1167]

In 1995 sind ca. 832.000 Unternehmungen in der dargestellten Marktstruktur in Vietnam registriert gewesen. Die zunehmende Anzahl an privaten Unternehmungen geht tendenziell bisher nicht mit einer steigenden wirtschaftlichen Bedeutung, gemessen am Beitrag zum Bruttoinlandsprodukt (BIP) von Vietnam, einher. Trotz sinkender An-

---

[1164] Interviews Auslandsbanken in Vietnam. Hinsichtlich der Managementkulturen und im Geschäftsgebaren sind die staatlichen Banken und die staatlichen Unternehmungen als sehr ähnlich beschrieben worden, so daß Erkenntnisse aus der Zusammenarbeit mit lokalen, vorwiegend staatlichen Banken an dieser Stelle berücksichtigt werden können.
[1165] Vgl. Levine, J.J.: Untapped Potential [1998], S. 22-23. Die Angaben sind für das Jahr 1995.
[1166] Interview Auslandsbank in Vietnam.
[1167] Quelle: Eigene Darstellung.

zahl an staatlichen Unternehmungen steigt der Anteil des staatlichen Sektors am BIP.[1168] Grund hierfür ist zum einen, daß die privaten Wirtschaftsaktivitäten vorwiegend auf sehr kleinen Betriebsgrößen (Ein- und Mehrpersonengesellschaften) basieren. Zum anderen zeigen auch Restrukturierungen bei SOE erste Ergebnisse. Grundsätzlich aber sind die Hauptursachen die Förderung der SOE in strategisch wichtigen Industrien seitens der Regierung durch bessere wirtschaftliche Rahmenbedingungen als für private Unternehmungen (z.b. Finanzierungsmöglichkeiten, Stellung von Sicherheiten).[1169] Die Struktur der SOE ist jedoch ebenfalls differenziert zu betrachten, da die 10 größten Unternehmungen Vietnams zusammen 64% des Gesamtkapitals der SOE repräsentieren; die verbleibenden ca. 6.300 SOE sind entsprechend von einer geringeren Unternehmungsgröße gekennzeichnet.[1170]

Der Markt für das lokale Firmenkundengeschäft der Auslandsbanken ist daher trotz der hohen Anzahl an Unternehmungen in Vietnam sehr klein. Die Ursachen liegen zum einen in der Risikostruktur der Unternehmungen: die SOE befinden sich teilweise in einer desolaten wirtschaftlichen Lage[1171], werden aber durch die Regierung aufgrund der Betätigung in strategisch wichtigen Industriesektoren (z.B. Infrastruktur) unterstützt.[1172] Die Etablierung von Privatunternehmungen ist erst seit 1991 mit Inkrafttreten des *Company Law* in Vietnam möglich. Da die ausländischen Banken keine Sicherheiten gestellt bekommen können und die privaten Unternehmungen zudem im Gegensatz zu SOE einen Kredit mit einer Besicherung von ca. 120-140% des beantragten Kreditbetrages unterlegen müssen, gehört diese Gruppe an Unternehmungen derzeit nur vereinzelt zu den Zielkunden der Banken. Gleichwohl bauen westliche Banken Beziehungen zu zukünftigen Kunden aus dem privaten Sektor durch die Kooperation mit nationalen und internationalen Organisationen auf. Diese betreuen kleine private Unternehmungen durch die Vermittlung betriebswirtschaftlicher Kenntnisse, was auch den Zugang zu Finanzierungsmitteln von Banken um-

---

[1168] Vgl. Levine, J.J.: <u>Untapped Potential</u> [1998], S. 23-24. Diese Zahlen basieren auf Angaben des General Statistical Office 1997 sowie der Weltbank. Der private Sektor hat sich im Zeitraum von 1991 bis 1996 in der Form von Einzelunternehmungen von 76 auf 21.000, in der Form von Unternehmungen mit beschränkter Haftung von 43 auf 8.900 und in der Form von Aktiengesellschaften von 3 auf 190 Unternehmungen entwickelt. Vor dem Hintergrund der Privatisierungs- und Reformbemühungen in Vietnam ist mit weiterhin steigender Anzahl zu rechnen. Eine Erhebung von Dunn and Bradstreet im 1997 weist bereits eine Anzahl von über 1,24 Mio. Einzelunternehmungen auf. Vgl. Dunn and Bradstreet: <u>Vietnam</u> [1997]. Der Beitrag zum BIP hat sich von staatlichen Unternehmungen zu privaten Wirtschaftsaktivitäten von einer Relation 1:2 auf 1:1,7 verändert. Vgl. Levine, J.J.: <u>Untapped Potential</u> [1998], S. 27.

[1169] Vgl. Vu, Q.V.: <u>State and Private Sectors</u> [1998], S. 34-35.

[1170] Vgl. Vu, Q.V.: <u>State and Private Sectors</u> [1998], S. 35-36.

[1171] Mehr als die Hälfte der ca. 6.000 staatlichen Unternehmungen sind bereits 1997 unprofitabel gewesen. Vgl. World Bank: <u>Rising to the Challenge</u> [1998], S. iii. Durch die verzögerten Auswirkungen der Wirtschafts- und Finanzkrise bedingt ist davon auszugehen, daß diese Situation sich weiter verschärft hat und die SOE bilanziell konkursreif sind. Interview Auslandsbank in Vietnam.

[1172] Interview Auslandsbank in Vietnam. Die Regierung Vietnams kann diese SOE nicht für bankrott erklären.

faßt.[1173] Eine Beschreibung der bankrelevanten Verhaltensweisen ist daher vorwiegend anhand der Zielkunden, ausgewählte SOE und SOB, möglich.

4.3.2.5.2 Nachfragebereitschaft und Interaktionsverhalten

- Stellenwert von Beziehungen

Die Bedeutung von persönlichen Beziehungen ist für staatliche und auch private Unternehmungen in Vietnam von hoher Relevanz.[1174] Der Unterschied zwischen den ethnischen Chinesen in Vietnam und den Vietnamesen wird jedoch bezüglich des Wertes von Beziehungen differenziert beurteilt: Ethnische Chinesen bewerten Beziehungen höher und sind in diesem Zusammenhang auch gewillt, höhere Margen bei Geschäftsabschlüssen zu akzeptieren, wobei sich hier eine Korrelation von Beziehung und Preisgestaltung feststellen läßt. Vietnamesische Kunden hingegen zeigen in diesem Vergleich weniger Loyalität und betrachten die Geschäftsbeziehungen lt. Aussagen der Interviewpartner teilweise eher als Eintrittskarte sowie zur Nutzung von Trainingsmöglichkeiten.[1175] Der Stellenwert der Geschäftsbeziehung führt jedoch auch dazu, daß „...in Vietnam the customer might even give hints in a bidding process, which will not happen in Europe or not to this extent. One reason is the attitude and the general strategy how to treat banks."[1176]

Zu einem Konflikt hinsichtlich der Erwartungshaltung an die Bank und der Geschäftspolitik der Bank kann es bei einer unterschiedlichen Interessenlage kommen. Die langfristige Bindung des Kunden im Rahmen der Geschäftsbeziehung kann unter Berücksichtigung der bankinternen Risikopolitik zu einer schwierigen Gestaltungsaufgabe der Kundenbeziehung werden. Der Finanzierungsbedarf der Firmenkunden in Vietnam ist derzeit langfristiger Art, was aber aufgrund der wirtschaftlichen Situation bzw. der Risikoeinschätzung Vietnams seitens der ausländischen Bank nicht angestrebt wird bzw. an Risikokosten am Markt nicht durchzusetzen ist.[1177] Dieses eingeschränkte Geschäftsinteresse der Bank ist mit der Aufrechterhaltung der Gesamtgeschäftsverbindung mit dem Kunden in Einklang zu bringen und dem Kunden zu kommunizieren.

- Erwartungshaltung an die Bank, Manager und Mitarbeiter

Die lokalen Unternehmungen erwarten seitens der Banken die Wahrnehmung einer Ausbildungsfunktion, so daß die Unternehmungen in der Lage sind bspw. die Doku-

---

[1173] Interview Auslandsbank in Vietnam.
[1174] Interviews Auslandsbanken in Vietnam.
[1175] Interviews Auslandsbanken in Vietnam.
[1176] Interview Auslandsbank in Vietnam.
[1177] Interview Auslandsbank in Vietnam.

mente im Exportgeschäft korrekt auszufüllen. Der Anteil an Beratung und Unterweisung der Kunden im Rahmen der Kundenbetreuung ist in Vietnam sehr hoch.[1178]

Bei der Zusammenarbeit mit den lokalen Unternehmungen muß berücksichtigt werden, daß diese es gewohnt sind, mit meistens staatlichen Banken zusammenzuarbeiten, die eine andere Managementkultur aufweisen und an einer anderen unternehmerischen Zielsetzung ausgerichtet sind als die ausländischen Banken. „Dies ist mittlerweile mit den großen lokalen Unternehmen, mit denen die (auch ausländischen) Banken zusammen arbeiten, weniger problematisch. Zu Beginn der Zusammenarbeit war dies ein Erziehungsprozeß für die Unternehmen, um zu verdeutlichen, daß es sich im Geschäft mit ausländischen Banken um kommerzielle und nicht um Regierungsentscheidungen handelt."[1179]

In der Zusammenarbeit mit lokalen Firmen ist viel Anleitung und Führung der Unternehmen erforderlich, hinzu kommt seitens der Bank die notwendige Aufarbeitung von Problemen, um das System zu verstehen. So hat zum Beispiel ein staatlicher vietnamesischer Schuhfabrikant, der für eine amerikanische Firma als Zulieferer arbeitet, offen gesagt, daß kein Interesse an einer Privatisierung bzw. anschließendem Börsengang besteht, da der Status als Staatsunternehmung mit Zuteilung eines Budgets und Produktion gemäß der vorgegebenen Zielgröße einfacher ist. Diese Denkweise ist Bestandteil des Systems, das zu verstehen und im nächsten Schritt in der ausländischen Bank zu transformieren ist, auch um in der Zentrale der Bank Verständnis zu entwickeln.[1180] Die stark fragmentierte Struktur der vietnamesischen Unternehmungen, kleine Einheiten mit eigenen Verantwortungsbereichen ohne eine ausreichende Kommunikation und Kooperation, führt dazu, daß die Zusammenarbeit sehr zeitintensiv und ‚mysteriös' für die ausländische Bank sein kann.[1181]

Eine Situation, die die Unterschiede in der gegenseitigen Erwartungshaltung von vietnamesischen Kunden und ausländischer Bank für die gemeinsame Zusammenarbeit aufzeigt, beschreibt das folgende Beispiel:

„Zur Vorbereitung eines Geschäftsabschlusses wurde eine umfangreiche Vertragsdokumentation an eine lokale Bank weitergeleitet, damit diese innerhalb einer bestimmten Zeit das Dokument studieren, Fragen formulieren sowie Verbesserungsvorschläge erarbeiten konnte. Nach Verstreichen der Frist wurde ein Termin mit Mitarbeitern der westlichen Bank aus der weltweiten sowie der regionalen Zentrale mit der lokalen Bank in Hanoi vereinbart. Im Laufe des Gespräches stellte sich heraus, daß die vietnamesische Bank sich mit dem Thema noch nicht weiter beschäftigt hat-

---

[1178] Interview Auslandsbank in Vietnam.
[1179] Interview Auslandsbank in Vietnam.
[1180] Interview Auslandsbank in Vietnam.
[1181] Interview Auslandsbank in Vietnam.

te. Gründe hierfür waren, daß die Mitarbeiter der Bank unsicher waren, das Vertragswerk nicht richtig verstanden hatten, aber nicht nachfragen wollten. Dieses und weitere Gespräche mit den lokalen Kunden verdeutlichen das Geschäftsverhalten der Vietnamesen. Zum einen soll durch dieses Vorgehen das Gesicht gewahrt werden, da aufgrund der mangelnden fachlichen Kenntnisse kritischen Fragen ausgewichen werden soll. Andererseits werden Entscheidungen über Geschäftsabschlüsse generell nicht kurzfristig, sondern erst in einem längeren Prozeß nach jeweils längeren, internen Beratungen getroffen."[1182]

Dies Beispiel verdeutlicht stark die kulturellen Aspekte in der Erwartungshaltung der Zusammenarbeit und Kommunikation der Vietnamesen und der westlichen Bank, die zu interkulturellen Mißverständnissen führen kann. Die Vietnamesen haben erwartet, daß die ausländische Bank zu nochmaligen Gesprächen und zur Klärung inhaltlicher Punkte von sich aus bereit ist, noch einmal Auskunft zu geben. Die westliche Bank hat unter Annahme der eigenen Verhaltensweise, die auf die Reaktionen der vietnamesischen Bank übertragen worden sind, angenommen, daß der Vertrag zum Abschluß kommen kann. Hier zeigen sich die Ausprägungen der Kommunikation und Zusammenarbeit zwischen den Banken aus unterschiedlichen Kulturkreisen, da der Kontext der Situation unterschiedlich gewertet worden ist. Dieses Beispiel kann lt. dem Gesprächspartner auch auf die Zusammenarbeit mit den staatlichen Unternehmungen übertragen werden.

- Auswahl von Banken und Loyalität

Die lokalen Unternehmungen in Vietnam sind in der Auswahl der Bankverbindung nicht völlig frei. Zudem muß hier zwischen dem Bedarf an Bankmarktleistungen von lokalen und von ausländischen Banken hinsichtlich der Leistungsfähigkeit unterschieden werden. „The Vietnamese companies do have an enforced house bank principle, because the government is telling them by legislation that each company has to name one bank as it's house bank. This will always be a local bank."[1183] Dies bedeutet, daß ausländische Banken in Ergänzung zu der benannten lokalen Bank hinzugezogen werden. Da die Leistungsangebote der ausländischen und der lokalen Banken komplementär sind, ist diese Tatsache, bezogen auf den Entwicklungsstand des Marktes, derzeit von geringerer Bedeutung für die ausländischen Banken. Das Image einer lokalen Unternehmung, sich die Produkte „einer Auslandsbank leisten zu können", spielt ebenfalls eine Rolle.[1184]

[1182] Interview Auslandsbank in Vietnam.
[1183] Interview Auslandsbank in Vietnam.
[1184] Interview Auslandsbank in Vietnam.

- Risikoverständnis

Bei der Betrachtung des Risikoverständnisses zeigt sich wiederum der hohe Erklärungsbedarf aufgrund des unterschiedlichen, kulturell geprägten Umganges mit Risiko.

Um Verständnis für an kommerziellen anstelle von an staatlichen Zielen ausgerichtete Entscheidungen zu entwickeln, sind viele Erklärungen seitens der Auslandsbank notwendig. Dasselbe gilt für die Diskussion, welche Möglichkeiten seitens der Bank vorhanden sind, um den Unternehmungen mit speziellen Produkten zu helfen, so daß sich sowohl für die Unternehmungen als auch für die Bank ein Vorteil ergibt. „Zum Beispiel sind bei internationalen Geschäften der vietnamesischen Unternehmung im Nahen Osten die Länderrisiken der Bank ausgeschöpft worden, die trotz Profitabilität und Sicherheit des abzuschließenden Geschäftes volumenbezogen aufgrund interner Risikostrukturen der Bank nicht überschritten werden sollten. Hierfür hatten die vietnamesischen Unternehmen zunächst kein Verständnis. Es war Verständnis vorhanden für das Geschäft, den Profit aus dem Geschäft, den Nutzen für das Land, aber die internen risikoorientierten Restriktionen seitens der Bank waren für die Unternehmungen nicht nachzuvollziehen."[1185] Geschäftsabschlüsse in Vietnam resultieren oftmals aus der Berücksichtigung anderer Kriterien, da bspw. bei einem positiven Votum der Geschäftsleitung des SOE sowie höherer Regierungsstellen das Geschäft in der geplanten Form abgewickelt wird – unabhängig von anderen Determinanten, die aus Sicht der westlichen Banken das Geschäft bestimmen könnten.[1186]

- Transparenz in der Geschäftsverbindung

Die Geschäftskultur von lokalen Banken und Firmenkunden ist vor allem durch die Tatsache gekennzeichnet, daß es bis 1990 keine Geschäftsbanken im marktwirtschaftlichen Sinne gab. Zuvor ist das Geschäftsgebaren am Markt durch Zuteilung von Liquidität gemäß dem Staatsbudget bzw. Empfangen von Liquidität gekennzeichnet gewesen. Informationen über die Geschäftstätigkeit von Unternehmungen waren nur eingeschränkt verfügbar, so daß das Fehlen von Transparenz und Offenheit für die westlichen Banken ein wesentliches Merkmal der vietnamesischen Geschäftskultur ist. Informationen sind nicht analysiert oder dahingehend beurteilt worden, ob diese als Basis für die Entscheidung über Kreditgeschäfte oder Anforderungen von Sicherheitenstellungen herangezogen werden könnten.[1187] Dieser Mangel an Informationen und der Umgang mit Informationen ist einer der wesentlichen Problembereiche für die westlichen Banken im Umgang mit lokalen Banken und Unternehmungen in Vietnam. Wesentliches Instrument stellt hier wiederum die Gestaltung

---

[1185] Interview Auslandsbank in Vietnam.
[1186] Interview Auslandsbank in Vietnam.
[1187] Interview Auslandsbank in Vientam.

der Zusammenarbeit seitens der westlichen Banken dar, so daß die erforderlichen Informationen generiert werden können. Die Zusammenarbeit auf der Arbeitsebene zwischen den vietnamesischen Mitarbeitern der Bank und der Kundenunternehmung führt daher oftmals auch zu einem inoffiziellen Informationsaustausch, was dem Senior Management der Bank in entsprechenden Treffen mit dem Senior Management des Kunden wichtige Hintergrundinformationen über bspw. die Geschäftsbeziehungen der vietnamesischen Unternehmung mit anderen Banken liefert.[1188]

- Adaption internationaler Geschäftspraktiken

Die ausländischen Banken fordern zur Beurteilung von Unternehmungen geprüfte Jahresabschlüsse.[1189] Es sind jedoch bisher erst Jahresabschlüsse von einigen Banken, so auch Joint-Stock Banken, international testiert,[1190] so daß aufgrund der mangelnden Offenheit der Unternehmungen in Vietnam davon auszugehen ist, daß diese Art der Geschäftsabwicklung sich nur sehr langsam ändern wird.

Wenn die Unternehmungen grundsätzliche Bereitschaft signalisiert haben, dieses Testat einzuholen, aber aufgrund der Kosten und der gleichzeitig notwendigen Umstellung der Prozesse im Rechnungswesen dieses Testat nicht sofort beibringen konnten, hat bspw. eine Bank parallel bereits moderat Geld für Finanzierungen zur Verfügung gestellt. Diese Anforderung ist daher von den Unternehmungen als Voraussetzung für die Zusammenarbeit mit einer international tätigen Bank akzeptiert worden.[1191] Um das Geschäft und das Geschäftsgebaren von Firmenkunden zu verstehen und nachvollziehen zu können, die hinsichtlich der Accounting-Regeln noch nicht den Anforderungen der Banken entsprechen, aber als strategisch wichtige Kunden eingestuft werden, ist es erforderlich, gemeinsam mit den Mitarbeitern der Kunden das vorgelegte Zahlenmaterial hinsichtlich Plausibilität und Aussagegehalt zu besprechen.[1192]

Die Zusammenarbeit mit den lokalen vietnamesischen Unternehmungen stellt sich insgesamt für die westlichen Banken in Bezug auf die Gestaltung der Geschäftsbeziehung als aufwendig dar. Die kulturellen, aber auch systembedingten Unterschiede in den Arbeitsweisen erfordern eine Ausrichtung der Marktbearbeitung, die vorwiegend durch die Überbrückung dieser Diskrepanzen gekennzeichnet ist.

[1188] Interview Auslandsbank in Vietnam.
[1189] Für die Prüfung der Rechnungslegung für vietnamesische Banken und Unternehmungen ist eine nationale Prüfungsinstanz gegründet worden. Hinzu kommen die Niederlassungen der internationalen Wirtschaftsprüfungsunternehmungen, die im Rahmen von Entwicklungsprojekten die Unternehmungen in Aufbau bzw. Verbesserung/Umstellung ihrer Rechnungslegung unterstützen. Die State Bank of Vietnam hat erstmalig für 1998 verlangt, daß die lokalen Banken in Vietnam von internationalen Auditoren geprüft werden sollen. Zusätzlich sollen die Jahresabschlüsse für 1996 und 1997 ebenfalls noch international testiert werden. Interview Auslandsbank in Vietnam.
[1190] Interviews Auslandsbanken in Vietnam.
[1191] Interview Auslandsbank in Vietnam.
[1192] Interview Auslandsbank in Vietnam.

4.3.2.6 Fazit: Firmenkundengeschäft

Zusammenfassend läßt sich länderübergreifend festhalten, daß die Zusammenarbeit der Auslandsgesellschaften mit den vorwiegend großen lokalen Unternehmungen unterschiedliche Aspekte eines Interkulturellen Managements von Banken am Markt aufzeigt. Die in den untersuchten Ländern von den westlichen Auslandsmanagern als wesentlich wahrgenommenen Ausprägungen der Kulturindikatoren beziehen sich neben kulturellen auch auf gesellschaftliche, religiöse und politische Aspekte, die sich in den untersuchten Ländern teilweise durch Bezug auf die Charakteristika und Einflüsse der länder- bzw ethnischen Kulturen erklären lassen. Es zeigt sich am Beispiel dieser drei Ländern, daß in jedem Land spezifische Kulturausprägungen zusammenwirken, die für den Erfolg der westlichen Auslandsgesellschaften im Firmenkundengeschäft von Relevanz sind. In Verbindung mit der jeweiligen Kundengruppe sind die Merkmale der Bankmarktleistung (Interaktionsintensität, Grad der Individualisierung) zu berücksichtigen.

In Singapur spielt insbesondere die ethnisch-chinesische Geschäftskultur in Verbindung mit dem hohen Stellenwert der persönlichen Beziehungen und dessen Bedeutung im Rahmen einer Geschäftsbeziehung eine große Rolle, über die die Internationalisierung der Geschäftspraktiken nicht hinwegtäuschen darf. Die kulturell heterogene Struktur der Firmenkundensegmente im Bankgeschäft in Malaysia ergibt sich nicht nur aufgrund der ethnischen Gesellschaftsstruktur, sondern auch aus deren geographischer Herkunft im Land. Diese Kundengruppen unterscheiden sich hinsichtlich ihres Bankverhaltens, was von den Auslandsgesellschaften im Rahmen der jeweiligen Geschäftsbeziehung zu berücksichtigen ist. In Vietnam kommt die Prägung der Geschäftskultur der Kunden durch das politische System zu den spezifischen kulturellen Verhaltensaspekten hinzu.

Für das Segment der kleineren Unternehmungen sowie der SME zeigt sich, daß die lokalen Marktkenntnisse über das spezifische Umfeld dieser Kunden von noch höherer Bedeutung sind als im Segment der großen lokalen Unternehmungen. Diese erforderlichen Marktkenntnisse können die westlichen Banken nur auf Basis einer langen Marktpräsenz und langfristig etablierter Geschäftsbeziehungen gewinnen.

Aus kultureller Perspektive ist im Firmenkundengeschäft zwischen Unternehmungskulturen und Privatkulturen der involvierten Personen zu unterscheiden gewesen. In der folgenden Betrachtung des Private Banking handelt es sich ausschließlich um eine personenbezogene Betrachtung der Zusammenarbeit.

4.3.3 Private Banking mit lokalen Kunden

Die Bedeutung des Private Banking als nationales und internationales Portfolio-Management für die vermögende Privatkundschaft ist in der Region Südostasien, bezogen auf Marktentwicklung und Geschäftsmöglichkeiten, erst in der Aufbauphase. Die meisten in Südostasien im Private Banking tätigen ausländischen Geschäfts- und Privatbanken nehmen die Betreuung der Kunden daher in einem regional-zentralisierten Ansatz von Singapur aus vor. Aufgrund der entwicklungsabhängigen Nachfragefähigkeit in den Märkten haben die Marktvolumen in den einzelnen Märkten noch nicht die kritische Masse, um eigene Betreuungseinheiten aufzubauen. Grundsätzlich gelten die Märkte in Hongkong und Singapur in Bezug auf das Angebot und die Nutzung von Private Banking Produkten nach Japan als am weitesten entwickelt. Als weniger entwickelt, aber mit Kunden- und Entwicklungspotential, gelten Indonesien, Malaysia und Thailand in der Region.[1193] Es sind hier vorwiegend die ausländischen Banken, die die Entwicklung des Private Banking, aber auch des Personal Banking in der Region hervorbringen. Aus diesem Grund sind Aussagen der Gesprächspartner zum Private Banking vorwiegend aus der regionalen Perspektive der Zentrale in Singapur heraus getroffen worden. Aufgrund des Entwicklungsstandes des Landes sowie der Zulässigkeit der Geschäftstätigkeit wird Vietnam nicht betrachtet.[1194]

Im regionalen bzw. lokalen Private Banking werden die Zielkunden der westlichen Banken (Geschäftsbanken, Privatbanken) über die Höhe des vorhandenen Vermögens (z.B. über 1 Mio S$) definiert.[1195]

4.3.3.1 Kulturindikatoren im Private Banking in Singapur und Malaysia

Die Struktur dieses Kapitels folgt den marketingorientierten Kulturindikatoren Allgemeine Charakteristika, Nachfragefähigkeit und Nachfragebereitschaft in Verbindung mit dem Interaktionsverhalten der Kunden. Die Aussagen der Gesprächspartner beziehen sich aufgrund der regionalen Betreuung aus Singapur auf den Vergleich der Länder Singapur und Malaysia. Die in den Expertengesprächen angeführten wahrgenommenen Verhaltensweisen in der Zusammenarbeit mit den lokalen Kunden im Private Banking können den folgenden Kulturindikatoren zugeordnet werden:[1196]

- Stellenwert von Beziehungen,

- Erwartungen an die Bank, Manager und Mitarbeiter,

[1193] Vgl. Weldon, L.: Private Banking: A Global Perspective [1998], S. 54-57.
[1194] Das Private Banking Geschäft ist als Geschäftstätigkeit im Rahmen der bisherigen Lizensierungspraxis in Vietnam nicht zugelassen.
[1195] Interviews Auslandsbanken in Singapur und Malaysia.
[1196] Interviews Auslandsbanken in Singapur und Malaysia.

- Zeithorizont und Loyalität,

- Risikoorientierung.

Charakteristisch ist – analog zum Firmenkundengeschäft – daß sich jeder Markt in der Region auf unterschiedlichen Entwicklungsständen befindet und unterschiedliche Ansprüche aufweist. Die Kundenbetreuer im Private Banking müssen sich zusätzlich nicht nur an kulturell länder- bzw. ethnischbezogene Unterschiede, sondern im Bankverhalten extrem an die individuellen Ansprüche der einzelnen Kundengruppen in den Ländern anpassen,[1197] da die Akquisition der Kunden vorwiegend am Wohnsitz des Kunden erfolgt.[1198]

4.3.3.2 Charakterisierung und Nachfragefähigkeit

Die lokale Kundschaft im Private Banking in Singapur und Malaysia setzt sich vorwiegend aus vermögenden ethnischen Chinesen, einem steigenden Anteil an malaiischen Bumiputras sowie einem geringen, aber vermögenden Anteil an Indern in beiden Ländern zusammen.[1199] Die folgende Tabelle C/4-8 zeigt die Schätzung der wirtschaftlichen Bedeutung der ethnischen Chinesen in der Relation Bevölkerungsanteil zum Anteil an lokaler Wirtschaft sowie Beitrag zum BIP in Singapur, Malaysia und nachrichtlich in Vietnam auf.[1200] Insgesamt leben in den sechs ASEAN-Staaten 24 Mio. ethnische Chinesen, die insgesamt 322 Mrd. US$ des BIP dieser Länder umfaßt. Die Relation dieser Anteile zueinander von 1:1 in Singapur, 1:2 in Malaysia sowie 1:20 in Vietnam verdeutlicht die Position dieser Zielgruppe im Private Banking im jeweiligen Land.

	Anzahl (Mio.)	Anteil an Bevölkerung (%)	Vermögen als Anteil an lokaler Wirtschaft (%)	Beitrag zum BIP (US$ Mrd.)
Singapur	2	76	76	62
Malaysia	6	32	60	48
Vietnam	1	1	20	4
ASEAN-6	24	–	–	322

Tabelle C/4-8: Wirtschaftliche Bedeutung der ethnischen Chinesen in Singapur, Malaysia und Vietnam[1201]

[1197] Vgl. Linn, E.: Power of Money [1997], S. 44.
[1198] Vgl. Klöppelt, H.: International Private Banking [1996], S. 202.
[1199] Interview Auslandsbank in Singapur.
[1200] Vgl. Weldon, L.: Private Banking: A global Perspective [1998], S. 10-11, S. 54.
[1201] Quelle: Entnommen aus Weldon, L.: Private Banking: A global Perspective [1998], S. 59.

Für den Bereich der Vermögensberatung lassen sich die Kunden (high net worth individuals) noch einmal hinsichtlich der Orientierung bei der Anlage- bzw. Finanzierungsentscheidung unterscheiden. Das Segment der ‚global orientierten high net worth individuals' tätigt Finanzierungen und Geldanlagen vorwiegend Off-Shore, d.h. außerhalb des Wohnsitzlandes.[1202] Hinzu kommen die Kunden für das lokale On-Shore Private Banking. Die westlichen Banken bieten in den Ländern jedoch vorwiegend Private Banking im Off-Shore Bereich an.

4.3.3.3 Nachfragebereitschaft und Interaktionsverhalten

Für die vermögenden ethnischen Chinesen ist es typisch, keine besondere Aufteilung ihres Vermögens in Unternehmungsvermögen und Privatvermögen vorzunehmen. Das Vermögen wird unter dem Aspekt der Sicherheit in Finanzzentren mit steuerlichen Vorteilen, dem Aspekt der Unterstützung der Familie (z.B. Ausbildungskosten) und unter dem Aspekt der politischen Diversifikation in Immobilien investiert. Hinzu kommt das Vermögen, das in der Region unter dem Aspekt der Geschäftsmöglichkeiten und Immobilien angelegt wird. Da die ethnischen Chinesen den größten Teil ihres Vermögens aufgrund der bisher aufgeführten Charakteristika selber verwalten, werden weniger als ca. 15% des Vermögens einem professionellen Management in Form von Private Banking Einheiten anvertraut.[1203]

• Stellenwert von Beziehungen

Im Private Banking Geschäft ist die Bedeutung von persönlichen Beziehungen und hiermit einhergehend die Berücksichtigung kultureller Besonderheiten extrem wichtig. „When you talk about having very strong interpersonal relationships like in Private Banking (in Southeast Asia), where the degree of sophistication of the product is less developed and the sophistication of the client is less developed as well, then culture might be very important. (…) so the more the relationship is important the more you have to adjust culturally as well."[1204] Die Bedeutung des Entwicklungsstandes und der Umgang mit Private Banking als solchem kommt somit zu länder- und ethnisch-kulturellen Werten hinzu.

Der Umgang mit Private Banking zeigt sich in der Vertrauensbildungsphase mit dem jeweiligen Kundenbetreuer sowie in dessen Akzeptanz. Zur Wahrung der Vertraulichkeit und Diskretion werden bspw. bei regionaler Betreuung der Private Banking Kunden die Auslandsmanager der jeweiligen Auslandsgesellschaft der gleichen Bank nicht eingebunden, wenn Mitarbeiter aus der regionalen Private Banking Einheit Besuche bei lokalen Kunden machen.[1205] Hierfür sind Aspekte wie die Vertraulichkeit

---

[1202] Vgl. Klöppelt, H.: International Private Banking [1996], S. 202-203.
[1203] Vgl. Weldon, L.: Private Banking: A global Perspective [1998], S. 60-62. Diese Aussage gilt tendenziell und variiert zwischen den asiatischen Ländern.
[1204] Interview Auslandsbank in Singapur.
[1205] Interviews Auslandsbanken in Singapur, Malaysia.

der Geschäfte, der grundsätzlichen Sicherung des Bankgeheimnisses in den Ländern sowie die Herkunft von Anlagebeträgen von immenser Bedeutung für die Beziehung Bank - Kunde.

Bedingt durch den Entwicklungsstand zeigen sich die Unterschiede zwischen Singapur und Malaysia bezüglich der Diskretion und dem hiermit verbundenen Stellenwert der Beziehung zum Kundenbetreuer. Ein wichtiges Kriterium in Malaysia im Umgang mit Private Banking stellen Diskretion und Vertrauenswürdigkeit dar, die mit dieser persönlichen Beziehung einhergehen. Malaysia hat eine weniger offene Volkswirtschaft als Singapur, so daß die Bedeutung der Vertraulichkeit für den Kunden aus Malaysia höher ist als in Singapur.[1206] Hieraus folgt, daß die Akquisition von Private Banking Kunden in Malaysia schwieriger ist als in Singapur. Hinzu kommen Charakteristika der malaysischen Gesellschaft wie die Bedeutung von persönlichen Beziehungsgeflechten, Vetternwirtschaft und geringerer Transparenz am Markt, die den Markteintritt und die weitere Marktpenetration vorwiegend über den Aufbau von Kontakten und Weiterempfehlungen erfordern.[1207]

- Erwartungen an Bank, Manager und Mitarbeiter

Die Erwartungen der Kunden richten sich vorwiegend auf den Betreuungsansatz. Für eine regionale Betreuung stellt sich die Frage, welcher Betreuungsansatz für die Kundengruppen und welcher für jedes Land in der Region hinsichtlich der Personalauswahl richtig ist. Durch den Standort Singapur werden vorwiegend Chinesen beschäftigt, die aber bei ihren Tätigkeiten in der Region auch bei Nicht-chinesischen Kundengruppen allgemein akzeptiert werden.[1208] „It is something like a trade off and it is not going to be a win-win or lose-lose situation. Especially when there is a regional office; when there are offices in each country, then it is possible to find out what is the best proceeding for the country. But when there is a regional office, then it will be a trade off, because some markets are going to be better, some are going to be worse."[1209] Insbesondere Länder mit einem starken kulturellen., d.h. hier vor allem sprachlichen und ethnischen Hintergrund bedürfen individueller Betreuungsansätze.[1210]

Für die Akzeptanz der Kundenbetreuer spielen Seniorität (in Abhängigkeit von der Generation des Private Banking Kunden), vor allem aber Titel eine Rolle. Dies zeigt sich darin, daß bspw. der höchste Vertreter der Private Banking Einheit einen Anruf zur Einführung des Kundenbetreuers macht, oder aber daß die Titel auf Visitenkarten

---

[1206] Interviews Auslandsbanken in Singapur.
[1207] Interview Auslandsbank in Singapur.
[1208] Interview Auslandsbank in Singapur. Diese Aussage gilt für alle von Singapur aus abgewickelten Geschäfte, nicht nur für die Private Banking Aktivitäten.
[1209] Interview Auslandsbank in Singapur.
[1210] Interview Auslandsbank in Singapur, Interview Auslandsbank in Malaysia.

von Kundenbetreuern zur Erhöhung der Akzeptanz geändert werden mußten.[1211] Ebenso sind das Image, die Nationalität der Bank sowie die Nationalität des Betreuers von Bedeutung.[1212]

- Zeithorizont und Loyalität

Private Banking Kunden in Asien haben einen vorwiegend kurzen Zeithorizont (3-6 Monate) und wollen im Rahmen dieser Kurzfristorientierung gute Entwicklungen ihres Portfolios sehen.[1213] Diese Kurzfristorientierung, die in Singapur stärker ausgeprägt ist als in Malaysia, läßt sich mit durch die allgegenwärtigen Informationen zu Finanzmarktentwicklungen insbesondere an der Singapore Exchange sowie der starken Finanzorientierung der Bevölkerung insgesamt erklären.[1214] Diese Informationsflut sowie die Kurzfristorientierung haben wiederum Einfluß auf die persönliche Kundenbeziehung zum Kundenbetreuer. Für die langfristige Entwicklung dieser Beziehung besteht aus Sicht der Gesprächspartner oftmals nicht ausreichend Zeit.[1215] Da die Kunden teilweise sogar mit mehreren Private Banking Einheiten für ihre Vermögensverwaltung zusammenarbeiten, ist die Loyalität in Singapur weniger ausgeprägt und die Kunden sind bei nicht zufriedenstellender Portfolioentwicklung bereit, das Management des Portfolios an andere Institute abzugeben.[1216] In Malaysia ist diese Mentalität nicht so ausgeprägt; die vermögenden Kunden setzen sich eher aus Unternehmern zusammen, die die Vermögensverwaltung vollständig den professionellen Managern überlassen.[1217] Die erwartete laufende Betreuung der malaysischen Kunden stellt sich daher als weniger aufwendig als in Singapur dar, da die Kunden im Umgang mit den Portfoliomanagern weniger ungeduldig hinsichtlich der Wertentwicklung des Vermögens sind.[1218]

- Risikoorientierung

Im Vergleich zu ostasiatischen Anlegern sind die südostasiatischen Kunden in Singapur und Malaysia risikofreudiger, die aggressiv die Kursschwankungen an Wertpapier- und Devisenbörsen ausnutzen und die insbesondere durch die Art der Finanzierung von Wertpapierkäufen (,Share financing') noch einen zusätzlichen Hebel zur Ertragssteigerung schaffen.[1219] Die ethnisch chinesischen Kunden in Malaysia kön-

---

[1211] Interview Auslandsbank in Singapur.
[1212] Interview Auslandsbank in Singapur.
[1213] Vgl. Linn, E.: Power of Money [1997], S. 44.
[1214] Interview Auslandsbank in Singapur. Die Privatkunden insgesamt in Singapur sind an der Börse sehr aktive Investoren und Spekulanten. Dies ist auf die Förderung dieser Geldanlage durch die Regierung sowie auf die extreme Umgebung mit finanzwirtschaftlichen Informationen zurückzuführen. Nicht nur auf Bildschirmen im Banken- und Börsenviertel des Stadtstaates, sondern auch an Bildschirmterminals auf Einkaufsstraßen und in Einkaufszentren werden die privaten Anleger über die aktuellen Entwicklungen der Börse informiert.
[1215] Interview Auslandsbank in Singapur.
[1216] Interview Auslandsbank in Singapur. Siehe auch Linn, E.: Power of Money [1997], S. 44.
[1217] Vgl. Linn, E.: Power of Money [1997], S. 44.
[1218] Interview Auslandsbank in Singapur.
[1219] Interview Auslandsbank in Singapur. Vgl. auch Weldon, L.: Impact of the Crisis [1999], S. 41.

nen jedoch bezüglich der insgesamt gewählten Anlagestrategien als konservativer als die Kunden in Singapur bezeichnet werden.[1220]

Die Kunden im Private Banking sind jedoch von einer Diversifikation des Portfolios zu überzeugen, was letztlich durch die Auswirkungen der Krise auf einseitige Anlagestrategien bestätigt worden ist. Die Bereitschaft, die Anlageportfolios zu diversifizieren bzw. die Nachfrage nach risikoloseren Produkten als die Anlage in die von der Krise stark geschwächten Aktienmärkte, ist gestiegen.[1221] Die vermögenden Privatkunden aus Malaysia sind innerhalb der Region durch die Asienkrise am meisten getroffen worden. Als Ursache wird eine nationalistische Haltung bei der Wahl der Anlagestrategie angenommen, da viele Malaysier die Off-Shore Geldanlagen in Ringgit tätigen und zudem in den lokalen Aktienmarkt investiert haben.[1222]

Grundsätzlich ist der lokale Private Banking Markt in Malaysia noch als im ‚Embryonal-Stadium' zu bezeichnen. In Singapur ist dieser Markt bereits weiter ausgebaut. Die Geldanlagen werden von lokalen Kunden im Private Banking eher im Off-Shore Bereich getätigt. Der Bedarf an lokalem Private Banking wird jedoch auch in Malaysia erkannt.[1223] Die Investoren haben durch die Krise für die Ausrichtung ihrer Portfolios eine globalere Ausrichtung, eine moderatere Forderung hinsichtlich der Renditen sowie neue Produkte (z.B. private Aktienfonds) akzeptiert.[1224]

4.3.3.4 Fazit: Private Banking

Im Private Banking zeigen sich ähnliche Anforderungen an die Gestaltung der Geschäftsbeziehung und Erwartung an die Betreuung wie im Firmenkundengeschäft mit größeren Kunden. Dadurch, daß die Betreuung vorwiegend regional zentralisiert ist, spielt der richtige Betreuungsansatz eine wesentliche Rolle für die Zusammenarbeit mit westlichen Banken. Dieser ist aufgrund der von hoher Individualisierung der Betreuung gekennzeichneten Geschäftsart wiederum durch eine starke Beziehung zwischen Kunden und Kundenbetreuer gekennzeichnet. Da sich bereits für die betrachteten Länder Singapur und Malaysia Unterschiede im Bankverhalten (z.B. Risikoorientierung) aufzeigen lassen, ist es im Rahmen des regionalen Betreuungsansatzes von großer Bedeutung, diese kulturellen Unterschiede berücksichtigen zu können.

[1220] Interview Auslandsbank in Singapur. Diese Auslandsbank ist in ihrem Kundenportfolio auf die chinesische Gemeinschaft in Malaysia fokussiert.
[1221] Vgl. Weldon, L.: Impact of the Crisis [1999], S. 43.
[1222] Vgl. Sreenivasan, V.: Asia's rich [1999]. Der Autor bezieht sich auf eine Studie „The World Wealth Report 1999".
[1223] Vgl. Weldon, L.: Private Banking: A global Perspective [1998], S. 143-145.
[1224] Vgl. Siow, L.S.: Asia's Private Banking [1999].

Nachdem die Zusammenarbeit der westlichen Banken mit direkten Interaktionspartnern aufgezeigt wurde, werden im Folgenden die Zentralbanken und die Öffentlichkeit in ihren Verhaltensweisen im Umfeld der westlichen Banken charakterisiert.

4.3.4 Externe indirekte Interaktionspartner: Zentralbanken und Öffentlichkeit

Als die indirekten externen Interaktionspartner im Aufgabenumfeld der westlichen Banken sind die Zentralbanken und die (Erwartungshaltung der) Öffentlichkeit in den untersuchten Ländern identifiziert worden. Die nachfolgende Charakterisierung dieser für die Geschäftätigkeit der westlichen Banken wichtigen Anspruchsgruppen umfaßt die Betrachtung der Interaktionen der Zentralbanken mit ausländischen Banken im Rahmen der marktbezogenen Aufgabenstellungen, die Anspruchshaltung der Öffentlichkeit in den Ländern sowie die Zusammenarbeit mit lokalen Bankenverbänden als branchenbezogene Interessenvertretungen.

4.3.4.1 Zentralbanken als marktprägende Einflußgrößen

Die Zentralbanken der Länder nehmen je nach Ausgestaltung ihrer aufsichtsrechtlichen Aufgabenstellungen ihre volkswirtschaftliche und bankmarktbezogene Rolle auf eine charakteristische Art und Weise wahr.[1225] Die Zusammenarbeit der westlichen Banken mit den Zentralbanken resultiert aus der Funktion als Überwachungsinstanz für die Tätigkeit ausländischer Banken in den Märkten.[1226] Die Verhaltensweisen der Zentralbanken sowie die Gestaltung der Beziehung der westlichen Banken mit diesen sind wesentliche Elemente der Öffentlichkeitsarbeit der Auslandsgesellschaft. Die Zentralbanken werden anhand der integrierten Betrachtung des jeweiligen Marktauftrittes in Verbindung mit der Ausübung der Funktionen im Land charakterisiert. Diese unterscheiden sich hinsichtlich einer Eingriffnahme in das Bankgeschäft auf makroökonomischer Umfeldebene und auf mikroökonomischer Ebene der einzelnen Bank.

4.3.4.1.1 Neues Selbstverständnis der Monetary Authority of Singapore

Die allgemeinen Aufgaben einer klassischen Zentralbank verteilen sich auf drei Regierungsstellen, wobei die Monetary Authority of Singapore (MAS) die wichtigste Rolle für den Bankensektor spielt und hierbei die Position einer Zentralbank einnimmt.[1227] Dies geht einher mit der starken politischen Steuerung und ökonomisch

---

[1225] Eine Übersicht zu den Aufgabenstellungen und Funktionen der Zentralbanken in Singapur, Malaysia und Vietnam befindet sich in Anhang B.2.

[1226] In Malaysia ist für die Off-Shore Banken die Aufsichtsbehörde LOFSA zuständig.

[1227] Vgl. Luckett, D.G. / Schulze, D.L. / Wong, R.W.Y.: Banking, Finance & Monetary Policy in Singapore [1994], S. 4-5, 116-121. Das Board of Commissioners of Currency ist für die Emission und Einlösung der Währung autorisiert, die Government of Singapore Investment Corporation für das Management der Fremdwährungsreserven des Stadtstaates. Mit Aufnahme der Geschäftätigkeit in 1971 sind die vorherigen fragmentierten Verantwortlichkeiten im Finanzbereich sowie die durch die wachsende Bedeutung des Finanzsektors zunehmende Komplexität der Aufgabenstellungen

motivierten Eingriffnahme, vor deren Hintergrund die Maßnahmen zur Entwicklung und Liberalisierung des Marktes zu beurteilen sind.[1228]

Auch wenn die Steuerung durch die MAS relativ eng ist, gibt es keine direkten Eingriffe bezüglich der Art und der Richtung bestimmter Geschäftsarten, so daß die Steuerung eher auf einer Makro- als auf einer Mikroebene stattfindet.[1229] Teilweise wird Singapur als ‚arroganter‘ Bankenmarkt bezeichnet, da die Position des Landes in der Region zu einem extremen Selbstbewußtsein geführt hat, welches im Verhalten gegenüber anderen Ländern teilweise zum Ausdruck gebracht wird. Nepotismus und Vetternwirtschaft sind jedoch auch in Singapur vorhanden, wenn auch in einem allgemein weniger ausgeprägten Maß als in umliegenden Ländern in der Region.[1230]

Der derzeitige geschäftsführende Direktor und gleichzeitig stellvertretende Premierminister in Singapur, Lee Hsien Loong, gilt als Hauptinitiator des internen Reformprozesses der Monetary Authority of Singapore und des Reformprozesses im Finanzbereich insgesamt.[1231] Mit der Initiierung der verstärkten Förderung des Finanzsektors in Singapur sowie des Reformprozesses ging ein doppelter Kulturwechsel innerhalb der Monetary Authority of Singapore vonstatten: von einem eher auf strenge Regulierung (‚law & order‘) und restriktive Kommunikation ausgerichteten Regime mit einem Schwerpunkt auf der Wahrung hoher Standards und strenger Überwachung der erlaubten Tätigkeiten ausländischer Banken soll ein Marktteilnehmer und Gesprächspartner entstehen, der anstelle eines regulatorischen einen eher risikoorientierten Überwachungsansatz mit erhöhter Transparenz verfolgt.[1232] Zudem soll der bewährte unternehmerische Ansatz des ‚Singapore Inc.‘ bzw. ‚Singapore Unlimited‘ implementiert und eine verstärkte Teilnahme des privaten Sektors an den umfangreichen Projekten zur Weiterentwicklung des Finanzsektors initiiert werden.[1233] Es ist erkannt worden, daß das strikte Kontrollsystem, das Singapur vor den Turbulenzen am Finanzmarkt während der Wirtschafts- und Finanzkrise bewahrt hat, die Marktentwicklung eher behindert hat.[1234] Unter einem doppelten Kulturwechsel soll hier zum einen der angedeutete Wandel der Unternehmungskultur der Monetary Authority of Singapore, aber gleichzeitig die durch die Änderung der Rolle und der Einflußnahme auf den Bankenmarkt hervorgerufene Beeinflussung der Branchenkultur verstanden werden. Die Monetary Authority of Singapore hat heute neben den Haupttätigkeiten der Überwachung und Förderung der Internationalisierung eine eigene Geschäftsstrategie mit eigenem Management erhalten. Von dieser unterneh-

---

unter dem Dach der MAS zusammengefaßt worden. Vgl. Ho K.F. / Gerrard, P.: Practice & Law [1993], S. 10-11.

[1228] Interview Auslandsbank in Singapur.

[1229] Interview Auslandsbank in Singapur.

[1230] Interview Auslandsbank in Singapur.

[1231] Vgl. Montagu-Pollock, M.: Singapore tears down the Barriers [1998], S. 36. Vgl. Kapitel 3.3.4.

[1232] Interview Auslandsbank in Singapur.

[1233] Vgl. Vellor, R. / Perng, C.J.: Niche Areas [1998], S. 5.

[1234] Montagu-Pollock, M.: Singapore tears down the Barriers [1998], S. 27.

merischen Neuorientierung nach bisher bewährtem Singapurer Ansatz werden positive Impulse insbesondere auf die lokalen Banken in Singapur erwartet.[1235] Hinzu kommt, daß die MAS eine hohe Professionalität in ihrem Management und – analog dem Ansatz Singapurs – Offenheit gegenüber dem Know-how und Empfehlungen ausländischer Beratungsgremien zeigt.[1236] Inwieweit letztendlich Empfehlungen angenommen und wie Entscheidungen getroffen werden, ist auf dieser Basis nicht zu beurteilen.

Trotz geplantem kulturellen Wandel der Monetary Authority of Singapore ist der Führungsstil bezüglich des Umganges mit Informationen und der offenen Ansprache von kritischen Punkten immer noch restriktiv, und der Ansatz zur strikten Befolgung von Regeln ist am Bankenmarkt immer noch vorhanden. Skandale wie der Fall der Barings Bank dürfen nicht mit nicht eingehaltenen Ordnungsprinzipien oder mangelnder Rechtssicherheit in Singapur in Verbindung gebracht werden, da dies den Anspruch eines Financial Hubs in der Region konterkarieren würde.[1237] Der Ansatz der neuen Transparenz hat sich am Markt jedoch noch nicht durchgesetzt.[1238] Dies betrifft zum einen die Transparenz der Rechnungslegung und Offenlegung von Informationen der Banken. Zudem sind im Frühjahr 1999 von verschiedenen Banken – und zwar Auslandsbanken und lokalen Banken – vom jeweiligen Management Mitteilungen an die Mitarbeiter ergangen, keine Informationen über die Banken an die Öffentlichkeit zu geben bzw. keine Angaben in Verbindung mit dem Namen der Bank zu machen.[1239] Die Zusammenarbeit mit der Monetary Authority of Singapore wird von den befragten Banken insgesamt als positiv bezeichnet.[1240]

4.3.4.1.2 Hohe Involvierung der Bank Negara Malaysia im Bankgeschäft

Das malaysische Bankensystem wird als ‚Produkt' systematischer Interventionen der Regierung bezeichnet,[1241] was in der Wahrnehmung und Ausübung der Aufgabenstellungen und Priorisierung von Themenstellungen durch die Bank Negara Malaysia (BNM), aber auch durch das Finanzministerium zum Ausdruck kommt und seitens

---

[1235] Vgl. Montagu-Pollock, M.: Singapore tears down the Barriers [1998], S. 36.

[1236] Interview Auslandsbank in Singapur. So hat die Monetary Authority of Singapore Internationale Advisory Councils eingesetzt, die die weitere Entwicklung des Finanzplatzes Singapur mit der internationalen Expertise begleiten sollen. Vgl. Monetary Authority of Singapore: Reforming Singapore's Financial Sector [1999], http://www.mas.gov.sg.

[1237] Interviews Auslandsbanken in Singapur.

[1238] Vgl. Kapitel 3.3.3.1.1.

[1239] Interviews Auslandsbanken in Singapur. Anfrage Interview lokale Bank in Singapur. Eine weitere Auslandsbank wies darauf hin, daß es bei der Veröffentlichung von Artikeln oder Kommentierung gegenüber Journalisten zu Rückfragen seitens der Monetary Authority of Singapore kommen kann. Interview Auslandsbank in Singapur.

[1240] Interviews Auslandsbanken in Singapur.

[1241] Vgl. Montagu-Pollock. M. / Hoon, L.S.: Turning [1995], S. 22.

der Marktteilnehmer – auch im internationalen Vergleich – als teilweise starke Ein-griffnahme empfunden wird.[1242]

Die malaysische Zentralbank BNM hat im Jahr 1959 offiziell die Geschäftstätigkeit aufgenommen. Geleitet wird die Zentralbank von einem von der Regierung berufe-nen Gouverneur. Insbesondere nach Ausbruch der Krise wird durch politische Ent-wicklungen, einem hiermit verbundenen Führungswechsel an der Spitze der Zentral-bank sowie in Verbindung mit der Einführung von Maßnahmen zur Restrukturierung des Bankensektors das Verhalten der BNM als ‚neues Regime' bezeichnet.[1243] Die Maßnahmen zur Forcierung von Fusionen sowie die qualitative Kontrolle des Mana-gements lokaler Banken werden derzeit mit einem sehr bestimmten Auftreten der BNM gegenüber den lokalen Banken verbunden.[1244] Es werden einzelne Politiken wie bspw. die Schaffung von Verantwortlichkeit von Managern nicht nur an die Ban-ken herangetragen, sondern auch durch die BNM mitimplementiert.[1245] So hat die BNM bspw. von extrem durch die Krise betroffenen Banken bzw. Finance Compa-nies das Management übernommen. Das Vorgehen der BNM wird allgemein als stärker durch Politik und Regierung gesteuert als vor September 1998 angesehen, was letztendlich mit den durch die Krise hervorgerufenen Schwierigkeiten im Ban-kensektor im Zusammenhang steht.[1246]

Die Arbeitsweise der BNM kann z.B. durch folgende Beispiele charakterisiert werden: Die Einführung der Kapitalverkehrskontrollen im September 1998 hat bei vielen aus-ländischen Banken in Malaysia hinsichtlich der Abwicklung und Umsetzung der hier-mit verbundenen Richtlinien Unverständnis und Rückfragen ausgelöst. Nach Ankün-digung der Maßnahmen ist es daher aus Verständnis- und Verdeutlichungsgründen erforderlich gewesen, in der Presse und durch Verlautbarungen der BNM weitere Angaben, Präzisierungen und Stellungnahmen zu operativen Einzelfragen zu veröf-fentlichen, die im Vorfeld nicht ausreichend bedacht worden sind. Diese Vorgehens-weise war auch von einer Darstellung von Maßnahmen zur Bekämpfung der Auswir-kungen der Krise begleitet worden, deren Einführung am Bankenmarkt ex-post als Fehlentscheidung kommuniziert worden ist.[1247] Die BNM wird daher am Markt als

---

[1242] Interviews Auslandsbanken in Singapur; Malaysia; Interviews lokale Banken in Malaysia. So ist nach einer zunächst starken Ablehnung von Deregulierungsmaßnahmen zur Vorbereitung der Öffnung des Finanzmarktes in 1995 eine Politik der Deregulierung angekündigt worden.

[1243] Interviews Auslandsbanken in Malaysia; Interviews lokale Banken in Malaysia. Vgl. auch o.V.: Notenbankchef [1998], S. 10. Der neue Notenbankgouverneur tritt die Nachfolge des am Vor-abend der Einführung der Kapitalverkehrskontrollen zurückgetretenen Vorgängers an.

[1244] Vgl. Mustapha, K.: „Report Card" [1999], S. 2. Als Reaktion auf die Krise im Bankensektor sind seitens der BNM striktere Richtlinien und eine Intensivierung der Überwachung der Banken sowie eine Leistungskontrolle der Manager und Direktoren der Banken eingeführt worden. In diesem Zusammenhang ist bspw. erstmalig ein ehemaliger Direktor einer lokalen Bank wegen Über-schreitung von Kompetenzen angeklagt und verurteilt worden. Vgl.: Abbas, R. / Poosparajah, S.: Banker charged [1999], S. 1.

[1245] Interview lokale Bank in Malaysia.

[1246] Interview lokale Bank in Malaysia.

[1247] Vgl. Shaik, O.M.: 'Wrong turns' [1999], S. 37.

streng und strikt in der Anspruchshaltung, teilweise aber nicht als ausreichend professionell in der Ausführung der eigenen Politik angesehen.[1248] Darüber hinaus ist die BNM über das Finanzministerium sehr eng mit der Regierung verbunden und dient als ein verlängerter Arm für die Erreichung politischer Ziele. Dies hat sich am Beispiel der initiierten Fusionen am Bankenmarkt gezeigt, als das angekündigte Projekt mit sechs Ankerbanken durch die Umorientierung der Regierung zurückgenommen werden mußte.[1249]

Die dominierende Position am Bankenmarkt wird vor dem Hintergrund der Zielsetzung Schaffung der Stabilität eines Bankensystems im Rahmen der Krise auch als positiv beurteilt, da so die Qualität der Geschäftsverbindungen zu den lokalen Banken verbessert worden ist.[1250] Der Bankenmarkt in Malaysia ist im Vergleich zu umliegenden Ländern zügig stabilisiert worden, und die Institutionalisierung des Maßnahmenpaketes zur Restrukturierung des Bankensektors konnte nur initiiert bzw. implementiert werden, weil im Land eine entsprechende Machtposition vorliegt.[1251]

4.3.4.1.3 Regierung und Staatsbank in Vietnam

Die Staatsbank von Vietnam (SBV) hat erst mit der Umorganisation des Bankensystems von einem ein- in ein zweistufiges Bankensystem im Jahr 1990 ihre heutige Rolle der Staatsbank bekommen. Geleitet wird die SBV von einem Gremium, das an der Spitze einen Gouverneur im Rang eines Ministers und Regierungsmitglied sowie stellvertretende Gouverneure im Rang von stellvertretenden Ministern hat. Die SBV wird daher – trotz des Transformationsprozesses der Entwicklung in Richtung einer nach marktwirtschaftlichen Prinzipien operierenden Zentralbank – wie ein Regierungsministerium geführt.[1252] Die Ausübung ihrer Aufgaben durch die SBV wird von den westlichen Banken als sehr strikt, bürokratisch und kontroll-orientiert angesehen.[1253] Bspw. bei der Verabschiedung von Dekreten zeigt sich der als verschlossen, aber auch als dominierend zu bezeichnende Marktauftritt der SBV. Selbst wenn sich nach der Verabschiedung eines Gesetzes seitens der SBV herausgestellt hat, daß die Umsetzung aufgrund von fehlendem Praxisbezug bzw. mangelnder Marktorientierung nicht möglich ist, bleibt dieses Gesetz bestehen. Nach persönlicher Meinung eines Mitarbeiters der SBV ist der Gesichtsverlust im Fall der Rücknahme des Gesetzes in diesem Fall von größerer Bedeutung als die für die betroffenen Banken entstehenden operativen Probleme.[1254]

[1248] Interviews Auslandsbanken in Malaysia.
[1249] Vgl. Elegant, S.: Merger delayed [1999], S. 80.
[1250] Interview Auslandsbank in Malaysia.
[1251] Interviews Auslandsbanken in Malaysia.
[1252] Vgl. Brahm, L.J.: Vietnam: Banking and Finance [1995], S. 11-12.
[1253] Interview Auslandsbank in Vietnam.
[1254] Interview State Bank of Vietnam.

Die Ausführungen zu den Zentralbanken zeigen, daß nicht nur deren Rolle im Sinne von Ausübung von Funktionen am Bankenmarkt, sondern auch die Art des Führungsstils einen Bankenmarkt prägen, was einen Teil der jeweiligen Branchenkultur ausmacht. Die hohe Eingriffnahme in den Ländern hat einen großen Einfluß auf das Verhalten der Banken als externe Branchenteilnehmer der westlichen Banken.

4.3.4.2 Erwartete Rolle ausländischer Banken aus Perspektive der Öffentlichkeit

Über Regierungen, Zentralbanken und andere Marktteilnehmer werden die Erwartungen der Öffentlichkeit an die in den Ländern tätigen ausländischen Banken herangetragen. In den einzelnen Formulierungen zeigen sich deutlich die unterschiedlichen Entwicklungsstände der Länder und Einstellungen zum Rollenverständnis der Banken in den Ländern.

In **Singapur** werden die folgenden Anforderungen an ausländische Banken gestellt, die einen (Weiter-) Entwicklungsbeitrag durch Know-how Transfer auf kooperativer Basis umfassen:

- Hohe Qualitätsanforderungen, gute Bonität, langfristiges Engagement,[1255]

- Engagement in verschiedenen Gremien und Interessenvertretungen,[1256]

- Abgabe von Stellungnahmen zu geplanten Richtlinien.[1257]

Von dieser externen Hilfestellung zur schnellen und effizienten Marktentwicklung erwartet die MAS bzw. der Finanzmarkt Singapur die Verringerung des Abstandes bzw. Vermeidung der Vergrößerung des Abstandes zu entwickelten Finanzmärkten in London und New York. Dieser Anspruch hängt auch mit der Emerging Markets Position sowie der Potentialentwicklung in Südostasien zusammen, bei der sich Singapur selber in einer herausragenden Führungsrolle sieht.[1258]

Die Erwartungen der Bank Negara **Malaysia** an die ausländischen Banken haben sich verändert: Früher sollten die ausländischen Banken Kapital, Geschäftsverbindungen und Netzwerke mit anderen internationalen Unternehmungen nach Malaysia bringen, so daß diese direkt für die Entstehung von Handelsbeziehungen zuträglich sein konnten. Heute reflektieren die ausländischen Banken die Struktur der Haupt-

---

[1255] Interview Auslandsbank in Singapur.
[1256] So sind der Vorstandsvorsitzende der Deutschen Bank sowie Mitglieder der Vorstände der ABN AMRO, Banque Nationale de Paris im International Advisory Panel der Monetary Authority of Singapore. Manager der HSBC, Citibank und Deutsche Bank nehmen auch wichtige Funktionen bei den Bankenverbänden in Singapur ein. Vgl. Monetary Authority of Singapore: Promotion [1999], siehe auch The Association of Banks in Singapore: Annual Report 1998 [1999], S. 4-5.
[1257] Interview Auslandsbank in Singapur.
[1258] Interview Auslandsbank in Singapur.

handelspartner von Malaysia, so daß die Abwicklung des derzeitigen und zukünftigen Handels im Vordergrund steht.[1259]

In Malaysia wird für die Betätigung westlicher Banken auch der Beitrag zur Gesellschaft und deren Entwicklung als bedeutsam angesehen, da die Berücksichtigung von gesellschaftlichen Besonderheiten erwartet wird und in bestimmten Vorschriften zum Ausdruck kommt.[1260] So gibt es bspw. einen Anforderungskatalog an Banken, der quantitative Kreditvorschriften umfaßt und auch für die ausländischen Banken relevant ist.[1261] Schwierig kann die Umsetzung von strategischen Entscheidungen der Auslandsbank dann sein, wenn diese die politischen Ziele des Landes konterkariert. So kann bspw. ein aus Rentabiliätsgründen angestrebter Rückzug aus spezifischen Kundensegmenten nicht vollständig umgesetzt werden, da die politischen Zielsetzungen befolgt werden müssen.[1262]

Die BNM legt Wert auf die Zusammenarbeit mit den ausländischen Banken in der Form, daß Konsultationspapiere den Banken zur Kommentierung gegeben werden sowie zwischen BNM und Bankenvertretern formale Treffen stattfinden. Hinzu kommen ad-hoc Treffen und Arbeitskommitees, zu denen die aus den relevanten Geschäftsbereichen stammenden Bankenvertreter eingeladen werden.[1263] Ein aktuelles Beispiel ergibt sich aus dem durch die Krise hervorgerufenen Finanzbedarf der malaysischen Regierung, der in eine Aufforderung an die im Land tätigen ausländischen Banken mündete, sich an einem Finanzierungspaket für die Regierung zu beteiligen. „Die Bank hat sich beteiligt, trotzdem die geforderten Konditionen sämtlichen gültigen Kalkulationsgrundlagen der Bank widersprachen. Beispielsweise ist die Berücksichtigung von Risikokosten etwas, was in Malaysia nicht nachvollzogen wird. Ein Land, das in einer wirtschaftlichen Situation wie Malaysia ist, wird mit einem bestimmten bankinternen Risikofaktor belegt, der sich in einer Marge niederschlägt, die die malaysische Regierung nicht bereit war zu zahlen. Als ‚guter Bürger' hatte die Bank die Pflicht teilzunehmen. Von Seiten der BNM ist ein entsprechender Druck aufgebaut worden, und die Bank mußte ihr Bekenntnis zum Land durch diesen Kredit zum Ausdruck bringen".[1264]

In **Vietnam** zeigt sich der Entwicklungsstand des Bankenmarktes in den Anforderungen, die offiziell an die Aktivitäten von ausländischen Banken gestellt werden:[1265]

[1259] Interview Bank Negara Malaysia.
[1260] Interview Bank Negara Malaysia.
[1261] Vgl. Kapitel 3.3.4.1.
[1262] Interview Auslandsbank in Malaysia.
[1263] Interview Bank Negara Malaysia.
[1264] Interview Auslandsbank in Malaysia.
[1265] Interview State Bank of Vietnam.

- Einbringung von Kapital und Akquirierung weiteren Kapitals (inkl. Direktinvestitionen) aus dem Ausland,

- Erbringung von Technologietransfer für den Banken- und Dienstleistungssektor im Land,

- Angebot von Trainingsmöglichkeiten für lokale Mitarbeiter staatlicher Banken und der SBV.

Diese Anforderungen werden in Relation zu den tatsächlichen Geschäftsmöglichkeiten der ausländischen Banken in Vietnam als anspruchsvoll bezeichnet.[1266] Die westlichen Banken fokussieren sich vorwiegend auf das Geschäft mit internationalen Kunden, die auch Kapital und Direktinvestitionen in das Land bringen. Da sich die wirtschaftlichen Rahmenbedingungen verschlechtert haben, ist der ohnehin kleine Markt in Vietnam – relativ zur Anzahl an ausländischen Banken – noch weiter geschrumpft, da die Direktinvestitionen rückläufig sind.[1267] Den ausländischen Banken wird allerdings indirekt vorgeworfen, die an sie gestellten Erwartungen nicht erfüllt zu haben, da die bisherigen Investitionen in Vietnam auch ohne die Tätigkeit der Auslandsbanken zustande gekommen seien. Die gestellten Erwartungen an die ausländischen Banken beziehen sich auf die Makroebene; die Regierung bzw. die SBV nimmt keinen Einfluß auf die Art oder Ausrichtung der Geschäfte bezgl. bestimmter Kreditnehmergruppen. Die Geschäftstätigkeit wird vollständig, wenn auch zum Teil nur durch Auslegung, durch die gesetzlichen Rahmenbedingungen geregelt.[1268]

„Major concerns about the development are, that the market could be regulated ‚out of existence'. But the government is not willing to see the contribution of foreign banks as valuable for the country. From the banks' side it is more like ‚pushed down and repressed' rather than ‚harness and used', because they are not making use of the foreign banks' presence in a more efficient way, and the foreign banks would appreciate this in their own interest."[1269]

In Form von Zusammenarbeit findet jährlich ein Treffen aller Bankenvertreter statt, bei dem seitens der SBV ein Jahresrück- und -ausblick zum Bankgeschäft gegeben wird. In Bezug auf neue Gesetzesentwürfe scheint es eher so zu sein, daß die SBV zwar Kommentierungen teilweise anfordert, aber genauso wie bei unaufgeforderten Vorschlägen bzw. Stellungnahmen zu möglichen Verbesserungen des Systems bzw. notwendigen Schritten zur weiteren Entwicklung zuhört und entgegennimmt, aber nicht berücksichtigt.[1270]

[1266] Interview Auslandsbank in Vietnam.
[1267] Vgl. Kapitel 3.2.3.4.
[1268] Interview Auslandsbank in Vietnam.
[1269] Interview Auslandsbank in Vietnam.

Analog der unterschiedlichen Arten an Institutionen als Marktteilnehmer und der entsprechenden Breite des Bankenmarktes existieren in den Ländern unterschiedliche Organisationen der Interessenvertretungen einzelner Bankengruppen.

In **Singapur** und **Malaysia** existieren Bankenverbände der Commercial Banks, der Merchant Banks, sowie der Finance Companies.[1271] Hinzu kommen in beiden Ländern noch Interessenvertretungen für andere Gruppen von Finanzinstitutionen wie bspw. den Verband der Off-Shore Banken in Malaysia.[1272] Die Vertretungen sind offen für lokale und ausländische Finanzinstitutionen, so daß hier eine gegenseitige Konsultierung sowie ein entsprechendes Engagement in verschiedenen Gremien (z.b. zur Bewältigung der Anforderungen des Jahrtausendwechsels) möglich ist.

In **Vietnam** existiert nur ein Bankenverband (Association of Vietnamese Banks), der nur für vietnamesische Banken eine Mitgliedschaft anbietet und somit den ausländischen Banken in dieser Form keine Möglichkeit der Mitarbeit zur Entwicklung des Marktes anbietet.[1273]

Zusammenfassend läßt sich festhalten, daß die westlichen Banken in den Außenbeziehungen am Markt neben dem Kundengeschäft auch die angeführten Anspruchsgruppen des jeweiligen Landes mit der jeweils verfolgten Interessenlage bei ihrer Geschäftstätigkeit zu berücksichtigen haben. Hier unterscheidet sich der Umfang des erwarteten Engagements und auch die Art des jeweiligen Landes, mit diesen Anforderungen auf die westlichen Banken zuzugehen.

4.3.5 Fazit

Aus den untersuchten Aspekten der Marktorientierung von westlichen Banken ergeben sich spezielle Anforderungen an die Ausgestaltung der Marktbearbeitung in den untersuchten Ländern.

Die Betrachtung der Segmente Firmenkunden- und Privatkundengeschäft hat die Bedeutung der Gestaltung der Geschäftsbeziehungen herausgestellt, die für den Markterfolg der westlichen Banken wesentlich ist.

[1270] Interviews Auslandsbanken in Vietnam.
[1271] Namentlich handelt es sich um die folgenden Interessenverbände: in Singapur gibt es The Association of Banks in Singapore (ABS), The Finance Houses Association of Singapore und The Singapore Merchant Bankers' Association. In Malaysia handelt es sich um The Association of Banks in Malaysia (ABM), The Association of Finance Companies in Malaysia, The Association of Merchant Banks in Malaysia.
[1272] Interviews Auslandsbanken in Malaysia. Der Verband nennt sich The Association of Offshore Banks.
[1273] Interview State Bank of Vietnam.

Die Beschreibung der ethnischen Kulturen zeigt ebenfalls relevante Unterschiede für das Bankgeschäft auf. Bei Betrachtung der ethnischen Vielfalt in den Märkten ergibt sich die Notwendigkeit der Überlegung, in welcher Form und durch welche Mitarbeiter auf die Kundengruppen zuzugehen ist und welche Kundenbetreuungsansätze in den Ländern bzw. Regionen gewählt werden sollten.

Hieraus resultieren in den Ländern unterschiedliche Betreuungsansätze für die Kundensegmente, die bei einer kulturorientierten Ausgestaltung der Geschäftsbeziehung zu Differenzierungsmöglichkeiten am Markt führen können.

Die Bedeutung der gesellschaftlich-kulturellen Rahmenbedingungen für die international tätigen Banken ist grundsätzlich gegeben, auch wenn es Unterschiede zwischen den Ländern, und hier insbesondere bezüglich des Entwicklungsstandes gibt.[1274] Die kulturellen Einflüsse in den betrachteten Zielmärkten sind trotz der globalen Ausrichtung des Bankgeschäftes zu unterschiedlich, als daß die Geschäftstätigkeiten der westlichen Banken in der Region als homogen angesehen werden könnten..[1275] Hinzu kommt, daß der Entwicklungsstand eines Landes kein Indikator dafür ist, daß kulturelle Werte in unterschiedlichen Stärken auftreten können bzw. für das Bankmanagement von Bedeutung sind. Im Gegenteil, es zeigt sich am Beispiel von Singapur, daß – wenn auch mit segmentbezogenen Unterschieden – die kulturellen Herausforderungen an das Management gerade dann hoch sind, wenn die kulturrelevanten Faktoren eher unterschwellig sind, aber auf den Umgang mit dem Land wesentlichen Einfluß haben.[1276]

Nachdem nun die externen Interaktionspartner und deren Bedeutung für die Marktbeziehungen der westlichen Banken herausgearbeitet worden sind, werden im Folgenden die internen Interaktionsbeziehungen zu den Mitarbeitern im Rahmen der Führung der Auslandsgesellschaft betrachtet und in ihren Auswirkungen beurteilt.

4.4 Analyse der internen Interaktionsbeziehungen der Auslandsgesellschaft

Die ‚internen' Interaktionsbeziehungen beziehen sich auf die Interaktionen bei der Zusammenarbeit des Managements der Auslandsgesellschaften westlicher Banken mit den Mitarbeitern der Auslandsgesellschaft. Die Mitarbeiter in der jeweiligen Auslandsgesellschaft stammen vorwiegend aus den untersuchten Ländern, aber auch aus Drittländern und somit auch aus anderen Kulturkreisen. Aus dem Zusammentreffen von unterschiedlichen Landeskulturen sowie von Landeskulturen und Unterneh-

---

[1274] Interviews Auslandsbanken in Singapur, Malaysia.
[1275] Interviews Auslandsbanken in Singapur, Malaysia und Vietnam.
[1276] Interview Auslandsbank in Malaysia.

mungskultur der westlichen Banken ergeben sich Managementthemen für das Management der Auslandsgesellschaft.

4.4.1 Landeskultur und Unternehmungskultur als Einflußgrößen auf das Management der Auslandsgesellschaft

Die Beziehungen der unterschiedlichen Kulturebenen (Landeskultur, Branchenkultur, Unternehmungskultur sowie Subkulturen) im Umfeld der international tätigen Bank sind unter Dominanz der Landeskultur dargestellt worden.[1277] Im internationalen Bankgeschäft treffen in den Auslandsgesellschaften der westlichen Banken zwei Kulturebenen aufeinander: die Unternehmungskultur (der Zentrale), die Landeskultur der Mitarbeiter aus dem Gastland sowie die Landeskultur des Managements und der Landeskultur weiterer, nicht aus dem Gastland stammender Mitarbeiter. Hieraus resultieren für das Management der Auslandsgesellschaft verschiedene – zunächst vereinfacht anhand der im Folgenden aufgeführten Annahmen dargestellt – Themenstellungen, die anhand der folgenden Abbildung C/4-10 verdeutlicht werden können.

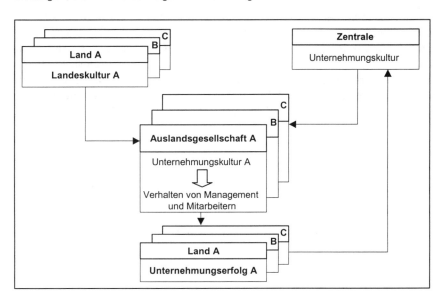

Abbildung C/4-10:   Zusammenwirken von Landeskulturen und Unternehmungskultur in der Auslandsgesellschaft[1278]

Die Landeskultur des Gastlandes wird durch die von Werten und Orientierungsmustern der Landeskultur sozialisierten lokalen Mitarbeiter in die jeweilige Auslandsge-

---

[1277] Vgl. Kapitel 2.1.2.2.
[1278] Quelle: In Anlehnung an Schreyögg, G.: Spannungsfeld [1992], S. 137.

306

sellschaft eingebracht.[1279] Die Unternehmungskultur der Auslandsgesellschaft der Bank ist ebenso von der Unternehmungskultur der Zentrale geprägt.[1280] Es wird zunächst davon ausgegangen, daß beide Kulturebenen die Verhaltensweisen der Unternehmungsmitglieder prägen und die Auslandsgesellschaft hieraus eine eigene Unternehmungskultur entwickelt, die von der Strategie der Gesamtbank zur Bestimmung des Verhältnisses der Einflußkräfte Landeskultur zu Stammhauskultur zueinander geprägt ist.[1281] Für das Management im Land stellt sich die Frage, welche managementrelevanten Themenbereiche sich aus dem Aufeinandertreffen der dargestellten Kulturebenen ergeben, und – vor dem Hintergrund der jeweiligen gesamtstrategischen Zielsetzungen und Ausrichtung der jeweiligen Bank – welchen Einfluß diese Konstellation von Kulturen auf den Leistungsprozeß und letztendlich auf den Erfolg der Auslandsgesellschaft hat.[1282] Für die internationale Bank stellen sich diese Fragen über alle Auslandsgesellschaften, so daß sich hieraus als Führungsthema der Gesamtbank die Notwendigkeit einer ‚Kulturstrategie' zur zielorientierten Steuerung der multikulturellen Kontexte ergibt.[1283]

Zur Strukturierung der weiteren Vorgehensweise folgt diese Arbeit dem Vorschlag der Literatur, die konkurrierenden Einflußfaktoren Landeskultur und Unternehmungskultur in der Auslandsgesellschaft zunächst getrennt hinsichtlich der kulturspezifischen Ausprägungen an Managementthemen zu untersuchen.[1284] Tabelle C/4-9 führt die Themenbereiche auf, die sich aus den Expertengesprächen für die drei Länder als Kulturindikatoren ergeben haben, wobei die Managementthemen aus dem Aufeinandertreffen der aufgeführten Kulturebenen resultieren.

[1279] Vgl. Schreyögg, G.: Spannungsfeld [1992], S. 128, 136.
[1280] Die Betrachtung der Unternehmungskultur der westlichen Banken erfolgt in Kapitel 5.3.2.
[1281] Vgl. Schreyögg, G.: Spannungsfeld [1992], S. 140. Die Begriffe Zentrale und Stammhaus werden im Weiteren synonym verwendet.
[1282] Vgl. Schreyögg, G.: Unternehmenskultur zwischen Globalisierung und Regionalisierung [1993], S. 150, 153.
[1283] Vgl. Schreyögg, G.: Spannungsfeld [1992], S. 138.
[1284] Vgl. Schreyögg, G.: Spannungsfeld [1992], S. 136.

Bezugsthemen der Kulturindikatoren	Singapur	Malaysia	Vietnam
Gesellschaftlich-kulturelle Strukturen			
• Ethnische Herkunft der Mitarbeiter	X	X	X
Interpersonale Zusammenarbeit unterschiedlicher Landeskulturen			
• Führungs- und Kommunikationsstilerwartungen	X	X	X
• Motivation der Mitarbeiter	X	X	X
• Zusammenarbeit in der Auslandsgesellschaft	X	(X)	X
Integration von Unternehmungskultur und Landeskulturen			
• Lokale Personalauswahl	X	X	X
• Strategischer Wandel	X	X	(X)

Tabelle C/4-9: Managementorientierte Themenbereiche in Auslandsgesellschaften in Singapur, Malaysia und Vietnam[1285]

Die Themen, die sich aus dem direkten Aufeinandertreffen von Landeskulturen ergeben, sind durch die Individuen als Träger der Landeskulturen interpersonale und kommunikationsbezogene Bereiche, die sich auf Unterschiede zwischen den Kulturdimensionen und Werten zurückführen lassen. Die aus dem Zusammentreffen von Unternehmungskultur (Praktiken und Werte der Unternehmung) und Landeskultur (Praktiken und Werte der Individuen) resultierenden Themen erfordern vom Management eine integrierende Mittlerrolle. Hierbei ist die Trennung der persönlichen Ebene des Managements und der unternehmungsbezogenen Ebene der Auslandsgesellschaft erforderlich.

4.4.2 Gesellschaftlich-kulturelle Managementthemen: Ethnische Herkunft der Mitarbeiter

Die gesellschaftlich-kulturellen Managementthemen werden in die jeweilige Auslandsgesellschaft ‚hineingetragen' und ergeben sich aus dem jeweiligen Land bzw. den spezifischen gesellschaftlichen Beziehungen der ethnischen Gruppen untereinander. Für die drei untersuchten Länder resultieren hieraus als spezifische Managementthemen die ethnische Struktur der Mitarbeiter sowie in Vietnam der Umgang mit Recht im Bankgeschäft.

[1285] Quelle: Eigene Darstellung. Die mit Klammern versehenen Themenbereiche weisen auf die Annahme hin, daß diese auch jeweils für die Länder von Relevanz sind, ohne dies durch die Expertengespräche nachweisen bzw. aufzeigen zu können.

In **Singapur** kann – trotz starker Förderung der multikulturellen Zusammenarbeit und des Zusammenlebens[1286] – nicht darüber hinweggesehen werden, daß neben der chinesischen Bevölkerungsmehrheit die Gruppen der Malayen und Inder als geduldete Minderheiten betrachtet werden.[1287] Es ist somit auch für die Zusammenarbeit in der Bank wichtig, die ethnischen Gruppen und deren Beziehungen zueinander zu kennen. So führen die einzelnen ethnischen Gruppen teilweise separate Leben, was bei Einladungen zu privaten Veranstaltungen oder ‚social events' von bspw. Indern in Singapur zum Ausdruck kommt. [1288] Diese Gesellschaftsstruktur ist auch bei der Personalführung zu beachten und macht klare Abgrenzungen in den Zuständigkeiten und Aufgabenbereichen zwischen bspw. chinesischen und indischen Mitarbeitern notwendig. Für die Bildung eines Mitarbeiterteams ist es erforderlich, unter Berücksichtigung der gesellschaftlichen Positionierung der Rassen in Singapur die Zusammenarbeit der Mitarbeiter unterschiedlicher Herkunft zu fördern.[1289] Hinsichtlich der Stellung Singapurs in der Region zeigt sich teilweise auch ein hohes Selbstbewußtsein, das nicht nur innerhalb der Gesellschaft, sondern auch innerhalb der Region demonstriert wird.[1290] In Singapur sind die lokalen Mitarbeiter bei den befragten Banken vorwiegend chinesischer Herkunft. Die (hier insgesamt sehr international besetzte) Mitarbeiterstruktur einer Auslandsbank in Singapur zeigt dies beispielhaft auf (Abbildung C/4-11).

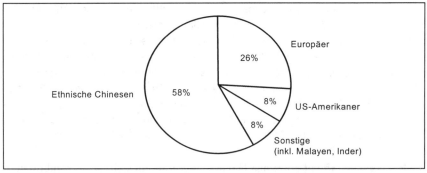

Abbildung C/4-11:   **Ethnische Struktur der Mitarbeiter einer Auslandsgesellschaft in Singa pur**[1291]

[1286] Interview Auslandsbank in Singapur. „Race is a very sensitive issue in Singapore, they are very conscious over this and they did a lot in order to ensure that the races live together in harmony."
[1287] Interview Auslandsbank in Singapur. Siehe auch Rahim, L.Z.: <u>The Singapore Dilemma</u> [1998].
[1288] Interview Auslandsbank in Singapur.
[1289] Interview Auslandsbank in Singapur. Dieser Aspekt gilt für Singapur auch innerhalb der Region.
[1290] Beispielsweise hat der Manager einer Auslandsgesellschaft nach einem Einsatz in der Region Südostasien das Management einer Auslandsgesellschaft in Singapur übernommen und dort die in einem anderen Land erfolgreich implementierten Managementpraktiken diskutieren bzw. implementieren wollen. Hierbei ist der Manager auf Akzeptanzprobleme bei den Mitarbeitern gestoßen mit dem Hinweis, daß das andere Land schließlich ein Entwicklungsland und mit Singapur nicht vergleichbar sei. Interview Auslandsbank in Singapur.
[1291] Quelle: Eigene Darstellung. Interview Auslandsbank in Singapur. Die Struktur bezieht sich auf die in der Kundenbetreuung (Front Room) tätigen Mitarbeiter.

Auf der Leitungsebene sind die Mitarbeiter jedoch eher internationaler Herkunft, wobei die Banken grundsätzlich eine Erhöhung des Anteils an lokalen Mitarbeitern anstreben.[1292]

„Whatever a foreign company is doing in **Malaysia**, the multi-racial aspects have to be taken into consideration, especially the fact with whom the foreigner is dealing with."[1293] Die Mitarbeiter spielen bei der Gesellschaftsorientierung eine große Rolle in Malaysia: die ausgeprägte Bumiputra-Politik spiegelt sich auch in der Auslandsgesellschaft wider, da auch hier durch politische Maßnahmen gewährleistet werden soll, daß die Malayen sich im Wirtschaftsleben weiterentwickeln können. Die erforderliche Beschäftigungsquote von 30% Malayen unter den Mitarbeitern ist ab einer bestimmten Betriebsgröße – wenn auch als ungeschriebene Regel – über alle hierarchischen Ebenen in der Auslandsgesellschaft aufrechtzuhalten.[1294] Aufgrund des Mangels an qualifizierten Malayen am Arbeitsmarkt kann die angeführte Anforderung an die Banken oftmals insbesondere auf der Hierarchieebene des Senior Managements nur schwer erfüllt werden[1295], oder aber es werden als logische Konsequenz zur Erfüllung der Quote schlechter qualifizierte Malayen eingestellt. Die prozentuale Verteilung der ethnischen Strukturen wird am Beispiel einer in Malaysia tätigen Auslandsbank aufgezeigt (Tabelle C/4-10):

[1292] Interview Auslandsbank in Singapur.
[1293] Interview lokale Bank in Malaysia.
[1294] Diese Quoten sind Bestandteil der NEP in Malaysia. Vgl. Kapitel 3.2.3.3.
[1295] Interviews Auslandsbanken in Malaysia.

Auslandsbank						
Front-Room	Malayen	Ethnische Chinesen	Inder	Europäer/ US-Amerikaner		
• Management	2%	6%	–	2%.	10%	
• Relationship-Manager	11%	32%	–	2%	45%	
• Unterstützung	14%	31%	–	–	45%	
Σ Front-Room	27%	69%	–	4%	100%	37%
Back-Room						
• Management	2%	6%	–	1%	9%	
• Fachspezialisten	4%	9%	–	–	13%	
• Sachbearbeitung/ Unterstützung	45%	32%	1%	–	78%	
Σ Back-Room	51%	47%	1%	1%	100%	63%
Σ	41%	56%	1%	2%		100%

Tabelle C/4-10: Ethnische Struktur der Mitarbeiter einer Auslandsgesellschaft in Malaysia[1296]

Es zeigt sich, daß die Auslandsgesellschaft vorwiegend chinesische Mitarbeiter beschäftigt, was von anderen westlichen Banken für die jeweilige Mitarbeiterstruktur bestätigt worden ist.[1297] Die malaiischen Mitarbeiter sind überwiegend in weniger kundenorientierten Abteilungen mit prozeß- und ausführenden Arbeiten sowie in unterstützenden Funktionen eingesetzt. Es wird zwar über die ganze Bank die Soll-Quote an malaiischen Mitarbeitern erfüllt, hinsichtlich der hierarchischen Ebenen wird die Quote nicht ganz erreicht, was jedoch repräsentativ für die Auslandsgesellschaften westlicher Banken ist.[1298]

Aus den religiösen Aspekten des Islam ergeben sich Einflüsse auf das Management in Malaysia, die zwingend zu beachten sind. Die moslemischen Mitarbeiter suchen die sog. *suriah* (Gebetsräume) in den Bank- oder anderen Gebäuden auch während der Arbeitszeit auf, um die im Koran vorgeschriebenen Gebete ausführen zu können.[1299] Während des Fastenmonats Ramadan können die moslemischen Mitarbeiter

---

[1296] Quelle: Eigene Darstellung. Interview Auslandsbank in Malaysia. Die Mitarbeiter in der Ausübung von Unterstützungsfunktionen im Front Office umfassen u.a. Sekretariat.

[1297] Vgl. Economic Planning Unit Malaysia: Seventh Malaysia Plan [1996], S. 78-79. Eine im Jahr 1995 durchgeführte Erhebung weist auf einen Anteil der insgesamt im Finanzbereich beschäftigten ethnischen Chinesen in Höhe von 42,5%, der Bumiputras in Höhe von 45,3% auf.

[1298] Interviews Auslandsbanken in Malaysia.

[1299] Der Koran schreibt täglich fünf Gebete vor, von denen drei in die normale tägliche Arbeitszeit fallen.

eventuell weniger produktiv sein, da ihnen zwischen Sonnenaufgang und -untergang die Aufnahme von Nahrungsmitteln und Getränken untersagt ist.

In **Vietnam** spielen die gesellschaftlichen Verhältnisse eine andere Rolle, da hier die Thematik des Verhältnisses der lokalen Vietnamesen und der sog. Auslandsvietnamesen (Viet Kieus) zueinander sich für das Management der Auslandsgesellschaften als relevant herausgestellt hat. Unabhängig von der auf politischer Ebene des Landes angestrebten Rückkehr der Auslandsvietnamesen nach Vietnam – insbesondere vor dem Hintergrund des Beitrages für die wirtschaftliche Entwicklung des Landes – ergeben sich in den befragten Auslandsgesellschaften Probleme bei der Integration der Viet Kieus in den lokalen Mitarbeiterstamm.

Dies liegt vorwiegend an der ‚Voreingenommenheit' der lokalen Vietnamesen gegenüber den Viet Kieus, da angenommen wird, daß die Viet Kieus nicht aus nationalistischen Beweggründen, sondern aufgrund der sich u.a. bietenden Geschäftsmöglichkeiten nach Vietnam zurückkehren. Die Zwischenzeit haben die lokalen Vietnamesen unter dem politischen System verbracht, während die Viet Kieus im Ausland waren. Aufgrund der im Ausland erworbenen, oftmals international ausgerichteten Ausbildung werden Viet Kieus auf höheren Managementebenen in lokalen und internationalen Unternehmungen eingestellt und besser bezahlt als lokale Vietnamesen, was letztendlich Mißgunst auslösen kann.[1300] Hier zeigt sich eine unterschiedliche Bewertung der Position von internationalen Mitarbeitern der Banken in unterschiedlichen Positionen und Viet Kieus durch die lokalen Vietnamesen: werden die internationalen Mitarbeiter in der Bank als temporäre Vorgesetzte und Mitarbeiter betrachtet, die nach Training und Übertragung der Aufgaben teilweise durch lokale Vietnamesen ersetzt werden, so gelten die Viet Kieus als ‚echte' Wettbewerber um die höheren Positionen. Diese Situation wird nicht als Chancengleichheit betrachtet.[1301] Eine exemplarische Darstellung der Mitarbeiterstruktur einer ausländischen Bank ist in der folgenden Tabelle C/4-11 aufgezeigt.

[1300] Interview Auslandsbank in Vietnam.
[1301] Interview Auslandsbank in Vietnam.

Auslandsbank					
Front-Room	Vietna-mesen	Europäer/ US-Amerikaner	Andere		
• Management	14%	9%	4%	27%	
• Relationship-Manager	45%	5%	–	50%	
• Unterstützung	23%	–	–	23%	
Σ Front-Room	82%	14%	4%	100%	**45%**
Back-Room	96%	–	4%	100%	**55%**
Σ	90%	6%	4%		**100%**

Tabelle C/4-11: **Nationalitäten der Mitarbeiter einer Auslandsgesellschaft in Vietnam**[1302]

Eine gemischte Zusammensetzung der Mitarbeiterbesetzung führt auf dieser Basis zu gravierenden Problemen, da die Viet Kieus seitens der lokalen Vietnamesen als psychologische Störfaktoren angesehen werden. „Meine Erfahrung in einem Team, das aus lokalen Vietnamesen und Viet Kieus bestand, hat gezeigt, daß die Viet Kieus z.b. von den informellen Informationsströmen innerhalb der Niederlassung abgeschnitten waren; darüber hinaus wurden soziale Veranstaltungen innerhalb des Teams auch nur zwischen den lokalen Mitarbeitern organisiert."[1303] Trotz der Integrationsbemühungen seitens der Viet Kieus selber wird deren Anwesenheit als Verbreitung einer Atmosphäre von Überlegenheit angesehen, was zu Unstimmigkeiten führen kann. Die Zusammenarbeit innerhalb der Auslandsgesellschaft leidet darunter. Dies führt dazu, daß einige der ausländischen Banken keine Viet Kieus mehr einstellen bzw. sich von den vorhandenen weitestgehend getrennt haben.[1304] Sind die Viet Kieus in Bereichen tätig, die eine enge Zusammenarbeit mit lokalen Vietnamesen nicht erfordern oder aber auf höheren Managementebenen eingesetzt, kann die Zusammenarbeit besser funktionieren, da dann das direkte Konkurrenzdenken nicht mehr stattfindet.[1305]

Die ethnischen Strukturen in den betrachteten Gesellschaften haben wesentliche Bedeutung für das jeweilige Management und es sind Maßnahmen zur Integration der lokalen Mitarbeiter erforderlich. Ethnische Gruppenbildungen in den Auslandsge-

---

[1302] Quelle: Eigene Darstellung. Interview Auslandsbank in Vietnam.
[1303] Interview Auslandsbank in Vietnam.
[1304] Interviews Auslandsbanken in Vietnam.
[1305] So ist z. B. der Manager der Filiale der Citibank in Ho Chi Minh Stadt ein Viet Kieu. Der Einsatz von Auslandsvietnamesen als ‚Brücke' zwischen Vietnam und westlichen Kulturkreisen wird hinsichtlich der Erfolgschancen teilweise kritisch beurteilt. Vgl. Murray, G.: New Market [1997], S. 66-67. Interview Auslandsbank in Vietnam.

sellschaften gibt es in Singapur in einer internationalen Belegschaft,[1306] in Malaysia, wenn sich in den Banken innerhalb des Teams ethnisch chinesische Gruppen bilden, die sich bspw. nur in ihrem eigenen Dialekt unterhalten, so daß sowohl andere ethnische als auch andere ethnisch chinesische Gruppen nicht integriert werden.[1307] Die Problematik der Integration von Viet Kieus gestaltet sich – wie dargestellt – ähnlich.

Die Erfahrung der Interviewpartner zeigt, daß gesellschaftlich tabuisierte Themen wie der Umgang mit den unterschiedlichen Rassen, ethnischen und gesellschaftlichen Strukturen nicht nur in Malaysia ein Managementthema sind aufgrund der NEP, sondern auch im täglichen Geschäft in Singapur und Vietnam Relevanz haben.[1308]

4.4.3 Managementthemen der interpersonalen Zusammenarbeit unterschiedlicher Landeskulturen

Im Folgenden werden die interpersonalen Managementthemen dargestellt, die sich aus der persönlichen Zusammenarbeit von westlichen Managern bzw. Mitarbeitern und den lokalen Mitarbeitern direkt ergeben. Diese beziehen sich vorwiegend auf unterschiedlich kulturell geprägte Erwartungen in Arbeitssituationen. Die Verhaltensweisen der lokalen Mitarbeiter sind in den drei Ländern in der Zusammenarbeit als sehr ähnlich beschrieben worden, was auf die Ausprägungen der Kulturdimensionen Machtdistanz und Individualismus/Kollektivismus zurückzuführen ist, die gleichermaßen als relativ starker Gegensatz zu den westlichen Kulturen beschrieben worden sind. Diese Gegensätze sind von den Gesprächspartnern bestätigt worden, wobei teilweise länderspezifische Besonderheiten angeführt worden sind. Im Folgenden werden daher die Managementthemen jeweils gemäß der ähnlichen Ausprägungen der Kulturindikatoren dargestellt und besondere länderspezifische Ausprägungen gesondert angeführt.

4.4.3.1 Interpersonale Führungs- und Kommunikationserwartungen

Für jeden Kulturbereich gilt, daß kulturspezifische Vorstellungen über das Verhalten in Führungssituationen bestehen, die in bestimmten Rollenerwartungen an die Beteiligten und Verhaltensweisen der Beteiligten zum Ausdruck kommen.[1309] Die Führungssituationen in der Auslandsgesellschaft lassen sich anhand der Ausprägungen von Machtdistanz und von Individualismus auf individueller Ebene der Beteiligten charakterisieren.[1310] Hieraus folgt, daß sich die Ausübung eines Führungsstils als Führungsinstrument entsprechend an den situativen Bedingungen des jeweiligen Umfeldes zu orientieren hat, die auch die Effizienz der verschiedenen Führungsstilformen beeinflussen.[1311] Grundlage ist die Kenntnis der existierenden Führungser-

---

[1306] Interview Auslandsbank in Singapur.
[1307] Interview Auslandsbank in Malaysia.
[1308] Interview Auslandsbank in Singapur.
[1309] Vgl. Keller, E.v.: Kulturabhängigkeit [1995], Sp. 1398.
[1310] Vgl. Kapitel 4.2.1.
[1311] Vgl. Thomas, A.: Aspekte interkulturellen Führungsverhaltens [1996], S. 42.

314

wartungen in unterschiedlichen Kulturbereichen. Die Führungsstilmerkmale der untersuchten Kulturbereiche sind in Abbildung C/4-12 hinsichtlich der Ausprägungen partizipativ und autoritär dargestellt.[1312]

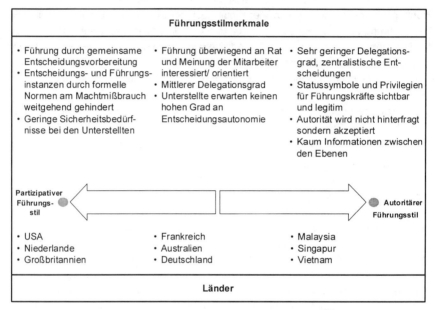

Führungsstilmerkmale

- Führung durch gemeinsame Entscheidungsvorbereitung
- Entscheidungs- und Führungsinstanzen durch formelle Normen am Machtmißbrauch weitgehend gehindert
- Geringe Sicherheitsbedürfnisse bei den Unterstellten

- Führung überwiegend an Rat und Meinung der Mitarbeiter interessiert/ orientiert
- Mittlerer Delegationsgrad
- Unterstellte erwarten keinen hohen Grad an Entscheidungsautonomie

- Sehr geringer Delegationsgrad, zentralistische Entscheidungen
- Statussymbole und Privilegien für Führungskräfte sichtbar und legitim
- Autorität wird nicht hinterfragt sondern akzeptiert
- Kaum Informationen zwischen den Ebenen

Partizipativer Führungsstil — Autoritärer Führungsstil

- USA
- Niederlande
- Großbritannien

- Frankreich
- Australien
- Deutschland

- Malaysia
- Singapur
- Vietnam

Länder

Abbildung C/4-12: **Führungsstilmerkmale der untersuchten Länder[1313]**

Es existiert eine Diskrepanz zwischen den Führungsstilerwartungen der Herkunftsländer der westlichen Banken sowie der untersuchten Länder. Die drei Zielländer weisen Merkmale von autoritären Führungsstilen bzw. Führungsstilpräferenzen auf. Die bspw. autoritäre und paternalistische Ausprägung ließ sich am Beispiel der Unternehmungsführung ethnischer Chinesen sowie in den Ausprägungen der politischen Systeme in den Ländern aufzeigen, so daß davon auszugehen ist, daß die Mitarbeiter eine an die Strukturen im Land orientierte Erwartungshaltung aufweisen.

Die Herkunftsländer der Banken sind hinsichtlich der Führungsstile eher partizipativ ausgerichtet, da der Stellenwert der Mitwirkung an der jeweiligen Entscheidungsfindung eine wichtige Dimension der Führung überhaupt geworden ist.[1314]

[1312] Die aufgeführten Merkmale sind in der Realität als vielschichtiger anzusehen, so daß die angeführte Messung anhand einer einzigen Skalierung wiederum einen Hinweis auf Führungssituationen gibt. Vgl. Keller, E.v.: Management in fremden Kulturen [1982], S. 520.

[1313] Quelle: In Anlehnung an Keller, E.v.: Kulturabhängigkeit [1987], Sp. 1287.

[1314] Vgl. Rosenstiel, L.v.: Menschenführung [1992], S. 830.

„Modest behaviour is also applicable to the people and is basically the same concept: in Asia there is a ‚boss culture‘, whereas in OECD countries the manager tries to gain consensus. I.e. meetings in OECD countries would mean to present the issues, asking for feedback and discussion of solutions and finally making a common decision. In Asia this consensus attitude is considered as being indecisive, the people expect the boss to tell them what to do. Even discussing itself is not appreciated but the expectation to be told what to do."[1315]

Die Mitarbeiter sind weniger aktiv in der Kommunikation und zeigen sich in Diskussionen mit Vorgesetzten sehr zurückhaltend, was auch aus der hohen Autoritätsorientierung resultiert.

Folge hieraus könnte sein, daß „...for the manager it seems to be easier just to give the people decisions and along with that instructions how to proceed, but the balance which has to be achieved is to make the people also think. Out of 100 decisions, in OECD countries 75 of these would be made consensual, 25 of them independently; in Asia it is the other way around, because Asians like the leader to decide and sometimes blindly follow these decisions."[1316]

Die logische Konsequenz – ein westlicher Manager sollte einen autoritären Führungsstil anwenden, um die subjektive Diskrepanz zwischen den Führungserwartungen der lokalen Mitarbeiter im betreffenden Land und dem in der Auslandsgesellschaft praktizierten Führungsstil so gering wie möglich zu halten – erscheint nicht situationsgerecht.[1317] Darüber hinaus werden einer westlichen Führung von westlichen Banken seitens der ‚anderen‘ Kulturbereiche wiederum andere Erwartungen entgegengebracht als lokalen Unternehmungen.[1318] Die Frage nach dem adäquaten Führungsstil in der jeweiligen Auslandsgesellschaft der westlichen Banken in den untersuchten Ländern ist daher eng mit dem Führungskonzept der gesamtstrategischen Ausrichtung der Bank abzuwägen.[1319] Dies ist auch dann ein Managementthema, wenn von einem ehemals autoritären Führungsstil einer Auslandsgesellschaft auf einen demokratischen Führungsstil gewechselt werden soll.[1320]

Die andere Art der Kommunikation – die indirekte – zeigt sich darin, daß die Asiaten in den untersuchten Ländern im allgemeinen nicht zugeben, daß eine an sie herangetragene Frage nicht beantwortet werden kann. Durch insistieren und nachfragen kann ein Gesichtsverlust herbeigeführt bzw. verstärkt werden (insbesondere wenn diese Fragen im Beisein von anderen Mitarbeitern gestellt werden), der für die weite-

---

[1315] Interview Auslandsbank in Singapur.
[1316] Interview Auslandsbank in Singapur.
[1317] Vgl. Keller, E.v.: Management in fremden Kulturen [1982], S. 521.
[1318] Vgl. Keller, E.v.: Management in fremden Kulturen [1982], S. 521.
[1319] Vgl. Rosenstiel, L.v.: Menschenführung [1992], S. 830.
[1320] Interview Auslandsbank in Singapur.

re Zusammenarbeit zwischen dem Fragenden und dem Befragten zum Konflikt werden kann.[1321] Weitere Schwierigkeiten treten in der Zusammenarbeit dann auf, wenn bei der Entgegennahme von Instruktionen die Mitarbeiter nicht zugeben, daß entweder der Arbeitsauftrag nicht verstanden oder aber eigenständig kein Lösungsweg gefunden werden kann. Folge hieraus kann sein, daß vereinbarte Termine zur Abgabe von Arbeitsergebnissen nicht eingehalten werden.[1322] Der Umgang mit diesem Phänomen erfordert somit, daß nicht nur ein zeitlicher Rahmen gesetzt wird, sondern regelmäßig Zwischenergebnisse verlangt werden, um Arbeitsfortschritt und -ergebnisse beurteilen zu können.[1323]

Aufgrund der Autoritätsorientierung und der oftmals indirekten Kommunikation in den drei untersuchten Ländern ist es im Rahmen der Führungssituation auch schwierig, von den Mitarbeitern Rückmeldungen zu erhalten oder aber kritische (Rück-)Fragen in Bezug auf Anweisungen gestellt zu bekommen.[1324] Die lokalen Mitarbeiter ‚trauen sich' zum einen nicht, zum anderen sind diese Mitarbeiter auch nicht gewohnt, ihrer Meinung vor Vorgesetzten Ausdruck zu verleihen.[1325] Bei der Bitte um Stellungnahme kann eher mit einer grundsätzlich positiven Meinungsäußerung gerechnet werden. Die verbreitete Kultur des ‚Yes-means-no' wird in der Art eingesetzt, daß hierarchisch höher gestellten Mitarbeitern nicht widersprochen und somit auch kein Gesichtsverlust für den Vorgesetzten geschaffen wird.[1326] Der Umgang mit diesem Phänomen darf daher von westlichen Kulturen nicht als ‚unehrlich' aufgefaßt werden.

Darüber hinaus arbeiten asiatische Mitarbeiter stark an gegebenen Instruktionen orientiert. In **Singapur** ist die Selbständigkeit bei der Ausführung von Arbeitsaufträgen ein wichtiges Managementthema. Die Mitarbeiter sind sehr gut in der Ausführung von Instruktionen, die Schaffung von Problemlösungsorientierung ist hingegen sehr schwierig.[1327] Die Heranführung an bestimmte Aufgaben und Schaffung von Selbständigkeit bei den Mitarbeitern kann teilweise jedoch auch dahin führen, daß bspw. seitens der Mitarbeiter in **Malaysia** als Reaktion auf vermeintlich bekannte Geschäftsvorfälle Schritte in die Wege geleitet werden, die eine eventuell diplomatischere oder aber langsamere Vorgehensweise erfordert hätten.[1328] Dies zeigt, daß das Denken in fremden oder anderen Kulturdimensionen auch bei Erzielung bestimmter erwünschter Verhaltensweisen unterschiedlich bleibt. Dies bedeutet auch, daß die Führung der Mitarbeiter im Sinne der Auslandsbank nur durch das geeignete Maß an Sensibilität zum erwünschten Arbeitsverhalten führen kann.

[1321] Interviews Auslandsbanken in Singapur.
[1322] Interviews Auslandsbanken in Vietnam.
[1323] Interview Auslandsbank in Singapur.
[1324] Interviews Auslandsbanken in Singapur, Malaysia, Vietnam.
[1325] Interview Auslandsbank in Singapur.
[1326] Interview Auslandsbank in Singapur.
[1327] Interview Auslandsbank in Singapur.
[1328] Interview Auslandsbank in Malaysia.

Hauptanliegen des westlichen Managements ist hierbei, daß „... the manager tries to create the culture of problem solving and thinking rather than just execution of instructions."[1329] Dies geht einher mit der notwendigen Vermeidung von Rückdelegation, die in den untersuchten Ländern sehr ausgeprägt ist, sowie der Schaffung von Eigenverantwortung und Verantwortlichkeit.[1330] In **Vietnam** wird die Rückdelegation von Verantwortung und die teilweise Ablehnung der Übernahme von Verantwortung seitens der Mitarbeiter nicht nur kulturell, sondern auch entwicklungsstandbezogen erklärt. Dieser Entwicklungsstand zeigt sich in einem geringeren Maß an Selbständigkeit.[1331] Für Vietnam gilt auch, „... that the kind of education over the past twenty years led to a focus of the people, which is a little bit narrow, because the type of education did not aim at developing broad thinking and broad minded people, it has been a lot of indoctrination. Generalising it could be assumed that to a certain extent people are more just ‚takers' than people thinking of a broad education. The political system also leads to a non-stimulation of skills like creativity, spontaneity, innovation and did not develop these skills among the people. This leads to a lack of creativity and solution finding for the customer in the banking business. This is a weak point in the development, but this will be overcome, because the people are naturally intelligent, aggressive, eager to learn. Most of the bank's employees are studying after work, i.e. languages, business administration."[1332]

4.4.3.2 Motivation der Mitarbeiter

In den untersuchten Ländern ist die Bereitschaft der Mitarbeiter zu Fortbildungen insgesamt als hoch beschrieben worden. Die Motivation der Mitarbeiter wird in den Ländern aufgrund der ethnischen Strukturen und gegebenen Rahmenbedingungen in den Ländern teilweise jedoch unterschiedlich bewertet.

Die lokalen Mitarbeiter vor allem der mittleren Hierarchieebene in **Singapur** und **Malaysia** haben verstärkt vor der Krise das sog. ‚Job-Hopping' (häufiger Wechsel des Arbeitgebers in kurzen Zeiträumen) betrieben. Die Ursachen können durch das Ausbildungssystem im Land und die Arbeitsmarktsituation bedingt sein. Aus der Perspektive der Mitarbeiter kann ‚Job-Hopping' zum einen zu dem Zweck verstanden werden, daß aus Gründen der nicht vorhandenen ‚Ausbildung' im Bankensystem etwaige Ausbildungsdefizite durch den Wechsel von Arbeitsplätzen und Inanspruchnahme verschiedener Trainings für bestimmte Arbeitsbereiche kompensiert werden.[1333] Aus der Marktperspektive heraus ist vor der Krise ein hoher Bedarf an qualifizierten Mitarbeitern mit bestimmten bankspezifischen Profilen vorhanden gewesen,

---

[1329] Interview Auslandsbank in Singapur.
[1330] Interviews Auslandsbanken in Singapur, Malaysia und Vietnam.
[1331] Interviews Auslandsbanken in Vietnam.
[1332] Interview Auslandsbank in Vietnam.
[1333] Interview Auslandsbank in Malaysia.

318

dem nur ein limitiertes Angebot am Markt gegenüberstand bzw. -steht.[1334] In Verbindung mit einer insbesondere in Singapur starken extrinsischen Motivation der ethnisch chinesischen Mitarbeiter ist hierdurch die schnelle Realisierung von Karriere- und Gehaltssprüngen der Mitarbeiter möglich gewesen.[1335]

Somit hatte auch das Personalmanagement der ausländischen Banken höhere Fluktuationsraten zu bewältigen, wobei für die Auslandsbanken das meist über dem Marktdurchschnitt liegende höhere Gehaltsgefüge[1336] die Möglichkeiten am Arbeitsmarkt erweitert, für die Mitarbeiter jedoch limitiert hat. Für die lokalen Banken in Singapur und Malaysia lag die jährliche Fluktuationsrate vor der Krise sehr hoch, hat sich aber vor dem Hintergrund der Krise reduziert.[1337] Die ausländischen Banken hatten mit marktdurchschnittlichen Quoten umzugehen.[1338] Die Gefahr eines Job-Hoppings stellt sich in Vietnam aufgrund der Unterentwicklung des Marktes sowie einem Mangel an Möglichkeiten (bisher) nicht; Loyalität existiert somit eher aus pragmatischen Gründen.[1339]

Die ausländischen Banken in **Malaysia** haben oftmals das Problem des Umganges mit der vorherrschenden Meinung über die Arbeitsmotivation der Malayen. Malayen galten als weniger intrinsisch motiviert als die ethnischen Chinesen in Malaysia.[1340] Die Ursachen sind verschieden. Als eine Ursache für die unterschiedliche Arbeitsdisziplin und –motivation kann wiederum die allgemeine These zu den unterschiedlichen Positionen der ethnischen Gruppen angeführt werden: Der Status der Zuwanderer der Chinesen in Malaysia schafft eine Motivation aus den gegebenen Arbeits- und Lebensbedingungen heraus, etwas erreichen zu wollen; dieser Anspruch wird auch in der Familie und im sozialen Umfeld gelegt.[1341] Die ethnischen Malayen hingegen sind aktiv erst seit der Schaffung der NEP gefördert und gefordert worden, sich am Wirtschaftsleben in einem verstärkten Ausmaß zu beteiligen. Dies liegt aber auch an den unterschiedlichen Zielsetzungen und den zu beachtenden Einflüssen des Islam: „...they avoid undue stress. As a matter of fact, the primary driving force that prompts Malays to work is not the work itself, but the individuals and groups with whom they are associated. ... the Malay world view is a world of interconnections – God, natur and the people."[1342] Ein weiteres Merkmal des Denkens und auch Han-

---

[1334] Interview lokale Bank in Malaysia.
[1335] Interview Auslandsbank in Singapur. Eine lokale Mitarbeiterin der Bank erläutert, daß bei einem Wechsel des Arbeitsplatzes je nach Qualifikation am Markt ca. 20-30% Gehaltssteigerungen möglich waren; innerhalb der Banken waren lediglich 10-20% an Gehaltssteigerungen erreichbar. Der monetäre Anreiz ist somit extrem hoch gewesen.
[1336] Interview Auslandsbank in Malaysia.
[1337] Interview lokale Bank in Malaysia. Eine lokale Bank berichtet von einer Quote von 20%, die sich in 1999 durch die Krise auf 2% reduziert hat.
[1338] Interviews Auslandsbanken in Singapur und Malaysia.
[1339] Interview Auslandsbank in Vietnam.
[1340] Interview Auslandsbank in Malaysia; Interview lokale Bank in Malaysia.
[1341] Interview Auslandsbank in Vietnam.
[1342] Yoshikawa, M.J.: Theocentric Management [1997], S. 6.

delns von islamisch geprägten Gesellschaften ist die immer wiederkehrende Frage nach der richtigen Verfahrensweise. Die Eigeninitiative des Mitarbeiters kann durch diese abwartende Haltung reduziert werden. Gleichzeitig resultiert hieraus der ausgeprägte Sinn für einen autoritär-hierarchisch ausgeprägten Führungsstil.[1343]

In **Vietnam** kann die hohe Motivation und Disziplin der Mitarbeiter in den Banken zu lernen, auf den Wunsch zurückgeführt werden, mit der Gegenwart Anschluß halten zu wollen.[1344] In Vietnam wird darauf hingewiesen, daß die Disziplin und Motivation zu lernen nur zur Realisierung von eigenen Vorteilen aufgebracht wird.[1345]

Die Auffassung von Bildung und Know-how in den untersuchten Ländern unterscheidet sich jedoch von der westlichen Auffassung. So erwerben westliche Kulturen über eine hohe Selbständigkeit aktiv Kompetenz, während asiatische Kulturen sich eher rezeptiv und theorieorientiert um Bildung bemühen.[1346]

4.4.3.3 Zusammenarbeit in der Auslandsgesellschaft

Die Zusammenarbeit in der Auslandsgesellschaft umfaßt die Zusammenarbeit von lokalen Mitarbeitern untereinander sowie von lokalen und internationalen Mitarbeitern, was insbesondere in Singapur ein Managementthema darstellt.

Der ethnisch chinesische Managementstil zeigt sich nach Erfahrung von Bankmanagern auch in der Zusammenarbeit in der Bank. Die Implementierung von Teamarbeit ist ein wichtiges Managementthema und gestaltet sich gemäß der Gesprächspartner schwierig bzw. schwieriger als im westlich orientierten Heimatmarkt der Banken.[1347] Der chinesische Mitarbeiter in **Singapur** arbeitet eher alleine, wobei das eigene Interesse sowie die Orientierung an Gehalts- und Bonuszahlungen im Vordergrund der Handlungen steht.[1348] Dies bedeutet, daß Teamarbeit nur durch Überzeugungsarbeit der Manager eingeführt werden kann.[1349] Ein Beispiel soll die Problematik verdeutlichen:

„Das Thema der Selbständigkeit wurde und wird teilweise begleitet durch (bewußte) Zurückhaltung von Wissen. ... dies erfolgt z.B. bei der Bearbeitung von Kreditanträgen: Anfänglich haben Mitarbeiter Kenntnisse über das Kreditengagement zurückgehalten und das Wissen erst mitgeteilt, wenn der Kreditantrag zur Bearbeitung dem entsprechenden Mitarbeiter vorgelegen hat. Das Umdenken in Richtung eines stärkeren Ansatzes von Teamarbeit wurde dadurch erreicht, daß sich alle beteiligten

[1343] Vgl. Dülfer, E.: Internationales Management in unterschiedlichen Kulturbereichen [1996], S. 296.
[1344] Interview Auslandsbank in Vietnam.
[1345] Interview Auslandsbank in Vietnam.
[1346] Vgl. Nass, O.: Interkulturelles Management in Südostasien [1998], S. 182-185.
[1347] Interviews Auslandsbanken in Singapur.
[1348] Interview Auslandsbank in Singapur.
[1349] Interview Auslandsbank in Singapur.

Mitarbeiter wöchentlich treffen und bei diesen Marketing-Treffen dem verantwortlichen Kreditanalysten die gesamten vorliegenden Informationen zur Verfügung gestellt werden; durch dieses Vorgehen ist bis heute ein Umdenken erreicht und Verständnis für den Teamgedanken entwickelt worden."[1350]

Die Situation ist in **Vietnam** in umgekehrter Form dargestellt worden.

„Building up and making up teamwork is easier here than i.e. in other regional countries, because the Vietnamese are family orientated people. Subdividing of the responsibilities and giving still certain areas gives face to the people: this is not unique for Vietnam, but for Asia, that the people are not really happy to be just a team member. ...in the workplace they are very much self-oriented. But they are anxious to get ahead even though they want to make a good impression and want to do a good job. To get people who are willing to do that is possible and also to motivate them; in comparison to other regional countries it is different here to have people who are looking at themselves."[1351] Die Vietnamesen arbeiten als informelle Teams sehr gut zusammen, inbesondere wenn hierdurch keine Verantwortung getragen wird bzw. Verantwortung geteilt werden kann.[1352] Der hohe Grad an Kollektivismus begünstigt dies erheblich.

Die Zusammenarbeit in Teams soll auch als Instrument verstanden werden, die Integration der lokalen Mitarbeiter sowie der ausländischen Mitarbeiter zur Bildung eines internationalen Teams unter Gleichberechtigung der Teammitglieder zu fördern.[1353] Bei der Integration von internationalen und lokalen Mitarbeitern bilden sich teilweise diametrale Erwartungshaltungen, die erst mit der Zeit abgebaut werden können. Mitarbeiter aus der Zentrale können als Ausdruck von Mißtrauen gegenüber dem Engagement der lokalen Mitarbeiter in der Auslandsgesellschaft angesehen werden; umgekehrt werden die Expatriates analog zum Management mit teilweise anderen Aufgaben- und Problemstellungen konfrontiert, bei deren Umsetzung wesentlich auf das Know-how der lokalen Mitarbeiter zurückgegriffen werden muß.[1354]

Trotz der verstärkten Rekrutierung von internationalen bzw. international orientierten Mitarbeitern sind die interkulturellen Barrieren innerhalb der Auslandsgesellschaft nicht niedriger geworden und erfordern gezielte Maßnahmen zur Überwindung. Bei der regionalen Betreuung aus Singapur heraus geschieht es auch, daß analog zu z.B. westlichen Mitarbeitern auch die zur Betreuung bestimmter Länder (z.B. Indone-

---

[1350] Interview Auslandsbank in Singapur.
[1351] Interview Auslandsbank in Vietnam.
[1352] Interview Auslandsbank in Vietnam.
[1353] Interview Auslandsbank in Singapur.
[1354] Interview Auslandsbank in Singapur.

sien, Indien) eingestellten Mitarbeiter mit entsprechendem ethnischen Hintergrund Probleme haben, sich in chinesische Teams zu integrieren.[1355]

So umgeht ein amerikanischer Mitarbeiter einer westlichen Bank in Singapur die auftretenden kulturellen Probleme in der Zusammenarbeit mit lokalen Mitarbeitern durch die Bildung eines Teams, das vorwiegend aus Amerikanern besteht.[1356] In einer anderen Bank hat ein europäischer Mitarbeiter Integrationsprobleme dadurch, daß vor dem Asienaufenthalt ein längerer USA-Aufenthalt gelegen hat und daher ein wertender Vergleich mit dem Kulturkreis in den USA stattfindet.[1357]

Die Integration eines Expatriates in ein vorwiegend aus lokalen Mitarbeitern bestehendem Team in Singapur bedeutet neben den fachlichen Anforderungen zusätzliche Streßfaktoren wie die Beachtung von Kommunikationsunterschieden („you even have to learn to tell jokes ... it's a different kind of humour")[1358] oder die notwendige Überzeugung der lokalen Mitarbeiter von dem fachlichen Know-how trotz eines eventuellen Mangels, (nach asiatischen Maßstäben) Seniorität zu zeigen.[1359] In dem Moment, wo es auch seitens des Managements oder des internationalen Mitarbeiters möglich ist, konkret anhand von Abwicklungen im Tagesgeschäft Mitarbeitern etwas zu erklären bzw. durch fachliche Kenntnisse vorzuleben,[1360] ist die Akzeptanz seitens der lokalen Mitarbeiter schneller gegeben.

4.4.4 Managementthemen der Integration von Unternehmungskultur westlicher Banken und Landeskulturen

Interkulturelles Konfliktpotential taucht dann zwischen unterschiedlichen Kulturkreisen auf, wenn entweder Anforderungen an die Mitarbeiter oder die im Herkunftsland bzw. gesamtbankbezogen entwickelten Managementmethoden auf die einzelnen Ländermärkte angewandt werden sollen. „Über die starren Managementmethoden müssen Sie sich mehr und mehr hinwegsetzen, was auch die Aufgabe des Managers der Auslandsgesellschaft ist; die lokalen Bedingungen und die Anforderungen der Bank müssen angepaßt bzw. integriert werden".[1361]

Die im Folgenden aufgeführten Managementthemen aus unternehmungskultureller bzw. auch gesamtbankorientierter Perspektive beziehen sich auf die im Rahmen der lokalen Personalauswahl gestellten Anforderungen an die lokalen Mitarbeiter sowie darauf, daß die Auslandsgesellschaft Teil der Gesamtbank ist und daher strategische Entscheidungen vor Ort zu vermitteln und umzusetzen sind.

[1355] Interview Auslandsbank in Singapur.
[1356] Interview Auslandsbank in Singapur.
[1357] Interview Auslandsbank in Singapur.
[1358] Interview Auslandsbank in Singapur.
[1359] Interview Auslandsbank in Singapur.
[1360] Interview Auslandsbank in Vietnam.
[1361] Interview Auslandsbank in Malaysia.

322

Die Personalauswahl von lokalen Mitarbeitern fokussiert sich zunächst auf die erforderliche fachliche Qualifikation, internationale Orientierung sowie sog. ‚weiche' Einstellungskriterien (z.B. Einstellungen, Teamgeist). Die Erfüllung dieser Anforderungen ist aufgrund des unterschiedlichen Entwicklungsstandes der Länder mit Problemen verbunden. Die Anforderungen an die Beschäftigten im Bankenbereich sind branchenspezifisch definiert. Dies betrifft daher die grundsätzliche Qualität der Mitarbeiter am Markt.[1362]

Für das Bankgeschäft in **Singapur** hat sich trotz des teilweise auftretenden Mangels an ausreichend qualifizierten Mitarbeitern gezeigt, daß die lokalen chinesischen Mitarbeiter durch die Beschäftigung und das Training bei verschiedenen Finanzinstituten meist ein gutes fachliches Know-how mitbringen.[1363] Es besteht jedoch ein erheblicher Unterschied zwischen den Menschen, die in ihrer beruflichen Entwicklung Singapur noch nie verlassen haben, und denjenigen, die für Ausbildung oder Beruf außerhalb Singapurs gelebt haben. Es herrscht ein Mangel an international orientierten Mitarbeitern und es ist insbesondere für international orientierte Arbeitsplatzprofile im Bereich des Mittleren und Höheren Managements problematisch, Mitarbeiter mit einem Grundverständnis für internationales Geschäft im allgemeinen, aber auch in Bezug auf den jeweiligen Heimatmarkt der Bank zu finden.[1364] Neben diesen eher technisch orientierten Anforderungskriterien wird bei den chinesischen Mitarbeitern in Singapur insbesondere ein Mangel an Kreativität und innovativem Denken festgestellt. Dies kann auf das vorwiegend technisch-fachlich orientierte Ausbildungssystem zurückgeführt werden.[1365]

„Bei der Bearbeitung und Analyse von Kreditanträgen werden viele relevante Informationen zusammengetragen, jedoch erfolgt seitens der Kreditanalysten kaum eine fundierte, abschließende Stellungnahme zum Kreditantrag und zur Werthaltigkeit des Engagements, so daß teilweise keine abschließenden Ergebnisse vorliegen."[1366] „... die Kreditanalyse wird vergangenheitsbezogen sehr exakt vorgenommen, die in Verbindung mit dem Kreditengagement erforderliche Projektion der Qualität der Geschäftsverbindung zur vollständigen Beurteilung eines Engagements wird teilweise

---

[1362] Interview Auslandsbank in Malaysia. Analog der Bildung von Sub-Kulturen im Bankgeschäft haben auch die Geschäftsbereiche im Bankgeschäft in Singapur hinsichtlich der Mitarbeiter, der notwendigen Ausbildung, der Arbeitsweise und der Orientierungsgrößen unterschiedliche Profile. Ein Trend zur Spezialisierung kann in Singapur zu einem ‚Stempel' führen, der die Möglichkeit, bereichsübergreifend zu arbeiten bzw. einen Bereichswechsel vorzunehmen, erschweren kann. Auch wenn dies ein internationales Phänomen ist, so gilt dies für Singapur extrem. Interview Auslandsbank in Singapur.
[1363] Interview Auslandsbank in Singapur.
[1364] Interview Auslandsbank in Singapur.
[1365] Interviews Auslandsbanken in Singapur. So macht der Manager einer Auslandsbank in Singapur die Erfahrung, daß wenn er die Mitarbeiter auffordert, über eine Lösung nachzudenken, ein ganzes Bündel an Rückfragen anstelle von Lösungen zurückkommt. Interview Auslandsbank in Singapur.
[1366] Interview Auslandsbank in Singapur.

nicht verstanden, keine Kreativität zur Entwicklung von Kriterien an den Tag gelegt, um eine solche Projektion überhaupt vornehmen zu können."[1367]

Singapur hat seinen Mangel an Fachkräften sowie an Kreativität bei den Arbeitnehmern erkannt, aufgegriffen und konkret in Maßnahmen umgesetzt. So ist es ein Eckpfeiler der Entwicklungspolitik Singapurs, ausländische Fachkräfte in das Land zu holen, um u.a. die lokalen Mitarbeiter weiter auszubilden. Zudem fördert Singapur über das sog. Skill Development Board (SDB) die Entwicklung von lokalem Personal auch in lokalen und ausländischen Banken in Form von finanziellen Zuschüssen zur externen Weiterbildung wie z.B. Seminare.[1368] Zur Förderung der Entwicklung von qualitativen Eigenschaften wie Kreativität, Innovation werden in den Schulen in Singapur jetzt diese Fähigkeiten in neu geschaffenen Unterrichtseinheiten „vermittelt".[1369]

Das Problem für die westlichen Banken in **Malaysia** ist die notwendige Rekrutierung von qualifizierten Malayen bzw. Malayen, die sich in die ausländische Unternehmungskultur einbringen können.[1370] Die befragten Banken haben darauf hingewiesen, daß es schwierig sei, qualifizierte Malayen für das Mittlere und Höhere Management der Banken zu finden. So werden als Rekrutierungskriterien akademische Ausbildung, Weltanschauung und Aggressivität im Geschäftsleben genannt, die mit der eher auf Nicht-Konfrontation ausgerichteten, holistischen Weltanschauung der moslemischen Malayen nicht immer in Einklang zu bringen sind.[1371]

Die aufgeführten Themen bei der Personalauswahl stellen sich für **Vietnam** aufgrund des Entwicklungsstandes und der politischen und gesellschaftlichen Gegebenheiten anders dar: das geforderte Anforderungsprofil kann oftmals am Markt aus den aufgezeigten Gründen des Mangels an qualifizierten Arbeitskräften sowie des Entwicklungsstandes des Landes, das noch nicht in der Lage ist, sowohl fachlich als auch international ausgebildete Arbeitskräfte zur Verfügung zu stellen, nicht erfüllt werden.

Hinzu kommt in Vietnam, daß die ausländischen Banken bedingt durch das politische System und die Geschäftspraktiken der lokalen Staatsbanken nicht daran interessiert sind, Mitarbeiter mit Berufserfahrung aus lokalen Banken einzustellen.[1372] In dieser Rekrutierungspolitik zeigt sich die Beurteilung der Managementsysteme in den Ländern durch die Banken: in Singapur und auch in Malaysia werden lokale Mitarbeiter mit Berufserfahrung auch in lokalen Banken (auch) aufgrund ihrer Marktkenntnisse, Kontakte und Netzwerk an Beziehungen eingestellt. Die Differenzen in den Manage-

[1367] Interview Auslandsbank in Singapur.
[1368] Interview Auslandsbank in Singapur.
[1369] Vgl. Dolven, B.: Breaking the Mould [1998], S. 47-48.
[1370] Interview Auslandsbank in Malaysia.
[1371] Interview Auslandsbank in Malaysia.
[1372] Interviews Auslandsbanken in Vietnam.

mentkulturen werden bei entsprechendem Ausbildungshintergrund als weniger wichtig erachtet. Bei den gravierenden Unterschieden hinsichtlich des Entwicklungsstandes des Bankensystems wird jedoch die internationale Orientierung der Bewerber in Form von Sprachkenntnissen (englisch) als Grundvoraussetzung für die Einstellung in westlichen Banken bezeichnet. Die Rekrutierung erfolgt daher oftmals an der Sprachenschule und nicht an der Universität.[1373]

Strategische Veränderungen, die in der Zentrale initiiert werden und in der Auslandsgesellschaft oft unter Zeitdruck zu implementieren sind, haben für das interne Management der Auslandsgesellschaft große Bedeutung.[1374] Die folgenden Beispiele sollen unterschiedliche Situationen des Umgangs mit strategischen Veränderungen verdeutlichen.

„Strategische Neuausrichtungen, die eine Verbreiterung der vorwiegend lokalen Kundenbasis im Firmenkundengeschäft auf multinational ausgerichtete Firmen umfaßt, haben das Anforderungsprofil an die lokalen Mitarbeiter verändert. Neben einem Fokus auf asiatische Geschäftsarten ist die Erfordernis entstanden, mit neuen Kunden über internationales Geschäft zu sprechen. Darüber hinaus ist eine neue Art der internationalen Zusammenarbeit innerhalb der Bank entstanden, da die Betreuung und Leistungserbringung für den Kunden von mehreren Stellen in der Organisation erbracht werden, was eine stärkere Art der Zusammenarbeit und Kommunikation für die chinesischen Mitarbeiter erfordert. Diese inhaltliche Umstellung läßt sich schwierig umsetzen. Der Vorteil der chinesischen Mitarbeiter, die bisher auf Basis persönlicher Beziehungen Kontakte zu lokalen Kunden gepflegt haben, hat durch die strategische Neuausrichtung einen geringeren Stellenwert erhalten"[1375] „Kulturell ist die stategische Neuausrichtung aufgrund der Krise sehr schwer zu verstehen gewesen für die Mitarbeiter. Hierbei kommen die Veränderungen in der Unternehmungskultur der Bank, aber auch die Konfrontation mit der strategischen Denkweise der chinesischen Kultur zum Tragen".[1376]

Ein wesentliches Thema in westlichen Banken ist in der Überwindung der Abwehr von Veränderungen seitens der Mitarbeiter zu sehen.[1377] Diese Abwehr bezieht sich auf die Implementierung von gesamtbankbezogenen strategischen Neuausrichtungen, die teilweise auch Einfluß auf das Anforderungsprofil der Mitarbeiter (z.B. Gene-

---

[1373] Interviews Auslandsbanken in Vietnam.
[1374] Interview Auslandsbank in Malaysia.
[1375] Interview Auslandsbank in Singapur.
[1376] Interview Auslandsbank in Singapur.
[1377] Interview Auslandsbank in Malaysia. Auch die Gewerkschaften in Malaysia achten stark bei Arbeitsplatzveränderungen auf eine entsprechende Angleichung der Konditionen. Zum anderen verlangen die Gewerkschaften beispielsweise auch, daß für die gewerkschaftlich organisierten Arbeitnehmer in einer Bank diese – mit Ausnahme von offiziellen Feiertagen – die Möglichkeit haben müssen, auch samstags arbeiten zu gehen. Dies hat zur Folge, daß die Bank auch samstags

ralisten/Spezialisten) haben. Die vorherrschende abschlußorientierte Verkaufsmentalität, aber schwach ausgeprägte Service-Orientierung in Malaysia generell ist schwer innerhalb der Auslandsgesellschaft zu implementieren.[1378] Die Vorstellung von Service ist oftmals mit ‚free of charge' verbunden und wird weder im Verkauf als eigene Dienstleistung angeboten, noch kundenseitig als eine eigenständige Leistung in Form eines mit einem Preis zu belegenden Produktes akzeptiert.[1379]

4.4.5 Fazit

Die Betrachtung der unterschiedlichen Konstellationen von Kulturebenen und den hieraus resultierenden Erwartungshaltungen und Anforderungen an die lokalen Mitarbeiter, aber auch an das Management der Auslandsgesellschaft stellen ein weites Themenspektrum bezüglich des Managements und der Führung in den Ländern dar. Die gesellschaftlichen Konstellationen, die länderspezifischen und länderübergreifenden kulturellen Ausprägungen der Verhaltensweisen bedürfen nicht nur des Erkennens, sondern müssen auch verstanden und in interkulturelle Managementinstrumente übersetzt werden. Die hohe Bedeutung der lokalen Mitarbeiter für die Interaktion am Markt ist bereits im Rahmen von Betreuungsansätzen herausgestellt worden, so daß in Verbindung mit den Erkenntnissen aus der Betrachtung der Innenbeziehungen der Auslandsgesellschaft Hinweise auf notwendige Erfolgsfaktoren generiert werden können. Diese sollen im nächsten Kapitel für ein Interkulturelles Management der Banken dargestellt werden.

4.5 Ermittlung von Erfolgsfaktoren eines interkulturellen Managementansatzes von Banken

Die Analysen in den vorhergehenden Kapiteln haben die Notwendigkeit der Berücksichtigung von interkulturellen Managementaspekten in verschiedenen Ausprägungen für die Auslandsgesellschaft aufgezeigt. Die in Kapitel 2 und 3 aus den Rahmenbedingungen als Arbeitshypothesen abgeleiteten Implikationen für die Geschäftstätigkeit von westlichen Banken sind durch die Expertengespräche weiterentwickelt und konkretisiert worden. In diesem Kapitel sollen nun die für die westlichen Banken in den untersuchten Ländern relevanten interkulturellen Aktionsparameter herausgearbeitet werden. Ziel dieses Kapitels ist es, auf Basis der länderspezifischen Erkenntnisse konkrete Aktionsparameter, hinsichtlich der aufgestellten marketing- und managementorientierten Kulturindikatoren jedoch auch länderübergreifende Aktionsparameter für Südostasien zu identifizieren und in der jeweiligen Wirkung zu untersuchen.

---

für die Arbeitnehmer zu öffnen ist, auch wenn die Bank selber aufgrund ihrer Geschäftspolitik hieran nicht interessiert ist. Interview Auslandsbank in Malaysia.
[1378] Interview Auslandsbank in Malaysia.
[1379] Interview Auslandsbank in Malaysia.

4.5.1 Entwicklung eines Erfolgsfaktorensystems für ein Interkulturelles Management von Banken

4.5.1.1 Grundlagen und Anforderungen

Für die Formulierung von Handlungsempfehlungen zur Ausgestaltung eines interkulturellen Managements von Banken sind Determinanten zu ermitteln, die es leisten, den Bezug zwischen konkreten Managementinstrumenten und -funktionen einerseits und dem Erfolg der bankbetrieblichen Tätigkeit andererseits über den zugrunde liegenden Ursache-Wirkungs-Zusammenhang abzubilden. Diesen geforderten Determinanten entspricht der im strategischen Management verwendete Begriff der Erfolgsfaktoren. Erfolgsfaktoren werden allgemein definiert als Elemente des Entscheidungsfeldes des strategischen Managements, die gleichzeitig die Grundlage strategischen Handelns zur Erzielung von Wettbewerbsvorteilen darstellen.[1380] Somit stellen sie die Ursachen für die Entstehung von sowohl positivem als auch negativem Unternehmenserfolg dar.[1381] Durch die im Folgenden angeführten Merkmale können Erfolgsfaktoren konkretisiert werden:

- Erfolgsfaktoren können in der Unternehmung selbst oder aber in ihrer Umwelt begründet sein,[1382]

- Erfolgsfaktoren bestimmen unternehmerischen Erfolg nicht isoliert, sondern über ein zielgerichtetes Zusammenwirken aller Erfolgsfaktoren[1383], was die Identifikation und Wirkungsanalyse sehr komplex macht,[1384]

- Erfolgsfaktoren können je nach Untersuchungsgegenstand und Grad der Operationalisierbarkeit in qualitative (‚weiche') und quantitative (‚harte') Faktoren unterschieden werden,[1385]

- Erfolgsfaktoren können je nach Genauigkeitsgrad auf Basis von qualitativen Untersuchungen und Überlegungen sowie auf Basis quantitativer, empirischer Forschungsarbeiten ermittelt werden.[1386]

[1380] Vgl. Kube, C.: Erfolgsfaktoren [1991], S. 1.
[1381] Vgl. Krüger, W. / Schwarz, C.: Bestimmung von Erfolgsfaktoren und Erfolgspotentialen [1990], S. 179-180.
[1382] Vgl. Kube, C.: Erfolgsfaktoren [1991], S. 3.
[1383] Vgl. Zimmermann, T.: Erfolgreichen Banken auf der Spur [1988], S. 254-255.
[1384] Vgl. Krüger, W. / Schwarz, C.: Bestimmung von Erfolgsfaktoren und Erfolgspotentialen [1990], S. 180.
[1385] Vgl. Kube, C.: Erfolgsfaktoren [1991], S. 6.
[1386] Vgl. Meffert, H.: Marketing [1986], S. 68; Kube, C.: Erfolgsfaktoren [1991], S. 5.

Die im Rahmen dieser Arbeit zu ermittelnden Erfolgsfaktoren für ein Interkulturelles Management von Banken stellen sich als ein System von qualitativen, bankinternen Determinanten dar, das auf Basis des gewählten qualitativen Forschungsansatzes gewonnen wird. Dieses System verhält sich komplementär zu den harten, quantifizierbaren Erfolgsfaktoren im internationalen Bankgeschäft, wobei die Abgrenzungen jedoch nicht überschneidungsfrei sind. Analog zum ergänzenden Charakter der kulturorientierten Analyse der Rahmenbedingungen sollen die kulturorientierten erfolgsbeeinflussenden Determinanten herausgestellt werden, die für die Generierung von Wettbewerbsvorteilen erforderlich sein können und andere Erfolgsfaktoren in ihrer Wirkung verstärken können. Mindestanspruch an Erfolgsfaktoren ist es, daß diese die Voraussetzung für die reine Marktteilnahme darstellen in Verbindung mit der Möglichkeit, eine Quelle von dauerhafter und erfolgreicher Differenzierung zu sein.[1387]

4.5.1.2 Gestaltung eines Erfolgsfaktorensystems

Die Komplementarität eines Interkulturellen Managementansatzes sowie des Systems an Erfolgsfaktoren macht es erforderlich, die zu ermittelnden Erfolgsfaktoren in ein Ordnungssystem zu bringen, das entweder bereits als Klassifizierungsmethode für Erfolgsfaktoren verwendet wird, oder ein Ordnungssystem zu schaffen, in das alle relevanten Erfolgsfaktoren integriert werden können. Im Folgenden ist es daher notwendig, die bisherigen Kategorien an Erfolgsfaktoren im Bankgeschäft zu klassifizieren.

Bei Betrachtung bisheriger Studien zu Erfolgsfaktoren im (internationalen) Bankgeschäft ergeben sich die folgenden Klassifizierungsansätze für Erfolgsfaktoren (Tabelle C/4-12).[1388]

[1387] Vgl. Wißkirchen, C.: Devisenhandel als Bankgeschäft [1995], S. 119.

[1388] Vgl. Davis, S.I.: Spitzenleistungen in Banken [1989]; S. 115-126; Krüger, W. / Theissen, E. / Olemotz, T.: Erfolgsfaktoren im Bankenbereich [1992]; S. 258-260; Popp, S.: Multinationale Banken [1996], S. 171-186; Zimmermann, T.: Erfolgreichen Banken auf der Spur [1988], S. 256-306.

Autor (Jahr)	Zimmermann (1988)	Davis (1989)	Krüger/Theissen/Olemotz (1992)	Popp (1996)
Untersuchungsgegenstand	Langzeitstudie über Schweizer Banken	Analyse von 15 ausgewählten Banken	Analyse von erfolgreichen und nicht erfolgreichen Banken	Analyse multinationaler Banken in China
Kategorien der Erfolgsfaktoren und Einzelfaktoren	• Geschäftspolitische Faktoren – Diversifizierung – Spezialisierung – Klare und konsistente Geschäftspolitik – Kein politischer Einfluß – Keine Geschäfte um jeden Preis – Auslandsorientierung • Führung/Personal – Frontorientierung – Managementqualität – Pioniertum – Information des Personals – Unternehmungskultur – Ausbildung – Erfahrung aus dem industriellen Bereich • Verkauf der Dienstleistungen – Optimale Allokation der Ressourcen – Aktivität in wachsenden Märkten – Profilierung am Markt • Betriebliche Erfolgsfaktoren – Organisation – Informatik • Diverses – Größe an sich – Erfolg in der Vergangenheit	• Unternehmungskultur – Offene Kultur – Starke gemeinsame Grundwerte – Gewinnergebnis als Grundwert – Kundenorientierung – Innovationsbereitschaft – Starke und konsistente Führung • Personal – Rekrutierung der besten Leute – Investitionen in Schulungen und Karriereentwicklungen • Management-Informationssystem auf Matrix Basis	• Strategie – Produkt/Markt-Konzept – Gewinn/Ertragsorientierung – Kostenorientierung – Anpassungsfähigkeit/Flexibilität – Innovationsorientierung • Träger – Motivation des Managements – Führungsverhalten – Qualifikation/Person des Managements • Systeme – Führungssysteme – Planungs-, Steuerungs-, Kontrollsysteme, Risikosteuerung – Rechnungs- und Informationssysteme • Realisationspotential – Finanzpotential – Human Capital – Marketing/Vertrieb/Marktforschung • Struktur – Organisation der Unternehmungsspitze – Subsystembildung – Koordination • Kultur/Philosophie – Vorhandensein/Konsistenz/Akzeptanz von Leitbildern	• Geschäftspolitik – Offenheit der Unternehmungskultur – Controllingsystem • Betriebspolitik – Humanressourcen – Information – Organisation • Marktpolitik – Leistungsprogramm – Akquisitionsperformance • Kontextpolitik – Perzeptionsparameter – Umweltverständnis

Tabelle C/4-12: **Klassifizierungsansätze für Erfolgsfaktoren im Bankgeschäft**[1389]

[1389] Quelle: Eigene Darstellung.

Die Zuordnung der zu Oberbegriffen zusammengefaßten Erfolgsindikatoren variiert erheblich. Es zeigt sich in den Studienergebnissen, daß teilweise kulturelle Faktoren bzw. mit Kultur im Zusammenhang stehende Faktoren vorhanden sind. Hierbei ist zu berücksichtigen, daß die ersten drei in der Tabelle aufgeführten Studien sich auf die allgemeine Geschäftstätigkeit von Banken und nur die Studie von *Popp* sich konkret auf die Geschäftstätigkeit in einem spezifischen Ländermarkt bezieht. Die allgemein vorhandenen Kulturfaktoren beziehen sich vornehmlich auf ‚Unternehmungskultur', deren Stellenwert im Zeitablauf zugenommen hat, aber teilweise widersprüchlich beurteilt wird. So ist die Unternehmungskultur als Erfolgsfaktor in der Studie von *Zimmermann* aufgrund der schweren Operationalisierbarkeit sowie Vielschichtigkeit der Definition im Ergebnis umstritten,[1390] während *Davis* Unternehmungskultur als wichtigsten Erfolgsfaktor bezeichnet.[1391] *Popp* überprüft die Relevanz des Erfolgsfaktors Umweltverständnis, unter den er u.a. interkulturelles Verständnis subsumiert, als Basis der wettbewerbsstrategischen Positionierung multinationaler Banken in China.[1392]

Die Darstellung zeigt, daß markt-, führungs- und personalbezogene sowie geschäftspolitische Kategorien als Erfolgsfaktoren sowohl bei eher national als auch bei international ausgerichteten Themen dominieren. Dies bedeutet, daß die interkulturelle Perspektive von Erfolgsfaktoren in diese Kategorien eingeordnet werden kann, da die Erfolgsfaktoren neben den umfeldspezifischen Rahmenbedingungen konkret aus der Betrachtung der Marktperspektive und der internen Führungsperspektive gewonnen wurden. Hinzu kommt die Perspektive der Zentrale, die die geschäftspolitischen Rahmenbedingungen als interne Kontextfaktoren der Bank für die Auslandsgesellschaft vorgibt.[1393] Die Erfolgsfaktoren sind lediglich unternehmensinterne, aktiv gestaltbare Faktoren der international tätigen Bank. Diese unterscheiden sich jedoch nach der gewählten Klassifizierung hinsichtlich der Wirkungsweise: die marktbezogenen Faktoren beziehen sich auf den gesamten Marktauftritt sowie Aktivitäten am Markt der Bank, die führungs- und personalbezogenen Faktoren teilweise auf das interne Management der Auslandsgesellschaft, aber auch auf die geschäftspolitischen Erfolgsfaktoren der Gesamtbank, die wiederum auch von Bedeutung für die internen und externen Aktivitäten der Auslandsgesellschaft sind.[1394]

[1390] Vgl. Zimmermann, T.: Erfolgreichen Banken auf der Spur [1988], S. 358-359.

[1391] Vgl. Davis, S.I.: Spitzenleistungen in Banken [1989]; S. 13. Die dem Erfolgsfaktor Unternehmungskultur zuzuordnenden Erfolgsindikatoren variieren erheblich, was vermutlich an der unterschiedlichen Begriffsauffassung von Unternehmungskultur liegt. So faßt *Haumer* die Indikatoren Kunden- und Mitarbeiterorientierung sowie Innovationsfähigkeit unter Unternehmungskultur in Banken zusammen. Vgl. Haumer, H.: Werthaltungen und Unternehmenskultur als Erfolgsfaktoren des Bankmanagements [1990], S. 51-59.

[1392] Vgl. Popp, S.: Multinationale Banken [1996], S. 182-183.

[1393] Vgl. zu den Kontextfaktoren des Interkulturellen Managementansatzes in dieser Arbeit Kapitel 2.2.3.2.

[1394] Vgl. Popp, S.: Multinationale Banken [1996], S. 168-171.

330

Für die Ableitung der Erfolgsfaktoren ist von *Krüger/Schwarz* eine Vorgehensweise entwickelt worden, der zur Komplexitätsbewältigung und Schaffung von Konsistenz gefolgt werden soll:[1395]

1. Stufenweise Detaillierung und Aggregation der Erfolgsfaktoren: Auflösung von Erfolgsursachen in funktionale und handhabbare Einzelfaktoren,

2. Sachliche Abstimmung der Erfolgsfaktoren: Prüfung der Konsistenz der identifizierten Faktoren untereinander (statisch),

3. Zeitliche Abstimmung der Erfolgsfaktoren: Erweiterung der Konsistenzprüfung (dynamisch).

Die sachliche und zeitliche Konsistenzprüfung hinsichtlich anderer Erfolgsfaktoren, Zielsetzungen und Möglichkeiten der Umsetzung erfolgt im Rahmen der Diskussionen zur Zielkonsistenz eines interkulturellen Managementansatzes in Kapitel 5.4.

4.5.2 Bestimmung der interkulturellen Erfolgsfaktoren im Bankgeschäft in Singapur, Malaysia und Vietnam

4.5.2.1 Überblick

Die als Implikationen für das Bankgeschäft bei der Analyse der globalen und bankwirtschaftlichen Rahmenbedingungen sowie insbesondere bei der Analyse der Interaktionssituationen der Auslandsgesellschaft ermittelten Größen werden im Folgenden in ein System von Erfolgsfaktoren übersetzt. Da bei den Analysen als Kulturindikatoren Oberbegriffe verwendet worden sind, die sich hinsichtlich der Ausprägungen länderbezogen unterschieden haben, werden die Erfolgsdeterminanten in die drei Ebenen Erfolgsbereich, Erfolgsfaktor und Erfolgsindikator aufgeteilt (Abbildung C/4-13). Ein Erfolgsbereich bezieht sich auf den Bereich in der Bank, der die dem Erfolgsbereich zuzuordnenden Erfolgsfaktoren in seiner Verantwortung generieren kann. Stellt ein Erfolgsfaktor definitionsgemäß auf die Eigenschaft als Entscheidungstatbestand ab, so daß über die Art und Weise der Ausgestaltung eines für den Unternehmungserfolg relevanten Managementbereichs entschieden wird, können länderspezifisch zu berücksichtigende Aspekte im Bereich der Erfolgsindikatoren aufgeführt werden. Die Vorgehensweise, länderübergreifende Analysefaktoren vorzugeben, darf nicht den Rückschluß zulassen, daß ein Ziel dieser Arbeit die Ableitung von universalen, länderübergreifenden interkulturellen Themen ist. Die gewählte Vorgehensweise läßt vielmehr zur Reduktion der Komplexität und strukturierten Analyse zu, daß ohne zu verallgemeinern länderspezifische Ausprägungen auf der Ebene der Indikatoren dargestellt werden können.

[1395] Vgl. Krüger, W. / Schwarz, C.: <u>Bestimmung von Erfolgsfaktoren und Erfolgspotentialen</u> [1990], S.

Erfolgsbereiche	Erfolgsfaktoren	Erfolgsindikatoren
Marktorientierung		
	• Langfristigkeit des Engagements • Gestaltung der Geschäftsbeziehungen • Kommunikation am Markt • Marktauftritt	• Marktkenntnisse • Persönliche Beziehungen • Betreuungsansatz • Aufbau von Vertrauen • Prozeß der Gestaltung der Geschäftsbeziehung • Personalakquisition
Management der Auslandsgesellschaft		
	• Kommunikation • Ausrichtung der Führungspraktiken • Integration • Lokales Personalmanagement • Persönlichkeit des Managements	• Gestaltung der Kommunikation • Motivation • Erkennen und Verstehen von Kulturunterschieden • Individuelle Vorbereitung
Geschäftspolitik der Gesamtbank		
	• Offene Unternehmungskultur • Führungssystem • Kommunikation • Gestaltung der Integrationsinstrumente • Praktiken/Prozesse	• Identifizierung über gemeinsame Normen und Werte • Arbeitsstil • Möglichkeit der Anpassung der Managementinstrumente

Tabelle C/4-13: **Interkulturelle Erfolgsfaktoren im Bankgeschäft in Singapur, Malaysia und Vietnam**[1396]

Auf die einzelnen Erfolgsbereiche Marktorientierung, Management der Auslandsgesellschaft sowie Geschäftspolitik der Gesamtbank wird im Folgenden gesondert eingegangen, wobei die Erfolgsfaktoren bzw. Erfolgsindikatoren hinsichtlich der Wirkungsrichtung nicht überschneidungsfrei sind.

[1396] 181-182.
Quelle: Eigene Darstellung.

4.5.2.2 Marktorientierung

Die **Langfristigkeit** im Bankgeschäft in Südostasien ist länderübergreifend ein wesentlicher Faktor für die Beziehungen der Banken in den drei Ländern.[1397] Diese Langfristigkeit bezieht sich sowohl auf das gesamte Engagement der Bank gegenüber den Kunden als auch auf das Bekenntnis zur Unterstützung des Landes und der Gesellschaft.[1398] Die strategische Relevanz von Kultur zeigt sich hier insbesondere in dem Aufbau und der Gestaltung von langfristigen Beziehungen, wobei die derzeitige wirtschaftliche Situation einen aktuellen Bezug am Beispiel von Vietnam liefert: „Das Geschäft in Vietnam aufzugeben oder aber aus einer Niederlassung wieder eine Repräsentanz zu machen würde bedeuten, daß die Lizenz für die Niederlassung in den nächsten 5-10 Jahren seitens der Behörden nicht mehr vergeben würde. Dies stellt auch eine kulturelle Fragestellung dar, da mit dem Stolz der vietnamesischen Entscheidungsträger gespielt und daher dieses Vorgehen der Bank nicht in Vergessenheit geraten würde."[1399] „Closing down has no impact on earnings, but in Asia it is crucial to stay, because nobody will forgive any company which did not stay during the crisis. This would be a tremendous loss of face and the Vietnamese will never allow the bank to come back again."[1400]

Für die drei Länder gilt insgesamt, daß die **Gestaltung der Geschäftsbeziehungen** auf Basis von persönlichen Beziehungen mit Kunden am Markt im Firmenkundengeschäft und Private Banking einer der dominierenden Erfolgsfaktoren ist.[1401] Die individuelle Basis der Beziehungen gilt auch für die zwischen zwei Geschäftspartnern als Repräsentanten von Unternehmungen etablierten Kontakte, so daß diese nicht oder nie vollständig auf die Unternehmung übergehen.[1402] „Relationship Management, especially in Vietnam or Asia in general, will remain the most important issue for the client to do business with the bank, because the only differentiation the customer can make between banks is the Relationship Manager resp. the quality of the relationship with the bank. The products offered by global players are all similar today, also similar are services and pricing. This stresses the importance of the Confucianism values, namely the importance of *personal* relationship".[1403] Die Interaktionskomponente der Bankmarktleistung ist in ihrer Bedeutung für den Erfolg am Markt entsprechend hoch zu beurteilen. „Relationship is crucial. Whatever product the bank has the others also have, the same is valid for pricing, so everything relies on the interac-

---

[1397] Vgl. Kapitel 4.3.4.2. Für Singapur ist dieses Bekenntnis eine Voraussetzung zur Zulassung von internationalen Banken am Markt.
[1398] Vgl. Nguyen-Khac, T.Q.: Wachstumsregion Asien [1995], S. 472-473.
[1399] Interview Auslandsbank in Vietnam.
[1400] Interview Auslandsbank in Vietnam.
[1401] Vgl. Lasserre, P.: Strategic Challenge [1997], S. 21-23.
[1402] Vgl. Yeung, I.Y.M. / Tung, R.L.: Guanxi [1996], S. 61.
[1403] Interview Auslandsbank in Vietnam.

tion with the customer.[1404] Bei der Gestaltung der Geschäftsbeziehungen in den Ländern stehen persönliche Beziehungen extrem im Vordergrund „… and if there is cultural insensitivity and if there is no proof of demonstrating relationship-orientation and if the bank is purely business-oriented, people will only buy the product when it is the only product in town rather than choosing the bank's product than somebody else's product. The bank distinguishes itself due to its cultural sensitivity and if the bank can not do an adjustment and just would try to sell in the home-market style, people would say that the bank is only working with the client when things are good. If things are bad the bank will avoid working with the client; so the bank has to show that the bank will stay with the clients through their ups and downs and that is what relationship is about".[1405] Auch wenn diese Darstellung andere Einflußfaktoren eventuell vernachlässigt bzw. diese extreme Haltung nicht für die Betreuung aller Geschäftssegmente bzw. Kundengruppen gilt, so wird doch der strategische Stellenwert von Beziehungen in Bezug auf die Gestaltung deutlich. Mit der Marktorientierung kommt auch die Entwicklung der **interkulturellen Kommunikation** am Markt als wesentlicher Erfolgsfaktor hinzu.[1406]

Für die einzelnen **Geschäftsbereiche bzw. Kundensegmente** können sich unterschiedliche Erfolgsindikatoren ergeben:

Im lokalen Firmenkundengeschäft in Singapur und Malaysia wird hinsichtlich der Geschäftsbeziehung in Bezug auf Segment (große lokale Firmen, SME) und Produktart unterschieden.[1407] Die Bedeutung der Geschäftsbeziehungen drückt sich hier insbesondere in den zur Beurteilung der Unternehmungen notwendigen persönlichen Beziehungen zu den Eigentümern und dem Management aus, da die Aussagefähigkeit und die Qualität der Rechnungslegung dieser Unternehmungen (in Abhängigkeit von der Größe und Internationalität) nur als zweitklassig beurteilt werden können. Die gesamte Gestaltung der Geschäftsbeziehung ist an diesen Anforderungen auszurichten.[1408] Bei mittelständischen Unternehmungen sind kulturelle Gepflogenheiten wesentlich stärker ausgeprägt (als bei den großen lokalen Kunden) und haben somit mehr Bedeutung für das Geschäft der Bank.[1409] Wesentliche Erfolgsvoraussetzung sind daher Netzwerke an Informationen, um die notwendigen Einblicke in das Geschäftsgebaren zu gewinnen.[1410] Die Geschäftsbeziehungen im Private Banking sind durch eine starke Fokussierung der Kunden auf spezifische Betreuer, sowie durch

---

[1404] Interview Auslandsbank in Vietnam.
[1405] Interview Auslandsbank in Singapur.
[1406] Interviews Auslandsbanken in Singapur, Malaysia und Vietnam. Siehe auch Harris, P.R. / Moran, R.T.: Managing Cultural Differences [1993], S. 53.
[1407] Interview Auslandsbank in Singapur.
[1408] Interview Auslandsbank in Singapur.
[1409] Interview Auslandsbank in Singapur.
[1410] Vgl. Lasserre, P.: Strategic Challenge [1997], S. 20-21.

eine enge Zusammenarbeit und einen hohen Sozialisierungsgrad zwischen Kundenbetreuer und insbesondere ethnisch chinesischem Kunden gekennzeichnet.[1411]

Die Differenzierung am Markt erfolgt nicht nur durch die Positionierung der Banken
gegenüber den Wettbewerbern im Kundengeschäft, sondern auch als Arbeitgeber für
die **Mitarbeiter**.[1412] Die Marktorientierung der westlichen Banken bezieht sich somit
auch auf die lokalen Mitarbeiter, so daß ein **Personalmarketing** zur Rekrutierung
der lokalen Mitarbeiter am Markt erforderlich ist. Die Attraktivität von ausländischen
Banken in Singapur und Malaysia am Markt resultiert vorwiegend aus Ausbildung,
Vergütung und späteren Karrieremöglichkeiten. Ausländische Banken werden in Vietnam auf Basis der Gehaltsstrukturen, Ausbildung sowie – systembedingt – der
Möglichkeit, einfacher in das Ausland zu reisen, beurteilt. Die bisherige Regelung,
daß ausländische Unternehmungen die Lohn- und Gehaltszahlungen in Vietnam in
US$ zu leisten hatten, hat letztendlich eine Zwei-Klassen-Gesellschaft in Bezug auf
das Einkommen, aber auch in Bezug auf das Ansehen des Einzelnen geschaffen.[1413]

Durch die Anforderungen der Kunden an die Betreuung und die Art der Zusammenarbeit mit der Bank entsteht der Bedarf an qualifizierten und insbesondere **interkulturell befähigten lokalen Mitarbeitern**, die es leisten, eine innerbetriebliche Mittler-
funktion zu übernehmen und die Geschäftspolitik der Bank an die spezifischen lokalen Bedürfnisse der Kunden und auch der Öffentlichkeit anzupassen. Dies bezieht
sich sowohl auf die Kommunikation und das Verhalten der Mitarbeiter im direkten
Kundenumgang als auch auf die Kommunikation und das Verhalten der Mitarbeiter in
der Auslandsgesellschaft.

4.5.2.3 Management der Auslandsgesellschaft

Die **Person und Persönlichkeit des Managements** stellt in der interkulturellen Führungssituation einen wesentlichen Erfolgsfaktor für die Auslandsgesellschaft dar.
Hinsichtlich der Überlegung, ob ein lokales oder internationales Management bzw.
ein Management aus dem Heimatmarkt der westlichen Bank als Erfolgsfaktor zu werten ist, gehen die Meinungen der Gesprächspartner auseinander. Der Manager der
Auslandsgesellschaft ist mit den Anforderungen der Führung auf persönlicher, interkultureller Ebene sowie mit den Anforderungen aus der Übertragung von Managementprinzipien der Gesamtbank mit Relevanz für die interpersonelle Zusammenarbeit betraut. Das Management spielt hier die wichtige **Mittlerrolle** zwischen Zentrale
und Auslandsgesellschaft.

[1411] Interview Auslandsbank in Singapur.
[1412] Interview Auslandsbank in Singapur.
[1413] Interviews Auslandsbanken in Vietnam. Diese Regelung ist zum 01. Juli 1999 abgeschafft worden. Durch die Bezahlung der Gehälter in US$ hatten die Arbeitnehmer von ausländischen Un-
ternehmungen und so auch Banken einen Hebel gegen Inflation und Abwertungen des vietnamesischen Dong gegenüber dem US$. Bei jeder Abwertung hatten die in US$ bezahlten Mitarbeiter
quasi eine Gehaltserhöhung.

Aufgrund unterschiedlicher Kulturen, religiöser Aspekte und unterschiedlicher Sozia-lisierungs- und Ausbildungsstände der Mitarbeiter ist die **Anpassung der Füh-rungspraktiken** ein weiterer wesentlicher Erfolgsfaktor der Banken. Dies bedeutet nicht, ein Führungsverhalten an den Tag legen zu müssen, das den in der jeweiligen Landeskultur entsprechenden Führungsprinzipien gleicht, sondern daß die **Unter-schiede** von Führungsverhalten und Verhalten der Mitarbeiter **erkannt, verstanden** und in interpersonalen Interaktionen durch **geeignete Anpassungen in den Instru-menten** der Motivation und Führung und der Kommunikation **umgesetzt** werden. Vor dem Hintergrund des Einflusses zunehmender Internationalisierung und län-derübergreifender Zusammenarbeit auf die Gestaltung von Teamarbeit in der Aus-landsgesellschaft oder zwischen Auslandsgesellschaften bzw. Auslandsgesellschaft und Zentrale kann durch **integrative Maßnahmen** und **gegenseitiges Lernen** eine für das interkulturelle Management notwendige Grundeinstellung in den Auslandsge-sellschaften geschaffen werden.

Bezogen auf die lokalen Mitarbeiter sind die persönlichen Beziehungen und Kontakte der in der Kundenbetreuung tätigen Mitarbeiter ein wichtiges ‚Asset', was bisher im Rahmen des sog. ‚Job-Hoppings' auch eventuell den Verlust von Kundenbeziehun-gen bedeuten kann.[1414] Insofern ist für das Management einer Auslandsgesellschaft Langfristorientierung im Sinne von Kontinuität gegenüber den Mitarbeitern sinnvoll. Auf der anderen Seite ist die Mentalität der Mitarbeiter teilweise durch Loyalität und Perspektive einer Beschäftigung auf Lebenszeit, andererseits aber durch den Anreiz verbesserter Gehaltsstrukturen bei einem schnellen Wechsel des Arbeitsplatzes ge-kennzeichnet.[1415] Durch den hohen Stellenwert der persönlichen Beziehungen in den untersuchten Ländern drückt sich die erforderliche **Langfristigkeit** auch gegenüber den Mitarbeitern in entsprechenden Maßnahmen des **lokalen und internationalen Personalmanagements** aus, um bspw. langfristige Entwicklungsperspektiven für die Mitarbeiter aufzuzeigen.

4.5.2.4 Geschäftspolitik der Gesamtbank

Ein wesentlicher Erfolgsfaktor für die westlichen Banken stellt die Schaffung von *Ver-trauen* dar, die sowohl auf Gesamtbankebene, in der Auslandsgesellschaft bezüglich der Mitarbeiter und bei der Geschäftstätigkeit am Markt hinsichtlich der verschiede-nen externen Interaktionspartner relevant ist. Die Schaffung von Vertrauen bezieht sich hier auf das Vertrauen in Personen (Management, Mitarbeiter, Kunden) und in Systeme (Landes- und Unternehmungskultur). Als Wirkung von Vertrauen lassen sich die Erfolgsindikatoren Kommunikation, Kooperation und Teamarbeit, Steuerung von Delegation von Verantwortung subsumieren.[1416] Diese Indikatoren haben sich

---

[1414] Interviews Auslandsbanken in Singapur und Malaysia.
[1415] Interviews Auslandsbanken in Singapur und Malaysia.
[1416] Vgl. Krystek, U.: Vertrauen als vernachlässigter Erfolgsfaktor [1997], S. 544-546.

bei der Darstellung der interpersonellen Zusammenarbeit von westlichen Banken mit externen und internen Interaktionspartnern als managementrelevante Themenbereiche herausgestellt, die durch die Schaffung von Vertrauen als Grundwert der Unternehmung Bank in Ansätzen gehandhabt werden können. Analog zum notwendigen kulturabhängigen Umgang mit den angeführten Erfolgsindikatoren ist Vertrauensbildung ebenfalls kulturgebunden. Hinweise auf die Möglichkeit der Schaffung von Vertrauen ergeben sich aus der Kulturdimension ‚Ungewißheitsvermeidung', da diese den kulturell bedingten Grad an Risikobereitschaft und Offenheit gegenüber Systemen abbildet.[1417] In den untersuchten asiatischen Kulturen haben diese interpersonalen Aspekte für informelle, auf Beziehungen basierende Strukturen eine sehr hohe Bedeutung.

Eine Grundhaltung an Vertrauen in der interkulturellen Zusammenarbeit bezieht sich auf die interpersonalen Aspekte von Management und Führung. Die Bedeutung von Risikomanagement- oder internen Kontrollsystemen wird nicht reduziert, sondern in ihrer Anwendung und Kommunikation auf Basis von Vertrauen und der Grenzen von Vertrauen gehandhabt. Bei Vorlage einer seitens der betreuenden Auslandsgesellschaft als gut bezeichneten Geschäftsbeziehung, den notwendigen Kenntnissen über die Unternehmung als Kreditnehmer und dessen Umfeld werden seitens der Auslandsmanager Geschäftsabschlüsse auch auf Basis von Handschlag abgeschlossen; die erforderliche Dokumentation erfolgt im nachhinein.[1418]

Die Frage nach dem Umkehrschluß, ob nicht eher *Mißtrauen* ein Erfolgsfaktor ist, der sich insbesondere im Umgang mit fremden Kulturen, fremden Politik- und Wirtschaftssystemen sowie fremden Unternehmungen als Geschäftspartner durch die Vermeidung von Fehlern, Risiken, Vorwürfen und Rechtfertigungen zeigen könnte, ist ebenfalls von zumindest kurzfristiger Relevanz. Langfristig überwiegen jedoch die Vorteile von Vertrauen als Vorleistung in interkulturelle Zusammenarbeit jedoch die Vorteile von Mißtrauen.[1419]

Die **Gestaltung der Unternehmungskultur** stellt einen wesentlichen Erfolgsfaktor für die Integration der Unternehmung dar, indem gemeinsame Werte und Normen als Orientierungsgrößen für alle Mitarbeiter der Gesamtbank existieren. Die **Anwendung von Führungssystemen** sowie der **Umgang mit kulturellem Wandel** stellen hierbei die wesentlichen Erfolgsindikatoren dar, die von der grundsätzlichen Offenheit der Unternehmungskultur gegenüber den landeskulturellen Besonderheiten abhängt.[1420] Darüber hinaus fundiert die Unternehmungskultur der Bank auch die bankbetrieblichen Praktiken, die eine Ausrichtung des Arbeitsstils ermöglicht. Diese Ausrichtung

---

[1417] Vgl. Engelhard, J.E.: Virtualisierung [1999], S. 334.
[1418] Interviews Auslandsbanken in Singapur und Malaysia.
[1419] Vgl. Krystek, U.: Vertrauen als vernachlässigter Erfolgsfaktor [1997], S. 548-549, 552 und 560.
[1420] Vgl. Davis, S.I.: Spitzenleistungen in Banken [1989], S. 116-117.

geschieht jedoch wiederum über die Vermittlung und Kommunikation der Unternehmungskultur. Die **Offenheit der Unternehmungskultur** manifestiert sich durch umfangreiche, sowohl vertikale als auch horizontale Kommunikation durch ein institutionalisiertes Kommunikationssystem. Eine solche Kommunikationsgrundlage ermöglicht die Reduzierung von gesamtbankbetrieblichen Konflikten. Dies hat auch Relevanz für das Management der Schnittstelle über entsprechende **Kommunikations- und Integrationsmechanismen** zwischen Zentrale und Auslandsgesellschaft.

4.5.3 Fazit

In den vorangegangen Kapiteln ist aus theoretischen Überlegungen in Verbindung mit praxisorientierten Analysen und Erklärungsansätzen die Bedeutung von Kultur auf operativer Ebene in den untersuchten Ländern Singapur, Malaysia und Vietnam herausgestellt worden. Über die Ermittlung der Erfolgsfaktoren hat sich gezeigt, daß Interkulturelles Management von westlichen Banken in Südostasien nicht erst in der Auslandsgesellschaft, sondern aufgrund der strategischen Orientierung und der geschäftspolitischen Ausrichtung auf der internationalen Ebene der Zentrale ansetzt und auf diese Weise die wesentlichen internen Kontextfaktoren der Gestaltung des interkulturellen Managementansatzes schafft. Die strategische Relevanz von kulturellen Einflüssen im internationalen Bankgeschäft in den untersuchten Ländern ist somit aufgezeigt worden.

Nachdem in diesem Kapitel ausschließlich die Kontextbedingungen der Auslandsgesellschaft in den untersuchten Ländern analysiert und beurteilt worden sind, wechselt die Ebene der Betrachtung auf die Gesamtbank, d.h. Zentrale und Auslandsgesellschaften. Die durch die Diskussion der Erfolgsfaktoren aufgezeigten Sachverhalte sind im Folgenden in *Anforderungen* an die international tätige Bank für ein integratives Konzept ,Interkulturelles Management' sowie die zu schaffenden notwendigen *Voraussetzungen* zu übersetzen.

Es stellt sich nun die am Anfang dieses Kapitels aufgeworfene Fragestellung, wie die ermittelten Erfolgsfaktoren eines Interkulturellen Managements und deren strategische Relevanz im Rahmen des strategischen Managements der Gesamtbank berücksichtigt werden können. Diese konzeptionellen Überlegungen der Ausgestaltung des interkulturellen Managements sind Gegenstand des folgenden Kapitels 5.

5 Interkulturelles Management als Element des internationalen strategischen Managements von westlichen Banken in Südostasien am Beispiel von Singapur, Malaysia und Vietnam

Die anhand der Analysen in den untersuchten Ländern Singapur, Malaysia und Vietnam gewonnenen Erkenntnisse sollen in diesem Kapitel gemäß dem dieser Arbeit zugrunde liegenden Bezugsrahmen in einen interkulturellen Managementansatz als Bestandteil des internationalen strategischen Managements von westlichen Banken mit Geschäftstätigkeit in Südostasien integriert werden. Ziel dieses Kapitels ist es, einen solchen interkulturellen Managementansatz in einer funktional ausgerichteten Struktur darzustellen, der sowohl die relevanten Managementbereiche in der Zentrale als auch in der Auslandsgesellschaft umfaßt. Hierfür wird die folgende Vorgehensweise gewählt:

- Übersetzung der ermittelten Erfolgsfaktoren in die relevanten Anforderungen an die funktionalen Managementbereiche der international tätigen westlichen Bank, wobei der Aufbau interkultureller Kompetenz über organisationales Lernen der Bank eine wesentliche Voraussetzung darstellt (Kapitel 5.1),

- Ausrichtung des Marketing-Mix an interkulturelle Erfordernisse und Übertragung auf die Gestaltung von Geschäftsbeziehungen (Kapitel 5.2),

- Interkulturelle Gestaltung der strategischen und operativen Führungsbereiche der Zentrale und der Auslandsgesellschaften unter Berücksichtigung strategischer Führungskonzepte (Kapitel 5.3),

- Abbildung des funktional ausgerichteten interkulturellen Managementansatzes in einem Führungsinformationssystem zur Steuerung und Erfolgsmessung interkultureller Managementinstrumente (Kapitel 5.4).

Zunächst werden die Anforderungen an ein Interkulturelles Management aufgezeigt und die Verantwortungsbereiche in der Gesamtbank identifiziert.

5.1 Integration eines interkulturellen Managementansatzes in das internationale strategische Management von Banken

5.1.1 Verantwortungsbereiche in westlichen Banken für die Gestaltung des interkulturellen Managementansatzes

Interkulturelles Management soll als Konzept, aber auch als Leitlinie des internationalen Bankgeschäftes aufgefaßt werden. Unter ‚Konzept‘ oder aber ‚Ansatz‘ soll in diesem Rahmen kein lediglich gedankliches Ideal-Konstrukt, sondern ein Oberbegriff für die notwendigen Maßnahmen und Instrumente des Managements in einer international tätigen Bank verstanden werden. Die Verwendung der Oberbegriffe ‚Kon-

zept' bzw. ‚Ansatz' soll verdeutlichen, daß es sich hierbei um eine ganzheitliche Betrachtung der Managementinstrumente handelt. Diese Perspektive soll gewährleisten, daß die unterschiedlich einsetzbaren Managementinstrumente in ihrer gemeinsamen Wirkung und Ergänzung untersucht werden können.[1421]

Die Integration von internationalem strategischem Bankmanagement und interkulturellem Management erfolgt über die Verknüpfung der personen- und verhaltensorientierten Managementbereiche in Zentrale und Auslandsgesellschaft mit den aus den
interkulturellen Erfolgsfaktoren abgeleiteten Anforderungen. Die im Anschluß zu entwickelnden interkulturellen Managementinstrumente beziehen sich auf die strategische und operative Ebene der Führung der westlichen Banken und dienen der Ausrichtung des strategischen Bankmanagements auf die interkulturellen Anforderungen. Die im Rahmen der Analysen festgestellten kulturellen Unterschiede zwischen
den beteiligten westlichen Banken und den Interaktionspartnern am Markt und in der
Auslandsgesellschaft beeinflussen direkt die Quantität, die Qualität und die Dauer
der interkulturellen Ausrichtung der westlichen Bank.[1422]

Im Rahmen dieser Vorgehensweise werden Erkenntnisse aus den Expertengesprächen zur Generierung des notwendigen Praxisbezugs berücksichtigt. Gemäß der zugrunde liegenden Forschungskonzeptionierung dieser Arbeit soll nicht nur während
der Phase der problemorientierten Aufbereitung der Themenstellung, sondern auch
während der Konzeptionierung der jeweilige Anwendungszusammenhang durch die
Praxisorientierung sichergestellt werden. Dies geschieht vor dem Hintergrund, daß
die bankinternen Kontextfaktoren, die die Gestaltung eines interkulturellen Managementansatzes beeinflussen, aufgezeigt und den Überlegungen zur Gestaltung interkultureller Managementinstrumente gegenübergestellt werden können.[1423]

Aus den Ergebnissen der Analysen der externen Kontextfaktoren, der Außen- und
Innenbeziehungen der Auslandsgesellschaft sowie der interkulturellen Erfolgsfaktoren läßt sich schließen, daß ein Interkulturelles Management der westlichen Banken
in Südostasien bereits mit der von der Zentrale angestrebten strategischen Orientierung vorbestimmt wird. Da das strategische Management die Ausrichtung der Gesamtbank betrifft, ist die Verantwortung für ein interkulturell orientiertes Management
grundsätzlich auf der Ebene des Gesamtmanagements der Bank einzuordnen. Innerhalb der weiteren Managementfunktionen können Teilfunktionen unterschieden
werden, die auf internationaler Ebene (Zentrale) bzw. auf lokaler Ebene (Auslandsgesellschaft) konzipiert bzw. umgesetzt werden.

[1421] Vgl. Schmittmann, S.: Führung von internationalen Stützpunkten [1986], S. 84-86.
[1422] Vgl. Thomas, A. / Hagemann, K.: Training interkultureller Kompetenz [1996], S. 176.
[1423] Zu den bankinternen Kontextfaktoren des interkulturellen Managementansatzes siehe auch Kapitel 2.2.3.2.

340

Die konkreten Ansatzpunkte und Verantwortungsbereiche für die Gestaltung der interkulturellen Managementinstrumente können Tabelle C/5-1 entnommen werden. Die Konzeptionierung der interkulturellen Maßnahmenbereiche erfordert theoretisch ein gemeinsames Vorgehen von Zentrale und Auslandsgesellschaft.

Managementinstrumente	Auslandsgesellschaft	Zentrale
• Aufbau interkultureller Kompetenz	X	X

• Integrationsinstrumente
  – Unternehmungskultur
  – Internationales Personal-
  management
	X	X
		X

• Lokales Personalmanagement	X	(X)

• Marketing-Mix
  – Konzeption
  – Gestaltung der Geschäfts-
  beziehungen
	X
	X
		X

• Führung
  – Führungskonzept
  – Gestaltung der
  Führungspraktiken
  – Ausrichtung Kommunikation
	X
	X
	X
		X
		X

Tabelle C/5-1: **Strategische und operative Verantwortungsbereiche bei der Gestaltung des interkulturellen Managementansatzes**[1424]

Im Folgenden sollen die Erfolgsfaktoren auf die konkreten Verantwortungsbereiche übertragen werden.

Die Unternehmungskultur ist auf normativer Ebene allen angeführten strategischen und operativen Managementbereichen übergeordnet. Hier soll **Unternehmungskultur** als **Integrationsinstrument** der Gesamtbank verstanden werden, das gleichzeitig die Grundvoraussetzung für die interkulturelle Orientierung der international tätigen Bank darstellt. Diese interkulturelle Orientierung kann auf Basis einer auf Gesamtbankebene zu generierenden **interkulturellen Kompetenz** erreicht werden, die durch **interkulturelles Lernen** aufgebaut werden kann. Die strategische Grundorientierung für die Ausrichtung der Unternehmungskultur ist Element des strategischen Managements auf Gesamtbankebene. Die hier nur unter Vorbehalt zu bezeichnende

---

[1424] Quelle: Eigene Darstellung. Die mit einer Klammer versehene Relevanz des lokalen Personalmanagements für die Zentrale der westlichen Bank hängt meist vom Entwicklungsstand des jeweiligen Landes sowie der Möglichkeit, die lokalen Mitarbeiter international zu betreuen, ab.

‚Umsetzung' der Unternehmungskultur erfolgt in der Zentrale und in der Auslandsgesellschaft gleichermaßen.

Die erwartete Langfristorientierung des Engagements der westlichen Banken erfordert nicht nur eine entsprechende strategische Orientierung und das in Verwendung finanzieller Ressourcen ausgedrückte Bekenntnis der Bank, sondern gleichzeitig auch die Anforderung, länderadäquates **interkulturelles Handeln** zu entwickeln, indem die **Zeit** für die Entwicklung der notwendigen Kompetenz zur Verfügung gestellt wird. Mit der Forderung nach Schaffung interkultureller Kompetenz sind direkt die Fragen nach der **Ausgestaltung von Transferkonzepten** sowie nach der **Nutzung** von international gewonnenen **interkulturellen Erfahrungen** und Know-how auf Gesamtbankebene verbunden. Diese Fragestellungen sind zunächst dem internationalen Personalmanagement auf der Ebene der Gesamtbank zuzuordnen. Das lokale Personalmanagement (lokaler Mitarbeiter) kann jedoch nicht isoliert vom internationalen Personalmanagement gestaltet werden, sondern ist im Bereich der Personalentwicklung in das internationale Personalmanagement zu integrieren.

Die zunehmende Globalisierung der Zusammenarbeit schafft eine steigende Multikulturalität in der Zentrale, in der Auslandsgesellschaft sowie in länder-, kultur- und organisatorische Einheiten übergreifend arbeitenden Teams, die bspw. für Projektarbeiten zusammengestellt werden. Für die erfolgreiche Schaffung von internationaler Teamarbeit sind entsprechende **gesamtbankbezogene Integrationsmaßnahmen** erforderlich. Diese Integrationsmaßnahmen beziehen sich vorwiegend auf ein effizientes **Management der innerbetrieblichen Schnittstelle** von Zentrale und Auslandsgesellschaft, bei der der **Mittlerposition des Auslandsmanagements** eine hohe Bedeutung zukommt. Die in Kapitel 4.1 dargestellte zunehmende internationale organisatorische Konfiguration der westlichen Banken nach Geschäftsbereichen beeinflußt die Rolle des Auslandsmanagements hinsichtlich der Möglichkeiten und Grenzen der Steuerung.

Für die Ausrichtung der marktgerichteten Aktivitäten ist konkret von der Auslandsgesellschaft die interkulturelle Anpassung des von Zentrale und Auslandsgesellschaft abgestimmten Konzeptes im **Marketing-Mix** vorzunehmen. Voraussetzung hierfür ist die Konsistenz von internationalem bzw. überregionalem und dem länderspezifischen Marktauftritt. Basis für diese Vorgehensweise bildet die in der Gesamtbank implementierte internationale **Marktforschung**.

Das **Führungskonzept** der Gesamtbank geht mit der angeführten strategischen Orientierung einer. Die Ausgestaltung von Führungsfunktionen des Managements der Auslandsgesellschaft bedarf sowohl der kulturorientierten Anpassung von **Managementprinzipien** sowie von **Führungsverhalten** und **Kommunikation** in der Auslandsgesellschaft.

Die folgenden Ausführungen zu den aus interkultureller Perspektive erforderlichen Maßnahmen und Managementinstrumenten werden in dem Bewußtsein gemacht, daß die Anwendung von Managementinstrumenten kultur- und kontextabhängig ist und somit die Nationalität der jeweiligen Bank ein wesentlicher Einflußfaktor für den Einsatz von spezifischen Managementinstrumenten darstellt.[1425]

Die aufgezeigten Verantwortungsbereiche für die Gestaltung interkultureller Managementinstrumente werden im Folgenden im Gesamtzusammenhang diskutiert und ausgearbeitet. Als Plattform eines interkulturellen Managements sollen jedoch zunächst die Möglichkeiten des Aufbaus interkultureller Kompetenz und des organisationalen Lernens der westlichen Banken dargestellt werden.

5.1.2 Aufbau interkultureller Kompetenz in westlichen Banken

5.1.2.1 Konzept der interkulturellen Kompetenz

Die Kenntnis der Gemeinsamkeiten und Unterschiede zwischen Kulturen ist für die Entwicklung von interkultureller Kompetenz eine notwendige Voraussetzung. Diese interkulturelle Kompetenz ist sowohl auf der Ebene des Individuums als auch auf der Ebene der Organisation relevant.

Auf der Ebene der individuellen Person wie bspw. des Managers der Auslandsgesellschaft wird das Anforderungsprofil hinsichtlich der Kompetenz einer Person in einer Art ‚Standardprofil‘ definiert:[1426]

- Fachkompetenz: Erledigung der sachlichen Aufgabenstellungen,

- Methodenkompetenz: Einsatz von verschiedenen Problemlösungsverfahren und -instrumenten zur verbesserten Nutzung des Fachwissens,

- Sozialkompetenz: Entfaltung der eigenen Persönlichkeit für ein selbständiges und selbstbewußtes Handeln, Fähigkeit der Erledigung von Aufgabenstellungen im Team, Übernahme von Verantwortung und Mitwirkung an der Entwicklung des sozialen Systems.

Interkulturelle Kompetenz stellt eine Ergänzung der angeführten Eigenschaften aufgrund der Anforderungen dar, die sich an die zunehmend globalen und damit multikulturellen Umfeld- und Arbeitsbedingungen des Managers und der international ein-

---

[1425] Vgl. Wolf, J.: Internationales Personalmanagement [1994], S. 192-230. *Wolf* arbeitet in seiner umfangreichen Arbeit in einer Aufstellung internationaler Studien und empirischer Untersuchungen den Einfluß der Nationalität von international tätigen Unternehmungen auf die Anwendung von technokratischen und personenorientierten Integrationsinstrumenten im Bereich des internationalen Personalmanagements auf.

gesetzten Mitarbeiter stellen. Interkulturelle Kompetenz bedeutet die Fähigkeit, in einer fremden Kultur durch die Überwindung von bei der Interaktion und Kommunikation auftretenden Kulturunterschieden effektiv zu handeln.[1427] Diese Definition läßt sich für die interkulturelle Kompetenz der Bank dahingehend übertragen, daß das Management das Umfeld in der Gesamtbank in der Art interkulturell kompetent gestalten muß, daß diese Fähigkeiten der Manager und Mitarbeiter entwickelt und gefördert werden können.

Die der international tätigen Bank auf diesem Wege zur Verfügung stehende individuelle sowie kumulierte organisatorische interkulturelle Kompetenz trägt zur Wettbewerbsfähigkeit bei und entwickelt sich zunehmend zu einem eigenständigen Wettbewerbsfaktor.[1428] Vor diesem Hintergrund wird im Folgenden aus der Perspektive der Auslandsgesellschaften der Stellenwert von ‚Kultur' im Rahmen der internationalen Geschäftätigkeit der westlichen Banken beschrieben.

5.1.2.2 Stellenwert und Akzeptanz von Kultur in den westlichen Banken

Die Thematik des Interkulturellen Managements wird trotz der steigenden Anzahl von Veröffentlichungen in diesem Bereich in den Unternehmungen in Bezug auf die Sensibilität gegenüber dem Faktor Kultur sowie der Akzeptanz der Kulturthematik teilweise uneinheitlich bewertet. So ergeben Befragungen von Unternehmungen, daß die mit der zunehmenden Globalisierung verbundene interkulturelle Ausrichtung des Managements zunimmt.[1429] Andere Befragungen zeigen auf, daß die Auseinandersetzung mit dem Thema Kultur als nicht wesentlich erachtet wird.[1430] Dieses uneinheitliche Bild wird von den befragten westlichen Banken mit Aktivitäten in den untersuchten Ländern aus der Perspektive der Auslandsgesellschaften widergespiegelt.

Die folgenden Beispiele verdeutlichen den Umgang mit Kultur der westlichen Banken: Bei der Entwicklung von Marktstrategien von westlichen, international tätigen Banken werden primär keine kulturellen Aspekte berücksichtigt, sondern vorwiegend ökonomische Kriterien im Umfeld analysiert, die mit der entsprechenden Produkt- oder Marktstrategie abgestimmt werden.

„Grundsätzlich verfolgt die Bank einen ökonomischen Ansatz bei der Auswahl der Zielmärkte und berücksichtigt bei der Beurteilung eines Marktes vor allem das Markt-

---

[1426] Vgl. Kiechl, R.: Interkulturelle Kompetenz [1997], S. 13-14.

[1427] Vgl. Bergmann, A.: Interkulturelle Managemententwicklung [1993], S. 200, Gertsen, M.C.: Intercultural Competence and Expatriates [1990], S. 347; Axel, M. / Prümper, J.: Interkulturelle Kompetenz [1997], S. 352. Siehe auch Stüdlein, Y.: Management von Kulturunterschieden [1997], S. 153.

[1428] Vgl. Axel, M. / Prümper, J.: Interkulturelle Kompetenz [1997], S. 351; Ingelfinger, T.: Interkulturelle Kompetenz als Notwendigkeit der Internationalisierung [1995], S. 106; Eubel-Kasper, K.: Interkulturelle Kompetenz als strategischer Erfolgsfaktor [1997], S. 143,158.

[1429] Vgl. Macharzina, K.: Interkulturelle Perspektiven [1995], S. 266.

potential; Kultur ist in diesem Zusammenhang kein Kriterium. ... Zur Bewertung der Märkte werden die Kriterien legales Umfeld, Rechtssicherheit, Trade Flow mit anderen Ländern herangezogen. Gleichzeitig existiert intern in der Bank ein globaler Wettbewerb zwischen den Filialen und Niederlassungen um die Ressource eingesetztes Kapital zu Geschäftsentwicklung gemäß dem identifizierten Marktpotential."[1431]

Es ist Anspruch dieser Arbeit, diese Kriterien für den Einfluß von Kultur im Bankgeschäft zu identifizieren und den Kriterienkatalog bei der Analyse von Auslandsmärkten in fremden Kulturkreisen um den Faktor Kultur zu ergänzen. Zudem zeigt sich, daß die *Nichtberücksichtigung* der in den vorausgegangenen Kapiteln aus der Praxis heraus aufgeführten relevanten Kulturausprägungen im internationalen Bankgeschäft eine ökonomische Relevanz hat. Zum Beispiel können bei vorzeitigem Abbruch der Entsendung (bspw. aufgrund mangelnder Vorbereitung, Probleme der Akkulturation im familiären Umfeld) eines internationalen Mitarbeiters Kosten durch die Nichtberücksichtigung von Kultur entstehen,[1432] die bei Implementierung von Maßnahmen eines interkulturellen Managementansatzes hätten reduziert bzw. vermieden werden können. So kann Kultur auch und gerade bei einer international tätigen Bank und bei Annahme des Geschäftes nach internationalen Spielregeln nicht als nicht-erfolgsrelevant betrachtet werden. Bspw. können durch entsprechende Vorbereitungsmaßnahmen viele Mißverständnisse vermieden, die Eingewöhnungsphase verkürzt und insbesondere die Geschäftsmöglichkeiten bei Verständnis des Systems schneller ausgeschöpft bzw. intern im Bankbetrieb eventuelle Unterschiede in der Arbeitskultur schneller erkannt und überkommen werden.[1433]

„Die Frage ist, ob wir als Bank mehr über Kultur wissen müssen, um mehr Verständnis für das Geschäft in einzelnen Märkten zu bekommen. Grundsätzlich gelten im globalen Bankgeschäft erfahrungsgemäß weltweit die gleichen Gesetze und die gleiche Sprache, und unabhängig davon, ob ein europäischer oder ein chinesischer Kunde mit der Bank einen Vertrag abschließt, gelten die gleichen Bedingungen zur Erfüllung der Verträge. Dies bedeutet, daß ca. 80% der Verhaltensmuster im Geschäft von ökonomischen Prinzipien geprägt sind. ... Die verbleibenden 20% sind jedoch von anderen Verhaltensmerkmalen geprägt. ... angefüllt mit der Geschäftskultur, d.h. zum Beispiel der Art und Weise der Verhandlungsführung und des Handlings von Geschäftsbeziehungen. ... Diese (ökonomische) Vorgehensweise mag dazu führen, daß andere wichtige Einflußfaktoren im Umfeld der international tätigen Bank unterschätzt oder falsch eingeschätzt werden. Z.B. zeigt sich in Indien, daß die dort herrschende Bürokratie die gesamte Arbeitskultur lähmt, was ein Bestandteil des dortigen Systems ist, das Einfluß auf das Geschäftsleben hat. Das Gleiche gilt für

---

[1430] Vgl. Stüdlein, Y.: Management von Kulturunterschieden [1997], S. 76.
[1431] Interview Auslandsbank in Singapur.
[1432] Die Diskussion der Operationalisierung der Wirkung von interkulturellen Managementinstrumenten erfolgt in Kapitel 5.4.
[1433] Interview Auslandsbank in Vietnam.

das notwendige Netzwerk an Beziehungen in Asien, um Geschäfte machen zu können. Die Bewertung dieser Faktoren ist sehr schwierig."[1434] Voraussetzung für die Erhöhung der Akzeptanz von Kultur als marktseitiger Kontextfaktor des Bankgeschäftes könnte der Nachweis der Erfolgswirksamkeit von Maßnahmen bzw. konkreten Managementinstrumenten sein.

„Die Relevanz von Kultur im Bankgeschäft scheint zunächst, wenn die Bewertung eines Bankmarktes vorgenommen wird, nicht im Vordergrund einer Standortbeurteilung zu stehen. Aber genau um die auf dieser Basis formulierten ökonomischen Ziele zu erreichen und die scheinbar nebensächlichen Probleme zu lösen, sind erhebliche kulturelle Komponenten zu berücksichtigen, ansonsten hat die Bank keine Möglichkeiten, im jeweiligen Markt erfolgreich zu sein."[1435] Dies ist insbesondere vor dem Hintergrund zu sehen, daß teilweise unter der Annahme eines erreichten Entwicklungsstandes eines Ländermarktes die vorhandenen kulturellen Unterschiede negiert bzw. ignoriert werden, obwohl diese Unterschiede unabhängig vom Entwicklungsstand für den Aspekt eines langfristigen Auslandsengagements für die westliche Bank bzw. eines langfristigen Auslandsaufenthaltes von Mitarbeitern von extremer Bedeutung sind.[1436]

Die Bedeutung der Implementierung von interkulturellen Managementinstrumenten auf Gesamtbankebene zeigt sich auch „… bei Entscheidungen, sich in ausländischen Märkten zu betätigen, ist Kultur sowohl für die Entscheidung selber als auch für das dann erfolgende, operative Management im Land für die Bank kein Kriterium. Der Umgang mit der Kultur zeigt sich erst, wenn die Geschäftätigkeit bzw. Aktivitäten bereits aufgenommen sind. Durch die Mitarbeiter im jeweiligen Land werden Erfahrungen gemacht und diese dann in die grundsätzliche Gestaltung der jeweiligen Geschäfte sowie der Abläufe eingebracht."[1437] Dies würde bedeuten, daß der Umgang mit Kultur nicht durch entsprechendes Wissen und Maßnahmen antizipiert werden kann und daß interkulturelles Handeln zum einen erst in der Auslandsgesellschaft beginnt und zum anderen nur durch reaktives Verhalten erlernt werden kann.

Zusammenfassend läßt sich festhalten, daß die angeführten Stellungnahmen die unterschiedlichen Positionen der westlichen Banken verdeutlichen. Im Folgenden soll daher aufgezeigt werden, wie durch den Aufbau interkultureller Kompetenz sowohl auf Mitarbeiter- als auch auf Bankebene die in den Ländern gewonnenen Erfahrungen für die gesamte international tätige Bank genutzt werden können.

[1434] Interview Auslandsbank in Singapur.
[1435] Interview Auslandsbank in Singapur.
[1436] Interview Auslandsbank in Malaysia.
[1437] Interview Auslandsbank in Vietnam.

346

5.1.2.3 Interkulturelle Kompetenz durch kulturelles Bewußtsein und organisationales Lernen

Der dem Konzept der interkulturellen Kompetenz zugrunde liegende Kreislauf aus kulturellem Bewußtsein, interkulturellem Lernen auf individueller und organisationaler Ebene sowie der Erhöhung der gesamtbankbezogenen interkulturellen Kompetenz ist in Abbildung C/5-1 dargestellt und wird im Folgenden erläutert.

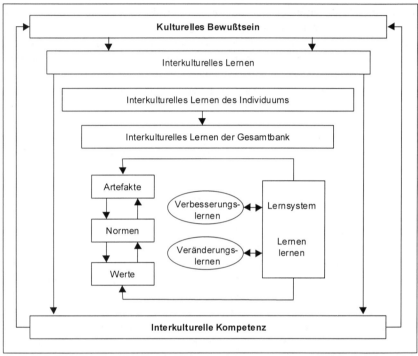

Abbildung C/5-1:   Kreislauf der Schaffung interkultureller Kompetenz[1438]

Kulturelles Bewußtsein (,Cultural Awareness') stellt den Ausgangspunkt für den Aufbau interkultureller Kompetenz[1439] und gleichzeitig das Ergebnis derselben dar. Ohne kulturelles Bewußtsein werden kulturelle Unterschiede nicht wahrgenommen; ein interkulturelles Lernen kann nicht stattfinden, um letztendlich interkulturelle Kompetenz zu schaffen, die das kulturelle Bewußtsein wiederum erhöht. „Cultural awareness, then, is understanding states of mind (im Original fett), your own and those of the people you meet."[1440] Die Ursachen für interkulturelle Konfliktpotentiale sind nicht nur

---

[1438] Quelle: In Anlehnung an Klimecki, R.G. / Probst, G.J.B.: Interkulturelles Lernen [1993], S. 254.
[1439] Vgl. Trompenaars, F. / Hampden-Turner, C.: Riding the Waves of Culture [1997], S. 195.
[1440] Trompenaars, F. / Hampden-Turner, C.: Riding the Waves of Culture [1997], S. 196.

in den Werten und Normen des Interaktionspartners, sondern auch in der eigenen kulturellen Determiniertheit zu suchen.

Die Schaffung von Cultural Awareness in international tätigen Banken ist auch vor dem Hintergrund ökonomischer Konsequenzen notwendig:

„Der Umgang mit Kultur muß im Management der Bank, aber auch bei jedem Kundenkontakt bewußt erfolgen, da sonst sofort Fehler gemacht werden können. Wird dies im Kundengespräch oder im Umgang mit lokalen Mitarbeitern vergessen, dann fällt jeder der importierten, nicht-asiatischen Expatriates wieder in seine erlernten Verhaltensweisen zurück, die für das Zusammenleben in Asien nicht adäquat sind."[1441] Der Umgang mit fremden Kulturen bedarf in Ergänzung zu einem kulturellen Bewußtsein auch der Respektierung anderer Kulturen und der Andersartigkeit von Verhalten sowie der Abstimmung der eigenen kulturellen Position mit der der Interaktionspartner. „Cultural sensitivity and the cultural aspect of doing business are very significant in the degree of the bank's success or failure in the Asian region; the foreign employees including managers come well trained from Western cultures with principles of business interaction, of client calling, human resources interviewing and principles of management, but in my opinion, the failure not to make cultural adjustments has huge consequences for the bank and its success or failure in the specific markets."[1442]

Das Konzept der interkulturellen Kompetenz baut auf der Ebene des Individuums auf drei Dimensionen auf, die interdependent miteinander verknüpft sind.[1443] Die affektive Dimension umfaßt die Persönlichkeitsmerkmale und Einstellungen des Einzelnen sowie die hieraus resultierenden emotionalen Prozesse, die sich in interkulturellen Überschneidungssituationen einstellen. Die Verhaltensdimension bezieht sich auf das jeweilige tatsächliche Verhalten des Einzelnen in der interkulturellen Interaktion mit fremden Kulturen. Die kognitive Dimension stellt auf das intellektuelle Wissen über die eigene und die fremde Kultur ab und ist gleichzeitig das Hauptelement interkultureller Kompetenz und daher Schwerpunkt der weiteren Ausführungen zum interkulturellen Lernen.

Basisannahme für den Aufbau interkultureller Kompetenz ist, daß Kultur erlernbar ist und somit kulturell bedingte Unterschiede von Verhaltensweisen durch gegenseitiges Lernen überbrückt werden können.[1444] Dieses Lernen in der Bank muß dem An-

---

[1441] Interview Auslandsbank in Singapur.
[1442] Interview Auslandsbank in Singapur.
[1443] Vgl. hierzu und im Folgenden Axel, M. / Prümper, J.: Interkulturelle Kompetenz [1997], S. 352-353; Stüdlein, Y.: Management von Kulturunterschieden [1997], S. 154-164; Gertsen, M.C.: Intercultural Competence and Expatriates [1990], S. 341-347.
[1444] Vgl. Schmeisser, W.: Personalführung in unterschiedlichen Kulturen [1991], S. 162. Siehe auch Kapitel 2.1.1.1.

spruch gerecht werden, daß globales Wissen nicht nur lokal zur Verfügung gestellt wird, sondern lokales und regionales Wissen umgekehrt auch global für die Gesamtbank zugänglich ist. Auf der Mikroebene sind hierfür formelle Prozesse und Strukturen für die Kommunikation und für die Förderung der Lernbereitschaft erforderlich. Diese müssen jedoch im Rahmen des strategischen Managements mit Werten und Strategien einhergehen, die die positive Grundeinstellung der Gesamtbank gegenüber der interkulturell lernenden Organisation reflektieren.[1445]

Interkulturelles Lernen findet auf der Ebene des Individuums (Manager, Mitarbeiter) und auf der Ebene der Gesamtbank statt. Die Quellen individuellen interkulturellen Lernens können den Zeitpunkten des interkulturellen Lernens zugeordnet werden: Phase der Vorbereitung, Phase der aktiven interkulturellen Zusammenarbeit (z.B. internationale Projektarbeit, Entsendung), Phase der Nachbereitung.

Interkulturelle Trainingseinheiten zur Vorbereitung, aber auch zum laufenden Managementtraining lassen sich in die folgenden drei Kategorien einteilen:[1446]

- Informationsorientiertes Training: Vermittlung von Informationen über das Gastland,

- Kulturorientiertes Training: Verdeutlichung der Wirkung von Kultur auf Verhalten und Wahrnehmung in Trainingssituationen,

- Interaktionsorientiertes Training: Simulation (kritischer) interkultureller Situationen mit Menschen aus dem Gastland.

Während und auch bei der Nachbereitung von internationalen Arbeitseinsätzen bieten sich für die Sammlung und Speicherung von in der Bank vorhandenem interkulturellen Wissen vor allem der Austausch von Informationen über die jeweilige Erfahrung durch Arbeit im Ausland, Mitarbeit an internationaler Teamarbeit sowie die Interaktion durch Kommunikation in multikulturellen Gruppen an.[1447] Gerade der Austausch von Erfahrung und die Weitergabe von Problemlösungsansätzen in speziellen interkulturellen Situationen ermöglicht die Schaffung von interkulturellem Wertschöpfungspotential innerhalb der international tätigen Bank.[1448] Die Geschäftserfahrung der internationalen Mitarbeiter westlicher Banken in Asien wird lediglich auf individueller Ebene des Mitarbeiters assimiliert. Das spezifische Wissen über die Länder bedarf jedoch einer Institutionalisierung und Sicherung auf Bankebene.[1449] Die Erfahrung interkulturellen Austauschs innerhalb der Bank ermöglicht dem Manager bzw.

[1445] Vgl. Cerny, K.: Making global Knowledge Local [1996], S. 27; Keogh, A.: Strategien für globales Lernen und globale Integration [1997], S. 169.

[1446] Vgl. Thomas, A. / Hagemann, K.: Training interkultureller Kompetenz [1996], S. 184-188.

[1447] Vgl. Keogh, A.: Strategien für globales Lernen und globale Integration [1997], S. 167-170.

[1448] Vgl. Keogh, A.: Strategien für globales Lernen und globale Integration [1997], S. 166.

[1449] Vgl. Lasserre, P./Schütte, H.: Strategies for Asia Pacific [1995], S. 244.

Mitarbeiter, mit neuen Orientierungssystemen in fremden Kulturen schnell und effektiv zurechtzukommen. Diese Fähigkeit zur interkulturellen Adaption bildet sich vor allem durch die Erfahrung und die Betätigung in unterschiedlichen Kulturkreisen heraus, so daß Managementinstrumente den jeweiligen Erfordernissen eines fremdkulturellen Umfeldes angepaßt werden.

Das interkulturelle Lernen auf organisationaler Ebene stellt sich anders dar. Die Organisation Gesamtbank lernt durch die Individuen bzw. über individuelles Lernen.[1450] Das individuelle Wissen der Mitarbeiter, das kollektive Wissen von bspw. Projektteams und das durch Zusammenwirken aller Beteiligten (wie oben durch bspw. Erfahrungsaustausch dargestellt) entstehende organisationale Wissen bildet die gesamte Bank als ein wissensbasiertes System ab. Dieses Wissen ist im letzten Schritt in wirtschaftlichen Nutzen umzuwandeln.[1451] Organisationales Lernen findet statt, wenn diese Wissensbasis sich erhöht, und auch, wenn die Normen und Werte der Organisation – die Unternehmungskultur – sich dahingehend verändern, daß neue bzw. verbesserte Handlungskriterien erzeugt werden.[1452] Dieses Wissen gibt das gespeicherte Wissen auch an diese zur Weiterentwicklung weiter. Effektives Lernen findet somit statt.

Dieses theoretische Konstrukt kann konkret auf die Verbindung von organisationalem Lernen und Kultur angewandt werden, um das Konzept interkulturellen Lernens auch auf der Ebene der Gesamtbank abbilden zu können.

In Abbildung C/5-1 ist das in Kapitel 2 dargestellte Modell von *Schein* zur Möglichkeit der Operationalisierung von Kultur über die Bildung Kulturebenen mit einem Modell des organisationalen Lernens in ein System von Wechselbeziehungen integriert worden.[1453] Die Verknüpfung des Kulturmodells (hier für die Bezugsebene der Unternehmungskultur) mit der lernenden Organisation geschieht über drei unterschiedliche Arten von Lernen:[1454]

• Verbesserungslernen (‚Single loop learning') stellt kein organisationales Lernen im eigentlichen Sinne dar, da bestehende Handlungstheorien verfeinert werden und keine Kulturtransformation erforderlich ist. Das Verbesserungslernen stellt lediglich auf die kulturellen Artefakte der Unternehmungskultur ab.

[1450] Vgl. Klimecki, R.G. / Probst, G.J.B.: Interkulturelles Lernen [1993], S. 252.
[1451] Vgl. Güldenberg, S. / Mayerhofer, H. / Steyrer, J.: Zur Bedeutung von Wissen [1999], S. 593.
[1452] Vgl. Klimecki, R.G. / Probst, G.J.B.: Interkulturelles Lernen [1993], S. 253.
[1453] Vgl. Kapitel 2.4.2.1.
[1454] Vgl. hierzu und im Folgenden Klimecki, R.G. / Probst, G.J.B.: Interkulturelles Lernen [1993], S. 253-256; Stüdlein, Y.: Management von Kulturunterschieden [1997], S. 369-370, 372-373; Argyris, C. / Schön, D.A.: Organizational Learning [1978], S. 18, 24, 26-27.

- Veränderungslernen (,Double loop learning') läßt neue Handlungstheorien entstehen, die nur über Kulturtransformation erreicht werden können. Dieses Lernen bezieht sich auf die Ebenen der Werte und Normen der Unternehmungskultur und setzt voraus, daß diese den Lernenden bewußt sind, kritisch hinsichtlich des zu erreichenden Problemlösungsbeitrages in interkulturellen Konfliktsituationen hinterfragt und gegebenenfalls angepaßt werden.

- Lernen lernen (,Deutero learning') stellt die lernende Organisation dar, da die Prozesse des Lernens selber, d. h. sowohl des Verbesserungs- als auch des Veränderungslernens, hinterfragt und verbessert werden.

Das organisationale interkulturelle Lernen befähigt die Gesamtbank, die eigenen Werte und das vorhandene interkulturelle Wissen über den ständigen Lernprozeß in interkulturelle Kompetenz zu verwandeln. Das Wissen von Gemeinsamkeiten und Unterschieden ist für die Entwicklung von interkultureller Kompetenz – ohne die ein Interkulturelles Management von Banken nicht gestaltet werden kann – unabding-bar.[1455] Ziel dieses interkulturellen Lernprozesses ist es, die gesamte Zusammenarbeit von Angehörigen verschiedener Kulturkreise nicht nur zu verbessern, sondern auch Strukturen und Prozesse so zu konzeptionieren, daß ein kulturkreisübergreifender Transfer von Wissen ermöglicht wird. Hieraus resultiert die Notwendigkeit, analog zu den globalen Tätigkeiten der international tätigen Bank die gesamte Organisation der Bank mit ihren gesamtbank- und länderspezifischen Umfeldbedingungen und -entwicklungen in eine ,bewußte Konfigurierung' der Prozesse zur Wissensgenerierung und zum Wissenstransfer einzubeziehen.[1456] Für die international tätige Bank bedeutet dies, daß interkulturelles Wissen (z.B. kulturspezifische Informationen und Erfahrungen) über die individuelle Ebene durch den o.a. Erfahrungsaustausch geteilt werden kann. Auf organisationaler Ebene kann interkulturelles Wissen bspw. durch ein spezifisches Informationssystem zugänglich gemacht werden. Dieses System erfaßt interkulturelles Wissen der Mitarbeiter (z.B. Fragebogen nach Abschluß eines internationalen Arbeitseinsatzes) und wertet diese Informationen aus.[1457] Voraussetzung für diesen interkulturellen Wissensaustausch ist jedoch eine entsprechende Grundhaltung der Gesamtbank, die durch das dargestellte interkulturelle organisationale Lernen entstehen kann und dies gleichzeitig fördert.

[1455] Vgl. Axel, M. / Prümper, J.: Interkulturelle Kompetenz [1997], S. 351.
[1456] Vgl. Macharzina, K.: Interkulturelle Perspektiven [1995], S. 273-274.
[1457] Vgl. Gollnick, D.: Kulturspezifische Auslandsvorbereitung [1997], S. 75-76; Terpstra, V. / David, K.: Cultural Environment of International Business [1991], S. 11. Die Autoren sprechen in diesem Zusammenhang auch von der Realisierung einer ,kulturellen Lernkurve'. Siehe hierzu auch Eubel-Kasper, K.: Interkulturelle Kompetenz als strategischer Erfolgsfaktor [1997], S. 151-152.

5.1.2.4 Interkulturell orientierte Maßnahmen westlicher Banken aus Sicht der Auslandsgesellschaften

Die befragten westlichen Banken bieten insbesondere zur Vorbereitung von Auslandseinsätzen den Managern und Mitarbeitern interkulturelles Training an.[1458] Die Mehrzahl der befragten Manager hat an interkulturellen Vorbereitungsseminaren teilgenommen, die den Kategorien informationsorientiertes, kulturorientiertes und ‚cultural self awareness' Training zuzurechnen sind.[1459] Darüber hinaus ist interkulturelles Training teilweise auch Bestandteil des laufenden Managementtrainings. Eine westliche Bank hat 1999 ein sog. ‚Cultural-Self-Awareness Training' für das Management weltweit als kulturorientierte Trainingskategorie durchgeführt.[1460]

Die befragten Manager in den Auslandsgesellschaften weisen jedoch aufgrund ihrer persönlichen Erfahrung auf einzelne Problembereiche im Rahmen des Aufbaus interkultureller Kompetenz – im Zusammenhang mit den eigenen Entsendungen, aber auch den Auslandsaufenthalten von internationalen Mitarbeitern – hin.[1461]

- Der Stellenwert der internationalen Personalpolitik in der Bank sei dem der Geschäftsentwicklung nicht gleichwertig. Viele in der Bank in Ansätzen vorhandene Ideen und Vorhaben zur Begleitung der geschäftspolitischen Ausrichtungen werden oftmals verspätet oder gar nicht umgesetzt.

- Kurzfristige Entsendungen lassen keine adäquate Vorbereitung auf interkulturelle Themen zu; die Aufarbeitung dieser Thematik wird während des Aufenthaltes nicht nachgeholt.

- Der Vermittlung von landesspezifischen Kenntnissen zum Alltagsleben und kulturellen Besonderheiten wird teilweise im Vorfeld von Auslandsaufenthalten sowohl vonseiten der Bank als auch vonseiten der Mitarbeiter als weniger wichtig als die bankfachliche Vorbereitung angesehen.

[1458] Interviews Auslandsbanken in Singapur, Malaysia und Vietnam.

[1459] Im Vordergrund der informationsorientierten Trainingseinheiten steht neben der Vertiefung von bankspezifischem Fachwissen die Vermittlung von Informationen über das jeweilige Land, Kultur, Gepflogenheiten sowie Hinweise für die Bewältigung von verschiedenen Themen wie bspw. Behörden und Steuersysteme. Interviews Auslandsbanken in Singapur, Malaysia und Vietnam. Die Seminare werden von verschiedenen Instituten für Interkulturelles Management etc. angeboten.

[1460] Die Manager mußten zunächst sich selbst anhand von Kulturdimensionen einordnen, bevor die länderspezifische Umwelt, in der sie arbeiten, anhand der gleichen Kulturdimensionen untersucht wurde. So konnten Gemeinsamkeiten und Unterschiede herausgearbeitet werden, die im nächsten Schritt auf Situationen im Geschäftsleben übertragen wurden. Interview Auslandsbank in Singapur.

[1461] Interviews Auslandsbanken in Singapur, Malaysia und Vietnam.

- Die Erfahrung mit nicht ausreichend auf die Bedürfnisse der Teilnehmer zuge-
schnittenen Seminaren (z.B. zu allgemein, pauschale Aussagen zu Asien ohne
Berücksichtigung länderspezifischer Besonderheiten) verhindert eine Verbesserung dieser Art der Vorbereitung. Hinzu kommt die stark unterschiedliche Wahrnehmung und Aufnahme von Seminaren, die jedoch wesentlich mit der Einstellung des jeweiligen Mitarbeiters zusammenhängt.

Generell teilen die Manager die Auffassung, daß eine adäquate Vorbereitung der zu
entsendenden Mitarbeiter der jeweiligen Bank die Einarbeitung im Land, die Vermeidung von Fehlern sowie die Integration in die lokalen Teams erleichtert. Insbesondere die Schaffung des kulturellen Bewußtseins ist zur Vorbereitung unabdingbar.[1462]
Trotz der Vorbereitungsmöglichkeiten sind die Manager aber auch der Meinung, daß
die persönliche Erfahrung und das Lernen durch Fehler unvermeidlich ist und eine
weitere wichtige Quelle zur Entwicklung von interkultureller Kompetenz darstellt.[1463]
Für die Manager, die in ihrem komplexen Regionen- bzw. Länderumfeld agieren,
wird zudem die Vermittlung von interkulturellen Aspekten als sehr schwierig („you
can't teach it in a class room"[1464]) angesehen, so daß die allgemeine Praxis ‚learning
by doing' sowie ‚trial and error' im Vordergrund steht. Angesichts dieser Aussagen ist
es erforderlich, die Möglichkeiten der Vorbereitung, aber auch der Begleitung des
Auslandsaufenthaltes aus den Zentralen stärker in die Auslandsgesellschaften zu
kommunizieren, so daß das Angebot wahrgenommen werden kann.

Zur Nachbereitung internationaler Zusammenarbeit und Nutzung der gewonnenen
Erkenntnisse scheinen die befragten Banken bisher wenige Maßnahmen für ein interkulturelles Wissensmanagement zu unternehmen. Dies bezieht sich sowohl auf
die Aspekte des Transfers von interkulturellem Wissen in unterschiedlich entwickelte
Märkte als auch den Erwerb von Marktkenntnissen, die als internationale Erfahrung
für weitere Auslandseinsätze auch anderer Mitarbeiter genutzt oder aber in der Zentrale eingesetzt werden können. Bei einzelnen westlichen Banken wurde berichtet,
daß bspw. die Mitarbeiter, die nach Asien entsandt wurden, nicht als Experten in der
Zentrale eingesetzt werden, um spezifische im Zusammenhang mit Asien entstehende Fragestellungen besser bearbeiten zu können. Teilweise verfügen Banken über
Stellen in der Zentrale, die mit asiatischen Themen- und Problemstellungen als Un-
terstützungsstelle vertraut sind, so daß hier die Kommunikation über kulturell bedingte Themenstellungen zwischen Zentrale und Auslandsgesellschaft vereinfacht
wird.[1465]

[1462] Interview Auslandsbank in Singapur.
[1463] Interview Auslandsbank in Singapur.
[1464] Interview Auslandsbank in Singapur.
[1465] Interviews Auslandsbanken in Singapur, Malaysia und Vietnam.

Im Vordergrund der Maßnahmen der Nachbereitung stehen im Bereich Personalmanagement der Bank die Themen der Wiedereingliederung in das Stammhaus oder die Vorbereitung auf unmittelbar nachfolgende Auslandseinsätze. Für den entsprechenden Mitarbeiter bedeutet dies die Bewältigung der Probleme der Re-Patriierung, die aus der Betätigung im Ausland und der hiermit oftmals verbundenen Freiheit und Führungsverantwortung einer wirtschaftlichen Einheit und der Einflußnahme auf das Management resultieren.[1466]

Für die westlichen Banken bedeutet dies, daß das interkulturelle Wissen über die erworbene interkulturelle Kompetenz bezüglich aller Kulturebenen über kontinuierliches interkulturelles Lernen zu aktualisieren ist. Eine Anforderung an interkulturelles organisationales Lernen ist daher die Konfiguration der Prozesse des gesamtbankbezogenen Wissenstransfers. Hierfür ist die effektive Kommunikation zwischen Zentrale und Auslandsgesellschaft eine wesentliche Voraussetzung.

Das interkulturelle Lernen und die interkulturelle Kompetenz sind nun für die Geschäftätigkeit in den untersuchten Ländern inhaltlich zu spezifizieren, so daß Handlungsempfehlungen in den untersuchten personen- und verhaltensorientierten Managementbereichen in der Verantwortung der Zentrale und der Auslandsgesellschaft formuliert werden können. Im nächsten Kapitel geschieht dies im Rahmen des Marketing für die Marktperspektive der westlichen Banken.

5.2 Ausrichtung der Marktorientierung an interkulturelle Erfordernisse

5.2.1 Interkulturelle Ausrichtung der Marktforschung

„Alle drei Märkte bzw. die gesamte Region sind sich entwickelnde Märkte, die anders zu beurteilen und geschäftsmäßig zu bedienen sind als entwickelte, westliche Märkte".[1467] Zudem ist die Beurteilung der Region als heterogenes Umfeld der Banken insbesondere auch von westlichen Banken bestätigt worden, die von einer regionalen Zentrale in Singapur aus mehrere Länder betreuen. Aufgrund des für international tätige Banken in den untersuchten Emerging Markets durch die hohe Präsenz ausländischer Banken starken Wettbewerbsumfeldes in allen drei Ländern spielt die Umsetzung einer Push-Strategie eine große Rolle. Zur offensiven Wahrnehmung von Geschäftschancen in den Ländern erfordert diese Strategie ein aktives Informationsmanagement.[1468] Eine Marktbearbeitung entsprechend der in der Arbeit aufgezeigten spezifischen Anforderungen benötigt Marktbeurteilungen auf Basis von relevanten Informationen über die externen Kontextfaktoren in den Ländern. Hinzu kommen Informationen über die Zielkundensegmente und die jeweilige Wettbe-

---

[1466] Interview Auslandsbank in Singapur.
[1467] Interview Auslandsbank in Singapur.
[1468] Vgl. Meissner, H.G.: Interkulturelle Marktforschung [1999], S. 354.

werbssituation für die spezifische Geschäftstätigkeit im Land. Die Informationsbeschaffung im Rahmen der internationalen Marktforschung stellt die Basis für das kundenbezogene Marketing sowie für den Marktauftritt im Rahmen der Öffentlichkeitsarbeit dar. Gleichzeitig hängt die Qualität des internationalen Marketings von der Qualität des Marketing-Informationsmanagements ab, da das hier konzentrierte zweckorientierte Wissen die Schnittstelle im Marketingprozess der Planung, Koordination und Kontrolle der Marketingaktivitäten darstellt.[1469]

Als Hauptprobleme der internationalen Marktforschung werden die folgenden Bereiche angeführt:[1470]

- Bestimmung der relevanten Informationen (Problem der Informationsauswahl),

- Beschaffung relevanter Informationen (Qualität und Quantität),

- Analyse und Bewertung der Informationen (Ergebnis und Konsequenzen).

Im Rahmen dieser Arbeit über den Zusammenhang von externen Kontextfaktoren, kultureller Einflußnahme auf die Marktpartner sowie kulturellen Ausprägungen des Marktverhaltens in den Ländern ist aufgezeigt worden, daß kulturbezogene, qualitative Informationen eine notwendige Ergänzung der quantitativ ermittelten Daten darstellen. Diese Anforderung gilt auch für die Ausrichtung der internationalen Marktforschung.[1471] Der zu deckende Informationsbedarf variiert hinsichtlich der strategischen Ausrichtung des Marketings der Bank.[1472] Je mehr sich die westliche Bank von einer Heimatmarkt- zu einer Weltmarktorientierung bewegt, je mehr Auslandsmärkte gleichzeitig und mit einer unterschiedlichen Differenzierung bearbeitet werden, desto größer ist der Umfang an erforderlichen Informationen. Eine qualitative Veränderung der Informationsbasis ergibt sich aus den kulturellen Rahmenbedingungen.[1473] Für die untersuchten Banken sind unterschiedliche strategische Ausrichtungen auch auf Basis der Marktnähe festgestellt worden,[1474] so daß der Informationsbedarf und die Informationsquellen der westlichen Banken unterschiedlich sein können.

In Abbildung C/5-2 werden die südostasiatischen Länder bezüglich Informationszugang und Informationsqualität positioniert.

[1469] Vgl. Stahr, G.R.K. / Backes, S.: Marktforschung und Informationsmanagement [1995], S. 69-72.
[1470] Vgl. Töpfer, T. / Stellmacher, S.: Instrumentarium [1991], S. 188-189.
[1471] Vgl. Meissner, H.G.: Interkulturelle Marktforschung [1999], S. 356.
[1472] Vgl. Bauer, E.: Internationale Marketingforschung [1997], S. 16-19.
[1473] Vgl. Bauer, E.: Internationale Marketingforschung [1997], S. 16-19.
[1474] Vgl. Kapitel 4.1.3.

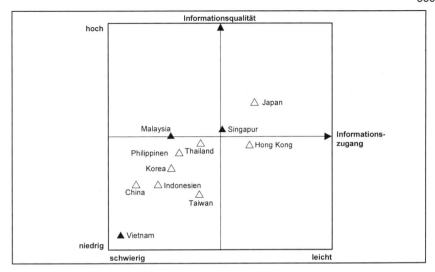

Abbildung C/5-2: **Beurteilung von Informationszugang und -qualität in asiatischen Ländern**[1475]

Die Informationsqualität Singapurs wird innerhalb der Region Südostasien nach Japan als zweitbeste bewertet, dicht gefolgt von Malaysia; die Qualität in Vietnam wird als unzureichend bezeichnet. Die Möglichkeit des Informationszuganges findet sich in Singapur an der Untergrenze einer positiven Bewertung, ist in Malaysia bereits als schwer und in Vietnam wiederum als unzureichend zu bezeichnen. Diese Aussagen entsprechen dem kulturell bedingten, aber auch politisch motivierten Umgang mit Informationen. In den untersuchten Ländern zeigt sich hier konkret der jeweilige Entwicklungsstand hinsichtlich der Informationsqualität und des Informationszuganges.[1476] Westliche Banken, die wie die Kolonialbanken eine hohe Marktnähe und Marktkenntnisse haben, können auf ein besseres Netzwerk an Informationskanälen im Markt als später am Markt tätig gewordene westliche Banken zurückgreifen und hier einen Wettbewerbsvorteil erzielen.[1477] So machen bspw. die Verfilzungen bei Eigentümerstrukturen im Bankgeschäft und in der Privatwirtschaft mit der Politik sowie die wechselseitigen Verflechtungen von Bankgeschäft und Firmenkunden den Markt in Malaysia unübersichtlich und wenig transparent, so daß es als ausländische Bank mit internationalen Risikostandards schwierig ist, sich hier zu bewegen. Analog ist die Beurteilung des lokalen Managements problematisch, da diese Positionen bei Banken und in der Privatwirtschaft oftmals nicht nach qualitativen Gesichtspunkten,

[1475] Quelle: Entnommen aus Lasserre, P.: Strategic Intelligence in Asia Pacific [1993], S. 57.
[1476] Vgl. Lasserre, P.: Strategic Intelligence in Asia Pacific [1993], S. 57-58.
[1477] Vgl. Lasserre, P.: Strategic Challenge [1997], S. 20-21. *Lasserre* nennt den Aufbau des erforderlichen Informationsnetzwerkes in (Südost-)Asien ‚Intelligence Challenge'.

sondern nach ebenfalls politischen und persönlichen Verbindungen vergeben werden.[1478]

Die teilweise unzureichende Informationsqualität zeigt sich bereits bei quantitativen Daten in der Unvollständigkeit und im Aussagegehalt, so daß sogar mehrere Informationsquellen genutzt, Aussagen verglichen und hinsichtlich der Plausibilität überprüft werden müssen.[1479]

Für Vietnam stellt sich die Situation für die Auslandsgesellschaften der Banken sehr schwierig dar: So findet in Vietnam bspw. seitens der Regierung eine Bekanntgabe von Budgetzahlen erst seit 1999 statt. Diese offiziellen Zahlen werden hinsichtlich der Qualität und dem Aussagegehalt seitens der Banken lediglich als Referenzgrößen herangezogen.[1480] Es ist somit zur Beurteilung von Informationen über Unternehmungen sowie zur Generierung von Geschäftspotential notwendig, eine Zusammenstellung von Informationen aus meist informellen Quellen vorzunehmen oder aber mit wesentlich mehr Aufwand Informationen zusammenzustellen.[1481] Die Bedeutung von Sekundärdaten ist daher aus Mangel an Verfügbarkeit oder aber bei sehr spezifischen Marktanalysen durch die Erhebung von Primärdaten zu ergänzen bzw. zu ersetzen.[1482] Zur Analyse von vietnamesischen Unternehmungen im Firmenkundengeschäft finden in Vietnam Gespräche mit Handelsvereinigungen, Unternehmungen aus der gleichen Branche, Lieferanten der Unternehmungen und mit Geschäftskommitees statt.[1483] Dies bedeutet, daß wesentliche Kontakte aufgebaut sowie informelle Netzwerke geknüpft werden müssen, um marktrelevante Informationen zu bekommen, aus denen Geschäftspotential generiert werden kann.[1484]

Die Informationsverfügbarkeit ist auch aufgrund eines Mangels an Marktforschungsinstituten bzw. der nicht existierenden Markterhebungen in den Ländern nicht gegeben. Solange es aber keine ausreichende Infrastruktur an lokalen Marktforschungsinstituten gibt, die einen Teil der Markforschung der Bank übernehmen können, sind es die westlichen Banken selber, die ein eigenes Netzwerk an persönlichen Beziehungen aufbauen müssen, um Informationen zu generieren. Diese Notwendigkeit unterstreicht wieder die Erfolgswirksamkeit der auf langfristige Beziehungen ausgerichteten Aktivitäten der westlichen Bank sowie die Notwendigkeit des Aufbaues bankeigener interkultureller Kompetenz.[1485]

[1478] Interview Auslandsbank in Malaysia.
[1479] Vgl. Hünerberg, R. / Allen, T.: Investitionsstrategien [1991], S. 247.
[1480] Interview Auslandsbank in Vietnam.
[1481] Interview Auslandsbank in Vietnam.
[1482] Vgl. Lasserre, P. / Schütte, H.: Strategies for Asia Pacific [1995], S. 144.
[1483] Interview Auslandsbank in Vietnam.
[1484] Interview Auslandsbank in Vietnam.
[1485] Vgl. Lasserre, P.: Strategic Intelligence in Asia Pacific [1993], S. 66.

Der Sachverhalt der kulturellen Verhaltensprägung der Interaktionspartner am Markt in den untersuchten Ländern gilt umgekehrt für die eigenkulturell geprägten Verhaltensweisen der westlichen Banken, die hinsichtlich der Annahmen über bestimmte Marktverhaltensweisen interkulturell zu adaptieren sind. Diese Adaption bezieht sich im Rahmen des Informationsmanagements vor allem auf die Frage der Bewertung von Informationen, da diese vor dem Hintergrund der Kultur und der Sozialisation des Bewertenden erfolgt.[1486] Für die Marktforschung stellt sich hiermit die Notwendigkeit, ermittelte Daten durch die integrative Betrachtung mit dem kulturellen Umfeld einer entscheidungsorientierten Interpretation zugänglich zu machen.[1487] Diese Interpretation ist jedoch aus Gründen der Verwendbarkeit und Akzeptanz einer interpersonellen Nachprüfbarkeit offenzuhalten.

Für die Gewinnung interkulturell relevanter Informationen ist analog zur Vorstellung interkulturellen Lernens der Gesamtbank eine enge Zusammenarbeit der Auslandsgesellschaften und der Zentrale bzw. der vorhandenen regionalen Zentrale erforderlich. Die Marktorientierung bedarf der Koordination, wenn der globale und der lokale Auftritt der Bank im spezifischen Land parallel zu steuern sind. Dies geschieht im kundenorientierten Marketing und bei dem auf die jeweilige Gesellschaft ausgerichteten Marktauftritt.

5.2.2 Bestimmung eines interkulturell orientierten Marketing-Instrumentariums im internationalen Bankgeschäft

Grundsätzliche Zielsetzung des internationalen Marketings von Dienstleistungen ist es, eine Standardisierung der Marketinginstrumente über verschiedene Ländern zu erreichen, wenn die spezifischen Rahmenbedingungen in den Ländern dies zulassen.[1488] Die alternativen Marktbearbeitungsstrategien sind daher Standardisierung bzw. lokale Differenzierung.[1489] Standardisierung bedeutet, daß die Orientierung des Marketing sich analog zur zunehmenden Internationalisierung der Unternehmungen an der verstärkten Integration und Koordination der weltweiten Aktivitäten ausrichtet.[1490] Interkulturelles Marketing will hier den Ausgleich zwischen einem auf diesen Strategiealternativen basierenden Marketingansatz erreichen und versuchen, Gemeinsamkeiten von Ländern auszunutzen und Unterschiede zwischen Ländern zu berücksichtigen. Es erfolgt eine Anpassung der Marketingstrategien für Länder- bzw. Kulturbereiche, in denen eine Anpassung und eine Differenzierung erforderlich sind, wenn die kulturellen Rahmenbedingungen dies ermöglichen: „So global wie kulturell möglich, so lokal wie kulturell nötig".[1491]

[1486] Vgl. Töpfer, T. / Stellmacher, S.: Instrumentarium [1991], S. 188.
[1487] Vgl. Meissner, H.G.: Interkulturelle Marktforschung [1999], S. 359.
[1488] Vgl. Mößlang, A.M.: Internationalisierung von Dienstleistungsunternehmen [1995], S. 153.
[1489] Vgl. Stauss, B: Internationales Dienstleistungsmarketing [1995], S. 459.
[1490] Vgl. Holzmüller, H.H. / Schuh, A.: Erklärungsansätze [1995], S. 97.

Im Rahmen der Standardisierung von Bankmarktleistungen kann auf die Komponenten von Bankmarktleistungen zurückgegriffen werden.[1492] Diese bestehen aus einer Kernleistung (Produktkomponente) und aus Nebenleistungen, so daß im Rahmen des interkulturellen Marketings die Standardisierung bzw. Anpassung des Marketinginstrumentariums auf den Grad der Standardisierbarkeit der Bankkernleistung bezogen ermittelt werden kann. Diese Standardisierung der Kernleistung kann von einer kulturellen Anpassung der Nebenleistungen sowie der weiteren Marketinginstrumente begleitet werden.[1493]

Das internationale Bankgeschäft ist im Rahmen dieser Arbeit als Branche gekennzeichnet worden, in der die Differenzierungsvorteile am Markt als relativ hoch bezeichnet worden sind und im Rahmen der Erstellung der Bankmarktleistung unterschiedliche Möglichkeiten der Gestaltbarkeit aufweisen.[1494] Aus diesem Gestaltungs- und Differenzierungsspielraum der westlichen Banken läßt sich im Folgenden ein interkulturell orientierter Marketing-Mix ableiten, der auf Basis der ermittelten marktorientierten Erfolgsfaktoren konkrete Handlungsoptionen umfaßt.

Das Instrumentarium im internationalen strategischen Marketing von Banken besteht grundsätzlich aus den vier Elementen Produktpolitik, Preispolitik, Vertriebspolitik und Kommunikationspolitik mit den jeweils zugeordneten Maßnahmenbereichen bzw. -instrumenten.[1495] Für die Gewährleistung eines zielbezogenen Einsatzes dieser Instrumente ist die Berücksichtigung der ermittelten marktorientierten Erfolgsfaktoren erforderlich.[1496] Diese auf das Bezugsobjekt Kundensegment abgeleiteten Erfolgsdeterminanten lassen sich dem angeführten Marketing-Mix nicht eindeutig zuordnen. Daher ist eine zweckadäquate Erweiterung des Marketing-Mix erforderlich, um die interkulturell orientierten Marketing-Instrumente in eine logische Struktur zu bringen und die bestehenden Verknüpfungen mit dem absatzpolitischen Instrumentarium aufzeigen zu können. *Booms/Bitner* haben einen Marketing-Mix für den Dienstleistungsbereich entwickelt, der die oben angeführten Elemente des Marketing-Mix unter Modifikationen berücksichtigt und um die drei weiteren Elemente ‚Process of Service Assembly' (Prozeß der Leistungserstellung), ‚Participants' (Teilnehmer) und ‚Physical Evidence' (physische Umgebung der Leistungserstellung) erweitert.[1497] Von diesen sollen im Folgenden die Marketingbereiche Prozeß der Leistungserstellung und Teil-

---

[1491] Vgl. Usunier, J.-C. / Walliser, B.: Interkulturelles Marketing [1993], S. 128.

[1492] Vgl. Kapitel 2.2.2.1.

[1493] Vgl. Stauss, B.: Internationales Dienstleistungsmarketing [1995], S. 459-461.

[1494] Vgl. Kapitel 2.2.1.

[1495] Vgl. Büschgen, H.E.: Bankmarketing [1995]; Staudt, M.v.: Bankmarketing im internationalen Geschäft [1980]; Eilenberger, G.: Bankbetriebswirtschaftslehre [1996], S. 574-577; Süchting, J.: Bankmanagement [1992], S. 423-424.

[1496] Hier wird die implizite Annahme getroffen, daß die westlichen Banken den Unternehmenserfolg durch interkulturell orientierte Marketingziele und den Einsatz des entsprechenden Instrumentariums erhöhen wollen.

[1497] Vgl. Booms, B.H. / Bitner, M.J.: Marketing Strategies and Organizational Structure for Service Firms [1981], S. 48.

nehmer für die interkulturelle Ausgestaltung des Marketing-Mix der westlichen Banken aufgegriffen werden. Der Bedarf für diese Erweiterung ist insbesondere aus der Schnittstelle Kunde/Bank (hier: Interaktionsart, -umfang und -intensität) im interkulturellen Geschäft abgeleitet worden. Vor allem der Faktor Personal dient bei der Leistungsgestaltung im Bankgeschäft als wichtiges Differenzierungsmerkmal am Markt. Diese Differenzierungsmöglichkeit in Bezug auf die Interaktionskomponente der Bankmarktleistung widerspricht der These einer ‚Homogenität‘ von Bankleistungen, da hierbei die persönliche Komponente bei der Leistungserstellung negiert wird.[1498]

Diese Grundüberlegungen erscheinen für das – in Abhängigkeit vom spezifischen Kundensegment – interaktionsintensive internationale Bankgeschäft in den untersuchten Ländern sinnvoll, so daß die interkulturellen Instrumente konkret den sich ergebenden sechs Marketingpolitikbereichen zugeordnet werden können (Tabelle C/5-2).[1499]

[1498] Vgl. Süchting, J.: Bankmanagement [1992], S. 459.
[1499] Vgl. Booms, B.H. / Bitner, M.J.: Marketing Strategies and Organizational Structure for Service Firms [1981], S. 50; Staudt, M.v.: Bankmarketing im internationalen Geschäft [1980]; Stauss, B.: Internationales Dienstleistungsmarketing [1995], S. 464-466.

Verantwortungs- bereich Marketing- bereich	Zentrale (Internationaler Kontext)	Auslandsgesellschaft (Nationaler Kontext)
Produktpolitik	• Leistungsprogrammgestaltung • Produktmotivation (i.V.m. welt- weiten Kompetenzzentren) • Prozeß der Leistungserstellung (Struktur) • Qualitäts- und Servicestandards	• Anpassung an rechtliche und technische Vorgaben • Anpassung an aktuelle und künftige Nachfragestruktur • Anpassung an kulturelle Besonderheiten
Preispolitik	• Rahmenvorgaben (Kalkulation) – Preisspaltung – Ausgleichspreisstellung – Preisdifferenzierung	• Anpassung an Marktpreis- gestaltung (Preisniveau, Berücksichtigung von Zins- bindungen, marktübliche Schemata)
Vertriebspolitik	• Vertriebsstruktur • Vertriebskanäle	• Anpassung an rechtliche und technische Möglichkeiten der Ausgestaltung der Vertriebs- kanäle • Möglichkeiten des Aufbaus/ Ausbaus von Filialen/ tech- nische Ausstattung
Kommunikations- politik	• Weltweiter Marktauftritt/ regionaler Marktauftritt • Grundsätze der Öffentlichkeits- arbeit (z. B. Veranstaltungen, Sponsoring)	• Anpassung von Werbung/ Marktauftritt an Markt- gepflogenheiten • Maßnahmen der Verkaufs- förderung (z. B. Beigaben bei Geschäftsabschluß)
Prozeß im Beziehungs- marketing	• Grundsätze der Zusammenarbeit • Grundverständnis für Art der Zusammenarbeit für Mitarbeiter aus der Zentrale/ Kompetenz- zentren	• Gestaltung der Interaktion/ Zusammenarbeit für spezifische Kundensegmente • Kundenansprache • Diskretion der Mitarbeiter
Teilnehmer im Beziehungsmarketing	• Mitarbeitertraining • Kundenansprache über Einbindung der Betreuer im jeweiligen Land • Verhalten der internationalen Mitarbeiter/Grad der aktiven Einbindung	• Mitarbeiterauswahl • Gestaltung der Betreuungs- ansätze • Verhalten der Mitarbeiter im Land • Steuerung der Kommunikation bei länderspezifischen Themen

Tabelle C/5-2: Interkulturell ausgerichteter Marketing-Mix westlicher Banken in Singapur, Malaysia und Vietnam[1500]

Dieser Gesamtmarketing-Mix umfaßt sowohl die den Verantwortungsbereichen zuzuordnenden Kategorien des internationalen/globalen Marketing aus dem internationalen Kontext der Zentrale heraus als auch die in der Verantwortung der lokalen Marketingausgestaltung der Auslandsgesellschaften stehenden Maßnahmenberei-

---

[1500] Quelle: Eigene Darstellung.

che. Die angeführten interkulturell bezogenen Kategorien treffen für die drei untersuchten Länder im Rahmen des Marketing gleichermaßen zu; die länderspezifischen
Ausprägungen werden im Folgenden bei der Darstellung der Maßnahmenbereiche
aufgezeigt.

Für die Bereiche der Produkt-, Preis- und Vertriebspolitik werden die Marketingbereiche beschrieben, die interkulturellen Anpassungsbedarf in den Ländern aufzeigen.
Hinzu kommt die Kommunikationspolitik der Auslandsgesellschaften, die beispielhaft
anhand der Werbung dargestellt wird. Da der Schwerpunkt der Analysen in Kapitel 4
auf der Zusammenarbeit von westlichen Banken und lokalen Kunden im Firmen- und
Privatkundengeschäft gelegen hat, werden die Marketingbereiche Teilnehmer und
Prozeß der Leistungserstellung als Marketing von Geschäftsbeziehungen dargestellt.

5.2.3 Interkulturelle Aspekte in der Produkt-, Preis- und Vertriebspolitik

Für die Bereiche der Produkt-, Preis und Vertriebspolitik gilt, daß deren Ausgestaltung stark den gesetzlichen bzw. aufsichtsrechtlichen Vorschriften sowie den kulturell
geprägten Nachfragestrukturen in den untersuchten Ländern unterliegt.

5.2.3.1 Gestaltbarkeit der Bankmarktleistung im Rahmen der Produktpolitik

Die Komponente rechtliche Ausgestaltung sowie die Produktkomponente als Kernleistung der Bankmarktleistung lassen sich nun hinsichtlich dem erforderlichen Differenzierungsgrad konkretisieren.

Die Komponente der rechtlichen Ausgestaltung in Form von aufsichtsrechtlichen
Vorschriften (z.B. unterschiedliche Lizenzen, Kataloge zum Leistungsumfang) sowie
weiteren Maßnahmen zur Protektion der lokalen Märkte üben über die eingeschränkte Zulässigkeit von bestimmten Produkt- und Serviceleistungen[1501] einen erheblichen
Einfluß auf das kunden- und geschäftssegmentspezifische Leistungsprogramm der
Banken aus. Die Einschränkung des Leistungsumfanges für westliche bzw. ausländische Banken folgt dem Entwicklungsstand der Finanz- und Bankenmärkte in steigender Reihenfolge: Singapur, Malaysia, Vietnam.[1502] Die rechtliche Ausgestaltung
bezieht sich hierbei bspw. auf die Zulässigkeit bestimmter technischer Ausstattungs-
merkmale. Es ist daher auch Element der Produktpolitik der westlichen Banken, Anpassungen der Produkte in der Art vorzunehmen, daß die Bank die restriktiven Vorschriften umgehen kann.[1503] So ist in Singapur das Cash-Management mit länder-

---

[1501] Vgl. Kapitel 3.3.4.
[1502] Die hier betrachteten Restriktionen umfassen nur die exogenen Faktoren, die nicht im Einflußbe-
reich der Banken liegen. Es erfolgt keine Betrachtung der endogenen Restriktionsfaktoren wie
bspw. Personalkapazität. Vgl. Staudt, M.v.: Bankmarketing im internationalen Geschäft [1980], S.
23-24.
[1503] Vgl. Stauss, B.: Internationales Dienstleistungsmarketing [1995], S. 469-470. Diese Vorgehensweise ist nur eine Zwischenlösung, da im Rahmen eines konkreten ‚Makro-Marketing' mit anderen

362

übergreifender Kontoabstimmung und -ausgleich nicht zugelassen, so daß diese Ausstattung seitens der westlichen Bank zumindest nicht von Singapur aus angeboten werden kann. Das Produkt wird in der Art konzipiert, daß die Abwicklung von einer anderen Auslandsgesellschaft in einem anderen Land erfolgt.[1504]

Das internationale Leistungsprogramm der Banken wird der entwicklungsbezogenen Nachfragestruktur sowie dem Nachfrageverhalten des Marktes angepaßt, was in den untersuchten Ländern vorwiegend die Leistungsprogrammbreite und -tiefe betrifft.[1505] So umfassen bspw. die Produkte der lokalen Banken im Firmenkundengeschäft in Singapur eine relativ einfache Produktpalette, die sich jedoch hinsichtlich der technologischen Ausstattung (z. B. Internet Banking) auch international auf einem hohen Niveau befindet. Hinsichtlich der Produktpolitik findet für das Leistungsprogramm auch eine standardisierte Anwendung in allen drei Ländern in der Art statt, daß einzelne, standardisierte Produktbausteine für die Firmen- bzw. Private Banking-Kunden zu individuellen Bankmarktleistungen integriert werden. Die Standardisierung der Produktkomponente gilt insbesondere für Produkte, die nach internationalen rechtlichen Maßstäben konzipiert sind (z. B. Dokumentengeschäft, Konsortialgeschäft). Eine wichtige Ausnahme eines international standardisierten Leistungsprogramms stellen jedoch die Islamic Banking Produkte westlicher Banken in Malaysia dar. Diese werden in Ergänzung des Leistungsprogrammes für den Bereich des Privatkunden-, aber auch Firmenkundengeschäftes entwickelt. Diese Produktkomponente wird zunächst aufgrund des religiös bedingten Nachfrageverhaltens der malaiischen Moslems, aber auch aufgrund des hieraus weiter zu generierenden Geschäftspotentials mit Nicht-Moslems berücksichtigt.

Der Bereich der Innovation von Produkten, die in der Zentrale bzw. in weltweiten Kompetenzzentren für Produkte bzw. Geschäftsbereiche entwickelt werden, stellt im Wettbewerb mit anderen international tätigen Banken in den Märkten ein notwendiges Kriterium dar. Die aufgrund des mangelnden Schutzes von Bankmarktleistungen mögliche Nachahmung der Produkte[1506] bedeutet in den untersuchten Ländern eine starke Imitation von Bankmarktleistungen durch die lokalen Banken.[1507]

---

ausländischen Banken Maßnahmen zum Abbau von Barrieren der Geschäftstätigkeiten in den Ländern initiiert werden können.

[1504] Interview Auslandsbank in Singapur.

[1505] Von Anpassungsleistungen einzelner Produkte hinsichtlich der sprachlichen Gestaltung wird hier abgesehen. So sind bspw. Produktbroschüren und Scheckformulare in Malaysia teilweise dreisprachig (malaiisch (bahasa), chinesisch, englisch) gestaltet, in Singapur zweisprachig (chinesisch, englisch). Außerdem gehören zum Chinesischen Neujahrsfest die unter Chinesen üblichen ‚ang pau' (Geldgeschenke, die in kleinen roten - chinesische Glücksfarbe - Papiertüten überreicht werden) zu den Angeboten der Banken im Retail Banking. Die Moslems überreichen sich gegenseitig zum höchsten malaiischen (moslemischen) Feiertag ‚Hari Raya' am Ende der Fastenzeit grüne Papiertüten mit Geld.

[1506] Vgl. Büschgen, H.E.: Bankmarketing [1995], S. 134-135.

[1507] Interviews Auslandsbanken in Singapur und Malaysia.

Die Qualitäts- und Servicekomponente der in den Auslandsgesellschaften erbrachten Bankmarktleistungen umfaßt insbesondere die Übertragung von Qualitäts- und Servicestandards der Zentrale in die Ländermärkte. Dies dient der Generierung von Wettbewerbsvorteilen, die insbesondere in Verbindung mit der Strukturierung von Bankmarktleistungen einhergeht.[1508] Diese Leistungsfähigkeit der westlichen Banken hängt eng mit der Fähigkeit der lokalen Mitarbeiter zusammen, die jeweilige Qualitäts- und Serviceorientierung adaptieren und am Markt erbringen zu können.[1509]

5.2.3.2 Ansatzpunkte für Preis- und Vertriebspolitik

Die Aspekte der Preis- und Vertriebspolitik werden für das Firmenkundengeschäft sowie für das Private Banking nur in Ansätzen aufgezeigt, da die Möglichkeiten der westlichen Banken durch aufsichtsrechtliche Regelungen eingeschränkt sind.

Im Rahmen der **Preispolitik** werden Preisanpassungen auf Basis von unter Rentabilitäts- und Risikobezug ermittelten Preislisten vorgenommen. Der Einsatz des preispolitischen Instrumentariums der westlichen Banken (Preisspaltung, Ausgleichspreisstellung sowie Preisdifferenzierung) erfolgt unter Anpassung an das Marktpreisniveau; außerdem wird ein sog. Relationship Pricing je nach Umfang und Bedeutung der gesamten Geschäftsbeziehung durchgeführt.[1510] Die Preisbildung im Kreditgeschäft ist in Malaysia nach einem Schema der Bank Negara Malaysia und in Vietnam durch Zinsbindungen gekennzeichnet. In Vietnam ist die Konditionengestaltung zudem dahingehend schwierig, daß von den lokalen Banken die Bankleistungen bisher kaum mit Preisen ausgestattet sind,[1511] so daß der Einsatz anderer Marketinginstrumentarien der Auslandsgesellschaften erforderlich wird.

Die **Vertriebspolitik** orientiert sich an den zulässigen Rahmenbedingungen für die Tätigkeit von Auslandsbanken in den Ländern. Die rechtlichen Möglichkeiten für die Banken hinsichtlich der Vertriebsstruktur (Anzahl der Filialen und ATM im Land) werden ausgeschöpft. Hier werden von westlichen Banken in Singapur und vorwiegend in Malaysia die vorhandenen Filialnetze (bei Führung von mehr als einer Filiale) durch Wechsel des Standortes von Filialen zur Betreuung der Kunden im Land optimiert.[1512] Die internationale Komponente der Vertriebspolitik orientiert sich an den rechtlichen Möglichkeiten des Marktzugangs, so daß die Lizenzen für das Off-Shore Bankgeschäft in (bisher) Singapur und in Malaysia über die spezifische Konstellation des Off-Shore Bankgeschäftes den Markteintritt zu den internationalen und lokalen Kunden ermöglichen.

[1508] Interviews Auslandsbanken in Singapur, Malaysia und Vietnam.
[1509] Interviews Auslandsbanken in Singapur und Malaysia. Diese Überlegungen werden im Kapitel 5.3.3 im Bereich der bankinternen Steuerungsmöglichkeiten aufgezeigt.
[1510] Interviews Auslandsbanken in Singapur, Malaysia und Vietnam.
[1511] Interview Auslandsbank in Vietnam.
[1512] Interviews Auslandsbanken in Malaysia.

Die Distribution der Bankmarktleistungen erfolgt je nach Entwicklungsstand und Nutzung von Technologie in den Ländern über ein an die rechtlichen und technischen Möglichkeiten der Länder angepaßtes Angebot an Vertriebskanälen. Je nach Ausstattung der großen lokalen Firmenkunden sowie Nutzung elektronischer Vertriebskanäle nimmt die Bedeutung des Aufbaus einer Filialstruktur ab und des Angebots von Informationstechnologie für die westlichen Banken zu.[1513] Daher ist es in den Ländern für die Betreuung der großen lokalen Firmenkunden sowie im Private Banking nicht erforderlich, durch weitere Filialen das Vertriebsnetz zu vergrößern. Die Informationstechnologie wird jedoch nicht die Bedeutung der interkulturellen Interaktion in diesen Segmenten reduzieren.[1514]

5.2.3.3 Interkulturelle Aspekte in der Werbung westlicher Banken

Die Maßnahmen der westlichen Banken im Rahmen der Kommunikationspolitik fokussieren an dieser Stelle auf die Werbung. Hierbei ist die strategische Geschäftsausrichtung der jeweiligen Bank zu berücksichtigen, die sich in den Marketingstrategien im Bereich der Kommunikationspolitik niederschlägt, da sich die westlichen Banken in Südostasien vorwiegend in regionalen Zeitschriften und Zeitungen den definierten internationalen und lokalen Zielkundensegmenten präsentieren. Die jeweilige Werbemaßnahme im Land ist mit der auf internationaler Ebene stattfindenden regionalen bzw. globalen Ausrichtung abzustimmen. Die beschriebene Art und der Inhalt der Kommunikation in Südostasien (vorteilhaft ist ein bescheidener Auftritt und die eher zurückhaltende als direkte Kommunikation), ist auch für die Werbung und Öffentlichkeitsarbeit am Markt relevant.

Die Sprache ist hier ein wesentliches Kriterium für die Gestaltung der Kommunikationspolitik. Die westlichen Banken aus englischsprachigen Ländern bzw. mit Englisch als zweiter Sprache im Land (z.B. Niederlande) realisieren hier Vorteile,[1515] da sowohl in Singapur als auch in Malaysia Englisch Handels- und Bildungssprache ist. Die im Retail Banking tätigen Kolonialbanken in Malaysia veröffentlichen jedoch in Printmedien sowie Radio und Fernsehen auch in den offiziellen Landessprachen malaiisch und chinesisch. Neben der Informationsfunktion der Werbung dient diese in den Ländern auch der Ausbildungsfunktion.

Die Banken mit Fokus auf das internationale Firmenkundengeschäft und Private Banking schalten Anzeigen vorwiegend in regionalen Zeitschriften und Zeitungen in Südostasien. Im Folgenden werden einige Anzeigen westlicher Banken aufgeführt, wobei die Bezugnahme der Anzeige genannt ist:[1516]

[1513] Vgl. o.V.: <u>Banking in a Brave New World</u> [2000], http//www.business-times.asia1.com.sg.

[1514] Interviews Auslandsbanken in Singapur, Malaysia und Vietnam.

[1515] Vgl. Stauss, B.: <u>Internationales Dienstleistungsmarketing</u> [1995], S. 448.

[1516] Die Anzeigen stammen aus den regionalen asiatischen Zeitungen Far Eastern Economic Review, Asiaweek, Business Week sowie dem Asian Wall Street Journal.

- „How well do we know <u>Asia</u>? Let's just say we grew up together." (HSBC vor der globalen Markenstrategie, Gesamtbank)

- „Treat yourself to special privileges when you dine, shop or travel, all over Asia" (HSBC nach der globalen Markenstrategie, Kreditkartengeschäft)

- „Unleash the power of foreign currencies", „Citibank where money lives" (Citibank, Produkt Fremdwährungskonto)

- „ABN Amro – The Network Bank" (ABN Amro, Gesamtbank)

- „Commitment. Knowledge. Expertise. Delivering solutions to our clients in Asia. Commitment is leading to results" (Deutsche Bank, Gesamtbank)

- „A global team committed to Asia Pacific. At home from Tokyo to Singapore Hong Kong to Sydney" (Westdeutsche Landesbank, Gesamtbank)

- „The right relationship is everything." (Chase Manhattan Corp., Gesamtbank)

- „Wealth that took a lifetime to build should be treated with proper respect" (Republic Bank of New York, Global Private Banking)

- „How to build a strategy. Let's talk. CL. Your partner" (Credit Lyonnais, International Private Banking)

- „Long-term performance", „Stability", „Personal Relationship" (Einzelwerbungen UBS Bank, Private Banking)

Die dargestellten Anzeigen verdeutlichen die strategische Position der jeweiligen Banken. Die westlichen Banken mit einem Engagement im lokalen Retailgeschäft (sowohl Firmen- als auch Privatkunden) bieten auch auf regionaler Basis konkrete Produkte an, während andere Banken auf die Präsenz in der Region hinweisen. Die Anzeigen nehmen insgesamt jedoch konkreten Bezug zur asiatischen Region und berücksichtigen die kulturellen Grundwerte wie bspw. Langfristorientierung und Bekenntnis zur Region.

Die Werbeanzeigen in den lokalen Zeitungen verdeutlichen auch die Art der Verkaufsförderung, die die Effizienz der Absatzkanäle steigern und die Kunden der Bank hinsichtlich der Inanspruchnahme der spezifischen Bankmarktleistungen beeinflussen soll.[1517] Typische Charakteristika **Singapurs** und **Malaysias** sind jeweils eine starke Verkaufsmentalität im Land, die mit schwachen Servicequalitäten im lokalen Bankgeschäft einhergehen.[1518] Die Anzeigen in Singapur und Malaysia stellen daher auf die eigenen Besonderheiten ab, verdeutlichen aber gleichzeitig auch die Art der üblichen Verkaufsförderungsmaßnahmen im Land. Diese sind in den jeweils hoch

---

[1517] Vgl. Meffert, H. / Bolz, J.: <u>Internationales Marketing-Management</u> [1998], S. 208.
[1518] Interviews Auslandsbanken in Singapur und Malaysia. Die Verkaufsphilosophie kann in beiden Ländern mit ‚buy-one-get-one-free' umschrieben werden.

kompetitiven Retail Banking-Märkten zur Steigerung der Motivation und des Verkaufs durch bspw. Gewinnspiele, Beigaben und Bonuspunktsysteme gekennzeichnet.[1519] Die folgenden Anzeigen verdeutlichen diese Ausrichtung der Werbung, die sich vorwiegend auf konkrete Produkte bezieht und in Singapur aggressiver ist als in Malaysia:[1520]

- „Make the smart move to smart credit card and win a BMW coupé" (Standard Chartered, Singapur)

- „All the financial control you need for every business overture" (Standard Chartered, Singapur)

- „You've got bills? citibank.com.sg" (Citibank, Singapur)

- „Home Loans. Secure your dream house with even better savings today" (HSBC, Malaysia)

- „With so many rewards, you are spoilt for choice" (HSBC, Credit Card Rewards Programme)

- „Listening. It's what we've done well for over a century" (Standard Chartered, Malaysia; Gruß zum chinesischen Neujahr im Jahr des Hasen)

Eine westliche Bank in Malaysia, die auf Basis einer globalen Werbungsstrategie die entsprechenden verbalen Botschaften im Firmenkundengeschäft des Heimatmarktes nutzen wollte, mußte mehrfach Anpassungen vornehmen, da die chinesischen, malaiischen und indischen Besonderheiten zu berücksichtigen waren.[1521]

Englischsprachige Anzeigen der westlichen Banken in **Vietnam** reduzieren sich bisher auf Angaben der Präsenz und knappe Hinweise auf das jeweilige Leistungsprogramm in vietnamesischen Zeitungen und Zeitschriften.

Die interaktionsorientierten Marketinginstrumente stehen im Vordergrund der interkulturell orientierten Gestaltung des Marketing-Mix. Diese sind geeignet, die marktorientierten Erfolgsfaktoren Langfristigkeit, Gestaltung der Geschäfts-beziehung hinsichtlich Zusammenarbeit und Betreuung, Vertrauen sowie Kommunikation in zielgerichtetes Handeln der westlichen Banken zu übersetzen. Daher werden nachfolgend als Schwerpunkte die Elemente des Marketing-Mix Teilnehmer und Prozeß der Leistungserstellung der westlichen Banken unter dem Oberbegriff der Gestaltung der interkulturellen Geschäftsbeziehung (Beziehungsmarketing) dargestellt.

[1519] Aktuelle Beispiele im Retail Banking sind das Kreditkartengeschäft sowie der sowohl in Singapur als auch in Malaysia stark umworbene Markt der privaten Immobilienfinanzierung.

[1520] Die Anzeigen stammen aus den lokalen Zeitungen in Singapur (The Straits Times, Business Times (Singapur)) sowie in Malaysia (News Straits Times, Business Times (Malaysia)).

[1521] Interview Auslandsbank in Malaysia.

5.2.4 Überblick zum Beziehungsmarketing

Ein Beziehungsmarketing umfaßt alle Aktivitäten zum Aufbau, zur Entwicklung und Aufrechterhaltung der Austauschbeziehungen im Marketingkanal der Beziehung Bank-Kunde.[1522] Das interkulturelle Beziehungsmarketing umfaßt die Gestaltung von interkulturellen Geschäftsbeziehungen für die wirtschaftlich motivierte Zusammenarbeit von Unternehmungen aus unterschiedlichen Kulturkreisen. Die aus der Betrachtung Eigenkultur - Fremdkultur entstehende Beziehung entwickelt in der dynamischen Betrachtung eine eigene ‚Interkultur' als Kultur einer entstehenden Geschäftsbeziehung.[1523] Voraussetzung ist das interkulturelle Lernen der Interaktionspartner über die jeweils andere Kultur, so daß sich im Verlauf der Beziehung die Rahmenbedingungen für weitere Kontakte innerhalb der Beziehung in der Art verändern, daß sich ein gemeinsamer Orientierungsrahmen herausbildet und zunehmende Verhaltenssicherheit bei den Interaktionspartnern auslöst. Dieser Prozeß beschreibt die interkulturelle Anpassung der Interaktionspartner, die als „kommunikativer, sozialer Lernprozeß" definiert wird.[1524] Dieses Konstrukt der Interkultur kann sich auf die gesamte Bank als soziale Organisation oder auf handelnde Personen beziehen.[1525]

Auf Basis der Analysen in Kapitel 4 sind die marktorientierten Erfolgsfaktoren für das Marketing in den untersuchten Ländern aufgezeigt worden. Die Erfolgsfaktoren werden bei der Gestaltung der Geschäftsbeziehungen durch die Anwendung des Instrumentariums für ein Beziehungsmarketing berücksichtigt. Dies geschieht in einem zweigeteilten Ansatz:

- Prozessorientierte Betrachtung entlang der Phasen einer Geschäftsbeziehung,

- Personenorientierte Betrachtung von Kunden und Mitarbeitern für einen adäquaten Betreuungsansatz.

Den Gestaltungsparametern Prozeß und Personen ist im Beziehungsmarketing übergeordnet der Aspekt der interkulturellen Kommunikation, da (Geschäfts-) beziehungen durch Kommunikation entstehen, definiert, verändert und beendet werden.[1526]

[1522] Vgl. Morgan, R.M. / Hunt, S.D.: Commitment-Trust Theory [1994], S. 20; Mauritz, H.: Interkulturelle Geschäftsbeziehungen [1996], S. 121.
[1523] Vgl. Mauritz, H.: Interkulturelle Geschäftsbeziehungen [1996], S. 98-101; siehe auch Usunier, J.-C. / Walliser, B.: Interkulturelles Marketing [1993], S. 243. In diesem Aspekt vermengen sich nun die unterschiedlichen Kulturebenen im Umfeld der westlichen Banken. Unter Annahme der Dominanz der jeweiligen Landeskultur treffen zunächst die gesellschaftlich-kulturellen Normen und Werte aufeinander. Hinzu kommen durch die Mehrfachsozialisierungen der Manager und Mitarbeiter als in der Interaktion *Handelnde* Einflüsse der jeweiligen Unternehmungs- und auch Branchenkulturen hinzu.
[1524] Vgl. Mauritz, H.: Interkulturelle Geschäftsbeziehungen [1996], S. 266.
[1525] Vgl. Mauritz, H.: Interkulturelle Geschäftsbeziehungen [1996], S. 96, 98-99.
[1526] Vgl. Mauritz, H.: Interkulturelle Geschäftsbeziehungen [1996], S. 90. Die Beziehung von Kultur und Kommunikation ist somit als wechselseitig zu bezeichnen. Kommunikation selber ist in Kapi-

Die Grundsätze der Zusammenarbeit mit lokalen Unternehmungen (z.B. unternehmungsethische Aspekte) der Zentrale bzw. Gesamtbank für die Ausgestaltung von Geschäftsbeziehungen sind vor dem Hintergrund unterschiedlicher Wertvorstellungen sowie im Umgang mit Recht von Bedeutung. Umgekehrt ist ein Mindestmaß an Grundverständnis für die Art der Zusammenarbeit in den untersuchten Ländern auch für die Überwindung der kulturellen Distanz zwischen Auslandsgesellschaft und Zentrale sowie bei den Mitarbeitern in weltweit angesiedelten Kompetenzzentren erforderlich, um unterschiedliches Geschäftsgebaren im jeweiligen Kontext zu bewerten.

Die prozessorientierte Gestaltung der Geschäftsbeziehung wird am Beispiel des Firmenkundengeschäftes mit den größeren lokalen Unternehmungen in den drei untersuchten Ländern dargestellt. In diesem Kundensegment werden die Produkte aus den Geschäftsbereichen (in Abhängigkeit von der Nachfragestruktur) des Commercial Banking sowie des Investment Banking angeboten.

5.2.4.1 Gestaltung interkultureller Geschäftsbeziehungen: Prozess

Die Betrachtung des Prozesses der Gestaltung einer gesamten Geschäftsbeziehung erfolgt anhand der Phasen Aufbau und Betreuung. Diese Phasen umfassen als wesentlichen kommunikationsbezogenen Aspekt die Führung von Verhandlungen, die dem eigentlichen Zweck der Geschäftsbeziehung dienen. Der Prozess von Verhandlungen läßt sich grundsätzlich in vier Phasen unterteilen, die in jeder Kultur mit unterschiedlicher Länge und unterschiedlichen Inhalten durchlaufen[1527] und den Phasen der Gestaltung der Geschäftsbeziehung zugeordnet werden.

1. Aufbau der Geschäftsbeziehung

  – Anfangsphase: Gegenseitiges Kennenlernen der Geschäftspartner.

2. Betreuung der laufenden Geschäftsbeziehung

  – Beginn der Zusammenarbeit: Austausch von Informationen zum Geschäftsvorfall,

  – Laufende Verhandlung: Beeinflussung und Überzeugung des Geschäftspartners,

  – Geschäftsabschluß: Eingehen von Kompromissen, Erzielung von Übereinkunft.

---

tel 4.2.3 als kulturgeprägt dargestellt worden. Hier erfüllt Kommunikation eine Steuerungsfunktion für Beziehungen.
[1527] Vgl. Graham, J.L. / Sano, Y.: Across the Negotiation Table [1986], S. 58-60.

Da eine Beendigung der Geschäftsbeziehungen durch die westliche Bank mit einem grundsätzlichen Interessenkonflikt von westlicher Bank (z.b. Rückzug aus Kundensegmenten aufgrund der spezifischen Risikostruktur, strategische Neuausrichtung) und lokalen Kunden verbunden ist, erfolgt keine Abbildung der Verhaltensweisen und Vorgehensweisen. Aus interkultureller Perspektive sind ein Rückzug aus einem Markt bzw. Marktsegment, eine eventuelle Überleitung der Geschäftsbeziehung an andere (lokale) Banken nur schwer zu vermitteln und vorwiegend mit einem Imageschaden für die westlichen Banken verbunden.[1528] Umgekehrt ist jedoch der Verlust einer Kundenbeziehung auch auf kulturelle Erklärungsgrößen zu hinterfragen.

Aus interkultureller Perspektive läuft parallel zu diesen Phasen die o. a. interkulturelle Anpassung über gegenseitiges Lernen und Verstehen ab. In der Aufbauphase einer Geschäftsbeziehung sind die Anpassungen des Verhaltens vornehmlich reaktiv auf Verhaltensweisen des Interaktionspartners. In der anschliessenden Phase der Gestaltung der Beziehung sind die Anpassungen eher als proaktiv zu werten.[1529] Hinsichtlich der Dauer und Gestaltung der Geschäftsbeziehungen kann zwischen der etablierten, dauerhaften Geschäftsbeziehung von Bank und Kunde in einem Land sowie einer auf einen begrenzten Zeitraum im Rahmen eines Projektes angelegten Zusammenarbeit unterschieden werden.

5.2.4.1.1 Aufbau von Geschäftsbeziehungen

Der Beginn der Geschäftsbeziehung kann nicht mit dem ersten Geschäftsabschluß gleichgesetzt werden. In der Anfangsphase überwiegen nicht-aufgabenbezogene Inhalte und Aspekte der Sozialisierung.[1530] Für westliche Kulturen ist diese Phase aufgrund der unterschiedlichen Bedeutung des Beziehungskontextes eher kurz, für die drei untersuchten Länder eher länger. In den untersuchten Ländern, für die gleichermaßen die Bedeutung der persönlichen und langfristigen Beziehung herausgestellt worden ist, kann allgemein für den Aufbau von Geschäftsbeziehungen behauptet werden „one of the things which have to be learnt is relationship first, business later".[1531]

Es ist in den drei Ländern üblich, bei dem ersten Kontakt zunächst sich gegenseitig kennenzulernen bzw. bei bereits länger andauernden Geschäftsbeziehungen zunächst nur über nicht-geschäftsbezogene Themen zu sprechen. Es ist erforderlich, die ‚Sozialisierung' mit den Kunden zu beginnen, um die Grundlage für die Bezie-

---

[1528] Interviews in Singapur, Malaysia und Vietnam.
[1529] Vgl. Mauritz, H.: Interkulturelle Geschäftsbeziehungen [1996], S. 269. *Usunier / Walliser* nehmen in Anlehnung an Scanzoni (1979) eine Aufteilung in fünf Phasen vor: Bewußtsein, Probe, Ausbau, Verpflichtung/Bindung, Auflösung. Vgl Usunier, J.-C. / Walliser, B.: Interkulturelles Marketing [1993], S. 233.
[1530] Vgl. Graham, J.L. / Sano, Y.: Across the Negotiation Table [1986], S. 59-62; Mauritz, H.: Interkulturelle Geschäftsbeziehungen [1996], S. 232.
[1531] Interview Auslandsbank in Singapur.

hung zu legen. Eine Ausnahme können die Manager der lokalen Unternehmungen in Singapur darstellen, da diese in ihrer eigenen interkulturellen Adaption als weiter fortgeschritten beschrieben werden und eventuell diese Phase kürzer, aber inhaltlich gleichartig gestalten würden.

Für die erste Kontaktaufnahme jedoch unterscheiden sich die Länder und die ethnischen Strukturen: bei den GLC bzw. chinesischen Unternehmungen in **Singapur** können sogenannte ‚cold calls' (direkte Anrufe seitens der Bank ohne vorherige Ankündigung oder Einführung über Dritte) gemacht werden, auf die die Unternehmungen lt. Aussagen der Interviewpartner nicht ablehnend reagieren.[1532] Durch die teilweise als intransparent empfundenen Geschäftspraktiken ist es für die westlichen Banken von großer Bedeutung, bei den ersten Kontaktaufnahmen die Manager und Eigentümer hinter den lokalen Unternehmungen persönlich kennenzulernen, um zusätzlich auf der persönlichen Ebene die Unternehmung beurteilen zu können.[1533] Dies zeigt das zunächst reaktive Verhalten seitens der Banken auf die empfundene Abweichung von westlichen Geschäftspraktiken auf.

In **Malaysia** funktioniert das Prinzip der ‚cold calls' bei ethnisch chinesischen Unternehmungen ähnlich, bei malaiischen Unternehmungen ist es auf der entsprechenden Ebene teilweise notwendig, über lokale Kontakte aus einem Netzwerk an Beziehungen oder aber über Kontakte zu anderen international tätigen Unternehmungen eingeführt zu werden.[1534] Hier zeigt sich wiederum die Bedeutung eines langfristigen Engagements im Land, da der Aufbau eines Beziehungsnetzwerkes entsprechender Zeit bedarf.

Der Intitialkontakt findet in **Vietnam** bei den ausländischen Banken überwiegend auf Arbeitsebene durch einen lokalen Mitarbeiter statt.[1535] Diesem Ansatz geht die Identifizierung eines Geschäftes voraus, die durch die mangelnde Offenheit und Transparenz des Systems extrem erschwert wird, so daß informelle Informationen wesentlich für die Generierung von Geschäften sind. „Es sind nicht alle Bedingungen gleich für alle Wettbewerber am Markt, da in Vietnam die Wege, Geschäfte zu generieren, unterschiedlich sind. Es ist wichtiger zu wissen, wo ein Geschäft identifiziert werden kann und wie auf die entsprechenden Entscheidungsträger zugegangen und die Geschäftsbeziehung aufgebaut wird, als z.B. die Preisgestaltung, was im Rahmen der Geschäftsbeziehung ein weniger wichtiges Kriterium für den Geschäftsabschluß darstellt."[1536] Aus lokaler Perspektive erscheint es einfacher, das System und Geschäfte zu beurteilen, als aus der Perspektive der ausländischen Manager. Zur Geschäftsgenerierung für das Segment der großen Unternehmungen bzw. lokalen Banken gilt,

---

[1532] Interview Auslandsbank in Singapur.
[1533] Interview Auslandsbank in Singapur.
[1534] Interview Auslandsbank in Singapur.
[1535] Interviews Auslandsbanken in Vietnam.
[1536] Interview Auslandsbank in Vietnam.

daß die Identifizierung von Geschäften an den Hauptquellen von neuen Projekten stattfindet, d.h. dort, wo die Planung von konkreten Investitionen mit entsprechendem Finanzierungsbedarf durchgeführt wird: Kontakte mit staatlichen Industrieunternehmungen oder einzelnen Ministerien sowie Bezirksverwaltungen mit Entscheidungsautonomie über Projekte im eigenen Verwaltungsbereich, Kontakte über die Filialen der State Bank of Vietnam im Land sowie Informationen von Exporteuren im Rahmen des Netzwerkes der Bank.[1537] Dieser Einsatz von Personalkapazität ist zwar für die westliche Bank derzeit nicht profitabel, wird aber als langfristige Investition in den Geschäftsaufbau angesehen.[1538]

Als Rahmenkonzept für die Kommunikation in den drei Ländern gilt, daß für die gesamte Gestaltung der Geschäftsbeziehungen die Notwendigkeit eines bescheidenen, zurückhaltenden Marktauftritts in der Kommunikation relevant ist. Hierdurch bekommt der jeweilige Interaktions- bzw. Gesprächspartner insbesondere im Hinblick auf den Entwicklungsstand des jeweiligen Landes kein Gefühl der Unterlegenheit vermittelt.[1539] Dies bedeutet, daß sowohl kulturelle Faktoren als auch der Entwicklungsstand für die Interaktion mit asiatischen Kunden von Bedeutung sind. Je weniger wirtschaftlich entwickelt das jeweilige Land ist, desto bescheidener sollte der Marktauftritt der Bank sein. Die Einnahme einer solchen Position ist von höchster Bedeutung innerhalb einer Geschäftsbeziehung, so daß die angeführten Verhaltensweisen von ausländischen Banken im Umgang mit lokalen Kunden begrüßt und akzeptiert werden.[1540] Diese Art der Kommunikation ist notwendig in der Verhandlung, ist aber gleichermaßen auch über die Werbung und Öffentlichkeitsarbeit am Markt von Bedeutung.

In den asiatischen Länder gilt für die eher direkt kommunizierenden westlichen Banken generell aufgrund des indirekten Kommunikationsstils (low-context)[1541], daß in Geschäftsgesprächen ein Konfrontationskurs vermieden werden sollte. Dies kann in den eigentlichen Verhandlungsgesprächen in **Singapur** in übergeordneten Botschaften wie „we would love to make business with you" zum Ausdruck gebracht werden.[1542] Das ‚Beeindrucken' in Gesprächen bei Vorstellung der Produkte und Kompetenzen der Bank sowie die Vermittlung des Eindruckes, daß die gesprächsführende

---

[1537] Interview Auslandsbank in Vietnam. Zur Geschäftsgenerierung ist es erforderlich, mit den Organisationen oder Entwicklungshilfeprojekten zusammenzuarbeiten, die die lokalen Unternehmungen zur Zusammenarbeit mit Banken und Implementierung von Geschäftsstrukturen anleiten. Bspw. unterstützt der Mekong Projekt Development Fund lokale SME in Vietnam bei der Durchführung von Finanzstudien und Entwicklung von Geschäftsplänen. Durch den Kontakt ist auch für ausländische Banken ein Anknüpfungspunkt gegeben, bereits in einem sehr frühzeitigen Entwicklungsstadium des Marktes mit der Zielkundengruppe SME zusammenzuarbeiten. Interview Auslandsbank in Vietnam.
[1538] Interview Auslandsbank in Vietnam.
[1539] Interview Auslandsbank in Singapur.
[1540] Interview Auslandsbank in Singapur.
[1541] Vgl. Kapitel 4.2.3.2.
[1542] Interview Auslandsbank in Singapur.

372

Person wichtiger sei als das Know-how der repräsentierten Bank, kann zu einem geschäftlichen Mißerfolg führen.[1543]

Aus der Perspektive von **Malaysia** wird das Geschäftsgebaren von Ausländern so wahrgenommen, daß „... the Malaysians resp. Asians do not like the style of being told from foreigners how to do their business – which means in their foreign style. But foreigners giving Asians the feeling of being inferior to them will not get the business from them, especially if the foreigners in the markets are not able to interrogate and to lower themselves on the level of the counterpart".[1544] Dies zeigt deutlich die Erwartungshaltung an das Verhalten der Ausländer in der Gesprächsführung bzw. im Marktauftritt, die berücksichtigt werden sollte.

5.2.4.1.2 Betreuung der Kunden

Im Rahmen der laufenden Betreuung der Geschäftsbeziehung stehen die Aspekte der Festigung des geschaffenen Vertrauens sowie der Art und des Umfanges der Interaktionen im Vordergrund. Die unterschiedlichen Erwartungen seitens der Kunden an die Bank schlagen sich in der unterschiedlichen Gestaltung der Beziehung seitens der westlichen Banken nieder, was sich am Beispiel der Sozialisierung mit den Kunden zum Ausbau der persönlichen Beziehungen darstellen läßt.

Obwohl die Anfangsphase der Sozialisierung in eine laufende Geschäftsbeziehung übergeht, ist die Wahrnehmung von sozialen Aktivitäten immanenter Bestandteil der Zusammenarbeit. Die soziale Interaktion mit den lokalen Kunden in **Singapur** ist während der bestehenden Geschäftsbeziehung sehr groß. So werden gemeinsame Bank-/Kundenaktivitäten wie z.B. Geschäftsessen, Golfspiele oder Besuche von Karaoke Bars zur Sozialisierung vom Kunden erwartet.[1545] Die tatsächliche Bedeutung dieser gemeinsamen Veranstaltungen für den Geschäftsabschluß wird von den Auslandsmanagern unterschiedlich beurteilt und zwischen dem Zweck des Kontaktaufbaus sowie nach Art und Umfang der laufenden Geschäftsbeziehung unterschieden.[1546] Im Rahmen der laufenden Geschäftsbeziehung sind meistens die (lokalen) Kundenbetreuer mit der Wahrnehmung dieser ‚Verpflichtungen' betraut.[1547] Es zeigt sich, daß die Anpassung an dieses Markterfordernis auch von der Mentalität im Management der westlichen Bank sowie von der persönlichen Interessenlage abhängt.

Die gemeinsamen sozialen Veranstaltungen mit lokalen Kunden in **Malaysia** sind nicht so ausgeprägt wie in anderen asiatischen Ländern.[1548] Die meisten Veranstal-

---

[1543] Interview Auslandsbank in Singapur.
[1544] Interview lokale Bank in Malaysia.
[1545] Interview Auslandsbank in Singapur.
[1546] Interview Auslandsbank in Singapur.
[1547] Interview Auslandsbank in Singapur.
[1548] Interview Auslandsbank in Malaysia.

tungen außerhalb der reinen Geschäftsbeziehung finden eher mit den chinesischen als mit malaiischen Kunden statt, was auch auf religiöse Gründe zurückzuführen ist (Gebetszeiten, Wahl des Essens und der Getränke). Die Vertreter der westlichen Banken treffen die malaiischen Geschäftspartner bei offiziellen Anlässen wie bspw. bei Treffen der Geschäftsführung oder Eröffnungszeremonien[1549] Dies ermöglicht eine andere Art an Sozialisierung auf formellerer Ebene, bedingt aber auch die wesentlich stärkere Berücksichtigung des offiziellen Protokolls in Malaysia.

Die Mitarbeiter staatlicher und privater Unternehmungen in **Vietnam** erwarten von den Mitarbeitern und dem Management der westlichen Banken eine Sozialisierung in Form von bspw. Einladungen oder Abendessen als Bestandteil der Geschäftsbeziehung.[1550]

Im Rahmen dieser zweiten Phase der laufenden Geschäftsbeziehung (Beginn der Zusammenarbeit, Austausch von Informationen bei den Verhandlungen) zeigt sich bei der Klärung der inhaltlichen Frage der Zusammenarbeit der Entwicklungsstand der Länder in Malaysia und Vietnam in Form der Erwartung und Inanspruchnahme von Unterstützung der Unternehmungen in der Geschäftsbeziehung.

Die malaiischen Unternehmungen in **Malaysia** werden generell aufgrund ihres finanziellen Know-hows im Rahmen der jeweiligen Geschäftsbeziehungen so beschrieben, daß die Erwartungshaltung an die Unterstützung der Bank relativ hoch ist. Dies bedeutet, daß die Unternehmungen zwar bspw. mit Finanzierungsideen auf die Banken zukommen, jedoch von der westlichen Bank die gemeinsame Ausarbeitung erwarten.[1551] Der Adaption der Kommunikation kommt hier bei der Betreuung eine wesentliche Bedeutung zu. In der Geschäftsbeziehung mit Malayen in Malaysia können Fragen zur Unternehmung, bankbezogenen Problemen etc. nur indirekt gestellt werden. Die Bank stellt diese Fragen eher zirkulär um den eigentlichen Kern herum, was dem Kunden im Gegenzug ermöglicht, das zu erzählen, was er preiszugeben bereit ist, anstelle auf die Fragen der Bank direkt zu antworten.[1552] Für die ethnischen Chinesen in Malaysia gilt dies analog, wenn auch in abgeschwächter Form. Es besteht daher in Malaysia die Notwendigkeit, ein Teil eines malaiischen oder ethnisch chinesischen Netzwerkes zu werden, um auf diesem Weg aus geschäftlichem oder politischem Interesse Zugang zu speziellen Unternehmungen zu bekommen. Tatsache ist, daß die persönlichen Beziehungen einen sehr hohen Stellenwert in Malaysia ha-

---

[1549] Interview Auslandsbank in Malaysia.
[1550] Interviews Auslandsbanken in Vietnam.
[1551] Interview Auslandsbank in Malaysia. So werden z.B. Finanzierungskonzepte kurz vor der Fertigstellung wieder verworfen, zum anderen aber stets die Erfahrung der Bank in Anspruch genommen.
[1552] Interview Auslandsbank in Singapur.

ben.[1553] Hier hat jede am Markt tätige Bank selber zu entscheiden, inwieweit dies mit der Unternehmungspolitik in Einklang zu bringen ist.[1554]

Die geringere Vertrautheit mit Bankprodukten ist auch bei den großen malaysischen Unternehmungen erkennbar, so daß eine Art Ausbildungsfunktion in Form von Erläuterungen und Wiederholungen im Rahmen der Betreuung notwendig ist und von den Banken wahrgenommen wird. Diese fachlichen Defizite zeigten sich auch während der Krise bei den Unternehmungen im Rahmen der Umschuldungsverhandlungen. Die lokalen Firmenkunden verlassen sich stark auf ihre Bank und es fehlt teilweise die konkrete Initiative der Unternehmungen hinsichtlich einer Strukturierung der Umschuldungsmöglichkeiten.[1555] Für die westlichen Banken bedeutet dies, daß die Zusammenarbeit sehr eng sein muß und ein entsprechend großer Beratungsumfang erforderlich ist.

Die enge Zusammenarbeit gilt in noch verstärkterem Maß für **Vietnam**. Für die Betreuung der vietnamesischen Unternehmungen ist der geringe Entwicklungsstand des Marktes ein wesentliches Kriterium. Hieraus resultiert ein erheblicher und intensiver Beratungsaufwand. Die Zusammenarbeit mit lokalen Unternehmungen ist dadurch gekennzeichnet, daß mehrere Kontakte auf verschiedenen Ebenen in der Bank und in der Unternehmung des Kunden gleichzeitig zusammenarbeiten, um einen Geschäftsabschluß zu realisieren.

"...In Vietnam the different contact persons on the different levels and who are working in banking-related departments are not managed by their superiors, so that the bank has to deal at least with four different levels to get the process filtered up to where the decision is made. Everybody involved has a piece of the action and a certain power in his own field of responsibility; each piece has to be compiled to lead to any decision; the communication and coordination with these clients is very time-consuming. Example: Dealing with the Finance & Administration department does not mean, that the Import & Export department is necessarily in the loop in terms of providing collateral business. So the bank has to deal with all these people on different levels and to build relationships for each department. The F&A director is not managing or directing those people involved".[1556] Die westlichen Banken richten sich in der Interaktion mit den Kunden entsprechend an diesen Strukturen aus und passen die eigene Vorgehensweise dieser Ausprägung des Geschäftsgebarens an.

Hinzu kommt die fehlende Vertrautheit der lokalen Unternehmungen im Umgang mit internationalem Geschäftsgebaren sowie den konkreten an die Unternehmungen ge-

---

[1553] Interview Auslandsbank in Malaysia.
[1554] Interview Auslandsbank in Malaysia.
[1555] Interview Auslandsbank in Malaysia.
[1556] Interview Auslandsbank in Vietnam.

stellten Anforderungen. Die ausländischen Banken müssen das entsprechende Vertrauen aufbauen und erklären, aus welchem Grund Informationen benötigt werden. Dies erfordert umfangreiche Kommunikation (telefonisch und schriftlich), aber auch persönliche Gespräche, bevor die lokalen Geschäftspartner bereit sind, Informationen zur Verfügung stellen.[1557]

Im Rahmen des Aufbaus der Geschäftsbeziehungen ist der Entwicklungsstand in Vietnam zu berücksichtigen, der weitere Maßnahmen seitens der westlichen Banken für den zukünftigen Aufbau von Geschäftsbeziehungen erforderlich macht. Bspw. übernimmt eine westliche Bank auch Zusatzleistungen für Exporteure nach Vietnam, die z.B. keine eigene Geschäftsstelle haben. Dies stellt am Markt eine Möglichkeit der Differenzierung dar, die bspw. vom Importeur durch Zurverfügungstellung von weiterführenden oder speziellen Informationen gewertet wird.[1558] Darüber hinaus werden Trainingsmöglichkeiten seitens der westlichen Banken (Filialen, Repräsentanzen) für die Mitarbeiter der lokalen Unternehmungen (Unternehmungen, Banken) in anderen Auslandsgesellschaften oder Trainingszentren in der Region oder im Heimatmarkt angeboten.[1559] Diese sind als langfristige Investitionen in die Entwicklung und die Vertiefung der Geschäftsbeziehung anzusehen. Grund ist, daß der Kreis der ausgewählten Mitarbeiter sich aus den wichtigen Entscheidungsträgern der (staatlichen) Unternehmung und deren Mitarbeitern zusammensetzt, die systembedingt zu einem politisch wichtigen Entscheidungsträger werden könnten, da die Mitarbeiter teilweise zwischen regierungsnahen Unternehmungen versetzt werden.[1560]

Die Aspekte der Zusammenarbeit bei Verhandlungen – Austausch von Informationen, Beeinflussung und Überzeugung des Geschäftspartners – gehen ineinander über und dienen dem Aufbau von Vertrauen als Erfolgsfaktor im interkulturellen Management. Vertrauen stellt in den untersuchten Ländern eine Grundvoraussetzung für gemeinsame Geschäfte dar, da für die langfristige Orientierung die gegenseitig wahrgenommene Glaubwürdigkeit der Geschäftspartner einen wesentlichen Vertrauensaspekt darstellt.[1561] Das Verhältnis von Kultur und Vertrauen ist jedoch dahingehend schwierig, als daß bei großen Kulturunterschieden gemäß den aufgezeigten Kulturdimensionen die Gefahr von potentiellen Mißverständnissen hoch ist und somit Vertrauen erforderlich wird, dessen Bildung wiederum durch die kulturellen Unterschiede erschwert wird.[1562] Die Art des erforderlichen Vertrauens manifestiert sich auch im Umgang mit Recht.

[1557] Interview Auslandsbank in Vietnam.
[1558] Interview Auslandsbank in Vietnam.
[1559] Interviews Auslandsbanken in Vietnam.
[1560] Interview Auslandsbank in Vietnam.
[1561] Vgl. Mauritz, H.: Interkulturelle Geschäftsbeziehungen [1996], S. 244-245.
[1562] Vgl. Usunier, J.-C. / Walliser, B.: Interkulturelles Marketing [1993], S. 235.

376

Die Bildung von Vertrauen war als eine wichtige Voraussetzung für erfolgreiche Verhandlungen, die ein wesentliches Element der Gestaltung der Geschäftsbeziehung darstellen, herausgearbeitet worden.[1563] Die kulturellen Einflüsse zeigen sich hier in der Art der Verhandlungssituation und in den persönlichen Eigenschaften der Verhandlungsteilnehmer. Diese beiden kulturell determinierten Faktoren prägen den Verhandlungsverlauf und somit das Ergebnis der Verhandlung. Hinzu kommt die Konzeptionierung der eigenen Verhandlungsstrategie, die in interkulturellen Verhandlungen schwieriger einzuschätzen und zu gestalten ist. Die Verhandlungsstile können sich hinsichtlich einer distributiven Orientierung (Maximierung des eigenen Verhandlungsergebnisses, kompetitiv) und einer integrativen Orientierung (Maximierung des gemeinsamen Verhandlungsergebnisses, kooperativ) unterscheiden, wobei für den erwünschten Aufbau einer langfristigen Zusammenarbeit eine integrative Verhandlungsstrategie unabdingbar ist.[1564]

Die Verhandlungen mit chinesischen Unternehmunen in **Singapur** gestalten sich sehr pragmatisch oder auch sehr hart.[1565] Der Aufbau von interkulturellem Vertrauen für Verhandlungsführungen läßt sich an dem folgenden Beispiel in **Malaysia** aufzeigen.

„In case of sensitive topics trust is also an issue in Malaysia, especially if it is a very cultural-bound issue, it is much better when a local employee goes to the client and translates to the (foreign) manager. This situation represents a cultural barrier, not a language barrier. Especially when it is about the typical Asian issues: family related issues ('we can't do that due to particular reasons'), disclosure matters or face saving considering certain things in the contract. E.g. when the client says that the company can't fulfil a certain demand of the bank, that the bank has to trust the client instead of asking the client to give certain information, so in these cases it is better to send the local employee. This employee can discuss with the client on a more familiar base, explain the purpose of certain contract parts and the position of the (foreign) bank, and the client does not lose face to the manager of the bank. These things happen also in Malaysia."

„There are also situations, where it is better to go as the foreign manager instead of a local employee. I.e. if there have been very tough or hard negotiations and the client finally has to give in to the bank because the client really wants the business; suddenly it can happen that the foreign manager of the bank gets an appointment with the boss. Then, in a four-eyes-conversation, the boss starts to deal with the manager directly; as a consequence the client does not have to lose face to their people, whom they have told first to negotiate and not to give in. When the client gives in he

---

[1563] Vgl. Kapitel 4.5.2.
[1564] Vgl. Usunier, J.-C. / Walliser, B.: Interkulturelles Marketing [1993], S. 234.
[1565] Interview Auslandsbank in Singapur.

gives in under four eyes, in exchange for a certain attitude, that the client can go back to his people and tell them it is resolved due to misunderstandings. So they keep up face, play the game, but this will only happen if the client has a good relationship with the bank and knows that the manager of the bank will not use this case against him to his own staff. This is more the Chinese than the Malay way of doing business."[1566]

Die beschriebene Vorgehensweise zeigt auch auf, daß eine enge Zusammenarbeit des westlichen Managements und der lokalen Mitarbeiter für die Entwicklung der Sensibilität für relevante kulturelle Aspekte und deren Komplexität in den Verhandlungen in Malaysia für die Betreuung essentiell ist.

Die Chinesen sind in der Gesprächsführung und Verhandlung auf der Ebene des Kundenbetreuers bereits wesentlich verbindlicher in den Aussagen sowie in der Lage, konkrete Themen wie Laufzeiten, Zahlungsmodalitäten zu besprechen und die erforderlichen Genehmigungen innerhalb der Unternehmungen einzuholen. Dies schlägt sich in der Verhandlungssituation in der Art nieder, daß einige der Chinesen oftmals inhaltsbezogen analog eher westlicher Geschäftsmentalität hart und direkt mit der Bank verhandeln. Trotzdem werden die Beziehungen auf Basis von ‚guanxi‘, des gegenseitigen Vorteils im Laufe der gesamten Beziehung, nicht des spezifischen Geschäftsvorfalls, beurteilt und vor diesem Hintergrund agiert. Die Malayen hingegen sind eher bemüht ‚let both sides win‘, sind aber auch der Akzeptanz von internationalen Standards und Anforderungen gegenüber weniger aufgeschlossen.[1567] Eine malaiische Bumiputra-Unternehmung wird im Verhandlungsgespräch keine verbindliche Zusage machen, bei einem etwas zögerlichen Verhalten auf höhere Ebenen sowie interne Abwicklungen verweisen und im Vergleich nicht so konkret werden. Ein mehrmaliges Nachfassen ist erforderlich, so daß die Abwicklung der Geschäftsbeziehung auch hier insgesamt einen höheren zeitlichen Aufwand sowie Bemühungen seitens der Bank erfordert.[1568]

Aus westlicher Sichtweise sind Verhandlungen in **Vietnam** oftmals sehr langwierig.[1569] Der Stellenwert von Beziehungen im Geschäftsleben hat gemäß der Auffassung eines Interviewpartners für Vietnamesen keine Gleichberechtigung, sondern wird als eine Art ‚Kampf‘ in Geschäftsverhandlungen empfunden, wie weit der Verhandlungspartner bereit ist zurückzustecken.[1570]

Die Phase des Geschäftsabschlusses im Rahmen der Verhandlungen schließt den – wie die bisherigen Analysen gezeigt haben – kulturell geprägten Umgang mit Recht

[1566] Interview Auslandsbank in Malaysia.
[1567] Interview Auslandsbank in Malaysia.
[1568] Interview Auslandsbank in Malaysia.
[1569] Interview Auslandsbank in Vietnam.
[1570] Interview Auslandsbank in Vietnam.

378

der Unternehmungen ein. So ist in den untersuchten Ländern die Bedeutung von mündlichen und schriftlichen Vereinbarungen aufgrund der unterschiedlichen Ausprägungen der Ungewißheitsvermeidung gegensätzlich zu den westlichen Auffassungen. Der schriftliche Vertragsabschluß ist in westlichen Kulturkreisen ein wichtiges Dokument, das den weiteren Verlauf der Geschäftsbeziehung genau regelt.[1571]

Bei den ethnisch chinesischen ,old style' Geschäftsleuten in **Singapur** zählt das Wort als Verpflichtung. Bei den im Westen ausgebildeten nachfolgenden Generationen verliert dieser Umgang mit Verpflichtungen an Bedeutung. Trotzdem hat die Beziehung zur Bank einen wesentlich höheren Stellenwert als in westlichen Kulturen.[1572] Dieser Stellenwert der Beziehung zeigt sich auch im Umgang mit der Bank in Bezug auf Geschäftsabschlüsse, denn die persönliche Beziehung stellt auch immer eine persönliche Verpflichtung dar, was die Geschäftspartner sehr zuverlässig machen kann.[1573]

Die Malayen in **Malaysia** erwarten eher eine informale Kooperation und höhere Flexibilität, aber auch ein höheres Maß an Vertrauen in der Zusammenarbeit mit Banken als die großen ethnisch chinesisch geführten lokalen Unternehmungen, die mehr formal und eher gemäß vertraglicher Vereinbarungen mit Banken zusammenarbeiten.[1574] Von malaysischer Seite wird betont, daß wenn Probleme in der Geschäftsbeziehung auftauchen, dann die malaysischen Geschäftspartner weniger gern einem schriftlichen Vertrag folgen und vor Gericht gehen, um Streitigkeiten zu lösen, sondern versucht wird, das Problem durch Diskussionen und Verhandlungen zu lösen, auch wenn ein schriftlicher Vertrag vorliegt. Das kulturelle Prinzip des ,Gesicht wahren' Wollens zeigt sich bspw. dann, wenn durch die Einschaltung eines Gerichtes der Öffentlichkeit verdeutlicht wird, daß jemand sein Wort nicht gehalten hat bzw. gescheitert ist.[1575] Die chinesischen Kunden, bei denen die Manager noch die Unternehmungsgründer sind, empfinden es, auch wenn sie nicht gesetzlich zu etwas verpflichtet sind, als eine persönliche Verpflichtung, Ansprüche der Bank zu begleichen; Ehre und Reputation haben einen hohen Stellenwert bei dieser Gründergeneration. „These facts have to be taken into account when doing business as a foreign bank with the different companies of different origin in Malaysia. The philosophy, the behaviour has to be known and understood, otherwise if the client's company gets into trouble, it is the commitment of the owners and/or shareholders to ensure that the banks get the money or to compromise. The Malays are not as long in the business as the Chinese, the learning curve is still there, and in addition the culture is different."[1576]

[1571] Vgl. Usunier, J.-C. / Walliser, B.: Interkulturelles Marketing [1993], S. 248.
[1572] Interview Auslandsbank in Singapur.
[1573] Interview Auslandsbank in Singapur.
[1574] Interview Auslandsbank in Malaysia.
[1575] Interview lokale Bank in Malaysia.
[1576] Interview Auslandsbank in Malaysia.

Das Verhalten der Menschen in **Vietnam** ist vom Umgang mit Macht und der Ausübung der Kontrolle durch Macht charakterisiert. Zudem ist das Niveau an Korruption in Vietnam sehr hoch, was insbesondere im Verhältnis der Vietnamesen untereinander gilt.[1577] Dieses Rechtsempfinden zu verstehen ist auch für die Erzielung bzw. Vermittlung von Geschäftsabschlüssen notwendig, so daß die westlichen Banken hier geschäftspolitische Entscheidungen treffen müssen. Gemäß Aussagen der befragten Manager gibt es in Vietnam ausländische Banken, die den vietnamesischen Mitarbeitern von Firmenkunden Privataktivitäten bezahlen.[1578]

Der alte asiatische Geschäftsabschluß auf Basis eines Handschlages scheint noch immer eine Rolle zu spielen, da umfangreiche Vertragswerke in Vietnam erst seit ca. 10 Jahren üblich sind. Hinzu kommen die persönlichen Beziehungen, die – wenn sie erst einmal im Geschäftsleben oder mit Politikern etabliert sind – die Grundlage für Geschäftsabschlüsse darstellen, so daß Geschäftsabschlüsse und Vereinbarungen auf Basis eines Handschlages oder Wortes in Vietnam den gleichen Wert wie ein schriftlicher Vertrag in westlichen Kulturkreisen haben. Dieser kulturelle Unterschied in der Betrachtungsweise von Geschäftsabschlüssen und der Werthaltigkeit dieser Abschlüsse ist in Vietnam noch sehr ausgeprägt. Ursache ist, daß alle Entscheidungsträger auf verschiedenen Ebenen des gesamten Systems kleinere Einheiten bilden, die sich kennen und zusammenarbeiten; zudem haben das Geschäftsleben sowie der zugrunde liegende Markt noch keine hohe Komplexität erreicht.[1579]

Nach der schriftlichen Fixierung von Verträgen ist es in Vietnam üblich, erneut zu verhandeln oder einzelne Vertragsbestandteile noch einmal zur Diskussion zu stellen.[1580] Die lokalen Geschäftspartner fühlen sich aus dem schriftlichen Vertrag heraus weniger verpflichtet als die westlichen Banken. Für diese ist es schwierig, mit diesem unvorhersehbaren Verhalten umzugehen, da das Geschäft vereinbarungsgemäß abgewickelt werden soll. Die Banken reagieren teilweise durch Insistieren auf die Einhaltung von internationalen Abkommen sowie durch eine verstärkte Kommunikation der Notwendigkeit der Einhaltung dieser Abkommen. Dies wird dadurch erschwert, daß Vietnam bisher kaum an internationale Abkommen angeschlossen ist.[1581] Die Vertragstreue ist im Bankgeschäft auf dieser Ebene aber grundsätzlich gegeben.[1582]

[1577] Interview Auslandsbank in Vietnam.
[1578] Interview Auslandsbank in Vietnam.
[1579] Interview Auslandsbank in Vietnam.
[1580] Interview Auslandsbank in Vietnam.
[1581] Interview Auslandsbank in Vietnam. Obwohl Vietnam sich den Regeln der International Chamber of Commerce (ICC) angeschlossen hat, halten sich die einzelnen Institute nicht immer an diese Vereinbarungen.Die Banken vermerken auf jedem einzelnen Akkreditiv ,in compliance with ICC Rules 500', halten sich aber nicht immer an die offiziellen Rahmenvereinbarungen. Interview Auslandsbank in Vietnam.
[1582] Interview Auslandsbank in Vietnam.

Die Darstellung der Betreuung und Gestaltung der Geschäftsbeziehungen zeigt den hohen Bedarf an kultureller Anpassung der westlichen Banken, der ein großes Engagement und Investitionen in die Zusammenarbeit mit den lokalen Firmenkunden erfordert. Den Aspekten der prozessualen Gestaltung der Geschäftsbeziehung ist gemeinsam, daß Problembereiche durch die Einschaltung von lokalen Mitarbeitern zwar nicht ausgeschaltet, aber zumindest reduziert werden können. Die beschriebenen Verhaltensweisen im Rahmen der Verhandlungen können beispielsweise durch die Verlagerung von schwierigen Elementen im Bereich der Kommunikation auf lokale Mitarbeiter übertragen werden, so daß interkulturelle durch intrakulturelle Interaktionen am Markt ersetzt werden. Dies stellt hohe Anforderungen an die lokalen Mitarbeiter, um dieser Rolle gerecht zu werden.

5.2.4.2 Gestaltung interkultureller Geschäftsbeziehungen: Teilnehmer

Bei der prozessualen Betrachtung der Gestaltung der interkulturellen Geschäftsbeziehungen stand bisher die Geschäftsbeziehung zwischen den westlichen Banken und den Unternehmungen im Vordergrund. Diese wird nach Erfahrung der befragten Manager jedoch von dem spezifischen Stellenwert der persönlichen Beziehungen in allen drei Ländern überlagert. Die Mitarbeiter stellen aufgrund der hohen Interaktionsintensität im Firmenkundengeschäft und Private Banking und der u.a. hiermit verbundenen Qualität der Bankmarktleistung bzw. Qualitätswahrnehmung durch den Kunden einen wesentlichen Erfolgsfaktor im interkulturellen Marketing der westlichen Bank dar.[1583] Der Erfolgsfaktor der Mitarbeiterbesetzung der kundennahen Bereiche der Bank und das Management der personalen Schnittstelle zum Kunden ist daher bei den interkulturellen Marketingaspekten angesiedelt.[1584] Die Mitarbeiterorientierung im Rahmen der Gestaltung der Geschäftsbeziehungen der westlichen Banken bezieht sich auf die Betreuungsansätze für die Kunden. Diese werden durch die strategische Ausrichtung und regionale Organisation der Bank, die entwicklungs- und gesellschaftsstrukturbezogenen Markterfordernisse sowie aus der notwendigen Vermittlung zwischen der Herkunfts- und Unternehmungskultur der westlichen Bank und der Kultur der lokalen Kunden bestimmt.

Die strategische Ausrichtung der Bank und die regionale Organisationsstruktur bedeutet für das Firmenkundengeschäft, aber auch für das Private Banking, daß die für die Betreuung der jeweils lokalen Kunden zuständigen Betreuer regional zentriert in Singapur oder aber in einem Kompetenzzentrum in der Region Südostasien oder außerhalb der Region angesiedelt sind. Vorteil dieser zentralisierten Vorgehensweise ist die Bündelung von Know-how für ein Produktangebot auf internationaler Ebene. Ein wesentlicher Nachteil kann jedoch sein, daß länderspezifische Besonderheiten

---

[1583] Vgl. Stauss, B.: Internationales Dienstleistungsmarketing [1995], S. 454.
[1584] Die hiermit verbundenen Fragen des lokalen bzw. internationalen Personalmanagements werden in Kapitel 5.3.3 gesondert behandelt.

der bspw. lokalen Kundensegmente nicht berücksichtigt und die Führungs-, Informations- und Koordinationsanforderungen an die einbezogenen Organisationseinheiten sehr hoch werden können.[1585] Die länderspezifischen Kenntnisse sind somit bei der Gestaltung der Betreuungsansätze schwierig zu berücksichtigen, aber trotzdem sicherzustellen. *Schmittmann* führt drei mögliche Bank-Kunden Beziehungen für das internationale Bankgeschäft auf,[1586] die in der Praxis bestätigt worden sind:

- Relationship-Banking bzw. -management: Betreuung der gesamten Kundenbeziehung, Bündelung des Leistungsspektrums der Bank für den Kunden,

- Kombination Relationship-Banking und Produktorientierung: Konzentration auf ein Marktsegment für bestimmte Produktinanspruchnahmen,

- Produkt- bzw. geschäftssegmentorientierte Strategie.

Die befragten Manager der westlichen Banken haben in Bezug auf das lokale Firmenkundengeschäft überwiegend die Auffassung vertreten, daß ein isolierter Produktansatz für eine adäquate Kundenbetreuung nicht ausreicht und für die Schnittstelle zum lokalen Markt bzw. Kunden zumindest ein Relationship-Manager erforderlich ist.[1587]

Für die Gestaltung der Betreuungsansätze der lokalen Kunden stellt sich diese Anforderung in Verbindung mit der Bedeutung der persönlichen Beziehung als problematisch dar. Wenn bspw. für die Abwicklung einer Projektfinanzierung aufgrund einer geschäftssegmentbezogenen Organisationsstruktur der westlichen Bank die Produktexperten aus dem internationalen Kompetenzzentrum in das Land kommen und mit dem jeweiligen Kunden zusammenarbeiten sollen, ist die Rolle des Betreuers im Land von hoher Bedeutung. Diesem sind die kulturellen Besonderheiten im Geschäftsgebaren der Kunden bekannt, so daß den Kundenbetreuern die Rolle eines Mittlers zukommt.

Grundsätzlich ist bei einigen westlichen Banken der Manager im Land der Kundenbetreuer vor Ort, der Produktspezialisten aus verschiedenen Abteilungen in der Region einbezieht. Teilweise findet kein Kontakt der Geschäftspartner im Land ohne Einbeziehung des Managers bzw. der Auslandsgesellschaft und anderer Stellen in den Banken statt.

[1585] Vgl. Bumbacher, U.: Internationale Wettbewerbsfähigkeit im Bankwesen [1994], S. 113. So beschreibt die Commerzbank AG ihre weltweiten Aktivitäten für private und institutionelle Investoren im Global Asset Management über regionale Kompetenzzentren und regionalisiertes Marketing als „multi-cultural approach". Vgl. Commerzbank AG: Asset Management [1999], http://www.commerzbank.de.

[1586] Vgl. Schmittmann, S.: Führung von internationalen Stützpunkten [1986], S. 58-60.

[1587] Interviews Auslandsbanken in Singapur, Malaysia und Vietnam.

382

Die Zusammenarbeit wird dann schwierig, wenn die Divisionen im umgekehrten Fall direkt auf die Kunden zugehen. Dies ist sogar von Nachteil, da die Kontakte im Land auf den etablierten, persönlichen Beziehungen zu den Mitarbeitern vor Ort aufbauen, was von kultureller Bedeutung ist.[1588] Bei anderen Banken wird dies aufgrund von produktverantwortlichen Relationship Managern jedoch in Kauf genommen, d.h. es gibt einen Relationship Manager in einem Geschäftssegment, der die Hauptverantwortung für die Kundenbeziehung unter Einbeziehung von anderen Produktbereichen trägt. Für die zu betreuenden lokalen Unternehmungen gestaltet sich die Zusammenarbeit und Wahrung der persönlichen Beziehungen mit der Bank bzw. mit Kontaktpersonen als schwierig und ist vor dem Hintergrund des Stellenwertes von persönlichen Beziehungen zu hinterfragen.

Auf den Entwicklungsstand der lokalen Firmenkunden bezogen ergeben sich spezielle Anforderungsprofile für die Betreuung: Grundsätzlich sind es die lokalen Kundenbetreuer, die auf die Bedürfnisse der lokalen Kunden stärker eingehen können, da bspw. der Umgang mit Feiertagen der multikulturellen Bevölkerung, deren Bedeutung und Verhaltensweisen diesen Mitarbeitern wesentlich besser bekannt sind.

In **Singapur** existieren analog zur Entwicklung und geschäftlichen Ausrichtung der lokalen Unternehmungen Mitarbeiter mit einem unterschiedlichen Hintergrund in Bezug auf ihre internationale Ausrichtung. Die Betreuung der mehr lokal ausgerichteten Firmenkunden erfolgt durch weniger international erfahrene Mitarbeiter; die mehr international ausgebildeten Mitarbeiter betreuen international tätige Unternehmungen.[1589]

Hinzu kommt in Singapur, daß die Mitarbeiter unterschiedlichen ethnischen Gruppen angehören, so daß oftmals die Auswahl der Betreuer bestimmter ethnischer Kundengruppen unter dem Aspekt der ethnischen Gruppe der Mitarbeiter erfolgt.[1590] Wenn die jeweilige Bank sich regional vor allem auf Geschäftsbeziehungen mit der Gruppe der ethnischen Chinesen in der Region konzentriert, gestaltet sich unter ethnischen Aspekten die Betreuung in der Region von Singapur aus einfacher, da die Mehrzahl der Mitarbeiter ethnische Chinesen sind.

Für die Firmenkundenbetreuung in **Malaysia** sind die Eigentums- und Managementverhältnisse nicht immer eindeutig nach außen erkennbar, so daß für die ausländischen Banken vor dem Hintergrund des Stellenwertes und des Managementstils „…it is also an issue in terms of management and sensitivity, which employee is going to be sent to which client from a racial point of view. It is crucial for the relationship with a client to find out and to identify who is the decision maker, so even there is a Bumi-

[1588] Interview Auslandsbank in Vietnam.
[1589] Interview Auslandsbank in Singapur.
[1590] Interview Auslandsbank in Singapur.

putra company and Malay managers with authorisations, it may happen that in the same company Chinese managers are in fact running the company from their positions as the heads of departments. So for doing business as a bank first there has to be sent a Chinese, who is understanding the business of the Chinese counterpart or decision maker; but for official meetings the bank will meet the Malay managers which shows the importance of understanding the different cultures in the country and the major issues to be considered in order to be able to manage the relationship in a culture-adjusted way".[1591] Vor dem Hintergrund der aufgezeigten Eigentums-und Managementstrukturen der lokalen Unternehmungen in Malaysia[1592] ist die Auswahl des adäquaten Betreuungsansatzes von Bedeutung. Der gewählte Betreuungsansatz der meisten Auslandsbanken umfaßt gemäß Aussagen der Manager keine bewußte rassenbezogene Auswahl der Kundenbetreuer für ethnisch unterschiedliche Kundensegmente.[1593] Die Konstellationen, daß der jeweilige ethnische Kundenbetreuer oftmals doch die entsprechende ethnische Kundengruppe betreut, liegt vorwiegend in der geschäftspolitischen Entwicklung.[1594] Dies bedeutet jedoch, daß der ethnische Betreuungsansatz für die Zusammenarbeit am Markt und somit für den Geschäftserfolg von Bedeutung ist.

Die ausländischen Banken definieren ihre Zielkunden im Markt aufgrund von Potentialüberlegungen zur Kundenbeziehung sowie Produktinanspruchnahme und steuern die einzelnen Kundenbetreuer über Zielkundenlisten.[1595] Die Akzeptanz des Kundenbetreuers seitens des Kunden ist jedoch von den westlichen Banken einzuschätzen, wobei sich dies nicht nur auf die ethnische Herkunft, sondern auch auf die hierarchische Ebene gemäß dem herrschenden Senioritätsprinzip bezieht.

Dies gilt für das Firmenkundengeschäft, aber auch für das Private Banking und das Geschäft mit der Regierung in **Malaysia**. Hieraus leiten sich Anforderungen an das Verhalten der lokalen Mitarbeiter ab, die das kulturell-eigene Verhalten hinsichtlich der Kommunikation innerhalb der westlichen Bank anpassen müssen. „...for the review of lost business you have to have open-minded local people who are definitely aware of these cultural issues. I.e. in another Southeast Asian country, a local ac-

---

[1591] Interview Auslandsbank in Malaysia.
[1592] Vgl. Kapitel 4.3.2.4.1.
[1593] Interviews Auslandsbanken in Malaysia; Interview lokale Bank in Malaysia.
[1594] Interviews Auslandsbanken in Malaysia. Analog gilt diese ethnisch bezogene Kundenbetreuung auch bei den lokalen Banken, was die Bedeutung dieses Ansatzes noch unterstreicht: die Kundenbetreuer einer lokalen Bank in Malaysia, die mit lokalen Unternehmungen und Institutionen zusammenarbeiten, die vorwiegend Bumiputras beschäftigen, sind ebenfalls Bumiputras. Als Nebeneffekt aus dieser Art der Steuerung der Geschäftsentwicklung ergibt sich, daß die geschäftliche Fokussierung auf ethnische Gruppen einseitig ausgerichtet sein kann und nicht versucht wird, das Geschäft mit anderen Kundengruppen anzugehen. Hierfür ist geschäftsbezogen die Einstellung von chinesischen Betreuern notwendig, da die chinesischen Geschäftspartner der Bank vorwiegend Chinesen beschäftigen.
[1595] Interviews Auslandsbanken in Malaysia.

count-officer recommended to the foreign bank that a Chinese should better look for the customer's account."[1596]

Die Sprache sowie die Art des Umgangs bei der Kontaktherstellung in **Vietnam** sind von Vietnamesen zu Vietnamesen einfacher, da insbesondere in der Phase der Problembeschreibung die vietnamesischen Kunden es vorziehen, einen vietnamesischen Ansprechpartner zu haben.[1597] Sowohl bei vietnamesischen als auch bei den ausländischen Mitarbeitern der Bank wird auf die Einhaltung des Senioritätsprinzips seitens der vietnamesischen Kunden geachtet.[1598]

In Vietnam wird teilweise von den westlichen Banken die Auswahl der Kundenbetreuer aufgrund von geographischen Merkmalen vorgenommen und als erfolgreich beurteilt: „For a person from the South going to the North for doing business or marketing is not going to work since having the same origin is an issue for the client relationship. The people from the bank who are doing the marketing know the customers very well, because they already might have worked in the same company before and they are accepted. These employees may get relationship based business from these companies."[1599] „...I guess it is always best if they can talk to somebody in their own language whatever language that might be, and if there are regional differences, then you should go with this".[1600] Für Vietnam ist als Standort zwischen Hanoi und Ho Chi Minh Stadt auch hinsichtlich der Kundenbasis zu unterscheiden. „The Office is in Hanoi because of the Head Quarters of the state-owned enterprises (SOE) there (‚Schaltstellen der Macht'). The Office is staffed with people from Hanoi who can have relationships with the key people in the companies there." [1601]

Die Einstellung von lokalen Mitarbeitern im kundennahen Bereich des Relationship Managements bzw. für das Senior Management hat zur Geschäftsentwicklung insbesondere den Vorteil, daß diese Mitarbeiter meist Kontakte bzw. konkrete Geschäftsverbindungen mitbringen können, die auf persönlichen Beziehungen basieren.[1602] Auf dieser Basis wird die Marktbearbeitung für die ausländische Bank wesentlich erleichtert, wenn die existierenden Kontakte mit den identifizierten Zielkundensegmenten übereinstimmen. [1603]

Die Schnittstelle lokale Mitarbeiter und lokaler Kunde hat für die Gestaltung der Geschäftsbeziehung auch innerhalb der westlichen Banken hinsichtlich der Vermittlung und Kommunikation eine große Bedeutung.

[1596] Interview Auslandsbank in Vietnam.
[1597] Interviews Auslandsbanken in Vietnam.
[1598] Interviews Auslandsbanken in Vietnam.
[1599] Interview Auslandsbank in Vietnam.
[1600] Interview Auslandsbank in Vietnam.
[1601] Interview Auslandsbank in Vietnam.
[1602] Interviews Auslandsbanken in Malaysia und Vietnam.

So wird bspw. bei Mandaten mit Regierungen im Vorfeld besprochen, welcher Mitarbeiter welchen Teil der Präsentation vorträgt bzw. die Gesprächsführung übernimmt, so daß bestmöglich zwischen der westlichen Bank und dem jeweiligen Kunden vermittelt werden kann. Teilweise wird die komplette Gesprächsführung an lokale Mitarbeiter übertragen, so daß eine vollständige Zurückhaltung der anwesenden Repräsentanten aus der Zentrale oder Mitarbeitern aus der Region erfolgt. Dies verhindert, daß bei z.b. Advisory Mandaten die Mitarbeiter aus der Zentrale, da kulturell nicht vertraut im speziellen Land, als – wenn auch unbeabsichtigt – Lehrmeister auftreten. Gleichzeitig sind die Anforderungen an die lokalen Mitarbeiter hoch, da diese die Aussagen und Konzepte nachvollziehen, verstehen und tragen müssen, um sie im nächsten Schritt in das eigene Umfeld zu ‚übersetzen' und an die lokalen Gesprächspartner weiterzugeben.[1604]

Es ist ein generelles Charakteristikum im Kommunikationsverhalten daß „...the Asians would normally not tell a foreigner that he did a mistake while communicating with Asian people".[1605] Dies hat weitreichende Implikationen für das Verhalten einer Bank am Markt, da dieses Kommunikationsverhalten sowohl im Innenverhältnis als auch im Außenverhältnis der Bank von Bedeutung ist. „Es sagt Ihnen ja keiner, wenn Sie einen Fehler gemacht haben".[1606] Dies trifft auch auf Kundenverhandlungen zu. Analog der theoretischen Überlegungen kann bei einer im Anschluß an eine Verhandlung geführten Nachbesprechung Kultur letztendlich wieder nur als Residualgröße zur Erklärung von unerklärlichen Vorkommnissen herangezogen werden.[1607] „But using culture as a last explanation for failure in business from a foreigner perspective shows that the people do still not know how the business works."[1608] Es ist daher erforderlich, „when business is lost, culture has to be an important part in the post-mortem process and has to be examined thoroughly like other factors like product and prices." [1609] Dies kann nur unter Einbindung lokaler Mitarbeiter erfolgen, die in der jeweiligen Situation anwesend waren und daher die spezifischen Verhaltensweisen nachvollziehen und erläutern können.

Die beschriebenen Anforderungen an die lokalen Mitarbeiter im Rahmen der Betreuungsansätze sind daher insbesondere auf regionaler Ebene sehr hoch. Aufgrund der strategischen Orientierungen der westlichen Banken, daß durch veränderte Konfigurationen verstärkt länderübergreifend gearbeitet wird, wird sich dieser Trend noch verstärken. Die Bedeutung der Personalbeschaffung und Besetzung der Mittlerrollen

---

[1603] Interviews Auslandsbanken in Singapur und Malaysia.
[1604] Interview Auslandsbank in Singapur.
[1605] Interview Auslandsbank in Singapur.
[1606] Interview Auslandsbank in Singapur.
[1607] Interview Auslandsbank in Singapur.
[1608] Interview lokale Bank in Malaysia.
[1609] Interview Auslandsbank in Vietnam.

zwischen den Kulturen durch lokale Mitarbeiter ist daher sehr hoch und wird an Bedeutung noch zunehmen.

5.2.4.3 Fazit zum Beziehungsmarketing

Das beschriebene Beziehungsmarketing stellt eine Verknüpfung verschiedener Instrumente des für interkulturelles Marketing entwickelten Marketing-Mix dar. Die Bedeutung der lokalen Mitarbeiter ist für die Betreuung der lokalen Kunden und die Schaffung der Schnittstelle zwischen westlicher Bank und lokalem Kunden sehr hoch. Als ein wesentlicher Erfolgsfaktor ist daher das internationale Personalmanagement in Verbindung mit dem lokalen Personalmanagement in den Ländern identifiziert worden. Hinzu kommt noch die Komponente des konsistenten Marktauftritts der westlichen Bank gemäß der globalen und länderspezifischen Positionierung. Die Schaffung bspw. einer Servicequalität erfolgt zusätzlich über gemeinsame Normen und Werte der Unternehmungskultur, die es leistet, die Mitarbeiter u.a. hinsichtlich des Erfolgsfaktors Image zu steuern.

Die Bezugsgröße Geschäftsbeziehung ermöglicht die Betrachtung einer Geschäftsbeziehung auch als Investitionsobjekt, in das Einzahlungen seitens der westlichen Bank für den Beziehungsaufbau fließen, die aus dem Gesamtergebnis der Kundenbeziehung in Form von Auszahlungen an die Bank als ‚return on Investment' zurückfließen sollen.[1610] Die Marketing-Kontrolle, d.h. die Gegenüberstellung des Aufwandes von Marketingaktivitäten gegen den Ertrag aus der Wirkung des Bündels an konkreten Maßnahmen gestaltet sich als sehr schwierig. Grundsätzliche Überlegungen zu einem als ‚Kultur-Controlling' ausgerichteten Steuerungs- und Kontrollinstrument werden in Kapitel 5.4 angestellt.

5.3 Ausrichtung des strategischen und operativen Managements der Gesamtbank an interkulturelle Erfordernisse

Als strategische, auf das interne Management der westlichen Bank abstellende Verantwortungsbereiche sind für die Zentrale und die Auslandsgesellschaften Integrationsinstrumente sowie Führungsaspekte als interkulturell auszurichtende Managementinstrumente angeführt worden. In diesem Kapitel sollen diese gemeinsam mit operativen Managementinstrumenten in der Auslandsgesellschaft die Ausrichtung und Umsetzung eines interkulturellen Managementansatzes ermöglichen.

[1610] Vgl. Mauritz, H.: <u>Interkulturelle Geschäftsbeziehungen</u> [1996], S. 122.

5.3.1 Nutzung von Integrationsinstrumenten für die Ausrichtung auf einen gesamtbankbezogenen interkulturellen Managementansatz

Die westlichen Banken stehen vor der Aufgabe, die Anforderungen des interkulturellen Managementansatzes mit der strategischen Ausrichtung der Bank in Einklang zu bringen. Daher ist es erforderlich, der international tätigen Bank geeignete innerbetriebliche Steuerungsinstrumente zur Verfügung zu stellen. Der Notwendigkeit der Berücksichtigung der aufgezeigten kulturellen Rahmenbedingungen sowie der interkulturellen Erfolgsfaktoren stehen – um Vorteile aus der zunehmenden Internationalisierung bzw. Globalisierung zu realisieren – ökonomische Erfordernisse gegenüber, die die international tätige Bank veranlassen, innerbetriebliche Maßnahmen zu ergreifen, die zu einer Vereinheitlichung von Unternehmensaktivitäten führen.[1611]

Im Folgenden wird eine Darstellung der im internationalen Management vorhandenen Koordinationsinstrumente zur innerbetrieblichen Abstimmung von Zentrale und Auslandsgesellschaft gegeben, die hinsichtlich ihrer Anwendbarkeit für einen interkulturellen Managementansatz betrachtet werden. Hier kann zwischen technokratischen und personenorientierten Instrumenten unterschieden werden.

Unter den **technokratischen Koordinationsinstrumenten** werden Koordinationsformen verstanden, bei denen zwischen dem Management der Zentrale und der Auslandsgesellschaften kein unmittelbarer persönlicher Kontakt erforderlich ist.[1612] Hier dominiert für die Durchführung von Aktivitäten in der Bank die Möglichkeit der Gestaltung der Regelgebundenheit.[1613] Für den interkulturellen Managementansatz gehören an ,harten' Koordinationsinstrumenten die Standardisierung von Entscheidungen sowie das Berichtswesen in Form eines integrierten Management-Informations- und Kommunikationssystems zu dieser Gruppe von Instrumenten.

Die Standardisierung von Entscheidungen bezieht sich hier auf organisatorische Ausgestaltungsaspekte, die organisationsweit einheitliche Maßstäbe schaffen sollen. Diese werden als Managementinstrumente aus der westlichen Bank in die Auslandsgesellschaft transferiert, sind jedoch aufgrund der aufgezeigten interkulturellen Erfordernisse hinsichtlich ihrer Möglichkeit der kulturellen Adaption zu untersuchen und anzupassen. Dieser Gruppe ist beispielsweise die Anwendung des Management by Objectives als Beurteilungsmaßstab für die Leistungen der Bankmitarbeiter zuzuordnen.[1614]

[1611] Vgl. Wolf, J.: Internationales Personalmanagement [1994], S. 7-8.
[1612] Vgl. hierzu und im Folgenden Wolf, J.: Internationales Personalmanagement [1994], S. 118-119.
[1613] Vgl. Macharzina, K.: Rahmenbedingungen und Gestaltungsmöglichkeiten [1993], S. 35.
[1614] Vgl. Wolf, J.: Internationales Personalmanagement [1994], S. 124-125.

388

Die Implementierung eines Management-Informations- und Kommunikations-systems, das den Informationsfluß zwischen Zentrale und der Auslandsgesellschaft steuert, stellt eine wesentliche Voraussetzung für den Aufbau der interkulturellen Kompetenz der gesamten Bank dar.[1615] Durch dieses System werden sowohl quantitative als auch qualitative Informationen übermittelt. Dieses Instrument entspricht zwar im engeren Sinne nicht den Anforderungen der Vereinheitlichung der internationalen Geschäftspraktiken,[1616] unterstützt jedoch wesentlich die Kommunikation zwischen Auslandsgesellschaft und Zentrale und stellt somit in seiner Ausgestaltung einen identifizierten Erfolgsfaktor der Integration dar. Dieses System stellt gleichzeitig die institutionalisierte Voraussetzung eines Controllingansatzes für interkulturelle Managementmaßnahmen dar.[1617]

Die dargestellten technokratischen Koordinationsinstrumente werden um die **personenorientierten Instrumente** ergänzt.[1618] Da bei diesen Instrumenten der persönliche Kontakt von Mitarbeitern der Zentrale und der Auslandsgesellschaft im Mittelpunkt steht, können diese Instrumente im erheblichen Maße zur Überbrückung der kulturellen Unterschiede, aber auch zur Überwindung einer kulturellen Distanz von Zentrale und Auslandsgesellschaft beitragen.[1619] Dies geschieht über die Möglichkeit des Transfers und der Übermittlung unternehmerischer Werte und der Unternehmungsphilosophie, die interkulturelle Lernprozesse zur organisationalen Sozialisation auslösen.[1620] Zu diesen Instrumenten sollen hier die Entwicklung homogener Werte innerhalb der Unternehmung, d.h. die Unternehmungskultur sowie der Transfer von Mitarbeitern verschiedener Hierarchieebenen in der Bank in die Auslandsgesellschaften betrachtet werden. Zunächst soll die Rolle der Unternehmungskultur als Integrationsinstrument innerhalb der westlichen Bank dargestellt werden.

5.3.2 Unternehmungskultur als Integrationsinstrument der Gesamtbank

5.3.2.1 Bedeutung der Unternehmungskultur für die erfolgreiche Geschäftsstrategie

Auf die Charakterisierung von Unternehmungskultur als ein Wertesystem, das von Organisationen geteilt wird und sich in konkreten Verhaltensweisen (Praktiken) äußert, ist im Rahmen dieser Arbeit bereits eingegangen worden.[1621] Unternehmungs-

---

[1615] Vgl. Kapitel 5.1.2.3.

[1616] Vgl. Wolf, J.: Internationales Personalmanagement [1994], S. 128-129.

[1617] Auf die Ausgestaltung eines Controllingansatzes wird in Kapitel 5.4 eingegangen.

[1618] Vgl. hierzu und im Folgenden Wolf, J.: Internationales Personalmanagement [1994], S. 119, 132-142.

[1619] Diese kulturelle Distanz existiert aufgrund der Fremdheit des ausländischen Marktes und den kulturellen Gepflogenheiten am Markt bzw. in der jeweiligen Auslandsgesellschaft. Interviews Auslandsbanken in Singapur, Malaysia und Vietnam.

[1620] Vgl. Macharzina, K.: Rahmenbedingungen und Gestaltungsmöglichkeiten [1993], S. 36.

[1621] Vgl. Kapitel 2.1.2.1.

kulturen werden zwei Arten von Funktionen im Rahmen der Unternehmungsführung zugeschrieben: Originäre Funktionen, die unmittelbar aus dem Einfluß der gemeinsamen Normen und Werte heraus auf das Verhalten von Organisationsmitgliedern resultieren. Derivative Funktionen ergeben sich als Folge der originären Funktionen.

Unter originären Funktionen werden die Koordinations- und Integrationsfunktion innerhalb der Unternehmung sowie die Motivationsfunktion zusammengefaßt. Eine mittelbare Ableitung ist möglich aus dem Wirksamwerden der kulturellen Normen und Werte.[1622] Dies bedeutet, daß die koordinations-, integrations- sowie motivationsfördernden Potentiale der Unternehmungskultur sich in bspw. effizienz- und effektivitätssteigernden Wirkungen niederschlagen können.[1623] Diese Funktionen können von der international tätigen Bank unter interkulturellen Aspekten im Rahmen der Gestaltung der internationalen Unternehmungskultur in Anspruch genommen werden.

Einem interkulturellen Marketingansatz im Bankgeschäft müssen zur Implementierung die jeweiligen bankbetrieblichen Voraussetzungen gegenübergestellt werden. Die Multikulturalität am Markt stößt auf eine bankinterne Multikulturalität, was in Bezug auf die Führungssituation in der Auslandsgesellschaft herausgestellt wurde. Als Voraussetzung für ein Interkulturelles Management sind der Aufbau von interkultureller Kompetenz bei den Mitarbeitern der Bank und der Bank selber aufgeführt worden. Unter der Annahme, daß das erworbene interkulturelle Wissen über die kulturellen Unterschiede zwischen Landeskulturen und Unternehmungskultur in die Bank transferiert wurde, sind Managementinstrumente zur Steuerung der kulturellen Unterschiede zur Anwendung zu bringen. Ziel dieser Maßnahmen ist, daß die westliche Bank im Sinne ihrer Corporate Identity als eine Organisation am Markt mit dem angestrebten Corporate Image auftritt.[1624]

Anhand der Wirkungsrichtung ist die Unternehmungskultur als eher nach innen gerichtet, die Corporate Identity-Strategie als eher nach außen gerichtet zu bezeichnen.[1625] Die Unternehmungskultur stellt die Basis für die Zielformulierung der Corporate Identity sowie die unterstützende Kraft bei der Durchsetzung und Implementierung einer Corporate Identity-Strategie dar.[1626] Voraussetzung für die Schaffung einer Corporate Identity ist die Abstimmung des Erscheinungsbilds der Bank (z.B. Symbole wie das Hexagon-Zeichen der HSBC), der Kommunikation der Bank (z.B.

[1622] Vgl. Dill, P. / Hügler, G.: Unternehmenskultur und Führung [1997], S. 146-147.

[1623] Vgl. Dill, P. / Hügler, G.: Unternehmenskultur und Führung [1997], S. 157.

[1624] Als Corporate Identity wird hier die Einheit und Übereinstimmung von Erscheinung, Verhalten und Kommunikation der Bank mit ihrer Bankidentität und ihrem Selbstverständnis definiert; unter Corporate Image wird das Fremdbild verstanden, was die Öffentlichkeit von der Bank hat. Vgl. Lenzen, A.: Corporate Identity [1996], S. 43, 55. Von einer Übersetzung der Begriffe wird hier abgesehen, da die deutsche Übersetzung oftmals zu mißverständlichen Begriffen führt.

[1625] Vgl. Wolf, J.: Internationales Personalmanagement [1994], S. 139.

[1626] Vgl. Lenzen, A.: Corporate Identity [1996], S. 143.

Verwendung von Slogans) sowie des Verhaltens (Corporate Behavior) der Bank.[1627] Wird Corporate Behavior hier als konkludente, d.h. schlüssige und widerspruchsfreie Ausrichtung der Verhaltensweisen der Unternehmensmitglieder im Innen- und Aussenverhältnis verstanden,[1628] zeigt sich der enge Zusammenhang zur Unternehmungskultur, da die unternehmerischen Normen und Werte der Unternehmungskultur der Bank Ausdruck im Corporate Behavior finden. Die Unternehmungskultur ist auf der Ebene des bankbetrieblichen strategischen Managements angesiedelt und sowohl Basis als auch Element der strategischen Grundorientierung der westlichen Bank.[1629]

Sowohl für das externe als auch für das interne Management ist die ausländische Unternehmungskultur der westlichen Bank mit der lokalen Kultur, die durch die lokalen Mitarbeiter eingebracht wird, und die in den Filialen und Tochtergesellschaften der Auslandsbanken die Mehrheit an Mitarbeitern stellen, in Einklang zu bringen. Die Probleme, die seitens der Auslandsmanager im Rahmen der Integration wahrgenommen wurden, beziehen sich vorwiegend auf den Transfer von Managementpraktiken aus der Zentrale im Rahmen einer angestrebten Standardisierung. Hinzu kommen die auf der persönlichen Ebene des Managements zu den Mitarbeitern resultierenden Problembereiche der Interaktion und Führung aufgrund der kulturellen Unterschiede.

Die Integration ist eine wesentliche Voraussetzung zur erfolgreichen Tätigkeit am Markt. Die Bedeutung des internen Managements der Auslandsgesellschaft ist in den angeführten Themen insbesondere durch die Führung, Kommunikation und Gestaltung der Zusammenarbeit deutlich zum Ausdruck gekommen. Gleichzeitig basiert der Marktauftritt, der im Bankgewerbe (genauso wie in anderen Dienstleistungsbranchen) durch die Mitarbeiter am Markt erfolgt, auf genau dieser Integration. „This has a lot to do with how Malaysians resp. Asians view of banking. This makes things more difficult, because even if the people are highly qualified and have a good, international education, this must not have changed their view of doing banking business in the Asian part of the world. Experienced people might be hired from the local market but with a mindset from a local bank perspective and according to local standards which create the greatest differences and difficulties and need for adjustment, which then requires commitment from both sides, the foreign bank and the local employee and the acceptance that differences do exist."[1630]

[1627] Vgl. Lenzen, A.: Corporate Identity [1996], S. 74-81.
[1628] Vgl. Wiedmann, K. P.: Corporate Identity [1987], S. 4.
[1629] Vgl. Stein, J.H.v. / Kerstien, H. / Gärtner, U.: Bankunternehmungspolitik [1993], S. 762; Schoch, G.: Unternehmenskultur in Banken [1987], S. 167.
[1630] Interview Auslandsbank in Malaysia.

Für die kulturelle Überschneidungssituation von Kunden und (lokalen) Mitarbeitern der westlichen Bank existieren bei der Erstellung der Bankmarktleistung am Markt die in Abbildung C/5-3 dargestellten Rahmenbedingungen.

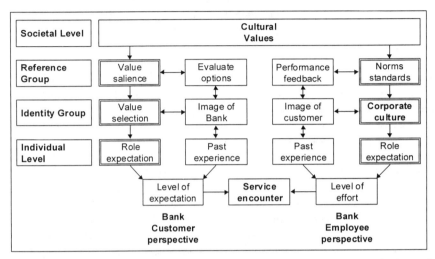

Abbildung C/5-3:   **Kontext der Erstellung von Bankmarktleistungen in der Auslandsgesellschaft**[1631]

Sowohl die Mitarbeiter als auch die Kunden der Bank werden in Bezug auf ihre kulturellen Werte zunehmend heterogener,[1632] da durch die Konfrontation mit Multikulturalität im Alltagsleben ständig neue kulturelle Werte erlernt werden. Diese kulturellen Werte stammen aus den unterschiedlichen kulturellen Ebenen innerhalb der Gesellschaft, die den Einzelnen beeinflussen. Vorrangig geschieht dies durch sog. Referenzgruppen (Reference Groups) und Identitätsgruppen (Identity Groups).[1633] Für den Kunden liefert die Reference Group zunächst auf unpersönlicher Ebene Informationen über die jeweilige Bank, die Identity Group jedoch prägt das Kundenimage einer Bank. Für die Bank bedeutet dies im Rahmen des Marketing die Notwendigkeit, die Meinungsführer in der jeweiligen Bezugsgruppe zu identifizieren sowie deren Werte und Einstellungen zu analysieren.[1634] Der lokale Mitarbeiter hingegen ist durch die Werte und Normen geprägt, die zum einen aus der eigenen Referenzgruppe (z.B. Berufsverband), zum anderen aus der Adaption der Unternehmungskultur der westlichen Bank resultieren. Auf individueller Ebene bestimmen zudem Erfahrungen aus der Vergangenheit die Erwartungen des Kunden bezüglich der Servicequalität und

---

[1631] Quelle: In Anlehnung an Riddle, D.I.: Leveraging Cultural Factors [1992], S. 307. Die doppelt-umrandeten Boxen zeigen Faktoren auf, die direkt durch kulturelle Werte beeinflußt werden.
[1632] Vgl. Riddle, D.I.: Cultural Aspects of Services Technology Transfer [1988], S. 91.
[1633] Vgl. Riddle, D.I.: Leveraging Cultural Factors [1992], S. 304-308.
[1634] Vgl. Channon, D.F.: Bank Strategic Management and Marketing [1986], S. 81-84.

des Mitarbeiters bezüglich der innerbetrieblichen Leistungsbeurteilung durch die Bank.[1635] Es treffen somit nicht nur kulturelle Werte in der Interaktion Bank/Kunde aufeinander, sondern auch unterschiedliche Interessen, die seitens der Bank zu steuern sind. Es zeigt sich, daß die Unternehmungskultur ein wesentlicher Einflußfaktor ist, aber keinen dominierenden Einfluß auf das Verhalten der Mitarbeiter hat.[1636] Dieser Sachverhalt ist bei den Überlegungen zur Gestaltung der Unternehmungskultur zu berücksichtigen.

Als Beispiel für die bei der Gestaltung der Unternehmungskultur einzubeziehenden Werte und Normen, die die wesentlichen kulturellen Unterschiede zwischen den westlichen Banken und den lokalen Mitarbeitern in den untersuchten Ländern darstellen, läßt sich für die westliche Bank die Vermittlung der Geschäftsstrategie sowie die Auslegung von bankinternen Regularien anführen: bei der Vermittlung der Geschäftsstrategie ist es erforderlich, die unternehmerischen Ziele und die hieraus abgeleiteten Steuerungsgrößen für das Geschäft der westlichen Bank zu vermitteln.[1637] Voraussetzung für die – gemäß der bankbetrieblichen Zielsetzungen – erfolgreiche Marktbearbeitung ist die Orientierung an und Einhaltung der innerbetrieblichen Regularien. Diese sollen jedoch nicht nach ,marktüblichen' Usancen oder auf Basis der Interpretation des einzelnen Mitarbeiters, sondern gemäß der (internationalen) Standards der Bank ausgelegt werden.[1638] Dies gilt insbesondere für die Servicequalität als Element der Bankmarktleistung, die für die westliche Bank einen wesentlichen Wettbewerbsvorteil bedeutet, jedoch in den untersuchten Ländern bei den lokalen Banken nicht sehr ausgeprägt ist.[1639]

Die Nachfrage von Servicequalität entsteht marktseitig erst nach der Schaffung der Grundversorgung von Bankprodukten durch die wachsenden Ansprüche der Kunden, die je nach Entwicklungsstand der Länder unterschiedlich ausgeprägt sind. Hinzu kommt die mangelnde Serviceorientierung in den ,Köpfen' und im Verständnis der Mitarbeiter dahingehend, daß Service als Komponente einer Bankmarktleistung angesehen und auch verkauft werden kann. Wenn die ausländischen Banken in den untersuchten Ländern eine Serviceorientierung als Differenzierungsmerkmal am Markt erreichen wollen, ist es wichtig, die Hauptansatzpunkte für die Implementierung zu identifizieren. Bspw. neigen Vietnamesen teilweise dazu, ausländische Kunden am Schalter besser zu behandeln als die lokalen Kunden. Da die Kunden im Privatkundengeschäft noch keine ,Beschwerdementalität' entwickelt haben, ist es teilweise problematisch, die Vorkommnisse zu kontrollieren. „We do have a far way to

---

[1635] Vgl. Riddle, D.I.: Leveraging Cultural Factors [1992], S. 304-308.
[1636] Vgl. Kapitel 2.1.2.2.
[1637] Interviews Auslandsbanken in Singapur. Den lokalen Mitarbeitern sind die Ziele bzw. Besonderheiten in den Eigentümerstrukturen (staatliche Banken, Privatbank, Publikumsgesellschaften) zu vermitteln, da sich hieraus ebenfalls Besonderheiten im Geschäftsgebaren und in den Geschäftsmöglichkeiten der Banken ergeben.
[1638] Interview Auslandsbank in Singapur.

go on getting the service issue number one as opposed to the control issue number one since the whole environment is extremely control-oriented".[1640] Durch die sprachliche Barriere sowie die in einer Filiale meist räumliche Trennung von Managementbereich und Bedienungsbereichen für die Kunden ist es teilweise schwierig, solche Vorkommnisse zu erkennen, zu interpretieren und hinsichtlich des Gestaltungsbedarfes adäquat zu berücksichtigen.

Bezeichnet man Integration bzw. Koordination auf informaler Basis als eine der Hauptfunktionen einer Unternehmungskultur in internationalen Banken, dann leitet sich aus der dieser Arbeit zugrunde liegenden Forderung der Bewältigung der aus der internen Multikulturalität der international tätigen Bank resultierenden Problembereiche die Notwendigkeit ab, eine adäquate Unternehmungskultur in diesem heterogenen Kulturumfeld zu entwickeln.[1641]

5.3.2.2 Typologie von internationalen Unternehmungskulturen

Die Hauptfunktionen von Unternehmungskulturen sind in den vorangegangenen Kapiteln dargestellt worden. Um internationale Unternehmungskulturen der westlichen Banken dahingehend zu untersuchen, in welchem Rahmen diese als interkulturell orientiertes Integrationsinstrument eingesetzt werden können, ist eine Typologisierung erforderlich.[1642] Die Einordnung der westlichen Unternehmungskulturen in eine Typologisierung kann im Rahmen dieser Arbeit nur anhand von Tendenzaussagen erfolgen. Eine differenzierte Analyse von Unternehmungskulturen auf jeweils nationaler Ebene und auf die jeweilige Institutsebene der westlichen Bank bezogen ist im Rahmen dieser Arbeit aufgrund der zugesagten Anonymisierung der Darstellung, den methodischen Problemen der Erfassung sowie der Komplexität einer Analyse nicht möglich.

Bei Darstellung der idealtypischen Strategiekonzepte[1643] sind die hiermit im Zusammenhang stehenden Führungskonzeptionen und Unternehmungskulturen für die international tätige Bank aufgeführt worden. Grundidee der Darstellung ist, daß je nach strategischer Grundorientierung eine bestimmte Einstellung des strategischen Managements hinsichtlich der relevanten Führungskonzeption für das internationale Ge-

---

[1639] Interviews Auslandsbanken in Singapur, Malaysia und Vietnam.

[1640] Interview Auslandsbank in Vietnam.

[1641] Vgl. Kutschker, M.: Konzepte und Strategien der Internationalisierung [1995], S. 657. Der Autor weist darauf hin, daß in der betriebswirtschaftlichen Forschung bisher keine inhaltlichen Empfehlungen für die Ausgestaltung von Unternehmungskulturen bei der Berücksichtigung der Multikulturalität internationaler Unternehmen vorhanden sind.

[1642] Zu den Möglichkeiten der detaillierten Analyse bzw. der Typologisierung von Unternehmungskulturen nach unterschiedlichen Kriterien siehe Schein, E.H.: Organizational Culture and Leadership [1992], S. 145-194; Scholz, C.: Kulturen [1992], S. 31-33; Deal, T. / Kennedy, A.A.: Unternehmenserfolg [1987], S. 151-176; Lenzen, A.: Corporate Identity [1996], S. 103-123. Aus Gründen der Operationalisierbarkeit wird auf eine Einordnung in starke und schwache Unternehmungskulturen verzichtet.

schäft vorhanden ist. Eine Zuordnung der existierenden Unternehmungskulturen der Banken auf Basis dieser Einteilung vorzunehmen ist daher sehr schwierig und kann nur durch die Interpretation von Indikatoren, die auf eine bestimmte Führungskonzeption hinweisen, erfolgen und soll über die polarisierende Darstellung von zwei Grundtypen von Unternehmungskulturen aufgezeigt werden.

Unter Effizienzgesichtspunkten ergeben sich im Hinblick auf das Verhältnis von Unternehmungs- zu Landeskultur für international tätige Banken als Grundtypen die als ‚universalistisch‘ und die als ‚pluralistisch‘ zu bezeichnenden Unternehmungskulturen (Abbildung C/5-4), die sich hinsichtlich der für die Bank relevanten Werte und Orientierungsmuster unterscheiden.

Universalistische Unternehmungskultur	Pluralistische Unternehmungskultur

Abbildung C/5-4:   **Typologie internationaler Unternehmungskulturen[1644]**

Eine pluralistische Unternehmungskultur bedeutet, daß jede Auslandsgesellschaft unter Berücksichtigung der jeweiligen Landeskultur eine eigene Unternehmungskultur entwickelt, die auf Gesamtbankebene maximal durch eine verknüpfende übergeordnete Rahmenkultur zusammengehalten wird. Dies impliziert die Selbständigkeit der Auslandsgesellschaft mit lokalen Mitarbeitern und Führungskräften sowie jeweils kulturell angepaßten Managementsystemen.[1645] Dies kann Spezialisierungs- und Kreativitätsvorteile schaffen, die Flexibilität der Auslandsgesellschaft erhöhen, eine effizientere Komplexitätsverarbeitung fördern sowie die Sensibilisierung für die Bedürfnisse der unterschiedlichen Gruppen von Kunden und Mitarbeitern erhöhen.[1646] Bei einer universalistischen Unternehmungskultur hingegen übernehmen die ausländischen Bankbetriebsstellen eine universell gleiche Gesamtbankkultur (meist der

---

[1643] Vgl. Kapitel 2.2.3.3.
[1644] Quelle: Entnommen aus Schreyögg, G.: Spannungsfeld [1992], S. 141.
[1645] Vgl. Schreyögg, G.: Bedeutung der Unternehmenskultur [1998], S. 42.
[1646] Vgl. Riddle, D.I.: Leveraging Cultural Factors [1992], S. 302; Schreyögg, G.: Unternehmenskultur zwischen Globalisierung und Regionalisierung [1993], S. 154-156.

Zentrale) und bleiben von den umgebenden Landeskulturen weitestgehend unbeein-
flußt.[1647] Gesamtbankbezogen ist dies mit den Vorteilen von vereinfachten Abstim-
mungsprozessen, einer Orientierung am Gesamtsystem der Bank und der Förderung
der Loyalität gegenüber der Bank verbunden – die interne Konsistenz der Bank steht
im Vordergrund.[1648]

Unter dem Aspekt der Integrationsfunktion ist zunächst einer vorwiegend universalistischen Unternehmungskultur der Vorzug zu geben, da die pluralistische Unternehmungskultur Unterschiede aufwirft und Integrationsprobleme verursacht.[1649] Darüber
hinaus ist die Unternehmungskultur der gesamten Bank gemeinsam mit anderen
weichen Faktoren der Unternehmungsführung als Erfolgsfaktor identifiziert worden,
der als Wettbewerbsvorteil am Markt umgesetzt werden soll. Bei der Homogenisierung der gesamtbankbetrieblichen Werte ist jedoch bisher nicht geklärt, inwieweit
dies dysfunktionale Wirkungen innerhalb der international tätigen Bank auslösen
kann.[1650]

Bei Betrachtung der bisherigen Ergebnisse dieser Arbeit ist die Rolle der lokalen Mitarbeiter als Vermittler an der Schnittstelle der Auslandsgesellschaft zum Markt bei
der Gestaltung der interkulturellen Geschäftsbeziehung zum Kunden identifiziert
worden. Diese Funktion nehmen jedoch lokale Mitarbeiter im Mittleren oder auch
Höheren Management auch innerhalb der Auslandsgesellschaft bei der Vermittlung
zwischen Unternehmungskultur der Bank und Landeskultur der Mitarbeiter ein. Dieser Bedarf impliziert die Ko-Existenz von Unternehmungskultur und Landeskultur und
somit der Werte innerhalb der Auslandsgesellschaft, deren potentielle und reale Konflikte bereits dargestellt worden sind, die jedoch hinsichtlich der Markterfordernisse
(s.u.) notwendig ist. Wenn der Homogenisierung von Werten und Normen als Orientierungsgrößen der Mitarbeiter einer international tätigen Bank jedoch Grenzen gesetzt sind, dann auch den Möglichkeiten der Integration durch diese Werte d. h.
durch die Unternehmungskultur. Dies bedeutet auch, daß es bis zu einem gewissen
Grad möglich ist, die Einheitlichkeit in der multikulturellen Vielfalt der westlichen Banken herzustellen.[1651] Dies gelingt, solange eine auf die Gesamtbank ausgerichtete,
die durch die jeweiligen Auslandsgesellschaften geschaffenen eigenen Subkulturen
innerhalb der Gesamtbank überlagernde, Unternehmungskultur existiert.[1652] Aus
Sicht der jeweiligen westlichen Bank hängt dieser Grad jedoch wesentlich von den
jeweiligen Umfeldbedingungen im Land ab, wie sich an den Beispielen der untersuchten Länder im nächsten Kapitel zeigen läßt.

[1647] Vgl. Meffert, H.: Globalisierungsstrategien und ihre Umsetzung [1989], S. 455.
[1648] Vgl. Schreyögg, G.: Unternehmenskultur zwischen Globalisierung und Regionalisierung [1993], S. 156.
[1649] Vgl. Schreyögg, G.: Bedeutung der Unternehmenskultur [1998], S. 42-43.
[1650] Vgl. Kutschker, M.: Konzepte und Strategien der Internationalisierung [1995], S. 657.
[1651] Vgl. Schreyögg, G.: Bedeutung der Unternehmenskultur [1998], S. 43.
[1652] Vgl. Schoch, G.: Unternehmenskultur in Banken [1987], S. 269-270.

Ob nun die Unternehmungskultur im globalen Bankgeschäft eher universalistisch oder eher pluralistisch ausgerichtet sein soll, kann nur auf gesamtbank-strategischer Ebene[1653] unter Abwägung von Effizienzkriterien entschieden werden. Letztendlich soll die Entwicklung einer adäquaten Unternehmungskultur analog zu den ihr zugesprochenen Funktionen den Erfolg der gesamten Geschäftstätigkeit erhöhen.

Als Hauptentscheidungskriterium im Sinn eines Effizienzkriteriums ist die übergeordnete internationale Strategie zu sehen.[1654] Aus dieser lassen sich als Effizienzkriterien die Art der Marktorientierung (Geschäfts- und Kundensegmente) sowie die Stärke des in den relevanten Marktsegmenten herrschenden Wettbewerbs am Markt als relevante Einflußgrößen herleiten.[1655] Diese setzen im Rahmen der situativen Unternehmungsführung unter interkulturellen Aspekten die relevanten Maßstäbe. „As far as making adjustments of the Corporate Culture to local requirements is concerned, I do not think that the bank is thinking about this on a conscious level; the bank does realise that the bank has to listen to what the clients are saying, to put them first and to understand what the clients need."[1656] Diese Aussage wird von jeder Bank für sich in Anspruch genommen und stellt hinsichtlich der Ausgestaltung der Unternehmungskultur ein wesentliches Oberkriterium dar.

Unterschiedliche Kundensegmente erfordern eine spezifische Art der Betreuung und somit einen anderen Typ Mitarbeiter, gleichzeitig soll die Differenzierung durch die Ausrichtung an aktuellen Erfordernissen am Markt über die Unternehmungskultur erreicht werden. Darüber hinaus verdeutlicht die Aussage, daß die Unternehmungskultur an der Tiefenstruktur der Bank ansetzt, d.h. oftmals auch unbewußt eine integrative Funktion der Selbstorganisation durch die Unternehmungskultur erfüllt wird.[1657] Wenn die Unternehmungskultur diese marktorientierte Funktion nicht erfüllt, indem bspw. die Verhaltenweisen der Mitarbeiter nicht auf die Bedürfnisse der Kundensegmente ausgerichtet sind, kann dieses Marktverhalten, das in entsprechendem Service und Qualität zum Ausdruck kommt, nicht als Erfolgsfaktor gefördert und gezielt als Wettbewerbsfaktor eingesetzt werden.[1658] Diese Betrachtungsweise mündet in Überlegungen über eine synergetische Unternehmungskultur, mit der die aus interkultureller Sicht erforderliche Ko-Existenz gesteuert werden kann, da die unterschiedlichen Kulturen als Ressourcen innerhalb der Bank verstanden werden.[1659]

[1653] Vgl. Meffert, H.: Globalisierungsstrategien und ihre Umsetzung [1989], S. 457.

[1654] Vgl. Schreyögg, G.: Unternehmenskultur in multinationalen Unternehmen [1990]. S. 387.

[1655] Vgl. Schoch, G.: Unternehmenskultur in Banken [1987], S. 107, 275; siehe auch Lenzen, A.: Corporate Identity [1996], S. 129-132.

[1656] Interview Auslandsbank in Vietnam.

[1657] Vgl. Kutschker, M.: Konzepte und Strategien der Internationalisierung [1995], S. 656.

[1658] Vgl. Haumer, H.: Werthaltungen und Unternehmungskultur als Erfolgsfaktoren des Bankmanagements [1990], S. 56-57.

[1659] Vgl. Meffert, H.: Globalisierungsstrategien und ihre Umsetzung [1989], S.456.

Die Ausprägung der jeweiligen Unternehmungskulturen der befragten westlichen Banken ist daher jeweils vor dem Hintergrund des Entwicklungsstandes innerhalb des Internationalisierungsprozesses und der jeweils hieraus resultierenden strategischen Positionierung zwischen globalen, multilokalen und transnational ausgerichteten Spektren zu relativieren.

5.3.2.3 Einordnung der Unternehmungskulturen der Auslandsgesellschaften westlicher Banken

Die Einordnung der Unternehmungskulturen (hier: in den Auslandsgesellschaften) anhand der vorgenommenen Typologisierung gestaltet sich als problematisch. Es soll keine Aufzählung von Werten und Normen der jeweiligen Banken erfolgen, die einzeln durch jeweilige Interpretation der eher universalistischen bzw. pluralistischen Orientierung zugeordnet werden. Hinzu kommt, daß „like most people I do not think about Corporate Culture that much on a conscious level"[1660], so daß die oftmals für die Mitarbeiter unbewußt adaptierten Normen und Werte durch die Beschreibung von Unternehmungskulturen im Gespräch weder repräsentativ für die einzelne Bank noch zielführend sind.

Neben den fachlichen Anforderungen an die lokalen Mitarbeiter sind im jeweiligen Anforderungsprofil der westlichen Banken Kriterien definiert, die die Beurteilung bzw. Einschätzung von Werthaltungen und Normen der Bewerber ermöglichen. Wenn bereits bei der Einstellung des lokalen Mitarbeiters zumindest gewisse Übereinstimmungen mit den Werten und Normen der Unternehmungskultur der westlichen Bank vorhanden sind[1661], ist die Sozialisierung der Mitarbeiter mit der Bank einfacher als bei Mitarbeitern, die mit völlig abweichenden Werthaltungen in die Bank eintreten.[1662] Aussagen der befragten Manager zu ‚weichen‘ Anforderungskriterien an die lokalen Mitarbeiter umfassen das Ausmaß der erwarteten Anpassung der lokalen Mitarbeiter an die Unternehmungskultur der westlichen Banken. Mit dieser Vorgehensweise ist es möglich, die jeweilige Landeskultur der westlichen Bank auszublenden, da nicht der Inhalt der Werte und Normen, sondern die Beurteilung der kulturellen Unterschiede das relevante Kriterium sind.

In allen Ländern stellen die meisten befragten Banken hohe Anforderungen an die lokalen Mitarbeiter in der Art, daß die Banken durch die geforderten Einstellungsvoraussetzungen erreichen wollen, daß die Mitarbeiter eine adäquate Ausbildung, Einstellung und Wertesystem mitbringen.[1663] Die Banken definieren viele Standards sowie hohe Eintrittsbarrieren, „damit die Bewerber zur Bank passen und nicht die Bank

---

[1660] Interview Auslandsbank in Vietnam.

[1661] Interviews Auslandsbanken in Singapur, Malaysia und Vietnam. Siehe auch Schein, E.H.: Organizational Culture and Leadership [1992], S. 243-245.

[1662] Vgl. Keller, A.: Rolle der Unternehmungskultur [1990], S. 258.

[1663] Vgl. Schneider, S.C.: National vs. Corporate Culture [1988], S. 239.

zu den Leuten".[1664] So „bietet das System der Bank Verantwortung und Verantwortlichkeit an. Die Mitarbeiter müssen verstehen, daß dies ein Teil der Unternehmungskultur der Bank ist und wenn sie in dieser Bank erfolgreich sein wollen, sich genau dieses Prinzip zu Eigen machen müssen. Wenn die Mitarbeiter dies nicht leisten können, haben sie keine Zukunft in der Bank."[1665] Hinzu kommen als weitere Kriterien eine „outgoing personality, to represent the bank and to accept the business proposals of a foreign company and to translate them into the Vietnamese understanding, so that the customers will understand. So people have to have local roots and some type of Western education".[1666] Diese Forderung haben alle der befragten westlichen Banken gestellt, da diese die Anpassung der Mitarbeiter an die Unternehmungskultur der ausländischen Bank gewährleisten soll, so daß im Umkehrschluß die Bank sich hinsichtlich der Unternehmungsführung weniger an die lokalen Mitarbeiter anpassen muß.[1667] „Irgendwo muß der Mitarbeiter, der die Bank betritt, sich darüber klar sein, daß er nicht in einer lokalen Bank arbeitet und er daher auch einen Beitrag zur Integration bzw. Anpassung leisten muß, so daß Kompromißfähigkeit und –bereitschaft gefragt ist".[1668] Diese Beispiele hinsichtlich der Einstellungskriterien verdeutlichen, daß zur Bewältigung der kulturellen Unterschiede es zunächst Aufgabe des Mitarbeiters ist, sich an die Unternehmungskultur der westlichen Banken anzupassen, was als universalistische Grundhaltung einzuordnen ist. Für einige Banken stellt sich dies in weniger extremer Form: „What the bank is trying is to mould the corporate culture into the local culture; the bank is not trying to change one or the other, but the bank is trying to find ways of blending the two cultures and make them work."[1669]

In den untersuchten Ländern werden die Mitarbeiter in der Anpassungsfähigkeit unterschiedlich beurteilt. So bringen die Mitarbeiter in **Singapur** teilweise schon Erfahrung aus anderen international bzw. global tätigen Banken mit. Je nach globaler Entwicklungsstufe der Bank können andere internationale Banken von dieser Expertise profitieren. Für die Integration dieser Mitarbeiter bedeutet dies eine Reduzierung der notwendigen Anpassung an die Unternehmungskultur der westlichen Bank.[1670] Die Ansprüche an die lokalen Mitarbeiter in **Malaysia** werden folgendermaßen formuliert: „The main differences are strategic thinking, market positioning, product wise and credit risk managing wise. The view on how banking is conducted within the Group is totally different from the way business is done in Asia. ... Managerial skills do not have to be adopted from the local people, but from the (foreign) Manager, otherwise the people will not do what and how they are wanted to do something.

[1664] Interviews Auslandsbanken in Singapur, Malaysia und Vietnam.
[1665] Interview Auslandsbank in Vietnam.
[1666] Interview Auslandsbank in Vietnam.
[1667] Interviews Auslandsbanken in Singapur und Malaysia.
[1668] Interviews Auslandsbanken in Malaysia.
[1669] Interview Auslandsbank in Vietnam.
[1670] Interview Auslandsbank in Singapur.

...The local people have to be able to translate the ideas of the bank, first by understanding and then by getting the people and teams to do it."[1671] So rekrutiert eine westliche Bank in Malaysia vorwiegend außerhalb Malaysias (Europa, USA), was bereits eine Art Vorselektion darstellt, vorwiegend international ausgebildete Mitarbeiter einzustellen.[1672] Mit dieser Vorgehensweise können einige interkulturelle Konfliktpotentiale vermieden bzw. umgangen werden, „...since a lot of the acculturation has already been done before the people join the bank in Malaysia".[1673] So wird seitens der westlichen Banken versucht, landeskulturelle Eigenschaften einerseits zu bewahren, andererseits durch die Anforderung internationale Erfahrung in Form von Ausbildung sowie Berufserfahrung ‚abzuschwächen' und somit die Einarbeitung und –gewöhnung der lokalen Mitarbeiter in die ausländische Unternehmungskultur zu erleichtern. In **Vietnam** stellt sich neben den angeführten Aufgaben die Hürde für die Mitarbeiter noch anders dar, da auch die vorwiegend durch das politische System geschaffenen Rahmenbedingungen bei Beschäftigung in einer westlichen Bank überkommen werden müssen: „The bank believes in open communication, meritocracy, no hiring of people due to relations to somebody specific, respect for law, compliance with local regulations and requirements and no discrimination against persons. Other cultures, like i.e. the surrounding national culture might be opposite: nepotism, discriminatory; but in this sense Corporate Culture can break down barriers, open doors and make opportunities for people who are maybe oppressed from their local culture."[1674] Die westlichen Banken in Vietnam rekrutieren aus den angeführten Gründen die Mitarbeiter direkt an der Universität oder Sprachenschule.[1675]

Aus diesen Darstellungen lassen sich die folgenden Schlußfolgerungen ziehen: In allen Märkten ist die Unternehmungskultur der westlichen Banken durch eine tendenziell universalistische oder aber durch in Ansätzen für die gesamte internationale Bank synergetisch definierte Kultur gekennzeichnet. Die meisten westlichen Banken richten ihre Unternehmungskultur im Land auf die Reproduktion des Kulturprofils der Zentrale aus, wobei die speziellen länderspezifischen Rahmenbedingungen vom Ansatz her weniger stark einbezogen werden. Die Umsetzung dieses Ansatzes wirft jedoch interkulturelle Problembereiche auf, die aber als konkrete Anforderungen an das Management vor Ort verstanden werden und somit durch die Anpassung vor Ort zu lösen sind. Abweichungen hiervon zeigen tendenziell die Kolonialbanken HSBC und Standard Chartered Bank, die sich durch die lange Marktpräsenz als lokale Banken positionieren und dies auch in einer eher pluralistischen Unternehmungskultur zum Audruck bringen. Durch die lange Präsenz und die breite Geschäftsfeldabdeckung können diese Banken als eine Art ‚Hybrid' bezeichnet werden: von der legalen und regulatorischen Seite sind die HSBC und die Standard Chartered Bank Aus-

---

[1671] Interview Auslandsbank in Malaysia.
[1672] Interview Auslandsbank in Malaysia.
[1673] Interview Auslandsbank in Malaysia.
[1674] Interview Auslandsbank in Vietnam.
[1675] Interviews Auslandsbanken in Vietnam.

landsbanken, im Hinblick auf kulturelle Aspekte wird seitens des Marktes vermutlich keine Unterscheidung zwischen lokalen und diesen Banken gemacht.[1676] Aufgrund der Historie der Banken in den Ländern haben diese Banken einen eher adaptiven Ansatz für das Management der Bank und der Integration der Kultur.[1677] Sowohl die HSBC als auch die Standard Chartered Bank haben ihre Kernmärkte in Asien und beide Banken verstehen sich als ‚lokale' Banken im Markt.[1678] Diese Positionierung nimmt auch die Citibank ein, die sich über ihre Auslandsgesellschaften in den Emerging Markets als ‚local embedded bank' definiert,[1679] intern jedoch durch die Anwendung eines globalen Führungskonzeptes stark integriert ist. Aber auch die britischen Banken entwickeln zur Zeit stärker global integrierte Strategien, die Auswirkungen auf die Unternehmungskulturen haben können.

Darüber hinaus ist die Dauer des Engagements der westlichen Banken in den Ländern bei der Beurteilung der kulturellen Unterschiede zu berücksichtigen. Bei einer langen Marktpräsenz hat sich die Bank am Markt dahingehend etabliert, daß sich die Unternehmungskultur und die umgebende Landeskultur in einem dauernden Austausch befinden. Unter dynamischen Aspekten verändern sich sowohl die Unternehmungskultur als auch die die Auslandsgesellschaft umgebende Landeskultur, so daß dies ein fortlaufender und andauernder Prozeß ist. So waren zu Beginn der Internationalisierungen von Banken eher stark pluralistisch ausgerichtete Unternehmungskulturen üblich. Durch die zunehmende Globalisierung im Bankgeschäft verändern sich, wie dargestellt, die strategischen Ausrichtungen, so daß sich die eher pluralistische Unternehmungskultur in Richtung universalistischer im Sinne von geozentrischen Unternehmungskulturen verändert hat. Tendenziell bewegen sich unter interkulturellen Aspekten die westlichen Banken in Mischformen der transnationalen Ausrichtungen. Für die befragten Manager der Auslandsgesellschaft ist daher die Konfrontation mit den fremden Kulturen ein Eintritt in diesen laufenden Austauschprozeß.

Dies gilt tendenziell für Singapur und Malaysia. Für Vietnam verhält sich die Situation anders, da die westlichen Banken ihr Engagement erst im letzten Jahrzehnt aufbauen konnten und auch heute noch aufbauen, so daß die Banken den Umgang mit den kulturellen Besonderheiten Vietnams erst in der Phase der tendenziell eher bereits universalistisch ausgeprägten Unternehmungskulturen berücksichtigen können.

Aufgrund dieser Überlegungen und Anforderungen werden nun die Möglichkeiten der Gestaltung einer interkulturell adäquaten Unternehmungskultur diskutiert.

[1676] Interview Auslandsbank in Singapur; Interview Auslandsbank in Malaysia.
[1677] Interview Auslandsbank in Singapur.
[1678] Interviews Auslandsbanken in Singapur und Malaysia.
[1679] Vgl. Citigroup: Annual Report 1998 [1999], S. 19.

5.3.2.4 Möglichkeiten und Grenzen der Umsetzung von interkulturellen Maßnahmen zur Schaffung einer interkulturell adäquaten Unternehmungskultur

Die Forderung nach sog. Systemvereinbarkeit von Strategie, Struktur, Umwelt der Bank und Unternehmungskultur der Bank[1680] stößt in der Umsetzung auf Grenzen, die im Wesen der Unternehmungskultur zu finden sind. Für das strategische Management existieren generell bei der Gestaltung der Unternehmungskultur wenig konkrete Ansatzpunkte für den gezielten Einsatz von Managementinstrumenten. Zudem tritt die Realisierung von Gestaltungsmaßnahmen erst mit erheblicher zeitlicher Verzögerung auf. Folge ist, daß ein Bündel an Managementinstrumenten mit einer entsprechenden Ausrichtung konzipiert werden muß und das Management die lediglich partielle aktive Einflußnahme im Rahmen der Kulturgestaltung akzeptieren muß.[1681] Unter Vergegenwärtigung der Stabilität und Struktur von Kulturen, und somit auch Unternehmungskulturen, ist die Erwartung einer gezielten Beeinflussung mit schnellen Umsetzungserfolgen unrealistisch und daher die Gestaltung von Kulturen als langfristiger Prozeß anzusehen.[1682] In Verbindung mit der Operationalisierung von Kultur über die Aufspaltung in drei Kulturebenen kann es eine Unternehmungskultur durch ihre Erlernbarkeit leisten, die oberen beiden Kulturschichten (Normen und Werte, Praktiken als Artefakte) der aus anderen Kulturkreisen stammenden Mitarbeiter zu beeinflussen.[1683] Der Handlungsrahmen des strategischen Bankmanagements erstreckt sich somit auf die Gestaltung von Strategien und Strukturen, die zum einen aus der Unternehmungskultur resultieren, zum anderen diese auch in den aufgezeigten Grenzen bewußt gestalten können.[1684]

Die bewußte Schaffung einer strategieadäquaten, verstärkt synergetischen Unternehmungskultur in der Gesamtbank trifft immer auch auf nicht durch das Management gezielt beeinflußbare inhärente Gegenkräfte im Gesamtsystem Bank.[1685] Die als Untersysteme zu bezeichnenden Auslandsgesellschaften weisen autonome Kräfte für die Entwicklung der Systeme auf,[1686] so daß jegliche Maßnahmen auch vor dem Hintergrund des Wandels dauerhaft angewendet und auch weiterentwickelt werden müssen. Die Gestaltung der Unternehmungskultur kann theoretisch durch Konflikte mit der Strategie, mit der Struktur und der Umwelt beeinträchtigt werden.[1687] Hier soll lediglich der Bereich der Umweltkompatibilität mit der Landeskultur gestaltet werden, da die Unternehmungskultur sich an den bestehenden Strategien und Struk-

---

[1680] Vgl. Keller, A.: Rolle der Unternehmungskultur [1990], S. 208-211.
[1681] Vgl. Krystek, U.: Unternehmungskultur [1992], S. 555.
[1682] Vgl. Heinen, E. / Dill, P.: Unternehmenskultur [1986], S. 212-213.
[1683] Vgl. Schneider, S.C.: National vs. Corporate Culture [1988], S. 233; Laurent, A.: Cross-Cultural Puzzle [1986], S. 98. Vgl. auch Kapitel 2.4.2.1.
[1684] Vgl. Keller, A.: Rolle der Unternehmungskultur [1990], S. 249-250.
[1685] Vgl. Krystek, U.: Unternehmungskultur [1992], S. 555.
[1686] Vgl. Schreyögg, G.: Bedeutung der Unternehmenskultur [1998], S. 43-44.

402

turen der westlichen Bank orientiert bzw. ausrichtet. Latent besteht bei mangelnder Umweltkompatibilität die Gefahr, daß eine Kulturspaltung in der Bank zwischen Management bzw. Unternehmungskultur der Zentrale und einer eigenen Kultur der Mitarbeiter eintritt bzw. die separaten Kulturen nicht integriert werden können.[1688]

Für die Schaffung einer synergetischen Unternehmungskultur, die es leistet, den Standardisierungs- und Homogenisierungsansprüchen der Gesamtbank sowie den länderspezifischen interkulturellen Ansprüchen gerecht zu werden, sind diejenigen Maßnahmen auszuwählen, die zum einen die identifizierten interkulturellen Erfolgsfaktoren aufgreifen und umsetzen, zum anderen den notwendigen interkulturellen Gestaltungsspielraum belassen, der für die situationsbezogene und auch dynamische Ausrichtung an die lokalen Bedingungen erforderlich ist.[1689] Dies bedeutet, daß die Maßnahmen in beide Richtungen, d.h. von Zentrale zu Auslandsgesellschaft sowie von Auslandsgesellschaft zu Zentrale wirken müssen (Abbildung C/5-5).

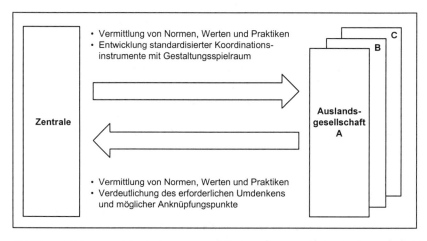

Abbildung C/5-5:   **Wirkungsrichtungen interkulturell orientierter Maßnahmen zur Schaffung einer synergetischen Unternehmungskultur[1690]**

Dieser gleichberechtigte Austausch gilt sowohl für die Vermittlung der Werte und Normen als auch für die spezifischen Praktiken der Unternehmung. Ziel dieser Darstellung ist es aufzuzeigen, daß durch interkulturelle Kompetenz und interkulturelle

---

[1687] Vgl. Keller, A.: <u>Rolle der Unternehmungskultur</u> [1990], S. 250-252.
[1688] Vgl. Keller, A.: <u>Rolle der Unternehmungskultur</u> [1990], S. 250-252.
[1689] Lenzen spricht in diesem Zusammenhang von der Unternehmungskultur als Grundlage strategischer Handlungsfreiräume. Diese soll ermöglichen, daß die Mitarbeiter der Bank flexibel auf Umfeldveränderungen reagieren können bei gleichzeitiger Gewährleistung, daß die Ausrichtung der einzelnen Mitarbeiterentscheidungen mit den Zielsetzungen der Gesamtbank in Einklang steht. Vgl. Lenzen, A.: <u>Corporate Identity</u> [1996], S. 149-150.
[1690] Quelle: Eigene Darstellung.

Kommunikation das Verständnis für die Andersartigkeit anderer Kulturkreise nicht nur am Markt, sondern auch in der Auslandsgesellschaft erhöht wird. Es wird grundsätzlich davon ausgegangen, daß die jeweils zu vermittelnden Orientierungsmuster nicht assimiliert, sondern integriert werden, so daß die identifizierten Unterschiede gegenseitig akzeptiert und durch interkulturelle Managementansätze berücksichtigt werden.[1691] Ziel ist es, durch ein gewisses Maß an kultureller Integration einen Grundkonsens über gemeinsame Werthaltungen zu erzielen. Die genauen Mechanismen für die Übertragung von unternehmenskulturellen Werten sind bisher noch nicht systematisch in der Wissenschaft aufbereitet worden. Sie setzen jedoch vorwiegend im Bereich des Internationalen Personalmanagements an.[1692]

Zur Anwendung von Managementinstrumenten ist stets zu vergegenwärtigen, daß diese zum einen unter spezifischen kulturellen Bedingungen konzipiert worden sind. Zum anderen unterstellt die Auswahl und Anwendung von Maßnahmen wiederum bestimmte Basisannahmen über bspw. Kultur und Menschenbild.[1693] Die Untersuchung der Anwendung wäre somit wiederum auf die länderbezogene Herkunft der westlichen Banken abzustellen, was nicht Gegenstand dieser Arbeit ist. Hier sollen unter Bezugnahme auf die drei untersuchten Länder diejenigen Maßnahmen als Schwerpunkte der Gestaltung der Unternehmungskultur in der Gesamtbank bzw. in der Auslandsgesellschaft aufgezeigt werden, die die konkret definierten Erfolgsfaktoren sowie die bei der Diskussion der marktorientierten Erfolgsfaktoren herausgestellten weiteren Voraussetzungen in der Bank berücksichtigen.

In Kapitel 5.1 sind die Erfolgsfaktoren bereits den Themenbereichen Personalmanagement und Führung zugeordnet worden. Diese strategischen Managementbereiche werden jetzt unter Berücksichtigung der angestellten Überlegungen zur Unternehmungskultur konkretisiert. Es geht somit nicht darum, einzelne Managementinstrumente in Bezug auf grundsätzliche Gestaltungsmöglichkeiten und Vor- und Nachteile ausführlich darzustellen, sondern hinsichtlich der Verwendbarkeit für einen interkulturellen Managementansatz zu prüfen. Effizienzkriterien hierfür sind die ermittelten Erfolgsfaktoren sowie der Aufbau interkultureller Kompetenz.

Als Erfolgsfaktoren im Management der Auslandsgesellschaft waren Langfristigkeit und persönliche Beziehungen im Rahmen des Engagements am Markt als wesentliche Komponenten identifiziert worden. Als Anforderungen sind in Kapitel 5.1 hieraus auf Langfristigkeit ausgerichtete **Entsendungskonzepte** unter Berücksichtigung des **Managements in seiner Mittlerrolle** sowie die besondere Beachtung der **Besetzung von Schlüsselpositionen** im Rahmen der lokalen Personalentwicklung in der

---

[1691] Vgl. Rothlauf, J.: Interkulturelles Management [1999], S. 48-49.
[1692] Vgl. Schreyögg, G.: Unternehmenskultur zwischen Globalisierung und Regionalisierung [1993], S. 157.
[1693] Vgl. Schneider, S.C.: National vs. Corporate Culture [1988], S. 233-234.

Auslandsgesellschaft herausgearbeitet worden. Durch diese Maßnahmen können Normen und Werte innerhalb eines institutionalisierten Personalmanagements koordiniert und kommuniziert werden. Für die konkrete **Anpassung eines auf Standardisierung ausgerichteten Managementinstrumentes** der Gesamtbank soll die Methodik der Beurteilung von Mitarbeitern als Beispiel dienen. Im Anschluß an die Darstellung dieser Maßnahmen aus dem Personalmanagement in Kapitel 5.4.3 wird in Kapitel 5.4.4 die Schaffung eines **kultursynergetischen Führungsansatzes** dargestellt, d.h. wie konkret über die Vermittlung von Normen und Werten sowie Praktiken in der konkreten Führungssituation in der Auslandsgesellschaft die aktive Gestaltung vorgenommen werden kann.

5.3.3 Integrationsinstrumente des Personalmanagements unter interkulturellen Aspekten westlicher Banken in Südostasien

Das internationale Personalmanagement der Banken hat die Aufgabe, mit einem durch unterschiedliche Kulturkreise und Wertesysteme zu charakterisierenden und aus verschiedenen Ländern rekrutierten Personal eine einheitliche Unternehmungspolitik zu realisieren. Für das Interkulturelle Management der westlichen Banken erhalten einzelne Aspekte des Personalmanagements besondere Bedeutung, [1694] die im Folgenden dargestellt werden.

5.3.3.1 Vermittlung kultureller Werte und interkultureller Kompetenz durch internationalen Personaltransfer

5.3.3.1.1 Formen und Ziele des Personaltransfers in westlichen Banken

Der internationale Personaleinsatz stellt ein wesentliches Instrument des interkulturellen Managements dar, da nur die in fremden Kulturen gewonnene Erfahrung tatsächlich zum Aufbau interkultureller Kompetenz beitragen kann. Wesentliches Modul des internationalen Personaleinsatzes ist der kurz- und längerfristige Transfer von Mitarbeitern zwischen Muttergesellschaft und Auslandsgesellschaften (Expatriates).[1695] Hinzu kommt der Transfer von Auslandsgesellschaften in die Muttergesellschaft (Integration von internationalem und lokalem Personalmanagement - Inpatriates) oder zwischen Auslandsgesellschaften (Transpatriates).[1696] Ziel dieser organisationalen Sozialisation sind die ausgelösten Lernprozesse, die von der Projekt- über die Karriere- bis zur organisationalen Entwicklung reichen. [1697] Bei dem Transfer von Mitarbeitern in das Ausland wird hinsichtlich der Zielsetzung und der hierarchischen Einordnung der Mitarbeiter unterschieden: Ziel des Führungskräftetransfers ist es, als ‚Agenten der Sozialisation' die Auslandsgesellschaft über informellen, persönli-

---

[1694] Vgl. Perlitz, M.: Internationales Management [1995], S. 463.
[1695] Vgl. Macharzina, K.: Rahmenbedingungen und Gestaltungsmöglichkeiten [1993], S. 36.
[1696] Adler, N.J.: Organizational Behavior [1997], S. 235-236.
[1697] Vgl. Adler, N.J.: Organizational Behavior [1997], S. 235-236.

chen Austausch mit den relevanten Normen und Werten der Gesamtbank vertraut zu machen, so daß die Grundlage für den Aufbau einer Corporate Identity auf Basis der Unternehmungskultur gelegt wird.[1698] Der Transfer von Nachwuchsführungskräften dient hingegen dem Aufbau von Managementkapazitäten. Fachkräfte werden in der Aufbauphase der Auslandsgesellschaft – oder aber aufgrund des Entwicklungsstandes des Landes – vornehmlich zum Know-how Transfer entsandt.[1699]

Ziel unter interkulturellen Aspekten ist es, für die untersuchten Länder die Langfristigkeit im Engagement der westlichen Banken auch durch mögliche stabile und langfristige persönliche Beziehungen zur Bank aufzubauen. Dies kann nur durch einen entsprechenden Langzeiteinsatz des Managements (unabhängig von der Herkunft) realisiert werden. Die angestrebte Stabilität soll auch innerhalb der Auslandsgesellschaft erreicht werden und den lokalen Mitarbeitern eine Orientierungsgröße geben. Für alle transferierten Mitarbeiter gilt daher das interkulturelle Ziel des Lernens und der Übermittlung von interkultureller Kompetenz innerhalb der gesamten Bank.[1700]

In Abhängigkeit von der strategischen Grundorientierung der westlichen Banken unterscheiden sich die praktizierten Konzepte der Transfers von Mitarbeitern sowie deren Aufgabenstellungen.

1. Führungskräftetransfer

Die Konzepte für die Führungskräfte unterscheiden sich hinsichtlich der Dauer des jeweiligen Einsatzes, der Frequenz an Entsendungen sowie der Zielgruppe der Transfers.[1701] Langzeittransfers umfassen mehrere Einsätze (3-5 Jahre) in unterschiedlichen Ländern in teilweise unterschiedlichen Positionen im Management in Folge, bevor ein Rücktransfer in das Stammhaus erfolgt; temporäre Transfers von ca. 3-5 Jahren wechseln sich mit einer regelmäßigen Rückintegration in die Zentrale ab. Es zeigte sich in der Region Südostasien, daß die befragten Manager überwiegend schon sehr lange Erfahrung in verschiedenen Ländern in der Region und auch darüber hinaus gesammelt haben und die meisten westlichen Banken die Langzeittransfers außerhalb des Stammhauses praktizieren. Hinsichtlich der Herkunft dieser Manager überwiegt jedoch der Transfer von Stammhausmitarbeitern.[1702]

[1698] Vgl. Macharzina, K.: Rahmenbedingungen und Gestaltungsmöglichkeiten [1993], S. 36;
[1699] Vgl. Wolf, J.: Internationales Personalmanagement [1994], S. 133.
[1700] Vgl. Adler, N.J.: Organizational Behavior [1997], S. 235-236.
[1701] Interviews Auslandsbanken in Singapur, Malaysia und Vietnam.
[1702] Die Tatsache, daß die westlichen Banken zu Beginn des Engagements vorwiegend Stammhausmitarbeiter nach Vietnam transferieren, ist auch in Verbindung mit dem dort notwendigen Aufbau des Engagements zu erklären, welches guter Kenntnisse über die Schnittstelle zur Zentrale bedarf.

Die Transferkonzepte unterscheiden sich hinsichtlich der Nationalitäten bei der Besetzung von Stellen erheblich, was mit den internationalen Führungskonzepten der jeweiligen Bank zusammenhängt.

So überwiegt bspw. der ethnozentrische Ansatz bei der Entsendung von Managern aus dem Herkunftsland der Bank bzw. bei Aufbau eines international einzusetzenden ‚Kaders' an Managern aus dem Herkunftsland. Dies ist ehemals von der Standard Chartered Bank praktiziert worden und wird heute vornehmlich noch von der HSBC (‚old boys network' vorwiegend britischer Manager) gehandhabt.[1703] Die befragten westlichen Banken haben bis auf wenige Ausnahmen keine lokalen Führungskräfte auf der ersten Ebene, wohl aber in stellvertretenden Positionen des Managements auf der zweiten Ebene. Die Führungskräfte auf der ersten Ebene werden im Rahmen eines globalen/transnationalen Ansatzes zunehmend auch mit internationalen Managern aus Drittländern besetzt.[1704]

Die Funktion des Auslandsmanagers wird zwischen den strategischen und geschäftspolitischen Weichenstellungen der Gesamtbank und den spezifischen Lokalisierungsaspekten der Bank gesehen. Die Hauptfunktion ist in der internen Kommunikations- und Vermittlungsposition als Schnittstelle zwischen globalen Gesamtzielsetzungen und lokalen Besonderheiten, wie z.B. der kulturellen Aspekte bei Umsetzung einer neuen geschäftsstrategischen Ausrichtung in den untersuchten Ländern, zu sehen.[1705] Die Auslandsmanager bzw. das Management der Auslandsgesellschaft werden bei den befragten Banken im Rahmen der internen Führungsrolle in der ausländischen Gesellschaft als Träger und Vermittler der Unternehmungskultur bezeichnet. Unter dieser Funktion werden den Managern die folgenden Aufgabenstellungen zugeordnet:[1706]

- Verbreitung der Unternehmungskultur der Bank durch Vermittlung der Kernwerte auf Basis von offenen Erläuterungen zu Geschichte und Strukturen der westlichen Bank sowie Hintergründe zu aktuellen Geschehnissen,

- Gewährleistung des von der westlichen Bank angestrebten Maßes an Standardisierung von Prozessen, Ausübung der Geschäftätigkeit sowie Erzeugung von Verständnis über die erforderliche Konformität und Konsistenz für die Arbeitsweise der Gesamtbank,

---

[1703] Vgl. o.V.: <u>From the Brink of Disaster</u> [1998/99], S. 17. Die Standard Chartered Bank hat heute im Senior Management der Bank in den Ländermärkten einen höheren Anteil an lokalen Mitarbeitern als weltweit transferierte Führungskräfte.
[1704] Interviews Auslandsbanken in Singapur, Malaysia und Vietnam.
[1705] Interview Auslandsbank in Vietnam. *Adler* bezeichnet in diesem Zusammenhang Transpatriates als ‚glue' der globalen Organisation. Vgl. Adler, N.J.: <u>Organizational Behavior</u> [1997], S. 236.
[1706] Interviews Auslandsbanken in Singapur, Malaysia und Vietnam.

– Adaption lokaler Anforderungen unter Berücksichtigung der für die Gesamtbank gültigen Verhaltensweisen sowie Anpassung der Bankkultur an die lokalen Notwendigkeiten.

Diese Funktionen können dann erfolgreich ausgeübt werden, wenn die Manager sich
selber regelmäßig, auch vor dem Hintergrund strategischen und kulturellen Wandels
in der Bank, mit den Normen und Werten der Bank vertraut machen können. Dies
setzt eine entsprechende Einarbeitung bzw. Karriere innerhalb der jeweiligen Bank
voraus. Zudem erscheinen ein regelmäßiger Rücktransfer oder ein längerer Aufent-
halt in der Zentrale, internationale Veranstaltungen zum Erfahrungsaustausch neben
der Nutzung von Intranet, Videokonferenzen und Telefongesprächen zur Kommunikation zwischen Zentrale und Auslandsgesellschaften sinnvoll.

2. Transfer von mittlerem Management/Fachkräften

Der Transfer von Mitarbeitern des Mittleren Managements oder Fachkräften bei den
befragten Banken erfolgt für einen Zeitraum von durchschnittlich 3 Jahren. Ziel ist der
Transfer von Know-how und Erwerb von spezifischen Marktkenntnissen.[1707] Hinzu
kommen internationale Austauschprogramme (1-2 Jahre) oder die Integration von
Auslandsaufenthalten in Traineeprogrammen zur Sensibilisierung für die Tätigkeit im
Ausland, was in einzelnen Banken bereits praktiziert wird und in anderen Banken geplant ist.[1708]

Idealkonstrukt ist aus der Sicht der Auslandsmanager, wenn internationale Managementkapazitäten mit einem bestimmten Anforderungsprofil durch die Entwicklung von
international einsetzbaren Mitarbeitern aufgebaut werden. Diese Mitarbeiter sollen es
leisten, der Unternehmungskultur verpflichtet zu sein, sich aber auch als kulturelle
‚Neutren' oder ‚Chamäleons' in die jeweilige Landeskultur des Ziellandes einfinden
können.[1709] Dies bedeutet die Schaffung von interkultureller Kompetenz im Sinne eines Bündels von wesentlichen Ansatzpunkten, auf deren Basis Kulturen hinterfragt
und verstanden werden können. Diese Qualifikation bzw. Eigenschaft ist bei wech-
selnden Einsätzen oder aber bei der Mitarbeit in internationalen Teams von Bedeutung. „If a person is successful in e. g. Malaysia there are certainly some attributes
which help to be also successful in other Asian countries. It is better to have a long
history of experience in Asia than to come to an Asian country for the first time in life
and being a Senior Client Manager or in a General Manager position. Generally
speaking this means that Non-Asian employees should build up their career already
in the Asian region to develop the required skills, to make experience and build a cer-

---

[1707] Über eine aktive Abfrage und Nutzung des Wissens der transferierten Mitarbeiter nach Rückkehr
in die Bank konnten die befragten Manager der Auslandsgesellschaften keine Angaben machen.
Es ist daher davon auszugehen, daß dies nicht praktiziert wird.
[1708] Interview Auslandsbank in Singapur.
[1709] Interview Auslandsbank in Singapur.

tain cultural awareness instead of being appointed directly in a high position.[1710] Dies bedeutet seitens der Bank den frühzeitigen Aufbau von Managementnachwuchs für internationale Führungspositionen. Hier gehen die Meinungen über die notwendigen Anforderungen jedoch auseinander: „There are two general categories of people in the bank in Vietnam: Product specialists, who tend to be more universal, because ‚the money looks the same all over the world‘ and to some extent so do the products (Capital Markets, Trade Finance, Investment Banking), so that the product specialists are not regional specialists; Relationship (Client) Managers, especially if they are Asian Client Managers (besides the client base consisting of MNCs) they tend to develop skills in various aspects of cross-cultural communication (e.g. acquisition, negotiating).[1711]

Im Sinne eines interkulturellen Managementansatzes sollten jedoch alle international tätigen Mitarbeiter das angeführte Maß an interkultureller Kompetenz erwerben. Diese Notwendigkeit ist vor dem Hintergrund der unterschiedlichen personenbezogenen Betreuungsansätze von lokalen Kunden bereits aufgezeigt worden, wobei im Rahmen dieser Betreuung die Rolle der lokalen Mitarbeiter sehr wichtig ist.

Zusammenfassend läßt sich festhalten, daß die für die Realisierung des ‚Ideals‘ notwendigen Maßnahmen der internationalen Personalpolitik, Umsetzung von Ansätzen einer internationalen statt Heimatmarkt-bezogenen Personalpolitik sowie die Vorbereitungen von Mitarbeitern bisher in den Auslandsgesellschaften teilweise nicht als adäquat empfunden werden.[1712]

Das unter interkulturellen Aspekten wichtige Ziel der Langfristigkeit wird nur in wenigen Fällen tatsächlich erreicht, da die länderbezogenen Aufenthalte von 3-5 Jahren (unberücksichtigt bleiben hier bspw. frühzeitig abgebrochene Entsendungen) je nach kultureller Sichtweise zwar Beziehungen ermöglicht haben, diese jedoch teilweise auch abrupt und ohne Überleitungsmaßnahmen zwischen dem ausscheidenden und dem übernehmenden Manager beendet werden. Der Langfristigkeit des jeweiligen Aufenthaltes steht auch die berufliche Entwicklung des Mitarbeiters entgegen. Durch die auf Managementebene praktizierten Langzeitaufenthalte in der Region Asien/ Südostasien wird für die Mitarbeiter eine regionale Spezialisierung erreicht, aus der die jeweiligen Banken jedoch bisher keinen Lernprozeß institutionalisiert haben.

Bevor im Folgenden auf Aspekte des lokalen Personalmanagements eingegangen werden soll, wird die Rolle von Expatriates in den jeweiligen Ländern analysiert, da die Ausübung dieser Aufgaben für die Zusammenarbeit von internationalen und lokalen Mitarbeitern der Auslandsgesellschaft von Bedeutung ist.

[1710] Interview Auslandsbank in Vietnam.
[1711] Interview Auslandsbank in Vietnam.
[1712] Interviews Auslandsbanken in Singapur, Malaysia und Vietnam.

5.3.3.1.2 Unterschiedliche Rollen der Expatriates in den untersuchten Ländern

Die Rolle von entsandten Fachkräften sowie mittlerem Management unterscheidet sich in den Ländern, da die lokalen Mitarbeiter unterschiedliche Erwartungen an diese internationalen Mitarbeiter stellen. In der Regel werden Expatriates dort eingesetzt, wo die ausländischen Banken aus bestimmten Motiven (fachliche Kenntnisse, Entwicklungsstand, Kundenanforderungen, sensible Informationen) keine lokalen Mitarbeiter einsetzen können oder wollen.[1713]

Grundsätzlich sollte jedoch ein Rollenwandel in der Art vonstatten gehen und auch durchgesetzt werden, daß die entsandten Mitarbeiter in **Singapur** nicht mehr als Vertreter des Stammhauses gelten, die aufgrund der guten Kontakte zur Zentrale im Ausland eingesetzt werden, sondern aufgrund der Tatsache, daß die Bank eine globale Rekrutierungsstrategie hat.[1714] In Zusammenarbeit mit den lokalen Mitarbeitern ist darauf hinzuwirken, daß die internationalen und die lokalen Mitarbeiter gleichberechtigt behandelt werden, was in einem Land auf einem Entwicklungsstand wie Singapur bspw. mit einer Anpassung von Gehaltsstrukturen sowie Einbeziehung des lokalen Personalmanagements in das internationale Personalmanagement erfolgen kann.

In **Malaysia** und in **Vietnam** ist es aufgrund des Mangels an Fachkräften bzw. Produktspezialisten vorwiegend die Aufgabe von Expatriates, den Know-how Transfer in das Land im Rahmen eines zeitlich begrenzen Aufenthaltes vorzunehmen.

In Malaysia ist die Anzahl der Arbeitserlaubnisse für die Beschäftigung ausländischer Arbeitnehmer stark begrenzt. Dies hat zur Folge, daß eventuell nicht alle angestrebten Positionen mit nicht-lokalen Mitarbeitern besetzt werden können.[1715] Ziel eines Know-how Transfers sollte es daher sein, durch einen kontinuierlichen Prozeß die jeweilige Position an lokale Mitarbeiter zu übergeben.

In Vietnam steht für die Zusammenarbeit von ausländischen und lokalen Mitarbeitern die fachliche Unterweisung sowie die Übergabe von Aufgaben und Verantwortung an die lokalen Mitarbeiter im Vordergrund. Viele Expatriates in Vietnam wählen den ‚hands-on approach' mit der Einstellung, daß die an vietnamesische Mitarbeiter gestellten Anforderungen oftmals von diesen noch nicht bewältigt werden können. Dies kann sich dann in der Entwicklung der Zusammenarbeit mit den lokalen Mitarbeitern verselbständigen, da diese die Übertragung der Aufgaben und insbesondere von Verantwortung nicht unbedingt aktiv einfordern. Die Adaption von fachlichen Themen geschieht sehr schnell, jedoch sind die Vietnamesen teilweise nicht an der mit qualifizierteren Aufgaben verbundenen Verantwortung für die Arbeitsergebnisse sowie an

---

[1713] Interview Auslandsbank in Vietnam.
[1714] Interview lokale Bank in Singapur.

410

der Überwachung der Arbeitsleistung von Mitarbeitern interessiert.[1716] Die reine Befolgung von Instruktionen kann es jedoch nicht schaffen, Managementfähigkeiten unter den lokalen Mitarbeitern aufzubauen, so daß die Kommunikation seitens des Managements ein wesentlicher Faktor ist, um diese Defizite aufzuarbeiten.[1717] Dieser ‚Widerstand' resultiert auch aus der Erziehung und dem politischen System, was bei der Bevölkerung keinen Aufbau von Managementfähigkeiten ermöglicht hat. Als Folge entstehen bei Abzug von Expatriates insofern ‚Vakuen', als daß eine entsprechende Aufgabe nicht immer in der vorgesehenen Zeit durch eine entsprechende Heranführung an die Mitarbeiter übertragen und ausgeführt werden kann.[1718] Bei einem kommunistischen System wie in Vietnam, das seit noch nicht einmal 10 Jahren im Bankenbereich marktwirtschaftliches Denken zuläßt, ist nach Auffassung der westlichen Banken eine kurzfristige Übertragung bzw. Lokalisierung von Aufgabenstellungen wie in anderen Ländern nicht möglich.

Die Ausführungen zeigen, daß bei der Rolle von Expatriates in den untersuchten Ländern zwischen gleichberechtigten Mitarbeitern und fachlichen Vorgesetzten zu unterscheiden ist und von den lokalen Mitarbeitern der jeweiligen Auslandsgesellschaft auch so wahrgenommen wird. Der Beitrag der entsandten Mitarbeiter für eine kulturelle Integration ist auch bei Transfer von Know-how sehr hoch. Daher sollte die für den Aufbau interkultureller Kompetenz erforderliche Vorbereitung sowie das kontinuierliche Lernen der Mitarbeiter seitens der Banken ermöglicht werden. Dies schließt auch die lokalen Mitarbeiter insbesondere in Schlüsselpositionen in den Auslandsgesellschaften ein.

5.3.3.2 Lokales Personalmanagement und Besetzung von Schlüsselpositionen

Im lokalen Personalmanagement der Auslandsgesellschaften sind die Themen der Personalrekrutierung, der Personalentwicklung sowie der Besetzung von Schlüsselpositionen von interkultureller Bedeutung für die westliche Bank. Die bereits angeführten fachlichen und persönlichen Anforderungen an die Mitarbeiter bei der Einstellung zielen auf die Reduzierung des Umfanges an kulturellen Anpassungen des Mitarbeiters und der Bank im Umgang mit den Mitarbeitern ab. Ziel unter interkulturellen Aspekten bei der Personalentwicklung in Verbindung mit der Besetzung von sog. Schlüsselpositionen ist es, lokale Mitarbeiter zu gewinnen, die gemäß den Anforderungen der Bank die strategisch angestrebte Corporate Identity am Markt präsentieren und die Übersetzung der Unternehmungskultur der Bank am Markt vornehmen können. Diese Art der Übersetzung gilt auch innerhalb der Auslandsgesellschaft, da diese Schlüsselpositionen ab dem mittleren Management aufwärts die jeweiligen Arbeitsgruppen/Teams zu steuern haben. Hier stellen sich zur Bewältigung dieser Auf-

---

[1715] Interview lokale Bank in Malaysia.
[1716] Interview Auslandsbank in Vietnam.
[1717] Interview Auslandsbank in Vietnam.
[1718] Interviews Auslandsbanken in Vietnam.

gaben hohe Anforderungen seitens der Bank, gleichzeitig ist die Bank auch unter Kostengesichtspunkten daran interessiert, die Mitarbeiter mittel- bis langfristig zu binden. Der Aspekt der Integration der Mitarbeiter in die Unternehmungs- und Arbeitskultur nach erfolgter Einstellung stellt somit eine weitere interkulturelle Anforderung dar.

Für die westlichen Banken stellt sich aufgrund der Betätigung in Emerging Markets das Problem, daß viele Mitarbeiter die westliche Bank für die Ausbildung nutzen, danach jedoch wieder in eine lokale Bank zurückgehen. Ein extremes Beispiel stellt derzeit die Citibank in Singapur dar.[1719] Die Folge dieses beschriebenen ‚Job-Hoppings'[1720] ist, daß die westlichen Banken viele Maßnahmen zur Personalbindung ergreifen müssen. Da das Marktangebot an qualifizierten lokalen Mitarbeitern in allen drei Ländern eingeschränkt ist, stellt sich jeweils die Aufgabe, den Mitarbeitern konkrete Entwicklungsmöglichkeiten aufzuzeigen, um den Anteil an lokalen Mitarbeitern in Führungspositionen zu erhöhen.[1721] Der nächste Schritt ist für viele ausländische Banken, die lokalen Mitarbeiter in das System des internationalen Personalmanagements dahingehend aufzunehmen und zu fördern, daß diese Mitarbeiter Mitglieder in internationalen Teams von Führungskräften werden. Je nach Entwicklungsstand des Bankenmarktes sowie Größe der Auslandsgesellschaft ist dies jedoch auf einen nationalen Einsatz bzw. wenige Positionen in der Bank begrenzt. Da in den lokalen Banken oftmals noch das Senioritätsprinzip für die Beförderung von Mitarbeitern gilt, stellen die westlichen Banken hinsichtlich der Entwicklungsmöglichkeiten insbesondere für jüngere Mitarbeiter attraktive Arbeitgeber dar – auch um eventuell auf einer höheren hierarchischen Stufe wieder zu einer lokalen Bank zurückzukehren.[1722] Dies geschieht aufgrund der Einschätzung des Marktauftritts der Arbeitskulturen der Auslandsgesellschaften westlicher Banken am Markt als Leistungskulturen, wobei den lokalen Mitarbeiter bewußt ist, daß der Leistungsdruck und die Anforderungen hinsichtlich Arbeitsqualität und -quantität höher sind als in den lokalen Banken.[1723]

Die vorwiegend ethnisch chinesischen Mitarbeiter in **Singapur** sind grundsätzlich karriereorientiert, die Mobilität und das Interesse an einer internationalen Karriere sind jedoch eher gering ausgeprägt,[1724] auch wenn bereits eine Ausbildung außerhalb Singapurs stattgefunden hat. Die lokalen Mitarbeiter in **Malaysia** sind insgesamt stark auf den Heimatmarkt fokussiert; die ethnisch chinesischen Mitarbeiter wiederum auch stärker karriereorientiert. Aufgrund des Entwicklungsstandes des Bankenmarktes in **Vietnam** ergeben sich für die vietnamesischen Mitarbeiter der westlichen

---

[1719] Vgl. o.V.: Citibank Staff Prime Targets of Headhunters [2000], http://www.business-times.asia1.-com.sg.
[1720] Vgl. Kapitel 4.4.3.2.
[1721] Interviews Auslandsbanken in Singapur.
[1722] Interview Auslandsbank in Singapur.
[1723] Interview Auslandsbank in Singapur.
[1724] Interview Auslandsbank in Singapur.

412

Banken derzeit bis auf Trainingsmaßnahmen in anderen regionalen Auslandsniederlassungen kaum Möglichkeiten für eine Mitarbeiterentwicklung durch Einbindung in
das internationale Personalmanagement der Bank.[1725]

Je nach hierarchischer Stufe der Mitarbeiter in der Bank streben einige ausländische
Banken – in Singapur und Malaysia – eine gewisse Fluktuation an: teilweise um Mitarbeiter, die nicht entsprechend der Erwartungen Leistung zeigen, gehen zu lassen,
andererseits aber auch, um inhärent in der Unternehmungskultur verankerte und ü-
berkommene Werte wie ‚Beschäftigung auf Lebenszeit' zu verändern.[1726] Über die
Fluktation ist es den Banken aufgrund der aufgezeigten Probleme im Umgang mit
strategischem Wandel auch möglich, zielgerichtet neue Mitarbeiter hinsichtlich sowohl fachlicher Anforderungen als auch auf Persönlichkeitsmerkmale bezogen gemäß der strategischen Neuausrichtung zu rekrutieren.[1727] Die Bewältigung eines kulturellen Wandels innerhalb der westlichen Bank durch die lokalen Mitarbeiter wird
demnach in den jeweiligen Ländern als problematisch angesehen.

Zur Unterstützung der kulturellen Integration der lokalen Mitarbeiter werden seitens
der Auslandsgesellschaften die persönlichen Gespräche und Erläuterungen zur Bank
durch weltweit gültige Standards, Richtlinien, Handbücher, Presseberichte ergänzt
sowie Mitarbeiter in Schlüsselpositionen in Videokonferenzen involviert. Hinzu kommen teilweise Einführungsseminare in der Region oder im Land sowie soziale Veranstaltungen. Aber „...the capability for cultural sensitivity is a very intangible thing,
so there is no way to write instructions how to do it. There are standards, guidelines,
manuals of the Bank which are valid everywhere in the world, but the way how to get
the message across is nothing what could be written down in instructions."[1728] Dies
bedeutet, daß die Manager derzeit den Umgang mit anderen Kulturen und so auch
den Transfer der Unternehmungskultur teilweise durch einen ‚trial and error'-Prozeß
erlernen müssen.[1729] Die Integration der lokalen Mitarbeiter hängt daher vornehmlich
von der Person des Auslandsmanagers sowie dessen Maß an interkultureller Kompetenz ab. „...There could be done more for sure; explaining the annual report to
them could be a good opportunity; extraordinary topics are also important to explain
to the people".[1730] Die Schaffung eines geeigneten Arbeitsklimas für die lokalen Mitarbeiter ist auch durch die Orientierung an gesellschaftlichen Werten erforderlich. Die
in Malaysia vorherrschende paternalistische Führung kann bspw. in der Art in einer
westlichen Bank berücksichtigt werden, daß Grundwerte wie Orientierung an der

---

[1725] Interviews Auslandsbanken in Vietnam. Dies ist auch damit zu begründen, daß viele westliche
Banken in Vietnam derzeit nur mit Repräsentanzen und/oder Filialen mit wenig Mitarbeitern arbeiten.
[1726] Interview Auslandsbank in Malaysia; Interview Auslandsbank in Singapur.
[1727] Interview Auslandsbank in Malaysia. Dies bezieht sich beispielsweise auf die Rekrutierung von
Generalisten oder Fachspezialisten gemäß der strategischen Ausrichtung der Banken.
[1728] Interviews Auslandsbanken in Singapur.
[1729] Interviews Auslandsbanken in Singapur, Malaysia und Vietnam.
[1730] Interview Auslandsbank in Vietnam.

Gruppe und an der Familie aufgegriffen werden. So hat die Citibank, im Einklang mit ihrer Positionierung am Markt als ‚lokale' Bank, als Anreiz für die Mitarbeiter ein Citi-café in Malaysia etabliert, in das sie ihre Familienmitglieder am Wochenende mit-nehmen können.[1731]

Die Besetzung von Schlüsselpositionen bzw. des Auslandsmanagers selbst ist ein Thema mit kultureller Bedeutung, da teilweise ethnische, kulturelle oder politische Sensibilitäten zu berücksichtigen sind. Eine Rekrutierung der Mitarbeiter alleine auf Basis von fachlichen Qualifikationen ist in jedem Fall in der Region um diese Aspekte zu erweitern. Hier kann ein einseitiges Vorgehen zu Fehlentscheidungen oder aber -entwicklungen führen, die langfristige Auswirkungen auf die Geschäftsentwicklung der Bank haben können.[1732] Für die lokalen Mitarbeiter selbst ist es wichtig, bereits vor der Beschäftigung in einer westlichen Bank Kontakte zu westlichen Kulturen (vorwiegend über Ausbildung außerhalb des jeweiligen Landes) gehabt zu haben. Für die vietnamesische Mitarbeiterin in einer Schlüsselposition ist es für die Integrati-on in die Unternehmungskultur der Bank essentiell, vorher Erfahrung im Umgang mit westlichen Arbeitsweisen gemacht zu haben. „...andere Vietnamesen haben da mehr Probleme, da die jahrelange Isolation Vietnams ohne Zugang zu Informationen oder zu Personen aus der insbesondere westlichen Außenwelt (z.B. über Presse, Fernsehsendungen) dazu geführt hat, daß eine extreme Unsicherheit gegenüber den Verhaltensweisen, Erwartungen und Reaktionen in der (Anm. d. Verf.: westlichen) Arbeitswelt entstanden ist."[1733]

Je nach strategischer Ausrichtung sind die Mitarbeiter in Schlüsselpositionen für die Kundenbetreuung sowie für die Führung von Mitarbeiterteams auszuwählen. Die hierfür erforderliche interkulturelle Kompetenz der lokalen Mitarbeiter ist hinsichtlich der Ausprägungen anders zu definieren als bei den Mitarbeitern aus westlichen Kul-turen. Diese umfaßt nicht nur die Übersetzung der Unternehmungskultur im Rahmen der Kommunikation mit Kunden und Mitarbeitern, sondern auch die jeweilige Rück-übersetzung. Dies erfordert eine entsprechende Ausrichtung im Kommunikationsver-halten dieser Mitarbeiter, das durch die Möglichkeit interkulturellen Lernens geschaf-fen wird. Sind diese Mitarbeiter vor allem in der Auslandsgesellschaft mit lokalem Fokus eingesetzt, ist es Aufgabe des Managements der Auslandsgesellschaft, das Erlernen auch dadurch zu ermöglichen, daß der Zentrale diese Bedeutung vermittelt und ein entsprechendes Training angeboten wird.

Die bisher dargestellten interkulturellen Gestaltungsbereiche haben sowohl Ansatz-punkte in der Zentrale als auch in der Auslandsgesellschaft bei der Umsetzung zum Inhalt gehabt. Im Folgenden wird nun – unter Ausrichtung auf die Unternehmungskul-

---

[1731] Vgl. Raman, P.: Citibank Berhad [1997], S. 1.
[1732] Interviews Auslandsbanken in Singapur und Malaysia.
[1733] Interview Auslandsbank in Vietnam.

414

tur der Gesamtbank – die konkrete Führungssituation in der Auslandsgesellschaft betrachtet. Hier ist neben der persönlichen Führung auch die Anpassungsleistung von standardisierten Managementinstrumenten in der interkulturellen Überschneidungssituation zu erbringen. Dies soll unter Überlegungen zur Anwendung eines im interkulturellen Managementansatz möglichen synergetischen Führungsansatzes erfolgen.

5.3.4 Schaffung eines interkulturellen Führungsverhaltens

5.3.4.1 Führungsverhalten in einem interkulturellen Managementansatz

Für die Bewältigung interkultureller Komplexität in internationalen Unternehmungen werden im interkulturellen Management fünf Optionen für Führungsverhalten aufgeführt (Abbildung C/5-6). Diese unterscheiden sich hinsichtlich der Möglichkeit des Ausmaßes der Orientierung an der Herkunftskultur oder an der Fremdkultur.

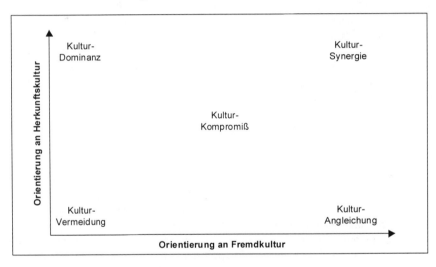

Abbildung C/5-6: Optionen interkultureller Verhaltensweisen[1734]

Die dargestellten Basisoptionen sind als Grundeinstellungen in Normen und Werten in der Unternehmungskultur verankert und beeinflussen – in der jeweiligen Ausprägung der interkulturellen Verhaltensweise – das gesamte organisationale Verhalten und das Führungsverhalten des Managements der Auslandsgesellschaft in der konkreten Führungssituation.[1735] Im jeweiligen Verhalten der Manager kommt die eigene

---

[1734] Quelle: In Anlehnung an Adler, N.J.: <u>Organizational Behavior</u> [1997], S. 115.
[1735] Die Optionen sind auch für interkulturelle Situationen in der Geschäftstätigkeit am Markt gültig, sollen hier jedoch nur in der Anwendung in der Führungssituation diskutiert werden.

Persönlichkeit und die individuelle interkulturelle Kompetenz im Umgang mit fremden Kulturen hinzu. In interkulturellen Situationen ist jeweils der Ausgleich zwischen dem Eigenkultur-Verhalten und der Bewältigung interkultureller Situationen herzustellen, so daß eine auf die jeweilige Situation und den jeweiligen Interaktionspartner ausgerichtete adäquate Anwendung der angeführten Basisoptionen die effektivste Form des Führungsverhaltens darstellt.[1736] In den Expertengesprächen sind durch die Benennung und Beschreibung eigenerlebter und beobachteter Situationen grundsätzlich alle fünf Optionen aufgeführt worden.

Die verstärkt universalistisch, teilweise jedoch auch transnational ausgeprägten Unternehmungskulturen der westlichen Banken weisen – auch im Rahmen der Ergebnisse der Expertengespräche - tendenziell auf ein Führungsverhalten der sog. Kultur-Dominanz oder des sog. Kultur-Kompromisses hin.

Dem Modell der Kultur-Dominanz zufolge wird von der Auslandsgesellschaft das gesamte Führungskonzept der Zentrale übernommen, was analog zur universalistischen Unternehmungskultur zu vereinfachter Abwicklung und innerer Konsistenz führen soll.[1737] Dies verlagert jedoch den aus der kulturellen Andersartigkeit in den untersuchten Ländern resultierenden Handlungsbedarf lediglich vollständig auf das Management der Auslandsgesellschaft, reduziert diesen jedoch nur in Ansätzen. Auf individueller Ebene handelt der westliche Manager vorwiegend an eigenkulturell orientierten Verhaltensweisen und ist von der Überzeugung geprägt, daß das Verhalten nach eigenen kulturellen Maßstäben die richtige Vorgehensweise ist.[1738]

Das Modell des Kultur-Kompromisses kombiniert die Aspekte des Kultur-Dominanz-Modells und des gegenteiligen, auf die Assimilierung und teilweise Imitation ausgerichteten Kultur-Angleichung-Modells.[1739] Der kulturelle Kompromiß wird dadurch erzielt, daß die Interaktionspartner jeweils Zugeständnisse machen, um die Situation erfolgreich zu gestalten. Die westlichen Banken erkennen bei diesem Verhalten die kulturelle Prägung der Interaktionspartner an und entwickeln Unternehmungsrichtlinien und –praktiken mit dem Ziel, ein Maximum an Übereinstimmung zu erreichen.[1740] Die Verhaltensoption der Kultur-Vermeidung bedeutet hingegen, daß die Interaktionspartner kulturell bedingte Unterschiede nicht berücksichtigen und teilweise dem Hauptziel in der Führungssituation als unbedeutend gegenüberstellen.

[1736] Vgl. Adler, N.J.: Organizational Behavior [1997], S. 112-113.
[1737] Vgl. Thomas, A.: Aspekte interkulturellen Führungsverhaltens [1996], S. 48; Bosch, B.: Interkulturelles Management [1996], S. 44-45.
[1738] Vgl. Adler, N.J.: Organizational Behavior [1997], S. 115.
[1739] Bei der Kultur-Angleichung versucht das Management die Verhaltensweisen der fremden Kultur zu übernehmen.
[1740] Vgl. Bosch, B.: Interkulturelles Management [1996], S. 47.

416

Durch ein Führungsverhalten, das dem Kultur-Synergie-Ansatz folgt, werden neue Lösungen für interkulturelle Problemsituationen entwickelt, die die einbezogenen Kulturen gleichermaßen berücksichtigen. Dies wird im weiteren Verlauf des Kapitels besprochen.

Die landeskulturellen Werte und Normen sowie Grundannahmen, die die lokalen Mitarbeiter in die Auslandsgesellschaften einbringen, können jedoch nicht von erlernten Unternehmungskulturen vollständig ‚überlagert' werden.[1741] Unter Berücksichtigung der beispielhaft angeführten Personalstrukturen in den untersuchten Ländern erscheint vor allem in Malaysia und Vietnam mit einem Anteil von ca. 95% an lokalen Mitarbeitern[1742] eine Steuerung über die angenommenen Mechanismen schwierig zu realisieren. Im Hinblick auf Singapur, wo 70% der Mitarbeiter einer westlichen Beispielbank lokaler Herkunft sind, stellt sich diese Problemstellung in erweiterter Form dar, da hier die fremden Kulturen aus Drittländern noch hinzukommen. Wie in der Literatur aufgezeigt und durch die Expertengespräche auch bestätigt wurde, stellen diese auf mehrere Kulturen bezogenen Führungsthemen erhöhte Anforderungen an die Problemlösungsfähigkeiten des Managements.

Da die Komplexität der Themenstellungen in der multikulturellen Situation zunimmt, sollten aus Perspektive eines interkulturellen Managementansatzes die praktizierten Handlungsoptionen zunehmend auch um Aspekte synergetischen Handelns erweitert und ein Führungskonzept in Anlehnung an ein Kultur-Synergie-Modell entwickelt werden.[1743] Grundgedanke dieses Modells ist es, die existierende kulturelle Vielfalt zwischen den Mitarbeitern unterschiedlicher kultureller Herkunft (inklusive Zentrale und Auslandsgesellschaft), die in Vorteilen und Nachteilen für die Auslandsgesellschaft zum Ausdruck kommt, kreativ für die Entwicklung von neuen Managementmethoden zu nutzen.[1744] Dies bedeutet für die Gesamtbank und deren Unternehmungskultur, die unterschiedlichen Normen und Werteordnungen nicht nur zu respektieren, sondern auch zu reflektieren und auf dieser transkulturellen Denkweise aufbauend mit neuen Führungskonzepten die kulturellen Unterschiede gleichzeitig zu überwinden und zu berücksichtigen.[1745] Basisannahmen sind die Heterogenität von Kulturen sowie die Gleichwertigkeit kultureller Gemeinsamkeiten und Unterschiede. Diese Ergänzung des Spektrums an Verhaltensoptionen entspricht der letztendlichen Zielausrichtung eines interkulturellen Managements im Verständnis dieser Arbeit. Kulturelle Unterschiede sowohl bei der Mitarbeiterführung als auch im Management werden auch als Entwicklungspotentiale für die gesamte Bank verstanden, wobei die aus kul-

---

[1741] Vgl. Kapitel 2.1.2.2.
[1742] Vgl. Kapitel 4.4.2.
[1743] Vgl. Thomas, A.: Aspekte interkulturellen Führungsverhaltens [1996], S. 56. Es existiert mit dem Kultur-Kompromiß-Modell noch eine dritte Managementkonzeption.
[1744] Vgl. Adler, N.J.: Organizational Behavior [1997], S. 102-104.
[1745] Vgl. Bosch, B.: Interkulturelles Management [1996], S. 49.

turellen Unterschieden resultierenden Probleme nicht negiert werden.[1746] Dies erfordert konzeptionell einen großen Analyse- und Planungsaufwand, dem die hohe Akzeptanzbereitschaft bei den Mitarbeitern sowie die im globalen Wettbewerb zu erwartende erhöhte Effektivität gegenüberzustellen sind.[1747] „...To a large extent, cultural diversity becomes a key resource in the global learning organization."[1748]

Konkret bedeutet dies, universelle, d.h. standardisierte Managementinstrumente und kulturspezifische Vorgehensweisen in Einklang zu bringen. Dieser Ansatz basiert auf der Analyse von Interaktionen (insbesondere interpersonale Erfahrungen und Kommunikationssituationen) – sowohl mit Mitarbeitern als auch mit Kunden, in denen gegenseitige Beeinflussungen stattfinden.[1749] Dies ist in der Gestaltung von interkulturellen Geschäftsbeziehungen durch die Entstehung einer eigenen, sich im Zeitablauf entwickelnden ‚Interkultur' aufgezeigt worden. Eine Umsetzung von kultursynergetischen Lösungen beansprucht einen längeren Zeitraum und setzt interkulturelle Kompetenz voraus.[1750] Die Kompetenz setzt jedoch nicht nur an dem Bewußtsein der kulturellen ‚Andersartigkeit' der Mitarbeiter an, sondern auch an der Analyse der eigenen kulturell bedingten Verhaltensprägungen.[1751] Diese werden gleichermaßen bewußt als Konflikt- und Synergiepotential aufgegriffen, hinterfragt und einer Lösung zugeführt. Das Modell stellt hohe Anforderungen an die Beteiligten und gleichzeitig den Idealfall der Anwendung interkulturellen Wissens in der Bank und beim Mitarbeiter dar.

In der Führungssituation entwickelt sich durch die interpersonale Interaktion und interkulturelle Kommunikation zwischen den Mitarbeitern unterschiedlicher Kulturkreise unbewußt ebenfalls eine eigene Kultur. In den untersuchten Ländern wird bspw. die Problemlösungsfähigkeit und der Mangel an Kreativität im zukunftsgerichteten Denken als kulturell bedingter Problembereich in der Zusammenarbeit beschrieben. Dies ist Ausdruck eines kulturdominant ausgerichteten Verhaltens. Der Denkstil in asiatischen Kulturkreisen unterscheidet sich von dem in westlichen Kulturkreisen sehr stark: sind die westlichen Kulturen durch eine sehr lineare Denkstruktur bei einem auch vernetzten Denkansatz geprägt, so ist der Denkstil der Asiaten eher als zirkulär und abwägend zu bezeichnen.[1752] Bspw. sind diese Denkstile für die Beschreibung und Erfassung eines Sachverhaltes als komplementär zueinander zu bezeichnen, so daß gemeinsame Sachverhalte umfassender abgebildet werden.

[1746] Vgl. Adler, N.J.: Organizational Behavior [1997], S. 102-104.
[1747] Vgl. Thomas, A.: Aspekte interkulturellen Führungsverhaltens [1996], S. 48.
[1748] Adler, N.J.: Organizational Behavior [1997], S. 107.
[1749] Vgl. Harris, P.R. / Moran, R.T.: Managing cultural differences [1993], S. 108-109; Bosch, B.: Interkulturelles Management [1996], S. 50-51.
[1750] Vgl. Bosch, B.: Interkulturelles Management [1996], S. 52.
[1751] Vgl. Adler, N.J.: Organizational Behavior [1997], S. 112.
[1752] Vgl. Keller, E.v.: Management in fremden Kulturen [1982], S. 170-172.

418

Die beschriebene Vorgehensweise wird neben der Wahrnehmung des Kultur-Domi-
nanz- sowie Kultur-Kompromiß-Verhaltens vereinzelt in den Banken praktiziert[1753],
was jedoch auch stark von den Personen bzw. Persönlichkeiten im Management abhängt. Dessen Position wird als interkultureller Mittler (was in den Aufgabenstellungen der jeweiligen Auslandsmanager zum Ausdruck kommt) eines Kultur-Synergie-
Modells in den Vordergrund gestellt,[1754] wobei jedoch ebenfalls die organisatorischen
Voraussetzungen gegeben sein müssen.

Im Folgenden sollen die konkreten Ansatzpunkte für ein Interkulturelles Management, das die bewußte Anwendung der aufgezeigten Verhaltensoptionen enthält, in
konkreten Führungssituationen in den befragten Auslandsgesellschaften hinsichtlich
der praktischen Anwendung dargestellt werden.

5.3.4.2 Ausrichtung der persönlichen Führung und Kommunikation

Als wesentliches Element eines interkulturellen Führungsansatzes ist die Kommunikation des westlichen Managements mit den lokalen Mitarbeitern angeführt worden.[1755] Im Folgenden sollen anhand von Beispielen Vorgehensweisen aufgeführt
werden. Die Beispiele zur Kommunikation zeigen interkulturelle Kompetenz unter
Anwendung unterschiedlicher Kultur-Modelle auf.

Das Zusammentreffen einer auf Entscheidungen durch Konsens ausgerichteten Gesellschaft mit einer stark hierarchisch orientierten Gesellschaft und die kulturell an-
gepaßte Kommunikation beschreibt das folgende Beispiel:

„Informing the employees as the manager about decisions and asking them for feedback will always encourage positive feedback. Among the people the decision might
be considered as wrong, adjustable or especially wrong from the manager's perspective as being a foreigner. This is the issue of living in a ‚yes-means-no-environment‘
and to ensure giving face to each other. The way to find out what people really think
about policies is to ask in different ways and through different channels. The re-
sponse will come back also along the side-way and not directly. Then it is possible
for the manager to change or to adjust decision-related issues based on this feedback and only then to inform about a certain decision, which will be more accepted
also from a consensual point of view and not only from a hierarchical point of view.
To follow this way of communication within the team or within the bank makes proc-
esses for the manager with a different cultural and educational background more
time consuming and complex in terms of understanding the indirect comments and to
build up the informal channels to spread and to get back information."[1756] Die Lösung

---

[1753] Interviews Auslandsbanken in Singapur, Malaysia und Vietnam.
[1754] Vgl. Bosch, B.: Interkulturelles Management [1996], S. 50-51.
[1755] Vgl. Kapitel 4.4.3.1.
[1756] Interview Auslandsbank in Singapur.

des diskutierten Problems wird nun von den Mitarbeitern mitgetragen und berücksichtigt deren eigene evtl. auch konstruktive Kritik zur Verbesserung des Sachverhaltes, so daß das Ausmaß der getroffenen Entscheidung im Interesse der Gesamtbank verbessert wurde.

Lokale Mitarbeiter sind als die wichtigste Informationsquelle für das Erlernen von Einschätzungen und Hintergründen durch die westlichen Mitarbeiter und damit die Bank über das Funktionieren eines Systems dargestellt worden. Dieses Erkennen geht zum Beispiel in Malaysia mit der Erwartung des ausländischen Managers einher, daß wenn in einer Gesprächsführung mit lokalen Kunden dem Verständnis der Situation eines lokalen Mitarbeiters nach der ausländische Manager in seinen Einschätzungen und in der Gesprächsführung falsch liegt, dieser Mitarbeiter den Manager auf den Sachverhalt in Gegenwart des Kunden bzw. nach dem Gespräch hinweist.[1757] Die Erwartungshaltung an den lokalen Mitarbeiter ist, den hierarchisch höhergestellten Manager in seinen Einschätzungen zu unterstützen, aber auch zu korrigieren und zu beraten. Diese Erwartung entspricht jedoch nicht dem Verhalten der Mitarbeiter in Malaysia bzw. grundsätzlich in den untersuchten Ländern. Diese sind zum einen stark hierarchie-orientiert, kommunizieren Meinungen an hierarchisch Höhergestellte nicht direkt und geben persönliche Beurteilungen einer Situation oftmals nicht aktiv ab. Dieses passive Verhalten ist versucht worden – aus Sicht des Managements im Interesse der Bank und der Zusammenarbeit von Manager und Mitarbeiter – so zu verändern, daß der lokale Mitarbeiter über das Verlangen von Pausen im Meeting bei bspw. kontraproduktiven Entwicklungen im Gesprächsverlauf mit Kunden mit der Bitte um ein kurzes Gespräch das Kundengespräch unterbricht.[1758] Hierdurch kann das Gesicht des hierarchisch höher gestellten Managers vor dem Kunden aus Sicht des Mitarbeiters gewahrt bleiben, und das Management bekommt die notwendige Hilfestellung durch die Bitte um eine Pause signalisiert und kann dies im Gespräch durch die Frage nach der Einschätzung der Gesprächssituation aktiv einleiten. Bei dieser Vorgehenweise gemäß eines Kultur-Kompromisses werden die Führung der Kommunikation und die Berücksichtigung der Hierarchie in einem Lösungsansatz zusammengefaßt.

Ein anderer Sachverhalt ergibt sich in der Kommunikation des seitens der westlichen Bank gewünschten Verhaltens, bspw. bei der angestrebten Serviceorientierung im Kundenkontakt. Das Ziel der Entwicklung des Servicegedankens in Vietnam muß erklärt sowie die langfristigen Auswirkungen von Fehlverhalten dargestellt werden. Die hiermit verbundenen erwünschten Verhaltensweisen gemäß unternehmungskultureller Wertvorstellungen und Praktiken muß in Vietnam in der Gruppe kommuniziert und neutral in Form von Sachverhalten dargestellt werden, ohne einzelne Mitarbeiter

---

[1757] Interview Auslandsbank in Malaysia.
[1758] Interview Auslandsbank in Malaysia.

420

konkret zurechtzuweisen.[1759] Hier wird der Gedanke der Kultur-Angleichung aufgenommen, da die direkte Kommunikation westlicher Kulturkreise in Vietnam und auch in den anderen untersuchten Ländern nicht zielführend ist und diese Führungssituation durch Anpassung des Kommunikationsverhaltens bewältigt wurde.[1760] Hinzu kommt die Notwendigkeit einer indirekten Kommunikation, um keinen Gesichtsverlust einzelner Mitarbeiter entstehen zu lassen. Die kulturellen Besonderheiten sind oftmals eine komplexe Verkettung einzelner Aspekte, die gleichzeitig zu berücksichtigen sind.[1761]

Die persönliche Interaktion des Managements mit den Mitarbeitern umfaßt insbesondere die Ausgestaltung des Führungsstils. Die anhand der unterschiedlichen Ausprägungen der Kulturdimensionen aufgezeigten Unterschiede in Führungsstilen, die sich in den Erwartungen der Angestellten und Manager gegenüber dem Führungsverhalten niederschlagen, können nur in einem längeren Prozeß überkommen werden.[1762] An dieser Stelle würde die abrupte Praktizierung eines demokratischen Führungsstils die Mitarbeiter in den drei Ländern überfordern, was sich insgesamt kontraproduktiv für die gesamte Bank auswirken kann, da möglicherweise Unsicherheiten entstehen. Eine Studie über den Führungsstil von (lokalen) Banken in Singapur hatte bspw. zum Ergebnis, daß ein sog. interaktionsorientierter Führungsstil der angemessene Führungsstil in Singapur sei. Diese Interaktionsorientierung umfaßt einerseits die Fähigkeit der Führung, klare Instruktionen zu formulieren sowie Teamarbeit zu fördern.[1763] Dieser Stil entspricht jedoch nicht dem insgesamt partizipativen Führungsstil der westlichen Banken, so daß der u.a. durch Kontrollen gekennzeichnete autoritäre Führungsstil in einzelnen Prozeßschritten durch bspw. sukzessiven Abbau von Kontrollen zur Erhöhung der erwünschten Eigenständigkeit der Mitarbeiter verändert wird.[1764] Dennoch vereinfacht die Formulierung von klaren Instruktionen die Zusammenarbeit, die sukzessive durch partizipative Zusammenarbeit abgelöst werden kann.

Die interpersonale Führung und Kommunikation in der Auslandsgesellschaft zwischen Management und Mitarbeitern wird auch bei der Anwendung von Managementprinzipien der Zentrale bzw. Gesamtbank in den Auslandsgesellschaften erforderlich.

[1759] Interview Auslandsbank in Vietnam.
[1760] Interview Auslandsbank in Vietnam.
[1761] Interview Auslandsbank in Vietnam.
[1762] Vgl. Nass, O.: Interkulturelles Management in Südostasien [1998], S. 211-213.
[1763] Vgl. Li, J. / Koh, W.K.L. / Heng, H.S.: Effects of interactive leadership [1997], S. 717-719.
[1764] Interview Auslandsbank in Singapur.

5.3.4.3 Interkulturelles Management und Anwendung standardisierter Managementinstrumente

„Der Transfer eines Führungskonzeptes soll nicht so aussehen, daß ein im Heimatmarkt erfolgreich implementiertes Konzept zu 100% nach Asien übertragen wird".[1765] Für die gesamtbankbetriebliche Steuerung und Integration existieren technokratische Integrationsinstrumente, die zur Standardisierung von Abläufen innerhalb der Gesamtbank angewendet werden. Geschieht dies, ohne die kulturell bedingten Problembereiche innerhalb der spezifischen kulturellen Umwelt zu vergegenwärtigen, können hier Probleme und erhöhter Führungsbedarf resultieren. Dies soll im Folgenden anhand der Beispiele der Führung über Richtlinien sowie von Beurteilungssystemen aufgezeigt werden.

5.3.4.3.1 Führung über einheitliche Prinzipien

Der Unterstützung der Anpassung der lokalen Mitarbeiter an Normen und Werte sowie an die Grundprinzipien der Unternehmungspraktiken der westlichen Banken dient die Formulierung von Richtlinien. In der Filiale der Citibank in **Singapur** hängen bspw. die für die Zusammenarbeit der Mitarbeiter relevanten ‚Ten Guiding Principles‘ aus:

- Teamwork in motion - Chelsea Football Style

- Commitment to quality program and improving customer service

- Improving the welfare of all staff

- Intellectual honesty

- Mutual trust and the value to question ourselves

- Passion and commitment (proud to be in operations)

- Work closely with other units. No silo mentality.

- Don't accumulate problems – Immediate feedback

- No excuse after the fact; plan before hand; no surprises (5/5 Audits)

- Part of the solution, part of the problem, your choice

Die aufgeführten Prinzipien sind vorwiegend positiv formuliert und teilweise in einer Negativabgrenzung den nicht erwünschten Verhaltensweisen gegenübergestellt. Dies verlangt von den Mitarbeitern Interpretationsbedarf in einem eingrenzenden Auslegungs- und Gestaltungsrahmen.

[1765] Interview Auslandsbank in Singapur.

Diese Richtlinien bedeuten eine Änderung des Verhaltens am Arbeitsplatz der Mitarbeiter, da bspw. das Verlangen nach Rückmeldung, der offenen Ansprache von Problemen sowie der Bekennung zu eigenen Schwächen und Vermeidung dieser durch vorausschauendes Denken als Ursachen für in der interpersonalen Zusammenarbeit und Kommunikation in der Auslandsgesellschaft vorliegende Probleme ermittelt worden sind.[1766] Durch den vorgegebenen Gestaltungsrahmen und die aufgezeigten abzulehnenden Verhaltensweisen haben die Mitarbeiter jedoch Orientierungsmöglichkeiten, die sich in den Formulierungen an den kulturellen Prägungen ausrichten und erwünschtes Verhalten als wertvoll für die Auslandsgesellschaft darstellen sollen.

Die Führungsrichtlinien für das Mitarbeiterverhalten einer anderen westlichen Bank in Vietnam führen gemäß der Angaben des Managements zu Problemen bei den Mitarbeitern in der Auslegung der Richtlinien. Ursache scheint zu sein, daß die Richtlinien so formuliert sind, daß nur die nicht erlaubten Aspekte aufgeführt, die hieraus abzuleitenden erlaubten und seitens der Bank erwünschten Aspekte im Verhalten der Mitarbeiter jedoch der Interpretation der Mitarbeiter überlassen sind.[1767] Durch diese Art der Vermittlung der erwünschten Verhaltensweisen und Praktiken scheinen die Mitarbeiter überfordert zu sein, da die Mitarbeiter sich als Reaktion konkrete Verhaltensrichtlinien und Instruktionen ausbedungen haben. Das Ziel der Selbständigkeit und Eigenverantwortlichkeit im Handeln der vietnamesischen Mitarbeiter scheint durch die Art der Formulierung zu stark in den Vordergrund gestellt worden zu sein, so daß über den angewendeten kulturdominierenden Ansatz das Ziel, selbständiges Handeln und Nutzung von Entscheidungsspielräumen, zunächst nicht erreicht ist.

Diese Beispiele verdeutlichen auch, daß Richtlinien der weiteren mündlichen Kommunikation sowie der aktiven Unterstützung der lokalen Mitarbeiter bei der Umsetzung bedürfen, um für die Auslandsgesellschaft produktiv zu sein.

5.3.4.3.2 Mitarbeiterevaluierung auf Basis von Management by Objectives

Die Implementierung von leistungsorientierten Unternehmungskulturen schlägt sich in den Ansätzen und Managementinstrumenten von bspw. Führung durch Zielvereinbarungen sowie leistungsorientierten Vergütungssystemen nieder. Diese Leistungsorientierung steht in den untersuchten Ländern teilweise mit der Landeskultur in Einklang, bedarf überwiegend aber der Überwindung kultureller Barrieren.

Die Mitarbeiterbeurteilung findet in den Auslandsgesellschaften der befragten Banken vorwiegend auf Basis von ‚Management by Objectives‘ (MbO), d.h. durch Zielvereinbarung mit Festlegung von quantitativen und qualitativen Zielen bezüglich der

---

[1766] Vgl. Kapitel 4.4.3.1.
[1767] Interview Auslandsbank in Vietnam.

individuellen Leistung des Mitarbeiters statt.[1768] Für die Anwendung dieses aus den westlichen Kulturkreisen stammenden Managementinstruments ist es von Bedeutung zu berücksichtigen, inwieweit die Verhaltenssteuerung der lokalen Mitarbeiter mit diesem Instrument erfolgreich sein kann. Die westlichen Banken haben die Anwendung des MbO-Systems weitestgehend auch für die Auslandsgesellschaften als Ausdruck der zunehmenden Integration der Aktivitäten im internationalen Personalmanagement in den letzten Jahren eingeführt. Bei den bisherigen, teilweise auch international angewendeten Systemen sind lokale Anpassungen meistens eher technischer Art (z.b. Anpassung von Datenbasen als Gewährleistung einer objektiven und einheitlichen Grundlage für erfolgsabhängige Bonuszahlungen) gewesen.[1769]

Das Verhalten der Mitarbeiter in den drei untersuchten Ländern ist im Gegensatz zu westlichen Kulturkreisen als kollektivistisch ausgeprägt zu bezeichnen und die Orientierung am Verhalten der Bezugsgruppe ist sehr hoch. Dieses Verhalten resultiert aus der starken Gruppen- und Familienorientierung der Mitarbeiter[1770] Die Konzeption des Management by Objectives basiert hingegen auf individueller Leistung sowie kompetitivem Verhalten, was zu Konflikten in der Akzeptanz der Systeme führt und somit der entsprechenden Kommunikation der Leistungseinschätzung bedarf. Hinzu kommt der Aspekt der von westlichen Kulturen mit höherer Ungewißheitsvermeidung bevorzugten Formalisierung von Beurteilungssystemen.[1771] Unter Aspekten der interkulturellen Kompetenz bedeutet dies, die zugrunde liegenden Annahmen des Systems zu kennen und in der Anwendung – auch unter kommunikativen Aspekten – zu berücksichtigen.

Ziel der Vereinheitlichung der Mitarbeiterbeurteilung ist die Schaffung von Transparenz sowie Vergleichbarkeit der Kriterien und Beurteilungen.[1772] Teilweise werden diese Beurteilungsmaßstäbe in den Auslandsgesellschaften individuell – aus geschäfts- und auch landesbezogenen Kriterien – den Bedingungen in den Ländern

---

[1768] Ausnahmen werden zum Teil bei Repräsentanzen gemacht. Oftmals ist das Konzept des MbO erst seit ca. einem Jahr in einigen Banken eingeführt worden, so daß zum einen geplante Anwendungen in Auslandsgesellschaften erst in der Planungs- bzw. Implementierungsphase sind, zum anderen bei erstmaligen Mitarbeitergesprächen und Vereinbarungen von Zielvereinbarungen die anschließende Evaluierung zum Leistungsabgleich noch nicht durchgeführt worden ist. Interviews Auslandsbanken in Singapur, Malaysia und Vietnam.

[1769] Interviews Auslandsbanken in Singapur, Malaysia und Vietnam.

[1770] Vgl. Schneider, S.C.: National vs. Corporate Culture [1988], S. 238.

[1771] Die Basisannahmen dieses Beurteilungssystems können hinsichtlich der zugrunde liegenden Annahmen über Kulturen und Menschenbilder unterschieden werden: „Goals can be set (man has control over environment); with 3, 6, 12, or 18 month objectives (time can be managed); their attainment can be measured (reality is objective); the boss and the subordinate can engage in a two-way dialogue to agree on what is to be done, when, and how (hierarchy is minimized); the subordinate assumes responsibility to meet the agreed upon goals (control and activity); and the reward is set contingent upon this evaluation (doing vs. being)." Schneider, S.C.: National vs. Corporate Culture [1988], S. 237. Auf die Übersetzung wird aufgrund der Verzerrungen in der Wortwahl verzichtet.

[1772] Zur Einordnung des Management by Objectives in technokratisch orientierte Integrationsinstrumente vgl. Kapitel 5.3.1.

424

auch angepaßt. Dies erfolgt dahingehend, daß aus der Führungskonzeption der Gesamtbank heraus die Mitarbeiter in ihren Verhaltensweisen an den von der Gesamtbank gewünschten Arbeitsstil, Kommunikation etc. herangeführt werden sollen .[1773] „Die Beurteilungsverfahren sind in vielen Ländern, in denen die Bank tätig ist, überhaupt nicht anwendbar. Sie können einen Mitarbeiter in einem asiatischen Land nicht mit einem System beurteilen, was eine Abstufung der Beurteilung anhand eines Punkterasters vorsieht. ... da dies bei Vergabe einer niedrigen Punktzahl einen Gesichtsverlust hervorruft und eine kulturell bedingte, irreparable Frustration sowie eine Demotivation kreiert, die letztendlich eine Leistungssenkung zur Folge haben kann."[1774]

Die Führungsqualität von lokalen Mitarbeitern ist bezüglich der Überwachung und Führung der unterstellten Mitarbeiter seitens der westlichen Manager (insbesondere in Malaysia und Vietnam) als mittel bis schwach beurteilt worden.[1775] So ist es z.B. auch ein Element der Kommunikation von Asiaten, daß das Aussprechen negativer Aspekte über die Leistung von Mitarbeitern vermieden wird. Bei einer westlichen Bank in Malaysia fiel die Beurteilung von verschiedenen Mitarbeitern hierdurch immer durchschnittlich aus. Dies hatte den Effekt, daß der verantwortliche lokale Vorgesetzte diesen Mitarbeitern nicht sagen mußte, daß die Leistungen nicht zufriedenstellend sind, zum anderen sind diese Mitarbeiter aber auch nicht befördert worden.[1776] Die Art der Leistungsbeurteilung ist somit kulturell sehr fremd.

Für die Kommunikation der Leistungsbeurteilung (Zielerreichung, persönliche Stärken und Schwächen) bedeutet dies die Notwendigkeit, eine indirekte, allgemein beschreibende Form zu wählen. Bei der Anpassung der Kommunikation ist es im Mitarbeitergespräch auch wichtig, daß dem Mitarbeiter die Sicherheit gegeben wird, daß Argumente für eine andere Sichtweise als die des Vorgesetzten keine negativen Konsequenzen haben. Dieses aktive, konstruktive Feedback zu erhalten kann wiederum bei den hierarchisch ausgerichteten Mitarbeitern schwierig sein.[1777]

Der Wunsch nach und die Akzeptanz von leistungsorientierter Vergütung ist in der Leistungsgesellschaft der ethnischen Chinesen in **Singapur** und **Malaysia** vorhanden. Die mit diesen Vergütungssystemen einhergehende Akzeptanz zur Entwicklung von bestimmten Verhaltensweisen stellt jedoch ein wichtiges Thema für das Management dar.

Ein Beispiel einer westlichen Bank in **Malaysia** zeigt die Problematik mit der Einführung von Einzelverantwortlichkeit für Arbeitsergebnisse auf:

[1773] Interview Auslandsbank in Singapur.
[1774] Interview Auslandsbank in Malaysia.
[1775] Interviews Auslandsbanken in Singapur, Malaysia und Vietnam.
[1776] Interviews Auslandsbanken in Malaysia und Vietnam.
[1777] Interview Auslandsbank in Malaysia.

Die Mitarbeiter kommen insofern mit Teamwork gut zurecht, als daß dies die Möglichkeit der Verteilung von Verantwortung anstelle von Eigenverantwortlichkeit gibt. „One area that is pushed by the management is individual accountability: among the Corporate Bankers league tables have been introduced for cross-selling, similar league tables do exist for the assessment of quality of credit proposals. For cross-selling the management pushed transparency of performance by asking for the names of the relationship managers, who will be published at the wall in every branch. There is a lot of fear and resistance to this procedure, but a lot of things are not getting done and the people are hiding behind the team approach as a joint effort, so that the people are very uncomfortable with this switch towards the get-out-and-perform-approach".[1778] Dieser Ansatz steht nicht im Einklang mit der hiermit verbundenen Möglichkeit des Gesichtsverlustes, fördert jedoch die Leistungsorientierung im Sinne der unternehmerischen Zielsetzungen.

Die Orientierung an der Gruppe zeigt sich bei der Individualisierung der Leistungsvergütung in **Vietnam**: „Jealousy among the employees is a personal and cultural problem: if a favour is shown to the one employee, the other is going to be jealous; it seems to be in Vietnam (and other Asian countries) that everybody wants to be No. 1, so giving a favour to somebody means that the other one can't be No.1 and is considered as taking something away from the other. This behaviour requires careful guiding and treating of the people ..., but especially explaining that there is no advantage given by the managing director and that ‚somebody's fortune is not somebody else's misfortune'. It is the individual performance and hard work which is evaluated and recognised by the bank."[1779] Diese als Ausdruck von Neid bezeichnete Verhaltensweise zeigt, daß bei stark gruppen-orientierten Mitarbeitern diese Art der Beurteilung problematisch zu akzeptieren ist. Die lokalen Mitarbeiter einer westlichen Bank haben bei Einführung von Bonuszahlungen für die einzelnen Leistungen von Mitarbeitern darum gebeten, diese der gesamten Gruppe zukommen zu lassen. Das Thema ‚Gleichheit' ist ein systembedingtes Thema; so informieren sich die Mitarbeiter gegenseitig auch über die jeweilige Gehaltsstruktur.[1780] „These issues request good communication between management and staff".[1781]

5.3.5 Fazit

Im vorangegangen Kapitel ist aufgezeigt worden, welche Bereiche in den Themen Personalmanagement und Führung in einem interkulturellen Managementansatz zu berücksichtigen sind. Neben der Unternehmungskultur als Basis für die Integration von Werten sind weitere Managementinstrumente als Elemente eines gemäß den Anforderungen und Erfolgsfaktoren aufgestellten Ansatzes eines interkulturellen Ma-

---

[1778] Interview Auslandsbank in Malaysia.
[1779] Interview Auslandsbank in Vietnam.
[1780] Interview Auslandsbank in Vietnam.
[1781] Interview Auslandsbank in Vietnam.

nagements von Bedeutung. Aufgrund der kulturellen Unterschiede zwischen westlichen und den beschriebenen asiatischen Kulturkreisen konnte in Ansätzen die Bedeutung eines synergetischen Führungsansatzes aufgezeigt werden, der in Verbindung mit interkultureller Kompetenz des Managements und der Mitarbeiter die jeweilige situationsadäquate Art des Führungsverhaltens zu leisten vermag.

5.4 Entwicklung eines Ansatzes für ‚Kultur-Controlling‘

Im Bezugsrahmen dieser Arbeit ist als Element des strategischen Managements die Erfolgskontrolle enthalten, die die Erfolgswirksamkeit eines interkulturellen Managementansatzes erfassen soll. In diesem Kapitel soll nun der strategische Managementzyklus aus Planung, Steuerung und Kontrolle eines Interkulturellen Managements geschlossen werden.[1782] Hierbei wird die Erfolgskontrolle als Element eines integrierten strategischen Controllingsystems international tätiger Banken verstanden, mit dem der Einsatz interkultureller Maßnahmen zielorientiert kontrolliert werden kann.[1783] Die aufgezeigten kulturellen Einflußfaktoren des internationalen bzw. globalen Bankgeschäftes sowie deren Entwicklungen sind vorwiegend qualitativer Art und werden – wie bereits aufgezeigt – innerhalb der Gesamtbank daher oftmals als unbewußt ablaufend, nicht nachvollziehbar und einer konkreten Erfassung wenig zugänglich angesehen.

Das strategische Controlling ist in der jüngeren Entwicklung durch die konkrete Bezugnahme auf Themenstellungen wie bspw. Umfeld und Kunden sowie durch die explizite Berücksichtigung der Ein- und Auswirkungen dieser Einflußfaktoren gekennzeichnet.[1784] Die Steuerung des interkulturellen Managementansatzes soll daher dem Bereich des strategischen Controllings zugeordnet werden, um durch ein geeignetes Instrumentarium „einem rationalen Zugriff zugänglich“[1785] gemacht zu werden. Bei der Gestaltung eines entsprechenden Instrumentariums sind die unterschiedlichen Verantwortungsbereiche für die Gestaltung und Umsetzung interkultureller Maßnahmen in der Zentrale und der Auslandsgesellschaft zu berücksichtigen. Hieraus resultiert die Notwendigkeit, die Erfolgskontrolle als Element eines Steuerungskonzeptes für das Management von Auslandsgesellschaften zu gestalten, das als Teilkonzept des Steuerungskonzeptes auf Gesamtbankebene über alle Auslandsgesellschaften aggregiert werden kann. Die Konzeptionierung des Controlling-Instrumentariums ist durch die Integration strategischer und hieraus abzuleitender operativer Aspekte von Zentrale und Auslandsgesellschaften in die Strategie der internationalen Geschäfts-

---

[1782] Vgl. Kapitel 2.3.2. zum Bezugsrahmen dieser Arbeit.

[1783] Zur Abgrenzung von Controlling als ein der Kontrolle übergeordnetes integriertes Steuerungskonzept siehe Schierenbeck, H.: Ertragsorientiertes Bankmanagement [1994], S. 1-2; Kilgus, E.: Implementierung [1994], S. 71.

[1784] Vgl. Lube, M.-M.: Strategisches Controlling [1997], S. 26.

[1785] Lube, M.-M.: Strategisches Controlling [1997], S. 29.

tätigkeit vorwiegend führungssystemorientiert ausgerichtet.[1786] Schwerpunkt der nachfolgenden Überlegungen ist es, ein Informationssystem für das Controlling eines interkulturellen Managementansatzes zu diskutieren, das als Basis für die Abbildung der Wirkung des Erfolges von interkulturellem Management in der Bank herangezogen werden kann. Die zugrunde liegenden Normen und Werthaltungen für die Planung, Steuerung und Kontrolle resultieren aus der übergreifenden strategischen Grundorientierung.[1787]

Die Gestaltung eines solchen Informationssystems umfaßt die folgenden vier Komponenten:

- Die allgemeinen Rahmenbedingungen in den Ländermärkten können hinsichtlich zu erwartender Entwicklungen qualitativ durch Szenariotechniken abgebildet werden.[1788]

- Die angenommenen Entwicklungen können bezüglich der Auswirkungen auf die Geschäftsbereiche bzw. Kundensegmente der international tätigen Banken in plausiblen Überlegungen konkretisiert werden.

- Die Ableitung der umwelt- und entwicklungsadäquaten interkulturellen Managementinstrumente erfolgt unter Berücksichtigung der übergeordneten Zielsetzungen der Bank.

- Die Messung der Wirkung der Instrumente und die konkrete Einflußnahme auf die Erfolgssituation der Auslandsgesellschaft bzw. Gesamtbank.

Gegenstand der nachfolgenden Überlegungen ist die Erfolgsbeurteilung des interkulturellen Managementansatzes. Für die Ausrichtung des Steuerungskonzeptes ist daher die Bestimmung eines gesamtbankübergreifenden Erfolgsmaßstabes erforderlich, der im Folgenden vor dem Hintergrund der Anspruchsgruppen der Bank diskutiert wird.

5.4.1 Zielsystem, Anspruchsgruppen und die Berücksichtigung interkultureller Erfolgsfaktoren

Bisher ist im Rahmen dieser Arbeit der Begriff ‚unternehmerischer Erfolg' noch nicht abschließend definiert worden. Diese Definition soll an dieser Stelle anhand von Ü-

---

[1786] Vgl. Schmittmann, S.: Führung von internationalen Stützpunkten [1986], S. 85-86, 92-93. Die weiteren Elemente der für ein Controlling-System nach *Schierenbeck* erforderlichen Infrastruktur (Institutionalisierung eines Controlling-Zyklus, Marktorientierte Strukturorganisation) werden im Folgenden nicht diskutiert.
[1787] Vgl. Kapitel 2.2.3.1. Siehe auch Meffert, H. / Bolz, J.: Internationales Marketing-Management [1998], S. 309.
[1788] Vgl. Meffert, H. / Bolz, J.: Internationales Marketing-Management [1998], S. 302.

428

berlegungen zum Zielsystem[1789] sowie zu den Anspruchsgruppen der westlichen Banken konkretisiert werden.

Die westlichen Banken können als Koalition unterschiedlicher Interessengruppen (Stakeholder) verstanden werden, bei denen die Interessen der Aktionäre als Kapitalgeber, der Kunden, der Mitarbeiter und der Öffentlichkeit zum Ausgleich gebracht werden sollen. Die bisherigen Überlegungen zur Ermittlung der Erfolgsfaktoren wurden nicht anhand einer klar definierten Zielgröße im Sinne eines bankbetrieblichen Oberziels vorgenommen. Dies kann bspw. die Gewinnerzielung über die Definition einer Ziel-Rentabilität der Bank sein, die die Interessen der Aktionäre der international tätigen Bank innerhalb der Gruppe an Stakeholdern in den Vordergrund stellt.[1790] In der bisherigen Betrachtung der Arbeit standen die anderen Stakeholder als Anspruchsgruppen im Mittelpunkt, da die Untersuchungen in den vorangegangenen Kapiteln sich auf die Außenbeziehungen zu Kunden und (teilweise) zur Gesellschaft/ Öffentlichkeit und auf die Innenbeziehungen zu den Mitarbeitern der Auslandsgesellschaft als Anspruchsgruppen bezogen haben.

In Abbildung A/2-10[1791] sind die Umfeldbeziehungen der international tätigen Bank dargestellt worden. Existiert für die Gesamtbank/Zentrale ein Stakeholder-Konzept auf Gesamtbankebene, so existiert für jede Auslandsgesellschaft eine spezifisch landesbezogene Gruppe an Stakeholdern, die mit unterschiedlichen Anprüchen und Erwartungen an die Bank herantreten. Dies über alle Länder betrachtet bedeutet, daß die Anspruchsgruppen jeweils eine sehr heterogene Struktur an Bedürfnissen haben. Dies gilt für Kunden, Mitarbeiter und die Öffentlichkeit im jeweiligen Land. Die Aktionäre sind je nach Eigentumsstruktur der Auslandsgesellschaften zumindest teilweise mit der Muttergesellschaft bzw. deren Aktionären identisch.

Das Stakeholder-Konzept versteht sich als Konzept der Unternehmungsführung, das die Interessen aller Anspruchsgruppen der Bank einbezieht. Diesem Stakeholder-Konzept wird oftmals der sogenannte Shareholder Value-Ansatz in der Art entgegengestellt, daß dieser die einseitige Verfolgung der kurzfristigen Gewinnmaximierung zur Steigerung des Unternehmenswertes der Bank zum Inhalt hat.[1792] *Hörter* leitet aus der Theorie impliziter Verträge ab, daß die Interessen des Stakeholder-Ansatzes und eines Shareholder-Ansatzes grundsätzlich konform verlaufen. Da die Aktionäre jedoch eine der Anspruchsgruppen an die international tätige Bank sind, stellt der Shareholder Value-Ansatz ein Element des Stakeholder-Ansatzes dar.[1793] Die Herausforderung an das Bankmanagement besteht somit darin, die gesellschaftlichen Interessen der anderen Anspruchsgruppen analog zu den Interessen der Ak-

---

[1789] Vgl. Kapitel 2.2.3.1.
[1790] Vgl. Glaum, M.: Internationalisierung und Unternehmenserfolg [1996], S. 137-138.
[1791] Vgl. Kapitel 2.2.3.2.
[1792] Vgl. Rappaport, A.: Shareholder Value [1999], S. 6-9.
[1793] Vgl. Hörter, S.: Shareholder Value-orientiertes Bank-Controlling [1998], S. 27-28.

tionäre so zu formulieren und zu operationalisieren, daß die unterschiedlichen Interessenlagen gemeinsam optimiert werden können.[1794] Dieser Ansatz wird beispielsweise von der Deutsche Bank AG verfolgt, die den Stakeholder-Ansatz der Bank als ‚Vierklang' bezeichnet (Abbildung C/5-7).

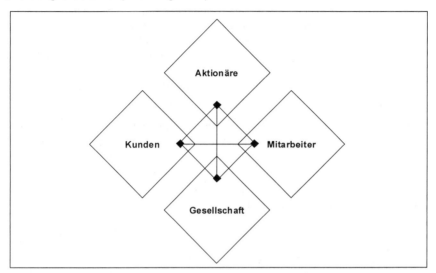

Abbildung C/5-7:   **Stakeholder-Konzept der Deutsche Bank AG[1795]**

Die Deutsche Bank AG weist auf die oftmals unterschiedliche Interessenlage ihrer Anspruchsgruppen hin, die gemeinsam mit einer wertorientierten Unternehmensführung (Shareholder Value-Konzept) in Einklang gebracht werden. Der Darstellung zufolge stehen sich die Anspruchsgruppen gleichberechtigt gegenüber und werden in einem integrierten Ansatz zum Interessenausgleich gebracht.[1796]

Bisher sind die ermittelten interkulturellen Erfolgsfaktoren noch nicht auf die sachliche und zeitliche Konsistenz mit den bankbetrieblichen Zielgrößen untersucht worden.[1797] Bei Betrachtung der für ein Interkulturelles Management identifizierten Erfolgsfaktoren können sich im Hinblick auf die länderspezifischen Anspruchsgruppen Interessenkonflikte mit den jeweils verfolgten Zielsetzungen ergeben.[1798] Dies soll anhand der folgenden Beispiele verdeutlicht werden.

[1794] Vgl. Hörter, S.: Shareholder Value-orientiertes Bank-Controlling [1998], S. 27-28.
[1795] Quelle: Entnommen aus: Deutsche Bank AG: Geschäftsbericht 1998 [1999], S. 39.
[1796] Vgl. Deutsche Bank AG: Geschäftsbericht 1998 [1999], S. 37-39.
[1797] Vgl. Kapitel 4.5.1.2.
[1798] Siehe für Konflikte zwischen Eigentümern und Kunden bzw. Arbeitnehmern auch Rappaport, A.: Shareholder Value [1999], S. 9-13.

430

- Als wesentlicher Erfolgsfaktor ist die Langfristigkeit des Engagements der Banken in den untersuchten Ländern herausgearbeitet worden. Diese Langfristigkeit bedeutet gemäß dem kulturellen Geschäftsgebaren, daß zum Aufbau der Geschäftsbeziehung zunächst Zeit investiert werden muß, in der Vertrauen aufgebaut und die persönlichen Beziehungen durch bspw. gemeinsame soziale Veranstaltungen als Basis für die Geschäftsbeziehung entwickelt werden können. Diese Vorlaufzeit bedeutet zunächst Kosten, ohne einen konkreten Erlös kurzfristig aus der Geschäftsbeziehung realisieren bzw. zu einem bestimmten Zeitpunkt den Vorlaufkosten gegenüberstellen zu können. Bei Verfolgung einer kurzfristig orientierten Gewinnerzielungsabsicht der Bank stehen die Interessen der Anspruchsgruppen Eigentümer und Kunden sich konfliktär gegenüber.

- Die angeführte Langfristigkeit bezieht sich aufgrund der Bedeutung persönlicher Beziehungen auch auf die Dauer des Verbleibs des Managements in einem Land gemäß der personalstrategischen Gestaltung des Transfers von Mitarbeitern in der jeweiligen Bank. Das Interesse der langfristigen Bindung von Mitarbeitern in einem Land Asiens bzw. in der Region Asien kann der angestrebten Karriereplanung der Mitarbeiter entgegenlaufen.

- Im Rahmen der Asienkrise hat beispielsweise das Vertrauen der Banken in langfristig bestehende Kundenbeziehungen dazu geführt, daß für werthaltig erachtete Kreditengagements Umschuldungsverhandlungen mitgetragen worden sind.[1799] Am Finanzmarkt kann eine Neubewertung des Ratings der Banken dazu führen, daß durch eine Verschlechterung des Ratings die Refinanzierungskosten der Banken ansteigen können und somit direkt Shareholder Value vernichtet wird und im Interessenkonflikt mit der Geschäftsausrichtung steht.

- Der durch die Regierung von ausländischen Banken in Malaysia eingeforderte Kredit an die Regierung[1800] hat die kalkulierten Risikokosten von einbezogenen Banken in Malaysia nicht verdient; hierdurch ist Shareholder Value vernichtet worden. Das Interesse der Regierung bzw. der Öffentlichkeit eines Landes war in diesem Fall konfliktär zur Interessenlage der Eigentümer.

Für die Steuerung eines interkulturellen Managementansatzes zeigt sich, daß die Maßnahmen, die bei der Gestaltung von interkulturellen Situationen hilfreich sind, zumindest mit dem Ziel einer kurzfristigen Rentabilitätsorientierung der westlichen Banken nicht harmonisieren. Unter diesem Aspekt sind einige der ermittelten Erfolgsfaktoren sachlich und zeitlich nicht kompatibel mit den angeführten Zielgrößen der international tätigen Bank.

[1799] Dieses Beispiel umfaßt keine abgeschriebenen oder uneinbringlich gewordenen Kredite an lokale Kreditnehmer.
[1800] Vgl. Kapitel 4.3.4.2.

Hieraus läßt sich die Folgerung für das Engagement in Asien ableiten, daß für das erste Beispiel eine kurzfristige Rentabilitätsorientierung über den Zeithorizont auf eine langfristige Rentabilitätserzielung ausweitet werden könnte. Diese könnte mit einem geeigneten Controlling-Instrumentarium wie bspw. einer Fortschrittskontrolle in kürzeren Zeitabständen zur Analyse der Entwicklung der Geschäftsbeziehung einhergehen. Diese Forderung veranschaulicht das Hauptproblem eines interkulturellen Managementansatzes: die methodischen Mängel einen konkreten langfristigen Erfolgsbeitrag bei der Operationalisierung der Wirkung von interkulturellen Maßnahmen zu ermitteln und im Rahmen der Shareholder-Value-Berechnungen gegenüberzustellen, können auch bei Veränderung des Zeithorizontes nicht vollständig eliminiert werden. Diese Problematik stellt jedoch eine Hauptanforderung an ein Interkulturelles Management als Element des strategischen Managements der Bank dar. Eine separate Ermittlung oder sogar eindeutige Quantifizierung der auf einzelne kulturorientierte Maßnahmen zurückzuführenden Erfolgsbeiträge wird hinsichtlich unterschiedlicher Kulturausprägungen gefordert,[1801] gestaltet sich jedoch schwierig.[1802] Letztlich gilt es, durch Einsatz dieser Maßnahmen konkrete Erfolgpotentiale zu generieren, die in verhaltensorientierte Wettbewerbsvorteile umgewandelt werden können und den Erfolg der Bank erhöhen sollen.

Im Folgenden soll als relevante Zielgröße die Maximierung der Rentabilität der Gesamtbank angenommen werden. Diese dient bei der Quantifizierung und Bewertung eines interkulturellen Managementansatzes als Maßstab für die erforderlichen Effizienzkriterien.

5.4.2 Anforderungen an ein Controlling-System für Interkulturelles Management

5.4.2.1 Möglichkeiten der Abbildung eines interkulturellen Managementansatzes

Die führungssystemorientierte Aufgabe des Controllings soll im Folgenden auf der Ebene der Auslandsgesellschaft ansetzen, da hier die meisten Informationen über länderspezifisches Interkulturelles Management generiert worden sind. Im nächsten Schritt werden die Aggregierung und Überleitung sowie die Zusammenführung mit den aus der Zentrale stammenden Informationen entwickelt. Gleichzeitig ist bei der Auffassung von internationalem Management der Bank mit einem synergetisch aus-

---

[1801] Von *Keller* fordert, daß die Effizienzwirkung verschiedener Managementinstrumente unter verschiedenen kulturellen (Rahmen-) Bedingungen in der Forschung stärker zu beachten sei. Vgl. Keller, E.v.: Management in fremden Kulturen [1982], S. 615.

[1802] Vgl. Drumm, H.J.: Probleme der Erfassung und Messung von Unternehmungskultur [1991], S. 164. Der Autor sieht das Grundproblem der Messung von (Unternehmungs-) Kultur in der fehlenden begrifflichen Präzisierung des theoretischen Konstrukts. Siehe auch Stüdlin, Y.: Management von Kulturunterschieden [1997], S. 389-392. Hier werden für die weitere Forschung im interkulturellen Bereich empirische Studien zur Erarbeitung von Quantifizierungsmethoden empfohlen.

432

gerichteten Führungskonzept als ein Interkulturelles Management der Bank jede Auslandsgesellschaft stets als Verantwortungsbereich von handelnden Personen anzusehen, die dieses Kulturverständnis direkt am Markt und in der Auslandsgesellschaft umzusetzen haben. Die Beurteilung des Erfolges der Auslandsgesellschaft dient somit auch der Verhaltenssteuerung des Managements.[1803]

Für diese konzeptionellen Anforderungen hat das Führungsinformationssystem die Anforderungen zu erfüllen, relevante Informationen zur Verfügung zu stellen, die die Wirkung von interkulturellen Managementmaßnahmen als Ergebniswirkung im weitesten Sinne abbilden.[1804] Unter Bezugnahme auf die Maximierung der Rentabilität ist das Führungssystem hierbei auf die Ermittlung derjenigen Effizienzkriterien als Maßgrößen der Erfolgsbeurteilung angewiesen, die eine Orientierung an dieser Zielgröße ermöglichen. Zudem sind die Maßgrößen zur Erfolgsbeurteilung eindeutig und operational, den jeweiligen Zielerreichungsgrad reflektierend und nur die der Auslandsgesellschaft zurechenbaren Erfolgskomponenten erfassend zu formulieren.[1805] Dies hat unter dem Primat der Wirtschaftlichkeit der Informationserhebung zu erfolgen.

Die Erfolgsbeurteilung der Auslandsgesellschaften von Banken erfolgt in der Praxis vorwiegend unter finanzwirtschaftlichen Kriterien,[1806] über das Rechnungswesen sowie das Berichtswesen.[1807] Während das Rechnungswesen die quantitativen Informationen erfaßt, aufbereitet und bereitstellt, liefert das Berichtswesen die ergänzenden qualitativen Informationen sowie die Übertragung beider Informationsarten an das Management der Bank.[1808] Da Interkulturelles Management in dieser Arbeit hinsichtlich des Gesamtansatzes als komplementär aufgefaßt worden ist, sollen die Maßgrößen in einem integrierten System mit existierenden Informationssystemen bzw. durch deren Ergänzung genutzt werden. Ein bankeinheitlich konzipiertes Führungsinformationssystem[1809] im Sinne eines technokratischen Koordinationsinstrumentes[1810] dient dazu, alle Geschäftsvorfälle in der international tätigen Bank gemäß der gleichen Maßstäbe zu erfassen, aufzubereiten und zu bewerten.

[1803] Vgl. Pausenberger, E.: Erfolgsbeurteilung [1997], S. 955.
[1804] Vgl. Schierenbeck, H.: Ertragsorientiertes Bankmanagement [1994], S. 11-12
[1805] Vgl. Pausenberger, E.: Erfolgsbeurteilung [1997], S. 957.
[1806] Interviews Auslandsbanken in Singapur, Malaysia und Vietnam.
[1807] Vgl. Staudt, M.v.: Bankmarketing im internationalen Geschäft [1980], S. 157-159; Schierenbeck, H.: Ertragsorientiertes Bankmanagement [1994], S. 12-13; Pausenberger, E.: Erfolgsbeurteilung [1997], S. 957-958.
[1808] Vgl. Staudt, M.v.: Bankmarketing im internationalen Geschäft [1980], S. 157-159; Schierenbeck, H.: Ertragsorientiertes Bankmanagement [1994], S. 12-13;
[1809] Das Führungsinformationssystem wird oftmals auch als Management-Informations-System (MIS) bezeichnet.
[1810] Vgl. Kapitel 5.3.1.

5.4.2.2 Möglichkeiten der Analyse von Wirkungsbeziehungen im Interkulturellen Management

Für die Erfassung der Erfolgswirksamkeit von interkulturellen Maßnahmen sind diese den funktionalen Managementbereichen zuzuordnen, wo die konkrete Formulierung und Anwendung der Maßnahmen in den Auslandsgesellschaften bzw. in der Zentrale erfolgt. Dies soll im Folgenden anhand der Funktionen Personalmanagement, Führung und Marketing-Management für die Auslandsgesellschaft und Zentrale geschehen.[1811] Für diese personen- und verhaltensorientierten Funktionsbereiche ist im Controlling neben der quantitativen Dimension (Erfassung von Kosten, Aufwendungen, Ausgaben und Leistungsgrößen) die qualitative Dimension von hoher Bedeutung (z.B. Arbeitszufriedenheit, Motivation). Den qualitativen Erfolgskriterien kommt zur Beurteilung des situativ bedingten Managements der Auslandsgesellschaft eine höhere Bedeutung zu als den finanzwirtschaftlichen Beurteilungskriterien.[1812] Aufgabe des strategischen Führungsinformationssystems für ein personen- und verhaltensorientiertes Interkulturelles Management ist es daher, die ökonomische Wirkungsanalyse von Entscheidungen über den Einsatz von Managementinstrumenten sowie die soziale Wirkungsanalyse dieser ökonomischen Entscheidungstatbestände abzubilden.[1813]

Für die Abbildung dieser Analysen ist die Berücksichtigung der quantitativen und qualitativen Dimension erforderlich. Es ergeben sich vier Kategorien an Maßgrößen, die sich hinsichtlich der Erfaßbarkeit und der Abbildbarkeit der notwendigen Informationen und somit der Operationalisierbarkeit unterscheiden (Abbildung C/5-8). Diese Kategorien an Maßgrößen stellen die direkt erfaßbaren ökonomischen Maßgrößen (Kosten, Erlöse), indirekt ableitbare ökonomische Maßgrößen, Opportunitätskosten sowie verbleibende qualitative Informationen dar. Qualitative Informationen können somit zumindest teilweise in quantitative Erfolgsmaßstäbe umdimensioniert werden. Die Notwendigkeit der vollständigen Abbildung der Wirkungsmechanismen in quantitative und somit aggregationsfähige Informationen ist trotz der Vorteile vollständiger Disaggregation von quantitativen Zielgrößen sowie deren Herunterbrechen bis auf die Ebene der Geschäftsbereiche bzw. Auslandsgesellschaften nicht immer zielführend.[1814] Durch die Anwendung eines strengen Aggregationsprinzips können wertvolle qualitative Informationen auch verloren gehen.

[1811] Vgl. Kapitel 5.1.1.
[1812] Vgl. Staudt, M.v.: Bankmarketing im internationalen Geschäft [1980], S. 159.
[1813] Vgl. Wunderer, R.: Personal-Controlling [1991], S. 272-273.
[1814] Vgl. Sure, M. / Thiel, R.: Strategieumsetzung und Performancemessung [1999], S. 54.

434

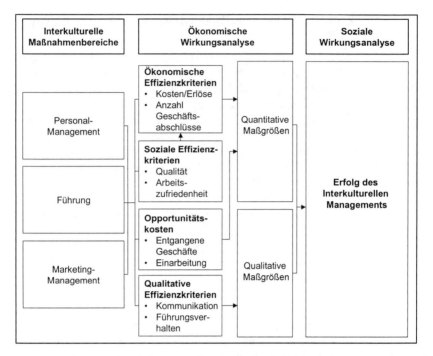

Abbildung C/5-8:   **Entwicklung von Maßgrößen für die Erfolgsbeurteilung interkultureller Managementinstrumente von Banken**[1815]

In der Abbildung sind einige der möglichen sozialen und ökonomischen Maßgrößen beispielhaft aufgeführt.

- Direkt erfaßbare ökonomische Maßgrößen

Die direkten Kosten interkultureller Maßnahmen sind direkt und verursachungsgerecht in ihren Erfolgsauswirkungen erfaßbar und somit den Verantwortungsbereichen zurechenbar. Dies umfaßt bspw. im Rahmen von Geschäftsbeziehungen die Kosten der Sozialisierung (z.B. Abendessen, Golf spielen) im Bereich des Marketing in der Auslandsgesellschaft;[1816] die Kosten für interkulturelle Trainingsmaßnahmen und zusätzliche Personalkosten bei Entsendungen können je nach innerbetrieblicher Kostenschlüsselung dem Personalmanagement in der Zentrale oder Auslandsgesellschaft zugerechnet werden.

Die Kosten einer Geschäftsbeziehung können hinsichtlich der zugrunde liegenden Kostentreiber aggregiert werden, so daß bspw. über die Kalkulation von Stückkosten

---

[1815] Quelle: Eigene Darstellung.
[1816] Vgl. Mauritz, H.: Interkulturelle Geschäftsbeziehungen [1996], S. 122. Die Geschäftsbeziehung wird hier als Investition betrachtet.

in der Betreuung (d.h. je Kundenbeziehung eines bestimmten Segments mit einem bestimmten Qualifikationsniveau der Kundenbetreuung) diese konkret und vollständig für eine Geschäftsbeziehung erfaßt werden können. In einer solchen Kalkulation können die Kosten der Prozesse der Kundenbetreuung und -beratung sowie der Akquisitionskosten von Nichtkunden berücksichtigt werden.[1817] Der Aufbau der Geschäftsbeziehung mit bspw. einem lokalen Kunden im Firmenkundengeschäft oder Private Banking kann in jedem der untersuchten Länder unter länderbezogener Anpassung der spezifischen Vorgaben und Kostensätze (z.b. Betreuungszeit des Mitarbeiters) somit adäquat erfaßt werden. Diesen Kosten können die entsprechenden Erlöse – auch in einer langfristigen Betrachtung – bei der Ermittlung des Gesamtdeckungsbeitrages aus der Kundenbeziehung entgegengestellt werden.[1818]

- Indirekt ableitbare ökonomische Maßgrößen

Die Erfassung der interkulturellen Handlungsempfehlungen in der Bankpraxis kann anhand der Auswirkungen auf die sog. soziale und die ökonomische Effizienz vorgenommen werden.[1819] Soziale Effizienz bezieht sich auf das innerbetriebliche Verhalten der Organisationsmitglieder. Die ermittelte soziale Effizienz ist wiederum Einflußfaktor für die ökonomische Effizienz, die in konkreten ökonomischen Kennzahlen abgebildet werden kann. Dies bedeutet, daß die Effizienz von Maßnahmen über eine logische Kette von Einflußfaktoren zumindest in Tendenzaussagen gemessen werden kann. *Bumbacher* zieht für die Beurteilung der internationalen Wettbewerbsfähigkeit von internationalen Banken, die grundsätzlich anhand von wirtschaftlichen Kennzahlen der Banken oder von Marktanteilen möglich wäre, aber hier an der Verfügbarkeit und Aussagekraft des vorhandenen Datenmaterials scheitert, ein ganzes Bündel von Indikatoren heran.[1820] Analog zu dieser Vorgehensweise sollen für die Bewertung der sozialen und der ökonomischen Effizienz von interkulturellem Management Indikatoren bzw. Maßgrößen aufgezeigt werden, die über die Bildung von quantifizierbaren Kennzahlen die Erfolgswirksamkeit abbilden können.

Maßgrößen für das Personalmanagement können aus dem Personal-Controlling generiert werden. Dies hat als „integriertes Evaluationsinstrument zur Optimierung des Nutzens der Personalarbeit"[1821] eine dem interkulturellen Management ähnlich gelagerte Zielsetzung. Hinzu kommt die Gestaltung der Schnittstelle zwischen dem Erfolgs-Controlling der Bank und den Ergebnissen aus dem Personal-Controlling.[1822] Die Messung der Arbeitszufriedenheit, des Arbeitsklimas sowie die Wirkung der lokalen Personalmanagementmaßnahmen in der Auslandsgesellschaft kann über Kennzahlen wie die Fluktuations- oder Abwesenheitsquote in der Auslandsgesellschaft

---

[1817] Vgl. Schmittmann, S.: Produktivitätssteuerung [1997], S. 346-348.
[1818] Vgl. Schmittmann, S.: Produktivitätssteuerung [1997], S. 351.
[1819] Vgl. Bühner, R.: Betriebswirtschaftliche Organisationslehre [1992], S. 256-260.
[1820] Vgl. Bumbacher, U.: Internationale Wettbewerbsfähigkeit im Bankwesen [1994], S. 89-93.
[1821] Wunderer, R.: Personal-Controlling [1991], S. 272.

herangezogen werden. Diese Überlegungen gelten analog für die Marketingmaßnahmen, deren Wirkung von bspw. Kommunikationsmaßnahmen über die Kennzahl der durchschnittlichen Anzahl an erreichten Kunden des jeweiligen Zielmarktes erfaßt werden kann. Die aus den sozialen Maßgrößen resultierenden indirekten Kosten und Erlöse können in ökonomische Effizienzindikatoren übersetzt werden, da diese in einem kausalen Zusammenhang stehen.

• Überlegungen zu Opportunitätskosten

Die Erfolgswirksamkeit von interkulturellen Maßnahmen wie die Kosten für interkulturelle Trainingsmaßnahmen kann zwar hinsichtlich der angeführten entstehenden Zusatzkosten, nicht aber hinsichtlich dem diesen Maßnahmen gegenüberzustellenden Zusatznutzen (z.B. Verkürzung der Eingewöhnungsphase im fremden Land bei Mitarbeitertransfer, Verkürzung der Lernphase im Umgang mit fremden Kulturen) quantifiziert werden. Dies stellt nicht nur das Hauptproblem der Erfolgskontrolle im Marketing, sondern auch im Bereich der Führung und des Personalmanagements dar. Die Wirkung von interkulturellen Maßnahmen in den Bereichen Marketing, Personal und Führung kann nicht isoliert ermittelt werden. Der theoretisch erzielte Erlös ist nur multikausal erklärbar.[1823]

Somit ist der Frage nach der Erfolgswirksamkeit der Nichtberücksichtigung dieser Maßnahmen nachzugehen. Die Kosten einer Nichtberücksichtigung von interkulturellen Maßnahmen sollen im Folgenden über die Kalkulation von Opportunitätskosten transparent gemacht werden. Werden diese als Nutzenentgang durch Verzicht auf alternative Vorgehensweisen definiert,[1824] kann die Wirkung von unterlassenen interkulturellen Maßnahmen aufgezeigt werden.

Bei Betrachtung der Diskussion des Einsatzes eines internationalen Managements oder lokalen Managements der Auslandsgesellschaft kann – auf Basis von Opportunitätskosten – diskutiert werden, ob für die Führung der Auslandsgesellschaft zwingend ein westliches Management erforderlich ist, oder ob eine lokale Führungskraft durch das Markt Know-how, Systemkenntnisse und ein vorhandenes Netzwerk an Kontakten am Markt nicht erfolgreicher sein kann. Aus diesem Grund umfaßt der Nutzenentgang bei unterlassenen interkulturellen Maßnahmen die Opportunitätskosten der Einarbeitung eines internationalen Managements vs. der zwischen Zentrale und Auslandsgesellschaft entstehenden Vertrauens- und Integrationskosten gegenüber einem lokalen Management. Für einen internationalen Manager, der neu in einem spezifischen Ländermarkt eingesetzt wird, ist es notwendig, zunächst den Markt und das Umfeld zu verstehen, was insbesondere die in Kapitel 4.3 und Kapitel 4.4 aufgezeigten interkulturellen Managementthemen am Markt und in der Auslandsge-

---

[1822] Vgl. Wunderer, R.: Personal-Controlling [1991], S. 273.
[1823] Vgl. Süchting, J.: Bankmanagement [1992], S. 430.
[1824] Vgl. Wöhe, G.: Einführung [1990], S. 790.

sellschaft umfaßt. So ist z.B. das offizielle Protokoll in Malaysia als sehr wichtig erachtet worden, und es besteht die Gefahr, Geschäft aus diesen Gründen nicht zu bekommen bzw. zu verlieren. Die Opportunitätskosten können daher entgangene Geschäftsabschlüsse aufgrund eines mangelnden kulturellen Bewußtseins bspw. wegen langer Einarbeitungszeiten umfassen. Die Opportunitätskosten schließen ebenfalls die Kosten des aufgrund von kulturellen Gründen gescheiterten Transfers von Mitarbeitern in fremde Kulturbereiche ein.[1825] Dies bedeutet, daß in den drei betrachteten Managementbereichen theoretisch die Folgen der Nichtbeachtung interkultureller Maßnahmen auch durch ein entsprechendes Kostengerüst abgebildet werden können.

• Qualitative Maßgrößen

Im Rahmen der Wirkungsanalyse verbleiben nicht operationalisierbare qualitative Maßgrößen, die als Zusatzinformationen abgebildet werden können und deren Weitergabe in Form von Berichten möglich ist.

Analog zur multikausalen Wirkung von einzelnen Maßnahmen stellt sich in der Erfassung der Erfolgswirksamkeit über Erfolgskriterien umgekehrt das Problem, den Bezug zum jeweiligen Verantwortungsbereich darzustellen, d.h. ob die Wirkung einer Maßnahme auf den jeweils funktionalen Managementbereich (z.B. Personalmanagement), die Auslandsgesellschaft oder die Gesamtbank zurückzuführen ist.[1826] Dies bezieht sich bspw. auf die Bereitstellung einer gesamtbankbezogenen Infrastruktur zum Aufbau interkultureller Kompetenz, durch die eine institutionalisierte Erhebung von kulturbezogenen Informationen möglich wird.[1827] Darüber hinaus soll die Wirkung des Führungskonzeptes über die Vermittlung von Normen und Werten der Bank über die Unternehmungskultur gewährleistet werden. Durch die Erhebung eines Bündels an Erfolgsmaßgrößen kann eine Vielzahl an möglichen Entstehungsbereichen berücksichtigt werden.

Im Anschluß an die ökonomische Wirkungsanalyse ist die soziale Wirkung der Maßnahmenbereiche zu verdichten. Hierbei sind einzelne ökonomische Maßgrößen hinsichtlich der Erfolgswirksamkeit anhand von objektiven, evtl. gesamtmarktbezogenen Daten zu relativieren. Bspw. ist eine Quantifizierung der Fluktuationsrate nur dann aussagekräftig, wenn diese sowohl durch einen Zeitvergleich in der Bank als auch durch einen Marktvergleich (durchschnittliche Fluktuationsrate am Bankenmarkt eines Landes) relativiert wird. Dies erhöht wiederum die Anforderungen an die Informationen, stützt jedoch den Aussagegehalt von Kennzahlen.

[1825] Vgl. Stüdlein, Y.: Management von Kulturunterschieden [1997], S. 87.
[1826] Vgl. Wolf, J.: Internationales Personalmanagement [1994], S. 544.
[1827] Vgl. Kapitel 5.1.2.3.

438

Bei dem Versuch der Beurteilung des Kosten/Nutzen-Verhältnisses eines interkulturellen Managements in international tätigen Banken bedeutet dies eine Investition in
die interkulturelle Kompetenz der Bank.[1828] Auch wenn der direkte Nutzen der interkulturellen Managementmaßnahmen nur schwierig zu ermitteln ist, ist bei gesamt-
bankbezogener Implementierung der Maßnahmen zunächst davon auszugehen, daß
die Kosten zumindest kurzfristig ansteigen und der Nutzen erst langfristig generiert
werden kann. Bezieht man diese Aussage wiederum auf die unterschiedlichen Anspruchsgruppen der Gesamtbank, ist die Auswahl der Maßnahmen und Investitionen
unter Abschätzung des trade-off zwischen den Kosten der Erfüllung der unterschiedlichen Interessenlagen der Anspruchsgruppen und der rein finanzwirtschaftlichen, an
der Zielgröße Rentabilität ausgerichteten Vorgehensweise erforderlich.[1829]

Die angeführten möglichen Maßgrößen, die die Kosten und Erlöse interkultureller
Managementmaßnahmen abbilden, sollen nun im letzten Schritt in ein System integriert werden, das die Abbildung innerhalb der Gesamtbank transparent darstellt und
veranschaulicht.

5.4.3 Gestaltung und Umsetzung eines Controlling-Instrumentes im Interkultu-
rellen Management

5.4.3.1 Balanced Scorecard als integrierendes Informationsinstrument

Die Balanced Scorecard bildet die Transformation von Strategien und Visionen des
strategischen Managements in qualitative und quantitative Ziele und Kennzahlen
ab.[1830] Diese jeweils für die Bereiche der Bank operationalisierten Maßgrößen können gezielt zur Steuerung der gesamten Bank bis zur Ebene des einzelnen Mitarbeiters eingesetzt werden.[1831] Grundgedanke der Urheber *Kaplan/Norton* ist, daß durch
die Ziele und formulierten Kennzahlen die Leistung der Bank aus den vier Perspektiven finanzwirtschaftliche Perspektive, Perspektive der Kunden, Perspektive der internen Prozesse sowie Lern- und Entwicklungsperspektive betrachtet wird (Abbildung C/5-9). Diese integrierte Betrachtung der Perspektiven soll die einseitige Fi-
nanz- und Vergangenheitsorientierung von Steuerungsinstrumenten aufheben und
den Anwendern der ,ausgewogenen Berichtsbogen' ermöglichen, strategie- und ziel-
orientierte Entscheidungen treffen zu können.

[1828] Vgl. Stüdlein, Y.: Management von Kulturunterschieden [1997], S. 389-392.
[1829] Vgl. Hörter, S.: Shareholder Value-orientiertes Bank-Controlling [1998], S. 27.
[1830] Vgl. Kaplan, R.S. / Norton, D.P.: The Balanced Scorecard [1996], S. 8.
[1831] Vgl. Sure, M. / Thiel, R.: Strategieumsetzung und Performancemessung [1999], S. 54.

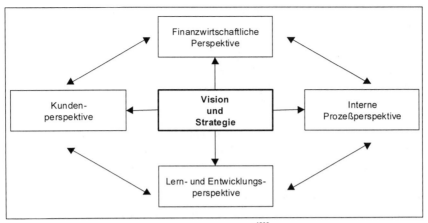

Abbildung C/5-9: Grundkonzept der Balanced Scorecard[1832]

Die finanzwirtschaftlichen Kennzahlen bilden vorwiegend die wirtschaftlichen Konsequenzen vergangener Entscheidungen ab und sind an der Zielgröße der Rentabilität der Bank bzw. am Shareholder Value der Bank ausgerichtet. Die Perspektive der Kunden stellt die Sichtweise des Kunden auf die Bank dar und stellt vorwiegend auf die Kriterien Kundenbindung, Kundenzufriedenheit, Marktanteil, Kundenakquisition und Kundenrentabilität als Maßstäbe der Orientierung ab. Mit der Perspektive der internen Prozesse werden die Geschäftsprozesse entlang der Wertschöpfungskette der Bank identifiziert, die bei einer kundenorientierten Ausrichtung der Bank dem Kunden den höchsten Mehrwert erbringen. Die Lern- und Entwicklungsperspektive stellt zum einen die Basis für die Realisierung der strategischen Zielsetzung dar. Der Gegenstand organisationalen Lernens leitet sich aus den anderen drei Perspektiven dahingehend ab, daß diese Perspektiven den Lern- und Verbesserungsbedarf der Bank aufzeigen. Wesentliche Elemente dieser Perspektive sind die Fähigkeiten der Mitarbeiter, die durch Maßgrößen wie Mitarbeiterzufriedenheit, Mitarbeiterbindung, Mitarbeiterproduktivität abgebildet werden. Basis der Überlegungen ist die ‚lernende Bank‘, die durch die laufende Verbesserung der internen Prozesse sowie der Anpassung an aktuelle Entwicklungen geschaffen werden soll.[1833] Über das Kennzahlensystem werden zudem die vier Teilprozesse des Managements nach dem Prinzip eines Regelkreises verknüpft: Die Strategie und Visionen der Bank werden in konkrete Aktionen übersetzt, die strategischen Ziele und die hieraus resultierenden Maßnahmen miteinander verbunden und kommuniziert, Vorgaben geplant und formuliert so-

---

[1832] Quelle: Entnommen aus Kaplan, R.S. / Norton, D.P.: The Balanced Scorecard [1996], S.9.
[1833] Vgl. Kaplan, R.S. / Norton, D.P.: The Balanced Scorecard [1996], S. 47, 67-73, 92, 96-107, 126-132; Sure, M. / Thiel, R.: Strategieumsetzung und Performancemessung [1999], S. 55-57.

440

wie hinsichtlich der Umsetzung abgestimmt, so daß eine Verbesserung des Rücklaufs und des organisationalen Lernens erreicht wird.[1834]

Durch die Operationalisierung von Strategien durch ein integriertes System von quantitativen als auch qualitativen Faktoren, scheint dieses System für die Abbildung quantitativer und qualitativer Maßgrößen sowie deren Darstellung in einem geschlossenen Führungskonzept geeignet zu sein.

Es ist aufgezeigt worden, daß die international tätigen Banken die Auslandsgesellschaften vorwiegend über finanzwirtschaftliche Kennzahlen steuern. Da die Abbildung der ökonomischen Wirkung von interkulturellen Managementmaßnahmen über quantitative, vor allem aber auch über qualitative Maßgrößen erfolgt, kann die Balanced Scorecard einen Ansatz liefern, einen strategischen interkulturellen Managementansatz für die Gesamtbank transparent und anschaulich zu gestalten. Hinsichtlich der gestellten Anforderungen an das informationsgestützte Führungssystem kann die Balanced Scorecard als Kommunikations-, Informations- und Lernsystem genutzt werden.[1835] Die Entwicklung der Balanced Scorecard soll sowohl zur inhaltlichen Klärung als auch zum Konsens über die strategische Ausrichtung und Zielsetzung der Bank herangezogen werden. Für diese Ausrichtung werden Programme zur Kommunikation und Weiterbildung, die inhaltliche Verknüpfung der Balanced Scorecard mit Zielen für einzelne Mitarbeiter oder Mitarbeiterteams sowie mit Anreizsystemen zur Steuerung des Mitarbeiterverhaltens initiiert, um einen strategischen Lernprozeß zu erreichen.[1836]

Das System der Balanced Scorecard wird bereits von Banken (z.B. zur Steuerung des Retail Banking) eingesetzt.[1837] Dies bedeutet – obwohl bisher wenig Erfahrungsberichte zur Anwendung in der Industrie bzw. in Banken überhaupt vorliegen – daß die Nutzung für die strategische Steuerung von Banken adäquat erscheint.

5.4.3.2 Ausgestaltung eines führungsunterstützenden ‚Kultur-Controllings‘ mittels Balanced Scorecard

Im Folgenden soll beispielhaft und vereinfachend anhand einer Balanced Scorecard für das Management einer Auslandsgesellschaft aufgezeigt werden, wie interkulturelle Managementaspekte für die Steuerung der Auslandsgesellschaft berücksichtigt werden können. Die Balanced Scorecard kann jedoch sowohl auf die Ebene des einzelnen Mitarbeiters in der Auslandsgesellschaft heruntergebrochen werden als auch über die Auslandsgesellschaften aggregiert und in die Gesamtbank integriert werden.

[1834] Vgl. Horvath, P. / Kaufmann, L.: Werkzeug [1998], S. 41.
[1835] Vgl. Kaplan, R.S. / Norton, D.P.: Strategien [1997], S. 24. Siehe hierzu und zur Verwendung der Balanced Scorecard als Instrument der Führung (Information, Willensbildung, Willensdurchsetzung, Kontrolle) kritisch Weber, J. / Schäffer, U.: Balanced Scorecard [1998], S. 8-24.
[1836] Vgl. Weber, J.: Macht der Zahlen [1998], S. 187.

Die vier Perspektiven der Balanced Scorecard werden bei der Formulierung der Strategie hierarchisch unter Ausrichtung auf das finanzwirtschaftliche Oberziel der Bank in einem Ursache-Wirkungs-Zusammenhang (,Cause-and-Effect Relationships') dargestellt.[1838] Die Zielsetzung des interkulturellen Managementansatzes lautet, das Verhalten der Gesamtbank hinsichtlich der Entwicklung und Anwendung von interkultureller Kompetenz so zu steuern, daß interkulturelle Kompetenz im internationalen Bankgeschäft als Differenzierungsmerkmal und somit Wettbewerbsvorteil umgesetzt werden kann. Dieses Ziel setzt bei der Führung der Auslandsgesellschaft an und soll über die Mitarbeiter in Markterfolg umgesetzt werden (Abbildung C/5-10). Hierbei sollen von den aufgezeigten interkulturellen Managementinstrumenten nur einige aufgegriffen werden, um den Wirkungszusammenhang zu verdeutlichen.

[1837] Vgl. Harengel, J. / Hess, T.: Entwicklung einer Balanced Scorecard [1999], S. 241-243.
[1838] Vgl. Kaplan, R.S. / Norton, D.P.: The Balanced Scorecard [1996], S. 30-31.

442

Perspektive/Strategische Ziele	Maßgrößen

Finanzwirtschaftliche Perspektive
- Qualitatives Wachstum in Zielkundensegmenten

- Wachstumsrate x%
- Rentabilität mind. x%

Kunden / **Öffentlichkeit**

- Marktentwicklung
- "Relationship-Image" als ausländische Bank i.v.m. Image als Know-how Bank
- Gestaltung der Geschäftsbeziehung gemäß kultureller Erfordernisse und Service- und Qualitätsstandards der Bank

- Marktauftritt
- Imageaufbau in Zielsegmenten

- Erste Auslandsbank im Land für x% der lokalen Zielkunden
- Anzahl Veranstaltungen/ Auftritte
- Sozialkontakte/Kunden-veranstaltungen
- Anzahl Kontakte Management
- Kontaktfrequenz Kunde/ Mitarbeiter
- Opportunitätskosten

Interne Prozesse
- Ausrichtung der Prozesse auf Kundenmehrwert aus der Geschäftsbeziehung
- Standardisierung in nachgeschalteten Bereichen
- Zusammenarbeit für Kundennutzen

- Produktivitätskennzahlen/ Prozeßkennzahlen
  - Konten/Mitarbeiter
  - Ø Bearbeitungszeit
- Relationship Stückkosten

Lern- und Entwicklungsperspektive
- Lernende Bank:
  - Institutionalisierung eines Informationssystems
  - Schaffung einer synergetischen Unternehmungs-kultur
  - Verbesserung der Kommunikation in der Gesamtbank
- Mitarbeiter:
  - Mitarbeiterzufriedenheit
  - Verbesserung der Kommunikationsfähigkeiten
  - Gemeinsames Lernen durch Austausch in der Gruppe
  - Schulung und Training

- Anzahl Eingaben in inter-kulturelles Informations-system
- Anzahl Verbesserungs-vorschläge in der Zusammenarbeit
- Mitarbeiterfluktuation
- Anzahl Trainingseinheiten/ Mitarbeiter

Abbildung C/5-10: **Interkulturelle Elemente einer Balanced Scorecard für das Management einer Auslandsgesellschaft**[1839]

Die Basis für die Realisierung stellt auf Ebene der **Lern- und Entwicklungsperspektive** das organisationale Lernen der Bank über ein institutionalisiertes Informationssystem dar, das vom Management bzw. den Mitarbeitern in der Auslandsgesellschaft

---

[1839] Quelle: Eigene Darstellung.

ebenfalls mit Informationen über die interkulturelle Zusammenarbeit aus internationaler und lokaler Perspektive bedient werden soll. Gleichzeitig ist die Kommunikation in der Gesamtbank zu verbessern, so daß eine stärkere Einbindung der lokalen Mitarbeiter in gesamtbankbezogene Themen sowie der Gesamtbank in länderbezogene Themen erfolgt. Voraussetzung ist die Schaffung einer einem Interkulturellen Management gegenüber aufgeschlossenen – synergetisch ausgerichteten – Unternehmungskultur, die sowohl von den international transferierten als auch von den lokalen Mitarbeitern getragen wird. Hinzu kommt eine Verbesserung der in der Auslandsgesellschaft erforderlichen Kommunikationsfähigkeiten, so daß ein intensiver Informations- und Erfahrungsaustausch stattfindet. Die Maßgrößen dieser Perspektive sind vorwiegend an der Frequenz und Intensität der Zielverfolgung festgemacht. Die Mitarbeiter selbst sollen durch gemeinsames Lernen und Training von insbesondere ‚weichen‘ Fähigkeiten wie bspw. Offenheit gegenüber Neuem, befähigt werden, die Bank am Markt gemäß der Standards zu repräsentieren.

Die **internen Prozesse** stellen vorwiegend auf die Übertragung der erlernten interkulturellen Kompetenz in die Geschäftsbeziehungen am Markt ab. Hierbei steht die Ausrichtung der Schaffung eines Mehrwertes für die lokalen Zielkunden im Vordergrund. Die interkulturelle Zusammenarbeit in der Auslandsgesellschaft bzw. regional länderübergreifend zwischen Auslandsgesellschaften ist an der Kundenbeziehung auszurichten.

Die **Kundenperspektive** bedeutet, den durch Prozesse generierten Mehrwert durch Ausgestaltung der Geschäftsbeziehung in Verbindung mit dem Know-how der Bank zu übermitteln. Ziel ist es, als ausländische Bank das Image einer Bank zu haben, die interkulturelle Kompetenz aufweist und in der Lage ist, auf lokale Bedürfnisse einzugehen, ohne die Service- und Qualitätsstandards zu verändern. Dies muß in Verbindung mit dem erwünschten Image hinsichtlich der spezifischen Geschäftsbereichsausrichtung erfolgen. Die Öffentlichkeit spielt vor allem dann bei den ausländischen Banken eine Rolle und ist auf der Ebene der Kunden mit zu berücksichtigen, wenn durch die Positionierung am Markt eine entsprechende Markttiefe und -nähe angestrebt wird. Hier ergibt sich für das Management der Auslandsgesellschaft die Zielsetzung, mit öffentlichkeitswirksamen Aktivitäten in bspw. zielkundensegmentnahen Veranstaltungen, Themenstellungen und über die Werbung das erwünschte Profil zu zeigen.

Die **finanzwirtschaftlichen Ziele** in Form von Wachstum und Rentabilitätszielen können letztendlich über die Berücksichtigung interkultureller Maßnahmen erreicht bzw. sogar verbessert werden. Obwohl viele Maßgrößen eher qualitativer Art sind, zeigen sie durch die Ursache-Wirkungs-Kette eine Verbesserung des Erfolges der Auslandsgesellschaft und somit der Rentabilität auf.

Diese Balanced Scorecard ist im Zeitablauf weiterzuentwickeln und nicht als starres Instrument zu gestalten. Insbesondere aufgrund der zunehmenden Erfahrung im interkulturellen Umgang sollten weiterentwickelte interkulturelle Managementinstrumente der Auslandsgesellschaft integriert werden. Die Implementierung der Balanced Scorecard als Informationsinstrument und der Ausbau als konkretes Steuerungsinstrument bedürfen einer umsichtigen und planvollen Vorgehensweise, um die Akzeptanz der Anwendung zu erreichen.[1840] Bei der Übertragung auf die Mitarbeiterebene der Auslandsgesellschaft sind – analog zur Ausrichtung standardisierter Managementinstrumente – kulturelle Erfordernisse hinsichtlich der inhaltlichen Gestaltung sowie der Kommunikation der Anwendung der Balanced Scorecard als Kommunikations- und Steuerungsinstrument zu beachten.

Die dargestellte Balanced Scorecard schließt den Informations- und Steuerungsprozeß des Interkulturellen Managements international tätiger westlicher Banken.

[1840] Vgl. Weber, J. / Schäffer, U.: Balanced Scorecard [1998], S. 24-26; Sure, M. / Thiel, R.: Arbeitsschritte und Problempunkte [1999], S. 118-120.

Teil D: Schlußbetrachtung

6 Zusammenfassung und Ausblick

6.1 Zusammenfassung der Ergebnisse

Ausgangspunkt dieser Arbeit war die Forschungsfrage, wie ein interkultureller Managementansatz als Element des internationalen Managements von Banken gestaltet werden kann. Dieser Frage wurde am Beispiel der Geschäftstätigkeit von international tätigen Banken aus westlichen Kulturkreisen in den südostasiatischen Ländern Singapur, Malaysia und Vietnam nachgegangen. Ziel der Arbeit war es, anhand der Analyse von externen Kontextfaktoren und interkulturellen Situationen Erfolgsfaktoren für ein Interkulturelles Management der westlichen Banken in den Ländern abzuleiten, in einem auf die Gesamtbank bezogenen strategischen Konzept (strategisches Bankmanagement) darzulegen und dieses länderübergreifend und in Ansätzen für die untersuchten Länder in der Ausgestaltung von Managementinstrumenten (operatives Bankmanagement) zu konkretisieren.

Im Folgenden werden die wichtigsten Ergebnisse der einzelnen Kapitel noch einmal zusammenfassend dargestellt. Hieran schließt sich ein kurzer Ausblick über die Bedeutung für das Bankmanagement sowie für weiterführende Forschungsfragen an.

Im **Hauptteil A** der Arbeit befaßt sich Kapitel 2 mit der Erarbeitung der Ansatzpunkte für einen interkulturellen Managementansatz im Rahmen des strategischen Managements von international tätigen Banken.

Grundlage eines für die Bankenbranche zu entwickelnden interkulturellen Managementansatzes ist die Operationalisierung von Kultur, die interaktionsorientierte Betrachtung der Eigenschaften der Bankmarktleistung und unterschiedlicher Geschäftsbereiche und Kundensegmente sowie die Herausstellung der erfolgskritischen Berücksichtigung von Kultur im internationalen Bankgeschäft. Durch die Definition von Kultur als ein auf soziale Gruppen bezogenes System von Normen und Werten, konnte Kultur als eine Struktur von Kulturebenen (Landes- bzw. ethnische Kultur, Branchenkultur, Unternehmungskultur und Privatkultur des Individuums) abgebildet werden. Jede dieser Ebenen kann zu Analysezwecken wiederum in die Elemente der beobachtbaren Verhaltensweisen und der nicht erkennbaren Normen und Werte aufgespalten werden.

Auf Landesebene stellt Kultur ein eigenständiges Umweltelement dar und steht gleichzeitig in einer interdependenten Beziehung zu den anderen relevanten (politisch-rechtlichen, wirtschaftlichen, technologischen) Umweltbedingungen der Auslandsgesellschaft. Diese Landes- bzw. ethnische Kulturebene ist seitens der Auslandsgesellschaft nicht beeinflußbar. Kultur als Orientierungssystem menschlichen und organisationalen Verhaltens kann aufgrund der Dominanz der Landes- bzw. ethnischen Kultur in interkulturellen Interaktionen zwischen der Auslandsgesellschaft und den Kunden am Markt und innerhalb der Auslandsgesellschaft zu kulturell bedingten Problemen führen. Diese interkulturellen Interaktionen sind durch die Bank aktiv gestaltbar und können durch den Einsatz von interkulturell orientierten Managementinstrumenten zur Differenzierung am Markt umgesetzt werden.

Die branchenbezogene Kultur des Bankgeschäftes an sich ist in den Ländern durch die Ausgestaltung des jeweiligen Bank- und Finanzsystems sowie die jeweiligen Branchenteilnehmer eigenständig darstellbar und setzt sich aus den nicht beeinflußbaren bank- und finanzwirtschaftlichen Rahmenbedingungen sowie den in dieser Arbeit betrachteten relevanten Marktteilnehmern des Bankgeschäftes (lokale Wettbewerber, Kunden, Zentralbanken, Öffentlichkeit) zusammen.

Die Integration der interkulturellen Maßnahmen erfolgt zunächst theoretisch in das strategische Management der Banken über die Konzeptionierung eines um interkulturelle Aspekte erweiterten strategischen Planungs-, Steuerungs- und Controlling-Zyklus. Auf Basis der im Rahmen der strategischen Planung durchgeführten Analysen und den hieraus gewonnenen Erfolgsfaktoren können interkulturelle Maßnahmen abgeleitet werden, die sowohl auf strategischer Ebene in der Zentrale als auch operativ in der jeweiligen Auslandsgesellschaft umgesetzt werden können. Anhand des Kriteriums der möglichen Beeinflußbarkeit der Umfeldbedingungen seitens der Auslandsgesellschaft ist für die strategische Planung ein Analyseraster entwickelt worden, das die Basis für die vorgenommenen Analysen darstellt.

In Kapitel 3 im **Hauptteil B** findet ein Übergang von der theoretischen, länderübergreifenden Betrachtungsweise auf die spezifische Ebene der untersuchten Länder Singapur, Malaysia und Vietnam statt. Diese Länder sind aufgrund des jeweiligen Entwicklungsstandes beispielhaft als südostasiatische Märkte betrachtet worden.

Die Darstellung der landesspezifischen Rahmenbedingungen der Arbeit umfaßt die Analysen der Rahmenbedingungen, die durch die Bank nicht beeinflußbar sind, jedoch das Verhalten der Interaktionspartner in den interkulturellen Situationen determinieren. Dies beinhaltet die globalen Rahmenbedingungen sowie die Darstellung der Banken- und Finanzmärkte in den untersuchten Ländern.

Die Analyse der gesellschaftlich-kulturellen Rahmenbedingungen stellt den Schwerpunkt der Analyse der globalen Rahmenbedingungen dar. Nach einer Beschreibung der historischen Entwicklung werden die ethnischen Gruppen in den Ländern – ethnische Chinesen, Malayen, Vietnamesen – anhand der Indikatoren Individuum (Beziehungsregeln), Gesellschaftsstruktur (Bedeutung von Familie und Hierarchie) sowie grundlegende Werte aus Religion, Philosophie und Weltanschauungen charakterisiert.

Hieran schließt sich die Analyse der politisch-rechtlichen sowie der wirtschaftlichen Rahmenbedingungen an, die in einem wechselseitigen Verhältnis zu den kulturellen Rahmenbedingungen stehen und für die betrachteten Länder beispielhaft die Heterogenität der südostasiatischen Staaten aufzeigt. So bewegen sich die Banken in einem Umfeld, das durch überwiegend politische Stabilität in unterschiedlichen politischen Systemen gekennzeichnet ist. Die Länder waren bzw. sind von der asiatischen Wirtschafts- und Finanzkrise auf verschiedene Weise betroffen. Die Darstellung der internationalen Integration der Länder zeigt, daß die Länder Singapur als ‚regional hub' und Malaysia als Fertigungsstandort bei weiterer Erholung nach der Krise vermutlich wieder attraktive Investitionsstandorte für Unternehmungen mit internationalem Geschäft sein werden; in Vietnam sind es die weiterhin unsicheren rechtlichen Rahmenbedingungen, die Investoren von einem stärkeren Engagement abhalten. Die Analyse schließt mit einer Darstellung der technologischen Entwicklung sowie der Ausbildungssysteme als Träger kulturellen Wandels in den Ländern.

Analog zu der wirtschaftlichen Entwicklung ist der Entwicklungsstand der Banken- und Finanzmärkte sehr unterschiedlich, was sich in der Struktur, Breite und Tiefe der Marktsegmente, Leistungsfähigkeit der Kapitalmärkte sowie Art und Herkunft der Marktteilnehmer manifestiert. Die aufsichtsrechtlichen Bestimmungen für die Betätigung der jeweils in den Ländern stark repräsentierten ausländischen Banken schränken die Geschäftstätigkeit ausländischer Banken an den lokalen Bankenmärkten ein.

Singapur hat die Krise als Anlaß zur sukzessiven Öffnung des lokalen Bankenmarktes für ausländische Banken verstanden. Malaysia restrukturiert den lokalen Bankenmarkt durch von der Regierung initiierte Großfusionen unterschiedlicher Finanzinstitutionen im Land, bevor eine Öffnung stattfinden wird. In dem sehr unterentwickelten vietnamesischen Bankenmarkt werden Öffnungen des Marktes derzeit nicht in Betracht gezogen. Das dritte Kapitel endet mit Überlegungen zur Bedeutung dieser Entwicklungen für westliche Banken, die an der Öffnung der Märkte und vor allem Förderung der Kapitalmärkte durch Ausbau der Geschäftsfelder teilhaben können.

Der **Hauptteil C** der Arbeit umfaßt die Konzeptionierung des interkulturellen Managementansatzes. Hier werden die länderspezifischen Analysen direkt auf die westlichen Banken ausgerichtet. In Kapitel 4 werden aus der Analyse der Interaktionen der westlichen Banken mit externen (Kunden, Zentralbank) sowie internen Interaktionspartnern (Mitarbeiter) die wesentlichen Ansatzpunkte für ein Interkulturelles Management aufgezeigt.

Die unterschiedliche Marktpositionierung der westlichen Banken zeigt sich aufgrund der jeweiligen strategischen Orientierung aber auch in der bisherigen Marktpräsenz und damit vorhandenen Marktkenntnissen. Die Banken wurden grob in die Gruppe der vorwiegend im Wholesale Banking aktiven Banken und die Gruppe der im Wholesale und Retail Banking aktiven Banken – vorwiegend die ehemaligen Kolonialbanken – unterteilt.

Der konkreten Analyse der interkulturellen Überschneidungssituationen wird eine Darstellung der Komplexität und Potentiale interkultureller Konfliktbereiche vorangestellt. Diese werden als Bezugsbasis für die Erklärung des Zustandekommens von Problemsituationen herangezogen. Potentiell ergeben sich bei der Betrachtung der zum Teil gegensätzlichen Ausprägungen von Kulturdimensionen der westlichen Banken und der untersuchten Länder anzunehmende Konflikte in der Zusammenarbeit am Markt und mit Mitarbeitern. Hinzu kommen die Art der Kommunikation sowie die Ausprägungen von Persönlichkeitsmerkmalen, die für die Zusammenarbeit von Bedeutung sind.

Bei der Analyse der externen Interaktionspartner sind zunächst die lokalen Kunden betrachtet worden. Im lokalen Firmenkundengeschäft und Private Banking sind die marketingorientierten Charakteristika der Unternehmungen und privaten Kunden im Private Banking, die Nachfragefähigkeit und die jeweilige Nachfragebereitschaft und das Interaktionsverhalten analysiert worden.

Schwerpunkt der Darstellung ist die Interaktion mit lokalen Firmenkunden. Hier zeigen sich – in jeweils länderspezifischen Ausprägungen und auch ethnischen Nuancen und in Abhängigkeit von der Größe sowie dem Grad der Internationalität – der Stellenwert von Beziehungen, Erwartungshaltung an die Bank, Auswahl von Banken/Loyalität als eher werteorientierte Ausprägungen, die Adaption internationaler Geschäftspraktiken sowie Transparenz der Geschäftsbeziehung als eher unternehmungspraktikenbezogene Ausprägungen, die für die westlichen Banken relevant sind. Im Private Banking ergeben sich für Singapur und Malaysia ebenfalls der Stellenwert von Beziehungen, die Erwartungen an die Bank, jedoch auch Ausprägungen hinsichtlich Zeithorizont/Loyalität und Risikoorientierung.

Die Analyse der externen Interaktionspartner schließt mit einer Darstellung der indirekten Interaktionspartner Zentralbanken, in denen die Art der Aufgabenausübung sowie die Erwartungen der Öffentlichkeit an das Engagement der westlichen bzw. ausländischen Banken zur Entwicklung der Bankenmärkte aufgeführt werden.

Bei der Analyse der zweiten interkulturellen Überschneidungssituation in den Auslandsgesellschaften mit den Mitarbeitern ergeben sich Managementthemen aus dem Aufeinandertreffen westlicher Unternehmungskulturen und Landeskulturen des Managements mit den durch die lokalen Mitarbeitern als Träger der Landeskulturen in die Auslandsgesellschaft eingebrachten Normen und Werten, die am Arbeitsplatz in bestimmten Verhaltensweisen zum Ausdruck kommen. Die zunächst durch die jeweilige Landeskultur inhärent eingebrachten Managementthemen zeigen die Bedeutung der ethnischen Strukturen in der jeweiligen Gesellschaft auf. Als auf unterschiedliche Werteordnungen zurückzuführende Managementthemen sind durch das Zusammentreffen unterschiedlicher Landeskulturen von Management und Mitarbeitern die Aspekte Führungsverhalten, Delegationsverhalten und Autoritätsorientierung, die intrinsische Motivation sowie die Gestaltung der Zusammenarbeit in der Auslandsgesellschaft relevant. Aus dem Aufeinandertreffen der unterschiedlichen Werteordnungen und Praktiken der Unternehmungskultur der westlichen Bank und der Landeskultur resultieren als Managementthemen die lokale Personalauswahl sowie der Umgang mit strategischen Veränderungen.

Aus den aufgeführten Managementthemen ist ein System an interkulturellen Erfolgsfaktoren abgeleitet worden, das hinsichtlich der Wirkungsrichtung auf den jeweiligen Ländermarkt, die Auslandsgesellschaft und die Gesamtbank ausgerichtet ist. Diese Wirkungsrichtungen sind den Erfolgsbereichen Marktorientierung, Management der Auslandsgesellschaft und Geschäftspolitik der Gesamtbank zuzuordnen. Im einzelnen handelt es sich um die Erfolgsfaktoren Langfristigkeit des Engagements, Gestaltung der Geschäftsbeziehung, Kommunikation am Markt, Marktauftritt (Marktorientierung), Kommunikation zwischen Management und Mitarbeitern, Ausrichtung des Führungsverhaltens, Integrationsvermögen, lokales Personalmanagement, Persönlichkeit des Managements (Management der Auslandsgesellschaft) sowie Unternehmungskultur, Führungssystem, Kommunikation zwischen Zentrale und Auslandsgesellschaft und Gestaltung der Integrationsinstrumente (Geschäftspolitik der Gesamtbank). Diese Erfolgsfaktoren stellen die Basis für die Formulierung von Anforderungen an die Gesamtbank bzw. strategische Verantwortungsbereiche für einen interkulturellen Managementansatz dar.

In Kapitel 5 ist die Perspektive der Wahrnehmung seitens des westlichen Managements in Auslandsgesellschaften auf die Perspektive der Gesamtbank für die Gestaltung des interkulturellen Managementansatzes ausgeweitet worden. Aus Perspektive der Gesamtbank werden nun Gestaltungsmöglichkeiten in der Zentrale und in der Auslandsgesellschaft für das interkulturelle Management aufgezeigt, was dem strategischen Managementaspekt der Steuerung durch Maßnahmen entspricht. Auf Basis der Integration der bisherigen Analysen werden die konkreten Anforderungen an die Bank formuliert. Als Grundvoraussetzung eines interkulturellen Managements ist die Aneignung interkultureller Kompetenz über individuelles Lernen der Mitarbeiter sowie über organisationales Lernen der westlichen Banken aufgezeigt worden. Der Aufbau der Kompetenz findet nicht isoliert in einer Auslandsgesellschaft statt, sondern erfordert adäquate Vorbereitung zur Schaffung eines kulturellen Bewußtseins, den institutionalisierten Austausch bspw. persönlicher Erfahrungen sowie die Verbesserung der Schnittstelle zwischen Zentrale und Auslandsgesellschaft.

Die Maßnahmenbereiche umfassen die Ausrichtung der Marktorientierung sowie des strategischen und operativen Managements der Gesamtbank an die interkulturellen Erfordernisse.

Die Anpassung der Marktorientierung umfaßt die Ausweitung der internationalen Marktforschung auf interkulturelle Themenbereiche sowie den Marketing-Mix. Der klassische Marketingansatz ist hinsichtlich der Instrumentekategorien um die Themen Teilnehmer an der interkulturellen Marktsituation sowie Prozeß der Erstellung der Bankmarktleistung erweitert worden. Dies ermöglichte die interaktionsorientierte Gestaltung der Geschäftsbeziehung – sowohl als phasenbezogener Prozeß am Beispiel des lokalen Firmenkundengeschäfts der westlichen Banken als auch hinsichtlich des Betreuungsansatzes im lokalen Firmenkundengeschäft sowie im Private Banking. Die Berücksichtigung ethnischer Besonderheiten ist dabei sowohl im Land und auch bei der Betreuung von einem regionalen Standort aus von Bedeutung.

Für die Erzielung der Konsistenz von gesamtbankbetrieblicher Strategie und Kulturorientierung stellt sich die Unternehmungskultur als wesentliches Integrationsinstrument in der international tätigen Bank dar. Die westlichen Banken weisen tendenziell eine universalistische, d.h. eine einheitliche, auf die Zentrale bzw. Gesamtbank ausgerichtete Unternehmungskultur auf, wobei sich unterschiedliche Banken erst langsam von einer pluralistischen Unternehmungskultur wegbewegen, andere jedoch versuchen sogar eine synergetische Unternehmungskultur in Verbindung mit einer transnationalen strategischen Orientierung umzusetzen. Die Vermittlung der Unternehmungskultur verläuft auf zwei verschiedenen Ebenen: das Management der westlichen Bank hat vorwiegend sicherzustellen, daß die Auslandsgesellschaften gemäß der universalistischen Werte der Banken geführt werden. Sowohl bei der Vermittlung dieser Werte in die Auslandsgesellschaft als auch bei der Vermittlung dieser Werte im Sinne von Kommunikation am Markt sind die lokalen Mitarbeiter in Schlüsselpositionen in der Bank ein wesentliches Erfolgskriterium.

Für die Führung in der Auslandsgesellschaft stellen sich für das westliche Management verschiedene Optionen, interkulturelle Problembereiche in der Führungssituation zu bewältigen. Die situationsadäquate Anwendung der Optionen ist als wesentliches Merkmal kultureller Kompetenz herausgestellt worden. Dies bezieht sich sowohl auf die persönliche Kommunikation und Führung, aber auch auf die Ausrichtung von standardisierten Managementinstrumenten auf die lokalen Erfordernisse. Hier sollte grundsätzlich die Erkenntnis der kulturellen Synergie einbezogen werden, so daß sowohl in der Führungskonzeption der Gesamtbank als auch in der Auslandsgesellschaft kulturelle Unterschiede nicht nur als Problembereich, sondern als Quelle für Synergien betrachtet werden.

Die Konzeptionierung des interkulturellen Managements schließt mit Überlegungen zur Ausgestaltung eines Ansatzes für ‚Kultur-Controlling'. Es ist hierbei als notwendig erachtet worden, die ermittelten Erfolgsfaktoren hinsichtlich der Konsistenz mit anderen Zielsetzungen in der Gesamtbank zu prüfen. Bei Betrachtung der lokalen Interaktionspartner als Anspruchsgruppen gemäß dem Stakeholder-Ansatz ergeben sich Zielkonflikte mit den Interessen der Anteilseigner bei der Ausrichtung auf den Shareholder-Value als Zielgröße der internationalen Banken. Mittels eines führungssystemorientierten Informationsansatzes werden interkulturelle Maßnahmen zur ökonomischen sowie zur sozialen Wirkungsanalyse durch unterschiedliche Maßgrößen hinsichtlich der Erfolgsbeeinflussung erfaßt. Diese Maßgrößen stellen sich als vorwiegend qualitativ dar, unter Plausibilitätsannahmen können jedoch auch quantitative ökonomische Größen formuliert bzw. abgeleitet werden. Zur vollständigen Erfassung eines interkulturell ausgerichteten Kommunikations- und Steuerungsinstruments für Auslandsgesellschaften kann die strategische Zielsetzung eines interkulturellen Managements über die in einer Balanced Scorecard aufgezeigten Maßnahmenbereiche abgebildet werden. Die Wirkungszusammenhänge dieser operativen interkulturellen Maßnahmen können über die Ebenen der Balanced Scorecard verdeutlicht werden. Die Balanced Scorecard als Informations- und Kommunikationsinstrument kann die Umsetzung eines interkulturellen Managementansatzes in der Gesamtbank unterstützen.

Es zeigt sich jedoch insgesamt, daß globales Bankgeschäft und Interkulturelles Management kein Widerspruch oder separate Themenstellungen für Banken und ‚Kultur-Onkel' sind, sondern daß dieses weltweite Bankgeschäft eines Interkulturellen Managements bedarf - und umgekehrt.

6.2 Ausblick auf die weitere Ausgestaltung eines interkulturellen Managementansatzes

Es hat sich gezeigt, daß sich nicht nur in den Auslandsgesellschaften, sondern auch in der Zentrale westlicher Banken konkrete Ansatzpunkte für die Implementierung eines interkulturellen Managementansatzes ergeben. Die Ausgestaltung des bankspezifischen Ansatzes eines Interkulturellen Managements bedarf an vielen Stellen der Verfeinerung bzw. Weiterentwicklung gemäß der strategischen Ausrichtung der Gesamtbank. Mit Bezug auf die international tätigen Banken aus westlichen Kulturkreisen finden in der Region Südostasien derzeit Übernahmen lokaler Banken statt. Die ABN Amro hat z.B. in der thailändischen Bank of Asia das lokale Management aufgrund der Reputation am Markt in seiner Funktion belassen. Hieraus ergeben sich wiederum neue Fragen der interkulturellen Zusammenarbeit in Banken auf Basis der interkulturellen Erfolgsfaktoren der Integration von Akquisitionen.

Darüber hinaus stellt die Führung multikultureller Teams in künftigen Strukturen von Banken einen wichtigen Ansatzpunkt für weitere interkulturelle Forschung für das Bankgeschäft dar. Die weiter globalisierte Führungs- und Personalpolitik wird in absehbarer Zeit auch damit konfrontiert werden, bei der Arbeit von physisch weltweit ,verstreuten', teilweise lediglich über moderne Kommunikationsmittel verknüpften Teammitgliedern, die gemeinsam an Projekten arbeiten, mit neuen Arten (inter-) kultureller Grenzen und Barrieren in der interkulturellen Zusammenarbeit umzugehen. Die oftmals schwierige, aber immer noch physisch persönliche Interaktion wird zunehmend durch Telefongespräche, Videokonferenzen etc. ersetzt werden, was den spezifischen Umgang und das gegenseitige Erlernen von interkulturellen Verhaltensweisen voraussichtlich eher erschweren wird. Für diese Art der globalen Zusammenarbeit werden Management- bzw. Führungsmodelle und -instrumente zu entwickeln sein.

Die Frage nach der zukünftigen Relevanz eines interkulturellen Managementansatzes von Banken kann daher auch weiterhin vor dem Hintergrund der zunehmenden Multikulturalität im Bankgeschäft mit einem eindeutigen Ja beantwortet werden. Dies auch vor dem Bewußtseins des kulturellen Wandels und der Entwicklungen in den untersuchten Ländern. So sind Kultur und die Entwicklung von Ländern kein Widerspruch und es geht nach verstärkter Adaption von internationalen Grundsätzen zukünftig auch weiterhin um die Thematik, die dominierende Landeskultur zu berücksichtigen. Die Praktiken von lokalen Unternehmungen werden sich durch die Adaption von ,best-practice' verändern. Die asiatische Wirtschafts- und Finanzkrise und ihre Auswirkungen haben einer solchen Entwicklung einen starken Schub gegeben.

Die in dieser Arbeit eingenommene Position der Kulturalisten hat sich in Bezug auf die untersuchten Länder als richtig herausgestellt. Der Inhalt eines interkulturellen Managementansatzes stellt sich mit den personen- und verhaltensbezogenen Managementfunktionen gerade aus der Perspektive westlicher und asiatischer Kulturen (und vice versa) als wichtiger Managementfaktor dar. Aus diesen Gründen wird sich der Auffassung angeschlossen, daß „especially in banking, management is done by people, and if it comes down to people then culture has impact on business; systems might be institutionalised, people not."[1841]

[1841] Interview lokale Bank in Malaysia.

Literaturverzeichnis

Abbas, Rulaini / Poosparajah, S.: Banker charged in Sime Bank Case, in: NST v. 01. Mai [1999], S. 1,4

Abdullah, Diana Ohn / Sivanithy, R.: Tech stocks send KLSE 2nd board soaring 9%, in: BT (S) v. 09.Februar [2000], http://www.business-times.asia1.com.sg

ABN AMRO (Hrsg.): Annual Report 1998, Amsterdam [1999]

Abraham, Collin E. R.: Divide and Rule: The Roots of Race Relations in Malaysia, Petaling Jaya [1997]

Adler, Nancy J.: Cross Cultural Management Research: The Oestrich and The Trend, in: Academy of Management Review, Vol 8, No. 2 [1983], S. 226-232

Adler, Nancy J.: Competitive Frontiers: Cross-Cultural Management and the 21st Century, in: Journal of Intercultural Relations, Vol. 19 [1995], S. 523-538

Adler, Nancy J.: International Dimensions of Organizational Behavior, 3rd ed., Boston [1997]

Adler, Nancy J. / Doktor, Robert / Redding, S. Gordon: From the Atlantic to the Pacific Century: Cross-Cultural Management Reviewed, in: Journal of Management, Vol. 12 (2) [1986], S. 295-318

Agthe, Klaus E.: "Multi-local" statt "Multi-national" als strategisches Konzept eines internationalen Unternehmens, in: Internationalisierung der Unternehmung als Problem der Betriebswirtschaftslehre, hrsg. v. Lück, Wolfgang / Trommsdorff, Volker, Berlin [1982], S. 147-170

Ahmad, Sarji Abdul Hamid: Understanding the Concept, Implications and Challenges of Malaysia's Vision 2020, in: Malaysia's Vision 2020: Understanding the Concept, Implications and Challenges, hrsg. v. Ahmad Sarji Abdul Hamid, 2. revised ed., Petaling Jaya [1997], S. XIII - XXI

Allaire, Yvan / Firsirotu, Mihaela E.: Theories of Organizational Culture, in: Organization Studies, No. 3 [1984], S. 193-226

454

Anandarajah, Kala: Further Steps in the Creation of a dynamic Financial Centre, in: Asia Law, April [1998], S. 22-24

Ang, Ben Siew Hock u.a.: Reforms in Vietnam's Financial and Banking System: Business Opportunities in Vietnam, hrsg. v. Tan Teck Meng, Singapore [1997], S. 57-76

Ansoff, Igor H.: Strategic Management, London [1980]

ANZ (Hrsg.): Business Banking Services in Vietnam, Informationsbroschüre v. 07. Oktober [1997]

ANZ (Hrsg.): Personal Banking Services in Vietnam, Informationsbroschüre v. 07. Oktober [1997]

Argyris, Chris / Schön, D.A.: Organizational Learning: A Theory of Action Perspective, Boston [1978]

Asia Commercial Bank (Hrsg.): Annual Report 1996, Hanoi [1997]

Asian Demographics Ltd (Hrsg.): Historic Series Data: Vietnam v. 20. März [1998], http://www.asiandemographics.com

Asian Demographics Ltd (Hrsg.): Malaysia v. 10. Oktober [1999], http://www.asiandemographics.com

Asian Demographics Ltd (Hrsg.): Singapore v. 10. Oktober [1999], http://www.-asiandemographics.com

Asian Demographics Ltd (Hrsg.): Vietnam v. 10. Oktober [1999], http://www.asiandemographics.com

Asian Development Bank (Hrsg.): Country Plan: Malaysia, Manila [1999]

Asian Development Bank (Hrsg.): Asian Development Outlook 1999, Manila [1999]

Astbury, Sid: Reaping Malaysia´s Islamic Riches, in: Asian Business, August [1996], S. 48-49

Axel, Michael / Prümper, Jochen: Interkulturelle Kompetenz durch interkulturelles Training, in: Internationales Personalmanagement, hrsg. v. Clermont, Alois/Schmeisser, Wilhelm, München [1997], S. 349-371

Azura, Abus / Tan, Marina: A code of ethics for Internet users, in: NST v. 06. Juni [1999], S. 1

Baidura, Ahmad: Danamodal will enhance Banks' Ability to generate new Lendings, in: NST v. 05. August [1998], S. 21

Baker, Jim: Crossroads: a popular History of Malaysia and Singapore, Singapore / Kuala Lumpur [1999]

Ban Hin Lee Bank (Hrsg.): Annual Report 1998 , Kuala Lumpur [1999]

Bank for International Settlements (Hrsg.): BIS Consolidated International Banking Statistics for End 1998, Basel, Press Release v. 31. Mai [1999]

Bank for Investment and Development of Vietnam (Hrsg.): 40 Years of Growth, Hanoi [1997]

Bank für internationalen Zahlungsausgleich (Hrsg.): 64. Jahresbericht, Basel [1994]

Bank für internationalen Zahlungsausgleich (Hrsg.): 65. Jahresbericht, Basel [1995]

Bank für internationalen Zahlungsausgleich (Hrsg.): 66. Jahresbericht, Basel [1996]

Bank für internationalen Zahlungsausgleich (Hrsg.): 67. Jahresbericht, Basel [1997]

Bank für internationalen Zahlungsausgleich (Hrsg.): 68. Jahresbericht, Basel [1998]

Bank für internationalen Zahlungsausgleich (Hrsg.): 69. Jahresbericht, Basel [1999]

Bank Islam Malaysia Berhad (Hrsg.): Islamic Banking Practice, Kuala Lumpur [1994]

456

Bank Negara Malaysia (Hrsg.): Money and Banking in Malaysia, Kuala Lumpur [1994]

Bank Negara Malaysia (Hrsg.): Annual Report 1997, Kuala Lumpur [1998]

Bank Negara Malaysia (Hrsg.): List of Approved Financial Institutions v. 01. August [1998], http://www.bnm.gov.my

Bank Negara Malaysia (Hrsg.): Press Statement v. 05. Oktober [1998], http//www.-bnm.gov.my

Bank Negara Malaysia (Hrsg.): Annual Report 1998, Kuala Lumpur [1999]

Bank Negara Malaysia (Hrsg.): Banking Institutions v. 20. März [1999], http://www.-bnm.gov.my

Bank Negara Malaysia (Hrsg.): Exchange Control Policy, v. 04. April [1999], http://-www.bnm.gov.my

Bank Negara Malaysia (Hrsg.): Financial Markets, v. 20. März [1999], http://www.-bnm.gov.my

Bank Negara Malaysia (Hrsg.): The Central Bank and the Financial System in Malaysia, Kuala Lumpur [1999]

Bank Negara Malaysia (Hrsg.): Progress of Banking Sector Restructuring, Press Release v. 14. Juli [1999], http://.bnm.gov.my

Bank Negara Malaysia (Hrsg.): Merger Programme for Domestic Banking Institutions, Press Release v. 29. Juli [1999], http://www.bnm.gov.my

Bank Negara Malaysia (Hrsg.): Tax Incentives for Consolidation of Domestic Banking Institutions, Press Release v. 10. August [1999], http://www.bnm.gov.my

Bank Negara Malaysia (Hrsg.): List of Approved Financial Institutions v. 20. März [2000], http://www.bnm.gov.my

Bank Negara Malaysia (Hrsg.): List of Banking Institutions v. 20 März [2000], http://-www.bnm.gov.my

Bank Negara Malaysia (Hrsg.): Monthly Statistical Bulletin [2000], http://www.bnm.-gov.my

Bank Negara Malaysia (Hrsg.): Consolidation of Domestic Banking Institutions, Press Release v. 14. Februar [2000], http://www.bnm.gov.my

Bank of Tokyo-Mitsubishi (Hrsg.): The Malaysian Economy in the Aftermath of the Asian Currency Crisis, in: Tokyo-Mitsubishi Review, Vol. 3 [1998]

Banque Nationale de Paris (Hrsg.): Annual Report 1997, Paris [1998]

Banque Nationale de Paris (Hrsg.): The BNP in Singapore v. 20 April [1999], http://www.bnp.fra

Banque Nationale de Paris (Hrsg.): The BNP in Vietnam v. 20. April [1999], http://-www.bnp.fra

Baratta, Mario von (Hrsg.): Der Fischer Weltalmanach 1998, Frankfurt / Main [1997]

Barth, Dietrich: WTO: Liberalisierung der Finanzdienstleistungen, in: Die Bank, Heft 2 [1998], S. 101-103

Bartlett, Christopher A. / Ghoshal, Sumantra: Managing across Borders: The Transnational Solution, Massachussetts [1998]

Bauer, Erich: Internationale Marketingforschung, 2. Aufl., München [1997]

Baumanns, Frans J.: Faktoren einer Internationalisierungsentscheidung der Kredit-institute, Thun [1984]; zugl.: Aachen, Techn. Hochschule, Diss., 1984

Becker, Gernot M.: Kreditmanagement in Emerging Markets, in: Die Bank, Heft 3 [1998], S. 154-157

Berger, Roland: Auf der Suche nach Europas Stärken: Managementkulturen und Erfolgsfaktoren, hrsg. v. Roland Berger & Partner, Landsberg / Lech [1993]

Bergmann, Alexander: Interkulturelle Managemententwicklung, in: Globalisierung der Wirtschaft - Einwirkungen auf die Betriebswirtschaftslehre, hrsg. v. Haller, M. u.a., Bern [1993], S. 194-216

Bickers, Charles: Net Returns, in: FEER v. 06. Mai [1999], S. 48

458

Boele, Alfred: Internationalisierung bankwirtschaftlicher Verbundsysteme: Methodisches Konzept auf Basis des Transaktionskostenansatzes, Wiesbaden [1995]; zugl.: Köln, Univ., Diss., 1995

Bolten, Jürgen: Grenzen der Internationalisierungsfähigkeit. Interkulturelles Handeln aus interaktionstheoretischer Perspektive, in: Cross Culture - Interkulturelles Handeln in der Wirtschaft, hrsg. v. Bolten, Jürgen, Berlin [1995], S. 24-42

Booms, Bernard H. / Bitner, Mary J.: Marketing Strategies and Organization Structure for Service Firms, in: Marketing of Services, ed. by Donnelly, J. / George, W.R., Chicago [1981], S. 47-51

Bosch, Birgit: Interkulturelles Management, Darmstadt [1996]; zugl.: Augsburg, Univ., Diss., 1995

Brahm, Laurence J.: Banking and Finance in Indochina, Cambridge [1992]

Brahm, Laurence J.: Vietnam: Banking and Finance, Hongkong [1995]

Brook, Timothy / Luong, Hy v. (Hrsg.): Culture and Economy: The Shaping of Capitalism in Eastern Asia, Michigan [1997]

Brook, Timothy / Luong, Hy v.: Introduction: Culture and Economy in a Postcolonial World, in: Culture and Economy: The Shaping of Capitalism in Eastern Asia, hrsg. v. Brook, Timothy / Luong, Hy v., Michigan [1997], S. 1-21

Brown, Raj: Chinese Business and Banking in South-East Asia since 1870, in: Chinese Business Enterprise: Critical Perspectives on Business and Management, Band II, hrsg. von Brown, Raj, London / New York [1996], S. 133-148

Brützel, Christoph: Offshore-Banking deutscher Banken unter besonderer Berücksichtigung des Euro-DM-Marktes und der Möglichkeiten der Repatriierung, Frankfurt/ Main [1985]

Bühner, Rolf: Betriebswirtschaftliche Organisationslehre, 6. Aufl., München / Wien [1992]

Büschgen, Hans E.: Entwicklungsphasen des internationalen Bankgeschäfts, in: Handbuch des internationalen Bankgeschäfts, hrsg. v. Büschgen, Hans E. / Richolt, Kurt, Wiesbaden [1989], S. 1-23

Büschgen, Hans E.: Bankmarketing, Düsseldorf [1995]

Bumbacher, Urs: Internationale Wettbewerbsfähigkeit im Bankwesen, Basel [1994]

Cerny, Keith: Making Global Knowledge Local, in: Harvard Business Review, Heft May - June [1996], S. 22-48

Chan, Weng Khoon / Lui, Agnes Yim / Peh, Chin Sin: Development of Education, Training and Investment Opportunities in Vietnam, in: Business Opportunities in Vietnam, hrsg. v. Tan, Teck Meng, Singapore [1997], S. 307-325

Chang, Chak-Yan: Localization and Chinese Banking in South-East Asia, in: Global Business: Asia - Pacific Dimensions, hrsg. v. Kaynak, Edener, London [1988], S. 351-367

Channon, Derek F.: Bank Strategic Management and Marketing, Wiley [1986]

Cheah, Kooi Guan: Financial Institutions in Malaysia, 2. Aufl., Kuala Lumpur [1995]

Chee, Keong Low: Labuan: Strategies towards Vision 2020, in: Journal of Asian Business, Vol. 12 [1996], S. 84-103

Chen, May Yee: Malaysian Youth yearn for a new age, in: AWSJ v. 09. Juni [1999], S. 1, 4

Chiew, Seen Kong: From Overseas Chinese to Chinese Singaporeans, in: Ethnic Chinese as Southeast Asians, hrsg. v. Suryadinata, Leo, Singapore [1997], S. 211-231

Child, J.: Culture, Contingency and Capitalism in the Cross-National Study of Organizations, in: Research in Organizational Behavior, hrsg. v. Cummings, L.L. / Staw, B.M., Greenwich [1981], S. 303-356

Ching, Frank: Change comes to Singapore, in: FEER v. 12. August [1999], S. 31

Ching, Frank: An Emerging East Asia, in: FEER v. 16. Dezember [1999], S. 36

Chou, Cher Hoong u.a.: Foreign Investment in Vietnam: Promotion Policies and Strategies, in: Business Opportunities in Vietnam, hrsg. v. Tan, Teck Meng, Singapore [1997], S. 19-38

Christmann, Stephan: Vietnam: <u>Reformen unerlässlich</u>, in: Deutsche Sparkassenzeitung v. 15. November [1996], S. 4

Citibank (Hrsg.): <u>Welcome to Citibank Malaysia</u> v. 10. März [1999], http://www.citibank.com.my

Citibank (Hrsg.): <u>Welcome to Citibank Singapore</u> v. 10. März [1999], http://www.citibank.com.sg

Citigroup (Hrsg.): <u>Annual Report 1998</u>, New York [1999], http://www.citi.com

Clammer, John R.: <u>Singapore: Ideology, Society, Culture</u>, Singapore [1985]

Clammer, John R.: Religious Pluralism and <u>Chinese Beliefs</u> in Singapore, in: Chinese Beliefs & Practices in Southeast Asia: Studies on the Chinese Religion in Malaysia, Singapore and Indonesia, hrsg. v. Cheu Hock Tong, Petaling Jaya [1993], S. 199-221

Commerzbank AG (Hrsg.): <u>Asset Management</u> v. 02. April [1999], http://www.commerzbank.de

Cooke, Kieran: Ignorance underpins soaring <u>Malay Stocks</u>, in: FT v. 15./16. Januar [1994], S. 10

Corsten, Hans: <u>Schnittstellenfokussierte Unternehmensführung</u>, in: Handbuch der Unternehmensführung, hrsg. v. Corsten, Hans / Reiß M., Wiesbaden [1995], S. 5-19

Cramb, Gordon: ABN Amro plans <u>Asia Branch Network</u>, in: FT v. 29. Juli [1996], S. 11

Crane, Dwight B. / Bodie, Zvi: <u>The Transformation of Banking</u>, in: Harvard Business Review, Heft März / April [1996], S. 109-116

Cunaha, Derek da: <u>Singapore in 1998</u>: Managing Expectations, Shoring-up National Morale, in: Southeast Asian Affairs 1999, hrsg. v. ISEAS, Singapore [1999], S. 271-290

Dahlan, H.M.: <u>Local Values</u> in Intercultural Management, in: Malaysian Management Review, Vol. 1 [1991], S. 45-50

Daneels, Jenny: <u>Costly Lessons</u>, in: Asian Business, January [1998], S. 38-40

Davis, Steven I.: Spitzenleistungen in Banken: ein Profil des erstklassigen Managements, das auf einem Einblick in Citibank, Deutsche Bank und 13 weiteren ausgewählten Banken beruht, Wiesbaden [1989]

Deal, Terrence / Kennedy, Allan A: Unternehmenserfolg durch Unternehmenskultur, hrsg. v. Bruer, Albert, Bonn-Bad Godesberg / Rentrop [1987]

Delhaise, Philippe: Asia in Crisis: The Implosion of the Banking and Finance System, Singapore [1998]

Dennig, Ulrike: Internationale Geld- und Kreditmärkte, in: Geld-, Bank- und Börsenwesen: ein Handbuch, hrsg. v. Kloten, Norbert / von Stein, Johann Heinrich, Stuttgart [1993], S. 1071-1100

Department of Statistics (Hrsg.): Statistics Handbook Malaysia, Kuala Lumpur [1998]

Deutsche Bank AG (Hrsg.): Deutsche Bank in Malaysia, Informationsbroschüre [1999]

Deutsche Bank AG (Hrsg.): European Transaction Bank AG v. 05. Mai [1999], http://www.deutsche-bank.de

Deutsche Bank AG (Hrsg.): Geschäftsbericht 1998, Frankfurt [1999]

Devaraj, A.: Danaharta to buy RM 11.26b of NPLs from 11 institutions, in: NST v. 12. November [1998], S. 17

Development Bank of Singapore (Hrsg.): Annual Report 1998, Singapur [1999]

Development Bank of Singapore (Hrsg.): Corporate Banking v. 22. April [2000], http://www.dbs.com.sg

Development Bank of Singapore (Hrsg.): DBS Group v. 22. April [2000], http://www.dbs.com.sg

Development Bank of Singapore (Hrsg.): DBS Group-Network v. 22. April [2000], http://www.dbs.com.sg

Development Bank of Singapore (Hrsg.): Enterprise Banking v. 22. April [2000], http://www.dbs.com.sg

Development Bank of Singapore (Hrsg.): Personal Banking v. 22. April [2000], http://www.dbs.com.sg

Dill, Peter / Hügler, Gert: Unternehmenskultur und Führung betriebswirtschaftlicher Organisationen: Ansatzpunkte für ein kulturbewußtes Management, in: Heinen, Edmund / Fank, Matthias, Unternehmenskultur: Perspektiven für Wissenschaft und Praxis, 2. Aufl., München [1997], S. 141-209

Doerig, Hans-Ulrich: Universalbank - Banktypus der Zukunft, Vorwärts- und Überlebensstrategien für Europas Finanzdienstleister, (Bank- und finanzwirtschaftliche Forschungen; Bd. 229) Bern u.a. [1996]

Dolven, Ben: Hang Looser, in: FEER v. 02. April [1998], S. 12-13

Dolven, Ben: DBS Set for Change, in: FEER v. 04. Juni [1998], S. 78

Dolven, Ben: Breaking the Mould, in: FEER v. 23. Juli [1998], S. 47-49

Dolven, Ben: Offshore Ambitions, in: FEER v. 04. Februar [1999], S. 42-44

Dormayer, H.-Jürgen / Kettern, Thomas: Kulturkonzepte in der allgemeinen Kulturforschung, in: Heinen, Edmund / Fank, Matthias, Unternehmenskultur: Perspektiven für Wissenschaft und Praxis, 2. Aufl., München [1997], S. 49-66

DP Information Network (Hrsg.): Singapore 1000 1998/99, Singapur [1999]

Drumm, Hans J.: Probleme der Erfassung und Messung von Unternehmungskultur, in: Organisationskultur: Phänomen - Philosophie - Technologie, hrsg. v. Dülfer, Eberhard, 2. Aufl., Stuttgart [1991]

Dülfer, Eberhard: Organisationskultur: Phänomen - Philosophie - Technologie, Eine Einführung in die Diskussion, in: Organisationskultur: Phänomen - Philosophie - Technologie, hrsg. v. Dülfer, Eberhard, 2. Aufl., Stuttgart [1991]

Dülfer, Eberhard: Kultur und Organisationsstruktur, in: Handwörterbuch der Organisation, hrsg. v. Frese, Erich, 3. Auflage, Wiesbaden [1992], Sp. 1201-1214

Dülfer, Eberhard: Internationales Management in unterschiedlichen Kulturbereichen, 4. Aufl., München / Wien [1996]

Dunn and Bradstreet (Hrsg.): Vietnam [1997]

Dyer, W.G. Jr.: The Cycle of Cultural Evolution in Organizations, in: Gaining control of the Corporate Culture, hrsg. v. Kilmann, R.H. / Saxton, M.J. / Serpa, R., San Francisco [1985], S. 200-229

Economic Planning Unit Malaysia (Hrsg.): Third Malaysia Plan 1976-1980, Kuala Lumpur [1976]

Economic Planning Unit Malaysia (Hrsg.): Seventh Malaysia Plan 1996-2000, Kuala Lumpur [1996]

Economist Intelligence Unit (Hrsg.): EIU Country Data, London, Februar [2000]

Ehlern, Svend: International Private Banking: a Study on international private Banking Business with special Focus on the Portfolio Management Business, Bern / Stuttgart / Wien [1997]; zugl. Zürich, Univ., Diss., 1996

Eilenberger, Guido: Bankbetriebswirtschaftslehre: Grundlagen - internationale Bankleistungen - Bank - Management, 6. Aufl., München / Wien [1996]

Elegant, Simon: Merger delayed, in: FEER v. 04. November [1999], S. 80

Ellis, Claire: Culture Shock! Vietnam, Singapur [1998]

Engelen, Klaus C.: Europas Banken drehten in Asien ein großes Kreditrad, in: Handelsblatt vom 25. November [1997], S. 22

Engelhard, Johann E.: Virtualisierung der internationalen Unternehmenstätigkeit - Zum Einfluß der Informations- und Kommunikationstechnologie auf das Arrangement Internationaler Unternehmen, in: Internationales Management: Auswirkungen globaler Veränderungen auf Wettbewerb, Unternehmensstrategie und Märkte; Festschrift zum 60.Geburtstag von Klaus Macharzina, hrsg. v. Engelhard, Johann E. / Oechseler, Walter A., Wiesbaden [1999], S. 317-342

Engelmeyer, Elmar: Identitätsorientierte interkulturelle Personalführung aus gesellschaftsorientierter Perspektive, in: Kompendium der internationalen Betriebswirtschaftslehre, hrsg. v. Schoppe, Siegfried G., 3. Aufl., München u.a. [1994], S. 395-438

Eschenbach, Rolf / Kunesch, Hermann: Strategische Konzepte: Managementansätze von Ansoff bis Ulrich, 3. Aufl., Stuttgart [1996]

464

Ess, Joseph van: Islam, in: Die fünf großen Weltreligionen, hrsg. v. Brunner-Traut, Emma, 9. Aufl., Freiburg / Basel / Wien [1991], S. 67-87

Eubel-Kaspar, Karla: Interkulturelle Kompetenz als strategischer Erfolgsfaktor, Globalisierung: von der Vision zur Praxis; Methoden und Ansätze zur Entwicklung interkultureller Kompetenz, hrsg. v. Kopper, Enid / Kiechl, Rolf, Zürich [1997], S. 139-158

Euromoney / Fitch IBCA (Hrsg.): Bank Atlas, in: Euromoney, June [1999], S. 209-242

FAZ u.a. (Hrsg.): ASEAN / Indochina, Investitionsführer Asien - Regionalband I, Frankfurt / Main [1997]

Financial Times (Hrsg.): Banking in Asia Pacific, London [1997]

Fischer, Lutz: Off-shore-Zentren, in: Handwörterbuch Export und Internationale Unternehmung, hrsg. v. Macharzina, Klaus / Welge, Martin K., Stuttgart [1989], Sp. 1553-1563

Fischer, Matthias: Interkulturelle Herausforderungen im Frankreichgeschäft: Kulturanalyse und Interkulturelles Management, Wiesbaden [1996]; zugl.: Univ. Erlangen-Nürnberg, Diss., 1995

Fisher, Andrew: Facing a Rough Side in the East, in: FT v. 13. November [1996], S. 5, 7

Ford, Maggie: Financial Supermarkets pile it high, in: Euromoney, Issue 334, February [1997], S. 88-91

Freeman, Nick J.: Greater Mekong Sub-Region and the "Asian Crisis", in: Southeast Asian Affairs 1999, hrsg. v. ISEAS, Singapore [1999], S. 32-51

Gabriel, Anita: Danaharta seeks FIC help on asset sale, in: BT (M) v. 27. August [1999], http://www.nstpi.com.my

Gabriel, Anita: Only US$328m pulled out: BNM, in: NST v. 02. September [1999], http://www.nstpi.com.my

Ganesan, Vasantha: Bank Negara's Offer to foreign Banks, in: BT (Malaysia) v. 19. Mai [1999], S. 1, 18

Garbrecht, Georg: Singapur, in: ASEAN / Indochina, Investitionsführer Asien - Regionalband I, hrsg. v. FAZ u. a., Frankfurt / Main [1997], S. 116-122

Germidis, Dimitri / Kessler, Denis / Meghir, Rachel (Hrsg.): Financial systems and development: What role for the formal and informal financial sectors?, hrsg. v. OECD, Paris [1991]

Gertsen, Marine C.: Intercultural Competence and Expatriates, in: The International Journal of Human Resource Management, Vol. 1, December [1990], S. 341-362

Ghazali, Fadzil: No more bail-out of Banks, says Daim, in: BT (Malaysia) v. 27. August [1999], S. 25

Ghazali, Fadzil: 'Globalisation puts New Complexion on Malay Dilemma', in: BT (S) v. 31. Januar [2000], http://www.business-times.asia1.com.sg

Gibney, Frank: The Pacific Century: America and Asia in a changing World, New York [1992]

Gilley, Bruce: The Deal's the Thing, in: FEER v. 15. Juli [1999], S. 43-44

Glaum, Martin: Internationalisierung und Unternehmenserfolg, Wiesbaden [1996] zugl.: Giessen, Univ., Habil.,1995

Goldman Sachs (Hrsg.): Asia Internet, Hongkong [1999]

Gollnick, Dieter: Kulturspezifische Auslandsvorbereitung: Seminare und Coaching zur Unterstützung des Globalisierungsprozesses, in: Globalisierung: von der Vision zur Praxis; Methoden und Ansätze zur Entwicklung interkultureller Kompetenz, hrsg. v. Kopper, Enid / Kiechl, Rolf, Zürich [1997], S. 65-76

Gomez, Edmund T.: Chinese Business in Malaysia: Accumulation, Accomodation and Ascendance, Richmond [1999]

Gomez, Edmund T. / Jomo K.S.: Malaysia's Political Economy, Cambridge [1997]

Goschin, Jörg: Wirtschaftliche, soziodemografische und technologische Entwicklungsperspektiven deutscher Banken: Konsequenzen und Optionen; Untersuchung des Strukturwandels im Bankenmarkt unter besonderer Berücksichtigung des Privatkundengeschäftes, Frankfurt [1993]; zugl.: Darmstadt, Techn. Hochschule, Diss., 1993

Graham, John L. / Sano, Yashihiro: Across the Negotiation Table from the Japanese, in: International Marketing Review, Vol. 3, No. 3, Autumn [1986], S. 58-71

Gramlich, Dieter: Operatives Auslandsgeschäft deutscher Kreditinstitute und Besteuerung - Ein ertragsorientierter Bezugsrahmen zur Gestaltung des internationalen Bankgeschäfts; Analyse und empirische Überprüfung, bezogen auf den Bankplatz London, Wiesbaden [1990]

Granitsas, Alkman: On the Move, in: FEER v. 18. Juni [1998], S. 52-54

Gray, Jean M. / Gray H. Peter: The Multinational Bank: A financial MNC ?, in: Journal of Banking and Finance, Heft 5 [1981], S. 33-63

Grochla, Erwin: Führung, Führungskonzeptionen und Planung, in: Handwörterbuch der Planung, hrsg. v. Szyperski, Norbert, Stuttgart [1989], Sp. 542-554

Güldenberg, Stefan / Mayerhofer, Helene / Steyrer, Johannes: Zur Bedeutung von Wissen, in: Management: Theorien – Führung – Veränderung, hrsg. v. Eckardstein, Dodo von, Stuttgart [1999], S. 589-599

Hainsworth, Geoffrey B.: Human Resource Development in Vietnam, in: Vietnam's Dilemmas and Options, hrsg. v. Than, Mya / Tan, Joseph L.H., Singapur [1993], S. 157-206

Hall, D.G.E.: A History of South-East Asia, 4. Aufl., London [1981]

Hall, Edward T.: Beyond Culture, New York [1976]

Hao, Yen-p'ing: The rise and fall of the Comprador, in: Chinese business enterprise: critical perspectives on business and management, Band II, hrsg. von Brown, Raj, London / New York [1996], S. 275-294

Harengel, Jürgen / Hess, Thomas: Entwicklung einer Balanced Scorecard - untersucht am Beispiel des Retailgeschäftes einer Bank, in: Kostenrechnungspraxis, Heft 4 [1999], S. 239-245

Harianto, Farid: Business Linkages and Chinese Entrepreneurs in Southeast Asia, in: Culture and Economy: The Shaping of Capitalism in Eastern Asia, hrsg. v. Brook, Timothy / Luong, Hy v., Michigan [1997], S. 137-153

Harris, Philip R. / Moran, Robert T.: Managing Cultural Differences, 3. Aufl., Houston/Texas, [1993]

Harrison, Matthew: Asia-Pacific Securities Markets, Hongkong [1994]

Haubold, Erhard: Vietnam organisiert seine Führung neu, in: FAZ v. 14. Januar [2000], S. 3

Haumer, Hans: Werthaltungen und Unternehmenskultur als Erfolgsfaktoren des Bankmanagements, in: Erfolgsfaktoren des Bankgeschäfts, hrsg. v. Bühler, W. u.a., Bern / Stuttgart [1990], S. 51-59

Heenan, D.A. / Perlmutter, Howard V.: Multinational Organization Development, Massachussetts [1979]

Hefner, Robert W.: Introduction: Society and Morality in the New Asian Capitalisms, in: Market Cultures: Society and Values in the New Asian Capitalisms, ed. by Hefner, Robert W., Singapore [1998], S. 1-40

Heinen, Edmund: Unternehmenskultur als Gegenstand der Betriebswirtschaftslehre, in: Heinen, Edmund / Fank, Matthias, Unternehmenskultur: Perspektiven für Wissenschaft und Praxis, 2. Aufl., München [1997], S. 1-48

Heinen, Edmund / Dill, Peter: Unternehmenskultur - Überlegungen aus betriebswirtschaftlicher Sicht, in: ZfB, Heft 3 [1986], S. 202-208

Hellmann, Thomas / Murdock, Kevin / Stiglitz, Joseph: Deposit Mobilisation through Financial Restraint, in: Financial Development and Economic Growth; Theory and Experiences from Developing Countries, hrsg. v. Hermes, Niels / Lensing, Robert, London [1996], S. 219-246

Hentze, Joachim: Kulturvergleichende Managementforschung: Ausgewählte Ansätze, in: Die Unternehmung, Heft 3 [1987], S. 170-185

Hiebert, Murray: Banking on Faith, in: FEER v. 03 April [1995], S. 54-56

Hinterhuber, Hans: Strategische Unternehmensführung, Band 1, 4. Aufl. Berlin / New York [1989]

Ho, Kiang Fah / Gerrard, Philip: Practice & Law of Banking in Singapore, Singapore [1993]

Hörter, Steffen: Shareholder Value-orientiertes Bank-Controlling, Berlin [1998]; zugl.: Eichstätt, Kath.-Univ., Diss., 1997

Hofstede, Geert H.: Management in a Multicultural Society, in: Malaysian Management Review, April [1991], S. 3-18

Hofstede, Geert H.: Die Bedeutung von Kultur und ihren Dimensionen im Internationalen Management, in: Handbuch der internationalen Unternehmenstätigkeit: Erfolgs- und Risikofaktoren, Märkte, Export-, Kooperations- und Niederlassungsmanagement, hrsg. v. Kumar, Brij Nino/ Haussmann, Helmut, München [1992], S. 303-324

Hofstede, Geert H.: Interkulturelle Zusammenarbeit: Kulturen - Organisationen - Management, Wiesbaden [1993]

Hofstede, Geert H.: Cultures and Organizations: Software of the Mind, 2. überarbeitete Aufl., New York [1997]

Hofstede, Geert H. / Bond, Michael Harris: The Confucius Connection: From Cultural Roots to Economic Growth, in: Readings in management, organisation and culture in East and South East Asia, hrsg. v. Blunt, Peter, Casuarina [1988], S. 105-121

Holzmüller, Hartmut H.: Konzeptionelle und methodische Probleme in der interkulturellen Management- und Marketingforschung, Stuttgart [1995]; zugl.: Wien, Wirtschaftsuniv., Habil., 1995

Holzmüller, Hartmut H. / Schuh, Arnold: Erklärungsansätze für die Kulturgebundenheit von Konsummustern, in: Marktforschung und Management, Heft 3 [1995], S. 97-102

Horvath, Peter / Kaufmann, Lutz: Balanced Scorecard - ein Werkzeug zur Umsetzung von Strategien, in: Harvard Business Manager, Heft 5 [1998], S. 39-48

Howell, Julia D.: Religion, in: Culture and Society in the Asia-Pacific, ed. by Maidment, Richard / Mackerras, Colin, London / New York [1998], S. 115-140

Hoyos, Carl Graf: Arbeitspsychologie, in: Handwörterbuch des Personalwesens, hrsg. v. Gaugler, Eduard, Stuttgart [1975], Sp. 326-339

HSBC (Hrsg.): HSBC to establish Global Brand v. 05. April [1998], http://www.hsbc.com

HSBC (Hrsg.): Annual Report 1998, London [1999]

HSBC (Hrsg.): HSBC Business Profile Series: Singapore, Hongkong [1999]

HSBC (Hrsg.): HSBC Business Profile Series: Vietnam, Hongkong [1999]

HSBC (Hrsg): The HSBC Group: Services in Vietnam, Hongkong, März [1999]

Huard, Pierre / Durand, Maurice: Viet-Nam, Civilization and Culture, 3rd ed., Paris [1998]

Hünerberg, Reinhard / Allen, Tim: Europäische Investitionsstrategien in Südostasien, in: Der asiatisch-pazifische Raum: Strategien und Gegenstrategien von Unternehmungen, hrsg. v. Schneidewind, Dieter / Töpfer, Armin, Landsberg / Lech [1991], S. 231-250

Hummel, Detlev: Auslandsstrategien deutscher Kreditinstitute, in: Banken in globalen und regionalen Umbruchsituationen: Systementwicklungen, Strategien, Führungsinstrumente, Festschrift für Johann H. von Stein zum 60. Geburtstag, hrsg. v. Bühler, Wilhelm / Hummel, Detlev / Schuster, Leo, Stuttgart [1997], S. 197-217

Huo, Y Paul / Randall, Donna M.: Exploring subcultural differences in Hofstede´s Value Survey: The Case of the Chinese, in: Asia Pacific Journal of Management, Vol. 8, No. 2, [1990], S. 159-173

Industrial and Commercial Bank of Vietnam (Hrsg.): Annual Report 1996, Hanoi [1997]

ING Barings (Hrsg.): Indochina Research: Banking Review, April [1997]

Ingelfinger, Thomas: Interkulturelle Kompetenz als Notwendigkeit der Internationalisierung, in: Marktforschung und Management, Heft 3 [1995], S. 103-106

Institute for South East Asian Studies (Hrsg.): Regional Outlook: Southeast Asia, Singapur [1998]

Institute for South East Asian Studies (Hrsg.): Southeast Asian Affairs 1999, Singapur [1999]

International Federation of Stock Exchanges (Hrsg.): Annual Report 1996, Paris [1997]

470

International Federation of Stock Exchanges (Hrsg.): Statistics v. 06. März [2000], http://www.fibv.com.fra

International Trade Administration (Hrsg.): The Big Emerging Markets, 1996 Outlook and Sourcebook, Lanham (USA) [1995]

Islam, Shada: No Pain, No Gain, in: FEER v. 12. Februar [1998], S. 60-61

Jacob, Adolf-F.: Die Wahl strategischer Standorte im internationalen Bankgeschäft: Ansätze einer Theorie der Finanzplätze, Wiesbaden [1989]

Jaeger, Alfred M.: The Applicability of Western Management Techniques in Developing Countries: A Cultural Perspective, in: Cross Culture - Interkulturelles Handeln in der Wirtschaft, hrsg. v. Bolten, Jürgen, Berlin [1995], S. 143-161

Jayasankaran, S.: Clouded Vision, in: FEER, Vol 161, Issue 14 v. 02. April [1998], S. 51-52

Jayasankaran, S. / Hiebert, Murray: May 13, 1969: Formative Fury, in: FEER v. 20. Mai [1999], S. 45-47

Jayasankaran, S. / Silverman, Gary: At your Service, in: FEER v. 31. August [1995], S. 56-58

Jayasankaran, S. / Vatikiotis, Michael: Wake-up Call, in: FEER v. 09. Dezember [1999], S. 16-17

Jomo, K.S.: From Miracle to Debacle, in: Tigers in Trouble, hrsg. v. Jomo, K. S., London [1998], S. 181-198

Kaplan, Robert, S./ Norton, David P.: The Balanced Scorecard: Translating Strategy into Action, Harvard Business School [1996]

Kaplan, Robert, S./ Norton, David P.: The Balanced Scorecard: Strategien erfolgreich umsetzen, Stuttgart [1997]

Kassim, Mohd Sheriff Mohd: Vision 2020's Linkages with the Sixth Malaysia Plan and the Second Outline Perspective Plan, in: Malaysia's Vision 2020: Understanding the Concept, Implications and Challenges, hrsg. v. Ahmad Sarji Abdul Hamid 2. revised ed., Petaling Jaya [1997],S. 67-87

Kathirithamby-Wells, J.: The Old and the New, in: Culture and Society in the Asia-Pacific, ed. by Maidment, Richard/Mackerras, Colin, London/New York [1998], S. 15-37

Keller, Andrea: Die Rolle der Unternehmungskultur im Rahmen der Differenzierung und Integration der Unternehmung, Bern / Stuttgart [1990]; zugl.: Zürich, Univ., Diss., 1990

Keller, Eugen von: Management in fremden Kulturen. Ziele, Ergebnisse und Methoden der kulturvergleichenden Managementforschung, Bern / Stuttgart [1982], überarb. Fassung der Diss. St. Gallen

Keller, Eugen von: Kulturabhängigkeit der Führung, in: Handwörterbuch der Führung, hrsg. v. Kieser, Alfred / Reber, Gerhard / Wunderer, Rolf, Stuttgart [1987], Sp. 1285 -1294

Keller, Eugen von: Kulturabhängigkeit der Führung, in: Handwörterbuch der Führung, hrsg. v. Kieser Alfred / Reber, Gerhard / Wunderer, Rolf, Stuttgart [1995], Sp. 1397-1406

Kelley, Lane / Worthley, Reginald: The Role of Culture in Comparative Management: A Cross-Cultural Perspective, in: Academy of Management Journal, Vol. 24 [1981], S. 164-173

Kennedy, J.: History of Malaya, 3. Aufl., Kuala Lumpur [1993]

Keogh, Alf: Strategien für globales Lernen und globale Integration, in: Globalisierung: von der Vision zur Praxis; Methoden und Ansätze zur Entwicklung interkultureller Kompetenz, hrsg. v. Kopper, Enid / Kiechl, Rolf, Zürich [1997], S. 159-180

KeppelTatLee Bank (Hrsg.): For Business v. 22. April [2000]; http://www.keppel-bank.com.sg

KeppelTatLee Bank (Hrsg.): For Individuals v. 22. April [2000]; http://www.keppel-bank.com.sg

KeppelTatLee Bank (Hrsg.): Our Mission & Nature of Business v. 22. April [2000]; http://www.keppelbank.com.sg

Kern, Holger: Relationship Management, Wien [1999]

Khoury, A. Theodor: Buddhismus, in: Die fünf großen Weltreligionen, hrsg. v. Brunner-Traut, Emma, 9. Aufl., Freiburg /B asel / Wien [1991], S. 40-66

Kiechl, Rolf: Interkulturelle Kompetenz, in: Globalisierung: von der Vision zur Praxis; Methoden und Ansätze zur Entwicklung interkultureller Kompetenz, hrsg. v. Kopper, Enid / Kiechl, Rolf, Zürich [1997], S. 11-30

Kieser, Alfred / Kubicek, Herbert: Organisation, 3. Aufl., Berlin / New York [1992]

Kilgus, Ernst: Implementierung von Controllingsystemen bei internationalen Banken, in: Handbuch Bankcontrolling, hrsg. v. Schierenbeck, Henner / Moser, Hubertus, Wiesbaden [1994], S. 69-85

Klass, Camille: Singapore Banks keep a Lid on Results, in: AWSJ v. 10. März [1998], S. 12

Klimecki, Rüdiger G. / Probst, Gilbert, J.B.: Interkulturelles Lernen, in: Globalisierung der Wirtschaft - Einwirkungen auf die Betriebswirtschaftslehre, hrsg. v. Haller, M. u.a., Bern [1993], S. 243-272

Klöppelt, Henning: International Private Banking - ein Markt für Anspruchsvolle, in: Die Bank, Heft 4 [1996], S. 201-207

Knapp, Karlfried: Interkulturelle Kommunikationsfähigkeit als Qualifikationsmerkmal für die Wirtschaft, in: Cross Culture - Interkulturelles Handeln in der Wirtschaft, hrsg. v. Bolten, Jürgen, Berlin [1995], S. 8-23

Knapp, Karlfried: Interpersonale und interkulturelle Kommunikation, in: Interkulturelles Management, hrsg. v. Bergemann, Niels / Sourisseaux, Andreas L. J., 2. Aufl., Heidelberg [1996], S. 59-79

Kohlhaussen, Martin: Strategien im Bankbereich, in: Der asiatisch-pazifische Raum: Strategien und Gegenstrategien von Unternehmungen, hrsg. v. Schneidewind, Dieter / Töpfer, Armin, Landsberg / Lech [1991], S. 479-505

Kroeber, A. / Kluckhohn, C.: Culture: A Critical Review of Concepts and Definitions, Cambridge, Mass. [1952]

Krüger, Wilfried / Schwarz, Christian: Konzeptionelle Analyse und praktische Bestimmung von Erfolgsfaktoren und Erfolgspotentialen, in: Zukunftsperspektiven der Organisation, Festschrift zum 65. Geburtstag von Prof. Dr. Robert Staerkle, hrsg. v. Bleicher, Knut / Gomez, Peter, Bern [1990], S. 179-209

Krüger, Wilfried / Theissen, Erik / Olemotz, Thomas: Erfolgsfaktoren im Bankenbereich, in: Die Bank, Heft 5 [1992], S. 254-262

Krulis-Randa, Jan S.: Globalisierung, in: Die Unternehmung, Heft 1 [1990], S. 74-78

Kruse, Volkhardt: Lehren aus der Asienkrise, in: Die Bank, Heft 11 [1999], S. 748-753

Krystek, Ulrich: Unternehmungskultur und Akquisition, in: ZfB, Heft 5 [1992], S. 539-565

Krystek, Ulrich: Vertrauen als vernachlässigter Erfolgsfaktor der Internationalisierung, in: Internationalisierung: Eine Herausforderung für die Unternehmensführung, hrsg. v. Krystek, Ulrich / Zur, Eberhard, Berlin u.a. [1997], S. 543-562

Kuala Lumpur Stock Exchange (Hrsg.): KLSE Annual Handbook 1997, Kuala Lumpur [1998]

Kube, Christian: Erfolgsfaktoren in Filialsystemen: Diagnose und Umsetzung im strategischen Controlling, Wiesbaden [1991]; zugl.: Berlin, Techn. Univ., Diss., 1990

Kumar, Brij N.: Interkulturelle Managementforschung: Ein Überblick über Ansätze und Probleme, in: WIST, Heft 8 [1988], S. 389 -394

Kumar, Brij N.: Kulturabhängigkeit von Anreizsystemen, in: Handbuch Anreizsysteme in Wirtschaft und Verwaltung, hrsg. v. Schanz, Günter, Stuttgart [1991], S. 128-148

Kumar, Brij N.: Interkulturelles Management, in: Handbuch der Unternehmensführung, hrsg. v. Corsten, Hans / Reiß M., Wiesbaden [1995], S. 683-692

Kutschker, Michael: Konzepte und Strategien der Internationalisierung, in: Handbuch der Unternehmensführung, hrsg. v. Corsten, Hans/Reiß M., Wiesbaden [1995], S. 647-660

Kutschker, Michael: Internationalisierung der Unternehmensentwicklung, in: Handbuch Internationales Management: Grundlagen - Instrumente - Perspektiven, hrsg. v. Macharzina, Klaus / Oesterle, Michael-Joerg, Wiesbaden [1997], S. 45-67

Kutschker, Michael / Mößlang, Angelo M.: Kooperationen als Mittel der Internationalisierung von Dienstleistungsunternehmen, in: DBW, Heft 3 [1996], S. 319-337

Kutschker, Michael / Bäuerle, Iris / Schmid, Stefan: Tochtergesellschaften in international tätigen Unternehmungen - Ein "State of the Art" unterschiedlicher Rollentypologien, Diskussionsbeitrag der Wirtschaftswissenschaftlichen Fakultät Ingolstadt Nr. 104, Ingolstadt [1998]

Labuan Offshore Financial Services Authority (Hrsg.): Annual Report 1998, Labuan [1999]

Lachica, Eduardo: Who needs Harvard?, in: AWSJ, Supplement Asian Economic Survey v. 20. Oktober [1997], S. 9

Lasserre, Philippe: Gathering and Interpreting Strategic Intelligence in Asia Pacific, in: Long Range Planning, Nr. 3 [1993], S. 56-66

Lasserre, Philippe: The Strategic Challenge of the Asia Pacific Region for Western Companies, in: Asia Pacific Journal of Economics & Business, Vol. 1, No 1 [1997], S. 18-38.

Lasserre, Pilippe / Probert, Jocelyn: Competing in Asia Pacific: Understanding the Rules of the Game, in: Long Range Planning, Vol. 31, No.1 [1998], S. 30-50

Lasserre, Philippe / Schütte, Hellmut: Strategies for Asia Pacific, London [1995]

Laumer, Helmut: Wachstumsmarkt Asien-Pazifik - Deutsche Wirtschaft im Abseits?, in: ifo-Schnelldienst, Nr. 22 [1994], S. 28-39

Laurent, André: The Cross-Cultural Puzzle of international Human Resource Management, in: Human Resource Management, Vol 25 [1986], S. 91-102

Lawson, Stephanie: The Culture of Politics, in: Culture and Society in the Asia-Pacific, ed. by Maidment, Richard / Mackerras, Colin, London / New York [1998], S. 231-252

Lee, Jill u.a.: Providing Internet Service in Vietnam: Impediments and Potential, in: Business Opportunities in Vietnam, hrsg. v. Tan, Teck Meng, Singapore [1997], S. 227-251

Lee, Kam Hing: Malaysian Chinese: Seeking Identity in Wawasan 2020, in: Ethnic Chinese as Southeast Asians, hrsg. v. Suryadinata, Leo, Singapore [1997], S. 72-107

Lee, Kar Yean: Islamic Banking Scheme makes Good Progress, in: The Star v. 10. Februar [1999], S. 3

Lee, Kuan Yew: The Singapore Story, Memoirs of Lee Kuan Yew, Singapore [1998]

Lee, Sheng-Yi: The Monetary and Banking Development of Malaysia and Singapore, Singapore [1973]

Lee, Yam Wee / Gerrard, Philip: Bank Services, in: Commercial Banking in Singapore, hrsg. v. Ng, Kah Hwa, Singapore [1996], S. 1-40

Lenzen, Andreas: Corporate Identity in Banken: wie sich Unternehmenskultur in Rendite verwandelt, Wiesbaden [1996]

Leung, James: Hongkong Bank extends Personal Touch, in: Asian Business, February [1997], S. 22-27

Levine, Joshua Jake: Untapped Potential, in: VBJ, April [1998], S. 22-27

Levitt, Theodore: The Globalization of Markets, in: Harvard Business Review, Heft 3 [1983], S. 92-102

Li, Ji / Koh, William K.L. / Hia, Heng Sok: The Effects of Interactive Leadership on Human Resource Management in Singapore´s Banking Industry, in: The International Journal of Human Resource Management, October [1997], S. 710-719

Li, Tania Murray: Constituting Capitalist Culture: The Singapore Malay Problem and Entrepreneurship reconsidered, in: Market Cultures: Society and Values in the New Asian Capitalisms, ed. by Hefner, Robert W., Singapore [1998], S. 147-172

Lim, Linda Y.C.: The Evolution of Southeast Asian Business System, in: Journal of Asian Business, Vol. 12 [1996], S. 51-74

476

Linn, Eugene: The Power of Money, in: FEER, Vol 160, Issue 20 v. 15. Mai [1997], S. 44-46

Lopez, Leslie: Mahathir retains Power despite Setbacks, in: ASWJ v. 30. November [1999], S. 1, 2

Low, Linda: The Political Economy of a City-state: Government-made Singapore, Singapore [1998]

Lube, Marc-Milo: Strategisches Controlling in international tätigen Konzernen: Aufgaben - Instrumente - Massnahmen, Wiesbaden [1997]

Luckett, Dudley G. / Schulze, David L. / Wong, Raymond W.Y.: Banking, Finance & Monetary Policy in Singapore, Singapore [1994]

Macharzina, Klaus: Rahmenbedingungen und Gestaltungsmöglichkeiten bei Umsetzung von globalen Strategieansätzen, in: Internationalisierung der Wirtschaft: eine Herausforderung an Betriebswirtschaft und Unternehmenspraxis: Kongress-Dokumentation, 46. Deutscher Betriebswirtschafter-Tag 1992, hrsg. v. Schmalenbach-Gesellschaft Deutsche Gesellschaft für Betriebswirtschaft, Stuttgart [1993], S. 29-55

Macharzina, Klaus: Interkulturelle Perspektiven einer management- und führungsorientierten Betriebswirtschaftslehre, in: Betriebswirtschaftslehre als Management- und Führungslehre, hrsg. v. Wunderer, Rolf, 3. Aufl., Stuttgart [1995], S. 265-283

Macharzina, Klaus: Unternehmensführung: das internationale Managementwissen; Konzepte - Methoden - Praxis, 2. Aufl., Wiesbaden [1995]

Macharzina, Klaus / Oesterle, Michael-J.: Das Konzept der Internationalisierung im Spannungsfeld zwischen praktischer Relevanz und theoretischer Unschärfe, in: Handbuch Internationales Management: Grundlagen - Instrumente - Perspektiven, hrsg. v. Macharzina, Klaus / Oesterle, Michael-J., Wiesbaden [1997], S. 4-21

Mackerras, Colin / Maidment, Richard / Schak, David: Diversity and Convergence in Asia-Pacific Society and Culture, in: Culture and Society in the Asia-Pacific, ed. by Maidment, Richard / Mackerras, Colin, London / New York [1998], S. 1-14

Mackie, Jamie: Business Success among Southeast Asian Chinese, in: Market Cultures: Society and Values in the New Asian Capitalisms, ed. by Hefner, Robert W., Singapore [1998], S. 129-145

Mahathir Mohamad: The Malay Dilemma, Singapore [1970]

Mahathir Mohamad: The Challenges of Turmoil, Subang Jaya [1998]

Mahathir Mohamad: A new Deal for Asia, Subang Jaya [1999]

Mahathir Mohamad: Malaysia acted independently to protect its Interests, in: NST v. 30. Januar [1999], S. 10-11

Mahathir Mohamad: Globalisation and what it really means, in: NST v. 07. Mai [1999], S. 12

Mahbubani, Kishore: Can Asians think?, Singapur [1998]

Malaysian Institute of Management (Hrsg.): Management in Malaysia, Kuala Lumpur [1999]

Masuyama, Seiichi: Introduction: The Evolution of Financial Systems in East Asia and their Responses to Financial and Economic Crisis, in: East Asia's Financial Systems: Evolution and Crisis, hrsg. v. Masuyama, Seiichi / Vandenbrink, Donna / Chia Siow Yue, Singapore / Tokyo [1999]

Mauritz, Hartmut: Interkulturelle Geschäftsbeziehungen: eine interkulturelle Perspektive für das Marketing, Wiesbaden [1996]; zugl.: Bayreuth, Univ., Diss. 1996

Maybank (Hrsg.): Annual Report 1998 , Kuala Lumpur [1999]

Maybank (Hrsg.): Business Banking v. 22. April [2000], http://www.jaring.my/maybank

Maybank (Hrsg.): Consumer Products v. 22. April [2000], http://www.jaring.my/maybank

McNulty, S.: Malaysian Banks in Dark, in: FT v. 17. Dezember [1999], S. 10

McVey, Ruth: The Materialization of the Southeast Asian Entrepreneur, in: Chinese Business Enterprise: Critical Perspectives on Business and Management, Band I, hrsg. von Brown, Raj, London / New York [1996], S. 335-366

Mead, Richard: International Management: Cross Cultural Dimensions, 2. Aufl., Malden-Massachusetts [1998]

478

Meffert, Heribert: Marketing: Grundlagen der Absatzpolitik, 7. Aufl., Wiesbaden [1986]

Meffert, Heribert: Globalisierungsstrategien und ihre Umsetzung im internationalen Wettbewerb, in: Die Betriebswirtschaft, Heft 4 [1989], S. 445-463

Meffert, Heribert / Bolz, Joachim: Internationales Marketing-Management, 3. Aufl., Stuttgart u.a., [1998]

Meissner, Hans G.: Strategisches internationales Marketing, 2. Aufl., München u.a. [1995]

Meissner, Hans G.: Der Kulturschock in der Betriebswirtschaftslehre, in: Interkulturelles Management: Theoretische Fundierung und funktionsbereichsspezifische Konzepte, hrsg. v. Engelhard, Johann, Wiesbaden [1997], S. 1-14

Meissner, Hans G.: Interkulturelle Marktforschung, in: Internationales Management: Auswirkungen globaler Veränderungen auf Wettbewerb, Unternehmensstrategie und Märkte; Festschrift zum 60. Geburtstag von Klaus Macharzina, hrsg. v. Engelhard, Johann E. / Oechseler, Walter A. , Wiesbaden [1999], S. 353-366

Menkhoff, Lukas / Teufel, Hariolf: Singapur als internationales Finanzzentrum, in: ZfgK, Heft 17 [1995] , S. 868-873

Menon, Nirmala: Bridge Interview, in: The Edge, Woche v. 20.-26. September [1999]

Meurer, Cornelia: Strategisches internationales Marketing für Dienstleistungen - Dargestellt am Beispiel des Management-Consulting, Frankfurt [1993]

Ministry of Finance Malaysia (Hrsg.): Economic Report 1989/1990, Kuala Lumpur [1989]

Ministry of Finance Malaysia (Hrsg.): Economic Report 1998/99, Kuala Lumpur [1998]

Ministry of Finance Malaysia (Hrsg.): Economic Report 1999/2000, Kuala Lumpur [1999]

Ministry of Trade and Industry (Hrsg.): Committee on Singapore's Competitiveness, Singapore [1998]

Ministry of Trade and Industry (Hrsg.): Economic Survey of Singapore 1998, Singapur [1999]

Mößlang, Angelo M.: Internationalisierung von Dienstleistungsunternehmen: empirische Relevanz, Systematisierung, Gestaltung, Wiesbaden [1995]; zugl.: Hohenheim, Univ., Diss., 1995

Monetary Authority of Singapore (Hrsg.): Positioning Singapore as a World-Class Financial Centre v. 24. August [1998], http://www.mas.gov.sg/speeches/sp_240898

Monetary Authority of Singapore (Hrsg.): Directory of Financial Institutions, Singapur [1998]

Monetary Authority of Singapore (Hrsg.): Annual Report 1998/99, Singapore [1999]

Monetary Authority of Singapore (Hrsg.): Monetary and Financial Developments, Singapore, July v. 02. August [1999], http:/www.mas.gov.sg

Monetary Authority of Singapore (Hrsg.): Reforming Singapore's Financial Sector, in: Financial Hub Singapore, v. 15. Januar [1999], http://www.mas.gov.sg

Monetary Authority of Singapore (Hrsg.): Liberalising Commercial Banking and Upgrading Local Banks, Singapur, Press Release v. 17. Mai [1999], http://www.-mas.gov.sg

Monetary Authority of Singapore (Hrsg.): Text of Press Conference Proceedings on Measures to Liberalise Commercial Banking and Upgrade Local Banks, v. 17. Mai [1999], http:/www.mas.gov.sg

Monetary Authority of Singapore (Hrsg.): Monetary and Financial Developments, Singapore, July, v. 02. August [1999], http://www.mas.gov.sg

Monetary Authority of Singapore (Hrsg.): Facts & Figures v. 23. März [2000], http://www.mas.gov.sg

Monetary Authority of Singapore (Hrsg.): Financial Industry - Bond Market v. 23. März [2000], http://www.mas.gov.sg

Monetary Authority of Singapore (Hrsg.): Financial Sector Review v. 23. März [2000], http://www.mas.gov.sg

480

Monetary Authority of Singapore (Hrsg.): Directory of Financial Institutions v. 23. März [2000], http://www.mas.gov.sg

Monetary Authority of Singapore (Hrsg.): Monthly Statistical Bulletin v. 20. April [2000], http://www.mas.gov.sg

Monetary Authority of Singapore (Hrsg.): Promotion v. 20 März [1999], http://-www.mas.gov.sg

Montagu-Pollock, Matthew: Changing of the Guards, in: Asiamoney, April [1996], S. 59-60

Montagu-Pollock, Matthew: Roaming far and wide, in: Asiamoney, March [1997], S. 50-53

Montagu-Pollock, Matthew: Singapore tears down the Barriers, in: Asiamoney, June [1998], S. 21-36

Montagu-Pollock, Matthew / Hoon, Lim Siong: Turning Domestic Institutions into International Players, in: Asiamoney, Malaysia Supplement, September [1995], S. 22-27

Montes, Manuel F.: The ASEAN Economic Miracle unravels, in: Southeast Asian Affairs 1999, hrsg. v. ISEAS, Singapore [1999], S. 20-31

Montes, Manuel F. / Tan, K.G.: Developing the Financial Services Industry in Singapore, in: East Asia's Financial Systems: Evolution and Crisis, hrsg. v. Masuyama, Seiichi / Vandenbrink, Donna / Chia, Siow Yue, Singapore / Tokyo [1999], S. 231-259

Montgomery, Gavin: The Foundation for Islamic Banking, in: AsiaMoney, Vol. 8, issue 6, July/August [1997], S. 46-52

Morgan, Robert M. / Hunt, Shelby, D.: The Commitment-Trust Theory of Relationship Marketing, in: Journal of Marketing, Vol. 58, No. 3, July [1994], S. 20-38

Multi-Purpose Bank (Hrsg.): Annual Report 1998, Kuala Lumpur [1999]

Murray, Geoffrey: Vietnam: Dawn of a New Market, New York [1997]

Mustapha, Kasmiah: "Report Card" on Bank CEOs to enhance their Credibility, in: NST v. 02. April [1999], S. 2

Nägele, Christian: Die Ergebnisorientierte Eigenkapital-Allokation im deutschen multinationalen Bankkonzern: ein Modell zur Optimierung des Faktoreinsatzes im Ausland, Frankfurt u.a. [1992]; zugl.: Frankfurt, Univ., Diss., 1992

Nagata, Judith: Religious Correctness and the Place of Islam in Malaysia's Economic Policies, in: Culture and Economy: The Shaping of Capitalism in Eastern Asia, hrsg. v. Brook, Timothy / Luong, Hy v., Michigan [1997], S. 79-106

Nass, Oliver: Interkulturelles Management in Südostasien, Wiesbaden [1998]; zugl.: Bayreuth, Univ., Diss., 1998

Nathan, Melina: Is Globalization a Friend of a Foe?, in: Southeast Asian Affairs 1999, hrsg. v. ISEAS, Singapore [1999], S. 340-357

National Assembly of the Socialist Republic of Vietnam: Law on the Press v. 28. Dezember 1989, in: Legal Documents on Internet, hrsg. v. National Internet Committee, Hanoi [1998]

National Economic Action Council (Hrsg.): The National Economic Recovery Plan, Kuala Lumpur [1998]

National Internet Coordinating Committee (Hrsg.): Legal Documents on Internet, Hanoi [1998]

Nguyen, Cat Dao: You don't understand Vietnam, in: Vietnam Economic Times, Issue 43, September [1997]

Nguyen, Dang Liem: Indochinese Cross-Cultural Communication and Adjustment, in: Vietnamese Studies in a Multicultural World, hrsg. v. Nguyen Xuan Thu, Victoria [1994], S. 44-64

Nguyen, Duc Thao / Thuong, Pham Dinh: Viet Nam: Banking System and its Payment Modalities, Hanoi [1994]

Nguyen, Khac Vien: Vietnam: A long History, Hanoi [1999]

Nguyen, Xuan Thu: The Vietnamese Family Moral Code, in: Vietnamese Studies in a Multicultural World, hrsg. v. Nguyen Xuan Thu, Victoria [1994], S. 73-80

482

Nguyen-Khac, Tung Q.: Wachstumsregion Asien - Potential für deutsche Banken, in: Die Bank, Heft 8 [1995], S. 470-475

Nguyen-Khac, Tung Q.: Intercultural Development in Vietnamese Banks, in: Banking Cultures of the World, hrsg. v. Schuster, Leo, Frankfurt [1996], S. 289-302

Nguyen-Khac, Tung Q. / von Guretzky-Cornitz, Gerdpeter: Bankenplatz Hongkong: Die Zukunft der Metropole, in: Die Bank, Heft 7 [1997], S. 388-394

Nienhaus, Volker: Islamic Economics, Finance and Banking - Theory and Practice, in: Islamic Banking and Finance, hrsg. v. Butterworth Editorial Staff, London / Butterworth [1986], S. 1-17

Nordin, Mona Fairuz: "Opening up the Banking Sector will not solve Problems", in: NST v. 17. August [1998], S. 25

o.V.: Playing Catch-Up in Asian Consumer Banking, in: Institutional Investor, Vol. 31, issue 6, June [1997], S. 88

o.V.: Millarden-Kredite deutscher Banken in Japan, in: FAZ v. 26. November [1997]

o.V.: Breuer baut die Deutsche Bank um, in: Handesblatt v. 29. Januar [1998], S. 1

o.V.: Gewinneinbruch der Deutschen Bank im vergangenen Geschäftsjahr, in: FAZ v. 29. Januar [1998], S. 14

o.V.: China: Dresdner says cuts 72 Staff in Asia, Reuters News Services v. 12. März [1998]

o.V.: Danamodal boost to Banking, in: BT (Malaysia) v. 6. August [1998], S. 4

o.V.: Malaysia mit neuem Notenbankchef, in: NZZ v. 08. September [1998], S. 10

o.V.: London still top Forex Trading Hub , in : ST v. 01 Oktober [1998], S. 61

o.V.: Singapore MPs vote against free Press, in : NST v. 20. Oktober [1998], S. 17

o.V.: Danaharta just needs RM 15b to buy NPLs , in: NST v. 24. Oktober [1998]

o.V.: Bayerische Landesbank mit höherer Risikovorsorge, in: Handelsblatt v. 02. November [1998], http://www.handelsblatt.de

o.V.: No Plans to allow more foreign Banks here, in NST v. 16. November [1998], S.22

o.V.: Reason why Islamic Banking not widely known, in: NST vom 27. November [1998], S. 7

o.V.: 1999 Asian Retail Distribution Data, in: The Asian Banker Journal, Supplement 1999 Retail Distribution Report, Heft Dezember / Januar [1998/1999], S. 14-17

o.V.: From the Brink of Disaster, in: The Asian Banker Journal, Heft Dezember / Januar [1998/1999], S. 17-18

o.V.: Making Friends in Malaysia, in: The Asian Banker Journal, Heft 16, Dezember 1998 / Januar [1999], S. 14-16

o.V.: Amanah Short´s Islamic Banking Scheme, in: NST v. 06. Februar [1999], S. 18

o.V.: MSC Project `on track´, HQ opening in June, in: NST v. 12. Februar [1999], S. 19, 20

o.V.: What to expect from 1999?, in: VER, Heft 2, Februar [1999], S. 43

o.V.: Malaysia: Talk on Futures, in: BT (M) v. 22. März [1999], S.5

o.V.: Danaharta plan for stockbroking Industry, in: NST v. 28. April [1999], S. 21

o.V.: New Regulations concerning the Activities of foreign Credit Organizations, in: VER, Heft 4, April [1999], S. 17

o.V.: Is Universal Banking a Sum if its disparate Parts?, in: ABJ, April / Mai [1999], S. 44-47

o.V.: Move to develop Islamic Money Mart, in: NST v. 14. Mai [1999], S.22

o.V.: Danamodal injects RM 6.4bn into 10 Bls, in: BT (M) v. 19. Mai [1999], S. 6

o.V.: Looking for the Future, in Asiaweek v. 21. Mai [1999], S. 30-34

o.V.: Singapore´s little Bang, in: The Economist, 22. Mai [1999]

o.V.: MSC v. 23. Mai [1999], http://www.bnm.gov.my

o.V.: Multimedia Super Corridor Project on Target, says M´sia in: BT (S) v. 25. Mai [1999], http://www.business-times.asia1.com.sg

o.V.: Allied Irish Banks in Talks to buy 25% of Keppel Tatlee, in: BT (S) v. 01. Juni [1999]

o.V.: Semi-official Stock Market due to open, in VNS: 02. Juni [1999], http://www.-vietnamnews.vnagency.com.vn

o.V.: Education Quality needs Improvement, in: VNS v. 09. Juni [1999], http://www.-vietnamnews.vnagency.com.vn

o.V.: ANZ Bank finds Malaysia attractive, in: NST v. 12. Juni [1999], S. 22

o.V.: Foreigners set Limit of 20 per cent Share Ownership, in: VNS v. 14. Juni [1999], http://www.vietnamnews.vnagency.com.vn

o.V.: The Race to set up IT Hubs is on in the Region, in: NST v. 12. Juli [1999], S. 27

o.V.: Some Bank CEOs may be replaced, hints Daim, in: BT (S) v. 02. August [1999], S. 12

o.V.: Bank Negara monitoring Islamic Banking, in: NST v. 13. August [1999], S. 23

o.V.: Citibank increasing lendings to SMIs, in: NST v. 17. August [1999], S. 19

o.V.: Talent for a globalised Economy, in: BT (S) v. 17. August [1999], http://www.business-times.asia1.com.sg

o.V.: Party, State Apparatus to be Simplified, in: VNS v. 18. August [1999], http://-www.vietnamnews.vnagency.com.vn

o.V.: Education Strategy must anticipate Globalistaion, in: VNS v. 02. September [1999], http://www.vietnamnews.vnagency.com.vn

o.V.: Mahathir skirts Questions on M'sian Election's Timing, in: BT (S) v. 14. September [1999], http://www.business-times.asia1.com.sg

o.V.: ABN Amro to play bigger Role in Consumer Banking, in: NST v. 22. September [1999], http://www.nstpi.com.my

o.V.: S'pore needs foreign Banking Talent to play Catch-Up: SM Lee, in: BT (S) v. 29. September [1999], http://www.business-times.asia1.com.sg

o.V.: Singapore Monetary Body grants Full-Bank Status to 4 Overseas Banks, in Dow Jones Business News v. 20. Oktober [1999], Reuters Business Briefing

o.V.: LOFSA targets Islamic Money Mart for End 2000, in: NST v. 22. Oktober [1999], S. 23

o.V.: Bank Negara formulating Banking Sector Masterplan, 05. November [1999], Reuters News Service

o.V.: Survey: Most have never made Internet Purchases, in: NST v. 08. November [1999], http://www.nstpi.com.my

o.V.: The Monetary Authority of Singapore (MAS) announces 4 foreign Banks, in: Asian Banker Journal, November [1999], S. 20

o.V.: Singapore Exchange to usher in new Challenges, in: NST v. 01. Dezember [1999], S. 35

o.V.: Asean aims for an East Asian Community, in: AWSJ v. 03. / 04. Dezember [1999], S. 8

o.V.: Stockbrokers on the Move in search of Merger Partners, in: NST v. 06. Dezember [1999], S. 25

o.V.: Viet PM urges assembly to sack DPM over graft, in: BT (S) v. 07. Dezember [1999], http://www.business-times.asia1.com.sg

o.V.: Merge or perish, Stockbrokers told, in: BT (S) v. 15. Dezember [1999], http://-www.business-times.asia1.com.sg

o.V.: Bank Bali Shares tumble on Failed Deal, in: AWSJ v. 17./18. Dezember [1999], S. 14

o.V.: New challenges for Mahathir, in: BT (S) v. 17. Dezember [1999], S. 10

o.V.: Stanchart pulls out of Bank Bali Deal, in: BT (S) v. 17. Dezember [1999], S. 13

o.V.: Hanoi Plan of Action, in: Vietnam 1998 – 1999, hrsg. v. Mai Ly Quang, Hanoi [1999], S. 113-149

o.V.: Internet based Financial Services in the Asia-Pacific Region, in: The Asian Banker Journal, Supplement The 1998 Internet in Banking Report, Issue 14 [1999], S. !4-15

o.V.: Developing Laws in the Internet Jungle, in: The Asian Banker Journal, Supplement The 1998 Internet in Banking Report, Issue 14 [1999], S. 6

o.V.: 2020 Vision still on Target: Mahathir, in: BT (S) v. 11. Januar [2000], http://-www.business-times.asia1.com.sg

o.V.: Vietnam Politburo Appointment, in: FT v. 14. Januar [2000], S. 4

o.V.: First bilingual school approved, in: VNS v. 20. Januar [2000], http://www.viet-namnews.vnagency.com.vn

o.V.: Banking in a Brave New World, Rede von Sunil Sreenivasan, CEO der Citibank Singapur, in: BT (S) v. 02. Februar [2000], http://www.businesstimes.asia1.com.sg

o.V.: Overseas Vietnamese called on to make country prosperous, in: VNS v. 02. Februar [2000], http://www.vietnamnews.vnagency.com.vn

o.V.: M´sia recovering but still barriers ahead, in: BT (S) v. 04. Februar [2000], http://www.business-times.asia1.com.sg

o.V.: Change Mindsets, Take more Risks, PM urges S´poreans, in: BT (S) v. 05. Februar [2000], http://www.business-times.asia1.com.sg

o.V.: Banks grapple to deal with lingering Fall-out from Asian financial Crisis, in: VNS v. 15. Februar [2000], http://www.business-times.asia1.com.sg

o.V.: Government allows Viet Kieus to buy houses at home, in: VNS v. 15. Februar [2000], http://www.business-times.asia1.com.sg

o.V.: Guidelines on Public Offers of Securities through Net, in: BT (S) v. 15. Februar [2000], http://www.business-times.asia1.com.sg

o.V.: HSBC, other foreign Banks eyeing Purchases in Philipines, in: BT (S) v. 16. Februar [2000], http://www.business-times.asia1.com.sg

o.V.: Rashid Hussain to stay at RHB helm after Mergers, in: BT (S) v. 16. Februar [2000], http://www.business-times.asia1.com.sg

o.V.: HCMC – 52,1 % total Deposits put in state-owned Banks, in: Vietnam Economic News v. 24. Februar [2000], S. 10

o.V.: Globalisation Process will pose Challenges and present Opportunities, in: VNS v. 29. Februar [2000], http://www.vietnamnews.vnagency.com.vn

Ong, Catherine: BG Lee unveils some Surprises, in: BT (S) v. 18. Mai [1999]

Ong, Catherine: S'pore Debt Market is hotting up, in: BT (S) v. 20. Juli [1999], http://www.business-times.asia1.com.sg

Ong, Hong Cheong: Evolution of the Malaysian Financial System beyond the Financial Crisis, in: East Asia's Financial Systems: Evolution and crisis, hrsg. v. Masuyama, Seiichi / Vandenbrink, Donna / Chia, Siow Yue, Singapore / Tokyo [1999], S. 144-165

Oversea-Chinese Banking Corporation (Hrsg.): About OCBC v. 22. April [2000], http://www.ocbc.com.sg

Oversea-Chinese Banking Corporation (Hrsg.): Annual Report 1998, Singapur [1999]

Oversea-Chinese Banking Corporation (Hrsg.): Products and Services v. 22. April [2000], http://www.ocbc.com.sg

Overseas-Union Bank (Hrsg.): About Us v. 22. April [2000], http://www.oub.com.sg

Overseas-Union Bank (Hrsg.): Business Banking v. 22. April [2000], http://www.oub.com.sg

Overseas-Union Bank (Hrsg.): Personal Banking & Investments v. 22. April [2000], http://www.oub.com.sg

Pacific Bank (Hrsg.): Annual Report 1998 , Kuala Lumpur [1999]

Pang, Johnson: Banking & Finance - Malaysia, Shah Alam [1995]

Pang, Johnson: Banking & Finance - Singapore, Shah Alam [1997]

Pausenberger, Ehrenfried: Ansätze zur situationsgerechten Erfolgsbeurteilung von Auslandsgesellschaften, in: Handbuch Internationales Management: Grundlagen - Instrumente - Perspektiven, hrsg. v. Macharzina, K. / Oesterle, M.-J., Wiesbaden [1997], S. 951-963

Pausenberger, Ehrenfried: Globalisierung der Wirtschaft und die Machteinbußen des Nationalstaates, in: Internationales Management: Auswirkungen globaler Veränderungen auf Wettbewerb, Unternehmensstrategie und Märkte; Festschrift zum 60. Geburtstag von Klaus Macharzina, hrsg. v. Engelhard, Johann E. / Oechseler, Walter A., Wiesbaden [1999], S. 75-91

Pei, Minxin: Constructing the Political Foundations of an economic Miracle, in: Behind East Asian Growth: The political and social Foundations of Prosperity, hrsg. v. Rowen, Henry S., London [1998], S. 39-59

Pengurusan Danaharta Nasional Berhad: Information Guide Danaharta, Malaysia's National Asset Management Company, Kuala Lumpur [1998]

Perlitz, Manfred: Internationales Management, 2. Aufl., Stuttgart / Jena [1995]

Perlmutter, Howard V.: The Tortuous Evolution of the Multinational Corporation, in: Columbia Journal of World Business, January-February [1969], S. 9-18

Perwira Affin Bank (Hrsg.): Annual Report 1998 , Kuala Lumpur [1999]

Peters, Thomas J. / Waterman, Robert, H.: In Search of Excellence, Cambridge [1982]

Phan, Van Khai: Socio-economic Development in 1998 and major Orientations for socio-economic Development in 1999 (excerpt), in: Vietnam 1998/1999, Hanoi [1999], S. 1-40

Piazolo, Marc: Islamic Banking - ein Wachstumsmarkt auch für westliche Banken, in: ZfgK, Heft 3 [1997], S. 122-126

Popp, Stephan: Multinationale Banken im Zukunftmarkt VR China: Erfolgsfaktoren und Wettbewerbsstrategien, Wiesbaden [1996]; zugl.: Marburg, Univ., Diss., 1995

Porter, Michael E.: Der Wettbewerb auf globalen Märkten: Ein Rahmenkonzept, in: Globaler Wettbewerb: Strategien der neuen Internationalisierung, hrsg. v. Porter, Michael E., Wiesbaden [1989], S. 17-68

Porter, Michael E.: The Competitive Advantage of Nations, New York [1990]

Porter, Michael E.: Wettbewerbsstrategie: Methoden zur Analyse von Branchen und Konkurrenten, 8. Aufl., Frankfurt / Main / New York, [1995]

Price Waterhouse (Hrsg.): Summary of Banking Regulations Asia Pacific, Sydney [1993]

Priewasser, Erich: Bankbetriebslehre, 4. Auflage, München / Wien [1994]

Prime Minister's Department (Hrsg.): Dealing with the Malaysian Civil Service, 2. Aufl., Kuala Lumpur [1998]

Probert, Jocelyn: Vietnam: open for business, Fontainebleau [1994]

Proff, Heike / Proff, Harald V.: Bedeutung der zunehmenden Regionalisierung der Weltwirtschaft für die Wettbewerbsstrategien international tätiger Unternehmen, in: ZfB, Heft 4 [1996], S. 437-457

Public Bank (Hrsg.): Annual Report 1998 , Kuala Lumpur [1999]

Pye, Lucian W.: Asian Power and Politics, Harvard [1985]

Quinlan, Joseph P.: Vietnam: Business Opportunities and Risks, Singapur [1995]

Rahim, Lily Zubaidah: The Singapore Dilemma: The political and educational marginality of the Malay Community, New York [1998]

Raman, Prasanna: Sunil listens to all at Citibank Berhad, in: NST v. 11. November [1997], Supplement Management Times, S. 1-4

Rappaport, Alfred: Shareholder Value: ein Handbuch für Manager und Investoren, 2. Aufl., Stuttgart [1999]

Redding, Gordon S.: The Spirit of Chinese Capitalism, Berlin / New York [1990]

Redding, Gordon S.: The Distinct Nature of Chinese Capitalism, in: The Pacific Review, Vol. 9, No. 3 [1996], S. 426-440

Redding, Gordon S.: The Ethnic Chinese Business System of Pacific Asia: Consistencies in its differentiating and evolving Forms, in: Hongkong Echo Magazine, No. 11 [1998], S. 46-53

Reed Information Services (Hrsg.): The Banker's Almanac, London [1997]

Reineke, Rolf-D.: Akkulturation von Auslandsakquisitionen: eine Untersuchung zur unternehmenskulturellen Anpassung, Wiesbaden [1989]; zugl.: Münster, Univ., Diss., 1989

RHB Bank (Hrsg.): Annual Report 1998 , Kuala Lumpur [1999]

Riddle, Dorothy I.: The Role of the Service Sector in the Economic Development: Similarities and the Differences by Development Category, in: The Emerging Service Economy, hrsg. v. Giarini, Orio, Oxford u.a. [1987], S. 83-104

Riddle, Dorothy I.: Cultural Aspects of Services Technology Transfer, in: The Management of Service Operations, hrsg. v. Johnston, Robert, Berlin [1988], S. 89-97

Riddle, Dorothy I.: Leveraging Cultural Factors in International Services Delivery, in: Advances in Services Marketing and Management, hrsg. v. Swartz, Teresa A. / Bowen, David E. / Brown, Stephen W., Vol. I, Greenwich [1992], S. 297-322

Riddle, Dorothy I. / Brown, K.J.: From Complacency to Strategy: Retaining World Class Competitiveness in Services, in: Global Competitiveness: Getting the U.S. Back on Track, hrsg. v. Starr, Martin, New York [1988], S. 239-270

Röller, Wolfgang: Globalisierung in der Banking-Industrie, in: Globalisierung und Wettbewerb: In Memoriam Alfred Herrhausen, hrsg. v. Albach, Horst, ZfB-Ergänzungsheft Nr. 2 [1992], S. 121-143

490

Rohmund, Susanne: Die Erträge aus Asien fließen bald in Milliardenhöhe, in: Handelsblatt v. 03. September [1997], S. 12

Rohwer, Jim: Asia Rising, Hongkong [1995]

Rosenstiel, Lutz von: Menschenführung im Ausland: Motivation und Führungsstil in Auslandsniederlassungen, in: Handbuch der internationalen Unternehmenstätigkeit: Erfolgs- und Risikofaktoren, Märkte, Export-, Kooperations- und Niederlassungsmanagement, hrsg. v. Kumar, Brij Nino / Haussmann, Helmut, München [1992], S. 825-837

Rosenstiel, Lutz von: Interkulturelle Managemententwicklung, in: Globalisierung der Wirtschaft - Einwirkungen auf die Betriebswirtschaftslehre, hrsg. v. Haller, M. u.a., Bern [1993], S. 171-191

Rosenstiel, Lutz von: Motivation von Mitarbeitern, in: Führung von Mtarbeitern, hrsg. v. Rosenstiel, Lutz v., Stuttgart [1995], S. 161-180

Rothlauf, Jürgen: Interkulturelles Management: mit Beispielen aus Vietnam, China, Japan, Rußland und Saudi-Arabien, München / Wien [1999]

Rowen, Henry S. (Hrsg.): Behind East Asian Growth: the political and social Foundations of Prosperity, London [1998]

Roxin, Jan: Internationale Wettbewerbsanalyse und Wettbewerbsstrategie, Wiesbaden [1992]; zugl.: Hohenheim, Univ., Diss., 1992

Sachverständigenrat (Hrsg.): Vor weitreichenden Entscheidungen. Jahresgutachten 1998/99, Stuttgart [1998], S. 312-313

Saigon Bank for Industry and Trade (Hrsg.): Annual Report 1996, Ho Chi Minh Stadt [1997]

Salleh, Halim: Development and the Politics of Social Stability in Malaysia, in: Southeast Asian Affairs 1999, hrsg. v. ISEAS, Singapore [1999], S. 185-203

SarDesai, D.R.: Southeast Asia, Past & Present, 4. Auflage, Chiang Mai [1997]

Sattelhak, Günther: Struktur des Bankwesens in Singapore, Frankfurt [1983]

Schanz, Günther: Methodologie für Betriebswirte, 2. Aufl., Stuttgart [1988]

Schein, Edgar H.: Coming to a New Awareness of Organizational Culture, in: Sloan Management Review, Vol. 25, No. 2, Winter [1984], S. 3-16

Schein, Edgar H.: Innovative Cultures and Organizations. Working paper: Management in the 1990's, Massachusetts Institute of Technology, Sloan School of Management, Massachussetts [1988]

Schein, Edgar H.: Organizational Culture and Leadership, 2nd edition, San Francisco [1992]

Schein, Edgar H.: Unternehmenskultur, ein Handbuch für Führungskräfte, Frankfurt/ Main [1995]

Schenk, Karl-E.: Internationale Kooperationen und Joint Ventures. Theoretische und strategische Grundlagen, in: Kompendium der internationalen Betriebswirtschaftslehre, hrsg. v. Schoppe, Siegfried G., 3. Aufl., München u.a. [1994], S. 153-190

Schierenbeck, Henner: Grundzüge der Betriebswirtschaftslehre, 11. Aufl., München/ Wien [1993]

Schierenbeck, Henner: Ertragsorientiertes Bankmanagement, 4. Auflage, Wiesbaden [1994]

Schierenbeck, Henner: Bank Assurance: institutionelle Grundlagen der Bank- und Versicherungsbetriebslehre, 4. Aufl., Stuttgart [1998]

Schmeisser, Wilhelm: Personalführung in unterschiedlichen Kulturen, in: ZFO, Heft 3 [1991], S. 159-165

Schmid, Stefan: Multikulturalität in der internationalen Unternehmung: Konzepte - Reflexionen - Implikationen, Wiesbaden [1996]; zugl.: Eichstätt, Kath.-Univ., Diss., 1996

Schmittmann, Stefan: Führung von internationalen Stützpunkten durch die multinationale Bank, Bamberg [1986]; zugl.: St. Gallen, Univ., Diss., 1986

Schmittmann, Stefan: Produktivitätssteuerung als Element der Vertriebssteuerung im Kundengeschäft einer Universalbank, in: Visionen im Bankmanagement: Festschrift für Professor Leo Schuster, hrsg. von Hörter, Steffen / Wagner, Andreas, München [1997], S. 337-355

Schneider, Susan C.: National vs. Corporate Culture: Implications for Human Resource Management, in: Human Resource Management, Vol. 27 [1988], S. 231-246

Schoch, Guido: Unternehmenskultur in Banken, St. Gallen [1987]; zugl.: St. Gallen, Univ., Diss., 1987

Scholz, Christian: Die Kulturen müssen sich vertragen, in: Personalwirtschaft, Heft 11 [1992], S. 30-33

Scholz, Christoph: Effizienz und Effektivität, organisatorische, in: Handwörterbuch der Organisation, hrsg. v. Frese, Erich, 3. Aufl., Wiesbaden [1992], Sp. 534-552

Schreyögg, Georg: Unternehmenskultur in multinationalen Unternehmen, in: BFuP, Heft 5 [1990], S. 379-390

Schreyögg, Georg: Die internationale Unternehmung im Spannungsfeld von Landeskultur und Unternehmenskultur, in: Richtlinien für das Personalmanagement in Internationalen Unternehmungen, hrsg. v. Koubek, Norbert/Gester, H./Wiedemayer, R., Baden-Baden [1992], S. 127-154

Schreyögg, Georg: Unternehmenskultur zwischen Globalisierung und Regionalisierung, in: Globalisierung der Wirtschaft - Einwirkungen auf die Betriebswirtschaftslehre, hrsg. v. Haller, M. u.a., Bern [1993], S. 149-170

Schreyögg, Georg: Organisation: Grundlagen moderner Organisationsgestaltung; mit Fallstudien, Wiesbaden [1996]

Schreyögg, Georg: Die Bedeutung der Unternehmenskultur für die Integration multinationaler Unternehmen, in: Integration in der internationalen Unternehmung, hrsg. v. Kutschker, Michael, Wiesbaden [1998], S. 27-49.

Schubert, Thomas: Strategische Allianzen im internationalen Bankgeschäft, Wiesbaden [1995]; zugl.: Hohenheim, Univ., Diss., 1995

Schuster, Leo: Bankpolitik im Spiegel aktueller Themen, Bern / Stuttgart [1990]

Schuster, Leo: Investment Banking, in: Bank- und Versicherungslexikon, hrsg. v. Schierenbeck, Henner, 2. Aufl., München / Wien [1994], S. 355-360

Schuster, Leo (Hrsg.): Banking Cultures of the World, Frankfurt [1996]

Schuster, Leo: Interkulturelles Bankmanagement, in: Theorie und Politik der Banken im Wandel, hrsg. v. Schuster, Leo, München [1996], S. 33-65

Schuster, Leo: Qualitätsmanagement im Bankgewerbe in: Theorie und Politik der Banken im Wandel, hrsg. v. Schuster, Leo, München [1996], S. 91-117

Schuster, Leo: Ausgewählte Probleme des Interkulturellen Bankmanagements, in: Banken in globalen und regionalen Umbruchsituationen: Systementwicklungen, Strategien, Führungsinstrumente, Festschrift für Johann Heinrich von Stein zum 60. Geburtstag, hrsg. v. Bühler, Wilhelm / Hummel, Detlev / Schuster, Leo, Stuttgart [1997], S. 185-196

Schuster, Leo: Die Bedeutung der Unternehmungskultur für Banken, in: Unternehmungskultur von Banken, hrsg. v. Schuster, Leo, Ingolstadt [1997], S. 1-11

Securities Commission (Hrsg.): The Malaysian Capital Market - Meeting Challenges in the new Millenium, Rede von Encik Ali Abdul Kadir, Kuala Lumpur, 03. Februar [2000], http://www.sc.com.my

Sender, Henny: The Citibank Model, in: FEER v. 30. September [1999], S. 50-52

Shaik, Osman Majid: A look at five 'wrong turns', in: NST v. 11. April [1999], S. 37

Sharifah Zaleha bte Syed Hassan: Cultural Development towards the 21st Century: Trends and Emerging Issues in Malaysia, in: Cultures in ASEAN and the 21 Century, hrsg. v. Thumboo, Edwin, Singapore [1996], S. 96-110

Singapore Department of Statistics (Hrsg.): Statistics Singapore v. 01. Juli [1999], http://www.singstat.gov.sg

Singapore Trade Development Board (Hrsg.): Singapore Trade Statistics, Singapore [1999]

Singh, Sarban: Dr. M: There is Need for policing of Press Freedom, in: NST v. 23. Juni [1999], S. 2

Singh, Sarban / Shareem, Amry / Rustam, Azrani: Collective thumbs up to MSC, in: NST v. 10. Juli [1999], S. 1

Siow, Li Sen: Asia's Private Banking poised for Growth, in: BT (S) v. 21. Mai [1999]

494

Siow, Li Sen: Citibank Staff Prime Targets of Headhunters, in: BT (S) v. 28. Januar [2000], http//www.business-times.asia1.com.sg

Siow, Li Sen / Tan, Clarissa: S'pore-based Bankers back SM Lee's foreign Talent Call, in: BT (S) v. 16. August [1999], http://www.business-times.asia1.com.sg

Smith, Roy C. / Walter, Ingo: Global Banking, New York [1997]

Soh, Tiang Keng: Upgrade skills, BG Lee urges Malays, in: BT (S) v. 30. Juli [1999], http:// www.business-times.asia1.com.sg

Sreenivasan, Ven: Asia's rich still shun region, in: BT (S) v. 21. Mai [1999]

Staehle, Wolfgang H.: Management: eine verhaltenswissenschaftliche Perspektive, 7. Aufl., München [1994]

Stahr, Gunter R.K. / Backes, Sylvia: Marktforschung und Informationsmanagement im internationalen Marketing, in: Internationales Marketing-Management: Grundlagen, Strategien, Instrumente, Kontrolle und Organisation, hrsg. v. Herrmann, Arnold / Wissmeier, Urban K., München [1995], S. 69-99

State Bank of Vietnam (Hrsg.): Annual Report 1998, Hanoi [1999]

State Bank of Vietnam (Hrsg.): Brief Report on the Activities of Foreign Credit Institutions in Vietnam in 1998, Hanoi, 14. Dezember [1998]

Staudt, Michael von: Bankmarketing im internationalen Geschäft, Wiesbaden [1980]

Stauss, Bernd: Service-Qualität als strategischer Erfolgsfaktor, in: Erfolg durch Service-Qualität, hrsg. v. Stauss, Bernd, München [1991], S: 7-35

Stauss, Bernd: Markteintrittsstrategien im internationalen Dienstleistungsmarketing, in: Thexis, Heft 3 [1994], S. 10-16

Stauss, Bernd: Internationales Dienstleistungsmarketing in: Internationales Marketing-Management: Grundlagen, Strategien, Instrumente, Kontrolle und Organisation, hrsg. v. Herrmann, Arnold / Wissmeier, Urban K., München [1995], S. 437-481

Stein, Johann H. v. / Kerstien, Heinrich / Gärtner, Ulrich: Bankunternehmungspolitik, in: Obst / Hintner: Geld-, Bank- und Börsenwesen, hrsg. v. Kloten, Norbert v. / Stein, Johann H. v., 39. Auflage, Stuttgart [1993], S. 761-781

Stock Exchange Singapore (Hrsg.): Listed Companies v. 20. Oktober [1999], http://www.ses.sg

Storz, Moni Lai: Malay and Chinese Values underlying the Malaysian Business Culture, in: International Journal of Intercultural Relations, Vol. 21, No.1 [1999], S. 117-131

Strittmatter, Gabriele: Kooperationsstrategien westeuropäischer und japanischer Banken in den ASEAN-Staaten, Baden-Baden [1984]

Stüdlein, Yvonne: Management von Kulturunterschieden: Phasenkonzept für internationale strategische Allianzen, Wiesbaden [1997]; zugl.: St. Gallen, Univ., Diss., 1997

Süchting, Joachim: Bankmanagement, 3. Aufl., Stuttgart [1992]

Sure, Matthias / Thiel, Roger: Balanced Scorecard - Strategieumsetzung und Performancemessung in Banken, in: Die Bank, Heft 1 [1999], S. 54-59

Sure, Matthias / Thiel, Roger: Die Einführung einer Balanced Scorecard - Arbeitsschritte und Problempunkte, in: Die Bank, Heft 2 [1999], S. 116-120

Suryadinata, Leo: Ethnic Chinese in Southeast Asia: Overseas Chinese, Chinese Overseas or Southeast Asians?, in: Ethnic Chinese as Southeast Asians, hrsg. v. Suryadinata, Leo, Singapore [1997], S. 1-32

Taing, Anna: All eyes on bank stocks, in: The Edge, Woche v. 02. - 08. August [1999], S. 1, 15

Tan, Audrey: S'pore banks are "headed down the hill": SM Lee, in: BT (S) v. 07. Mai [1999], S. 1, 4

Tan, Clarissa: Two Irishmen join KepTatLee board, in: BT (S) vom 15. Juli [1999], S. 26

Tau, Richard Hu Tsu: Budget Statement 1999, Singapore [1999]

Terpstra, Vern / David, Kenneth: The Cultural Environment of International Business, 3rd edition, Cincinnati [1991]

Teufel, Hariolf: Banken und Finanzmärkte in Vietnam, in: ZfgK, Heft 2 [1997], S. 77-81

Teufel, Hariolf / Mathe, Christian: Malaysias ehrgeizige Pläne als internationaler Finanzplatz, in: ZfgK, Heft 9 [1996], S. 416-421

Than, Mya: Vietnam's External Trade,1975-91: A Survey in the Southeast Asian Context, in: Vietnam's Dilemmas and Options, hrsg. v. Than, Mya/Tan, Joseph L.H., Singapur [1993], S. 207-236

Than, Mya / Tan, Joseph L.H.: The Vietnamese Economy in Transition, in: Vietnam's Dilemmas and Options, hrsg. v. Than, Mya/Tan, Joseph L.H., Singapur [1993], S. 1-21

Thanh, Ngo Ba: The 1992 Constitution and the Rule of Law, in: Vietnam and the Rule of Law: Proceedings of Vietnam, hrsg. v. Thayer, Carlyle A. / Marr, D.G., Canberra [1993] , S. 81-115

That, Don Ton: The Role of the State and Economic Development in the Reconstruction of Vietnam, in: Vietnam's Dilemmas and Options, hrsg. v. Than, Mya / Tan, Joseph L.H., Singapur [1993], S. 22-50

The Association of Banks in Malaysia (Hrsg.): Bankers Directory 1998 , Kuala Lumpur [1999]

The Association of Banks in Singapore (Hrsg.): Annual Report 1998, Singapore [1999]

The Economic Planning Committee / Ministry of Trade & Industry (Hrsg.): The Strategic Economic Plan: towards a developed nation, Singapur [1991]

The Economist Intelligence Unit Ltd (Hrsg.): South-east Asia at a glance [1999]

Thomas, Alexander: Aspekte interkulturellen Führungsverhaltens, in: Interkulturelles Management, hrsg. v. Bergemann, Niels / Sourisseaux, Andreas L.J., 2. Aufl., Heidelberg [1996], S. 35-58

Thomas, Alexander / Hagemann, Katja: Training interkultureller Kompetenz, in: Interkulturelles Management, hrsg. v. Bergemann, Niels / Sourisseaux, Andreas L.J., 2. Aufl., Heidelberg [1996], S. 173-199

To, Ngoc Thanh: Vietnam's Culture on the Threshold of the 21st Century, in: Cultures in ASEAN and the 21 century, hrsg. v. Thumboo, Edwin, Singapore [1996], S. 96-283

Töpfer, Armin / Schneidewind, Dieter: Strategische Ansatzpunkte für den Unternehmenserfolg aus asiatisch-pazifischen Märkten, in: Der asiatisch-pazifische Raum: Strategien und Gegenstrategien von Unternehmungen, hrsg. v. Schneidewind, Dieter / Töpfer, Armin, Landsberg / Lech [1991], S. 9-39

Töpfer, Ingo / Stellmacher, Silke: Instrumentarium zur Analyse und strategischen Bearbeitung von Auslandsmärkten, in: Der asiatisch-pazifische Raum: Strategien und Gegenstrategien von Unternehmungen, hrsg. v. Schneidewind, Dieter / Töpfer, Armin, Landsberg / Lech [1991], S. 179-229

Toh, Eddie: An anti-Anwar anti-climax at UMNO, in: BT (M) v. 19. Juni [1999], http://www.nstpi.com.my

Toh, Eddie: No room for small players in new M'sian banking landscape, in: BT (S) v. 15. August [1999], http://www.business-times.asia1.com.sg

Toh, Eddie: Cash demands may scuttle Malaysia's Bank Mergers, in: BT (S) v. 29. September [1999], http://www.business-times.asia1.com.sg

Toh, Eddie: M'sia may have more than 6 anchor banks: Mahathir, in: BT (S) v. 04. Oktober [1999], http://www.business-times.asia1.com.sg

Toh, Eddie: Bank Negara gives nod for 10 anchor banks, in: BT (S) v. 15. Februar [2000], http://www.business-times.asia1.com.sg

Tra, My: Citibank - An Important Contributor to Vietnam, in: Vietnam Economic News, Nr. 27 [1996], S. 13

Tran, Dai Bang: Overdue Debts of Commercial Banks, in: Vietnam Economic Review, Heft 6, Juni [1998], S. 24-28

Tran, Khanh: Ethnic Chinese in Vietnam and their Identity, in: Ethnic Chinese as Southeast Asians, hrsg. v. Suryadinata, Leo, Singapore [1997], S. 267-292

Trinh, Ama: Modern Viet Nam is the End Result of Cultural Integration, in: VNS v. 14. Februar [1999], http://www.vietnamnews.vnagency.com.vn

Trompenaars, Fons / Hambden-Turner, Charles: Riding the Waves of Culture: understanding Cultural Diversity in Business, 2. Aufl., London [1997]

Ulrich, Hans: Die Betriebswirtschaftslehre als anwendungsorientierte Sozialwissenschaft, in: Die Führung des Betriebes, hrsg. v. Geist, Manfred N. / Köhler, Richard, Stuttgart [1981], S. 1-26

Union Bank of Switzerland (Hrsg.): The Asian Economic Miracle, in: UBS International Finance, Autumn [1996], S. 1-8

Union Bank of Switzerland (Hrsg.): The UBS Guide to the emerging markets, London [1997]

United Overseas Bank (Hrsg.): About Us - Our Business v. 22. April [2000], http//-www.uob.com.sg

United Overseas Bank (Hrsg.): Banking for Individuals v. 22. April [2000], http//-www.uob.com.sg

United Overseas Bank (Hrsg.): Banking for Organisations v. 22. April [2000], http//-www.uob.com.sg

Usunier, Jean-C. / Walliser, Björn: Interkulturelles Marketing: mehr Erfolg im internationalen Geschäft, Wiesbaden [1993]

Vatikiotis, Michael: Face to Face, in: FEER v. 02. April [1998], S. 44-45

Velloor, R. / Perng, Chee Jann: MAS identifies five Niche Areas, in: ST v. 16. Dezember [1998], S. 5

Vietcombank (Hrsg.): Annual Report 1996, Hanoi [1997]

Vietnam Bank for Agriculture and Rural Development (Hrsg.): Annual Report 1997, Hanoi [1998]

Vietnam Export - Import Commercial Joint-Stock Bank (Hrsg.): Annual Report 1996, Hanoi [1997]

Vietnam Maritime Commercial Stock Bank (Hrsg.): Annual Report 1996, Hai Phong [1997]

Vu, Quang Viet: State and Private Sectors in Vietnamese Economy, in: Vietnam's Socio-Economic Development, Nr. 13, Frühjahr [1998], S. 30-43

Wagner, Dieter: Internationales Arbeitsumfeld, in: Handbuch des internationalen Personalmanagements, hrsg. v. Kumar, Brij Nino / Wagner, Dieter, München [1998], S. 15-48

Warg, Markus: International Banking im Jahr 2020: zwei Visionen, in: ZfgK, Heft 20, [1994], S. 988-991

Watson Andaya, Barbara / Andaya, Leonard Y.: A History of Malaysia, London [1982]

Weber, Jürgen: Macht der Zahlen, in: Manager Magazin, Heft 12 [1998], S. 184-187

Weber, Jürgen / Schäffer, Utz: Balanced Scorecard - Gedanken zur Einordnung des Konzepts in das bisherige Controlling-Instrumentarium, WHU Forschungspapier Nr. 60, Koblenz [1998]

Weggel, Oskar: Die Asiaten, 2. Aufl., München [1990]

Weggel, Oskar: Indochina, 2. Aufl., München [1990]

Weggel, Oskar: Kultur- und Wertvorstellungen im asiatisch-pazifischen Raum, in: Der asiatisch-pazifische Raum: Strategien und Gegenstrategien von Unternehmungen, hrsg. v. Schneidewind, Dieter / Töpfer, Armin, Landsberg / Lech [1991], S. 41-58

Weidenbaum, Murray: Die Geschäftskultur der Auslandschinesen: Bamboo Connection, in: Harvard Business Manager, Heft 1 [1997], S. 35-47

Weldon, Lucy: Private Banking: A global Perspective, Cambridge [1998]

Weldon, Lucy: The Impact of the Crisis on Private Banking, in: The Asian Banker Journal, Heft April/May [1999], S. 41-43

Welge, Martin K.: Strukturen für weltweit tätige Unternehmungen, in: Handbuch der Unternehmensführung, hrsg. v. Corsten, Hans / Reiß M., Wiesbaden [1995], S. 661-671

500

Welge, Martin K.: Internationales Management, hrsg. v. Welge, Martin K. / Holtbrügge, Dirk, Landsberg / Lech, [1998]

Welge, Martin K. / Berg, Nicola: Public Affairs-Management in Multinationalen Unternehmungen - Ergebnisse einer empirischen Untersuchung deutscher Unternehmungen in Indien, in: Internationales Management: Auswirkungen globaler Veränderungen auf Wettbewerb, Unternehmensstrategie und Märkte; Festschrift zum 60. Geburtstag von Klaus Macharzina, hrsg. v. Engelhard, Johann / Oechsler, Walter A., Wiesbaden [1999], S. 193-215

Westwood, Robert: Harmony and Patriarchy: The Cultural Basis for "Paternalistic Headship" among the Overseas Chinese, in: Organization Studies, Vol. 18, No. 3 [1997], S. 445-480

Wiedmann, K. P.: Corporate Identity als strategisches Orientierungskonzept, in: Arbeitspapiere des Instituts für Marketing der Universität Mannheim, Nr. 53, Mannheim [1987]

Wißkirchen, Cornel: Devisenhandel als Bankgeschäft: Economics und Erfolgsfaktoren Wiesbaden [1995]; zugl.: Eichstätt, Kath.-Univ., Diss., 1995

Wöhe, Günter: Einführung in die allgemeine Betriebswirtschaftslehre, 17. Aufl., München [1990]

Wolf, Joachim: Internationales Personalmanagement - Kontext, Koordination, Erfolg, Wiesbaden [1994]; zugl.: Hohenheim, Univ., Diss., 1993

Wong, Chee Kong: Customers: The driving force in strategies and spending, in: Banker's Journal Malaysia, December / January [1997/1998], S. 9-13

Wong, Poh Kam: Research Report: From NIE to Developed Economy: Singapore's Industrial Policy to the Year 2000, in: Journal of Asia Business, Vol. 12, No. 3 [1996], S. 65-85

Wong, Wei Kong: DBS setting a new benchmark for Corporate Transparency, in: BT (S) v. 17. August [1999], S. 20

Wong, Wei Kong: ABN Amro - newest Consumer Bank, in: BT (S) v. 12. Oktober [1999], S. 10

Woodside, Alexander: The Struggle to Rethink the Vietnamese State in the Era of Market Economics, in: Culture and Economy: The shaping of capitalism in Eastern Asia, hrsg. v. Brook, Timothy / Luong, Hy, Michigan [1997], S. 61-77

World Bank (Hrsg.): The East Asian Miracle, Economic Growth and Public Policy, Oxford [1993]

World Bank (Hrsg.): Viet Nam: Transforming a State Owned Financial System: A Financial Sector Study of Viet Nam, Washington [1994]

World Bank (Hrsg.): Global Development Finance 1998: Analysis and Summary tables, World Bank policy research, Washington [1998]

World Bank (Hrsg.): Vietnam: Rising to the Challenge, Economic Report of the World Bank Consultative Meeting for Vietnam, December 7-8, 1998, Hanoi [1998]

World Bank (Hrsg.): World Development Indicators v. 20. Juni [1999], http://www.worldbank.org/data/countrydata

World Bank (Hrsg.): World Development Indicators v. 05. September [2001], http://www.worldbank.org/data/countrydata

Wunderer, Rolf: Personal-Controlling, in: Personal, Heft 9 [1991], S. 272-275

Yang, Razali Kassim: The Asean challenge: looking beyond the crisis, in: BT (S) v. 22. Juli [1999], http:// www.business-times.asia1.com.sg

Yap, Leng Kuen: Blueprint for Labuan next stage unveiled, in: The Star v. 07. November [1999], S. 1, 3

Yeung, Irene Y.M. / Tung, Rosalie L.: Achieving Business Success in Confucian Societies: The importance of Guanxi (connections), in: Organizational Dynamics, New York, Autumn [1996], S. 54-65

Yoshikawa, Muneo J.: Theocentric Management - How Islam inspires Malaysian Managers, in: The Company Secretary, March / April [1997], S. 3-6

Zachert, H.-L.: Die Internationalisierung der Kriminalität als globales Standortproblem, in: Internationalisierung: Eine Herausforderung für die Unternehmensführung, hrsg. v. Krystek, Ulrich / Zur, Eberhard, Berlin u.a. [1997], S. 565-582

Zakariya, Man: Islamic Banking: The Malaysian Experience, in: Islamic Banking in Southeast Asia, hrsg. v. ISEAS, Singapur [1988]

Zech Louis G.v.: Emerging Markets aus Sicht der Kapitalanleger, in: Die Banken auf dem Weg ins 21. Jahrhundert: Strategien und Konzepte, hrsg. v. International Bankers Forum e.V., Wiesbaden [1996], S. 307-328

Zentes, Joachim / Swoboda, Bernard: Grundbegriffe des Internationalen Managements, Stuttgart [1997]

Ziesemer, B.: Fuß in der Tür, in: Wirtschaftswoche v. 12. Juni [1997], S. 62-63

Zimmermann, Theo: Erfolgreichen Banken auf der Spur. Eine Langzeitanalyse über Rahmenbedingungen, Erfolg und Marktanteil ausgewählter Banken, Bern / Stuttgart, [1988]; zugl.: Bern, Univ., Diss., 1987

Zobel, Peter H.: Aktuelle Forschungsfelder des Internationalen Strategischen Managements, München [1996]; zugl.: München, Univ., Diss., 1996

Anhang

504

Anhang A: Geographische Region Südostasien (Ausschnitt)

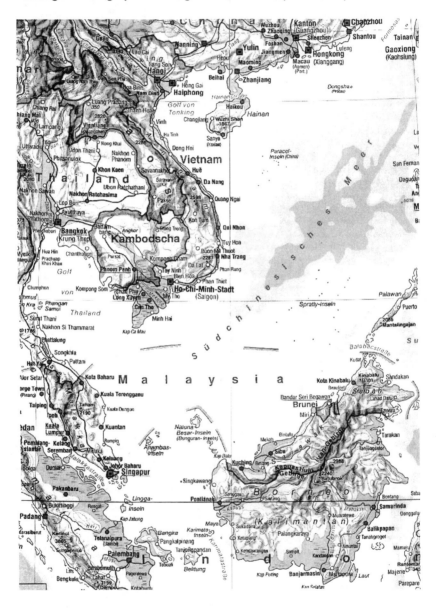

Quelle: Entnommen aus: Diercke Weltatlas, hrsg. v. Westermann, 4. Aufl., Braun
schweig [1996], S. 166

Anhang B: Länderspezifische Besonderheiten

B.1:   System politischer Patronage in Malaysia

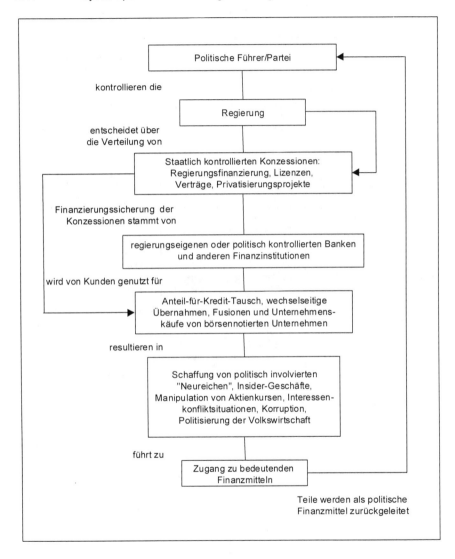

Quelle: Entnommen aus Gomez, E.T.: <u>Chinese Business</u> [1999], S. 193. Vgl. Kapitel 3.2.3.3.

Anhang B: Länderspezifische Besonderheiten

B.2: Übersicht über Aufgaben und Funktionen der Zentralbanken in Singapur, Malaysia und Vietnam

Monetary Authority of Singapore (MAS)	Bank Negara Malaysia (BNM)	State Bank of Vietnam (SBV)
• Verwaltung der dem Finanzsektor zugrunde liegenden Gesetzen • Lizensierung von Finanzinstitutionen • Überwachung, Regulierung und Überprüfung des Bankensektors (On-shore, Off-shore) • Finanzagent für die Regierung/Bankier der Regierung • Implementierung der Geldpolitik • Management der Staatsschulden	• Aufsicht und Überwachung der Bank-Finanzinstitutionen (On-shore) • Förderung der Struktur des Finanzsystems, Steuerung der Kreditinstitution • Beratung der Regierung in finanzwirtschaftlichen Fragen • Formulierung und Implementierung der Geld- und Kreditpolitik • Ausgabe und Stützung der Währung • Erhaltung der Geldwertstabilität • Sicherstellung der Mobilisierung von Ersparnissen	• Bankgeschäft • Überwachung der Geschäftsbanken und Kreditinstitutionen • Refinanzierung der staatseigenen Geschäftsbanken • Kreditvergabe an Staatsbudget • Monetäre Kontrolle • Ausgabe der Währung • Devisenhandel • Fixierung der Zinspolitik

Quelle: Eigene Darstellung. Vgl. Kapitel 4.3.4.1.

Anhang C: Bank- und finanzwirtschaftliche Daten

C.1: Entwicklung der Marktkapitalisierung an ASEAN-Börsenplätzen
(Angaben in Mio US$)

	1990	1991	1992	1993	1994	1995	1996	1997	1998	1999
Jakarta	8.081,0	6.823,0	12.038,0	32.824,0	47.240,8	66.453,8	90.857,4	29.050,0	22.077,9	64.044,7
Kuala Lumpur	47.868,8	56.721,6	91.471,2	219.758,7	190.162,5	213.757,4	306.165,0	93.174,1	95.560,6	139.907,9
Philippinen	6.631,5	10.835,3	15.335,2	40.148,2	56.648,0	58.779,6	80.464,0	31.211,4	34.910,9	48.105,2
Singapur	34.268,5	47.593,5	48.933,7	135.050,2	136.302,8	150.958,6	153.106,7	106.317,0	96.472,7	192.983,3
Thailand	20.777,1	37.525,7	57.278,3	127.473,7	125.599,3	135.774,2	95.900,5	22.792,0	34.117,8	57.176,6

Quelle: Eigene Darstellung. Vgl. Kapitel 3.1.2.

Anhang C: Bank- und finanzwirtschaftliche Daten

C.2:   Engagement westlicher Länder und Banken in den ASEAN-Staaten
1997

	Indonesien	Malaysia	Philippinen	Singapur	Thailand	Gesamt-engagement	Nachrichtlich: Vietnam
Deutschland	**5.600**	**5.700**	**2.000**	**38.400**	**7.600**	**59.300**	**218**
Deutsche Bank	1.192	295	359	6.781	641	9.268	
Dresdner Bank	980	276	618	3.072	872	5.818	
Commerzbank	1.351	549	62	3.231	616	5.809	
Frankreich	**4.800**	**2.900**	**1.700**	**15.400**	**5.100**	**29.900**	**516**
Société Générale	936	325	304	3.800	1.613	6.978	
BNP	1.219	619	230	3.900	1.226	7.194	
Crédit Lyonnais	1.520	330	280	1.600	720	4.450	
Großbritannien	**4.300**	**2.000**	**1.100**	**25.200**	**2.800**	**35.400**	**215**
HSBC	1.837	4.325	763	n.a.	2.839	n.a.	
Standard Chartered	1.683	3.375	n.a.	n.a.	972	n.a.	
NatWest	709	65	192	2.039	459	3.464	
Niederlande	**2.800**	**1.000**	**1.000**	**8.700**	**1.600**	**15.100**	**205**
ABN Amro	524	241	339	5.006	701	6.811	
ING	907	109	671	1.859	671	4.217	
USA	**4.600**	**2.400**	**2.800**	**5.200**	**4.000**	**19.000**	**95**
Citicorp	800	800	300	n.a.	400	n.a.	
Chase Manhattan	2.500	900	800	n.a.	1.900	n.a.	
Japan	**23.200**	**10.500**	**2.100**	**65.000**	**37.700**	**138.500**	**251**
Bank of Tokyo-Mitsubishi	3.683	2.537	520	n.a.	5.902	n.a.	
Total der Länder	**45.300**	**24.500**	**10.700**	**157.900**	**58.800**	**297.200**	**1.500**

Quelle: Eigene Darstellung. Vgl. Kapitel 3.1.2.

Anhang C: Bank- und finanzwirtschaftliche Daten

C.3: Übersichten Finanzinstitutionen
C.3.1: Finanzinstitutionen in Singapur

Finanzinstitutionen	Anzahl Dezember 1999
Geschäftsbanken (Commercial Banks)	**139**
Lokale Geschäftsbanken (Voll-Lizenz Banken)	8
Ausländische Geschäftsbanken	131
• Voll-Lizenz-Banken	23
• Limitierte Lizenz Banken	16
• Off-Shore Lizenz Banken	92
Investmentbanken (Merchant Banks)	**67**
Finance Companies	**14**
Asian Currency Units	**198**
Geschäftsbanken	131
• Lokale Banken	7
• Ausländische Banken	124
Investmentbanken	67
Investment Advisers	**145**
Repräsentanzen ausländischer Finanzinstitutionen	**74**
• Geschäftsbanken	73
• Investmentbanken	1
Geldhändler	**8**
Händler	**77**
Mitglieder der Singapore Exchange	30
Nicht-Mitglieder der Singapore Exchange	47

Quelle: Eigene Darstellung. Vgl. Kapitel 3.3.2.2.2.

Anhang C: Bank- und finanzwirtschaftliche Daten

C.3:   Übersichten Finanzinstitutionen
              C.3.2: Finanzinstitutionen in Malaysia

Finanzinstitutionen	Anzahl Dezember 1999
Geschäftsbanken (Commercial Banks)	35
• Lokale Geschäftsbanken	22
• Ausländische Geschäftsbanken	13
Off-Shore Lizenz Banken	62
• Lokale Geschäftsbanken	8
• Ausländische Geschäfts- und Investmentbanken	54
Investmentbanken (Merchant Banks)	12
Discount Houses	7
Finance Companies	23
Repräsentanzen ausländischer Finanzinstitutionen	37
Geld- und Devisenhändler	8
Stock Broking Companies	64

Quelle: Eigene Darstellung. Vgl. Kapitel 3.3.2.3.2.

Anhang C: Bank- und finanzwirtschaftliche Daten

C.3:   Übersichten Finanzinstitutionen
             C.3.3: Finanzinstitutionen in Vietnam

Finanzinstitutionen	Anzahl Dezember 1999
Geschäftsbanken (Commercial Banks)	**ca. 134**
Lokale Geschäftsbanken	54
• Staatliche Banken	4
• Joint-Stock Banken	ca. 50
Ausländische Geschäftsbanken	**ca. 80**
• Filialen	26
• Repräsentanzen	ca. 50
• Joint-Venture Banken	4
Ausländische Leasing Gesellschaften	**4**
Weitere Finanzinstitutionen	
Kreditgenossenschaften	ca. 970
Finance Companies	2
Staatliche Entwicklungsbanken	2

Quelle: Eigene Darstellung. Vgl. Kapitel 3.3.2.4.3.

Anhang C: Bank- und finanzwirtschaftliche Daten

C.4:   Präsenz westlicher Banken

C.4.1: Präsenz westlicher Banken in Singapur

Name der Bank	Herkunftsland	Art der Lizenz/ACU
Bank Brussels Lambert	Belgien	Offshore License/ACU
KBC Bank NV	Belgien	Qualified Offshore License/ACU
Den Danske Bank	Dänemark	Offshore License/ACU
Unibank of Denmark	Dänemark	Offshore License/ACU
Bayerische Hypo- und Vereinsbank	Deutschland	Offshore License/ACU
Bayerische Landesbank Girozentrale	Deutschland	Restricted License/ACU
BHF-Bank	Deutschland	Offshore License/ACU
BHF-Bank Aktiengesellschaft	Deutschland	Repräsentanz
Commerzbank AG	Deutschland	Restricted License/ACU
Deutsche Bank AG	Deutschland	Restricted License/ACU
Dresdner Bank AG	Deutschland	Restricted License/ACU
Joint Representative Office of GZB Bank, SGZ-Bank & WGZ Bank	Deutschland	Repräsentanz
Landesbank Baden-Württemberg	Deutschland	Offshore License/ACU
Landesgirokasse (LG Bank)	Deutschland	Repräsentanz
Norddeutsche Landesbank	Deutschland	Qualified Offshore License/ACU
SGZ-Bank	Deutschland	Offshore License/ACU
Westdeutsche Landesbank	Deutschland	Offshore License/ACU
Merita Bank plc	Finnland	Offshore License/ACU
Nordic Investment Bank	Finnland	Repräsentanz
Banque Nationale de Paris	Frankreich	Qualified Full License/ACU
Banque Paribas	Frankreich	Repräsentanz
Banque Worms	Frankreich	Offshore License/ACU
Caisse des dépots et consignations	Frankreich	Repräsentanz
Crédit Agricole Indosuez	Frankreich	Full License/ACU
Crédit Commercial de France	Frankreich	Repräsentanz
Crédit Industrial et Commercial (CIC)	Frankreich	Offshore License/ACU
Crédit Lyonnais	Frankreich	Qualified Offshore License/ACU
Natexis Banque	Frankreich	Offshore License/ACU
Paribas	Frankreich	Offshore License/ACU
Société Générale	Frankreich	Restricted License/ACU
Bank of Scotland	Großbritannien	Offshore License/ACU
Barclays Bank plc	Großbritannien	Offshore License/ACU
Lloyds Bank plc	Großbritannien	Offshore License/ACU
Midland Bank plc	Großbritannien	Repräsentanz
National Westminster Bank plc	Großbritannien	Offshore License/ACU
Royal Bank of Scotland	Großbritannien	Offshore License/ACU

Name der Bank	Herkunftsland	Art der Lizenz/ACU
Schroder and Company Limited, J. Henry	Großbritannien	Repräsentanz
Standard Chartered Bank	Großbritannien	Qualified Full License/ACU
The Hong Kong and Shanghai Bank Corporation LTD	Großbritannien	Full License/ACU
The Nikko Bank (UK) plc	Großbritannien	Repräsentanz
Allied Irish Bank plc	Irland	Offshore License/ACU
Banca Commerciale Italiana	Italien	Restricted License/ACU
Banca di Roma	Italien	Offshore License/ACU
Banca Nazionale del Lavoro	Italien	Offshore License/ACU
Banca Populare di Bergamo-Credito Varesino	Italien	Repräsentanz
Bank Monte dei Paschi di Siena	Italien	Offshore License/ACU
Cariplo Bank	Italien	Offshore License/ACU
Mediocredito Centrale S.P.A.	Italien	Repräsentanz
Sanaolo-IMI S.p.A.	Italien	Offshore License/ACU
Unicredito Italiano	Italien	Offshore License/ACU
Banque Caisse d'Epargne de l'Etat, Luxembourg	Luxemburg	Repräsentanz
Banque International a Luxembourg	Luxemburg	Offshore License/ACU
Société Générale Bank & Trust S.A.	Luxemburg	Repräsentanz
ABN Amro Bank NV	Niederlande	Qualified Full License/ACU
De Nationale Investeringsbank NV	Niederlande	Repräsentanz
Fortis Intenational NV	Niederlande	Repräsentanz
ING Bank NV	Niederlande	Offshore License/ACU
Mees Pierson	Niederlande	Offshore License/ACU
Rabobank	Niederlande	Offshore License/ACU
Christiana Bank	Norwegen	Offshore License/ACU
Den Norske Bank AS	Norwegen	Offshore License/ACU
Bank Austria	Österreich	Offshore License/ACU
Bank Austria Creditanstalt International AG	Österreich	Offshore License/ACU
Raiffeisen Zentralbank Österreich AG	Österreich	Offshore License/ACU
Skandinaviska Enskilda Banken	Schweden	Offshore License/ACU
Svenska Handelsbanken	Schweden	Offshore License/ACU
ABN-Amro Bank (Switzerland)	Schweiz	Repräsentanz
Bank Leu LTD	Schweiz	Repräsentanz
Banque Cantonale Vaudoise	Schweiz	Repräsentanz
Clariden Bank	Schweiz	Repräsentanz
Crédit Suisse	Schweiz	Offshore License/ACU
Crédit Suisse (Reg. Head Of. Asia-Pacific)	Schweiz	Repräsentanz
Crédit Suisse First Boston	Schweiz	Restricted License/ACU

514

Name der Bank	Herkunftsland	Art der Lizenz/ACU
Credit Suisse First Boston	Schweiz	Repräsentanz
Finanz AG Zurich	Schweiz	Repräsentanz
Rothschild Bank AG	Schweiz	Repräsentanz
UBS AG	Schweiz	Restricted License/ACU
UBS AG	Schweiz	Repräsentanz
Überseebank AG	Schweiz	Repräsentanz
Union Bancaire Privee	Schweiz	Repräsentanz
Zürcher Kantonalbank	Schweiz	Repräsentanz
Banco de Sabadell	Spanien	Repräsentanz
Banco Santander	Spanien	Offshore License/ACU
Banco Santander S.A.	Kanada	Repräsentanz
Bank of Montreal	Kanada	Offshore License/ACU
Bank of Nova Scotia	Kanada	Qualified Offshore License/ACU
Canadian Imperial Bank of Commerce	Kanada	Offshore License/ACU
Royal Bank of Camada	Kanada	Offshore License/ACU
The Toronto Dominion Bank	Kanada	Offshore License/ACU
American Express Bank	USA	Restricted License/ACU
Bank of America	USA	Full-License/ACU
Bank of Hawaii	USA	Offshore License/ACU
Bank of New York	USA	Offshore License/ACU
Bank Boston NA	USA	Offshore License/ACU
Bankers Trust	USA	Offshore License/ACU
BankOne National Association (Singapore Branch)	USA	Offshore License/ACU
Chase Manhattan Bank	USA	Full License/ACU
Citibank NA	USA	Qualified Full License/ACU
Cobank, ACB	USA	Repräsentanz
Corestates Bank NA	USA	Repräsentanz
HSBC Bank USA	USA	Offshore License/ACU
Morgan Guaranty Trust Co of New York	USA	Restricted License
Northern Trust Company	USA	Offshore License/ACU
Union Bank of California, NA	USA	Repräsentanz
Australia & New Zealand Banking Group	Australien	Offshore License/ACU
Bank of Western Australia Limited	Australien	Repräsenzanz
Commonwealth Bank of Australia	Australien	Offshore License/ACU
National Australia Bank	Australien	Qualified Offshore License/ACU
Westpac Banking Corporation	Australien	Offshore License/ACU
Bank of New Zealand	Neuseeland	Offshore License/ACU

Quelle: Eigene Darstellung. Vgl. Kapitel 4.1.3.

Anhang C: Bank- und finanzwirtschaftliche Daten

C.4: Präsenz westlicher Banken

C.4.2: Präsenz westlicher Banken in Malaysia

Name der Bank	Herkunftsland	Präsenzform
ANZ Banking Group Ltd. & ANZ Grindlays Ltd.	Australien	Repräsentanz
National Australia Bank Ltd.	Australien	Off-Shore Filiale/Repräsentanz
Westpac. Banking Corporation	Australien	Repräsentanz
Bank Brussels Lambert S.A.	Belgien	Off-Shore Filiale
KBC Bank N.V.	Belgien	Off-Shore Filiale
Bayerische Landeszentralbank Girozentrale	Deutschland	Off-Shore Filiale
Commerzbank AG	Deutschland	Off-Shore Filiale
Deutsche Bank AG	Deutschland	Off-Shore Filiale/Tochtergesellschaft
Dresdener Bank AG	Deutschland	Off-Shore Filiale/Repräsentanz
Dresdner Kleinwort Benson Ltd.	Deutschland	Repräsentanz
Finnish Fund for Industrial Corp. Ltd.	Deutschland	Repräsentanz
Banque Nationale de Paris S.A.	Finnland	Off-Shore Filiale/Repräsentanz
Banque Paribas	Frankreich	Off-Shore Filiale/Repräsentanz
Crédit Agricole Indosuez	Frankreich	Repräsentanz
Crédit Lyonnais	Frankreich	Off-Shore Filiale/Repräsentanz
Natexis Banque-BFCE	Frankreich	Off-Shore Filiale
Société Générale	Frankreich	Off-Shore Filiale/Repräsentanz
Union Europeen De CIC	Frankreich	Off-Shore Filiale
Barclays Bank PLC	Frankreich	Off-Shore Filiale/Repräsentanz
Lloyds Bank PLC	Großbritannien	Off-Shore Filiale
Merril Lynch	Großbritannien	Off-Shore Filiale
National Westminster Bank PLC	Großbritannien	Off-Shore Filiale
Schroders Bank	Großbritannien	Off-Shore Tochtergesellschaft
Standard Chartered Bank	Großbritannien	Off-Shore Filiale/Tochtergesellschaft
The Hongkong and Shanghai Bank Corp. Ltd.	Großbritannien	Off-Shore Filiale/Tochtergesellschaft
Allied Irish Banks PLC	Irland	Off-Shore Filiale
Canadian Imperial Bank of Commerce	Kanada	Off-Shore Filiale
The Bank of Nova Scotia	Kanada	Off-Shore Filiale/Tochtergesellschaft
ABN AMRO Bank NV	Niederlande	Off-Shore Filiale/Tochtergesellschaft
ING Bank N.V.	Niederlande	Off-Shore Filiale
Rabobank Nederland	Niederlande	Off-Shore Filiale/Repräsentanz
Credit Suisse	Schweiz	Repräsentanz
Credit Suisse First Boston	Schweiz	Off-Shore Filiale
UBS AG	Schweiz	Off-Shore Filiale/Repräsentanz
Bank of America NT & SA	USA	Off-Shore Filiale/Tochtergesellschaft
Bankers Trust International PLC	USA	Off-Shore Filiale/Repräsentanz

516

Name der Bank	Herkunftsland	Präsenzform
Citibank N.A.	USA	Tochtergesellschaft / Off-Shore Tochtergesellschaft
First Union National Bank	USA	Repräsentanz
J.P. Morgan	USA	Off-Shore Filiale/Off-Shore Tochtergesellschaft
Mastercard International Corporation	USA	Repräsentanz
The Chase Manhattan Bank	USA	Off-Shore Filiale/Tochtergesellschaft
Union Bank of California	USA	Repräsentanz

Quelle: Eigene Darstellung. Vgl. Kapitel 4.1.3.

Anhang C: Bank- und finanzwirtschaftliche Daten

C.4:   Präsenz westlicher Banken

        C.4.3: Präsenz westlicher Banken in Vietnam

Name der Bank	Herkunftsland	Präsenzform	
		Hanoi	Ho Chi Minh City
ANZ Bank	Australien	Filiale	Filiale
Commonwealth Bank of Australia	Australien	Repräsentanz	
Bank Kreiss AG	Deutschland		Repräsentanz
Bayerische Hypovereinsbank	Deutschland	Repräsentanz	
Berliner Bank	Deutschland	Repräsentanz	
BHF Bank	Deutschland		Repräsentanz
Deutsche Bank AG	Deutschland	Repräsentanz	Filiale
Dresdner Bank AG	Deutschland	Repräsentanz	Repräsentanz
Südwestdeutsche Landesbank	Deutschland	Repräsentanz	
ASE Europa	Europa		Repräsentanz
Banque Nationale de Paris	Frankreich	Repräsentanz	Filiale
Banque Paribas	Frankreich	Repräsentanz	
Crédit Agricole Indosuez	Frankreich	Repräsentanz	Filiale
Crédit Lyonnais	Frankreich	Filiale	Filiale
Natexis Banque & Banque Francaise du Commerce Exterieur	Frankreich	Repräsentanz	Filiale
Société Générale	Frankreich	Repräsentanz	Repräsentanz
Barclays Bank PLC	Großbritannien	Repräsentanz	
Singer & Friedlander	Großbritannien	Repräsentanz	
The Hongkong and Shanghai Banking Corporation Ltd.	Großbritannien	Repräsentanz	Filiale
The Standard Chartered Bank	Großbritannien	Filiale	Repräsentanz
Bank of Nova Scotia	Kanada	Repräsentanz	
ABN Amro Bank N.V.	Niederlande	Filiale	Repräsentanz
Generale Bank	Niederlande		Repräsentanz
ING Barings N.V.	Niederlande	Filiale	Repräsentanz
Rabobank Nederland	Niederlande		Repräsentanz
Raiffeisen-Zentralbank Austria	Österreich		Repräsentanz
American Express Bank	USA	Repräsentanz	Repräsentanz
Bank of America	USA	Filiale	Repräsentanz
Citibank N.A.	USA	Filiale	Filiale

Quelle: Eigene Darstellung. Vgl. Kapitel 4.1.3.

518

Anhang D. **Gesprächsleitfaden zu den Expertengesprächen**
(Beispiel Singapur)

D.1:   Gesprächsleitfaden ausländische Bank in Singapur

Subject:

„Intercultural Management of Western Banks in Southeast Asia

- Analysis and Concept for Singapore, Malaysia and Vietnam"

Summary of the Interview Guideline

Please note

Practice orientated research on the topic of international banking business is without empirical research almost impossible. Without your help I would not be able to finish my thesis successfully on the chosen subject. The demand to derive theoretical based and practical validated recommendations for the practice cannot be achieved without your experience. Therefore I would like to thank you in advance for your support by discussing my questions with me.

I further assure you that **without your written approval no comments of yourself will be quoted in my thesis. If requested your comments will be anonymized which means your name and the name of your bank will not be published.** Documents like internal materials of your bank will also not be published (neither in extracts) without your explicit approval.

Before we start with the discussion I would like to request the following information regarding your person.

Name:_____   Bank/Country:_____/Singapore___

Title:_____   since: _____

Further international experience:

Bank/Country:_____Title:_____Duration:_____

A. Strategic Orientation of the Bank

The strategic basic orientation of a bank comprises the necessity to think about two principle orientations (individual or combined):

- Advantages of integration through world-wide standardization (Cost leadership)
- Advantages of localization through the consideration and adaptation to market specific characteristics (Differentiation)

A.1 How do you see your bank positioned in general and how would you describe the world-wide strategy of your bank from this position?

- Global (major cost reduction, minor differentiation)
- International (minor cost reduction, minor differentiation)
- Multinational (minor cost reduction, major differentiation)
- Transnational (world-wide combination of cost reduction and differentiation)

A.2 Which of the following developments characterizes your bank best?

- (Further-) development to a global universal bank
- Regional selective differentiation strategy
- Global product specialist / niche strategy
- Selective withdrawal from various markets
- Others

A.3 Which strategic importance does the location Singapore have in your global organizational structure?

A.4 How does the management concept of your bank look like for foreign subsidiaries? Have there been changes or will there be changes?

A.5 Do your marketing strategies differ in countries with a different stage of economical development? How can these approaches be differentiated? (Statement)

Every cross-border business represents an intercultural situation. In this thesis culture is defined as of "human beings in social groups commonly shared values, customs, behaviour and convictions by which the individual group members orient themselves in regard to their behaviour pattern". Therefore culture exists in the environment of international banks in terms of national culture, banking culture and corporate culture.

Culture expresses itself for example in historical buildings, laws and corporate identity as well as through specific customs, behaviours and attitudes of social groups (political, religious, socio-economic)

The following questions B and C focus on the impacts of the various expressions of culture on the business of international banks.

B. Characterization of the Bank- and Financial market Singapore

B.1 What would be the characteristics of banking in Singapore in your opinion?

B.2 Considering your knowledge, how do cultural aspects influence the business of foreign banks in Singapore? When did you realise them and how? (Examples)

B.3 How would you characterize your target customer segments in Singapore
(e.g. by need of advice, business policies, customer loyalty)?

B.4 Which competitive advantages do you see for foreign and in particular for European banks in Singapore? What are the necessary success factors?

B.5 Which trends with reference to the said aspects in questions B.1 to B.4 do you see in the middle- and long-term on the Singapore banking market?

C. Cultural Issues Influencing Bankmanagement in Singapore

Internal bank activities appear different in various cultures. Academic reviews about "Intercultural Management" highlight several areas and in particular the personnel- and behaviour-related areas like general management, human resources and marketing. Cultural differences may become obvious and are expressed through the various attitudes and behaviour patterns of the different social groups (customers, employees)

C.1 Market related issues in the management of a foreign bank in Singapore

C.1.1 According to your experience where do problems exist for marketing in Singapore? Do you consider these as general problems for the engagement of foreign companies or especially for banking in Singapore? (Examples)

C.1.2 Which causes do you see for these problems? Which actions would you recommend for the avoidance resp. solution of these problems?

C.1.3 Which success factors result from these issues for the management of the bank in Singapore?

In the following, the form of market presence, customer servicing and banking product elements will be discussed separately since different intensities in the involvement in the local markets can be shown.

C.1.4 With regard to the form of market presence of your bank (e.g. representative office, joint venture, subsidiary), do you see differences in the need to adapt to local requirements? In which phase of development (market entry, market penetration/expansion, withdrawal from the market) do you see these adaptations as critical?

C.1.5 Which cultural specific actions are necessary for the service (general customer servicing, continuous servicing, acquisition and termination of a business relationship) of the various target customer segments in Singapore?

C.1.6 How do you rate the assumption that your bank services in general may be offered on a world-wide basis but have to be adapted in the interactive components (e.g. advisory elements) to the local requirements?

C.1.7 How far did you adapt your marketing-mix to the local requirements?

C.2 Internal management issues in the general management of a foreign bank in Singapore

C.2.1 According to your experience, where do internal problems exist with the management of a foreign subsidiary in Singapore? (Examples) Do you consider these as general problems for the engagement of foreign companies or especially for banking in Singapore? (Examples)

C.2.2 Which causes do you see for these problems? Which actions would you recommend for the avoidance resp. solution of these problems?

C.2.3 Which success factors result from these issues for the management of the bank in Singapore?

C.2.4 How is your headquarters measuring success in the management of the foreign operations?

C.2.5 Which preparatory actions are made by your headquarters resp. yourself in the local market for the integration of employees with different cultural background? How do you rate the success of these actions?

C.2.6 Which importance does corporate culture have in your bank and which importance does it have for the management of your foreign operations in specific?

C.2.7 Employees are representing the bank and its values in the market and influence the image of your bank. With which actions do you ensure conformity with your market strategic orientation?

C.2.8 Based on which criteria (e.g. ethnic origin, qualification) do you appoint key-positions (internal-/market related) in your foreign subsidiary? Do you think this is crucial for the success of your business?

D. Appendix: Statistical Data about the Bank

D.1 Business in Singapore

D.1.1 Since when, in which legal form and with how many employees are you active in Singapore?

Date: _____   Legal form: _____   No. of employees:__

Date: _____   Legal form: _____   No. of employees:__

D.1.2 Your scope of business in Singapore and which target customers do you pursue?
Which portion do the business segments contribute to your total business?

Business segment: _____   Target customers: _____   Portion:

Business segment: _____   Target customers: _____   Portion:

Business segment: _____   Target customers: _____   Portion:

D.2 Bank organization structure in Singapore

D.2.1 Assuming Singapore is the regional head office of your bank in (Southeast-) Asia. Which divisions are centralized in Singapore?

_____

_____

D.2.2 Does your bank have further competence centres established in Singapore? Why?

_____

_____

D.3 Statistical record of cultures in your bank

- How many employees with what kind of ethnic background are working in the different areas of front office and back office in your bank?
- What is the ethnic background of your employees on different hierarchical levels?

Anhang D. Gesprächsleitfaden zu den Expertengesprächen
(Beispiel Singapur)

D.2: Gesprächsleitfaden lokale Bank in Singapur

Subject:

„Intercultural Management of Western Banks in Southeast Asia - Analysis and Concept for Singapore, Malaysia and Vietnam"

Summary of the Interview Guideline

Please note

Practice orientated research on the topic of international banking business is without empirical research almost impossible. Without your help I would not be able to finish my thesis successfully on the chosen subject. The demand to derive theoretical based and practical validated recommendations for the practice cannot be achieved without your experience. Therefore I would like to thank you in advance for your support by discussing my questions with me.

I further assure you that **without your approval no comments of yourself will be quoted in my thesis. Your comments will be anonymized which means your name and the name of your bank will not be published.** Documents like internal materials of your bank will also not be published (neither in extracts) without your explicit approval.

Before we start with the discussion I would like to request the following information regarding your person:

Name:_____   Bank/Country:_____/Singapore

Title:_____   since: _____

A. General Information about the Bank

A.1 Which of the following descriptions characterizes your bank best?

- Commercial bank in Singapore developing towards an (international/regional) bank
- Commercial bank with focus on Singapore
- Commercial bank with focus on special customer segments / products (niche strategy)
- Others

A.2 Your scope of business in Singapore and which target customers do you pursue?
Which portion do the business segments contribute to your total business?

Business segment: _____   Target customers: _____   Portion:

Business segment: _____   Target customers: _____   Portion:

Business segment: _____   Target customers: _____   Portion:

Business segment: _____   Target customers: _____   Portion:

Business segment: _____   Target customers: _____   Portion:

A.3 Considering the internationalization or regionalization strategy of your bank, do you build up your own presence (representative office, branch, subsidiary) or do you work together with other banks (co-operation partners, correspondence banks)? Which are your focus countries?

A.4 How many employees do you have in total? How many are working in the Front Office, how many in the Back Office?

B. Characterization of the Bank- and Financial market Singapore

B.1 What would be the characteristics of banking in Singapore in your opinion? Are there any typical market practices in Singapore?

B.2 Generally speaking, what are the expectations of the public and the Singaporean society concerning the social engagement of banks in the market?

B.3 According to the market segmentation of your bank, how would you characterize your target customer segments in Singapore (i. e. corporate banking customers by financial structure, business policies, use of IT-related products; consumer banking customers by investment decisions, acceptance of technology, urban and rural areas, value change due to social-demographic developments, service expectations, general attitude towards banks)?

B.4 From your point of view, which are the success factors for banking with regard to the different customer segments?

B.5 Which trends with reference to the said aspects in questions B.1 to B.4 do you see in the middle- and long-term in the banking market Singapore?

B.6 Which banks in the market do you consider as your major competitors?

B.7 With regard to foreign banks in the market, how would you differentiate these banks from local banks (e.g. by products, technology, innovations, marketing) in case that you see any differences?

C.   Bank Management in Singapore

C.1   According to your experience where do issues exist for marketing of banks in general in Singapore? (Examples) Which causes do you see for these issues? Which actions would you recommend for the avoidance resp. solution of these problems?

C.2   With regard to activities of foreign banks in Singapore, do you see any need for them to adapt to local resp. cultural requirements? For which customer segments do you see specific need?

C.3   From your point of view are there any cultural specific actions which are necessary for the service (general customer servicing, continuous servicing, acquisition and termination of a business relationship) of the various target customer segments in Singapore?

C.4   How would you describe in general the management style of banks in Singapore? Would you differ between different types of banks (i. e. by ownership, business focus)?

C.5   In this thesis corporate culture is defined as "commonly shared values, behaviour and convictions of a bank by which the employees orient themselves in regard to their behaviour pattern".

Which importance does corporate culture have in your bank? What are the basic values of your bank? Do you have a corporate mission?

C.6   The corporate identity of a bank represents the identity as the bank sees itself and wants to be seen in the market. Employees are representing the bank and its values in the market and influence the image of your bank. With which actions do you ensure conformity between your corporate identity and your image?

Anhang D. **Gesprächsleitfaden zu den Expertengesprächen**
(Beispiel Singapur)

D.3: Gesprächsleitfaden Zentralbank

Subject:

„Intercultural Management of European Banks in Southeast Asia - Analysis and Concept for Singapore, Malaysia and Vietnam -"

Introduction

This interview guideline consists of questions about the business environment of foreign banks in the bank- and financial market Singapore as well as about the expectations of the public and the central bank of the foreign banks.

Please note

Practice orientated research on the topic of international banking business is without empirical research almost impossible. Without your help I would not be able to finish my thesis successfully on the chosen subject. The demand to derive theoretical based and practical validated recommendations for the practice cannot be achieved without your experience. Therefore I would like to thank you in advance for your support by discussing my questions with me.

I further assure you that **without your written approval no comments of yourself will be quoted in my thesis. If requested your comments will be anonymized which means your name will not be published in the thesis.** Documents like internal materials of the Central Bank will also not be published (neither in extracts) without your explicit approval.

Before we start with the discussion I would like to request the following information regarding your person.

Name:_____   Institution:_____

Title:_____   since: _____

A.   Business Environment in the Bank- and Financial Market Singapore

A.1   What would be the characteristics of banking in Singapore in your opinion?

A.2   According to your opinion, how do you assess the opportunities for foreign banks in Singapore?

A.3   How do you rate the competitive situation in the Commercial Banking market in Singapore? What are the key success factors?

A.3   Which trends with reference to the said aspects in questions A.1 to A.3 do you see in the middle- and long-term on the Singapore banking market?

B.   Integration of Foreign Banks in Singapore

B.1   What are the general expectations of the Central Bank and the public towards the activities of a foreign bank in Singapore? What do you expect specifically in terms of adaptation to market specific requirements?

B.2   Looking at the activities of local banks and foreign banks, what kind of differences are there between these groups of banks?

B.3   From your point of view, are there differences between the market strategies and market success of foreign banks of various countries of origin? Which of them are the more successful in the market? Why?

Der Deutsche Universitäts-Verlag

Ein Unternehmen der Fachverlagsgruppe BertelsmannSpringer

Der Deutsche Universitäts-Verlag wurde 1968 gegründet und
1988 durch die Wissenschaftsverlage Dr. Th. Gabler Verlag,
Verlag Vieweg und Westdeutscher Verlag aktiviert. Der DUV
bietet hervorragenden jüngeren Wissenschaftlern ein Forum, die
Ergebnisse ihrer Arbeit der interessierten Fachöffentlichkeit vor-
zustellen. Das Programm steht vor allem solchen Arbeiten offen,
deren Qualität durch eine sehr gute Note ausgewiesen ist. Jedes
Manuskript wird vom Verlag zusätzlich auf seine Vermark-
tungschancen hin überprüft.

Durch die umfassenden Vertriebs- und Marketingaktivitäten, die
in enger Kooperation mit den Schwesterverlagen Gabler, Vieweg
und Westdeutscher Verlag erfolgen, erreichen wir die breite
Information aller Fachinstitute, -bibliotheken, -zeitschriften und
den interessierten Praktiker. Den Autoren bieten wir dabei gün-
stige Konditionen, die jeweils individuell vertraglich vereinbart
werden.

Der DUV publiziert ein wissenschaftliches Monographien-
programm in den Fachdisziplinen

Wirtschaftswissenschaft	Psychologie
Informatik	Literaturwissenschaft
Kognitionswissenschaft	Sprachwissenschaft
Sozialwissenschaft	

www.duv.de

Änderungen vorbehalten.

Deutscher Universitäts-Verlag
Abraham-Lincoln-Str. 46
65189 Wiesbaden